Justinus Kerner · Ausgewählte Werke

Justinus Kerner
im Jahr 1855.

—

fort, fort sind meine Lieder!
fort ist mein schöner Traum!

JUSTINUS KERNER

Ausgewählte Werke

HERAUSGEGEBEN VON
GUNTER GRIMM

PHILIPP RECLAM JUN. STUTTGART

Universal-Bibliothek Nr. 3857 [7]
Alle Rechte vorbehalten. © 1981 Philipp Reclam jun., Stuttgart
Gesamtherstellung: Reclam, Ditzingen. Printed in Germany 1981
ISBN 3-15-003857-X (kart.)   ISBN 3-15-023857-9 (geb.)

Die lyrischen Gedichte

Wohlauf! noch getrunken
Den funkelnden Wein!
Ade nun, ihr Lieben!
Geschieden muß sein.
Ade nun, ihr Berge,
Du väterlich Haus!
Es treibt in die Ferne
Mich mächtig hinaus.

Die Sonne, sie bleibet
Am Himmel nicht stehn,
Es treibt sie, durch Länder
Und Meere zu gehn.
Die Woge nicht haftet
Am einsamen Strand,
Die Stürme, sie brausen
Mit Macht durch das Land.

Mit eilenden Wolken
Der Vogel dort zieht
Und singt in der Ferne
Ein heimatlich Lied.
So treibt es den Burschen
Durch Wälder und Feld,
Zu gleichen der Mutter,
Der wandernden Welt.

Da grüßen ihn Vögel
Bekannt überm Meer,
Sie flogen von Fluren
Der Heimat hieher;

Da duften die Blumen
Vertraulich um ihn,
Sie trieben vom Lande
Die Lüfte dahin.

Die Vögel, die kennen
Sein väterlich Haus.
Die Blumen einst pflanzt' er
Der Liebe zum Strauß,
Und Liebe, die folgt ihm,
Sie geht ihm zur Hand:
So wird ihm zur Heimat
Das fernste Land.

Tübinger Burschenlied

O Tübingen! du teure Stadt!
Bin deiner Weisheit voll und satt!
Ade! ihr alten Mauern!
Aus ist es mit dem Trauern!

Und aus wohl mit dem blanken Geld,
Doch in der weiten, freien Welt
Lebt stets der Bursche munter.
Juchhei! ins Tal hinunter!

Der Neckar rauscht, die Sonn' nicht steht,
Der Wind von Wolk' zu Wolke weht
Und Storch und Reiher fliegen,
Juchhei! in langen Zügen.

O Erde! wie bist neu du mir!
O Herz! wie regt es sich in dir
Mit Jauchzen und mit Singen,
Daß möcht' die Brust zerspringen.

Fahr aus, du Staub, der in mich kam,
Schulweisheit und du Bücherkram,
In alle Winde fliehe,
Daß die Natur einziehe!

Herz! öffne dich nur weit, nur weit,
Sieh, all die grüne Herrlichkeit
Muß in dir Raum jetzt finden.
Ade! ihr Herrn dahinten.

Vogt Finsterlings Bauernideal

O möchte mir ein treu Gemälde glücken
Vom Bau'r, wie sich derselbe muß gestalten,
Um uns, die wir das Richteramt verwalten,
Die heil'ge Amtsehr' niemals zu verrücken!
Dies Ideal steht lang mit krummem Rücken
Vor uns, den urteilsprechenden Gewalten;
Wir schreiben, sandeln, ziehn die Stirn in Falten,
Donnern: Was gibt's?! und es wagt aufzublicken,
Fragt weder was noch wie, was wir auch sagen.
Wir sagen: »Packt euch! teu'r sind unsre Stunden!«
Dann beugt sich's, geht und stirbt mit dem Gedanken:
Es komme bald Bescheid auf seine Klagen.

Herr von der Heide

Sagt an, Herr von der Heide, sagt!
Was soll dies weiße Kleid?
»Wohl auf der Höh', weh! auf steiler Höh'
Steht mir ein Rad bereit!«

Sagt an, Herr von der Heide, sagt!
Wo ist denn Euer Weib?
»Wohl auf der See, weh! auf weiter See
Schifft sie zum Zeitvertreib.«

Man führt ihn unter Sang und Klang
Zu Bremen zum Tor hinaus,
Zwei Raben fliegen hinterher,
Zwei andre fliegen voraus.

»Hört an! o hört an, ihr Vögel schwarz,
Da in der blauen Höh'!
Seid ihr von meinem Fleische satt,
Erzählt's der Frau zur See!« –

Leis streicht das Schiff durch die grüne See,
Der Mond durch den Himmel blau,
Stolz blickt vom Verdeck mit ihrem Galan
Herrn von der Heidens Frau.

»Seht an! seht an! die Vögel schwarz
Da in der blauen Höh';
Sie sinken auf Mast und Segelstang',
Halt, Schiffer! mir wird so weh!«

Hurra! huhu! ihr schwarzen Gäst'
Auf Mast und Segelstang'!
Sie blicken ruhig, sie sitzen fest.
»Halt, Schiffer! mir wird so bang!«

Der erste läßt fallen ein Auge schwarz,
Der zweit' ein Fingerlein,
Der dritte läßt fallen eine Locke Haar,
Der vierte läßt fallen ein Bein.

Leis streift das Schiff durch die grüne See,
Der Mond durch den Himmel blau –
Tot liegt im Arme des Galans
Herrn von der Heidens Frau.

Denkmale[2]

1
Kepler

Arm, preisgegeben jeglicher Beschwerde,
Vom undankbaren Heimatland vertrieben,
Sah er empor von dieser kalten Erde
Und lernte recht die warmen Sonnen lieben.
Der Erd' entlehntes Licht er gern entbehrte,
War ihm die hellre Heimat doch geblieben,
Von Sonnengold sein hehres Haupt umflossen,
Stand jeder Himmel vor ihm aufgeschlossen.

2
Frischlin

Ihn schlossen sie in starre Felsen ein,
Ihn, dem zu eng der Erde weite Lande.
Doch er, voll Kraft, zerbrach den Felsenstein
Und ließ sich abwärts am unsichern Bande.
Da fanden sie im bleichen Mondenschein
Zerschmettert ihn, zerrissen die Gewande.
Weh! Muttererde, daß mit linden Armen
Du ihn nicht auffingst, schützend, voll Erbarmen.

3

Schubart

Ihn stießen sie aus frischen Lebensgärten
In dunkle, modernde Gewölbe nieder,
Mit Ketten seine Hände sie beschwerten:
Da stiegen Heil'ge liebend zu ihm nieder
Und wurden fortan Freund' ihm und Gefährten:
So sang begeistert er die frommen Lieder.
Und als den Kerker sie ihm aufgeschlossen,
Schien ihm die Welt von Grau'n und Nacht umflossen.

An das Trinkglas eines verstorbenen Freundes[3]

Du herrlich Glas, nun stehst du leer,
Glas, das er oft mit Lust gehoben;
Die Spinne hat rings um dich her
Indes den düstern Flor gewoben.

Jetzt sollst du mir gefüllet sein
Mondhell mit Gold der deutschen Reben!
In deiner Tiefe heil'gen Schein
Schau ich hinab mit frommem Beben.

Was ich erschau in deinem Grund,
Ist nicht Gewöhnlichen zu nennen,
Doch wird mir klar zu dieser Stund',
Wie nichts den Freund vom Freund kann trennen.

Auf diesen Glauben, Glas so hold!
Trink ich dich aus mit hohem Mute.
Klar spiegelt sich der Sterne Gold,
Pokal, in deinem teuren Blute.

Still geht der Mond das Tal entlang,
Ernst tönt die mitternächt'ge Stunde,
Leer steht das Glas, der heil'ge Klang
Tönt nach in dem kristallnen Grunde.

Lob des Flachses

Wohl hat Sommer sich zum Kranze
Manche Blüte zart gewoben;
Aber, Flachs, dich mildste Pflanze
Muß ich doch vor allen loben.

Blauen Himmel ausgestreuet
Hast du über dunkle Auen,
Deine milde Schönheit freuet
Die gleich zart geschaffnen Frauen.

Weiches Grün den Stengel zieret,
Blüte trägt des Himmels Helle,
Leis vom Westhauch angerühret
Wogt sie sanft in bunter Welle.

Ist die Blüte dir entfallen,
Zieht man dich aus dunkler Erden,
Darfst nicht mehr im Westhauch wallen,
Mußt durch Feu'r zu Silber werden.

Und die Hand geschäft'ger Frauen
Rührt dich unter muntern Scherzen,
Klar wie Mondschein anzuschauen,
Bist du teuer ihrem Herzen.

In dem blanken Mädchenzimmer,
Leis berührt von zartem Munde,

Schön verklärt von Sternenschimmer,
Wird dir manche liebe Stunde.

Nächtlich in des Landmanns Hütte,
Wo ein flammend Holz die Kerze,
In viel muntrer Mägdlein Mitte
Bist du bei Gesang und Scherze.

Draußen brausen Sturm, Gespenster;
Wandrer wird der Sorg' entladen,
Sieht er hinter hellem Fenster
Heimisch deinen goldnen Faden.

Zarten Leib in dich gekleidet
Tritt das Mägdlein zum Altare;
Liegst, ein segnend Kreuz, gebreitet
Schimmernd über dunkler Bahre.

Bist des Säuglings erste Hülle,
Spielest lind um seine Glieder;
Bleich in dich gehüllt und stille
Kehrt der Mensch zur Erde wieder.

Der Geiger zu Gmünd'

Einst ein Kirchlein sondergleichen,
Noch ein Stein von ihm steht da,
Baute Gmünd der sangesreichen
Heiligen Cäcilia.

Lilien von Silber glänzten
Ob der Heil'gen mondenklar,
Hell wie Morgenrot bekränzten
Goldne Rosen den Altar.

Schuh', aus reinem Gold geschlagen,
Und, von Silber hell, ein Kleid
Hat die Heilige getragen:
Denn da war's noch gute Zeit,

Zeit, wo überm fernen Meere,
Nicht nur in der Heimat Land,
Man der Gmündschen Künstler Ehre
Hell in Gold und Silber fand.

Und der fremden Pilger wallten
Zu Cäcilias Kirchlein viel;
Ungesehn woher, erschallten
Drin Gesang und Orgelspiel.

Einst ein Geiger kam gegangen,
Ach, den drückte große Not,
Matte Beine, bleiche Wangen,
Und im Sack kein Geld, kein Brot.

Vor dem Bild hat er gesungen
Und gespielet all sein Leid,
Hat der Heil'gen Herz durchdrungen:
Horch! melodisch rauscht ihr Kleid!

Lächelnd bückt das Bild sich nieder
Aus der lebenlosen Ruh',
Wirft dem armen Sohn der Lieder
Hin den rechten goldnen Schuh.

Nach des nächsten Goldschmieds Hause
Eilt er, ganz vom Glück berauscht,
Singt und träumt vom besten Schmause,
Wenn der Schuh um Geld vertauscht.

Aber kaum den Schuh ersehen,
Führt der Goldschmied rauhen Ton,

Und zum Richter wird mit Schmähen
Wild geschleppt des Liedes Sohn.

Bald ist der Prozeß geschlichtet,
Allen ist es offenbar,
Daß das Wunder nur erdichtet,
Er der frechste Räuber war.

Weh! du armer Sohn der Lieder
Sangest wohl den letzten Sang!
An dem Galgen auf und nieder
Sollst, ein Vogel, fliegen bang.

Hell ein Glöcklein hört man schallen,
Und man sieht den schwarzen Zug
Mit dir zu der Stätte wallen,
Wo beginnen soll dein Flug.

Bußgesänge hört man singen
Nonnen und der Mönche Chor,
Aber hell auch hört man dringen
Geigentöne draus hervor.

Seine Geige mitzuführen,
War des Geigers letzte Bitt'.
»Wo so viele musizieren,
Musizier ich Geiger mit!«

An Cäcilias Kapelle
Jetzt der Zug vorüberkam,
Nach des offnen Kirchleins Schwelle
Geigt er recht in tiefem Gram.

Und wer kurz ihn noch gehasset,
Seufzt: »Das arme Geigerlein!«
»Eins noch bitt ich«, singt er, »lasset
Mich zur Heil'gen noch hinein!«

Man gewährt ihm; vor dem Bilde
Geigt er abermals sein Leid,
Und er rührt die Himmlischmilde:
Horch! melodisch rauscht ihr Kleid!

Lächelnd bückt das Bild sich nieder
Aus der lebenlosen Ruh',
Wirft dem armen Sohn der Lieder
Hin den zweiten goldnen Schuh.

Voll Erstaunen steht die Menge,
Und es sieht nun jeder Christ,
Wie der Mann der Volksgesänge
Selbst der Heil'gen teuer ist.

Schön geschmückt mit Bändern, Kränzen,
Wohl gestärkt mit Geld und Wein,
Führen sie zu Sang und Tänzen
In das Rathaus ihn hinein.

Alle Unbill wird vergessen,
Schön zum Fest erhellt das Haus,
Und der Geiger ist gesessen
Obenan beim lust'gen Schmaus.

Aber als sie voll vom Weine,
Nimmt er seine Schuh' zur Hand,
Wandert so im Mondenscheine
Lustig in ein andres Land.

Seitdem wird zu Gmünd empfangen
Liebreich jedes Geigerlein,
Kommt es noch so arm gegangen –
Und es muß getanzet sein.

Drum auch hört man geigen, singen,
Tanzen dort ohn' Unterlaß,

Und wem alle Saiten springen,
Klingt noch mit dem leeren Glas.

Und wenn bald ringsum verhallen
Becherklingeln, Tanz und Sang,
Wird zu Gmünd noch immer schallen
Selbst aus Trümmern lust'ger Klang.

Der reichste Fürst[5]

Preisend mit viel schönen Reden
Ihrer Länder Wert und Zahl,
Saßen viele deutsche Fürsten
Einst zu Worms im Kaisersaal.

»Herrlich«, sprach der Fürst von Sachsen,
»Ist mein Land und seine Macht,
Silber hegen seine Berge
Wohl in manchem tiefen Schacht.«

»Seht mein Land in üpp'ger Fülle«,
Sprach der Kurfürst von dem Rhein,
»Goldne Saaten in den Tälern,
Auf den Bergen edlen Wein!«

»Große Städte, reiche Klöster!«
Ludwig, Herr zu Bayern, sprach,
»Schaffen, daß mein Land dem euren
Wohl nicht steht an Schätzen nach.«

Eberhard, der mit dem Barte,
Württembergs geliebter Herr,
Sprach: »Mein Land hat kleine Städte,
Trägt nicht Berge silberschwer;

Doch *ein* Kleinod hält's verborgen:
Daß in Wäldern, noch so groß,
Ich mein Haupt kann kühnlich legen
Jedem Untertan in Schoß.«

Und es rief der Herr von Sachsen,
Der von Bayern, der vom Rhein:
»Graf im Bart! *Ihr* seid der reichste,
Euer Land trägt Edelstein!«

Kaiser Rudolfs Ritt zum Grabe

Auf der Burg zu Germersheim,
Stark am Geist, am Leibe schwach,
Sitzt der greise Kaiser Rudolf,
Spielend das gewohnte Schach.

Und er spricht: »Ihr guten Meister!
Ärzte! sagt mir ohne Zagen:
Wann aus dem zerbrochnen Leib
Wird der Geist zu Gott getragen?«

Und die Meister sprechen: »Herr,
Wohl noch heut erscheint die Stunde.«
Freundlich lächelnd spricht der Greis:
»Meister! Dank für diese Kunde!«

»Auf nach Speyer! auf nach Speyer!«
Ruft er, als das Spiel geendet;
»Wo so mancher deutsche Held
Liegt begraben, sei's vollendet!

Blast die Hörner! bringt das Roß,
Das mich oft zur Schlacht getragen!«

Zaudernd stehn die Diener all,
Doch er ruft: »Folgt ohne Zagen!«

Und das Schlachtroß wird gebracht.
    »Nicht zum Kampf, zum ew'gen Frieden«,
Spricht er, »trage, treuer Freund,
Jetzt den Herrn, den Lebensmüden!«

Weinend steht der Diener Schar,
    Als der Greis auf hohem Rosse,
Rechts und links ein Kapellan,
    Zieht, halb Leich', aus seinem Schlosse.

Trauernd neigt des Schlosses Lind'
    Vor ihm ihre Äste nieder,
Vögel, die in ihrer Hut,
    Singen wehmutsvolle Lieder.

Mancher eilt des Wegs daher,
    Der gehört die bange Sage,
Sieht des Helden sterbend Bild
    Und bricht aus in laute Klage.

Aber nur von Himmelslust
    Spricht der Greis mit jenen zweien,
Lächelnd blickt sein Angesicht,
    Als ritt' er zur Lust in Maien.

Von dem hohen Dom zu Speyer
    Hört man dumpf die Glocken schallen.
Ritter, Bürger, zarte Frau'n
    Weinend ihm entgegenwallen.

In den hohen Kaisersaal
    Ist er rasch noch eingetreten;
Sitzend dort auf goldnem Stuhl,
    Hört man für das Volk ihn beten.

»Reichet mir den heil'gen Leib!«
  Spricht er dann mit bleichem Munde,
  Drauf verjüngt sich sein Gesicht
  Um die mitternächt'ge Stunde.

Da auf einmal wird der Saal
  Hell von überird'schem Lichte,
  Und entschlummert sitzt der Held,
  Himmelsruh' im Angesichte.

Glocken dürfen's nicht verkünden,
  Boten nicht zur Leiche bieten,
  Alle Herzen längs des Rheins
  Fühlen, daß der Held verschieden.

Nach dem Dome strömt das Volk
  Schwarz unzähligen Gewimmels.
  Der empfing des Helden Leib,
  Seinen Geist der Dom des Himmels.

Wer machte dich so krank?

Daß du so krank geworden,
Wer hat es denn gemacht? –
Kein kühler Hauch aus Norden
Und keine Sternennacht.

Kein Schatten unter Bäumen,
Nicht Glut des Sonnenstrahls,
Kein Schlummer und kein Träumen
Im Blütenbett des Tals.

Kein Trunk vom Felsensteine,
Kein Wein aus vollem Glas,

Der Baumesfrüchte keine,
Nicht Blume und nicht Gras.

Daß ich trag Todeswunden,
Das ist der Menschen Tun;
Natur ließ mich gesunden,
Sie lassen mich nicht ruhn.

Herzenslast

Fühlt seines Bündels Drücken
Der müde Wandersmann,
Schnallt er die Last vom Rücken,
Sucht, wo er ruhen kann.

Den Rock zieht er herunter,
Deucht er ihm allzu schwer,
Und gehet noch so munter
Im leichten Hemd einher.

Ablegen doch kann nimmer
Der Müde *eine* Last,
Die trägt er fühlend immer
Durch Berg und Tal ohn' Rast;

Die schlägt oft wie ein Hammer
An seine Brust mit Schmerz:
Das ist in enger Kammer
Das volle Menschenherz.

Der Wanderer in der Sägmühle

Dort unten in der Mühle
Saß ich in süßer Ruh'
Und sah dem Räderspiele
Und sah den Wassern zu.

Sah zu der blanken Säge,
Es war mir wie ein Traum,
Die bahnte lange Wege
In einen Tannenbaum.

Die Tanne war wie lebend,
In Trauermelodie,
Durch alle Fasern bebend,
Sang diese Worte sie:

Du kehrst zur rechten Stunde,
O Wanderer, hier ein,
Du bist's, für den die Wunde
Mir dringt ins Herz hinein!

Du bist's, für den wird werden,
Wenn kurz gewandert du,
Dies Holz im Schoß der Erden
Ein Schrein zur langen Ruh'.

Vier Bretter sah ich fallen,
Mir ward's ums Herze schwer,
Ein Wörtlein wollt' ich lallen,
Da ging das Rad nicht mehr.

Rückkehr

In dem Tal, wo Burgen hangen
An manch wald'ger Bergeswand,
Wo du oft als Kind gegangen
Sorglos an der Unschuld Hand,

Ging ich jüngst verlassen, Liebe!
Einsam und entfernt von dir.
Wie ich's so bedachte trübe,
Tratest du als Kind zu mir,

Zeigtest mir aus schönem Tale
Eine Blume licht und blau,
Wunderhell im Morgenstrahle
Sah aus ihrem Kelch der Tau.

Über Berge sah ich fliehen
Dann dein kindlich liebes Bild,
Wie sich Wölklein still entziehen,
War es bald dem Blick verhüllt.

Ist mir auch das Kind verschwunden,
Ist es doch die Blume nicht,
Wieder hab ich die gefunden
Heut in deines Auges Licht.

Glück des Verlassenseins

Wohl ist es schön, zu stehen
In trauter Freunde Reihn,
Doch schöner ist's, zu gehen
In weiter Welt allein.

Mensch! bist du ganz verlassen,
Klag keinen Augenblick!
Da kannst du erst dich fassen,
Kannst gehn in Gott zurück.

Es täuscht die Welt, die trübe,
Dir nimmer Aug' und Ohr;
Die innre Welt der Liebe
Eröffnet dir ihr Tor.

In ihr lebst du versunken
In Gottes Angesicht,
Die andern, erdetrunken,
Gewahren deiner nicht.

Ja! möchten sie dich lassen
In deinem Innern stumm,
Verlassen, ganz verlassen,
Bis deine Zeit ist um.

In Tiefen unberühret
Wächst einsam das Metall;
Wo 's nachtet und gefrieret,
Sich bildet der Kristall.

Wo zu finden?

Wenn ein Liebes dir der Tod
Aus den Augen fortgerückt,
Such es nicht im Morgenrot,
Nicht im Stern, der abends blickt.

Such es nirgends früh und spät,
Als im Herzen immerfort.
Was man so geliebet, geht
Nimmermehr aus diesem Ort.

Der Zopf im Kopfe

Einst hat man das Haar frisiert,
Hat's gepudert und geschmiert,
Daß es stattlich glänze,
Steif die Stirn begrenze.

Nun läßt schlicht man wohl das Haar,
Doch dafür wird wunderbar
Das Gehirn frisieret,
Meisterlich dressieret.

Auf dem Kopfe die Frisur,
Ist sie wohl ganz Unnatur,
Scheint mir noch passabel,
Nicht so miserabel,

Als jetzt im Gehirn der Zopf,
Als jetzt die Frisur im Kopf,
Puder und Pomade
Im Gehirn! – Gott Gnade!

Poesie

Poesie ist tiefes Schmerzen,
Und es kommt das echte Lied
Einzig aus dem Menschenherzen,
Das ein tiefes Leid durchglüht.

Doch die höchsten Poesien
Schweigen wie der höchste Schmerz,
Nur wie Geisterschatten ziehen
Stumm sie durchs gebrochne Herz.

Die Äolsharfe in der Ruine[6]

In des Turms zerfallner Mauer
Tönet bei der Lüfte Gleiten
Mit bald halb zerrißnen Saiten
Eine Harfe noch voll Trauer.

In zerfallner Körperhülle
Sitzt ein Herz, noch halb besaitet,
Oft ihm noch ein Lied entgleitet
Schmerzreich in der Nächte Stille.

Ärztliche Runde

Geh ich in der Mitternacht
Durch der Häuser enge Reihn
Hin, wo noch ein Kranker wacht
Bei der Lampe mattem Schein,

Blick ich an die Fenster oft,
Hinter denen fruchtlos ich
Auf Metall und Kraut gehofft,
Lausch ich, und es reget sich.

Und es kommt herab im Haus,
Als hätt' ich geklopfet an –
Ein Verstorbner tritt heraus,
Gehet stumm mit mir die Bahn.

Und mein Hündlein stutzt und bellt,
Will mit mir nicht weiter gehn.
Wolken, fliegt vom Himmelszelt!
Daß die Sterne leuchtend stehn.

Der Grundton der Natur

Wenn der Wald im Winde rauscht,
Blatt mit Blatt die Rede tauscht,
Möcht ich gern die Blätter fragen:
Tönt ihr Wonnen? tönt ihr Klagen?

Springt der Waldbach Tal entlang
Mit melodischem Gesang,
Frag ich still in meinem Herzen:
Singt er Wonne? singt er Schmerzen?

Lausch der Äolsharfe nur!
Schmerz ist Grundton der Natur;
Schmerz des Waldes rauschend Singen,
Schmerz – des Baches murmelnd Springen,
Und am meist aus Menschen Scherz
Tönt als Grundton Schmerz, nur Schmerz.

Die schwerste Pein

Im Feuer zu verbrennen,
Ist eine schwere Pein,
Doch kann ich *eine* nennen,
Die schmerzlicher mag sein.

Die Pein ist's, *das* Verderben,
Das Los, so manchem fällt:
Langsam dahinzusterben
Im Froste dieser Welt.

Das Seltenste

Steig in der Erde Nacht!
Wohl manchen edlen Stein
Findst du in stillem Schacht,
Der unversehrt und rein.

Tauch in des Meeres Grund,
Such am einsamen Riff!
Manch Perle rein und rund
Hascht ein geschickter Griff.

Geh hin, wo sich ohn' Ruh'
Der Menschenmarkt bewegt –
Nicht *ein* Herz findest du,
Das keine Narbe trägt.

An Sie im Alter

4

Verlör' ich ganz der Augen Licht,
Würd' dennoch mich nicht Nacht umgeben,
Solange du, mein lichtes Leben,
Du, meine Sonne! scheidest nicht.

Dein Herz treibt meines Herzens Schlag,
Weil es das meine ganz umfangen,
Und meine Augen blind empfangen
Von deinen Augen ihren Tag.

Nicht Nacht, ein lichtes Morgenrot
Wird, weil du lebest, vor mir stehen;
Werd einst statt dessen Nacht ich sehen,
Werd ich erkennen, daß du tot.

5

Würdest sterben du vor mir,
Würd' dein Tod den Tod mir geben,
Denn wie könnt' ich, ach! noch hier
Mit zerteiltem Herzen leben?

Wäre wie der alte Baum,
Den der wilde Sturm gespalten
Bis zur Wurzel, daß er kaum
Kann sich überm Abgrund halten.

Sinken muß er in die Kluft,
Der zerrißne, blätterlose. –
Sänke bald in deine Gruft,
Daß uns deckten gleiche Moose.

8

Werd ich einst gestorben sein,
Werden dies und das sie sagen,
Dir doch ist bekannt allein,
Wofür hier mein Herz geschlagen.

Laß sie schwatzen immerhin
Über dem verscharrten Herzen,
Stumm, wie ich im Grabe bin,
Sei du stumm in deinen Schmerzen.

Meinen Schatten sollen nicht
Stören deines Auges Tränen,
Wenn er aus dem Sarge bricht,
Zu dir schwebt in seinem Sehnen.

Denn solang du lebest hier,
Kann ich nicht die Erde lassen,
Ohne dich, ich sag's nur dir,
Würd' ich selbst den Himmel hassen.

Bis gebrochen auch dein Herz,
Löst sich nicht mein Bann hienieden,
Dann erst schweb ich himmelwärts
Mit dir in der Sterne Frieden.

Augentrost

O laß es gern geschehen,
Daß dir dein Auge blind!
Was willst du denn noch sehen,
Altes, betrognes Kind?

Willst du den Lenz erzwingen
Durch buntgefärbtes Glas?
Soll dir noch Blumen bringen
Das längst verwelkte Gras?

Die lichten Regenbogen,
Die Schlösser in der Luft,
Alter! sind fortgezogen,
Du siehst nur eis'gen Duft.

Lenz, Sommer sind geschieden,
Nur Winter siehest du.
Alter! o schließ in Frieden
Die müden Augen zu.

Auf den Tod eines Kindes

Wie wohl ist dir gebettet,
Mein Kind, im Erdenschoß!
Hast aus der Welt gerettet
Dich, eh' du wurdest groß.

Wenn in des Lenzes Tagen
Die Blüte fällt vom Baum,
Kann man mit Fug wohl sagen:
Sie war ein lichter Traum.

Doch wenn vom Wurm gestochen
Als Frucht sie hängt am Baum
Und faul wird abgebrochen,
War sie ein böser Traum.

So viele Früchte prangen,
Die leis ein Wurm zerfrißt.
Wer weiß, ob du entgangen
Nicht solchem Lose bist.

Ein Engel schwebt vorüber,
Haucht an die Blüten nur,
Da wehen sie hinüber
Auf eine beßre Flur.

Ich blick dir nach mit Sehnen,
Du Blüte! fortgeweht,
Doch fließen keine Tränen,
Weil es dir wohlergeht.

An den Hund des Toten

Der Tod den edlen Herrn dir nahm,
Vergebens suchst du seine Wege.
Du blickst mich an, ja, komm und lege
Auf meinen Schoß dein Haupt voll Gram.
Aus deinen Augen, treues Tier!
Schaut eine stumme, tiefe Klage,
Und geht an mich die ernste Frage:

»Wo find ich ihn? Mensch! sag es mir!«
Wend ab dein fragend Auge nur!
Was könnt' ein armer Mensch dir sagen?
Antwortet ja auf solche Fragen
Selbst *ihm* mit Schweigen die Natur.

Das Verbrennen alter Zeit

Wenn der Mensch, ein faulend Aas,
Lieget unter Erd und Gras,
In und auf ihm Würmer, Käfer,
Sagen sie: Der müde Schläfer
Ruht nun süß im Erdenschoß!
Ich doch sage: herbes Los!

Und die Leiche, die ins Meer
Man gesenket, treibt umher
Unter Haien, Wasserschlangen,
Deren Magen sie empfangen.
Oben spricht ein dummer Mund:
Der ruht süß im stillen Grund!

Abscheu auch der Fürstengruft,
Wo ein Leib voll Moderduft
Liegt gekrönt im Sarkophage,
Daß er noch am Jüngsten Tage
Engeln Gottes Zeuge sei
Menschlicher Alfanserei.

Glaubt, am schönsten wär' noch heut
Das Verbrennen alter Zeit,
Feuer läßt zurücke keine
Totenköpf' und Totenbeine,
Was als Asche kam zur Welt,
Flugs in Asche niederfällt.

Und zum Trotz dem kalten Tod
Glüht ein heißes Morgenrot,
Solches trägt in Himmels Lüfte
Über Moder, über Grüfte
Eines Menschen letzten Rest –
Das ist Tod nicht – ist ein Fest.

Der letzte Blütenstrauß

Wenn ein Baum, ein morscher, alter,
Plötzlich wieder blüht aufs neu',
Ist's ein Zeichen, daß nun bald er
Tot und reif zum Fällen sei.

So auch hat sich ein Erblühen
In mir Alten angefacht,
Ach, nur eines Herbsts Erglühen
Vor des Winters langer Nacht!

Was aufs neu' ich hier gesungen,
Fühl ich, hat kein Lenz erzeugt;
Meine Saiten sind gesprungen,
Und mein Tag hat sich geneigt.

Süddeutschlands Wärme

Wenn man von Deutschlands Süden spricht,
Von seinen warmen, sonn'gen Auen,
Streng ich mich an, doch kann ich nicht,
Was andre meinen, fühlen, schauen.

Wie eine Sage alter Zeit
Erscheint mir Deutschlands warmer Süden.
Kaum aus der Kindheit, fern mir, weit,
Weiß ich noch was von Märzenblüten.

Jetzt oft im Mai noch Frost und Schnee,
O fraget nur die armen Reben!
Sie klagen tränend euch ihr Weh,
Ihr sonnenloses Schattenleben.

Dreiviertel Jahre kalt und wüst,
Ein ew'ger Kampf von Licht und Schatten,
Ja! das schon lange Jahre ist,
Der traur'ge Himmel, den wir hatten.

Im Grame hab ich oft gedacht:
Erlösch' die Sonne voll auf immer,
Stieg' nur empor die nord'sche Nacht
Mit ihres Nordscheins Farbenschimmer,

Mit ihrem Mond, der silberhell,
Die Schneegefilde rings verkläret,
Wo man im Flug des Renntiers schnell
Durch tausend lichte Wunder fähret,

Zu Fackeln diamantnen Strahl
Aus burgeshohen Bergkristallen. –
Die Nacht, die würd' mir hundertmal
Mehr als des Südens Tag gefallen.

Verlebter Süden! schwach und alt,
Hat dich die Wassersucht ergriffen.
Da, wo dein Land war, wird einst kalt
Im Meer der Walfischjäger schiffen.

Meine Maultrommel[7]

War die Leier mir zersprungen,
Hab ich mit dem kleinen Eisen
Der Natur oft nachgesungen
Ihre schmerzlich süßen Weisen.

In die Töne, die es spielte,
Hört' ich oftmals übertragen,
Was ich tief im Busen fühlte
Und nicht konnt' in Liedern sagen.

Todesnacht

Süß ist wohl nach lautem Leben
Eines langen Schlafes Ruh',
Würd' der Tod mir diese geben,
Ging' ich gern dem Grabe zu.

Traumlos möcht' ich schlafen stille
Dann die lange Todesnacht,
Wie die Pupp' in dunkler Hülle,
Bis der Schmetterling erwacht.

Der Traum eines Arztes
in einer Nacht zu Nürnberg im Jahre 1845[8]

Es war ein Arzt aus Schwaben
Zu Nürnberg in Quartier,
Der wollt' frühmorgens haben
Zur Stärkung Wurst und Bier.

Da sprach des Hauses Meister:
»Ja! trinkt! bleich seht Ihr aus.
Saht Ihr heut nacht wohl Geister
In meinem alten Haus?«

»Nein!« sprach der Arzt, »mit Schauern
Träumt' ich heut nacht *den* Traum:
In eines Kirchhofs Mauern
Saß ich an einem Baum.

Kein goldner Vollmond schiffte
Durchs grüne Rebental.
Es zuckte durch die Lüfte
Entfernter Blitze Strahl.

Ich aber saß beklommen,
Als drohte was noch mehr;
Sprach, wie bin ich gekommen
Um Mitternacht hieher?

Ich seufzte und ich grollte,
Da hör ich dumpfes Schall'n,
Als ob die Erd' entrollte
Den Grabeshügeln all'n.

Der Mond aus Wolkenbergen
Auf einmal strahlend bricht,
Da seh ich, wie aus Särgen
Steigt Leich' an Leiche dicht.

Die lenken ihre Schritte
Gerade auf mich zu,
Ich aber ruf: ›Ich bitte,
Ihr Toten, kehrt zur Ruh'!‹

Schnell will ich mich erheben,
Gebannt bleib ich am Baum,

Die Leichen zu mir schweben. –
O nie vergeßner Traum!

Die erste, wie im Grimme
Hebt auf die schwarze Hand,
Und spricht mit hohler Stimme:
›Mein Tod war heißer Brand.

Du aber hast gestecket
Moschus in mich hinein,
Die Glut noch mehr gewecket,
Der Tod half mir allein.‹

Drauf mit den Knochenhänden
Die zweite weist aufs Herz,
Und spricht: ›So mußt' ich enden!
Hier innen saß mein Schmerz.

Du aber gabst mir Pillen
Und Tränke für die Brust:
Mein Leiden hat zu stillen
Allein der Tod gewußt.‹

Die dritte kommt geschritten,
Und streckt mir hin ihr Bein:
›Hättst du dies abgeschnitten,
Würd' ich noch lebend sein.

Du doch auf meine Klagen
Sprachst: Jod und Lebertran
Heilt dich in wenig Tagen,
Der Tod nur hat's getan.‹

Die vierte mit dem Kopfe
Stets nickte hin und her:
›Wie war mir armen Tropfe
Im Leben der so schwer!

Hättst Wasser mir gegeben
Statt China immerdar,
So wär' ich noch am Leben:
Der Tod mein Helfer war.‹

Jetzt kommt die fünfte Leiche
An Krücken her auf mich,
Ich kenne sie, ruf: ›Weiche!
Die Erde decke dich!

Fort! fort! sie deck' euch alle,
Ihr Toten! fort vom Licht!‹
Da ruft's mit grellem Schalle:
›Arzt, mit dir ins Gericht!‹

Nun kommt der Tod gegangen,
Die Leichen singen: ›Tod!
Mit Kränzen sei umfangen,
Du Retter aus der Not.

Preis *dir*, Arzt, der gefunden
Den Balsam Grabesruh',
Du bandest unsre Wunden
Sanft mit dem Sargtuch zu.‹

Und jetzt, an mir vorüber,
Schwebt' Tod und Leichenchor.
Schnell war der Himmel trüber,
Das Mondlicht sich verlor.

Zum Baum, wo meine Stätte,
Ein Blitzstrahl niederkracht,
Davon bin ich im Bette
Vom tollen Traum erwacht.« –

Der Hausherr, etwas kühler,
Sprach: »O das hat gemacht,

Daß ihr im Dunst so vieler
Kunstbrüder zugebracht.

Trinkt unser Bier nur dreister,
Speist eine Wurst dazu,
Dann lassen euch die Geister
Und böse Träum' in Ruh'.«

Der diesen Traum hier träumte,
Justinus Kerner hieß,
Ob aber er ihn reimte –
Das bleibt noch ungewiß.

Ärztliches[9]

Weh! mein Freund liegt auf dem Lager
Abgezehrt zum Skelett.
Spricht der Arzt: »Oh! daß er mager
Wird, ist besser als zu fett.
Warmer Regen statt des Schnees
Bringt das End' ihm seines Wehes,
Daß er froh springt aus dem Bett.«

Bald fällt warmer Regen immer
Und der Schnee, der kalte, flieht,
Doch es wird der Kranke schlimmer.
Spricht der Arzt: »Oh! das geschieht,
Weil die Luft wird immer nässer,
Heller Himmel wär' ihm besser,
Wolken machen immer müd.«

Endlich strahlt die Sonne helle,
Doch der Kranke hat vollbracht;
Spricht der Arzt: »Nur weil zu schnelle
Kam die Sonne so mit Macht,

Starb er, konnt' nach trüben Tagen
Nicht das grelle Licht ertragen:
Habe das voraus gedacht.«

Im Garten im Mondlicht

Im Garten im Mondlicht
Vernehm ich ein leises
Flüstern und Streiten.
Lilien und Rosen
Streiten, wer schöner
Von ihnen blühe;
Wenden die Häupter
Nach mir hin – ich gehe,
Der Mond sieht euch blühen,
Der soll's entscheiden!

Ein Spruch

Weiß nicht, woher ich bin gekommen,
Weiß nicht, wohin ich werd genommen,
Doch weiß ich fest: daß ob mir ist
Eine Liebe, die mich nicht vergißt.

Winterblüten

Ein Kritikus schrieb einst von meinen Liedern:
»Einteilen möcht ich sie« – ich konnte nichts erwidern –
»In goldne, silberne und die von Eisen.«

Wie würd' er jetzt die allerneusten heißen?
Du lieber Gott! ich fürchte, daß er sage:
»Das sind die ledernen der alten Tage.«

Erwarten in Demut

Wißt ihr, wo sind die Myriaden,
Die waren, seit die Erde steht?
Hat sie ein Gott zu sich geladen?
Hat eine Windsbraut sie verweht?

Ich kann nicht fordern noch ein Leben,
Ein Paradies noch nach dem Tod.
Was hab ich dieser Welt gegeben?
Nichts – gegen das, was sie mir bot.

Ich kann nur stehn in stummer Wehmut
Und, wenn mein Geist vom Leib sich trennt,
Erwarten nur in tiefer Demut,
Ob Gott ihn noch als Geist erkennt.

Zur Ruh', zur Ruh'

Zur Ruh', zur Ruh',
Ihr müden Glieder!
Schließt fest euch zu,
Ihr Augenlider!
Ich bin allein,
Fort ist die Erde;
Nacht muß es sein,
Daß Licht mir werde.

O führt mich ganz,
Ihr innern Mächte!
Hin zu dem Glanz
Der tiefsten Nächte.
Fort aus dem Raum
Der Erdenschmerzen,
Durch Nacht und Traum
Zum Mutterherzen!

Auf Anton Mesmers Grab[10]

Wo die alte Meersburg thronet, an des Schwäb'schen Meeres
Strand,
Da das Grab des »weisen Meisters« jüngst ich unter Dornen
fand,
Rings die Elemente ruhten, eine Möwe irr im Flug
Nur noch ob den stillen Gräbern ihre müden Flügel schlug.
»Lüfte«, sprach ich, »Wasser, Erde, Wälder und du lichte
Flur!
Früh hat er aus euch gesogen Kraft der schaffenden Natur.
Seinen Augen, seinen Händen, Spendern dieser Kraft, sei
Preis!
Tausenden ein Himmelssegen ward er alt, doch nie ein Greis.

Wenig sprach er, wenig Dinte hat verbraucht einst seine
                                              Hand,
Kurz sein Wort war, kurz, was einstens er dem Bücher-
                                       markt gesandt.
Innres Schauen, innres Fühlen trat ihm an der Bücher Platz.
Nur acht Bücher – hört es! waren seines Schranks gedruckter
                                              Schatz!
Wie der See, der seine Wiege einst umspülte, also war
Auch sein Geist stets rastlos schaffend und wie jener tief und
                                              klar.
Viele Hochgelehrte lasen, was sein Innerstes gebar,
Schüttelnd ihre Zopfperücken statt zu ahnen, was er war.
Nicht zu Menschen floh er klagend, in die Wälder, auf die
                                              Flur,
Seinen Kummer kindlich legend an das Herze der Natur.
Diese gab ihm Kraft und Frieden, doch der Markt nur Streit
                                       und Hohn,
Sterbend blieb er, wie im Leben, der Natur einfacher Sohn.«
Als ich schied, sank schon die Sonne in der Fluten goldne
                                              Pracht,
Goß des Mondes mag'scher Spiegel seine Zauber durch die
                                              Nacht,
Sanfte Töne hört' ich tönen wie aus seinem Grabe – da
Dacht' ich seiner letzten Worte: »Spielt mir die
                                       Harmonika!«

An Sie, nach Ihrem Tode

2

Klage

Keine Muse hab ich mehr!
Seit sie ist von mir gegangen,
Meiner Leier Saiten sprangen,
Hab ich keine Muse mehr.

Keinen Himmel hab ich mehr!
Seit das Auge sie geschlossen,
Draus ein Himmel mir geflossen,
Hab ich keinen Himmel mehr,

Hab ich keine Erde mehr,
Irr ich, wie vom Sturm verschlagen
Eine Möwe irrt voll Klagen
Überm bodenlosen Meer;

Über einem Meer voll Nacht,
Über einem Meer voll Kummer,
Wo nicht Ruhe ist, nicht Schlummer,
Kalte Wirklichkeit nur wacht.

Ew'ge Liebe! führe du
Fort mich aus dem Meer, dem trüben,
Auf zum Lichte meiner Lieben
Oder ew'gem Schlummer zu!

5

In der Nacht

Gern wollt' ich ja am Tage Schmerzen leiden,
Verdorren sehen meines Lebens Baum,
Oh! käme nachts von meinen alten Freuden
Zu mir nur einmal noch ein schöner Traum.
Doch schlaflos blick ich stets nach jener Stelle,
Von der mir nachts oft ihre Stimme klang,
Und war es auch nur ihres Atems Welle,
Hat mir's getönt wie leiser Engelsang.
Doch schlaflos muß ich nachts zur Stelle blicken,
Von der mir bald kein süßer Laut mehr kam,
An der ich, sie zum letztenmal zu drücken,
Die kalte Hand in meine heiße nahm.

Was hab ich noch? Ein Auge müd und trübe,
Das dennoch sich nicht schließen kann zur Ruh',
Ein Herz, weit offen für den Schmerz der Liebe.
Komm, lieber Tod! schließ mir die beiden zu!

11
Wie dir, so mir

Wie dir geschah, so soll's auch mir geschehn,
Nur wo du hinkamst, will auch ich hingehn:
Ich will ins Licht nur, wirst im Licht du sein,
Bist du in Nacht, so will ich in die Nacht,
Bist du in Pein, so will ich in die Pein.
Von dir getrennt hab ich mich nie gedacht,
Zu dir, zu dir will ich allein, allein!

Der Gesang im Ofen

Wer sang in meinem Ofen
Heut nacht so wunderbar,
Wie nie ein andres Singen
Mir herzergreifend war?

Lang war's, als säng' in Flammen
Unsel'ger Geister Chor,
Dann aber sang's in Worten
So tönend meinem Ohr:

Du forschest, was so singet
In deines Ofens Raum.
Ich bin's, der Ast von einem
Gefällten Tannenbaum.

Vom Baume, der geschnitten
Schon längst in Bretter breit,
Der Schreiner hobelt singend:
»Mach, Alter, dich bereit!«

So sang es kurz in Worten,
In Tönen doch noch lang,
Bis mich in Schlaf und Träume
Einlullte der Gesang.

An durch Gram unruhige Herzen

Glaubt einem Gram ihr zu entfliehen,
Wenn ihr entflieht dem alten Raum?
Der Glaube ist ein irrer Traum:
Der Gram wird allwärts mit euch ziehen.

Und zieht ihr bis zum fernsten Strande,
Zu suchen euch den lautsten Markt,
Das Herz, das man euch eingesargt,
Tragt ihr im Gram in alle Lande.

Die Zeit nur lindert Gram und Schmerzen,
Der Raum, o glaubt's! tut nichts dabei;
Drum harret still, wo es auch sei,
Und lernt Geduld, unruh'ge Herzen!

Nachlese

Das Augenlid

Ich weiß ein Tor, das mir das herbe Leben süßt,
Das ist das Augenlid, das meine Augen schließt.
Quält mich die Welt und läßt der Mensch mir keine Ruh',
Schließ ich dies Tor und geh der innern Heimat zu.

Eine Mahnung

Gib deinen Gram dem hellen Tag nicht kund,
Verschließ ihn tief in deines Herzens Grund,
Und weint dein Inneres, rede Scherz dein Mund.
Nur in der Nacht, ist sie von Menschen rein,
Rück von dem Herzen weg den schweren Stein
Und sprich von deinem Gram mit Gott allein!

Sursum![11]

»Du schwarze Nacht, du stumme Nacht,
Ihr Träume ohne Licht,
Du Herz, aus dem kein Freudenruf,
Nur Ruf des Schmerzens bricht!«

So rief ich in die bange Nacht;
Drauf sich ein Stern erhebt,
Aus dem ein Bild, ein Frauenbild,
Stets näher zu mir schwebt.

Ich flüsterte: »Ich kenne dich,
Mein weggerißnes Herz!

Ich blieb in Nacht, dich aber trug
Ein Engel himmelwärts.«

Da lispelt' es wie Melodie:
»Nicht ist die Nacht mehr fern,
Wo ich dich trag ans Herz gedrückt
In meinen lichten Stern.«

Fort schwebte sie, es blieb ihr Licht,
Es schwanden meine Wehn,
Und einen Stern in Kreuzesform
Sah ich am Himmel stehn.

Goldener

Ein Kindermärchen

Es sind wohl zweitausend Jahre oder noch länger, da hat in einem dichten Walde ein armer Hirt gelebt, der hatte sich ein bretternes Haus mitten im Walde erbaut, darin wohnte er mit seinem Weib und sechs Kindern; die waren alle Knaben. An dem Hause war ein Ziehbrunnen und ein Gärtlein, und wann der Vater das Vieh hütete, so gingen die Kinder hinaus und brachten ihm zu Mittag oder zu Abend einen kühlen Trunk aus dem Brunnen oder ein Gericht aus dem Gärtlein.

Dem jüngsten der Knaben riefen die Eltern nur: Goldener, denn seine Haare waren wie Gold, und obgleich der jüngste, so war er doch der stärkste von allen und der größte.

Sooft die Kinder hinausgingen, so ging Goldener mit einem Baumzweige voran; anders wollte keines gehen, denn jedes fürchtete sich, zuerst auf ein Abenteuer zu stoßen; ging aber Goldener voran, so folgten sie freudig eins hinter dem andern nach durch das dunkelste Dickicht, und wenn auch schon der Mond über dem Gebirge stand.

Eines Abends ergötzten sich die Knaben auf dem Rückweg vom Vater mit Spielen im Walde, und hatte sich Goldener vor allen so sehr im Spiele ereifert, daß er so hell aussah, wie das Abendrot. »Laßt uns zurückgehen!« sprach der Älteste, »es scheint dunkel zu werden.« – »Seht da, der Mond!« sprach der Zweite. Da kam es licht zwischen den dunkeln Tannen hervor, und eine Frauengestalt wie der Mond setzte sich auf einen der moosigen Steine, spann mit einer kristallenen Spindel einen lichten Faden in die Nacht hinaus, nickte mit dem Haupte gegen Goldener und sang:

»Der weiße Fink, die goldene Ros',
Die Königskron' im Meeresschoß.«

Sie hätte wohl noch weiter gesungen, da brach ihr der
Faden, und sie erlosch wie ein Licht. Nun war es ganz
Nacht, die Kinder faßte ein Grausen, sie sprangen mit
kläglichem Geschrei, das eine dahin, das andere dorthin,
über Felsen und Klüfte, und verlor eins das andere.
Wohl viele Tage und Nächte irrte Goldener in dem dicken
Wald umher, fand auch weder einen seiner Brüder noch die
Hütte seines Vaters, noch sonst die Spur eines Menschen;
denn es war der Wald gar dicht verwachsen, ein Berg über
den andern gestellt und eine Kluft unter die andere.
Die Braunbeeren, welche überall herumrankten, stillten seinen Hunger und löschten seinen Durst, sonst wär' er gar
jämmerlich gestorben. Endlich am dritten Tage, andere
sagen gar erst am sechsten, wurde der Wald hell und immer
heller, und da kam er zuletzt hinaus auf eine schöne grüne
Wiese.
Da war es ihm so leicht um das Herz, und er atmete mit
vollen Zügen die freie Luft ein.
Auf derselben Wiese waren Garne ausgelegt, denn da
wohnte ein Vogelsteller, der fing die Vögel, die aus dem
Wald flogen, und trug sie in die Stadt zu Kaufe.
»Solch ein Bursch ist mir gerade vonnöten«, dachte der
Vogelsteller, als er Goldener erblickte, der auf der grünen
Wiese nah an den Garnen stand und in den weiten blauen
Himmel hineinsah und sich nicht satt sehen konnte.
Der Vogelsteller wollte sich einen Spaß machen, er zog seine
Garne, und husch! war Goldener gefangen und lag unter
dem Garne gar erstaunt, denn er wußte nicht, wie das
geschehen war. »So fängt man die Vögel, die aus dem Walde
kommen«, sprach der Vogelsteller laut lachend, »deine roten
Federn sind mir eben recht. Du bist wohl ein verschlagener
Fuchs; bleibe bei mir, ich lehre dich auch die Vögel
fangen.«

Goldener war gleich dabei; ihm deuchte unter den Vögeln ein gar lustig Leben, zumal er ganz die Hoffnung aufgegeben hatte, die Hütte seines Vaters wiederzufinden.

»Laß erproben, was du gelernt hast«, sprach der Vogelsteller nach einigen Tagen zu ihm. Goldener zog die Garne, und bei dem ersten Zuge fing er einen schneeweißen Finken.

»Packe dich mit diesem weißen Finken!« schrie der Vogelsteller, »du hast es mit dem Bösen zu tun!« Und so stieß er ihn gar unsanft von der Wiese, indem er den weißen Finken, den ihm Goldener gereicht hatte, unter vielen Verwünschungen mit den Füßen zertrat.

Goldener konnte die Worte des Vogelstellers nicht begreifen; er ging getrost wieder in den Wald zurück und nahm sich noch einmal vor, die Hütte seines Vaters zu suchen.

Er lief Tag und Nacht über Felsensteine und alte, gefallene Baumstämme, fiel auch gar oft über die schwarzen Wurzeln, die aus dem Boden überall hervorragten.

Am dritten Tag aber wurde der Wald heller und immer heller, und da kam er endlich hinaus und in einen schönen, lichten Garten, der war voll der lieblichsten Blumen, und weil Goldener so was noch nie gesehen, blieb er voll Verwunderung stehen. Der Gärtner im Garten bemerkte ihn nicht so bald, denn Goldener stand unter den Sonnenblumen, und seine Haare glänzten im Sonnenschein nicht anders als so eine Blume.

»Ha!« sprach der Gärtner, »solch einen Burschen hab ich gerade vonnöten«, und schloß das Tor des Gartens. Goldener ließ es sich gefallen, denn ihm deuchte unter den Blumen ein gar buntes Leben, zumal er ganz die Hoffnung aufgegeben hatte, die Hütte seines Vaters wiederzufinden.

»Fort in den Wald!« sprach der Gärtner eines Morgens zu Goldener, »hol mir einen wilden Rosenstock, damit ich zahme Rosen darauf pflanze!« Goldener ging und kam mit einem Stock der schönsten, goldfarbenen Rosen zurück, die waren auch nicht anders, als hätte sie der geschickteste Goldschmied für die Tafel eines Königs geschmiedet.

»Packe dich mit diesen goldenen Rosen!« schrie der Gärtner, »du hast es mit dem Bösen zu tun!« Und so stieß er ihn gar unsanft aus dem Garten, indem er die goldenen Rosen unter vielen Verwünschungen in die Erde trat.

Goldener konnte die Worte des Gärtners nicht begreifen; er ging getrost wieder in den Wald zurück und nahm sich nochmals vor, die Hütte seines Vaters zu suchen.

Er lief Tag und Nacht von Baum zu Baum, von Fels zu Fels. Am dritten Tag endlich wurde der Wald hell und immer heller, und da kam Goldener hinaus und an das blaue Meer, das lag in einer unermeßlichen Weite vor ihm. Die Sonne spiegelte sich eben in der kristallhellen Fläche, da war es wie fließendes Gold, darauf schwammen schöngeschmückte Schiffe mit langen, fliegenden Wimpeln.

Eine zierliche Fischerbarke stand am Ufer, in die trat Goldener und sah mit Erstaunen in die Helle hinaus.

»Ein solcher Bursch ist uns gerade vonnöten«, sprachen die Fischer, und husch! stießen sie vom Lande. Goldener ließ es sich gefallen, denn ihm deuchte bei den Wellen ein goldenes Leben, zumal er ganz die Hoffnung aufgegeben hatte, seines Vaters Hütte wiederzufinden.

Die Fischer warfen ihre Netze aus und fingen nichts. »Laß sehen, ob du glücklicher bist!« sprach ein alter Fischer mit silbernen Haaren zu Goldener. Mit ungeschickten Händen senkte Goldener das Netz in die Tiefe, zog und fischte eine Krone von hellem Golde.

»Triumph!« rief der alte Fischer und fiel Goldenern zu Füßen, »ich begrüße dich als unsern König! Vor hundert Jahren versenkte der alte König, welcher keinen Erben hatte, sterbend seine Krone im Meer, und so lange, bis irgendeinen Glücklichen das Schicksal bestimmt hätte, die Krone wieder aus der Tiefe zu ziehen, sollte der Thron ohne Nachfolger in Trauer gehüllt bleiben.«

»Heil unserem König!« riefen die Fischer und setzten Goldenern die Krone auf. Die Kunde von Goldener und der wiedergefundenen Königskrone erscholl bald von Schiff zu

Schiff und über das Meer weit in das Land hinein. Da war
die goldene Fläche bald mit bunten Nachen bedeckt und mit
Schiffen, die mit Blumen und Laubwerk geziert waren; diese
begrüßten alle mit lautem Jubel das Schiff, auf welchem
König Goldener stand. Er stand, die helle Krone auf dem
Haupte, am Vorderteile des Schiffes und sah ruhig der Sonne
zu, wie sie im Meere erlosch.

Das Nachspiel der ersten Schattenreihe

oder

König Eginhard

Ein chinesisches Schattenspiel

Sprechende Figuren sind: Ein Zwerg. Eine Nonne, Adelheid. Kaiser Otto, ihr Vater. König Eginhard. Dietwaldus, dessen Hofmeister. Ein Tisch. Zwei Sessel. Der Teufel. Eine Zigeunerin. Ein Nachtfräulein. Ein Schildknecht und Professor der Astronomie. Eine Mäusin. Eine Maus. Ein Pudel.

Actus primus

Ein Garten, neben ein Kloster.

Eine Nonne tritt auf und spricht:

> Stolze Türme! hohe Säle!
> Schön durchstrahlt von Frau'n und Rittern,
> Weh! ihr dufterfüllten Gärten,
> Lichtdurchscheint von Stern und Lilie!
> Weh! ihr spiegelhellen Seen,
> Stolz durchschifft von Silberschwänen!
> Treue Frauen, tapfre Ritter,
> Lassend für mich Blut und Frieden –
> Weh! daß ich von euch geschieden!
> Hinter Mauern, hinter Gittern
> Welk ich hin, seh euch nicht wieder.

Die Nonne verwandelt sich in einen Zwerg.

Der Z w e r g spricht:

> Ei du schöne Adelheide!
> Was soll dieses Winseln, Schreien?
> Ritter zwei, ohn' Tadel beide,
> Denken, wie sie dich befreien.
> Aber erst muß ich die Mauern
> Schieben etwas auf die Seite:
> Denn hier müssen Tisch' und Stühle
> Mit zwei Rittern sich placieren.
> Etwas Neues aufzuführen
> Wird allhier nun pokulieret,
> Drum du Turm da! führ dein Kloster
> Indes auf den Berg spazieren.

Der Turm geht mit dem Kloster auf den Berg.

> Allons Tisch! reg deine viere!

Es kommt ein Tisch mit Kuhfüßen langsam aus dem Walde gelaufen.

Der T i s c h spricht:

> Weh! ich bin zu schwer beladen!

Der Z w e r g spricht:

> Träge Sessel! regt die Waden!

Es kommen zwei Sessel mit Bocksfüßen hinter dem Tische gelaufen. Der Zwerg zerteilt sich in drei Stücke. Eins bleibt der Zwerg, das andre wird König Eginhard, das dritte sein Hofmeister Dietwaldus.

Der Z w e r g spricht:

> Ha! schon warten Ihro Gnaden
> Eginhard, der Böhmen König.

Der Tisch spricht:

> Wir empfehlen uns untertänig,
> Bringen Speisen in vollen Haufen.

Eginhardus und Dietwaldus wollen sich setzen.

Die Sessel sprechen:

> Wehe! laß uns erst ausschnaufen!

Sie schnaufen ganz entsetzlich.

Der Zwerg spricht zum König:

> Ei! ei! setzt Euch nur, man kehrt sich
> Nicht an dies verstellte Schnaufen,
> Sind zwei junge Kerl, leichtfertig,
> Die nie wollen vorwärtslaufen –
> Kommen nur da aus dem Wald raus –
> Eginhardus und Dietwaldus,
> Speist! das Essen, das sieht kalt aus.

Sie setzen sich, der Zwerg springt auf den Tisch und wird von ihnen als Becher gebraucht.

Eginhardus spricht:

Mein treuer Dietwalde! Es ist doch eine gewisse Sache, daß nicht die ausgesuchtesten Weine, die herrlichsten Speisen, ja die allerschönsten Schlösser und Gärten so viel Lust bringen als das Jagen im Walde, oder das Fangen der Vögel in der Luft, oder der Fische im Wasser; mich auch nichts mehr erfreut als ein Hirsch, ein Vogel oder ein Fisch. Und so ist auch hinführo mein fester Vorsatz, immer im Walde zu leben, von deswegen ich mit all meinen Feinden Friede zu machen gedenke.

Dietwaldus spricht:

Allergnädigster Herr König! Es ist Euch nicht zu bestreiten, daß der Hirsch eine rechte Lust ist und recht schön

anzusehen, wenn er in grüner Wildnis ruht, oder der
Vogel, wenn er durch die blaue Luft fleugt, oder der
Fisch, wenn er im hellen Teiche schwimmt. Aber mehr
Kurzweil und Lust mag einem Manne doch ein Jungfräulein verschaffen, und mein ich, daß über das Frauenzim-
mer nichts in der Welt gehe. Auch weiß ich eine dermaßen
schöne Dame für Euch, dergleichen Jungfräulein nicht
lebet, so weit sich die mittägigen Sonnenstrahlen erstrek-
ken. Dieselbe steht Euch besser an und wird Euch mehr
Kurzweil schaffen als der Hirsch im Walde, oder der
Vogel in der Luft, oder der Fisch im Wasser. Es ist dies
die schöne Adelheid, des Kaiser Ottos einzige und leibli-
che Tochter.

Der König spricht:

Dein Rat, mein lieber Dietwalde! gefällt mir nicht übel.
Aber, lieber Dietwalde! die Adelheid ist eine Klosterjungfrau, und also ist es nicht ratsam, daß ich sie zu einem
Gemahl von dem Kaiser begehre. Darum so rate anders,
mein lieber Dietwalde! denn das kann wegen des geistlichen Ordens nicht sein, ob ich gleich weiß, daß sie das
schönste Fräulein in der jetzigen Welt ist.

Dietwaldus spricht:

Gnädiger Herr König! Kloster hin, Kloster her, das muß
ein mächtiger Herr nicht achten. Die Liebe, so sie inbrün-
stig ist, siehet kein Kloster an, und weil Ihr eine Liebe zu
dem Fräulein habt, wäre meine Meinung, Ihr suchtet die
Adelheid mit List an Euch zu bringen, ich will selbst der
Mittler sein und ausdenken, wie ich sie aus dem Kloster
bringe.

Der König spricht:

Mein treuer Dietwalde! ich kann nicht umhin, Euch zu
bekennen, daß ich mit großer Inbrunst ihrer begehre.

Sie gehen beide wieder in den Becher oder in den Zwerg über. Der Zwerg springt vom Tisch und spricht:

> Allons Sessel! und du Tische,
> Fort da! regt die Beine frische!

Die Sessel sprechen:

> Gott sei Dank! Wir armen Jungen
> Wurden fast zu tot gesessen.

Der Tisch spricht:

> Auf denn! in den Wald gesprungen,
> Wollen dort auch etwas fressen.

Sie springen wieder in den Wald. Währenddem kommt der Turm mit dem Kloster, das indessen mit ihm heimlich auf und ab lief, zurücke. Der Zwerg verwandelt sich in die Nonne.

Die Nonne spricht:

> Stolze Türme! hohe Säle!
> Schön durchstrahlt von Frau'n und Rittern!
> Weh! ihr dufterfüllten Gärten,
> Lichtdurchscheint von Stern und Lilie!
> Weh! ihr spiegelhellen Seen,
> Schön durchschifft von Silberschwänen!
> Treue Frauen! tapfre Ritter!
> Lassend für mich Blut und Frieden! –
> Weh! daß ich von euch geschieden!
> Hinter Mauern, hinter Gittern
> Welk ich hin, seh euch nicht wieder!

Die Nonne verwandelt sich in den Teufel.

Der Teufel spricht:

> Ha! Ha! Ha! Ha! Hu! Hu!

Er zerteilt sich plötzlich in mehrere Teufel, Geister und Hexen. Diese tanzen über dem Kloster und sprechen:

Daß kein krankes Herz gesunde
Durch Gebet in stiller Stunde,
Wenn es von der Welt geschieden –
Tauchen wir mit schwarzem Flügel
Auf- und abwärts ohne Ruhe.
Und je näher unser Reigen
Drückend sich der Erde neiget,
Wird es schwerer stets dem Frommen,
Betend sich zu Gott zu heben. –
Lassen keinen Seufzer aufwärts,
Keinen Trost darnieder schweben,
Und so kann nur zu ihm kommen
Fluch, Verzweiflung, so wir geben.

Sie kommen immer näher und näher der Erde, und wie sie
ganz unten, gehen sie in dem Dietwaldus zusammen.

Dietwaldus spricht:

Brumm ich jetzt ein frommes Motto,
Hum! versteht sich nur zum Spott so,
Sag: Ich komm vom Kaiser Otto,
Bin gesandt schnell in der Nacht her,
Daß ich spreche seine Tochter,
Bring den Frauen Klosterschleier
Oder ein paar Ostereier,
Angefüllt mit Diamanten;
Und so führ ich sie abhanden.

Er verwandelt sich in den Teufel.

Der Teufel spricht:

Ha! ha! ha! ha! hu! hu!

Er zerteilt sich wieder in mehrere Teufel und Hexen. Sie
fliegen mit wildem Geschrei in die Luft. Der Teufel verwandelt
sich in den Mond, die Hexen in Sterne.

Der Teufel als Mond spricht:

> Daß, wo naß ein Auge blicket
> Flehend auf zu Sternenstrahlen,
> Daß, wo wund sich Herzen grämen –
> Höllenglut wir niederschicken
> Da aus unsern Höllenstrahlen,
> Haben wir den Mond, die Sterne
> Schnell mit Wolken schwarz umzogen,
> Sind lautjauchzend in die Ferne
> Selbst als Sterne aufgeflogen.

Dietwaldus tritt aus dem Kloster, teilt sich in zwei Teile. Das eine bleibt er, das andre wird zur Nonne.

Dietwaldus spricht:

Hochadeliges Fräulein! Es ist ewig schade und großes Unrecht, daß Euch Euer Herr Vater, der Kaiser Otto, in dieses Kloster eingesperrt hat, allwo Ihr Eure junge Zeit einsam dahinleben sollt. Das Kloster ist für Eure Zärte viel zu streng, und Eure Kräfte sind viel zu schwach, ein so schwer und hartes Joch zu ertragen, und Ihr könnt den Himmel wohl auf eine andre und beßre Art erwerben. Darum so wisset, daß ich nicht von Eurem Herrn Vater aus Österreich, sondern von Prag hiehergeschickt bin, mit einem Schreiben meines Herrn, des König Eginhards,

überreicht den Brief

daß Ihr mir saget, ob Ihr den König zur Ehe haben wollet oder nicht.

Die Nonne öffnet den Brief, liest und spricht:

Lieber Hofmeister Dietwalde! Du hast mit deinem Herrn, dem König, und mit mir ein Gefährliches vor; wisse, daß ich eine Kaiserstochter und zumal eine Klosterjungfrau bin; wird das mein Vater, der Kaiser, inne, wird er alle

Macht anwenden, mich und deinen Herrn, den König, zu
strafen; ich traue mir nicht aus dem Kloster, bleibe aber
auch, fürwahr! nicht länger mehr hier innen, sondern bin
fest entschlossen zu sterben.

Dietwaldus spricht:

Daran würdet Ihr sehr unrecht tun, inmaßen Euer junges
Leben noch zu großen Freuden der Welt aufbewahrt ist.

Die Nonne spricht:

Nun dann! so führt mich mit sicherem Geleite von dannen.

Sie geht in den Dietwaldum über. Derselbe verwandelt sich in den
Zwerg. Der Mond fällt auf das Klosterdach und setzt sich als
Teufel über dasselbe her; die Sterne flattern als Hexen um ihn.

Der Teufel spricht:

Spring du finstrer Rapp geschwinde!
Hu! hu! fu! fu! durch die Winde,
Durch die Wasser, durch die Flammen,
Mein gehört ihr all zusammen!

Er spornt das Kloster und reutet mit ihm davon; die Hexen
flattern um ihn her.

Der Zwerg spricht:

Gottlob oder Lob dem Teufel,
Endlich ist hier Platz gemachet,
Ohne Harke, ohne Schaufel
Ist das Kloster weggeschaffet,
Und ich denk, wir können immer
Hier ein Zimmer hübsch placieren –
Zimmer! Laß dich anprobieren!

Es kommt ein Zimmer mit einem Spiegel herbeigelaufen. Der
Zwerg wird schnell zum Kaiser Otto.

Der Kaiser spricht:

> Gut! du hast die rechte Größe
> Für den alten Kaiser Otto.

Der Kaiser Otto wird schnell wieder zum Zwerg.

Der Zwerg spricht:

> Und der Spiegel steht nicht böse.
> Seht darin in bunten Reihen
> Schöne Frauen, tapfre Ritter
> Um die reichgeschmückte Tafel:
> Denn hier hält der Böhmen König
> Eginhardus seine Hochzeit
> Mit der schönen Adelheide –
> Sitzen an der Tafel beide
> Zu des Volks und Adels Freude
> Von zu starker Liebe tot schier,
> Indes arge Klag' und Not hier.

Der Zwerg verwandelt sich in den alten Kaiser Otto; die Figuren im Spiegel verbergen sich alle unter die Tafel. Eginhard streckt den Kopf hervor und horcht.

Der alte Kaiser spricht:

O Tochter Adelheid! wie hab ich dieses um dich verschuldet! In meinem hohen Alter betrübst du mich mit einer solchen Tat? Gut, ich will mich aufmachen und Eginhard auf den Grund ausrotten,

Eginhard steckt bei diesen Worten auch voll den Kopf unter die Tafel

und will ihn zu einem Schemel gebrauchen, wenn ich auf das Pferd steige, und alle die will ich mit Feuer und Schwert verderben, die zu solchem unseligen Beginnen ihm den Rat gegeben.

Der alte Kaiser verwandelt sich in einen Pudel, der knurrend im Zimmer umherläuft und sich dann unter den Ofen legt. Wie alles ruhig, kreucht Eginhard im Spiegel wieder unter der Tafel hervor und nach ihm all die andern Figuren.

Eginhardus im Spiegel spricht:

Wehe! wehe! des großen Unheils, das du, o treuloser Dietwalde! durch deine teuflische Räte stiftetest.

Dietwaldus durchbohrt sich mit dem Schwert.

Im Augenblick erscheint der Teufel und spricht:

Hu! ha! hie ho hu u!

Fährt mit Dietwaldus von dannen.

Eginhardus spricht:

Gut! nun hast du deinen verdienten Lohn! Ihr aber, meine Getreuen! laßt uns in aller Eil' in den Böhmerwald fliehen und dort in der tiefsten Wildnis ein Schloß bewohnen, wo wir unbekannt und vor den Nachstellungen unserer Feinde in Frieden leben können.

Die Figuren gehen ab. Man sieht im Spiegel ein großes Kriegsheer vorüberziehen, an dessen Spitze der alte Kaiser Otto steht. Ein Vorhang fällt vor den Spiegel. Der Pudel, der bisher unter dem Ofen lag, tritt hervor und spricht:

Mit höchster Erlaubnus habe ich die Ehre, ein gebildetes Publikum durch ein Deklamatorium zu amüsieren.

Er bellt, bis der Vorhang fällt.

Actus secundus

Man sieht das Zimmer mit dem Spiegel.

Der Zwerg tritt auf und spricht:

> Tief im Böhmerwalde lieget
> Ein verborgnes Schloß, heißt Schildeis,
> Dahin hat sich Eginhardus,
> Weil ihm sehr vor Lanz' und Schild heiß,
> Mit der Adelheid verfüget.
> Kaiser Otto ringsum sieget,
> Städt' und Dörfer nieder wild reißt,
> Doch nun ist's ihm worden selbst heiß!
> Denn vom Heer ist er verirrt sehr,
> Hat nur ein[en] einz'gen Knappen,
> Trifft kein Dorf und keinen Wirt mehr,
> Muß in Nacht und Nebel tappen,
> Bahn sich hauen mit dem Sabel
> Durch die schreckenvolle Wildnis –

Zeigt auf den Spiegel.

> Doch hier seht ihr selbst sein Bildnis,
> Ausgemergelt, miserabel.

Der Zwerg legt sich als Pudel unter den Ofen. Man sieht in dem Spiegel eine wilde Waldgegend, in ihr den Kaiser Otto und einen Schildknappen.

Der Schildknecht im Spiegel spricht:

Gnädiger Herr Kaiser! wir kommen immer mehr und mehr von allen Pfaden ab. Es ist mir auch diese Gegend und der Böhmerwald ganz unbekannt; denn ich bin mein Lebelang noch nicht darin gewesen.

Der Kaiser zieht eine Landkarte aus der Tasche und spricht:

Ich kann auf dieser Landkarte durchaus nicht sehen, wo

wir eigentlich sind, inmaßen ich weder dich noch mich darauf verzeichnet finde.

Der S c h i l d k n e c h t spricht:

Gnädiger Herr Kaiser! ganz betrübt ist mein Geist und Mut. Ich habe mit dem Ritter Pino drei Abenteuer bestritten, aber so große Angst habe ich nie in dem Herzen empfunden.

Es kommen drei Wölfe aus dem Walde gelaufen und sperren die Rachen bis an den Schwanz auf.

Der K a i s e r spricht:

Wehe! wehe! wehrt Euch gegen diese Bestien!

Der Kaiser geht in den Schildknecht über. Der Schildknecht schwingt sich auf einen Baum. Die Wölfe gehen vorüber.

Der S c h i l d k n e c h t spricht:

Gott sei Dank! die Wölfe sind waldeinwärts gelaufen und hielten mich für einen Tannzapfen.

Bei diesen Worten kommt der Kaiser wieder aus dem Schildknecht auf dem Baume heraus und hält sich an einem Ast. Der Schildknecht springt vom Baume.

Der K a i s e r spricht:

Wehe! verruchter Mensch! was habt Ihr angestellt? Nun bin ich auf diese verzweifelte Höhe ausgesetzt: denn meine zitternden Hände und Füße vermögen mich nicht herniederzubringen.

Der S c h i l d k n e c h t fällt auf die Knie und spricht:

Allergnädigster Herr und Kaiser! O begnadiget einen Unglücklichen! Ich bemerkte nicht, daß Ihr schon auf dem Baume aus mir hervorginget.

Der Schildknecht steigt wieder auf den Baum, der Kaiser geht in
ihn über. Der Schildknecht springt herab, und wie er auf dem
Boden ist, geht der Kaiser wieder aus ihm hervor.

Der Kaiser spricht:

Gott sei Dank! ich sehe keine Wölfe mehr!

Der Schildknecht spricht:

Gnädigster Herr und Kaiser! Eins habe ich aber auf dem
Baume vergessen. Ich bitte Euch, mir wieder auf den
Baum zu helfen, ob ich nicht auf dem Gipfel irgendeinen
Menschen erblicken möge.

Der Kaiser hilft ihm auf den Baum und spricht:

Der Baum schwankt hin und her, wehe! Ihr werdet auf
mich herabstürzen.

Der Schildknecht spricht:

Gnädigster Kaiser und Herr! Freut Euch! denn nicht fern
im Walde erblicke ich ein Licht, dem lasset uns nach-
laufen.

Der Kaiser spricht:

Mein allerfreundlichster Schildknecht! Ihr seid von nun
an wegen dieser erfreulichen Botschaft zum Professor der
Astronomie ernannt.

Der Schildknecht fällt vor Freuden vom Baume.

Der Kaiser spricht:

Mein Professor! erhebet Euch schnell und lasset uns
weitergehen.

Er geht in den Professor über. Der Professor verwandelt sich in
eine Zigeunerin.

Die Zigeunerin spricht:

> Fern in stillem Waldesdunkel
> Lausch ich wunderbarem Klingen,
> So aus tiefem Schoß der Erde
> Tonreich aus Kristallen dringet.
> Lausch, was Vogel in den Lüften,
> Quelle in der Tiefe singet,
> Daß ich recht es möge deuten
> Und in Menschenrede bringen
> Dies Geheimnis künft'ger Zeiten.

Die Zigeunerin verwandelt sich in ein Nachtfräulein.

Das Nachtfräulein spricht:

> Wie die Stern' am blauen Himmel
> Also wir hier unten leben,
> Dürfen uns nur keck erheben,
> Wann die stille Nacht erschienen.
> Dann in lichten Tänzen schweben
> Oben sie durch blaue Wolken,
> Unten wir durch Wälder grüne.

Das Nachtfräulein zerteilt sich in acht andere Nachtfräulein.
Dieselben beginnen einen Tanz, bis sie mit der ganzen Gegend
kleiner und kleiner werden und endlich mit ihr verschwinden.

Der Pudel kommt hinter dem Ofen hervor, wird zum Zwerg *und*
spricht:

> Schnell, o Zimmer! dich verwandelt
> In die Wohnung Eginhardi.

Der Zwerg zerteilt sich in mehrere Stücke. Eins bleibt der
Zwerg, die andern werden ein Maler, ein Schreiner, ein Boden-
putzer, ein Schlosser. Diese setzen sich in aller Eil' im Zimmer
in volle Tätigkeit.

> Kaiserlich werd' es geschmücket:
> Denn das Licht, so sie erblicket,

Leuchtet in dem Schlosse Schildeis.
'Maler! malt die Wände milchweiß!
Schreiner! schlaget zwei Bettladen
Auf für Otto Ihro Gnaden.
Regt euch, Schreiner! Bodenputzer!
Aber alles schnell und kurz sehr;
Denn schon ist er ohne Spaßen
Unbekannt ins Tor gelassen,
Kennt auch Eginhardum nimmer –
Weh! da ist er schon im Zimmer.

Der Kaiser und der Professor treten ein. Die Handwerksleute gehen in den Zwerg über, der Zwerg legt sich als Pudel unter den Ofen. Der Kaiser legt sich, zwei Kronen auf dem Haupte und einen Szepter in der Hand, in ein Bett, der Professor der Astronomie in das andere.

Der Professor spricht:

Geltet, gnädiger Herr! im Bett ist's besser als im wilden Wald?

Der Kaiser spricht:

Du Narr! das kannst du dir leicht einbilden. Wie war dir dann auf dem Baume zumute, als dich der Wind wie ein Raupennest hin und her wehte?

Der Professor spricht:

Gnädiger Herr! ich war zwischen lauter Bäumen, hätt' mich der Wind von einem geworfen, so hätt' ich mich wieder am andern gehalten, und wäre ich dann so, ohne mich müd zu laufen, aus dem Walde gekommen. Dies wäre dann so eine Art Degenscher Flugmaschine[1] gewesen, besonders da ich einen Degen angehabt, ha! ha! ha!

Der Kaiser spricht:

Mein Professor! wie gefielen Euch denn die heulenden Wölfe?

Der Professor spricht:

Ich muß Euch sagen, sie schienen mir sehr ungebildet,
und ich bereue nun, daß wir sie nur so laufen ließen und
nicht lebendig fingen, um sie durch Abnahme ihrer überflüssigen Hinterfüße für ein gebildetes Publikum genieß-
bar zu machen. Natürlich hätte man auch eine Auswahl
unter ihnen treffen müssen; denn die mehrsten von ihnen
sind doch ganz ohne Sinn und Verstand, Arabesken und
Produkte eines verfinsterten Mittelalters.

Der Kaiser spricht:

Es möge dem sein, wie ihm wolle, so laßt uns hiervon ein
andermal reden. Genug, daß sie uns nicht gefressen, und
sind wir ihnen dafür immer großen Dank schuldig. Aber
hier, mein geliebtester Professor, ruht es sich ganz vortrefflich.

Der Professor spricht:

Wie auf Morgen- und Rosenblättern.

Sie fangen beide an, entsetzlich zu schnarchen. Zwei Mäuse
springen unter der Bettdecke hervor.

Die Maus spricht:

Lange schon spitzt' ich die Ohren,
Aber jetzt vernahm ich's deutlich.
Die Gefahr ist unvermeidlich,
Und ich denk, wir sind verloren.

Die Mäusin spricht:

Weh! o weh! der leid'gen Decke
Wollt' nicht warme Liebe bergen!
Männlein schnell! in jener Ecke
Kann kein Lauscher uns bemerken.

Sie springen unter den Ofen, der Pudel stürzt hervor, zerreißt sie und legt sich brummend nieder. Es erscheint im Spiegel auch ein Zimmer mit zwei Betten. In einem liegt Eginhard, im andern seine Gemahlin Adelheid.

Die Adelheid spricht:

Mein herzallerliebster Gemahl! sagt mir doch, ob es mir nur so im Traume vorkam, als sprächet Ihr vorhin mit zwei Edelleuten im Zimmer? Auch sehe ich hier ein fremdes, gar prächtiges Schwert an der Wand hängen, das ich näher betrachten muß, zumal mir sein Glanz so die Augen verblendet, daß ich sie nimmer schließen kann.

Sie steigt aus dem Bette und betrachtet das Schwert.

Himmel! Hülf! ich bin des Todes!

Fällt um.

Eginhard springt heraus und spricht:

O Ihr vorwitziges Weib! Ihr habt Euch gewiß mit dem Schwerte verletzt. Warum ließet Ihr es nicht an seiner Stelle?

Die Adelheid spricht:

Himmel! liebster Ehgemahl! warum sollt' ich nicht umfallen? Dieses Schwert ist das Schwert meines Herrn Vaters, des Kaisers, und diesen Gurt habe ich mit eigner Hand gewoben.

Der König Eginhard spricht:

Hilf, Himmel! er ist gekommen, uns zu ermorden.

Die Adelheid spricht:

Stille! ich höre in der Kammer der Fremden sprechen, laßt mich gehen, sie zu belauschen, um aus ihren Gesprächen ihre Gesinnungen kennenzulernen.

Der Spiegel verwandelt sich in ein Fenster, die Adelheid steht dahinter und lauscht.

Der alte Kaiser O t t o im Zimmer spricht:

Mein liebster Professor! warum färbt denn einem die Nacht nicht Gesicht und Hände schwarz, da man sie doch so unbedeckt aus der Bettdecke streckt?

Der P r o f e s s o r spricht:

Allergnädigster Herr Kaiser! ist dies eine Preisfrage?

Der K a i s e r spricht:

Ich versteh Euch nicht; aber – von was ist denn der Mond?

Der P r o f e s s o r spricht:

Von Hornsilber.

Der K a i s e r spricht:

Das ist erstaunlich!

Der P r o f e s s o r spricht:

Jawohl!

Der K a i s e r spricht:

Aber von allem möcht ich doch jetzt wissen, wohin der König geflohen, er hat mich in den Harnisch gebracht, mich sollen seine Unfälle wieder herausbringen.

Der P r o f e s s o r spricht:

Gnädiger Herr! was wollt Ihr ihn ferner verfolgen? Ist's nicht genug, daß Ihr ihm sein schönes Land so schrecklich zugerichtet habt?

Der Kaiser spricht:

Du hast recht, was er an mir gesündigt, das kann ich ihm
auch wieder vergeben, aber, denke, meine Tochter aus
einem Kloster zu nehmen, ist das nicht ein großes Ver-
gehen?

Der Professor spricht:

Pas! pas! pas! dafür seid Ihr ihm noch großen Dank
schuldig, und ich bin recht begierig, diesen gebildeten
jungen Mann kennenzulernen: denn Ihr müßt wissen, daß
die Klöster bloß Produkte eines barbarischen Mittelalters,
einer höchst miserabeln, verfinsterten Zeit sind.

Der Kaiser spricht:

Mein lieber Professor! Klosterleben ist freilich nicht für
alle Leut' erdacht, und mich dünkt selbst, ich habe Unrecht an meiner Tochter getan,

die Königin springt bei diesen Worten hinter dem Fenster in die
Höhe,

daß ich sie so jung dem strengen Orden übergeben.

Es kommt der König, Ritter, Damen und Knappen, hinter dem
Fenster zu lauschen.

Aber lasset uns nicht so laut reden, sonst dürften wir uns
leichtlich offenbaren; dermalen will ich mit meinem Volke
wieder zurückgehen und mich über die Sache besinnen.

Es entsteht vor dem Fenster ein großes Freudengeschrei.

Der Professor spricht:

Herr! wir sind verraten!

Er versteckt sich unter die Decke.

Der Kaiser spricht:

> Kommt hervor, daß ich in Euch übergehe!

Der Professor spricht:

> Gehorsamster Diener!

Der Kaiser springt mit Kron' und Szepter aus dem Bette und treibt ihn heraus. Sie ringen lange miteinander, wer in den andern übergehen soll; endlich gewinnt der Professor die Oberhand und geht schnell in den Kaiser über.

Der Kaiser spricht:

> O du verfluchter Schildknecht! Ist das der Dank, daß ich dich zum Professor der Astronomie ernannte?

Der Professor lacht in dem Kaiser. – König Eginhard, Adelheid und ein Zug von Rittern, Damen und Knappen treten ins Zimmer. Eginhard trägt ein paar Fesseln.

Der Kaiser spricht:

> Was soll dieser Aufzug? Was ist Euer Begehren?

König Eginhard fällt auf die Kniee und spricht:

> O großmächtigster der Kaiser!
> Lasset Euch nur offen sagen,
> Wie ich bin der unglückselige
> Eginhardus, jener schmälige,
> Den Ihr von der Kron' gejaget,
> Auch wie dieses Eure Tochter,
> Die den Vater schon betaget
> Freventlich aufs Haupt geschlagen,
> Weil sie flohe aus dem Kloster.
> Fallen reuevoll zu Füßen,
> Bringen flehend diese Fesseln,
> Nicht Euch, Herr! damit zu schließen,
> Sondern daß Ihr uns wollt binden,

Foltern, geißeln mit Brennesseln,
Stäupen, kneipen auch mit Zangen,
Oder was Ihr wollt anfangen,
Ob der schreckenvollen Sünden,
So wir, Herr! an Euch begangen.

Der Kaiser spricht:

Liebes Freundlein! werter König!
Hast mein Herz bewegt nicht wenig,
Und gerührt voll Scham bekenn ich,
Daß ich glaubt', du kamst zu fahn mich.
Hast viel Böses zwar getan mir,
Muß auch offen dies gestahn dir,
Aber hier in dieser Kammer
Schenk ich dir die Krone wieder,
So getragen Teut, dein Stammherr.

Tut eine Krone vom Haupte und setzt sie ihm auf.

Eginhard spricht:

Ach! Ihr seid ja wie ein Lamm, Herr!

Adelheid spricht:

Endet allen unsern Jammer!

Der Kaiser spricht:

Friede sei mit euch, kommt all her!
Und geht es auch noch so schmal her,
Auszuschnarchen allen Haß nun,
Laßt vereint uns hier zum Spaß ruhn.

Der Kaiser steigt mit Kron' und Szepter in das Bette, ihm folgt
König Eginhard, dann Adelheid, dann eine Menge Ritter,
Damen und Knappen. Man erblickt bei vierzig Köpfe unter
einer Decke.

Die Köpfe verwandeln sich abwechselnd bald in eine Menge
Tierköpfe: Katzenköpfe, Hundsköpfe, Mausköpfe, bald in die

Köpfe verschiedener bekannter, einander entgegengesetzter Dichter und Philosophen.

Nachdem sie eine Zeitlang entsetzlich geschnarcht, tritt der Pudel unter dem Ofen hervor und spricht:

Mit allerhöchster Erlaubnus habe ich die Ehre, ein gebildetes Publikum durch meine Stellungen zu amüsieren.

Er streckt die Zunge gegen die Logen heraus und wedelt mit dem Schwanze gegen das Parterre.

Der Vorhang fällt.

Der rasende Sandler

Ein politisches dramatisches Inpromptu,
mit Marionetten aufzuführen

Ratsstube

Eine Amtsversammlung sitzt an einem langen Tische, oben die Figur
des Oberamtmanns, zu Seiten die des Stadtschreibers und des Amtsschreibers, dann Figuren von Schultheißen usw. (Die ersten Figuren
sind bewegliche Marionetten, die andern Figuren sind von Gips,
unbeweglich, nur mit den Köpfen immerwährend nickend.)

Die Figur des Oberamtmanns:

> Ich hab's euch vorgetragen,
> Erklärt des Entwurfs Sinn,
> Und – darf ich's redlich sagen –

(ängstlich)

> Ich – find nichts Arges drin.

Die Figur des Stadtschreibers (die beweglichste aller Figuren) fährt wie ein Pfeil vom Sessel auf. (Hier muß man den Draht, an
dem diese Figur hängt, aufs schnellste und höchste hinaufschnellen.)
Die Sandbüchse hoch in den Händen haltend, schreit sie:

> Nichts Arges?! Hu! die Hölle
> Hat solchen ausgeheckt!!

fährt mit der Sandbüchse wütend in einem langen Bogen herum, daß
ein starker Sandguß in aller Augen fährt, reißt die Kinnbacken
fürchterlich voneinander, rollt die Augen und schreit nach einer
viertelstündigen Pause:

> Ich freß den auf der Stelle,
> Der d' Lipp' zum Lob bewegt!!!

Es herrscht Totenstille, während welcher der Stadtschreiber mit den
Kinnbacken wie ein Storch klappert. (Die Kinnbacken dürfen des-

wegen dieser Figur nicht mit weichem Leder überzogen sein; doch
kann man das Klappern auch nötigenfalls, hinter der Szene, mittelst
einer Hasenklapper machmachen.)
Die Versammlung wird ganz bleich. (Um das Bleichwerden der
Figuren zu bewerkstelligen, zieht man flugs allen Figuren, die
ohnedies nicht Lebensgröße haben, weiße glacierte Handschuhe mit
zwei emporstehenden Fingern über die Köpfe bis in die Backen
herein, die man nach Belieben an Schnüren wieder hinaufziehen
kann.)

Die Figur des Oberamtmanns (für sich):

> *Der* Mann ist wie 'ne Natter,
> Von Zehen bis zum Zahn.

Die Figur des Amtsschreibers:

> Ja! ja! mein Herr Gevatter!
> Es ist ein Teufelsplan!

Die Figur des Stadtschreibers:

> Ein Werk ist's zum Verfluchen!

Die Figur eines alten Schultheißen (leis):

> Mit scheint es drum nicht so!

Die Figur des Stadtschreibers (auffahrend):

> Nicht so?!! wo sind die Truchen!?[1]
> Die alte Ausschüss'!? wo!?

Auf den Ruf nach Truchen springt mit einem Sprung der Hanswurst als Stadtknecht zur Türe herein und schreit dem Stadtschreiber ins Ohr:

> Die Rathaustruch'n? – Vor Jahren
> Nahm's ihre Frau nach Haus,
> Den Flachs drin zu verwahren,
> Die Akten warf sie raus!

(Er springt in einem Sprung ab.)

Die Figur des Stadtschreibers:

> Kerl!

(Klappert, faßt sich aber bald und schreit:)

> Die Prälaten mein ich,
> Das Kassenwesen, das
> Zum Heil so augenscheinlich
> Gedienet als wie was!

Die Figur des Oberamtmanns:

> Ich will Sie nicht anklagen,
> Gut ist das alte Recht,
> Doch, darf man kecklich sagen:
> Es bleibt von ihm was echt.
> Den Wust nur will man räumen
> Vor Eurem eignen Haus,
> Daß Ihr einst zwischen Bäumen
> Statt zwischen Mist geht aus.

Die Figur eines Schultheißen (fährt auf und schreit):

(Diese ist eine gipserne Figur. Man zieht sie so schnell herauf, daß sie zerbricht, der Kopf abfällt, der Rumpf ohne Kopf noch spricht.)

> Den Mist muß man uns lassen!!

Die Figur des Stadtschreibers (zur Versammlung):

> Da seht ihr, was man will!

Eine Gipsfigur (nickend):

> Nun weiß *auch ich's* zu fassen!

Alle Figuren nicken mit den Köpfen ganz entsetzlich. Der Hanswurst, als Stadtknecht, streckt während dieser Pause eine alte, dicke Bürgermeisters-Rechnung an einer Mistgabel zur Türe herein und schreit:

Hier! hier ist Mist die Füll'!!

(Er zieht sich wieder schnell zurück.)

Die Figur des Stadtschreibers:

(Alles ungemein schnell unter beständigem Klappern.)

Er bleibt! er bleibt! – Ich stehe,
Schreit nur: »Nichts Neu's! Nein! nein!«
Mög's gehen, wie es gehe,
Ich dieses Bau's Grundstein,

(stampft auf den Boden)

Ich, ich für alles stehe!
Schreit nur!!

Alle schreien:

Nichts Neu's! Nein! nein!

Die Figur des Stadtschreibers (gegen die des Oberamtmanns gerichtet):

Das ist des Volkes Stimme!

(Pause.)

Da die Gipsfiguren hier zu nicken aufgehört haben, schlägt die Figur
des Stadtschreibers mit der Sandbüchse auf den Tisch, daß er zittert,
worauf sie wieder entsetzlich zu nicken anfangen.

(Zieht einen Aufsatz aus der Tasche.)

Hier ist der Aufsatz schon,
Beim Alten bleibt's!

Die Figur des Oberamtmanns (für sich):

Im Grimme
Find ich nicht Wort, nicht Ton!

Die Gipsfiguren hörten wieder auf zu nicken. Der Hanswurst
schleicht sich unter dem Tisch hervor, gibt einer nach der andern
einen Nasenstüber, worauf sie wieder zu nicken anfangen, und
springt hinaus.

Die Figur des Stadtschreibers (sandelt die trockne Schrift):

> Punktum!

> (Will die Schrift zusammenlegen.)

> Ja so! die Namen!
> So kommt und schreibt sie her!

Eine Figur nach der andern nähert sich dem Sitze der Figur des
Stadtschreibers und unterschreibt mit des Stadtschreibers Feder.
Nachdem alle unterschrieben, sandelt die Figur des Stadtschreibers
siebenmal und spricht:

> Amen! Amen! Amen!
> Das Ding, das freut mich sehr!

Die Figur des Oberamtmanns:

> Mich aber schmerzt's, der König
> Meint es so treu, so gut!

> (Gegen die Zuschauer.)

> Ach! er kennt nur zu wenig
> Noch eines Sandlers Wut!

Die Figuren hüpfen eine nach der andern ab (müssen aber hier so
gezogen werden, daß jede, auch in der Art ihres Ganges, ihren
Charakter und Würde ausdrückt). Die Figur des Stadtschreibers bleibt noch allein zurück, währenddem sie eine
Tabakspfeife anzündet und raucht, liest sie einen Brief und spricht:

> Der ist an einen Minister!
> Denn, Stadtschreiber! jetzt List her!
> Schreib ihm, wie ich schwätzte und lief,

Mit meinen Reden und Schreiben
Schultheißen und Anwält' zur Annahm' zu treiben:
Doch durch des Oberamts Streben,
Den Entwurf recht schwarz hinzuheben,
Sei alles gegangen so schief.
Bat ihn auch untertänig,
Daß er dem König
Sage, durch wen es so übel ablief,
Daß er's beim Melden
Um eine noch fettere Stelle
Auf alle Fälle
Mir, dem Unschuldigen, nicht möcht entgelten.

(Macht einen Sprung.)

Köstlicher Brief!

Küßt den Brief, legt die Tabakspfeife auf den Tisch und geht ab. Der
Hanswurst schleicht sich mit langen, leisen Schritten in die verlassene Stube an den Tisch. Die Adresse liegt noch offen auf demselben, auf ihr die noch nicht erloschene Tabakspfeife des Stadtschreibers. Der Hanswurst nimmt die Adresse, liest sie und dekla-
miert, die Stimme des Stadtschreibers und dessen Gebärden nachah-
mend, zu den Zuschauern, als dem Volke, hinaus:

Was sie für euch, ihr Lieben!
Als wäret ihr des froh,
Allhiero unterschrieben,
Das lautet circa so:
»Zum Teufel, Bürsten! Besen!
Wir *wollen* Schmutz und Rauch!
Mist ist's vordem gewesen,
Mist bleibt es ferner auch!«

Während dieser Rede bläst er ein paarmal ungeheure Rauchwolken
aus der Pfeife des Stadtschreibers empor, die sich über ihm in der
Luft alsbald zu allerlei grotesken Figuren, als zu 14 Prälaten auf
Weinfässern, zu Ausschußherrn unter der Gestalt von schwarzen
Pudeln auf Geldtruchen, zu zechenden Schreibern neben an Ketten

geschlossenen Bürgermeistern usw. gestalten. Nach und nach zuk-
ken durch den Nebeldunst immer stärkere Blitze, mit einem Don-
nerschlage fällt plötzlich der Vorhang, und es erscheint auf ihm in
heller Glorie ein Ritter mit Kreuz und Schwert, der einem Ungetüm,
aus dessen Rachen eine Zunge ragt, auf der mit Feuer geschrieben
steht: »Die böse Gewohnheit«, den Kopf zertritt.

Die Musik spielt: God save the King.

Die gute Stadt[2]

Ludwigsburg

an

das alte gute Recht

Wenn alle untreu werden,
  So bleib ich Dir doch treu,
Daß Dankbarkeit auf Erden
  Nicht ausgestorben sei.[3]

Zu Dir steht ohne Wanken,
  O gutes Recht! mein Sinn,
Hab ich ja Dir zu danken,
  Daß ich am Leben bin.

Du gutes Recht! Mit Schweigen
  Sahst Du vom Truchensitz
Das ganze Land als eigen
  Der Hure Grävenitz![4]

Aus andrer Städte Kassen
  Ward ich von ihr erbaut,
Stand Stuttgart zwar verlassen,
  So war's in mir doch laut.[5]

Lag zwar das Land in Trauer
  Stumm und zerrüttet ganz,
Gab doch in meiner Mauer
  Die Hure Spiel und Tanz.

Die andern Städte alle
  Zwar wurden arm und klein,
In meines Schlosses Halle,
  Da flossen Fett und Wein.

Das war zu Deinen Tagen,
  Du altes, gutes Recht!
Drum muß ich herzlich klagen,
  Wenn man Dich nennet schlecht.

Du zogst nur Deine Mütze
  Manchmal ins Aug' herein,
Du schliefst nur auf dem Sitze
  Der Truche manchmal ein.

Vom Schloß zur Stadt geworden,
  Durch Deine Garantie,
Wie könnt' ich Dich ermorden?
  Nein! Recht, Dich laß ich nie.

Geschichte des Mädchens von Orlach

Nachstehende Geschichte gehört in das Gebiet kakodämonisch-magnetischer Erscheinungen und bildet einen Übergang zu den darauffolgenden, mehr den Besitzungen im Neuen Testamente analogen Tatsachen.

In dem kleinen Orte *Orlach*, Oberamts Hall in Württemberg, lebt die Familie eines allgemein als sehr rechtschaffen anerkannten Bauern (der inzwischen zum Schultheißen seines Ortes erwählt wurde) namens *Grombach*, lutherischer Konfession. In dieser Familie herrscht Gottesfurcht und Rechtschaffenheit, aber keine Frömmelei. Ihre Lebensweise ist *die* einfacher Bauersleute und die Arbeit in Stall und Feld ihre einzige Beschäftigung. *Grombach* hat vier Kinder, die alle aufs eifrigste zum Feldbau angehalten sind. Durch Fleiß zeichnet sich auch besonders dessen zwanzigjährige Tochter, mit Namen *Magdalene*, aus. Dreschen, Hanfbrechen, Mähen ist oft wochenlang von Tagesanbruch an bis in die späte Nacht ihre Beschäftigung. Der Schulunterricht ging ihr nur schwer ein, ob sie gleich zu andern Arbeiten gute Sinne hatte, und so gab sie sich auch später nicht mit Lesen von Büchern ab. Sie ist, ohne zu vollblütig zu sein, stark, frisch, ein gesundes Kind der Natur, war in ihrem ganzen Leben nie krank, hatte selbst nie die geringste Kinderkrankheit, nie Gichter[1], nie Würmer, nie einen Ausschlag, nie Blutstockungen, und brachte auch deswegen nie das geringste von Arzeneimitteln über den Mund.

Im J. 1831 im Monat Februar geschah es, als *Grombach* eine neue Kuh gekauft hatte, daß man dieses Tier zu wiederholten Malen an einer andern Stelle im Stalle, als an die es gebunden wurde, angebunden fand. Dieses fiel *Grombach* um so mehr auf, als er sich völlig versichert hatte, daß bestimmt keines seiner Leute dieses Spiel mit dem Tiere getrieben.

Darauf fing es auf einmal an, allen dreien Kühen im Stall ihre Schwänze aufs kunstreichste zu flechten*, so kunstreich, als hätte es der geschickteste Bortenmacher getan, und dann die geflochtenen Schwänze wieder untereinander zu verknüpfen. Machte man die Flechten der Schwänze wieder auseinander, so wurden sie bald wieder von unsichtbarer Hand geflochten, und das mit einer solchen Geschwindigkeit, daß wenn man sie kaum gelöst hatte und sogleich wieder in den menschenleeren Stall zurückgekehrt war, die Schwänze auch bereits wieder allen Kühen auf das kunstreichste und pünktlichste geflochten waren, und dies täglich vier- bis fünfmal. Diese Sonderbarkeit dauerte mehrere Wochen lang tagtäglich fort, und bei der größten Aufmerksamkeit und Begierde, einen Täter zu entdecken, gelang dies doch nie.

In dieser Zeit bekam die Tochter *Magdalene* einmal, als sie bei dem Viehe melkend saß, aus der Luft von unsichtbarer Hand eine so derbe Ohrfeige, daß ihr die Haube vom Kopfe an die Wand flog, wo sie der auf ihren Schrei herbeigesprungene Vater aufhob.

Oft ließ sich im Stalle eine Katze mit weißem Kopfe und schwarzem Leibe sehn, von der man nicht wußte, woher sie kam oder wohin sie bei ihrem Verschwinden ging. Von dieser Katze wurde das Mädchen einmal angefallen und in den Fuß gebissen, so daß man mehrere Zähne dieses Tieres in ihrem Vorderfuße sah.** Nie konnte man dieses Tieres habhaft werden. Einmal flog auch aus dem Stall, man wußte nicht, woher er gekommen, da alles verschlossen war, ein

---

* Dieses Flechten, besonders auch der Pferdsmähnen, findet man häufig als Geisterspuk. Siehe auch *Horsts* »Zauberbibliothek«.[2] In einer andern, ganz von dieser unabhängigen Geschichte kommt es ebenfalls als Geisterspuk vor.
** Daß man die Zähne dieses Tieres im Fuße des Mädchens sah, ist kein Beweis, daß diese Bisse von einer *wirklichen* Katze geschahen. So schreibt der von einem *unsichtbaren* Wesen verfolgte Superintendent *Schupart*: »Es hat mich mit Nadeln gestochen, gebissen, daß man utramque seriem dentium gesehen, die zwei großen Zähne stunden da« etc. S[iehe] *Horst*, »Zauberbibliothek«, T. 4, S. 252. Auch dort erscheint das Gespenst in Gestalt einer Dohle.

unbekannter schwarzer Vogel in Gestalt einer Dohle oder eines Raben.

Unter solchen kleinern und größern Neckereien im Stalle verfloß das Jahr 1831. Den 8. Februar 1832 aber, als das Mädchen gerade mit ihrem Bruder den Stall reinigte, erblickten sie im Hintergrunde desselben ein helles Feuer.

Es wurde nach Wasser gerufen und die Flamme, die schon zum Dache hinausschlug, so daß sie auch die Nachbarn bemerkten, bald mit ein paar Kufen Wasser gelöscht. Die Hausbewohner wurden nun in großen Schrecken versetzt, sie wußten sich nicht zu erklären, woher die Flamme gekommen, und vermuteten nicht anders, als es sei ihnen das Feuer durch böse Menschen gelegt worden.

Dieses Entstehen einer Flamme und wirkliches Brennen in verschiedenen Teilen des Hauses wiederholte sich am 9., 10. und 11. Februar, so daß endlich auf Ansuchen *Grombachs* das Schultheißenamt Tag und Nacht Wächter vor und in dem Hause ausstellen ließ, allein demunerachtet brachen wieder in verschiedenen Teilen des Hauses Flammen aus. Wegen solcher Gefahr sahen sich *Grombachs* genötigt, das Haus völlig zu räumen; aber auch dies fruchtete nichts: denn es brannte dennoch und aller Wachen unerachtet wieder zu verschiedenen Malen bald da, bald dort in dem nun leeren Hause. Als die Tochter *Magdalene* einige Tage nach dem letzten Brande, morgens halb sieben Uhr, wieder in den Stall kam, hörte sie in der Ecke der Mauer (Grombachs Haus hat zum Teil eine sehr alte Mauer zum Fundament) das Winseln wie eines Kindes. Sie erzählte es sogleich ihrem Vater, er ging auch in den Stall, aber hörte nichts.

Um halb acht Uhr desselben Tages sah das Mädchen im Hintergrunde des Stalles an der Mauer die graue Schattengestalt einer Frau, die um Kopf und Leib wie einen schwarzen Bund gewickelt hatte. Diese Erscheinung winkte dem Mädchen mit der Hand.

Eine Stunde später, als sie dem Vieh Futter reichte, erschien ihr die gleiche Gestalt wieder und fing zu reden an. Sie

sprach zu ihr hin: »Das Haus hinweg! das Haus hinweg! Ist
es nicht bis zum 5. März kommenden Jahres abgebrochen,
geschieht euch ein Unglück! Vorderhand aber zieht nur in
Gottes Namen wieder ein, und das heute noch, es soll bis
dahin nichts geschehen. Wäre das Haus abgebrannt, so wäre
das nach dem Willen eines Bösen geschehen, ich habe es,
euch schützend, verhindert; aber wird es nicht bis zum
5. März kommenden Jahres abgebrochen, so kann auch ich
nicht mehr ein Unglück verhüten und verspreche mir nur,
daß es geschieht.«
Das Mädchen gab nun der Erscheinung dieses Versprechen.
Vater und Bruder waren zugegen und hörten das Mädchen
sprechen, aber sonst sahen und hörten sie nichts.
Nach Aussage des Mädchens war die Stimme der Erscheinung eine weibliche und die Aussprache hochdeutsch.
Am 19. Februar halb neun Uhr abends kam die Erscheinung
vor ihr Bett und sagte: »Ich bin wie du von weiblichem
Geschlecht und mit dir in einem Datum geboren. Wie lange,
lange Jahre schwebe ich hier!! Noch bin ich mit einem Bösen
verbunden, der nicht Gott, sondern dem Teufel dient. Du
kannst zu meiner Erlösung mithelfen.«
Das Mädchen sagte: »Werde ich einen Schatz erhalten, wenn
ich dich erlösen helfe?«
Der Geist antwortete: »Trachte nicht nach irdischen Schät-
zen, sie helfen nichts!«
Am 25. April mittags zwölf Uhr erschien ihr der Geist
wieder im Stall und sprach: »Grüß dich Gott, liebe Schwe-
ster! Ich bin auch von *Orlach* gebürtig, und mein Name hieß
Anna Maria. Ich bin geboren den 12. September 1412 (das
Mädchen ist den 12. September 1812 geboren). Im zwölften
Jahre meines Alters bin ich mit Hader und Zank ins Kloster
gekommen, ich habe niemals ins Kloster gewollt.«
Das Mädchen fragte: »Was hast du denn verbrochen?« Der
Geist antwortete: »Das kann ich dir noch nicht eröffnen.«
Sooft nun der Geist zu dem Mädchen kam, sprach er gegen
sie nur religiöse Worte, meistens Stellen aus der Bibel, die

sonst dem Mädchen gar nicht im Gedächtnisse waren.*
Dabei sagte er: »Man wird meinen, weil ich eine Nonne
gewesen, wisse ich nichts von der Bibel, aber ich weiß bald
alles in ihr.« Er betete meistens den 116. Psalmen.

Einmal sagte das Mädchen zum Geist: »Vor nicht langer Zeit
war ein Geistlicher bei mir, der gab mir auf, dich zu fragen,
ob du nicht auch andern erscheinen könntest, man würde
dann eher glauben, daß du nicht bloß ein Trug meines
Gehirnes seiest.« Darauf antwortete der Geist: »Kommt
wieder ein Geistlicher, so sage ihm, er werde wohl das, was
in den vier Evangelien stehe, auch nicht glauben, weil er es
nicht mit Augen gesehen. Es sagte auch ein anderer Geistlicher zu dir (das war wirklich so), du sollest sagen, wie ich
(der Geist) beschaffen sei. Spricht einer wieder so, so sage
ihm, *er solle einen Tag in die Sonne sehen, und dann soll er
sagen, wie die Sonne beschaffen sei.«*

Das Mädchen sagte: »Aber die Leute würden es doch eher
glauben, würdest du auch andern erscheinen!« Auf dies
sprach der Geist seufzend: »O Gott! wann werd ich erlöset
doch werden«, wurde sehr traurig und verschwand.

Das Mädchen sagt, sie dürfe die Fragen an den Geist nur
denken, dann erhalte sie schon die Antwort. Bei etwas, das
sie einmal nur gedacht und nicht habe aussprechen wollen,
habe der Geist gesagt: »Ich weiß es schon, du hast nicht
nötig, es auszusprechen, damit ich es weiß, doch spreche es
nur aus.«**

Oft fragte das Mädchen den Geist, warum er so leide, auf
welche Art er denn mit einem bösen Geiste noch verbunden
sei, warum das Haus weg solle, allein hier gab die Erscheinung
immer nur ausweichende Antworten, oder seufzte sie.

* Herr Pfarrer *Gerber* schreibt von diesem Mädchen: »Das Mädchen selbst
zeichnete sich in der Schule durch ihre guten Sitten und ihre Gutmütigkeit aus,
hatte aber wenig Anlage zum Lernen und verließ daher die Schule mit ganz
geringen Kenntnissen. Das Lob eines sittlichen Wandels erhielt sie auch nach
der Schule und entzog sich zwar nicht den Lustbarkeiten der jungen Leute des
Dorfes nicht, war aber doch die erste, welche sich wieder zurückzog.«
** So war es bekanntlich auch bei der Seherin von Prevorst.

Vom Monat Februar bis Mai erschien dieser Geist dem Mädchen zu verschiedenen Tagen, sprach immer religiöse Worte und deutete oft mit Jammer auf seine Verbindung mit einem schwarzen Geiste hin. Einsmal sagte er, daß er nun auf längere Zeit nicht mehr kommen könne, dagegen werde das Mädchen durch jenen schwarzen Geist Anfechtungen erleiden, sie solle nur standhaft bleiben und ihm doch ja nie eine Antwort erteilen. Mehrmals sagte er ihr auch Dinge voraus, die dann eintrafen, z. E. daß die oder jene Person am andern Tage zu ihr kommen werde.

Als am 24. Juni, am Johannistage, da alles in der Kirche war, das Mädchen allein zu Hause blieb, um das Mittagessen zu besorgen, und gerade am Feuerherde in der Küche stund, hörte sie auf einmal einen heftigen Knall im Stalle. Sie wollte nachsehen, was geschehen sei; als sie aber vom Herde gehen wollte, so erblickte sie einen ganzen Haufen sonderbarer gelber Frösche auf dem Herde. Sie erschrak zwar, dachte aber: ich sollte doch einige dieser Tiere in meinen Schurz fassen, um meinen Eltern bei ihrer Heimkunft zu zeigen, was das für eine neue Art von Fröschen ist, aber als sie im Begriff war, einige derselben mit ihrer Schürze aufzufassen, rief jemand vom Boden herab (es schien ihr die Stimme jener weiblichen Erscheinung zu sein): »Magdalene! laß *die* Frösche gehen!« Und sie verschwanden.

Am 2. Juli ging der Vater mit seiner Tochter morgens zwei Uhr auf die Wiese zu mähen. Als sie gegen sechzig Schritte vom Hause entfernt waren, sagte die Tochter: »Da schreit ja des Nachbars Knecht: ›Halt, Magdalene! Ich will auch mitgehen!‹« Der Vater konnte es nicht hören, aber der Tochter hörbar, schrie es noch einmal dasselbe und lachte ganz höhnisch dazu. Sie sagte: »Jetzt kommt er!« Da war es aber eine schwarze Katze. Sie gingen weiter, da sagte die Tochter: »Jetzt ist es ein Hund.« Sie gingen bis an die Wiese, da war es eine schwarze Fohle, aber der Vater und die andern Leute sahen es nicht, der Tochter aber blieb es von 2 bis 7 Uhr sichtbar, da wurde ihr das Mähen sehr mühsam.

Als sie am 5. Juli morgens drei Uhr wieder zum Mähen ging, rief ihr eine Stimme zu: »Magdalene! was ist denn das für eine, die als zu dir kommt?«, und lachte recht höhnisch dazu.

Auf einmal sagte die Tochter zum Vater: »Jetzt kommt etwas!« Da kam ein schwarzes Pferd ohne Kopf, sprang bald hinter ihr, bald vor ihr. Oft war es, als wäre der Kopf wie frisch abgeschnitten, daß man das Fleisch sah, oft war die Stelle am Halse vom Felle überzogen.

Mittags zwölf Uhr kam beim Heuwenden auf der Wiese ein schwarzer Mann zu ihr, ging mit ihr die Wiese auf und ab und sagte: »Das ist eine rechte Schachtelgret, die als zu dir kommt, was will denn diese? Dieser mußt du gar nichts antworten, das ist ein schlechtes Mensch, aber antworte du mir, dann geb ich dir den Schlüssel zum Keller unter deinem Hause. Da liegen noch acht Eimer vom ältesten Wein und viele, viele köstliche Dinge. An dem Weine könnte dein Alter noch lange bürsten, das ist auch was wert.« Dann lachte er höhnisch und verschwand.

Am 4. Juli morgens drei Uhr, als sie zum Mähen ging, kam ein schwarzer Mann ohne Kopf zu ihr und sagte: »Magdalene! hilf mir heute mähen, ich gebe dir für jeden Mahden einen Laubtaler. Wenn du sehen würdest, wie schön meine Taler sind, du würdest mir gewiß mähen helfen! Kennst du mich denn nicht? Ich bin ja des Wirts Sohn. Wenn ich wieder in den Bierkeller gehe, so gebe ich dir noch Bier dazu, wenn du mir mähen hilfst.« Immer lachte der Schwarze höhnisch zu solchen Worten. Er blieb eine Viertelstunde und sprach im Weggehen: »Du bist auch eine solche Schachtelgret wie jene (die weiße Geistin), die als zu dir kommt!«

Fünf Uhr kam er wieder als ein schwarzer Mann, trug eine Sense und sagte: »Dieses Stück will ich dir auch heruntermähen helfen, damit ihr eher fertig werdet, und sind wir fertig, dann gehest du mit mir, dann wollen wir zu der Schachtelgret, da gibt's recht zu fressen und zu saufen, aber freundlich mußt du mir sein, und eine Antwort mußt du mir geben. Gib mir jetzt nur deine Sense her, auf daß ich sie dir wetze! So! jetzt muß sie recht schneiden! Das Moos muß sie aus der Erde hauen und dazu viele schöne blanke Taler, wenn du mir antwortest.« Er blieb bis sieben Uhr um sie. Sie hatte diesen ganzen Tag nicht nötig, ihre Sense zu wetzen, sie blieb unverwüstlich scharf.

Mittags zwölf Uhr war der Schwarze wieder auf der Wiese mit einem Rechen in der Hand und sagte: »Ein rechter Taglöhner stellt sich mittags gleich ein.« Er wendete das Heu hinter der Magdalena nach und sagte immer unter die Arbeit hinein: »Gib mir doch Antwort, du Dumme! Dann hast du Geld genug; jede Antwort bezahle ich dir mit Schätzen, ich bin reich. Eine Messe, Magdalene! mußt du lesen lassen, damit es schön Wetter bleibt, es nützt dich alles nichts, eine Messe mußt du lesen lassen!« Dann lachte er wieder höhnisch und verschwand.

Das Mädchen ist, wie schon angeführt, lutherischer, nicht katholischer Konfession, es befinden sich auch keine Katholiken zu *Orlach*.

Das Gewand des Schwarzen kam ihr wie die Kutte eines Mönchs vor, wie er auch später erklärte, daß er im Leben ein Mönch gewesen. Am 5. Juli morgens, als die Tochter wieder auf der Wiese war, rief es mit der Stimme ihres Nachbars hinter ihr: »Magdalene! hast du keinen Wetzstein mitgenommen? Bin heute verkehrt ausgegangen; ich habe meinen Wetzstein daheim gelassen!« Die Tochter wandte sich um, doch ohne Antwort zu geben (was sie immer auf das standhafteste vermied, selbst jetzt, wann sie sicher zu sein glaubte, daß eine wirklich menschliche Stimme von ihr Antwort begehre), da stund der schwarze Mönch da und sagte weiter: »Nicht wahr, das ist doch schön, wenn man jedesmal wieder dahin darf, wo man gewesen ist? Ich glaube, du kennst die Leute nicht mehr. Das bedeutet deinen Tod, wenn du die Leute nicht mehr kennst. Siehe recht, ich bin ja dein Nachbar. Sage, was wollte denn dein Vater mit dem

Buche machen, das er heute mitnehmen wollte? – Wollte er eine Messe lesen?« Und dann lachte er spöttisch. (Man hatte dem Vater den Rat gegeben, das Neue Testament mitzunehmen und, sobald die Erscheinung sich zeige, ihr diese Heilige Schrift hinzuhalten, aber es unterblieb des Regens wegen.) »Magdalene«, fuhr er fort, »du wetzest deine Sense nicht recht! Sieh! so auf den Boden muß man sich setzen und die Sense in den Schoß nehmen. Setze dich! Sieh, so wetze sie und antworte mir und sei freundlich, dann wirst du mit *der* Sense das Moos aus der Erde heraushauen und noch viele blanke Taler dazu. Halt, Magdalene! die Fliegen stechen dich (es war so), ich will dir die Fliegen wehren!« (Er wehrte ihr wirklich die Fliegen, und diesen ganzen Tag kamen keine mehr an sie, wie auch den ganzen Tag wieder ihre Sense, ohne daß man sie wetzte, schnitt.) Dann sagte er ferner: »Aber Magdalene! du mußt deinem Vater sagen, er soll mit dir nach *Braunsbach* gehen (einem katholischen Orte in der Nähe), da wollen wir dann eine Messe lesen lassen, daß das Wetter schön bleibt – aber antworten mußt du mir!«

Mittags halb zwölf Uhr an diesem Tage war der schwarze Mönch bei ihr schon wieder auf der Wiese. Er hatte einen Ranzen auf dem Rücken und trug in der Hand eine Sense, fing zu mähen an und sagte: »Magdalene! das ist eine Schande vor den Nachbarsleuten, wenn ihr so unsauber mähet. Sage, willst du nicht mit mir handeln? Gibst du mir nicht deine Sense, ich gebe dir da die meinige dafür? Sieh! dann gebe ich dir auch den Ranzen, den ich da auf meinem Rücken habe, der ist voll schöner blanker Taler, wie du noch keine gesehen. Die geb ich dir all noch dazu, aber antworten mußt du mir, und deinem Alten (dem Vater) darfst du nicht gleich sagen, daß ich da bin, sonst gehe ich sogleich wieder heim.«

Auf diese Rede sagte die Tochter sogleich dem Vater, daß der Mönch wieder da sei. Da ging dieser augenblicklich und rief noch im Gehen höhnisch zurück: »Geh auch mit mir heim, ich will Messe lesen lassen, daß das Wetter schön bleibt.«

Am 6. Juli morgens halb drei Uhr rief hinter ihr auf dem Felde die Stimme ihrer Magd: »Magdalene! du sollst schnell auf die Wiese zum Vater kommen! Wo gehst du hin? He! antworte!« Als die Tochter um sich sah, sah sie keine Magd, aber ein schwarzes Kalb, das sagte: »Gelt! diesmal hätte ich dich fast gefangen? Mit der Bibel kann mich dein Alter nicht fortschicken, das soll er sich von den Leuten nicht bereden lassen! Was Bibel! Narrheit! Die Mess' ist besser, ist vornehmer! Komm, Magdalene, mit mir nach *Brauns-bach*, wir wollen Messe lesen lassen, daß das Wetter schön bleibt!«

Am 8. Juli morgens fünf Uhr kam er auf den obern Boden zu ihr, gerade als sie das Bett machte, und sprach hinter ihr mit der Stimme der Magd des Wirts im Ort: »Guten Morgen, Magdalene! Mein Herr und meine Frau schicken mich zu dir, du sollest mit nach *Braunsbach* gehen, sie wollen eine Messe lesen lassen, wie der Mönch geraten, damit das Wetter schön bleibt, und zwar eine um einen Gulden: denn diese ist besser als eine um achtundvierzig Kreuzer. Du sollst deinem Vater zureden, daß er auch eine um einen Gulden lesen läßt. Es ist auch viel wert, wenn man das Heu gut heimbringt, nicht wahr?« Sie war schon im Begriff, Antwort zu geben, als sie während der Rede das Betten einstellte und um sich sah und den schwarzen Mönch erkannte. Dieser lachte nun hell auf und sagte: »Hab ich dich nicht gefangen, so werd ich dich doch noch fangen. Sage deinem Alten, ich wolle ihm eine Messe um achtund-vierzig Kreuzer lesen, die ebenso gut sein soll als die um einen Gulden.« Dann lachte er wieder und verschwand.

Um diese Zeit fand ihre Schwester und sie im Stalle auf einem Balken ein kleines Säckchen, das beim Herunterfallen klingelte. Sie öffneten es und fanden darin einige große Taler nebst Münzen, im ganzen eilf Gulden. Es war unerklärlich, wie dieses Geld an jenen Ort gekommen: denn den Leuten im Hause fehlte es nicht, und kein anderer Mensch wollte sich dazu melden. Da kam der schwarze Mönch und sagte: »Das gehört dein, Magdalene, und ist für die Ohrfeige, die ich dir einmal im Stalle gegeben. Das Geld habe ich von einem Herrn in H. genommen, der an diesem Tage um sechs Caroline[3] betrogen hat. Magdalene, bedanke dich dafür!« Aber auch das konnte das Mädchen nicht zum Reden mit ihm bringen, und abends erschien ihr die weiße Gestalt und sagte: »Es ist gut, daß du ihm auf sein Gerede nicht antwortetest, und auch das Geld sollst du nicht behalten, sondern es den Armen geben.« (Man gab nun auch davon ein Drittel in das Waisenhaus nach Stuttgart, ein Drittel in die Armenpflege nach Hall und ein Drittel in den Schulfonds des Orts.)

Weiter sagte die weiße Gestalt: »Wenn du nächstens nach *Hall* kommst, so wandle in der Stadt fort, bis dich jemand ruft, der wird dir ein Geschenk an Geld geben, und dafür kaufe dir ein Gesangbuch.« Sie kam nun auch wirklich bald nach Hall, und als sie da durch eine Straße lief, ließ sie ein Kaufmann in seinen Laden rufen, fragte sie, ob sie jenes Mädchen von Orlach sei, worauf er sich ihre Geschichten erzählen ließ und ihr dann einen Gulden schenkte, um den sie sich dann auch sogleich ein Gesangbuch kaufte.

Am 10., als sie an einem abgelegenen Waldbrunnen das Vieh tränkte, kam der schwarze Mönch wieder zu ihr und sagte mit der Stimme ihres Nachbar *Hansels*: »»Diesmal hast keinen Boten bei dir, Hansel!‹ sagte dein Vater zu mir, ›sei doch so gut und gehe du meiner Magdalene nach, sie ist allein mit dem Vieh an dem Waldbrunnen, da könnte der schwarze Mönch zu ihr kommen und sie zu einer Antwort zwingen, und das könnte dem Mädchen großes Unglück bringen.‹ Da komm ich nun zu dir; nicht wahr, der Mönch ist nicht bei dir? Und nun will ich dir auch etwas sagen – bist du begierig was? – Gestern, als ich in deinem Hause war – nicht wahr, es war gestern? oder war es vorgestern? – und du meinen Buben auf den Arm genommen und in den Garten gingest, da hat dein Vater, als wir allein waren, recht über dich geschimpft und hat gesagt: ›Die Magdalene, die behalte ich nimmer daheim, die muß fort. Entweder muß sie in ein Nonnenkloster‹ – ist das nicht kurios von deinem Vater? –, ›oder muß sie heiraten.‹ Das sagte dein Vater, aber ich konnte ihm nicht ganz unrecht geben. Was sagst du zu dem Nonnenkloster? Als ich Soldat war, war ich auch einmal in einem Nonnenkloster, da ist's nicht so übel, wie man meint. Ich will dir nur sagen, deine Freundin, des Wirts Tochter, will jetzt auch in ein Nonnenkloster. Willst du aber lieber heiraten? Rede! Willst du heiraten, so weiß ich dir einen rechten Kerl, wen meinst du? – Dann kannst du schaffen, was du willst. Willst du aber in das Nonnenkloster, so darfst du gar nichts schaffen; darum will des Wirts Catharine in das Nonnenkloster, die mag gar nicht schaffen. Heiratest du oder gehst du ins Nonnenkloster, so darfst du keine Garben mehr aufgeben. Diesen Abend will ich auch ein wenig kommen und euch Garben aufgeben. Seid ihr mit euren Garben fertig? He!« – Das Mädchen gab ihm keine Antwort: denn er konnte wohl seine Stimme verstellen, aber seine Gestalt nicht so, daß sie nicht den schwarzen Mönch in ihm erkannte, der nun auch wieder verschwand. Wie er aber gesagt, so half Nachbar Hansel (in wirklicher Person) ihr noch an diesem Abend Garben aufgeben, ohne zu wissen, daß sich der Schwarze nachmittags für seine Person am Waldbrunnen ausgegeben und jenes Versprechen in seinem Namen gemacht.

Am 12. Juli ein Viertel auf eilf Uhr erschien ihr wieder die weiße Frauengestalt. Sie fing zu beten an: »O Jesu, wann soll ich erlöset doch werden!« Dann sagte sie: »Du vermehrest meine Unruhe! Halte dich standhaft gegen die Anfechtungen des Bösen! Antworte ihm doch ja nie! Hättest du ihm eine Antwort gegeben, nur ein Ja gesagt, wäre das Haus plötzlich in Flammen gestanden: denn er ist es, der es schon mehrmals durch Feuer verdorben hätte, hätte nicht ich entgegengestrebt. Er wird dich immer mehr ängstigen, aber

Geschichte des Mädchens von Orlach 97

antworte ihm nie, spreche gegen ihn nie ein Wort!« – Sie sagte ihr hierauf auch, sie wolle ihr die Stelle zeigen, wo vormals das Nonnenkloster gestanden. Sie führte sie nun eine Strecke durch das Dorf und gab ihr da die Stelle an.

Am 15. Juli morgens, als sie ganz allein in der Stube war, kam der Schwarze zu ihr in Gestalt eines Bären und sagte: »Nun hab ich's getroffen, daß ich dich allein habe! Gib mir Antwort! Geld gebe ich dir genug! Warum gabst du jener (der Geistin) sogleich Antwort und die versprach dir kein Geld? Was hast du denn bei deinem erbärmlichen Leben? Nichts hast als Müh und Last vom frühsten Morgen bis in die späte Nacht, Stallkehren, Viehmelken, Mähen, Dreschen. Nur eine Antwort, und du bist reich und darfst dich um all den Plunder dein Leben lang nicht mehr kümmern! Nur eine Antwort, und ich plage dich nicht mehr, und jene Schachtelgret, die dir doch nur vorlügt und nichts gibt, kommt auch nicht mehr. Aber antwortest du mir nicht, so sollst du sehen, wie ich dich noch plage.«

Von jetzt an erschien ihr der Schwarze meistens in der drohenden Gestalt eines scheußlichen Tiers, eines Bären, einer Schlange, eines Krokodils, nicht mehr in Menschengestalt, versprach ihr bald Geld, bald drohte er ihr mit Martern. In ihrem Jammer hielt sie ihm mehrmals die Bibel entgegen, worauf er sogleich verschwand.

Am 21. August erschien ihr der Geist in Gestalt eines monströsen Tieres, das mitten am Leibe einen Hals hatte. Sie saß gerade auf der Bank und strickte. Man hörte von ihr nichts, als daß sie in Unmacht fiel und nur noch die Worte herausbrachte: »Der Schwarze!« Mehrere Stunden lang lag sie bewußtlos da, und diese Anfälle wiederholten sich selbst noch den ganzen andern Tag hindurch. Sie schlug nach allem, was sich ihr näherte, mit dem linken Arme und dem linken Fuße, *besonders wurde dieses Wüten der linken Seite heftig, wenn man die Bibel gegen dieselbe brachte.*

Die Eltern ließen einen Geistlichen und einen Arzt rufen, weil ihnen dieser Zustand unerklärlich war. Fragte sie der

Arzt: »Hast du Krämpfe?«, antwortete sie: »Nein!« »Bist du
sonst krank?« »Nein!« »Was ist es denn?« »Der Schwarze!«
war die Antwort. »Wo ist er?« »Da!« Dabei schlug sie mit
der rechten Hand auf die linke Seite.

Man ließ ihr zu Ader, setzte ihr Blutegel. Sie war in einem
magnetischen, schlafwachen Zustand und sagte in ihm: »Das
nützt alles nichts, ich bin nicht krank, man gibt sich vergeb-
liche Mühe, mir kann kein Arzt helfen.« Man fragte: »Wer
kann dir denn helfen?« Da erwachte sie auf einmal und sagte
freudig: »Mir ist geholfen!« Man fragte: »Wer hat geholfen?« Sie sagte: »Das Fräulein hat geholfen« (die weiße
Geistin).

Sie erzählte nun, daß vor ihrem Fall der schwarze Geist in
jener scheußlichen Gestalt auf sie losgegangen, sie nieder-
gedrückt und sie zu erwürgen gedroht habe, wenn sie ihm
diesmal nicht antworte, nun müsse es sein. Da seie aber, wie
sie schon fast am Tode gewesen, die weiße Geistin erschienen, die habe sich zu ihrer Rechten gestellt, der schwarze
Geist seie zu ihrer Linken gewesen. Beide Geister hätten,
wie es ihr geschienen, miteinander gestritten, aber in einer
ihr ganz fremden Sprache, aber ihr vernehmbar, laut, und
endlich sei der weißen Gestalt die schwarze gewichen und
sie wieder zu sich gekommen. Von den Fragen, die man
während ihres Zustandes an sie gemacht hatte, wußte sie
nichts.

Sie weinte nun sehr über ihren unglücklichen Zustand,
besonders da ihr die Leute sagten, sie seie mit Gichtern
behaftet.

Als sie darob am 23. August sehr traurig war, erschien ihr
die weiße Geistin und sagte: »Grüß Gott, Magdalene!
Kümmre dich nicht, du bist nicht krank. Die Leute können
nicht darüber urteilen. Wenn du noch so oft hinfällst, ich
schütze dich, daß es dir keinen Schaden bringt, und den
Ungläubigen soll es ein Beispiel sein. Wohl sagen auch die
Leute: Warum kommt so ein Geist zu einer so Unwissen-
den? Die hat nichts gelernt, die weiß nichts, die gilt nichts,

und der Geist war eine Nonne, und Nonnen wissen auch
nichts als von der Marie und vom Kreuzlein. Die aber
wissen nicht, daß geschrieben stehet: ›Und ich, lieben Brüder, da ich zu euch kam, kam ich nicht mit hohen Worten
oder hoher Weisheit, euch zu verkündigen die göttliche
Predigt, denn ich hielt mich nicht dafür, daß ich etwas
wüßte unter euch, ohne allein Jesum Christum den Gekreu-
zigten. Und ich war bei euch mit Schwachheit und mit
Furcht, und mit großem Zittern. Und mein Wort und meine
Predigt war nicht in vernünftigen Reden menschlicher Weisheit, sondern in Beweisung des Geistes und der Kraft. Auf
daß euer Glaube bestehe, nicht auf Menschenweisheit, sondern auf Gottes Kraft.‹ Wenn auch Doktoren und sonst
gelehrte Leute kommen und sehen dich, so werden sie alle
nichts wissen. Etliche werden sprechen: Die ist verrückt!
Andere: Die ist in einem Schlafzustande! Andere: Die hat
die fallende Sucht! Dich aber, Magdalene, soll dies alles
nicht kümmern: denn es ist keins von all dem, und dein
Leiden hat am fünften März kommenden Jahres ein Ende,
halte du nur dein Versprechen, daß das Haus abgebrochen
wird.« Hierauf betete die Geistin den 116. Psalmen und
verschwand dann wieder.

Von da an traf der Vater des Mädchens nun auch alle
Anstalten zum Abbruche seines Hauses und zum Aufbau
eines neuen, so wunderlich dies auch manchem erschien.

Bei einem abermaligen Erscheinen des weißen Geistes sagte
ihr dieser neben trostreichen Sprüchen aus der Heiligen
Schrift, es werde wohl nun dahin kommen, daß der
Schwarze sich ihres Leibes völlig bemächtige, sie solle aber
nur getrost sein, sie werde jedesmal dann mit ihrem Geiste
aus dem vom Schwarzen besessenen Leibe gehen und ihn in
Sicherheit bringen.

Es wurden auch vom 25. August an ihre Anfechtungen
durch den schwarzen Geist immer heftiger, er hielt sich nun
nicht länger mehr, sich verstellend, außer ihr auf, sondern
bemächtigte sich von nun an bei seinem Erscheinen sogleich

ihres ganzen Innern, er ging in sie selbst hinein und sprach nun aus ihr mit dämonischer Rede.

Vom 24. August an erscheint ihr der schwarze Mönch nun immer so. Sie sieht, wenn sie auch mitten in einem Geschäft ist, ihn in menschlicher Gestalt (eine Mannsgestalt in einer Kutte, wie aus schwarzem Nebel, das Gesicht kann sie nie bestimmt angeben) auf sich zugehen. Dann hört sie, wie er nur ein paar kurze Worte zu ihr spricht, namentlich meistens: »Willst du mir als noch keine Antwort geben? Hab acht, wie ich dich plage!« und dergleichen. Da sie standhaft darauf beharrt, ihm nicht zu antworten (natürlich ohne ein Wort zu reden), so spricht er immer: »Nun, so gehe ich nun dir zum Trotz in dich hinein!« Hierauf sieht sie ihn immer auf ihre linke Seite treten und fühlt, wie er ihr mit *fünf* Fingern einer kalten Hand in den Nacken greift und mit diesem Griff in sie hineinfährt. Mit *diesem* verschwindet ihre Besinnung und eigentlich ihre Individualität. Sie ist nun nicht mehr in ihrem Körper, dagegen spricht eine rohe Baßstimme nicht in ihrer Person, sondern in der des Mönchs, aus ihr heraus, aber mit der Bewegung ihres Mundes und mit ihren, aber dämonisch verzerrten, Gesichtszügen.

Was nun während eines solchen Zustandes der schwarze Geist aus ihr spricht, sind Reden ganz eines verruchten Dämons würdig, Dinge, die gar nicht in diesem ganz rechtschaffenen Mädchen liegen. Es sind Verwünschungen der Heiligen Schrift, des Erlösers, alles Heiligen, und Schimpfreden und Lästerungen über das Mädchen selbst, die er nie anders als »Sau« benennt. Den gleichen Schimpfnamen und die gleichen Lästerungen erteilt er auch der weißen Geistin.

Das Mädchen hat dabei den Kopf auf die linke Seite gesenkt und die Augen immer fest geschlossen. Eröffnet man sie gewaltsam, sieht man die Augensterne nach oben gekehrt. Der linke Fuß bewegt sich immer heftig hin und her, die Sohle hart auf dem Boden. Das Hinundherbewegen des

Fußes dauert während des ganzen Anfalles (der oft vier bis fünf Stunden währt) fort, so daß die Bretter des Bodens mit dem nackten Fuße (man zieht ihr gewöhnlich Schuhe und Strümpfe zur Schonung aus) ganz abgerieben werden und hie und da aus der Fußsohle endlich Blut kommt. Wäscht man aber nach dem Anfalle das Blut ab, so bemerkt man auf der Haut nicht die mindeste Aufschirfung, die Sohle ist wie der ganze Fuß eiskalt, und das Mädchen fühlt auch nicht das mindeste an ihr, so daß sie sogleich nach dem Erwachen wieder rasch stundenweit von dannen läuft. Der rechte Fuß bleibt warm. Ihr Erwachen ist wie das aus einem magnetischen Schlafe. Es geht ihm gleichsam ein Streiten der rechten mit der linken Seite (des Guten mit dem Bösen) voran. Der Kopf bewegt sich bald zur rechten, bald wieder zur linken Seite, bis er endlich auf die rechte Seite fällt, mit welcher Bewegung der schwarze Geist gleichsam wieder aus ihr herausfährt und ihr Geist wieder in ihren Körper zurücktritt. Sie erwacht und hat keine Ahnung von dem, was inzwischen in ihrem Körper vorgegangen und was der schwarze Geist aus ihm gesprochen. Gemeiniglich ist es ihr nach dem Erwachen, als seie sie in der Kirche gewesen und habe mit der Gemeinde gesungen oder gebetet, während doch die teuflischen Reden durch ihren Mund gegangen waren. Aber das ist es, was der weiße Geist ihr mit ihrem Geiste zu tun versprach, während der schwarze Geist sich ihres Körpers bemächtige. Der schwarze Geist in ihr antwortet auf Fragen. Heilige Namen aus der Bibel, selbst das Wort »heilig«, ist er nicht auszusprechen fähig. Nähert man dem Mädchen die Bibel, sucht sie gegen dieselbe zu spukken, der Mund ist aber in diesem Zustande so trocken, daß er nicht den mindesten Speichel hervorzubringen fähig ist, es ist nur das Zischen einer Schlange.

Von Gott spricht er mit einer Art Ängstlichkeit. »Das ist das Verhaßte«, sagte er einst, »daß mein Herr auch einen Herrn hat.«

Oft leuchtete aus seinen Worten der Wunsch und sogar die

Hoffnung hindurch, vielleicht doch noch bekehrt zu werden, und nicht sowohl der böse Wille als vielmehr der Zweifel an die Möglichkeit, noch begnadigt und selig zu werden, schien ihn von der Bekehrung abzuhalten.*

Es war nicht zu verwundern, daß Ärzte diesen Zustand des Mädchens für eine natürliche Krankheit erklärten. Sie konnten daher unmöglich der in den Anfällen ausgesprochenen Behauptung des Mädchens, daß es von einem guten weißen Geiste eine wirkliche Erscheinung habe und von einem bösen schwarzen Geiste besessen sei, Glauben schenken, wenngleich wieder andere, wenigere nicht leugnen mochten, daß einerseits in den evangelischen Geschichten dergleichen Ereignisse, welche nur durch eine verkünstelte Exegese umzugestalten sind, als sich von selbst verstehende Dinge erzählt werden und daß sie anderseits die Tatsachen, über deren Wahrhaftigkeit ihnen selbst nicht der mindeste Zweifel blieb, mit ihren Doktrinen schlechthin nicht zu erklären vermöchten. Denn wenn sie gleich, dieselben generalisierend, den Krankheitszustand des Mädchens zu den Nervenkrankheiten und, sie spezialisierend, zu einer Art von Epilepsie zählen zu dürfen glaubten, so schien es ihnen selber doch auch wieder unmöglich, in den Zufällen eine Analogie mit irgendeiner bestimmten Art von Epilepsie zu finden und zu rechtfertigen. Denn es ging diesem Zustande auch nicht die mindeste körperliche Störung voran, das Mädchen war in keiner Hinsicht je krank gewesen (litt nicht und hatte nie an Ausschlägen, nie an Menstruationsstörungen usw. gelitten), sie war gleich nach den heftigsten Krämpfen frisch und gesund, kräftig, tätig, heiter. Sie erwachte (wie schon bemerkt) nach den Anfällen, als hätte es ihr von erbaulichen Liedern geträumt, die sie in einer Kirche singen zu hören glaubte, während doch der schwarze Dämon durch ihren Mund mit fremdartiger Stimme die schändlichsten Blasphe-

---

* Eine bei Sündern und Missetätern nicht seltene Erscheinung, daher die einzige Bekehrungskraft des Evangeliums. Vergl. *Waltersdorf*, »Schächer am Kreuz«.[4]

mien ausstieß. Die rechte Seite blieb während der tobend-
sten Anfälle warm und ruhig, indessen das linke Bein eiskalt
vier volle Stunden hindurch ununterbrochen mit unglaubli-
cher Gewalt auf und nieder flog und den Boden schlug und
sich dennoch weder Geifer vor dem Munde noch eingeschla-
gene Daumen an den Händen wahrnehmen ließen; war auch
einmal der Daumen der linken Hand eingeschlagen, so
reichte ein Wort hin, um ihn in seine natürliche Lage zu
bringen.

Dennoch! die Mehrzahl stimmte immer für Dämonomanie
aus körperlich-krankhafter Ursache, für Epilepsie, die in
partiellen Wahnsinn übergehe, und der eine wohl bereits
schon eingetretene Desorganisation des Rückenmarkes,
besonders der linken Partie desselben, zugrunde liege. Es
wurden schulgerecht dagegen Gaben von bella donna, Zinkblumen usw., Einreibungen von Brechweinsteinsalbe, ja
sogar das Brenneisen⁵, zu schleunigstem Gebrauche angera-
ten – aber zum Glücke ließ der schlichte, natürliche Sinn der
Eltern solche rationale Anratungen nicht zur Ausführung
kommen, sie vertrauten in ihrem Glauben, den sich durch
keine Herren wankend machen ließ, der guten weißen
Erscheinung, die immer fest versicherte, dieser jammervolle
Zustand ihres Kindes werde bis auf den fünften März kommenden Jahres gewiß enden, sei nur bis dahin das Haus
abgebrochen, und in diesem Glauben machten sie auch alle
Zurüstung zur Niederreißung des alten Hauses und zur
Erbauung eines neuen.

Ich, dem sie das Mädchen auf Bitten, nachdem ihr Zustand
mehr als fünf Monate schon so gedauert hatte, auf mehrere
Wochen zur Beobachtung ins Haus brachten, unterstützte
ihren Glauben an ein dämonisches Besessensein ihres Kindes
nicht im mindesten, hauptsächlich des Mädchens wegen, um
sie alsdann auch einer desto reinern Beobachtung unterwer-
fen zu können, sondern erklärte den Zustand nur für ein
Leiden, gegen das keine gewöhnlichen Arzneimittel fruch-
ten würden, weswegen sie auch mit Recht noch bis jetzt die

Hülfe aller Arzeneiflaschen, Pillenschachteln und Salbenhäfen bei ihrer Tochter zurückgewiesen hätten. – Dem Mädchen empfahl ich auch kein anderes Heilmittel als Gebet und schmale Kost an. Die Wirkung magnetischer Striche, die ich über sie nur ein paarmal versuchsweise machte, suchte der Dämon immer sogleich wieder durch Gegenstriche, die er mit den Händen des Mädchens machte, zu neutralisieren. So unterblieb auch dieses und überhaupt alle Heilmittel ohne alle Besorgnis von meiner Seite, weil ich in jedem Falle in diesem Zustand des Mädchens einen dämonisch-magnetischen erkannte und der Divination des bessern Geistes, der ihr ihre Genesung bis zum 5. März zusagte, wohl vertraute. In diesem Glauben ließ ich sie unbesorgt, und zwar in dem Zustand, wie sie mir gebracht worden war, wieder nach *Orlach* in ihr elterliches Haus zurückkehren, nachdem ich mich durch genaue und lange Beobachtung fest überzeugt hatte, daß hier nicht die mindeste Verstellung, nicht das mindeste geflissentliche Hinzutun von Seite des Mädchens zu ihren Anfällen stattfand. Ihren Eltern empfahl ich aufs angelegentlichste, aus dem Zustande ihrer Tochter kein Schauspiel zu machen, ihre Anfälle soviel als möglich geheimzuhalten, keine Fremde in solchen zu ihr zu lassen und keine Fragen an den Dämon zu richten, was ich selbst während ihres hiesigen Aufenthaltes aus Sorge für ihre Gesundheit nur wenig tat.

Nicht durch die Schuld der Eltern, denen dieser Zustand ihres Kindes nur Kummer machte und die sein Ende immer sehnlichst wünschten, sondern durch die Zudringlichkeit der Menge geschah es, daß meinen Warnungen nicht Folge geleistet wurde; viele Neugierige strömten dem sonst unbekannt gewesenen *Orlach* zu, um das Wundermädchen in seinen Paroxismen zu sehen und zu hören, was vielleicht doch *den* Vorteil hatte, daß sich auch manche andere außer mir von der Eigenheit dieses Zustandes überzeugten. Ein Berufener unter den vielen Unberufenen war auch Herr Pfarrer *Gerber*, der das Mädchen in ihrem letzten Anfalle sah und in einem Aufsatze in der Didaskalia seine Beobachtung niederschrieb, auf den wir hier bald wieder zurückkommen werden.[6]

Am 4. März, morgens sechs Uhr, als sich das Mädchen noch allein in seiner Schlafkammer im alten elterlichen Hause befand, zu dessen Abbruch man aber schon Veranstaltung getroffen hatte, erschien ihr auf einmal die weiße Geistin. Sie war von einem so strahlenden Glanze, daß das Mädchen sie nicht lange ansehen konnte. Ihr Gesicht und Kopf waren von einem glänzend weißen Schleier bedeckt. Ihre Kleidung war ein langes, glänzendes, weißes Faltengewand, das selbst die Füße bedeckte. Sie sprach zum Mädchen: »Ein Mensch kann keinen Geist durch Erlösung in den Himmel bringen, dazu ist der Erlöser in die Welt gekommen und hat für alle gelitten, aber genommen kann mir durch dich das Irdische werden, das mich noch so da unten hielt, dadurch daß ich die Untaten, die auf mir lasteten, durch deinen Mund der Welt sagen kann. O möchte doch niemand bis nach dem Ende warten, sondern seine Schuld immer noch vor seinem Hinscheiden der Welt bekennen! In meinem zweiundzwanzigsten Jahre wurde ich, als Koch verkleidet, von jenem Mönch, dem Schwarzen, vom Nonnenkloster ins Mönchskloster gebracht. Zwei Kinder erhielt ich von ihm, die er jedesmal gleich nach der Geburt ermordete. Vier Jahre lang dauerte unser unseliger Bund, währenddessen er auch drei Mönche ermordete. Ich verriet sein Verbrechen, doch nicht vollständig – da ermordete er auch mich. O möchte doch (wiederholte sie noch einmal) niemand bis nach dem Ende warten, sondern seine Schuld immer noch vor seinem Hinscheiden der Welt bekennen!« Sie streckte nun ihre weiße Hand gegen das Mädchen hin. Das Mädchen hatte nicht den Mut, diese Hand mit bloßer Hand zu berühren, sondern wagte dies bloß vermittelst des Schnupftuches, das sie in die Hand nahm. Da fühlte sie ein Ziehen an diesem Tuche und sah es glimmen. Nun dankte die Geistin dem Mädchen, daß sie alles befolgt habe, und versicherte sie, daß sie nun von allem Irdischen frei sei. Hierauf betete sie: »Jesus nimmt die Sünder an« usw. Das Mädchen hörte sie noch beten, als sie sie schon nicht mehr sah.

Während die Geistin so dagestanden war, sah das Mädchen immer einen schwarzen Hund vor ihr, der auf die Geistin Feuer spie, das aber die Geistin nicht zu berühren schien. Dieser verschwand mit der Geistin. In das Sacktuch des Mädchens aber war ein großes Loch gebrannt, wie das Innere einer Hand und ob diesem Loche noch fünf kleinere Löcher wie von fünf Fingern. Es geben die Brandstellen gar keinen Geruch von sich, und auch im Momente des Glimmens bemerkte das Mädchen keinen Geruch.*

Vom Schrecken fast gelähmt wurde das Mädchen von den Ihrigen in der Kammer angetroffen und sogleich in das Haus des Bauern Bernhard *Fischer* gebracht, weil *Grombach* den Abbruch seiner Wohnung jetzt beschleunigen wollte.

Kaum dort angelangt, erschien der Magdalene der schwarze Geist. Er hatte jetzt etwas Weißes auf dem Kopfe, gleich einer Quaste, da er sonst ganz schwarz war. Er sprach: »Nicht wahr, ich bin auch da? Du wirst recht weinen, weil es das letzte Mal ist! Du siehest nun doch auch etwas Weißes an mir.« Als er dieses gesprochen, ging er auf sie zu, griff ihr mit kalter Hand in den Nacken, sie verlor ihr Bewußtsein, und er war nun in ihr. Ihr Aussehen (berichtet ein Augenzeuge) war nun blaß, die Augen fest geschlossen. Wenn man den Augendeckel öffnete, fand man den Augapfel ganz gegen die Nase zu hinaufgetrieben und sah vom Lichten des Auges nur wenig. Das Auge schien auch wie eingesunken zu sein. Der Puls schlug wie gewöhnlich. Der linke Fuß war in beständiger Bewegung. Die linke Seite war auffallend kälter als die rechte.

Von Sonntag nachts bis Dienstag mittags nahm das Mädchen keine Speise mehr zu sich. Ebenso unterblieben während

---

* Auch hier die bekannte Äußerung eines elektrischen Feuers, das mit dem magnetischen Nervenfluidum (dem Nervengeist), diesem Seelenvehikel, identisch oder eine seiner verschiedenen Darstellungen ist.

dieser Zeit alle Sekretionen bei ihr. Sie blieb nun unausgesetzt vom schwarzen Geiste bis zum andern Tage mittags besessen. Zuerst kündigte der Dämon an, daß er nicht vor halb zwölf Uhr am andern Tage (was auch so eintraf) gehen könne. Dann sprach er: »Wäre ich dem, was bei Petrus steht, nachgefolgt, so müßte ich nicht mehr hier sein. Hierauf sprach er die Verse Petr. 1, 2. Kap., Vers 21 bis 25, her: »Denn dazu seid ihr berufen, sintemal auch Christus gelitten hat für uns und uns ein Vorbild gelassen, daß ihr sollt nachfolgen seinen Fußstapfen; welcher keine Sünde getan hat, ist auch kein Betrug in seinem Munde erfunden worden, welcher nicht wieder schalt, da er gescholten ward, nicht drohte, da er litt, er stellte es aber dem heim, der da recht richtet, welcher unsre Sünden selbst geopfert hat an seinem Leibe auf dem Holze, auf daß wir der Sünde abgestorben, der Gerechtigkeit leben, durch welches Wunden ihr seid heil worden: denn ihr waret wie die irrenden Schafe, aber ihr seid nun bekehrt zu dem Hirten und Bischof eurer Seelen.«

Während des Tages kam eine ungeheure Menschenmenge in *Orlach* zusammen, um das Mädchen zu sehen und Fragen an den Dämon zu richten. Genügend und nach der Erklärung der Frager richtig, äußerte er sich besonders über Klöster und Schlösser und überhaupt über Altertümer der Umgegend; andere vorwitzige Frager wies er mit Spott oder Witz ab.

Nachts, als sich auf polizeiliche Anordnung der Andrang der Gaffer verloren, erklärte der Dämon, gebetet zu haben, und äußerte mit Freude, er könne nun den Namen Jesus, Bibel, Himmel, Kirche aussprechen, er könne beten und läuten hören. Wenn er sich doch nur schon im Sommer gewendet hätte, dann wäre es besser gewesen! –

Seine Schuld gab er nun auch so an: »Mein Vater war ein Edler von *Geislingen*, eine Stunde von *Orlach*. Da hatte er ein Raubschloß auf dem Löwenbuk bei Geislingen zwischen dem Kocher und der Bühler, man muß seine Mauern noch finden[7]. Ich hatte noch zwei Brüder. Der älteste, der nicht weiter kam, als wo ich auch bin, bekam das Schloß, der andere kam im Kriege um. Ich wurde zum geistlichen Stande bestimmt. Ich kam ins Kloster nach *Orlach*, wo ich bald der Obere wurde. Der Mord von mehreren meiner Klosterbrüder, von Nonnen und von Kindern, die ich mit ihnen erzeugte, lastet auf mir. Die Nonnen brachte ich in männlicher Kleidung in das Kloster, und fand ich an ihnen keinen Gefallen mehr, ermordete ich sie. Ebenso ermordete ich die Kinder, die sie geboren, sogleich nach der Geburt. Als ich die ersten drei meiner Klosterbrüder ermordet hatte, verriet mich die, die du die Weiße nennest. Aber in der Untersuchung wußte ich mir dadurch zu helfen, daß ich meine Richter bestach. Ich ließ die Bauern während der Heuernte zusammenkommen und erklärte ihnen, keine Messe mehr zu lesen, würden sie mir nicht ihre schriftlichen Dokumente ausliefern, dann würde zur Heuernte es immer regnen, ich würde Fluch über ihre Felder beten.* Sie gaben ihre Dokumente, die die Gerechtsame *Orlachs* enthielten, und die lieferte ich meinem Inquisitor aus. Wieder ins Kloster zurückgelassen, ermordete ich meine Verräterin, darauf noch drei meiner Klosterbrüder und nach vier Wochen, im Jahre 1438, mich selbst. Als Oberer wußte ich meine Opfer ins Verborgene zu locken und erstach sie da. Die Leichen warf ich in ein gemauertes Loch zusammen. Mein Glaube war: Mit den Menschen ist es nach dem Tode wie mit dem Vieh, wenn es geschlachtet ist, wie der Baum fällt, bleibt er liegen. Aber – aber, es ist ganz anders, es ist eine Vergeltung nach dem Tode.«

Am andern Tage morgens äußerte sich der Dämon noch gegen Umstehende über die ehmaligen Klöster zu Crailsheim ganz richtig. Dann verfiel er wieder in Zweifel, ob er wohl in Gnaden angenommen werde, wenn er jetzt für

---

* Daher wohl auch sein anfängliches Erscheinen bei dem Mädchen hauptsächlich zur Heuernte und seine Reden von Messe lesen, daß das Wetter schön bleibe.

immer diesen Raum und das Mädchen verlassen müsse. »Heute abend«, sprach er, »muß ich zum zweiten Mal ins Gericht, und zwar mit jener.« Er verstand darunter die weiße Geistin.

Es war vor halb zwölf Uhr mittags. Die Leute, welche das Haus abbrachen, waren an den letzten Rest eines Stücks der Mauer gekommen, welche das Eck des Hauses bildete und von ganz anderer Beschaffenheit als der übrige Teil war. Während die andern Mauern nur von Leim aufgeführt waren, so war dieses Stück mit ganz besonderem Kalk und fester verbunden, so daß es wirklich scheint, diese Mauer stamme von einem sehr alten Gebäude her. Mit dem Sinken dieses Teils des Gebäudes auch (was das Mädchen nicht sehen konnte), es war jetzt halb zwölf Uhr, und zwar mit dem Abbruch des letzten Steins desselben, trat bei dem Mädchen ein dreimaliges Neigen des Kopfes auf die rechte Seite ein, ihre Augen schlugen sich auf. Der Dämon war aus ihr gewichen, und ihr natürliches Leben war wieder da. Herr Pfarrer *Gerber* beschreibt als Augenzeuge den Moment, nachdem der letzte Stein jener Mauer gefallen war, also: »In diesem Moment wendete sich ihr Haupt auf die rechte Seite, und sie schlug die Augen auf, die nun hell und voll Verwunderung über die vielen Personen, welche sie umgaben, um sich schauten. Auf einmal fiel es ihr ein, was mit ihr vorgegangen war, sie deckte beschämt mit beiden Händen das Gesicht – fing an zu weinen, erhob sich, noch halb taumelnd, wie ein Mensch, der aus einem schweren Schlaf erwacht – und eilte fort. Ich sah nach der Uhr – es war – halb zwölf! Nie werde ich das Überraschende dieses Anblicks vergessen, nie den wunderbaren Übergang von den entstellten dämonischen Gesichtszügen der, wie soll ich sie nennen – Kranken, zu dem rein menschlichen, freundlichen Antlitz der Erwachten; von der widrigen, hohlen Geisterstimme zu dem gewohnten Klange der Mädchenstimme, von der verborgenen, teils gelähmten, teils rastlos bewegten Stellung des Körpers zu der schönen Gestalt, die wie mit einem Zauberschlage vor uns stund. Alles freute sich, alles wünschte dem Mädchen, wünschte den Eltern Glück: denn die guten Menschen waren fest überzeugt, daß nun der schwarze Geist zum letzten Male dagewesen sei.

Der Vater zeigte mir hierauf das verbrannte Tuch, das seine Tochter gestern in der Hand hatte, als der weiße Geist von ihr Abschied nahm. Es war ganz deutlich zu sehen, daß die Löcher, welche darin waren, durch Feuer entstanden waren.

Ich ging auf den Bauplatz. Das alte Haus war bis auf eine kleine Mauer, mit welcher man in wenigen Stunden fertig werden konnte, schon abgebrochen.« –

Bei Wegräumung des Schuttes in den späteren Tagen fand man ein brunnenähnliches, ungefähr zehn Schuh im Durchmesser haltendes Loch, das zwanzig Schuh tief ausgegraben wurde. In diesem und sonst im Schutte des Hauses wurden Überreste von menschlichen Knochen, auch die von Kindern, gefunden. Das Mädchen blieb von jener Stunde an durchaus gesund, und nie mehr kehrten bei ihr die früheren Erscheinungen zurück.

Selbst in der Krankheit, die sie infolge einer Erkältung ein Jahr später erlitt und die in Hemmung des Schlingens und in Stimmlosigkeit bestand, aber sich bald wieder hob,* zeigte sich keine Spur des früheren dämonisch-magnetischen Zustandes mehr.

---

* Es brachen Geschwürchen im Kehlkopfe auf.

Das Bilderbuch
aus
meiner Knabenzeit

Erinnerungen
aus
den Jahren 1786 bis 1804

Vorrede

Vielen, die mir in diesem Leben zu Freunden und Bekannten wurden, möchte ich diese Blätter, Erinnerungen aus meiner Knabenzeit, zum freundlichen Andenken hinterlassen.

Zwar können sie ihnen aus meinem eigenen Leben nur weniges bieten. Das Leben eines Knaben, meistens nur in ruhigen Verhältnissen, im Schoße und Schutze der Eltern, bietet wohl wenig Außergewöhnliches dar, aber ich betrachte hier mein eigenes Leben auch nur als einen Faden, an den sich Bilder aus dem denkwürdigeren Leben anderer, die mich damals berührten, anreihten, wie z. B. aus dem Leben meines Bruders Georg. Der bewegteste Teil seines Lebens fiel in meine Knabenzeit, die Zeit der ersten französischen Revolution. Von der Akademie zu Stuttgart aus hatte er sich mit aller Begeisterung eines jugendlichen, nur von Freiheit und Menschenbeglückung träumenden Gemütes der Revolution in die Arme geworfen und in Paris die ganze Zeit ihrer Schrecken durchlebt, zuerst als Jakobiner, dann aber, als sich diese als Mörder der Freiheit, als Terroristen zeigten, als ihr eifriger Gegner. In einem Anhange zu diesen Bildern aus meiner Knabenzeit teilte ich noch das fernere Leben dieses Bruders mit, die Zeit, wo er, durch *Napoleon* aus seinen Träumen republikanischer Freiheit geweckt, das sich selbst aufgebende französische Volk aufgab und in den Felsen und Wäldern Schwedens Stärkung und Trost in seinen getäuschten Hoffnungen und in seinem verlorenen Glauben an die Möglichkeit eines selbstständigen, freien Deutschlands suchte.[1]

Bilder und Erlebnisse in der Jugend gehen, je mehr wir uns von ihr entfernen, in um so hellerem Lichte in uns auf dem schwarzen Grunde des Alters auf; das Ende berührt den Anfang, wir nähern im Alter uns selbst wieder mehr der Kindheit. Es gab Greise, denen die Erinnerung aus ihrem Jünglings- und Mannesleben völlig verschwand, während die Zeit ihrer Kindheit ihnen wieder zur Gegenwart wurde, daß sie vermeinten, noch Kinder zu sein. So wurde mir ein Greis von bald neunzig Jahren bekannt, der zu den Stunden, die ihn ehemals als Kind zur Schule riefen, sich jedesmal erhob, ein Büchlein unter die Arme nahm und wieder, wie ehemals im sechsten Jahre, mit demselben unaufhaltsam zur Schule wanderte.

So licht im Gedächtnisse stehend, gab ich diese Bilder oder Erlebnisse meiner Knabenzeit auch in ihrer reinen Wahrheit *ohne eine poetische Ausschmückung*, und ich ließ mir letztere nur einmal auf *einem* Blatte zuschulden kommen,[2] was ich daselbst, um den Leser nicht zu irren, bemerkte.

Man erwarte also auf diesen Blättern keine Dichtungen (keine Dichtung und Wahrheit, keine Reiseschatten),[3] sie enthalten ungeschmückte und wahre Erlebnisse; auch bemerke ich noch, daß diese Blätter ganz so, wie sie abgedruckt sind, schon vor drei Jahren, also lange vor all den neuen politischen Umwälzungen, ohne alle politische Absicht niedergeschrieben wurden.

Eine Vorrede, die ich schon vor drei Jahren dazu schrieb, endigte also:

»Ob mir bei etwa noch längerem Leben, bei dem immer mehr schwindenden Lichte meiner Augen und sinkendem Lebensmute und im Drange ärztlicher Geschäfte, Kraft und Muße bleiben, diesen Bildern aus meiner Knabenzeit auch solche aus meinem Jünglings- und Mannesalter nachfolgen zu lassen, daran fange ich zu zweifeln an. Schaue ich in die Zukunft, so sehe ich sich schwarze Wolken um mein Haupt lagern, und jetzt schon drückt es wie nahende Gewitterluft auf meinen Geist.«

In einem Liede, überschrieben »Prognostikon«, das sich schon in der Auflage meiner Gedichte vom Jahre 1841 abgedruckt findet, heißt es:

»Wüster Streit bricht bald herein,
Bringet Tod auch dem Gesange!«

Jetzt, wo diese Zeit *wüsten* Streites wirklich hereingebrochen ist,[4] muß ich jenen Zweifel um so mehr wiederholen. Möchten diese Blätter, wenn auch nur hie und da, einen der Politik Müden finden, der sie mit jener Unbefangenheit durchliest, in der sie geschrieben wurden! –

Weinsberg, im Mai 1849

Mein Geburtsort ist Ludwigsburg, eine der Haupt- und Residenzstädte Württembergs.[5] Der Tag, an welchem ich geboren wurde, war der 18. September 1786.

Mein Vater war Oberamtmann in dieser Stadt, mit dem Titel eines Regierungsrates.[6] Meine Eltern hatten vor mir schon drei Söhne und zwei Töchter erzeugt. Am Tage meiner Taufe war mein Vater verlegen um den Namen eines vierten Sohnes. In seiner Unschlüssigkeit betrachtete er die Familienbilder, die im kleinen Bildersaale in großen Ölgemälden, von seinem Vater an bis zur Reformationszeit hinauf, an den Wänden hingen. Sein Blick fiel zuerst auf das Bild eines Mannes in geistlichem Gewande, mit einem langen Barte, der, ganz breit und unten in einer geraden Linie abgeschnitten, ihm vom Kinn an bis auf die Brust wie eine weiße Serviette reichte. Dieser Mann führte den Namen Justinus Andreas und lebte im Jahre 1650 als Spezialsuperintendent in *Güglingen*,[7] wo noch jetzt die gleiche Abbildung von sich in der Kirche befindet. Nach diesem nun schöpfte mir mein Vater die Namen Justinus Andreas, welche nicht gewöhnliche Namen aber meiner Mutter nach der Taufe große Skrupel machten (obgleich den Namen Justinus noch viele meiner Voreltern führten), so daß mein Vater zu ihrer Beruhigung in das Kirchenbuch auch den sehr christlichen Namen *Christian* einschreiben ließ, mit welchem ich dann gewöhnlich im Kreise meiner Familie genannt wurde.

Von jenem alten Justinus muß ich noch anführen, daß er einmal von der geistlichen Oberbehörde in Stuttgart den Auftrag erhielt, sich nach Lauffen zu begeben, um im dortigen Dekanathause die Untersuchung über eine Geistererscheinung zu führen. Der Dekan zu Lauffen hatte nämlich an das Konsistorium berichtet, er könne in seinem Hause wegen Verfolgung von einem Gespenste nicht mehr bleiben. Jener alte Justinus wollte da an den Tag gebracht haben, daß jenes Gespenst die lebende Köchin des Herrn Dekans gewesen. Die Akten dieser Untersuchung finden sich noch im Archive des Konsistoriums. Dies zum Beweise, daß mir der Glaube an die Existenz von Geistern nicht anererbt und mit diesem Namen nicht angetan ist.

Am Tage meiner Taufe benetzte mir mein Vater die Lippen mit Champagnerwein, was meiner guten Mutter auch oft ein Bedenken verursachte.

Während meiner ersten Kindheit regierte noch der Herzog *Carl Eugen*.[8] Er hatte in Ludwigsburg seine Sommerresidenz,[9] und in dieser Zeit füllten sich die weiten menschenleeren Gassen, Linden- und Kastanienalleen Ludwigsburgs mit Hofleuten in seidenen Fräcken, Haarbeuteln[10] und Degen und mit den herzoglichen Militärs in glänzenden Uniformen und Grenadierkappen, gegen welche die andern wenigen Bewohner in bescheidenen Zivilröcken verschwanden. Das prachtvolle Schloß mit seinen weiten Plätzen und Gärten, der nahe Park mit dem sogenannten Favoritschlößchen,[11] die schattenreichen Alleen von Linden und Kastanienbäumen, die in weiten Reihen auf die Stadt zuliefen und selbst in der Stadt die schönsten Schattengänge voll Blüten und Duft bildeten, der große weite Marktplatz der Stadt selbst, mit seinen Arkaden, waren oft der Schauplatz der Vergnügungen dieses weltlustigen Fürsten, Schauplätze von Festen, die, gedenkt man ihrer in jetziger Zeit, einem nur wie bunte Träume erscheinen. So fanden in der dem Schlosse gegenübergelegenen Favorite die ungeheuersten Feuerwerke statt, mit einem Aufwande, der dem am Hofe von Versailles gleichkam. Auf dem bei der Stadt gelegenen See wurden Feste gegeben, bei denen schöne Mädchen der Stadt als Seeköniginnen figurieren mußten. In seinen früheren Zeiten schuf der Herzog oft im Winter, in den sein Geburtstag fiel, Zaubergärten, ähnlich denen, die in den Erzählungen von »Tausendundeine Nacht« vorkommen. Er ließ in der Mitte des Herbstes über die wirklich bestehenden schönsten Orangengärten von 1000 Fuß in der Länge und hundert in der Breite ein ungeheures Gebäude von Glas errichten, das sie vor der Einwirkung des Winters schützte. In dessen Wänden verbreiteten zahllose Öfen Wärme. Das ganze Gewölbe des großen Gebäudes trug das schönste Grün, und es hing so in der Luft, daß man keinen einzigen Pfosten bemerkte. Da bogen sich Orangenbäume unter dem Gewichte ihrer Früchte. Da ging man durch Weingärten voll Trauben wie im Herbste, und Obstbäume boten ihre reichen Früchte dar. Andere Orangenbäume wölbten sich zu Lauben. Der ganze Garten bildete ein frisches Blätterwerk. Mehr als dreißig Bassins spritzten ihre kühlen Wasser, und 100 000 Glaslampen, die nach oben einen prachtvollen Sternenhimmel bildeten, beleuchteten nach unten die schönsten Blumenbeete.

In diesem Zaubergarten nun wurden die großartigsten Spiele, dramatische Darstellungen und Ballette und Tonstücke von den größern Meistern damaliger Zeit ausgeführt. Das war noch die Zeit der *stürmischen* Periode dieses Herzogs, wo er bei einem solchen Feste einmal in weniger als fünf Minuten für 50 000 Taler Geschenke in geschmackvollen Kleinodien an die anwesenden Damen austeilte.

Auf dem großen Marktplatze, auf dem die Oberamtei, das Haus meiner Geburt, stand, wurden venezianische Messen gehalten. Der große Marktplatz war zeltartig mit Tüchern bedeckt, Verkäufer und Käufer waren maskiert. Es war ein buntes Getümmel von Masken, welche die tollsten Aufzüge und Spiele ausführten, worunter nicht das stärkste ein riesenhafter Heiducke[12] des Herzogs war, der in die Maske eines Wickelkindes gekleidet, in einer Wiege herumgeführt und mit Brei von einer Amme, die ein Zwerg war, gespeist wurde. Von den Fenstern des Oberamteigebäudes konnte man den Marktplatz am besten überschauen, daher nahm der Herzog in solcher Zeit mit seiner Gemahlin Franziska[13] den Aufenthalt daselbst.

Meine Eltern mußten da jedesmal Raum schaffen, ja, auch die unteren Gelasse des Hauses, wo die Schreibstuben waren, mußten geleert werden: denn hier wurde in solcher Zeit eine *Pharobank*[14] eingerichtet.

Der Herzog mit seinem goldbordierten Hütchen, seiner mit Buckeln[15] versehenen, gepuderten Frisur mit einem Zöpfchen, seinem kirschroten Rocke, seiner gelben Pattenweste[16], seinen gelben Hosen, hohen Stiefeln und Stiefelstrümpfen, und die Herzogin in weitem Reifrocke mit schlanker Taille, hoher, gepuderter Frisur, auf der hoch oben eine gelbe Bandschleife wie ein Kanarienvogel saß, sind meine ganz im Nebel schwimmenden, traumhaftesten Erinnerungen.

Etwas heller blieb in meinem Gedächtnisse ein Mann, der zu jener Zeit und auch noch später öfter unser Haus besuchte und um dessen Stock, um auf ihm zu reiten, sich oft meine Brüder schlugen. Es war eine kräftige Gestalt mit großen Augen, einer etwas aufgestülpten Nase und einer toupetartigen Frisur[17], ein Mann mit lebhaften Bewegungen und kräftiger Stimme, der Dichter *Schubart*.[18]

Er war ein Jahr nach meiner Geburt von seiner zehnjährigen Gefangenschaft befreit und zum Hofdramaturgen in Stuttgart ernannt worden, wo er dann *Ludwigsburg*, seinen frühern Wohnort, und meinen Vater, hielt sich der Hof und das Theaterpersonal in Ludwigsburg auf, öfter besuchte.

Mein Vater liebte ihn seines Genies wegen, war aber öfter als Beamter genötigt, gegen sein exzentrisches, ja sittenloses Wesen einzuschreiten. Dennoch gedenkt Schubart desselben dankbar in seiner Lebensgeschichte.[19] So sagt er von ihm: »Regierungsrat *Kerner*, die beste, gütigste Seele, liebte und schätzte mich bei allen meinen Fehlern, in der menschenfreundlichen Erwartung, der Sturm werde sich legen.« *Schubart* hatte ihn zum Taufpaten eines ihm zu Ludwigsburg geborenen Sohnes erwählt.

Schubart kam meistens zur Abendzeit zu uns, wo meine Schlafstunde war, setzte sich bald ans Klavier, spielte und sang, wobei ich selten einschlief, aber mich vor Angst oft schlafend stellte.

Außer den venezianischen Messen gab es auf dem großen Marktplatze vor dem väterlichen Hause auch noch andere Auftritte, die sich in eine kindliche Phantasie fest einprägten.

Hier marschierten oft die riesigen Grenadiere, man hieß sie Legioner des Herzogs, zur Parade oder bezogen die nahe stehende Hauptwache. Sie waren nach dem Schnitte der Leibgarde Friedrichs des Großen gebildet,[20] in Größe und Gestalt von Pappelbäumen, in roten Fräcken mit schwarzen Aufschlägen, und hatten auf den gepuderten Häuptern über den steinharten Zöpfen hohe, spitze Grenadiermützen sitzen, die mit gelbem Bleche beschlagen waren. Oft hatte man hier auch derben Ohrenschmaus von einer Versammlung von Tambours, nach deren Trommelschlag ein gnädiger Pardon den diesem Soldatenjammer entlaufenen Landeskindern verkündigt wurde. Nicht selten fand auch auf diesem Platze die leidige Exekution eines Spießrutenlaufens statt, oder konnte man aufgerichtete Galgen bewundern, an denen die Namen Desertierter angeschlagen waren.

Die bedeckten Gänge unter den Häusern des Marktplatzes waren zu jeder Jahreszeit ein bequemer Spielplatz für die Jugend, wo allein der oberste Teil desselben, die gegen das Rathaus schauende linke Ecke (nun eine Apotheke), für uns Knaben oft gefährlich war. Hier hatte ein alter, in seinem ganzen Wesen eigentümlicher Italiener, namens *Minoni*, seinen Spezereiladen[21] und nebenbei in den Arkaden einen großen Hühnerstall.

Alle Abende sah man ihn zur Sommerszeit mit seiner alten, bald hundertjährigen Schwester in seinen entfernten Garten fahren. Dieselbe sah man nie, ohne daß sie auf dem Schoße ein uraltes Hündchen barg. Am Chaischen war ein funfzigjähriger, kaum mehr beweglicher Rappe angespannt, dessen Schweif und lange Mähnen altersgrau waren, während ein ebenfalls uralter Ladendiener, *Pietro Morano*, den Laden und die Hühner hütend zurückblieb, die uns im Raume der Arkaden spielenden Knaben oft zur Übung unseres Mutwillens dienten. Kamen wir mit unseren Spielen in ihren Bereich und flatterten sie aufgestört mit Geschrei davon, so kam der ergrimmte Morano mit aller Wut auf uns los. Aber je wütender er ward, je neckender und wagender wurden wir Knaben. Sobald er wieder in seinen Laden zurückgekehrt war, standen wir wieder, ihn zu erwarten, da; der neue Angriff und abermaliges Entfliehen begann, das sich den Tag über zur Zeit unserer Muße öfter wiederholte und eigentlich auch zu unsern Spielen und damaligen Turnübungen gehörte.

Zum Spiele, Drachen steigen zu lassen, war dieser große Marktplatz und das windige Ludwigsburg auch sehr geeignet. Mancher Drache aber fand seinen Untergang an den Kränzen der beiden Stadtkirchentürme, wo wir sie dann den ganzen Sommer durch, an den Schwänzen aufgehängt, bewunderten.

Wir wetteiferten miteinander, solche Drachen in den verschiedensten Formen zu machen. Drachen, die auf der Erde die Größe eines Mannes überboten, hatten in der Höhe kaum die Größe einer Schwalbe, auch wußten wir solche zu verfertigen, die im Steigen und in der Luft brummende Töne von sich gaben, ein Spiel, das ich noch im Alter zu Weinsberg auf meinem Turme fortsetzte.

Wie im Großen und in natura, so dienten mir diese Stadttürme mit ihrer Kirche, auch nachgemacht und im Kleinen, oft zum Spielzeuge. Mehr die Arbeit eines Schreiners als eines Steinhauers scheinend, wurden sie auch sehr oft von Schreinern als Kinderspielzeug in Holz gebildet, so auch die Garnisonskirche und die Hauptwache auf dem gleichen Platze.

Sie brachte mir einmal der von mir so gefürchtete Mann, der ehemalige Organist dieser Kirche, der Dichter *Schubart*, in einer Schachtel zum Geschenk aus Stuttgart mit, wodurch meine Furcht vor ihm nach und nach verschwand.

Es ist mir auch noch wie ein Traum, daß ich die letzte späteste Lieferung der von dem Herzog Carl an Holland

verkauften, nach dem Kap bestimmten Truppen[22] unter dem
Gesange des schönen Liedes von *Schubart*:

>»Auf, auf ihr Brüder, und seid stark!«[23]

die Schloßallee hinabziehen sah.

Noch lebendiger aber erinnere ich mich eines andern Zuges
– des nächtlichen Leichenzuges des Herzogs zur Gruft
seiner Väter im Corps de Logis[24] des Schlosses. Wachskerzen
und brennende Pechkränze waren von dem Tore an, durch
das man von Stuttgart kommt, bis zur Schloßkirche aufgestellt. Durch diese ging der Zug mit der Leiche des Herzogs,
von acht schwarzbehängten Schimmeln gezogen, gefolgt
von Wagen, Trabanten und Reitern, aber nicht langsam und
feierlich, sondern unbegreiflicherweise rasch, dem Dunkel
zu, in dem aller Erdenglanz auf immer erlischt.

Der zum Himmel aufwirbelnde Rauch der Wachsfackeln
und Pechkränze bildete, wie mir noch wohl im Gedächtnis
steht, hoch über den Alleen, dem Schlosse und den Häusern
der Stadt, in dem erhellten Nachthimmel die sonderbarsten
Gestalten, gleichsam einen gespenstischen Zug, mit dem mir
der Geist des Herzogs über seiner Leiche zu schweben
schien. Später, als nach der Regierung des Herzogs Ludwig
eine große Stille eintrat und die Räume des Schlosses sehr
verlassen standen, gebrauchten wir Knaben gerade oft jenen
Teil des Corps de Logis des Schlosses, wo die Gruft sich
befindet, zu unsern Soldatenspielen und blickten da oft
durch das am Erdgeschoß befindliche Gitter auf den mit
rotem Sammet beschlagenen Sarkophag des Herzogs Carl
und die anderen fürstlichen Särge nieder.

Schiller im Jahre 1793 in Ludwigsburg.
Seine Verteidigung Herzog Carls.
Gutmütige Züge aus dem Leben dieses Fürsten

Ob bei dem Leichenbegängnisse des Herzogs Carl, wie billig gewesen wäre, die Schüler seiner Carls-Akademie seinem Sarge folgten, weiß ich nicht; ich glaube nicht, daß diese Veranstaltung getroffen wurde, aber *ein* Carlsschüler, und zwar der größte, den diese Schule hegte, befand sich damals zufällig in Ludwigsburg und sah mit Gefühlen kindlicher Wehmut, die der lebende Herzog wohl nicht von ihm erwartete, seiner Leiche nach.[25]

Von der damaligen freien Reichsstadt *Heilbronn* aus stellte *Schiller*, der sich einige Zeit dort aufgehalten hatte, an den Herzog die Anfrage, ob er ins Vaterland wieder zurückkommen und in Ludwigsburg auf kurze Zeit sich aufhalten dürfe. Der Herzog gab ihm, altersschwach und krank, keine Antwort, sagte aber zu seiner Umgebung, er werde ihn ignorieren.

Auf dieses begab sich Schiller mit seiner Gattin und Schwägerin nach Ludwigsburg, wo er in dem Hofmedikus *von Hoven*[26] einen alten akademischen Freund hatte. Hier wurde ihm sein erstes Kind geboren. »Ich sah ihn (erzählt Hoven in seiner Selbstbiographie) bei der Nachricht, daß der Herzog krank und seine Krankheit lebensgefährlich sei, erblassen, hörte ihn den Verlust, den das Vaterland durch dessen Tod erleiden würde, in den rührendsten Ausdrücken beklagen, und die Nachricht von dem wirklichen Tode des Herzogs erfüllte ihn mit Trauer, als wenn er die Nachricht von dem Tode eines Freundes erhalten hätte.«

Als Schiller damals auf einem Spaziergange der Gruft des Herzogs nahe kam, sprach er zu seinem Freunde Hoven: »Da ruht er also, dieser rastlos tätig gewesene Mann. Er hatte große Fehler als Regent, größere als Mensch; aber die ersten wurden von seinen großen Eigenschaften weit über-

wogen, und das Andenken an die letzteren muß mit dem
Tode begraben werden; darum sage ich dir, wenn du, da er
nun dort liegt, nachteilig von ihm sprechen hörst, traue
diesem Menschen nicht, er ist kein guter, wenigstens kein
edler Mensch.«*

Schiller hatte noch unter Carls stürmischer Periode gelebt
und gelitten, um so überraschender ist dies sein Urteil.

In den späteren Zeiten, wo mehr Ruhe und Überlegung in
das Gemüt dieses Fürsten trat, sah er die Fehler seiner
früheren Jahre im vollsten Maße ein. Gewöhnlich begleitete
ihn der Hofprediger vom Dienste (die Hofprediger mußten
wochenweise abwechselnd in Hohenheim[28] anwesend sein)
auf seinen Spaziergängen morgens, wenn die Herzogin nicht
zugegen war. Auf einem dieser, am 7. August 1792, sagte
der Herzog zu seinem Begleiter: »Ich war ein ausschweifen-
der Teufel, was um so weniger zu verwundern war, da mir
jeder Diener dabei willig frönte, aber Reue und Buße,
werden die Vergehungen erkannt, sind immer noch zulässig
und bereiten Verzeihung.«

Seine ehelichen Verhältnisse betreffend, so lebte er mit
seiner zweiten Gemahlin Franziska, wenigstens dem äußeren Ansehen nach, friedlich, und obgleich die eheliche Treue
nicht groß war, erfuhr man von Zerwürfnissen beider nie
etwas.

Sein Fleiß und seine Tätigkeit in den Regierungsgeschäften
und sein vorsichtiges Benehmen gegen die Machthaber der
Französischen Revolution kamen dem Lande wohl zustatten.

In der ruhigeren Zeit seiner Regierung suchte er Zwistigkei-
ten in den Gemeinden durch persönliches Erscheinen selbst
zu schlichten; so einmal im Jahre 1790 zu Kirchheim am
Neckar, von wo aus er damals nachstehendes Billet doux[29]

---

* Obiger Zug und diese Worte Schillers stehen in Hovens Selbstbiographie
und in mehreren Biographien Schillers aus der Hovens abgedruckt, können
aber zur Ehre Schillers nicht genug wiederholt werden.[27]

seiner Franziska nach Hohenheim schrieb, das im Original
vor mir liegt und das ich, zum Beweise seines zärtlichen
Verhältnisses mit seiner Gattin, hier wortgetreu und mit
seiner Orthographie gebe.

»Kirchheim a. N. ½3 Uhr.

Herzallerliebstes Franzele!

Schon der Anfang meiner Fahrt war sehr angenehm um
4 Uhr bin ich hier angekommen und habe bis auf diesen
Augenblick einen fatiguanten[30] Augenschein eingenommen;
Jetzo stehen zwanzig Personen vor meinem Tisch um einen
Vergleich wo möglich zu erzielen welches noch lange dauern
wird, doch werde ich mein Möglichstes thun um nicht gar
zu spät zu kommen, aber ich lasse nicht nach bis es verglichen ist, ich kann fast nicht mehr reden.

aber schönstes Weible!

das wichtigste:
hast Du mich auch gern? Ich habe hundertmahl an Dich
gedacht, auch daß Du meine Geduld beloben würdest, ja
mein Franzele ist mir immer vor Augen. Adieu Engel! ich
küße Dich tausendmahl in Gedanken und bin von ganzem
Herzen Dein bis in den Tod.

Adresse. Der regierenden Herzogin meiner allerlieb-
sten Frau in Stuttgardt.«

Ein anderes Billet doux desselben, geschrieben am Fran-
ziska-Tage, ohne Beisetzung der Jahreszahl, lautet nach dem
Original folgendermaßen:

»Herzallerliebste Frau!

Jeder Tag ist Dir geweiht, doch besondere Fälle gestatten
den Drang des Herzens im Vollerem, im mehr als gewöhnli-

chem maaß. Franziskens Nahme ist mir so angenehm, so wichtig, weilen Ich Dir heute Geliebteste, die Gesinnungen erneuern darf, die mein Vor Dich so zärtliches Herz empfindet, mit ächter Wärme empfindet.

Wortgepräng, schmeicheley, fliehn auf immer, der treue Freund, Gatte, tritt an die Stelle, und mit der aufrichtigen Herzenssprache, die Dein Edles benehmen mit Recht fordern darf, ruft Er Dir laut zu:

> Bleibe ferner die Beruhigung meiner Tage, und
> Mache Mich zum Glücklichsten der sterblichen nemlich
> Zum Werkzeug *Deines* Glücks.
> so denkt so schreibt am Franziscenstag

> Dein ewig treuer
> Carl H Z W[31]«

Gutmütigen Humor zeigte er oft auch in Ordern an Untergebene. So erließ er eine Ordre an den General v. Bouwinghausen[32], mit dem er übrigens nicht immer in so freundlichem Vernehmen stand, die anfing:

»Mein lieber, zwar nicht Kammerherr, doch die Erlaubniß habender in all Meine innersten Gemächer eingehen zu dürfen, Nicht Geheimrath dem Titel nach, sondern doch mein festes Vertrauen besitzender, noch nicht ganz Generallieutenant, sondern doch dazu zu gelangen in baldiger Hoffnung stehender Generalmajor von Bouwinghausen!«

Einst kam der Herzog in die Wohnung des Pfarrers K. zu H. Dieser gab sich für einen sehr frommen Mann aus, war aber sehr geldbegierig. Der Herzog wußte das, und als er seine Bibel bemerkte, die unter anderen Büchern im Bücherschrank steckte, zog er sie heraus, blätterte in ihr, legte heimlich ein Goldstück in dieselbe und stellte sie wieder an ihre vorige Stelle. Nach einiger Zeit kehrte der Herzog wieder beim Pfarrer ein. Sein erster Blick fiel auf die Bibel, die sehr bestäubt noch an alter Stelle stand; er zog sie heraus, und siehe da, das Goldstück fiel ihm aus ihr in seine Hand! »Liest Er auch fleißig in seiner Bibel?« fragte er den Pfarrer. »Ihro Durchlaucht, pflichtgemäß alle Tage.« »Sieh Er«, erwiderte der Herzog, »da sagt Er nicht die Wahrheit, sieh Er, dies Goldstück legte ich Ihm vor einem Vierteljahre in das Buch, und da ist es noch in ihm. Hätt' Er darin gelesen, hätt' Er's gefunden, jetzt steck ich's wieder ein.« – Der Pfarrer sah dem Goldstück mit Ärger nach.

Nach Carls Tode war aller Hoffnung auf seinen Nachfolger Ludwig Eugen[33] gerichtet. Die Herzensgüte dieses Prinzen war anerkannt sowie die Achtung, die er der Landesverfassung zollte. Dem Vater Schillers lag an der Gnade des nachfolgenden Regenten sehr viel, und er sprach sich damals auch gegen meinen Vater aus, daß es ihm erwünscht wäre, sein Sohn würde sich eine Audienz bei dem neuen Herzoge erbitten und ihm zum Antritte der Regierung Glück wünschen; auch Herr *von Hoven* wollte ihn dazu bewegen, aber Schiller tat es durchaus nicht, er sprach nur immer von den Vorzügen des verstorbenen Herzogs.

Er arbeitete in Ludwigsburg damals an seinem »Wallenstein«, und zwar meistens bei Nacht, weil er bei Tage sehr häufig von Brustkrämpfen befallen wurde, studierte sehr fleißig die Kantische Philosophie und schrieb daselbst auch die bekannte Rezension über Matthissons Gedichte.[34]

Öfters besuchte er auch seinen alten Lehrer *Jahn*[35] und dessen Schule, in der er als Knabe Unterricht erhalten hatte. Manchmal machte er sich da die Freude, dem Lehrer die Mühe des Unterrichts auf einige Stunden abzunehmen und ihn den Schülern statt seiner zu erteilen.

Ein Verwandter von mir, älter als ich (der kürzlich verstorbene, landschaftliche Archivrat *Schönleber*)[36], der dazumal Jahns Schüler war, schrieb mir hierüber: »Nach Darstellung einiger Biographen Schillers könnte es scheinen, daß Schiller erst im Oktober 1793 nach Ludwigsburg gekommen wäre, während ich mich mit Gewißheit erinnere, daß es lange vor dem Anfange der Herbstvakanz war (Schiller kam wenigstens vor Anfang September 1793 an und war noch im November und vielleicht Dezember in Ludwigsburg), wo er an einem Freitag nachmittag den Professor Jahn besuchte, als gerade Unterricht in der Geschichte gegeben wurde. Dieser Unterricht in der Geschichte veranlaßte ihn, mehrmals zu kommen und uns selbst in ihr zu belehren. Er nahm mir da oft und viel Schröks Lehrbuch[37] aus der Hand und benutzte es als Leitfaden, während ich bei meinem Nebensitzer einsehen durfte.

Es existiert eine kleine Ausgabe seiner Werke von Cotta[38] in Kleinoktav, mit einem Bilde von ihm. Hier ist er sitzend, den Kopf auf die Hand gelehnt, die Beine übereinandergeschlagen, abgebildet, und so saß er fast jedesmal auf der Schranne[39] an unserem Schultische mir gegenüber, und das ist auch dasjenige Bild von ihm, das ich nach meiner Erinnerung für das richtigste halte.« –

In Begleitung seines Vaters, der schon früher mit dem meinigen durch gleiche Neigung, die Baumkultur[40], verbunden war, besuchte er damals auch mein elterliches Haus, aber ich erinnere mich seiner nur aus den späteren Erzählungen meines Vaters, der öfter von ihm als einer hagern, aufrechten, bleichen Gestalt sprach, auch daß er den Kopf mehr hoch als nieder getragen und dadurch auf manchen den Eindruck eines stolzen Menschen gemacht habe, was er so gar nicht gewesen sei! Das gleiche sagt auch sein Ludwigsburger Freund Hoven: »Dieses Ansehen«, schreibt Hoven, »hatte Schiller schon als Zögling der Carls-Akademie, und ich erinnere mich noch wohl, daß einst eine Frau, welche dort ihren Sohn besuchte, wie sie Schillern im Schlafsaal hinunterschreiten sah, sagte: »Sieh doch, der dort bildet sich wohl mehr ein als der Herzog von Württemberg.«

Während ich oben rühmte, mein Vater seie mit dem Vater Schillers in Bekanntschaft gestanden, fiel mir eine komische Tatsache späterer Zeit bei, die ich mich nicht enthalten kann, hier noch anzuführen. Ein Schullehrer in der Gegend von Ludwigsburg, der ein Bekannter des alten Schillers gewesen war, wollte, als Schillers Statue in Stuttgart errichtet wurde[41] und man die Gelehrten zu Beiträgen in das Schiller-Album aufforderte, auch sein Scherflein beitragen und sandte folgende Verse ein:

> »O großer Friedrich Schiller!
> Für mich auch Poesieerfüller,
> Kommst nun *gegossen* in das Land! –
> *Herrn Vater hab ich auch gekannt.*«

Schade, daß *die* Verse nicht aufgenommen wurden!

Die Zeit Herzog Ludwigs

Nach dem Tode des Herzogs Carl wurde der Zustand Ludwigsburgs weniger glänzend, aber gemütlicher, bürgerlicher; das eigentliche Militär wurde mehr in den Hintergrund gestellt, die großen Grenadiere Friedrichs verschwanden, und der Herzog Ludwig, ein Freund der Bürger mit Leib und Seele, glaubte sich auch jetzt, zur Zeit der bedrohten Kronen, nur unter ihrem Schutze sicher. Als dieser Herzog eine allgemeine Volksbewaffnung zu organisieren gedachte, was Österreich wünschte, und nur Preußen für gefährlich hielt, da gelangten auch an meinen Vater, wie an alle Oberamtmänner, Befehle zur Organisation derselben. In einer bei solch einer Gelegenheit gehaltenen Rede, die ich noch besitze, sprach er unter anderem folgendes, was ich hier wörtlich anführe:
»Zur Abwendung drohender Feindesgefahr hat der Herzog den Entschluß gefaßt, nach Anleitung der älteren und neueren Landesverträge und Beispiele eine allgemeine Landesverteidigung zu veranstalten und eine Landmiliz zu errichten, die in Vereinigung mit den regulären Truppen, und in

Vereinigung mit den anderen benachbarten Reichs- und Kriegsständen, mit Gottes Hülfe die Feinde bekämpfen soll. Wahrhaftig, meine Mitbürger, Hermanns kriegerischer Geist, welcher ehemals der römischen Herrschaft in Deutschland Grenzen setzte und mit unseren Voreltern begraben zu sein scheint, muß wiederbelebt werden; denn, wenn ein ganzes Volk aufsteht, um die Nachbarschaft zu verheeren, so müssen auch gegenseitig andere Völker sich verbinden, um der Gewalttat zu steuern, die Gefangenschaft der Familien und die Zerstörung der Wohnungen zu verhindern. Jeden Bürger zur Ergreifung der Waffen aufzurufen ist Pflicht der Obrigkeit, und so rufe ich diejenigen unter euch zu den Waffen, welche tätig, kräftig und durch Alter oder Krankheit nicht verhindert sind, sich unter der Fahne der Vaterlandsverteidiger zu sammeln. Um mit gutem Beispiele voranzugehen, mache ich mich verbindlich, unter hoffender Erlaubnis unseres Herzogs, wenn eine Anzahl entschlossener, ehrliebender Bürger sich zu einem Schützenkorps vereinigt, daß ich nicht bloß, wollt ihr es, das Kommando übernehmen, sondern auch wie jeder andere Bürger mit allen Gefahr und Anstrengung teilen werde. Es lebt in mir die feste Überzeugung, daß die Gefahr nicht so groß ist, wenn man zusammenhält, statt daß man sich einzeln jedem herumstreifenden Haufen preisgibt.« –

Die Ludwigsburger teilten aber meines Vaters kriegerischen Geist nicht, sie bildeten wohl ein Korps, als man aber nach langer Zeit wieder eine Rekrutenauswahl ausschrieb, entstand (am 4. Jan. 1794) ein kleiner Aufstand, weil die Bürgerschaft von der Leistung persönlicher Kriegsdienste ebenso befreit zu sein behauptete wie die Stuttgarter. Die jungen Leute erschienen auf dem Rathause, aber mit ihnen auch die Väter und andere Bürger. Als nun mein Vater seine Obliegenheiten als Beamter der Regierung erfüllen wollte, kam es endlich zu einem persönlichen Losgehen auf ihn. Ein starker Rotgerber, namens Breuninger, wollte ihn schützen, drückte ihn aber, ungeschickter- und unbeholfenerweise,

um ihn den auf ihn Eindringenden zu entziehen, so in die
Ecke, daß er fast erstickte und sich vorerst nur bemühen
mußte, sich diesen Schutz vom Halse zu schaffen, worauf
die Beschwichtigung des Tumultes ihm bald gelang.
Als der Herzog zwei Monate vor dieser Begebenheit (d.
3. Nov. 93) in die Residenz Ludwigsburg einzog, wurde er
nicht nur von einem Bürgerkorps empfangen, dessen Einrichtung hauptsächlich von meinem Vater veranstaltet
wurde, sondern auch selbst die Knaben der Stadt hatten sich
zu einem wohl uniformierten und armierten Korps gebildet,
dessen Anführer ich sein mußte. Als solcher überreichte ich
damals dem Herzog einige von meinem Vater gedichtete
Verse, mit den kurzen Worten:

»Gnädigster Herzog! empfangen Sie hiermit die Huldigung der jungen Landmiliz.«

Der bekannte Spezial *Zilling*[42], von dem später mehr die
Rede sein wird, wollte da den Herzog mit einer langen Rede
empfangen, blieb aber schon am Eingange stecken und
brachte nichts heraus als:

»Durchlauchtigster Herzog, gnädigster Herzog und Herr!
Durchlauchtigster Herzog, gnädigster Herzog und Herr!«

Inzwischen hatte sich ein junges Mädchen aus der Zuschau-
erreihe herauszuschleichen gewußt und kam auf ein Brett zu
stehen, das man dem hochwürdigen Herrn, der Feuchtigkeit
wegen, unter die Füße gelegt hatte, worauf dieser, nachdem
er zum dritten Mal »Durchlauchtigster Herzog, gnädigster
Herzog und Herr« herausgebracht hatte, sich gegen das
Mädchen wandte und sagte:

»Mädle, gang weg von dem Tritt! Der Tritt is net vor di
do!«

Der Herzog antwortete einiges auf die Anrede meines
Vaters, die derselbe früher als der Spezial sein »durchlauch-
tiger Herzog« an ihn gerichtet hatte, und ließ dann weiter-
fahren.
Die erwähnte junge Landmiliz, die über hundert Knaben
zählte, erhielt zu gewissen Stunden der Woche Exerzier-

Unterricht. Jener Italiener *Minoni*, wahrscheinlich vergnügt, daß durch dieses Landmilizspiel der Knaben die Beunruhigung seiner Hühner unter den Arkaden für eine Zeitlang aufhörte, stiftete dem jungen Korps eine ganz schöne, große Trommel mit dem Stadtwappen, und der durch die Lebensbeschreibung Schubarts und die Händel, die er mit diesem Freigeiste hatte, bekannte, soeben erwähnte Dekan *Zilling* schenkte an das junge Korps eine schöne gelbe und blaue Fahne von Seidenstoff mit goldenen Fransen.

Sobald wir dieses Geschenk erhalten hatten, kommandierte ich das Korps in das Schloß und vor des Herzogs Speisesaal und ließ dem Herzoge durch den Hofdiener, der uns empfing, sagen, er solle doch herauskommen und unsere Fahne sehen. Der gute Herzog gab hierauf den Befehl, uns alle in den Saal zu führen. Wir marschierten um die Tafel und stellten uns dann hinter dem Herzoge auf; dieser nahm die Fahne, gab sie den Anwesenden an der Tafel umher und nahm mich auf seinen Schoß, wo ich mit Zuckerwerk von ihm und der Herzogin überfüllt wurde; auch die anderen Helden erhielten Bonbons und sonstiges Naschwerk. Der Herzog entließ uns dann freundlich, und wir riefen: »Wir werden bald wiederkommen!« Was auch noch öfters geschah.

Bekanntlich aber währte diese gutmütige Regierung nicht lange; der Herzog litt an einem Fußübel, das unvorsichtigerweise von einem österreichischen Regimentsarzte hinter den Leibärzten des Herzogs geheilt wurde, und ich kann mich noch erinnern, daß, als ich an einem Märzmorgen in der Schule war, ein großer Zusammenlauf und Wehklagen entstand: der Herzog sei vom Pferde, in der untern Allee, auf einen Stein gefallen; es war aber ein Schlag, der ihn auf dem Pferde traf.

Es lief alles dem Platze zu.

Ich sah ihn nicht mehr, man hatte ihn schon tot in das Schloß getragen. Viel Volk stand auf dem Platze, auf dem er fiel, herum, und ein Maurersjunge, der gerade von dem Geschäfte kam, grub mit seinem Zweispitz in den Stein, auf den der Herzog gefallen war, ein Kreuz ein, das noch zu sehen ist. Später, ungefähr in meinem zwölften Jahre, dichtete ich folgende Verse auf dieses Ereignis.

> »Als der gute Ludwig hoch vom Pferde
> Tot gesunken auf die harte Erde,
> Nahet trauernd sich ein Maurersjunge.
> Er will klagen, doch es stockt die Zunge,
> Aber schnelle bauen seine Hände
> Ihm das schönste aller Monumente,
> Denn sie hauen in den Pflasterstein
> Fromm des Kreuzes heilig Bildnis ein.«

Die Gutmütigkeit und der fromme Glaube des Herzogs Ludwig wurden übrigens oft mißbraucht. Hievon nur ein sehr buntes Beispiel: Ein alter, versoffener Schuhmacher aus der Stadt, lutherischer Konfession, kam auf den Gedanken, Buße zu tun und ein frommer Einsiedler zu werden. Zu diesem Behufe brach er sich in dem Steinbruch vor dem Tore, das nach Eglosheim führt, ein geräumiges Loch und richtete sich in demselben eine Einsiedlershütte ein; diese schmückte er mit einem Kreuze und Marienbilde, einer brennenden Öllampe und einigen katholischen Gebetbüchern aus. Es fand bald dahin ein großer Zulauf von Neugierigen statt; ja, es gab sogar manche, die sich an dieser Erscheinung erbauten.

Bald wurde die Sache auch am Hofe bekannt. Einige alte, fromme Hofdamen wallfahrteten hin; diese erzählten der Frau Herzogin Wunder von dem frommen Büßer, seinen inbrünstigen Gebeten, seinen Kasteiungen. Gerührt davon, entschloß sich sich (es hieß, in Begleitung des Herzogs?), selbst einen Besuch in der Einsiedlershütte zu machen. Erbaut von den frommen Äußerungen und der Buße des Mannes, wurden die Besuche öfters wiederholt, wobei jedesmal ein reichliches Almosen hinterlassen wurde; ja, die Herzogin beschickte den Darbenden oftmals mit Speisen aus der Hofküche. Die Täuschung dauerte mehrere Wochen lang, bis der fromme Einsiedler den versoffenen Schuhmacher in sich nicht mehr länger unterdrücken konnte. Er fing von der gesammelten Barschaft wieder nach alter Weise zu saufen an, worauf mein Vater von Polizei wegen durch seine Entfernung aus dem Steinbruche und seine Aufhebung im Armenhause der Sache ein Ende machte.

Meine Voreltern

Ich kehre zu meiner Familie zurück. Meine Voreltern, wie aus dem Stammbaume meines Vaters erhellt, waren im romantischen Kärnten angesiedelt; wir haben aber nur noch nähere Nachricht von denen, die dort kurz vor und zu den Zeiten der Reformation lebten. Der älteste *Kerner*, von dem wir Nachricht haben, hieß *Michael* und war Rat und Finanzbeamter des Kaisers Maximilian, der ihn seiner Verdienste wegen nobilitierte und ihm das noch von der Familie gebrauchte Wappen erteilte.

Die Nachkommen, unbegütert und meistens im Dienste der Kirche und des Staats, machten von dieser kaiserlichen Gnade keinen Gebrauch. Michaels beide Söhne, von denen der ältere Michael, der jüngere Balthasar hieß, hatten sich dem geistlichen Stande gewidmet, aber das Licht der Reformation lockte sie zu *Luther* nach Wittenberg.[43] In ihr Vaterland zurückgekehrt, suchten sie den lutherischen Katechismus einzuführen, wurden aber von da vertrieben, flohen nach Württemberg, und der ältere, Michael, von dessen Linie wir stammen, wurde Prediger und Rektor zu Schwäbisch Hall, der jüngere Bruder Prediger am Münster zu Ulm, wo ihm ein Sohn im Amte nachfolgte, der aber keine Kinder hinterließ.[44]

Mein Großvater (geb. im Jahre 1704) war in seiner Jugend

Rat zu Hechingen.[45] Als nach dem unerwarteten Tode des
Fürsten dessen Mätresse die Schätze des Landes über die
Grenze bringen wollte, ließ er sie arretieren.[46]

Er entzweite sich darüber mit dem gewissenlosen Admini-
strator[47] und wurde gewalttätig auf die Feste Hohentwiel[48]
verwiesen, aber nach einigen Monaten von dem aus Wien
zurückgekehrten Sukzessor[49] befreit, gerechtfertigt und,
durch seine Empfehlung an den württembergischen Hof,
zum Oberamtmann in Göppingen ernannt, in welcher Stadt
mein Vater im Jahre 1744 geboren wurde.

Im Jahre 1730 wurde mein Großvater Vogt (oder Oberamtmann, wie man es später hieß) in Ludwigsburg.

Bekanntlich wurde diese Stadt vom Herzog Eberhard Ludwig in einer Gegend erbaut, in der er sich öfter der Jagd
wegen aufhielt. Die zahlreichen Nachtigallen, die sich in ihr
befanden, erfreuten ihn so, daß er sich in einem Hofe, der in
dieser Gegend auf einer vom Walde umgebenen Wiese
stand, dem *Erbachhofe*, einige Zimmer zum Übernachten
einrichten ließ, woraus später ein Jagdschloß und nachher
diese Stadt entstand.[50] Sie war zu meines Großvaters Zeit
noch ganz in ihrem Werden begriffen und bestand erst aus
wenig Häusern und Einwohnern; desto mehr mußte er sich
mit ihrer Vergrößerung beschäftigen. Ein herzoglicher
Befehl hatte allen Städten und Ämtern des Landes auferlegt,
ein Haus auf ihre Kosten in dieser neu erstehenden Stadt
erbauen zu lassen. Stadt und Amt *Weinsberg* hatte das Los
getroffen, das Oberamteigebäude daselbst bauen zu müssen
– das Haus meiner Wiege. So verlieh mir *Weinsberg* unbe-
wußt den Platz zur Wiege – wie es mir bald den zum Sarge
geben wird.

Meinem Großvater folgte nach seinem Tode in einem sehr
jugendlichen Alter mein Vater im Amte. Das Amt eines
Oberamtmanns war in damaliger Zeit, wo die Justiz mit der
Regierungsverwaltung verbunden war, von einer wichtige-
ren Bedeutung als jetzt.

Es lag in den Händen eines solchen eine ziemliche Voll-

macht, welche jedoch mein Vater nie mißbrauchte, obschon
er in seinem Amte zwar gesetzmäßige Strenge beobachtete,
aber durchaus Unparteilichkeit übte und unbestechlich
blieb. Er erwarb sich daher auch eine solche Liebe der
Bürger Ludwigsburgs, daß diese, als er im Jahre 1795 darauf
bestand, das Kloster-Oberamt Maulbronn zu übernehmen,
sich in Scharen zum Herzog ins Schloß begaben, um ihn zu
bitten, diesen Beamten nicht aus ihren Mauern zu lassen.
Mein ältester Bruder Georg schrieb von ihm: »Unvergeßlich
bleibt mir sein hohes Bild, voll Kraft und Leben, sein
schwarzes Auge voll Feuer, seine Gesichtsbildung, die eines
Römers auf dem Kapitol, seine männliche Stimme, würdig,
von einer solchen Höhe herabzudonnern, sein ganzer Körper derb und gewandt, wenngleich zuletzt zu einem Übermaße von Stärke sich hinneigend, die keine Lebensdauer
verhieß.« – Dennoch war er immer tätig, immer beweglich,
er schrieb bei seinen vielen Arbeiten fast gar nichts selbst,
sondern diktierte alles, während er im Zimmer umherging,
seinem Schreiber in die Feder. Er hatte einen und denselben
Schreiber von Anfang seines Amtes bis an seinen Tod. Ein
Amtsgenosse schrieb von ihm: »Er war allgemein geachtet
als ein sehr rechtlicher, gewissenhafter und äußerst tätiger
Mann und Beamter. Alle Morgen mußte aufgeräumt sein, es
durfte außer den größern Untersuchungen nichts für den
folgenden Tag liegenbleiben. Streng war er übrigens auch,
und es konnte geschehen, daß, wenn in einer Ausfertigung
in der Amtsschreiberei gefehlt wurde, er den Konzipien-
ten[51], von dem der Fehler gemacht wurde, kommen ließ, ihn
belehrte, ihn zugleich aber auch tüchtig abzankte und mit
ein paar Ohrfeigen bedachte.«
Wie er in seinem Amte Strenge übte, so übte er solche auch
in der Führung seines Haushaltes und namentlich in der
Erziehung seiner drei ältern Söhne, und es mag daher kommen, daß sein ältester Sohn Georg sich ihm dadurch mehr
entfremdete und eine Laufbahn ergriff, die den Gesinnungen
des Vaters geradezu entgegen war. Ich glaube, daß der Vater

später selbst diese Strenge in der Erziehung seiner Söhne
bereute; denn ich, als der jüngst geborene, hatte von ihr
vielleicht nur zu wenig zu fühlen; ich wurde sein Liebling,
unverdienterweise, aber auch seine große Sorge noch auf
seinem Sterbelager.

Meine Mutter war von kleiner Gestalt, zarter Natur und in
ihrer Jugend von nicht gewöhnlicher Schönheit. *Schubart*
besang sie in einem Gelegenheitsgedichte bei ihrer Ankunft
als Braut in Ludwigsburg:

> »Dir winken schon die schlanken Linden
> Im neuen grünen Frühlingskleid;
> Du wirst die Anmut doppelt finden,
> Die jede Linde von sich streut.
> Dir wehet ihr Geruch entgegen,
> Die Nachtigall singt froh dazu
> Und wirbelt unter grünen Bögen:
> Wie schön bist Du! Wie schön bist Du!«

Es waren durch ihr ganzes Leben Demut und Gehorsam
gegen ihren Eheherrn, ja selbst Furcht vor ihm, Hauptzüge
ihres Charakters. Sein Wille war ihr strenges Gebot, und ihr
ganzes Dichten und Trachten ging nur dahin, ihn bei gutem
Mute zu erhalten und alles Unangenehme von ihm zu entfernen. So verbarg sie ihm manches, was besonders unter den
Söhnen vorfiel, teils seine Strenge fürchtend, teils aus Sorge,
ihn zu beunruhigen. Ihre Liebe und Verehrung, ihre hohe
Meinung von ihm, hatten keine Grenzen. Auf seinem
Totenbette, wo er die Hostie nicht mehr verschlingen
konnte, sondern sie wieder mit der Zunge auf die Lippen
zurückbrachte, nahm sie dieselbe von den kalten Lippen und
verschlang sie in seinem Namen unter Gebet und Tränen.

Die Wiege meiner Mutter war die schöne, vom Bande des
Neckars umschlungene Felseninsel *Lauffen*.

Der Dichter *Hölderlin*, dessen Geburtsort auch *Lauffen*
war, singt von dieser Insel:

>»Heilig ist mir der Ort, an beiden Ufern, der Fels auch,
Der mit Garten und Haus grün aus den Wellen sich
hebt.«[52]

Es ist diese Felseninsel im Neckar, der hier kristallhell und
rieselnd dahinzieht, mit ihrem alten Turme, an den sich das
Haus, in dem meine Mutter geboren war (das Oberamteigebäude), lehnt, mit der ihr gegenüberliegenden Kirche und
alten Kapelle der heiligen Regiswindis[53], einer der schönsten
Punkte unseres Vaterlandes.

Ihr Vater war hier im Jahre 1751 Oberamtmann, er hieß
Stockmayer (geb. 1729) und verwaltete (nachdem er vorher
noch Oberamtmann in *Besigheim* und Stadtoberamtmann in
Stuttgart geworden war) die Stelle eines Kammerprokura-
tors, der seinen Sitz in Stuttgart hatte.[54]

Es kamen auf mich noch einige Blätter eines von ihm
geschriebenen Tagebuchs, dessen Verlust auch für die
Geschichte der damaligen Zeit Württembergs recht zu
bedauern ist. Selbst diese wenigen Blätter sind Zeugen von
seinem vielseitigen Geschäftskreise und großen Fleiße. Als
damaliger Stadtoberamtmann in *Stuttgart* machte ihm, bei
dem bunten Hofe, Militär und Schauspiel, die Verwaltung
der Polizei viel zu schaffen, und er führt davon merkwürdige Beispiele in seinem Tagebuche an. Als im Jahre 1762 ein
Brand im Schlosse zu Stuttgart ausbrach, traf er alle möglichen Anstalten zur Rettung des Lusthauses[55] und der Kaser-
nen. Es war dieses Lusthaus ein merkwürdiger Bau, an dem
der berühmte Baumeister *Schickart*[56] noch als Anfänger teil-
hatte. In ihm war seit 1750 das Opernhaus eingerichtet.
Schade, daß dieses Altertum in der neuesten Zeit bei einem
Neubau des Theaters gänzlich zerstört werden mußte. Auch
zur Verschönerung Stuttgarts trug er während seiner Amts-
verwaltung bei. So erzählt er z. B. in dem noch vorhandenen
Fragmente seiner Lebensgeschichte: »Da die öffentlichen
Spaziergänge und Gärten in Stuttgart meistens eingegangen,
so war ich darauf bedacht, wie diese in möglichster Kürze

der Residenz verschafft werden möchten. Ich erwählte hiezu nach meinem eigenen Einfall den Platz vor dem Büchsentore, der vorher alleinig für die Schweine und den großen Kutter[57] destiniert und ein wüster und unebener Platz war. Die Stadt ließe solchen planieren. Serenissimus geruhten auf meinen Bericht ein Stück von den herrschaftlichen Seegassen-Wiesen hiezu verabfolgen zu lassen. Die hiesigen Honoratioren stifteten auf meine Requisition[58] hiezu die meisten wilden Kastanien- und Lindenbäume, und solchergestalt wurde aus einem wüsten Platze eine Allee von Linden- und Kastanienbäumen angelegt, die bisher wohl reüssiert hat.« –

Die Pflanzung der Bäume geschah von ihm im Jahre 1764. Als Kammerprokurator hatte er bei den damaligen vielen Finanz-Verlegenheiten des Herzogs über manche schwere Geschäfte zu klagen und wurde zu vielseitigen diplomatischen Sendungen gebraucht. Man wird nicht sagen können, daß mein Glaube an Besessensein und Heilung durch Gebet ein Familien-Erbgut sei, wenn ich aus den Fragmenten seines Tagebuchs ein Urteil über die damaligen, so berühmten Heilungen des Exorzisten *Gaßner*[59] wörtlich anführe:

»Den 26. Martius 1775 bin ich mit dem Herrn Reichsprälaten (es war von Neresheim aus, wo er in einer finanziellen Angelegenheit zu dem daselbst regierenden Reichsprälaten geschickt worden war) und dem Regierungsrat *Stieger* nach Ellwangen gefahren, um den Herrn Pater *Gaßner* daselbst, der wegen Austreibung der Teufel und Heilung derer Kranken alleinigst mittelst Anrufung des heiligen Namens Jesu so viel und großes Aufsehen gemacht hat, zu sprechen und seine Wunderkuren mit anzusehen. Ich habe mich allda zwei Tage aufgehalten, und den Kuren, die er vorgenommen hat, genau zugesehen, dabei aber die große Macht des Aberglaubens beobachtet und bewundert.«

Er starb vor meiner Geburt, aber mein ältester Bruder Georg erlebte ihn noch als Knabe und schreibt von ihm:

»Ich sah ihn nur, als ich noch ein kleiner Knabe war, aber

noch lebt sein Bild in meiner Seele. Er war ein Mann von unbeschreiblich sanftem Gemüte, voll unaussprechlicher Liebe für die Seinen. Sein Haus, sein Garten, die Freuden, die ich da genoß, prägten sich meiner kindlichen Seele tief ein. Aus dem Ziehbrunnen im Hofe, sagte man mir, werden die Kinder geholt. Auf der Hausflur waren Hirschgeweihe, die mich sehr ergötzten. Vornen prangte das Haus mit einem Erker, der mir es schon von weitem bemerklich machte, hinter dem Hause war ein schöner, großer Garten, wo in den Buchsbaumhecken mich mehrmals die Ostereier von Glas und Zuckerwerk, mit neuen Kreuzern gefüllt, erfreuten.

Mein Großvater liebte mich ungemein, und ich verlebte jedesmal bei ihm goldene Zeit. Leider war diese Wonne von kurzer Dauer. Die treffliche Konstitution dieses Elternvaters erlag unter seinen Geschäften,[60] er wurde den Seinigen plötzlich durch einen Schlaganfall entrissen. Ich sah ihn nun in den unteren Zimmern des Hauses in der Bahre, eingehüllt in das weiße Leichentuch, eine Zitrone in den gefalteten Händen,[61] auf dem Kopfe eine weiße Mütze mit Schleifen. Sein Gesicht war so fromm, so unentstellt, ich weinte die bittersten Tränen.« –

Das Haus wurde an den Regierungsrat *Griesinger* verkauft. Er hinterließ zwei Töchter, von denen meine Mutter die älteste war.[62] Söhne hatte er keine, und die anderen in *Württemberg* lebenden *Stockmayer* müssen in keiner nähern Verwandtschaft mit ihm gestanden sein.

Eheliches Glück kann er nur kurz genossen haben; denn noch während der Kindheit ihrer Töchter verfiel die Mutter in Wahnsinn und blieb es bis zum Tode.

Die zweite Tochter verheiratete sich mit dem ehemaligen Erlangenschen Professor, nachherigen Stuttgarter Regierungsrate *Elsäßer*[63], verfiel aber bald auch in eine Melancholie. Sie soll sehr geistreich gewesen sein und Anlage zur Dichtkunst gezeigt haben. Sie gebar einen Sohn, namens Christian, der in der Carls-Akademie erzogen werden sollte, aber wahn-

sinnig wurde und es bis ins Mannesalter, wo ihn der Tod
erlöste, blieb. Ein zweiter Sohn, den sie gebar, legte sich auf
die Heilkunde und wurde ein sehr geschätzter Arzt und
Schriftsteller im Fache der Augenheilkunde. Die Stunden
seiner Muße benutzte er für das ihm angeborene Talent zur
Landschaftsmalerei. Er starb, geschätzt und bedauert von
allen, die ihn kennenlernten, im Jahre 1813 zu Neustadt an
der Linde, wo noch gegenwärtig ein Sohn von ihm die
Zierde der vaterländischen Ärzte, besonders auch im Fache
der medizinischen Literatur, ist.[64] Neben diesen Söhnen
gebar sie noch eine Tochter, die sich durch Geist und
Bildung auszeichnete und sich zu Stuttgart an den Sekretär
Hauff[65] verheiratete. Diese war in ihren früheren Jahren
Nachtwandlerin, und der als Dichter bekannte *Wilhelm
Hauff*[66] ist ihr Sohn. Die jüngste Schwester meiner Mutter
blieb unverheiratet, denn auch sie wurde wahnsinnig und
starb in meinem elterlichen Hause zu *Ludwigsburg*.
Ich führe diese psychischen Zustände einzelner Glieder meiner Familie auch besonders deshalb an, weil daraus hervor-
geht, wie Wahnsinn, Somnambulismus und Dichtkunst miteinander sind und oft eins aus dem andern hervor-
geht. Das Gefühlsleben herrschte bei meiner Mutter durchaus vor, aber nie erlitt sie eine Störung des Geistes, es
erzeugte sich in ihr kein Wahnsinn, aber, wenn man mich so
nennen will, doch in ihr ein Poete, und so war es auch bei
Wilhelm Hauffs Mutter.
Meine Eltern hatten, wie schon angeführt, außer mir noch
drei Söhne, von denen zwei in ihrer frühesten Jugend in die
Akademie nach Stuttgart gebracht wurden, der ältere zum
Studium der Medizin und Chirurgie, der jüngere zum Studium der Militärwissenschaften. Der zweitälteste Sohn
durchlief die in Württemberg gewöhnliche theologische
Laufbahn.

Mein Bruder Georg[67]

Ich darf ihm wohl mit Fug eine Reihe von Blättern in der Geschichte meiner Jugend weihen, besonders da die Hauptepoche seines vielbewegten Lebens in dieselbe fiel und ich auch schon als Knabe den innigsten Anteil an seinen Schicksalen nahm.

Er war im April 1770 (auch in der Oberamtei zu Ludwigsburg) geboren. Er kam unzeitig, schon am Ende des siebenten Monats der mütterlichen Schwangerschaft, zur Welt. Der Vater konnte ihn mit den Fingern spannen, und sein Gewicht entsprach dieser Länge. Die Mutter hatte Kindszeug zurechtgemacht, sie mußte Puppenzeug nehmen, so klein war er. Eine kräftige Amme zog ihn auf. Es sind noch einige Blätter vorhanden, die den Anfang seiner Lebensgeschichte enthalten, die er seinem Sohne hinterlassen wollte; leider überraschte ihn aber damals der Tod. Er muß sein baldiges Herannahen gefühlt haben, denn er schrieb in der Vorrede an seinen Sohn:

»Du bist 14 Monate alt, ich bald zweiundvierzig Jahre, wir werden uns schwerlich kennenlernen. Ein hartes Zeitalter kürzte meine Existenz, ein besseres wirst Du erleben. Weile dann bei der Asche Deines Vaters, ehre durch eigene Tugend das Andenken deiner Eltern und Voreltern und empfange als Vermächtnis einzelne Bruchstücke aus meinem Leben, so weit als mein Gedächtnis hinreicht, unterstützt durch die Trümmer meiner Tagebücher; benütze, mein teures Kind, die von mir oft teuer bezahlten Erfahrungen und erblicke in diesem Geschenk einen Beweis meiner väterlichen Liebe. Oh, mein Sohn! warum muß ich an das Grab denken, jetzt, wo ich dich noch auf Schoße trage? Doch so will es das Geschick, und es frommte zu nichts, gegen seine Ratschläge zu murren.« – Aber auch diese seine Lebensgeschichte zu schreiben war ihm nicht mehr vergönnt; er brachte sie nur auf weni-

ge Blätter, und seine Tagebücher wurden ein Raub schon
eines früheren Brandes zu *Hamburg*, im Herbste
1822.

Aus wenigen von ihm geschriebenen Blättern und Erinnerungen seiner Freunde und Zeitgenossen sind von ihm folgende Erzählungen zu machen:

Er war von einer außerordentlichen Beweglichkeit und
Lebendigkeit des Geistes und des Körpers. Von dem Vater
erhielt er eine sehr strenge Erziehung, und er klagte noch in
späterer Zeit über die harten körperlichen Züchtigungen, die
er von ihm erleiden mußte.

Wie sein späteres Leben bei dieser Lebendigkeit des Geistes
und Körpers einen furchtlosen entschlossenen Charakter
zeigte, so bewies er solchen schon in früher Jugend, wovon
gleichfalls folgende Züge Beweise sind:

Wir hatten zu *Ludwigsburg* ein ausgemauertes Familienbe-
gräbnis. Als die Mutter meines Vaters starb, gab mein Vater
dem dazumal ungefähr zehnjährigen Knaben auf, auf den
Kirchhof zu gehen und dem gerade am Grabe beschäftigten
Totengräber irgend etwas in Hinsicht auf die Begräbnis-
stunde auszurichten. Der Knabe kam im Augenblicke an,
wo der Totengräber den Kopf unseres Großvaters ausgrub.
Da nahm der Knabe sogleich den Kopf wie einen freudigen
Fund, und in der Meinung, dem Vater dadurch das größte
Vergnügen zu machen, überraschte er denselben in der
Schreibstube damit. Es ist natürlich, daß der Vater ihn mit
demselben nach vorangegangenem starkem Verweise und
Belehrung zur Ruhestätte zurückschickte, dem Knaben aber
blieb unbegreiflich, warum der Vater keine Freude an dem
Kopfe seines Vaters gehabt hatte.

Schon damals befand er sich in der Akademie, in welche er
bereits in seinem achten Jahre kam.[68] Als ein siebzehnjähri-
ger Jüngling aus der Akademie in die Vakanz gekommen,
bestieg er bei einem ganz im Brande stehenden Hause eine
Leiter, auf die sich kein Mensch mehr wagen wollte, und
brachte mit höchster Gefahr seines Lebens ein Kind, einen

Knaben, aus den Flammen hernieder. Es ist merkwürdig und traurig, daß derselbe Knabe, zum Manne gereift, einen schauerlichen Mord beging und zu Ludwigsburg mit dem Schwerte hingerichtet wurde.

Schon mehrere Jahre vor meiner Geburt hatte mein Bruder Georg die Carls-Akademie in Stuttgart bezogen, die damals in ihrer schönsten Blüte war; sie wurde der Gegenstand seines sehnlichsten Verlangens, indem er der strengen väterlichen Erziehung müde war. Sein beweglicher Geist hatte ihn zum Militärstande bestimmt, allein dies war gegen des Vaters Willen, der aus ihm einen praktisch tüchtigen Mediziner und Chirurgen bilden wollte,[69] und nach dessen Wunsche mußte er auch seine Studien in der Akademie einrichten, oft aber durchbrach sein freier Sinn den strengen militärischen Charakter dieser Anstalt.

Einer seiner Lieblingsgedanken war, sich nach Vollendung seiner Studien als Arzt auf ein die Welt umsegelndes Schiff zu begeben, auch schwebte ihm immer Surinam[70] als der Ort seines künftigen Wirkungskreises vor. In dieser Hoffnung hatte er schon früher seinen Körper auf alle Weise abgehärtet und sich jeder Entbehrung unterworfen, und ich erinnere mich, daß er in den Vakanzen, in denen er in das väterliche Haus zurückkam, sich nie einer Bettlade bediente, sondern immer in einer Hängmatte schlief, die er an der Decke seines Zimmers aufgehängt hatte. Die Französische Revolution, die so vieles änderte, gab auch ihm eine andere Richtung.

Mit ihm befanden sich zu gleicher Zeit der nachherige Professor *Pfaff*[71] (jetzt noch in Kiel lebend) und *Reinhold*[72], nachheriger holländischer Diplomat, in dieser Anstalt; besonders schloß er hier mit letzterem ein Freundschaftsbündnis, das nie und durch nichts gestört ward, obgleich beide noch Knaben waren, als sie sich trennten, er 14 Jahre, *Reinhold* 13 Jahre. *Reinhold* verließ die Akademie im Jahre 1784[73], und sie sahen sich erst wieder im Jahre 1795 in Hamburg.*

* Im Herbste 1799 ging Reinhold nach Berlin als Gesandter. Nach der Einverleibung Hollands lebte er in Paris als Privatmann, im Jahre 1813 war er

Meines Georgs Freund *Pfaff* schrieb aus den Zeiten der Carls-Akademie nachstehendes von ihm:[75]
»Ich lernte *Kerner* erst, seitdem er Chevalier – Ritter eines akademischen Ordens, der den Ausgezeichnetsten in ihren Studien erteilt war, kennen. Er war eine Lehrabteilung vor mir voraus. Hier knüpfte sich bald ein inniges Band der Freundschaft. Er zeichnete sich schon damals durch seine große praktische Tendenz und Tatkraft aus. Müßige theoretische Untersuchungen waren nicht seine Sache. Er war schon ein *glücklicher* und berufener praktischer Arzt, als er kaum ein Jahr Medizin studiert hatte. Er wollte sogleich seine Kenntnisse zum Nutzen seiner Mitmenschen anwenden. Feinere Anatomie, ferner Chemie, Botanik kümmerten ihn wenig, aber wohl interessierte ihn z. B. die gewöhnliche Apotheken-Chemie, wie sie zum richtigen Aufschreiben von Rezepten notwendig ist. Seine außerordentliche Lebendigkeit und Unruhe machten ihm den praktischen Wirkungskreis zum Bedürfnis. Den größten Einfluß auf seine Studien äußerte indes die Französische Revolution. Geschichte war es, was ihn am meisten anzog. Alles bezog er von nun an auf die Ausbreitung und Realisierung der großen Grundsätze, welche die Französische Revolution aufgestellt hatte, in allen Verhältnissen. Dadurch wurden freilich seine eigentlichen medizinischen Studien noch mehr gestört, doch seine medizinische Praxis nicht, da er auf Menschen zu wirken keine bessere Gelegenheit kannte. Die Geschichte seiner Promotion 1791 ist interessant. Er hatte weder Zeit noch Lust, eine Dissertation zu schreiben; seine Freunde übernahmen diese Mühe.[76] Es wurden einige dreißig Paragraphen über Metastasen[77] zusammenfabriziert und ungefähr drei oder vier Krankengeschichten als Beilage

Gesandter in Florenz, darauf Gesandter in Rom, wo er das Konkordat bis zum Abschluß vorbereitete. Das Ministerium der auswärtigen Angelegenheiten wurde ihm angetragen, er nahm es aber nie definitiv an. Zuletzt ward er Gesandter in der Schweiz. Er privatisierte dann in Hamburg, wo er im August 1838 starb.[74]

erdichtet, und der Zweck so vollkommen erreicht, als wenn Boerhave oder Haller[78] selbst die Feder geführt hätten. Nach geschehener Promotion hielt der feurige Republikaner eine deutsche Rede zum Abschiede, was ganz ungewöhnlich war, in welcher er einen Überblick der Geschichte gab und die großen Ereignisse verkündigte, die Europa bevorständen.

Aus unserm Zusammenleben als Chevaliers verdient noch eine Maskenvorstellung auf einer großen öffentlichen Maskerade Erwähnung, in welcher von vier gleichgesinnten Jünglingen in Gegenwart der vielen emigrierten Adeligen, die sich damals in Stuttgart befanden, und namentlich auch der Grafen von Artois – der Brüder des jetzigen Königs[79] –, der Prinzen von Bourbon usw., die Abschaffung des Adels pantomimisch dargestellt wurde. Einer von uns, selbst ein Edelmann (Herr v. Marschall)[80], jetzt erster Minister eines angesehenen deutschen Fürsten (Nassau), repräsentierte den Adel und hatte zu Emblemen einen großen Stammbaum, eine Menge Wappen, mit denen er behängt war. Kerner, ein junger Schweizer, Peters, und ich stellten, mit den drei Nationalbändern geschmückt, die französische Nation vor[81] und beraubten unter manchen komischen Szenen den Edelmann aller seiner Wappen, zerrissen seinen Stammbaum und jagten den Kahlen endlich aus dem Saal. Diese Maskenvorstellung machte so viel Aufsehen, daß eine Erwähnung davon in den französischen Zeitungen geschah.[82]

Die genannten Verbündeten hatten den Scherz ausgeführt, ohne ihre Kameraden vorher davon zu unterrichten, was einige darunter so sehr verdroß, daß sie beschlossen, ihn zu überbieten. Kurz vor der Ausführung erfuhr Kerner noch davon und ließ nun nicht nach mit Bitten, bis ihm gestattet ward, daran teilzunehmen. An dem dazu bestimmten Abende erschien im Redoutensaal eine Maske, die Zeit vorstellend, eine Urne im Arm, die durch ihre Schönheit allgemeines Aufsehen erregte. Stumm durchschritt sie den Saal und setzte sich endlich während des Tanzes auf eine

Seitenbank. Kerner setzte sich zu ihr und lehnte, indem er dem Tanz zusah, den Arm auf die Urne, die die Maske neben sich gestellt hatte. Plötzlich stand diese auf, ohne jene mitzunehmen, und verließ den Saal. Als Kerner sie in Sicherheit wußte, stand auch er auf und stieß wie aus Ungeschicklichkeit die Urne um. Kaum fiel sie auf den Boden, so entrollten ihr eine Anzahl[83] Zettel, die Menge strömte herbei, jedes erhaschte davon; sie enthielten die ärgsten Freiheitslehren, wie sie damals die französischen Zeitungen gaben, besonders Angriffe gegen die damals in Stuttgart anwesenden Prinzen. Diese eilten zum Herzog und beschwerten sich bitter. Alle Ausgänge wurden augenblicklich geschlossen; vergeblich, es zeigte sich keine Spur von der Maske. Polizeidiener durchsuchten die Stadt, selbst die Häuser nach ihr – sie blieb verschwunden. Tags darauf ward bei allen Handwerkern nachgeforscht, welche etwa bei Verfertigung der Maske geholfen; nichts kam ans Licht. – *Danneker* und *Koch*[*][84] beide in der Akademie, waren die Verfertiger und rühmten sich dessen in spätern Jahren noch mit Entzücken. Unter den Verschworenen, treu und vorsichtig, fand sich kein Verräter.« – *Reinhold* schrieb von ihm:[85]

»Die schönste Epoche seines Lebens war die seiner Begeisterung für Ideen, welche eine Wiedergeburt der Menschheit zu begründen schienen und die sich vielleicht in keinem Gemüte reiner ausgesprochen hat. Diese Begeisterung war überhaupt der hervorragende Zug seines Charakters, die sich in so vielen Handlungen der Aufopferung und Selbstverleugnung aussprach, welche sein Leben vorzüglich in jener Zeit auszeichneten. Die kindliche Hingebung, die all sein Tun begleitete, gewann ihm alle Herzen. Gegen die Revolution verhielt er sich wie *Saïde* gegen Mahomed,[86] er gehörte ihr ganz an, solange er sie für tugendhaft ansah, von ihren Ausartungen hat sich keiner tapferer losgerissen, und er war mehr als einmal nahe dabei, ihr Opfer zu werden.

* Beide nachher berühmte Künstler: *Danneker* Bildhauer, *Koch* Maler.

So wie in jedem Menschen sich ein Teil der Tendenzen
seiner Zeit darstellt, so hat sich in ihm ihr edelstes Streben
geoffenbart. Glühende Liebe für das Schöne umgab seine
Jugend mit dem strahlendsten Glanze, glühender Haß für
das Schlechte adelte sein männliches Alter, aber trug
zugleich dazu bei, die Keime seines Lebens zu zerstören.
Die Natur hatte ihm ausgezeichnet schöne Gesichtszüge
verliehen. In seinen Jünglingsjahren glaubten viele in seinen
Gesichtszügen die eines Christuskopfes zu erkennen, wie
die veredelnde Tradition ihn dargestellt, später wurde ihm
eine große Ähnlichkeit mit *Bonaparte* beigelegt, ehe die
Züge des letztern sich vergröbert hatten.«
Schon von der Akademie aus hatte er im Jahre 1790 Straßburg heimlicherweise mehrmals besucht, namentlich in
Begleitung seines Freundes *Marschall*, auch eines Zöglings
der Akademie, der nachher Staatsminister in Diensten des
Herzogs von Nassau wurde und, wie Pfaff erzählt, auch
damals bei jener demokratischen Maskenszene figuriert
hatte.
Als er nun im Jahre 1791 die Akademie verließ, drang er in
seinen Vater, ihn auf die Universität *Straßburg* zu lassen, die
dazumal, besonders für Medizin und Chirurgie, in großem
Rufe stand; der Vater willigte nicht darein, weil er die freien
Gesinnungen seines Sohnes kannte, die in der Nähe des
damals ausgebrochenen Vulkanes der Französischen Revolution, wie vorauszusehen war, nur mehr Nahrung erhalten
mußten. Gegen den väterlichen Willen aber ging sein Zug
dahin. Erst als von den Professoren daselbst, namentlich von
Sömmering[87], unterzeichnet vom Maire *Dieterich*[88], Zeugnisse einliefen, daß er seinen medizinischen Studien mit
Fleiß obliege, stellte sich der Vater zufriedener, und erhielt
er auch eine herzogliche Unterstützung. Zu Straßburg lernte
er Adam *Lux*[89], den nachherigen Verteidiger der Charlotte
Corday[90], kennen, den er später in Paris wieder traf. Mit ihm
besuchte er die revolutionären Klubs und war einer der
ersten, die damals hier für eine Republik predigten; die

Folge war, daß er die herzogliche Unterstützung und alle Unterstützung vom Vater verlor. Von nun an wurde er in den Strudel der französischen Politik gerissen.

Er ging fast ohne alle Barschaft zu Fuß nach Paris, war zuerst für eine Republik, dann Konstitutioneller und Girondist[91] und kam durch seine treue Anhänglichkeit an den konstitutionellen König am 10. August 1792 in die augenscheinlichste Lebensgefahr.[92]

Eine geistreiche Landsmännin, eine Jugendfreundin Schillers, die sich der Kunst wegen zu Paris aufhielt, Fräulein Ludovike *Reichenbach*, nachher verehelichte *Simanowitz*[93], kam damals öfters in Paris mit ihm zusammen, und ich erhielt von ihrer Feder über sein damaliges Leben folgende Notiz:

»Georg *Kerner* kam von Straßburg mit Empfehlungen von den dortigen Jakobinern[94] zu Fuß nach Paris. Wohl keinen Gulden trug er in der Tasche und lebte unterwegs wie auch eine Zeitlang in Paris deswegen nur immer von Milch. In Chalons hielt er eine Rede in der Jakobiner-Versammlung, ebenso in Paris. Die Jakobiner der Hauptstadt lachten über seinen Akzent, denn er behielt den schwäbischen Dialekt in der französischen Sprache, selbst als er ihrer ganz mächtig war, bei, hatten aber eine Freude an seiner Kraft und Begeisterung und nahmen ihn als Mitglied auf. Er war ganz von der Revolution ergriffen, und oft setzte ich ihn zur Rede, daß er seinen medizinischen Studien nicht mehr nachgehe. Es ging ihm die große Sache der Menschheit über alles. Aber eben deswegen konnte er der zum blinden Fanatismus gewordenen Politik der Jakobiner nicht mehr beipflichten, er wurde ihr eifrigster Widersacher. In den Tagen, wo der König sich in höchster Lebensgefahr befand, ging Kerner in seiner National-Uniform[95] in die Tuilerien mit festem Vorsatz, den König zu beschützen. Mehrere Tage ließ er den König nicht aus den Augen und hätte alles um sein Leben gewagt.

Der damalige Maire von Straßburg, *Dieterich*, den Kerner

sehr achtete, ließ einen Anschlag gegen die Jakobiner druk-
ken, aber kein Mensch wagte in der völlig aufgestandenen,
wütenden Hauptstadt diese Zettel anzuschlagen. Kerner
machte Pappe[96], nahm eine große Schüssel mit derselben in
eine Hand, in die andere die Anschläge, in den Mund aber
einen Säbel, sich sogleich damit zu verteidigen, und heftete,
rings vom Gesindel verfolgt, zum Schauer seiner Freunde,
die Zettel an alle ausgezeichneten Straßenecken an.
Delaveau, ein gefährlicher Jakobiner, begegnete ihm einst
und sagte zu ihm: ›Die Guillotine ist permanent.‹ Überall
war er als Abtrünniger der Jakobiner bekannt, allein er hatte
durchaus keine Furcht und sagte mir oft, er glaube, daß er
bald werde guillotiniert werden. Einst ging ich mit ihm nahe
bei der Nationalversammlung[97] au quai des feuillants spazieren, wo sich das Volk immer versammelt hielt; sie schrieen:
›Sehet den kleinen Aristokraten, werft ihn in das nächste
Bassin!‹ Ich hatte erstaunlich bange, ihn aber rührte das
nicht.
Der Maire von Straßburg ward ins Gefängnis geschleppt.
Kerner wollte ihn besuchen. Man stellte ihm vor, warum er
zu einem Verräter wolle. Er aber sagte kühn: ›Der Verräter
ist mein Freund.‹ Dies frappierte die Umstehenden, und er
wurde zu ihm gelassen.
Als einst ein Deputierter, dessen Name mir entfallen ist, sich
des bekannten Generals Lafayette[98] annahm und sich unter
dem Volk blicken ließ, so sprang alles wütend herbei und
wollte ihn töten, aber Kerner drang noch wütender in den
nächsten Volkshaufen ein, ergriff den Deputierten und rettete ihn in eine Wachtstube mit der größten Gefahr seines
eigenen Lebens. Dieser Deputierte wurde in der Folge sein
eifriger Freund.
Am 9. August abends ging Kerner in Uniform in die Tuilerien, aus Anhänglichkeit an den König, und wachte die Nacht
dort. Man weiß, wie es damals ergangen; Kerner wäre mit
aller Gewißheit umgekommen, hätte ihn nicht glücklicher-
weise ein alter Paß von den Jakobinern in Straßburg, der sich

noch zufällig in seiner Tasche befand, gerettet. Er war
genötigt, sich vom 10. zum 11. August in einer Wachtstube,
unter einer Pritsche liegend, die von einer Menge Sansculottes[99] umgeben war, mit Anhaltung jedes stärkeren Atemzu-
ges, versteckt zu halten. Seine Freunde suchten ihn auf,
seine Hausleute weinten um ihn und sagten: ›Kerner ist nun
tot, denn alle Männer, die noch leben, sind gekommen, er
allein nicht.‹ Am 11. früh, als die Wachtstube von den
Sansculottes sich entleerte, ging Kerner zu einem Freunde,
nahe an dem Schlosse, unterwegs aber wurde er ergriffen,
und nur der erwähnte Paß war seine Rettung.
Nicht allein das damalige Leben der politischen Welt, auch
andere Bilder erschienen seiner lebendigen Phantasie im
herrlichsten Lichte. In einem lutherischen Lande geboren
und erzogen, erschien ihm ein Frauenkloster als ein besonders anziehendes Rätsel, als ein höchst romantisches Bild.
Wir gingen einmal zusammen – Herr Rheinwald, sein
Freund, war mit uns – auf dem Montmartre spazieren. Auf
diesem Berge war ein schönes Fräuleinkloster, die Damen
waren noch beisammen, jedoch durfte man hinein. Kerner
hatte ein großes Verlangen, wenigstens eine Nonne zu
sehen. Er stellte sich die reizendsten Frauen vor, die nur
beten und singen und in Heiligkeit leben. Wir kamen zum
Sprachgitter; Kerner klopfte an, und gerade trat eine schöne
junge Dame ans Fenster und frug, was wir wollten. Kerner,
außer sich, trat vor und sagte: ›Madame, je suis ravi de vous
voir.‹[100] Die Dame, ganz betroffen, zog eilig den Umhang
vor und verschwand. So war er mit Herrn Rheinwald in
einer Kirche, die Nonnen sangen, aber ungesehen, zusammen. *Kerner* war ganz begeistert über die himmlischen
Stimmen: ›Das müssen Engel sein und schön und jung!‹
Rheinwald sagte: ›Nein, lauter alte, neidische, zahnlose
Dirnen! Hören Sie nicht, wie die Stimmen schettern?‹ *Kerner* wurde wütend: ›Nein, sage ich, schön und jung und
unschuldig wie die Engel!‹
Immer war er auch bei dem äußersten Mangel, der ihn öfters

traf, da er von den Seinigen keine Unterstützung hoffen
durfte, heiter und voll Lebendigkeit, und alle Menschen, die
ihn kennenlernten, liebten ihn.« –

Mit ihm befand sich damals der vor einigen Jahren zu
Stuttgart als Pädagogarch[101] gestorbene Professor *Kammerer*
in Paris, und von ihm ist folgende Mitteilung:[102]

»Sosehr *Kerner* mit ganzer Seele der Freiheit anhing, das
Glück derselben über die ganze Welt verbreiten zu können
wünschte, so fand er doch jetzt, da er sich in der Nähe des
Vulkans befand, von dem die Erschütterung ausging, bald
den Boden ganz anders, als er sich in der Ferne vorgestellt
hatte. Er lernte einige von den Revolutionsmännern und die
geheimen Triebfedern und Leidenschaften, die sie beseelten,
näher kennen, er hörte das wütende Geschrei und die rasenden, alles menschliche Gefühl empörenden Vorschläge, die
von der Jakobiner-Tribüne ausgingen, und sah die schändlichen Mittel, die man zu ihrer Ausführung anwendete. Sein
gerader, auf Menschenrecht und Menschenglück gerichteter
Sinn ertrug es nicht, diesem Unwesen zuzusehen. Sosehr er
daher als erklärter Klubs-Freund nach Paris gekommen war,
so entschieden erklärte er sich nun dagegen, ohne deswegen
seine Wünsche für Freiheit und eine wohleingerichtete Verfassung aufzugeben.[103]

Kerner hatte sich nach und nach eine kleine medizinische
Praxis erworben, wozu neben seiner Geschicklichkeit
besonders auch seine Uneigennützigkeit nicht wenig bei-
trug. Außerdem hatte er seit dem Herbst 1792 den Auftrag
erhalten, für die Hamburgische Zeitung (›Adreß-Comptoir-
Nachrichten‹), die damals auf Kosten des dortigen Handels-
mannes *Klopstock*, eines Bruders des Dichters, herauskam,
wöchentliche Nachrichten aus Paris einzuschicken.[104] Auf
diese Art konnte er bei seiner Genügsamkeit sich recht gut
fortbringen und selbst seiner Neigung, wohltätig zu sein,
noch hie und da freien Lauf lassen; denn Gutmütigkeit,
Edelmut, Biedersinn waren die Hauptzüge in seinem Charakter, und aus dieser reinen Quelle floß sein Enthusiasmus

für Freiheit, die ihm anfänglich in goldenem Lichte entge-
genglänzte. Dennoch war er nicht so blind und schwach,
daß er sich so leicht durch Heuchler hätte täuschen lassen,
ebensowenig im gemeinen Leben als in öffentlichen Angelegenheiten. Ich erinnere mich, ihn einst auf einem Spaziergange begleitet zu haben; es näherte sich uns ein in Lumpen
gehüllter, elend und schwarzgelb aussehender Bettler. *Kerner* war im Begriff, ihm etwas zu reichen, plötzlich aber
ergriff er die Hand des Bettlers, spie darein, rieb sie an
seinem Rock ab – und siehe da, die schwarzgelbe Farbe,
womit der Betrüger, Mitleid zu erregen, sich beschmiert
hatte, ging ab, und er wurde mit einem derben Verweis
entlassen.

Seine edlen Eigenschaften, die sich auf den ersten Blick in
seinem Gesichte aussprachen, erwarben ihm immer mehr
Bekannte und Freunde. Ohne besondere Adressen nach
Paris zu haben, wurde er bald besonders seinen württembergischen Landsleuten bekannt, wovon ihn immer wieder
einer dem andern zuführte, und unter diesen wurde die
Bekanntschaft mit Graf *Reinhard*[105] für ihn die folgenreich-
ste. Alle waren ihm mit der innigsten Anhänglichkeit und
Liebe zugetan, die er auch in hohem Grade verdiente; aber
auch unter andern in Paris lebenden Deutschen und unter
den Franzosen selbst wußte er sich Liebe und Wohlwollen
zu erwerben; sogar Männer von der Regierung behandelten
ihn mit Achtung und ließen seinen Grundsätzen Gerechtigkeit widerfahren. *Kosciusko, Schlabrendorf, Ölsner, Ebel,
Reinhard, Lux* waren seine innigsten Freunde.«[106]

In nachstehendem Briefe vom 30. Dez. 1792 an seinen
Freund *Reinhold*[107] erzählt er selbst einen Teil seiner Erlebnisse zu Paris während der sturmvollsten Zeit der Revolution.

»A Monsieur Jean Gotthardt Reinhold, Lieutenant dans le
II. Bataillon du Régiment *Nassau* à Bois le Duc.

Paris, le 30. Dec. 1792. An I. de la R.

Gott verdamme mich, wenn ich so verschiedener Meinung
von Dir wäre, als Du in Deinem Briefe, den ich soeben,
abends um 6 Uhr, erhalte und um 7 Uhr beantworte, zu
glauben scheinst. Ja, mein Bester, man muß in meiner Lage
sein, um die Verschiedenheit meiner beiden Briefe einzuse-
hen. Stelle Dir alle die schmerzhaften Gefühle vor, die die
Begebenheiten des Augusts und Septembers in mir erzeug-
ten; stelle Dir eine gewisse Art der Verzweiflung vor, die all
diese Szenen in mir hervorriefen, und Du wirst nicht zweifeln, wie unendlich begierig ich war, an dem ersten glücklich
scheinenden Umstande mich festzuhalten, der sich mir darbot, und dieser Umstand, ich gestehe es, war der glückliche
Fortgang der französischen Waffen[108] und der so günstige
Einfluß, den derselbe, wie ich hoffte, auf die innere Lage
Frankreichs und auf die Lage Deutschlands haben sollte.
Ich vergaß auf einen Augenblick den fressenden Krebs, der
den französischen Staatskörper zugrunde richtet, ich vergaß
auf einen Augenblick tausend Dinge, die ich nicht hätte
vergessen sollen. Auf einige Augenblicke, sage ich! – denn
das Tagebuch des Nationalkonvents, die Namen[109] der
gemordeten Bürger, die grenzenlosen Betrügereien, die
überall verübt wurden, die schrecklichen Verirrungen[110] des
Freiheits-Fanatismus, die überhandnehmenden Bedürfnisse
des Staats und der geringe Eifer, ihm auf eine reelle Art zu
Hülfe zu kommen, die überall sich äußernden Symptome
der Verdorbenheit oder der Unwissenheit, jene Schwäche
verratende Prahlerei und jener allzu sichtbare Mangel an
Tugend rief mich frühe genug aus meinen Träumen
zurück.[111] Ich fand, daß die Tugend der französischen Miliz
so gering, die schändlichen Handlungen, die einzelne Teile
derselben ausübten, so groß waren, daß die Anarchie, an der

sie krank lag, so beträchtlich war, daß die Beispiele, die sie gab, die Nationen eher von Verbindungen abschreckten, als sie dazu einluden.[112]

In Deutschland, hoffte ich, sollte die Freiheit einen günstigen Boden finden, diese Freiheit, die auf immer aus Europa verbannt zu sein scheint. England allein bietet noch einigermaßen ein erfreuliches Schauspiel dar; die strenge Behauptung einer Verfassung, die selbst bei ihren Mängeln dennoch das Nationalglück befördert und persönliche und Eigentumssicherheit begünstigt, diese strenge Behauptung, die selbst sonst entgegengesetzte Parteien zu einem Zweck, zur Erhaltung der Verfassung, vereinigt, ist in der Tat ein erhebendes, ich möchte beinahe sagen, rührendes Schauspiel; die nachdrückliche Sprache Englands kann vielleicht Einfluß auf Ludwigs Schicksal haben, seine Verteidigung von *Deseze, Tronchet* und *Malesherbes*[113] ist vortrefflich, und wäre man in den Departementen minder Ochsenkopf und minder fanatisch, so müßten ihnen endlich wohl die Augen geöffnet werden. In dem Nationalkonvent scheint die Majorität der Redner gegen die Todesstrafe und für den Appell an das Volk, andere für die Verbannung, andere für die Gefangenschaft zu sein. *Robespierre*[114] ist, wie Du Dir leicht vorstellen kannst, für die Todesstrafe. Das Sonderbarste in seiner Rede ist, daß er aus dem Grundsatze, der tugendhafteste Teil der Menschheit ist immer der kleinste, den Schluß machte, daß die kannibalenartige Minorität des Konvents der bessere Teil sei.

Du fragst mich nach der Sittlichkeit mehrerer Mitglieder? Robespierre war von jeher ein Narr – Manuel[115], der sich den ehrenwerten Haß der Pariser Unruhköpfe zugezogen hat, war bei der ehemaligen Polizei angestellt, wo nur wenige ehrliche Leute sich gebrauchen ließen; Condorcets[116] unedler Charakter erhellt aus seiner Undankbarkeit gegen die Familie Rochefoucauld[117] und aus seinem Betragen bei der Legislativen Versammlung – der ganze Nationalkonvent enthält nur wenige ehrliche Leute; der eine Teil predigte Unord-

nung und Gesetzlosigkeit, bis er seinen Zweck erreicht
hatte, und predigt jetzt Ordnung und Gesetzmäßigkeit, um
sich in dem errungenen Vorteil zu erhalten; der andere Teil
fährt fort, die Anarchie zu begünstigen, weil ihm die gehofften Früchte nicht zuteil wurden und er noch nicht die
Hoffnung, sie zu erringen, aufgegeben hat. Ich mag nicht
weiter von diesen Leuten reden, die sich eher Rippenstöße
als ihrem Vaterlande weise Gesetze zu geben verstehen; die
kommenden Zeiten werden sie noch strenger als ihre jetzt
lebenden und erbittertsten Feinde richten. Was die kommenden Begebenheiten des folgenden Jahres sein werden, so
wage ich nicht irgendeine Mutmaßung mitzuteilen; die Wirkungen des Fanatismus waren von jeher fürchterlich – Krieg
scheint für Frankreich, bei dem gestörten innern und äußern
Handel, bei den wenigen Reizen, die Künste und Wissenschaften darbieten, und der Menge darbender Einwohner,
jetzt je mehr und mehr Bedürfnis zu werden, und ich ahne
noch immer, daß die Französische Revolution größere
Umwälzungen in Europa zur Folge haben wird.[118]
Seit dem Monat August befand ich mich niemals vollkommen wohl; nach den blutigen Szenen des Septembers[119] war
ich einige Tage krank, erholte mich, wiewohl nur unvollkommen; seit dem Monat November war ich zweimal schon
sehr krank, daß man an meiner Genesung zweifelte. Ein
fürchterliches Fieber hatte mich zum Gerippe abgezehrt; alle
meine Geschäfte legte ich beiseite und besorgte nur die
Hamburger Korrespondenz[120], wobei mir einer meiner
Landsleute in den heftigsten Tagen meiner Krankheit hülf-
reiche Hand leistete. Ein schleichendes Fieber machte mich
beinahe zu allen Geschäften unfähig, und nur die Freude,
die Dein unverhoffter Brief bei mir erregte, gibt mir hinläng-
liche Kraft, ihn sogleich zu beantworten.
In Rücksicht meiner bisherigen Schicksale schreibe ich Dir
noch folgendes: Am 10. August war ich auf der Wache[121] in
den Tuilerien, und ich weiß nicht, zu was mich das Schicksal
noch aufbehalten hat; genug, ein Wunder erhielt mir das

Leben. Ich stand an[122] einem Seitenhofe des Schlosses (die Posten wurden immer durch das Los ausgeteilt); als die Gefahr dringend wurde, verließ uns die Kanone, die wir hatten, mit den Kanoniers und mehr denn drei Viertel unserer Mannschaft, etwa zwanzig warfen sich in das kleine Wachthaus und erklärten, sich hier totschlagen[123] zu lassen. (Wohl zu bemerken, daß uns ein Munizipal-Offizier, namens Borie[124], vorher die Artikel des Gesetzes vorgelesen, die uns zur Behauptung unseres Postens verpflichteten. Eine Kompagnie Schweizer war auch gegenwärtig, man zog aber diese gleich nachher in den innern Schloßhof zurück.)[125] Kaum brüllte der erste Donner, so nahm die zusammengeschmolzene Garnison Reißaus. Ich war wie betäubt, tausend Bilder von den schrecklichen Folgen, die diese Blutszenen[126] haben würden, drängten sich mir nacheinander mit Gewalt vor; ich konnte mich nicht zur Flucht entschließen, und da saß ich allein in meiner Wachtstube. Plötzlich fliegen einige Flintenkugeln an die Fensterrahmen. Vermutlich wurden sie nicht gerade geflissentlich dahin abgeschickt und sollten an den hervorragenden Teil des Schlosses gehen. Das Wachthaus stand in dem sogenannten Cour de Marsan.[127] Jetzt fing ich an, an meine Selbsterhaltung zu denken und einen Zufluchtsort zu suchen, ich fand denselben unter dem Feldbett oder der hölzernen Bank, auf die man sich legt. Kaum war ich unten, und alle Augenblicke glaubte ich, die Bank stürze über mir zusammen, so drängt ein Haufen von Leuten in die Wachtstube, an deren entblößten Füßen ich sah, daß sie keine Hofherren waren. Sie fanden einen guten Vorrat geladener Flinten, suchten überall über mir in den Strohsäcken und sahen zu allem Glück nicht unter das Lager. Ich hielt in diesem Augenblick meinen Tod für gewiß, übrigens behielt ich die größte Geistesruhe bei. Kaum war dieser Haufe[n] hinaus, so verließ ich meinen Winkel, ging gerade zum Wachthaus hinaus und geriet mitten in einen Haufen von Sansculottes, die zum gegenüber befindlichen Tor hereinkamen. Ich nahm eine gleichgültige[128] Miene

an, und mein Gang war so unbekümmert, daß sie mich für
einen der ihrigen hielten, und so gelangte ich in einem nahe
liegenden Café an, nachdem ich noch vorher hart an einem
gemordeten Schweizer vorüber mußte. Kaum war ich in
diesem Café angelangt, so malten sich auf meinem Gesichte
alle Empfindungen, die diese schreckliche Szene auf mich[129]
hervorbringen mußte, ich eilte nach Hause, wurde unterwegs zweimal angehalten, indem ich zu zweien Malen auf an
mich gerichtete[130] Fragen antworten mußte und man aus
meinem deutsch-französischen Akzent schloß, daß ich ein
verkleideter Schweizer sei, mein Brevet[131] half mir glücklich
durch[132] bis zur Wohnung eines Freundes. Ich hatte drei
Nächte nicht geschlafen, das erste, was ich tat, war, mich
aufs Bett zu werfen, wo ich 14 Stunden ununterbrochen
fortschlief. Morgens um 6 Uhr am 10. August wußte ich
schon, daß es übel mit dem Schloß aussehen würde; die
kriechenden Schmeicheleien[133] einiger Nationalgarden, die
den König gleichsam führten, ihr Geschrei: ›Es lebe der
König!‹, und ihr Stillschweigen, als man rief: ›Es lebe die
Nation!‹, brachte gleich eine beträchtliche Spaltung unter
der Garnison hervor; ferner brauchten die Feinde, um die
Harmonie, die unter der Garnison herrschte, zu stören, eine
Kriegslist, die mir augenblicklich von den wichtigsten Folgen zu sein schien; es langte nämlich gegen 6 Uhr ein ganzes
Heer Sansculottes unter dem Vorwand, die Garnison zu
verstärken, an, und das war sogleich das Signal einer gänzli-
chen Konfusion. Die Unentschlossenheit Ludwigs, die
überhandnehmende Gefahr und seine endliche Entfernung
in die Nationalversammlung brachte dieselbe auf den höchsten Grad. Die Kommandanten verloren den Kopf, man gab
keine Befehle, machte keine Anordnungen mehr, und der
gemeine Soldat war auf diese Art ganz sich selbst überlassen.
Die Menge der Chevaliers und die Hof-Camarille[134], die die
Nacht über in das Schloß kam, um vermutlich von den
Fenstern aus zu schießen, hatten ebenfalls viel zum unglücklichen Ausgang dieses Tages beigetragen. – Am 21. Septem-

ber[135] drohte mir ein heftiger Patriot meiner Sektion[136], in der
ich als Royalist verschrieen war, und da es in diesen Tagen
der Anarchie genug war, von einem Menschen bedroht zu
sein, so machte ich mich in eine andere Gegend der Stadt,
blieb etwa 4 Tage bei einem guten Freunde, und kaum waren
die Barrieren wieder geöffnet, so begab ich mich aufs Land, wo
ich einen Monat blieb.

In meiner Sektion gebot mir die Klugheit, noch nicht wieder
zu erscheinen, da sie ohnehin eine der tollsten von Paris ist.
Ungeachtet aller dieser Mißgeschicke und Verfolgungen,
wollte ich gern mein Leben geben, wenn nur das Massacre
vom 2. September nicht stattgehabt und man sich am
10. August minder kannibalisch betragen hätte. Du fragst
mich, wie es mit meiner Wissenschaft geht? Ich werde
vermutlich nächstens die hiesige schwedische Infirmerie[137]
übernehmen; zwar trägt sie nur 400 Livres jährlich ein, allein
ich habe hier Gelegenheit, meine Wissenschaft auszuüben
und dadurch vielleicht nach und nach eine kleine Praxis zu
erlangen, im Falle ich hier bleibe, denn ein reizendes Aner-
bieten, das mir wiederholtemalen gemacht wurde, könnte
mich wohl 150 Stunden weiter von Dir entfernen. Du wirst
Dich aus den öffentlichen Blättern erinnern, daß an dem
Tage, da man Lafayettes Sache in der Nationalversammlung
diskutierte und man das vorgeschlagene Anklagedekret verwarf[138], mehrere Deputierte nach geendigter Sitzung von
dem Pöbel verfolgt wurden. Ungefähr sechzig Nationalgarden hatten sich das Wort gegeben, in den Volksbühnen an
diesem Tage zu erscheinen und durch die tiefste Ruhe das
anwesende Volk zur Nachahmung zu bewegen; sechs
kamen, und um nicht ohne von allen Seiten begafft zu
werden, saßen wir mitten in einer der Volksbühnen. Die
Sitzung war geendigt, kaum war ich unten auf der Straße, so
sah ich einen der Deputierten von einigen wütenden Weibern und Kerls verfolgt – man warf ihm vor, für Lafayette
gestimmt zu haben. Er ging unbekümmert seinen Gang fort,
der mit jedem Augenblick gefährlicher wurde. Ich sah nicht

sobald seine Gefahr, als ich mich ganz nahe hinter ihn
machte und ihm zuflüsterte: ›Soyez tranquil, s'il le faut, je
périrai en vous defendant.‹[139] Ich nahm auch meinen Säbel
unter den Arm. Der zuströmende Haufen wurde jetzt
immer größer, denn die Kerls riefen: ›Un voleur!‹[140], und wir
konnten nicht weiter fort. Zum Glück war der Rücken des
Deputierten durch eine Mauer geschützt, und ich harangu-
ierte[141], so gut ich konnte, das Volk, beschwor es, sich nicht
an seinen Gesetzgebern zu vergreifen; unterdessen, da ich so
einigermaßen Ruhe herstellte, kamen mehrere Nationalgarden, wir nahmen den Deputierten hierauf in unsere Mitte,
fielen in die Hände von Marseillner[142], flüchteten glücklich in
ein Wachthaus und wurden hier belagert; fünf Deputierte
hatten sich schon früher dahin geflüchtet, unter andern
Dumontard[143], dessen Stellung hinter einem Tisch, auf welchem eine Trommel stand, die seinen Kopf dem Auge
verbarg, ich niemals vergessen werde. Die Belagerung wurde
mit jeder Minute ernstlicher, die Wache war auf dem Punkt,
forciert[144] zu werden – ich stand mit bloßem Säbel unter der
Tür –, als ich plötzlich niemand mehr in der Stube gewahr
wurde; alle hatten durch ein hinteres Fenster salus in fuga[145]
gesucht.
Jetzt lag mir nichts mehr an den Stürmern, sie konnten jetzt
wohl eindringen, ich eilte durch die nämliche Öffnung den
Deputierten nach, von denen Dumontard noch einmal in
Feindes Gewalt geriet, woraus ich ihn wieder befreien half.
Der erste Deputierte heißt *Fourrier*[146], aus dem Departement
Hautes Pyrénées, wir sind jetzt die besten Freunde, und
seine Freundschaft ist mir um so schätzbarer, da er ein edler,
aufgeklärter Mann ist. Er kehrt zu Ende des folgenden
Monats in sein Departement zurück und schlägt mir vor, bei
ihm als Freund und Bruder zu leben. Ich habe mich nicht
entschließen können aus Gründen, die Du Dir einbilden
kannst, jedoch bin ich, im ganzen genommen, noch
unschlüssig. Lailhassoi[147], den Du aus den öffentlichen Blättern kennen wirst und der auch Mitglied der Nationalver-

sammlung war und aus Toulouse ist, hat mich ebenfalls eingeladen; ich hatte auf dieser Reise das Glück, diesen würdigen Mann wieder umarmen zu können.

Vor einigen Tagen ist *Wolzogen*[148] hier angekommen, ich glaube, er hat Aufträge an das hiesige Gouvernement von dem Herzog. Daß Du *Marschall*[149] gesehen hast, freut mich, ich beneide Dich in der Tat wegen dieses Glückes.[150] Grüße mir ihn tausendmal und sage ihm, daß ich ihm verzeihen wolle, Fürstendiener zu sein, wenn er seinen Einfluß auf seinen Fürsten[151] dazu verwenden werde, die kleine Zahl der Untertanen desselben glücklich zu machen.[152]

Deine Nachricht von *St Sernin* freut mich. Du scheinst mir das Mitleiden, das ich über ihn äußerte, übel genommen zu haben – es tut mir leid – mein Mitleid erstreckt sich aber auf alle Emigrierten, die nicht feindlich gegen ihr Vaterland gehandelt haben – die übrigen verdienen alle den Galgen. Die französischen Prinzen handeln schändlich, das Schicksal des unglücklichen Königs[153] ist besonders ihnen zuzuschreiben. Einige Sektionen, namentlich die von Luxembourg und Theatre français oder jetzt Marseille und die Section de l'Abbaye (die meinige), haben einen Eid geschworen, daß, im Fall der Konvent den unglücklichen Monarchen nicht zum Tode verdammen sollte, sie ihn selbst daniederstechen würden. So sehr groß ist die Anarchie, daß ein Haufe verrückter Kerls im Angesicht der Gesetzgeber sich über alle Gesetze erhebt. Sie träumen, eine unsterbliche Handlung zu begehen, sie sprechen von Brutus und Cäsar[154] – gleich als fände eine Ähnlichkeit zwischen Ludwig und Cäsar statt, wovon jener in einer drückenden Gefangenschaft schmachtet, während dieser am Morgen seines Todestages mit einem Wort noch eine halbe Welt zittern machen konnte! Der Unterschied ist unendlich, und diese Elenden, statt an die Seite eines Brutus sich zu schwingen, werden unter die unterste Klasse gemeiner Mörder zurücksinken. Allein diese Leute sind der Überlegung unfähig, durch ihre Leidenschaften verblendet, glauben sie in die Fußstapfen der größten

Söhne Roms zu treten und gehen den Weg gewöhnlicher
Banditen – Adieu, Republik, adieu, Freiheit! – wenn diese
Leute nicht bald als Narren erklärt werden. Vorgestern
wollte man eine kleine Wiederholung der Szene vom 2. September machen, allein man traf die nötigen Anstalten, um
den teuflischen Projekten dieser Republikaner zuvorzukom-
men. Sie wollten die Sturmglocke läuten, *Santerre*[155] und der
Kommandant des hier befindlichen Marseiller Bataillons
rüsteten sich aber zum Widerstand. Einige Sektionen,
besonders die der Gardes français, haben diesen Entschluß
laut mißbilligt; der Gemeinderat scheint aber nicht mit
dieser Mißbilligung zufrieden zu sein; derselbe hat auch
gestern den Schluß gefaßt, daß die Tempel-Kommissärs[156]
nichts mehr in ihren Berichten von der königlichen Familie
erwähnen sollten, insofern es das öffentliche Mitleiden erregen könnte.

Schreibe *Marschall*, daß ich oft an ihn denke und er mir doch
auch einmal einige Linien schicken soll. Er wird darüber
nicht in Ungnade fallen, wenn er nach Paris einen Brief
schickt. Gib ihm so einen kleinen Auszug aus meinem Brief
und versichere ihn meiner aufrichtigsten[157] Freundschaft.

Jetzt adieu! mein liebster, mein bester *Reinhold*! Ich hoffe,
Dir in meinem nächsten Brief bessere Nachrichten von
meiner Gesundheit geben zu können, die jedoch bei meinen
tausend Bedrängnissen nicht so bald vollkommen hergestellt
sein wird.

Weißt Du nichts von *van de Velden*? Grüße mir *St Sernin*,
wenn er bei Dir ist, unbekannterweise. *Petif, Vellnagel*[158],
Dertinger, was machen sie? Lebe wohl! Ewig Dein
Freund

                                                        G. Kerner«

Freundschaftliches Verhältnis meines Bruders mit Adam Lux

Unter diejenigen seiner Freunde in dieser Schreckenszeit zu Paris, deren Ermordung er am tiefsten betrauerte, gehörte neben dem Straßburger Maire *Dieterich* besonders auch *Adam Lux* aus Mainz, ein junger Mann, der wie er, nur von Gesinnungen für reine bürgerliche Freiheit beseelt, sich mit Abscheu von dem Terrorismus eines *Marat*[159] und anderer Volkstyrannen abwandte und als mutiger Verteidiger der heldenmütigen *Charlotte Corday* auf dem Schafotte fiel, wie auch ihm, in Verteidigung seines Freundes, des Maire *Dieterich*, fast das gleiche Schicksal geworden wäre.

In Briefen, die er im Jahre 1795 in der Monatsschrift für die französische Zeitgeschichte, der »*Klio*«, abdrucken ließ,[160] widmete er seinem edlen Freunde *Lux* einige Gedächtnisblätter, die er damals im Manuskripte in die Heimat sandte und die ich in späteren Jahren, obgleich noch ein Knabe, mit Teilnahme las. Ich hörte ihn oftmals behaupten, es hätten diese seine Blätter über *Lux Jean Paul* zur Basis seines bekannten, herrlichen Aufsatzes über *Lux* und *Charlotte Corday* gedient.[161] In diesen Briefen schrieb er also:

»*Adam Lux* ist aus der Gegend von Mainz, lebte daselbst im Zirkel seiner Gattin und seiner Kinder als begüterter Landmann und als kenntnisreicher Philosoph. Sein vorzüglichstes Vergnügen war das Studium der Alten.[162] Ein reifer Verstand, eine für alles Erhabene empfängliche Seele, ein fester und gesunder Körperbau waren die unschätzbaren Eigenschaften, die er, was so selten ist, vereinigt besaß. Die Geschichte der griechischen und römischen Republiken fesselten ihn mit Allmacht, und *Catos* Seele[163] schien in die seinige überzufließen.[164] Als die fränkischen Fahnen auf den Wällen von Mainz wehten,[165] als sich in Mainz die Abgeordneten der eroberten Rheingegenden einfanden und die rheinisch-deutsche Konvention formierten, da trat auch *Lux* als Mitglied in diese Versammlung, von der er, als sie die

Vereinigung mit Frankreich votierte, nebst *Potocky*[166] und
dem berühmten, für die Freiheit und die Wissenschaften zu
früh dahingeschiedenen *Forster*[167] nach Paris an den Nationalkonvent abgeschickt wurde.[168] Die Mainzer Deputation
kam gerade in einer Epoche an, wo der Kampf zwischen der
Girondistenpartei und der Bergpartei[169] schon so weit
gekommen war, daß die konspirierende Pariser Munizipalität mit Hülfe einiger Häupter der letztern die erstere Partei
mit einer beispiellosen Wut bekämpfte. Man kann sich leicht
denken, an welchen der beiden Teile *Lux'* Wünsche sich
anschlossen.[170]

In sich selbst verschlossen, entfernt von der Gesellschaft,
kehrte er meistens nur abends bei Eröffnung des Schauspiels
in dieselbe zurück, den übrigen Tag brachte er auf einsamen
Spaziergängen, besonders in dem Gehölze von Boulogne[171]
zu, wo er, unter dem erquickenden Schirme einer Eiche,
bald in den Briefen des Brutus an den Cicero,[172] bald in
andern alten Schriftstellern sich mit den großen Republikanern des Altertums vertraut machte und, von ihren heiligen
Schatten umringt, in tiefe Betrachtungen versunken, die
Größe der Vorzeit, die schimpfliche Lage seines Vaterlandes[173] und den damaligen Stand der Dinge in Frankreich
berechnete. Ich traf ihn mehrmals auf seinen Spaziergängen.
Seine Stirne war faltenlos, seine Stimme ruhig wie die eines
denkenden Mannes: der ernste Blick seines Auges schien
mitten in einer Art von glänzender Heiterkeit, dem Gepräge
seiner Seelenruhe, zu schwimmen. Die Revolution vom
31. Mai[174] erschien, und die Erfüllung aller der furchtbaren
Ahnungen[175], gegen die er sich bisher zu waffnen suchte –
begann. Einige seiner Freunde trugen die Trümmer der
Republik mit sich in das Gefängnis, andere irrten mit denselben in den Departements umher und suchten Männermut,
republikanische Tugenden und Hülfe gegen den siegenden
Despotismus. Schon waffnete sich der Mittag, und in dem
Westen schien das Gewitter in eben dem Augenblick auf das
Haupt der Verbrecher herabstürzen zu wollen[176] – als die

Verräterei, sinnreicher als[177] die Tugend, den drohenden Blitz von sich abwenden und auf das Haupt derer zurückfallen machte, die ihn der Freiheit und der Republik zugunsten hervorgerufen hatten.

Mitten unter den Zurüstungen der Departements entschloß sich ein Mädchen, die zu Boden getretene Freiheit zu rächen – zwischen ihrem Entschlusse und der[178] Ausführung war nur der Weg, den sie von *Caen* nach *Paris* zurückzulegen hatte. Kaum hatte ihr Auge den Ort erblickt, wo die große Freveltat, die Ermordung der Freiheit, sich ereignet hatte – so stieß schon ihr rächender Arm den rächenden Dolch in *Marats* verbrecherische Brust. – Darf man sich noch wundern, daß sie gerade ihn wählte, ihn, der, weit entfernt, gleich einem *Pache* seine scheußliche Seele zu verbergen, sie ebenso wie seine ekelhafte Figur zu Hülfe rief, zur Schau stellte und so zum sichtbaren Mittelpunkte alles desjenigen machte, was sich zu Verbrechen und Greueltaten fähig fühlte.[179] Seine Mordepisteln[180] waren ihr bekannt, er mußte also fallen.[181]

Lux, der sich gerade in der Honoréstraße befand, als eine ungewöhnliche Bewegung auf den Straßen seine Aufmerksamkeit erregte, fragte nach der Ursache derselben. Man antwortete[182] ihm, daß man die Mörderin *Marats* soeben zum Schafott führe – das heißt, das große Opfer einer bessern Welt übergebe. *Lux* blieb unter den Zuschauern. *Charlotte Corday* erschien, ihr Auge war mit einem Gemisch von Größe und Mitleiden auf die Volksmenge geheftet. – *Lux* las in ihren Zügen, was nur wenigen zu lesen vorbehalten war – sein Blick begegnete dem ihrigen – mehr bedurfte es nicht, um in dem Innersten ihrer Seele zu lesen und jene Harmonie entdecken zu können, die große Herzen in einem Moment auf Ewigkeiten verschwistert. – Man hatte ihm von einer aristokratischen Fanatikerin gesprochen; er fand[183] eine Republikanerin, die, nachdem sie dem Rache fordernden Vaterland den hohen Tribut gebracht hatte, die Gesetze zu versöhnen, mit jenem Blick dem Tode entgegen-

ging, die ihrem Wesen noch drei Schritte vor dem Schafott
jene verklärte Gestalt zu geben schien, die ihr erst jenseits
desselben zuteil werden sollte: man hatte ihm von einer alten
Betschwester gesprochen, und er fand ein Mädchen in der
vollkommensten Jugendblüte, ein Mädchen, dem die nahe
Gegenwart des Todes keine der Rosen rauben konnte, die
ihre Wangen schmückten – dem die jungfräuliche Sittsam-
keit, gepaart mit Heldenmut und Schönheit, jenen unaus-
sprechlichen Reiz gab, dem selbst der stupideste Fanatismus
durch ein plötzliches Unterbrechen seines wilden Gebrülls
und das Verbrechen durch eine dem schwachen Überrest
von Menschlichkeit entschlüpfte Träne huldigen mußte.[184]
Lux folgte *Charlotten* bis an das Schafott, sein gut organi-
siertes, ungeschwächtes Auge erblickte die kleinste ihrer
Bewegungen, die Art, womit sie sich dem Schafott näherte
und das Totengerüst bestieg, die sanfte Schamröte, die selbst
das drohende Beil nicht zurückschrecken konnte, als die
Blutknechte ihr den jungfräulichen Busen entblößten –
nichts entging seinem spähenden Blicke: das Eisen fiel –
sprachlos, und wie vom Donner gerührt, stand er neben
dem Trauergerüste und riß sich endlich nur mit Mühe
von dem schrecklichen Schauspiel los. Noch ein Blick auf
den enthaupteten Leichnam – und in eben dem Augenblick schlägt eine wilde Bestie das blutende Haupt ins Gesicht.
Die blutgierige Menge entrüstet sich selbst mitten in ihrer
Blutgierde über die abscheuliche Freveltat – *Lux* teilt diese
Entrüstung – sie erleichtert seine von tausend Empfindungen bestürmte Seele und gibt ihm Stärke genug, seine Wohnung zu erreichen, wo er sich gänzlich dem Übermaße
seines Schmerzes preisgab – und die empörende und seelen-
erschütternde Szene, der er beigewohnt hatte, tausendmal
sich zurückrief, um tausendmal die nämlichen Martern[185] zu
fühlen. Jetzt war Schweigen in seinen Augen ein Verbrechen: er glaubte Frankreich und seinen Kommittenten[186] eine
getreue Darstellung der Dinge schuldig zu sein. Er wollte

der Wahrheit ein Opfer bringen, das, wenn es auch für den Augenblick verlorenging, ein zu erhabenes Beispiel von erfüllter Bürgerpflicht war, um nicht von der Zukunft mit Nutzen aufgefaßt zu werden.

Während ganz Paris höchstens nur in dem Innern der Häuser von dieser Szene sprach und sie ebenso schnell vergaß, als es dieselbe gesehen hatte – stillschweigend die Heldin bewunderte oder laut sie verdammte –, schrieb *Lux* eine Lobrede auf die erhabene Republikanerin und eine zweite Schrift über die Gegenrevolution vom 31. Mai, deren Urheber er laut verabscheute,[187] laut als Feinde der Freiheit, als Verräter der Republik verfluchte. Er entschloß sich, für die Wahrheit auf dem nämlichen Schafott zu bluten, wo *Corday*, von Vaterlandsliebe entflammt, ihren Geist aufgegeben hatte. Er entschloß sich, dem Despotismus auf eine des republikanischen Bürgers würdige Art zu entfliehen und durch seinen hohen Mut die Ehre derer zu retten, die ihn durch eine ehrenvolle Mission[188] noch näher an die Sache der Freiheit selbst gefesselt hatten. – Zur nämlichen Zeit, als seine beiden Schriften erschienen, hatte man schon so sehr in Paris dem neuen Despotismus gehuldigt, daß beinahe jedermann den Namen *Lux* für einen fingierten Namen, das Ganze für das Werk eines Unbekannten hielt. Als man endlich erfuhr, daß dieser *Lux* wirklich existiere, so hielten ihn die meisten für einen Mann, dem die Liebe den Kopf verrückt habe, die meisten erwähnten der Sache mit Achselzucken, und nur eine kleine Zahl von Republikanern fühlte den ganzen großen Umfang dieser Handlung, die um so größer ist, als damals, wo[189] *Lux* gegen den 31. Mai schrieb, alle Federn in Paris dem[190] Tyrannen huldigten und alle Bürger teils durch wirkliche, nähere oder entferntere Teilnahme, teils durch ein strafbares Stillschweigen die Begebenheiten und die Folgen vom 31. Mai zu verantworten hatten.[191] Kaum hatte ich die beiden Schriften erhalten, so eilte ich zu *Lux*. – Ich fand ihn in seiner Wohnung, in dem Hotel der holländischen Patrioten, in der Straße Desmoulins. – Er

schien, als er mich sah, zu erschrecken – ich ließ ihm keine
Zeit, mich um die Ursache meines Besuchs zu fragen – an
seinem Halse weinend, fluchte ich dem Schicksale, das eine
solche Zernichtung der schönsten Hoffnungen und Aussichten zugeben konnte. *Lux* drang in mich, ihn zu verlassen,
indem er jeden Augenblick seine Verhaftung[192] erwarte und
schlechterdings keinen seiner Freunde der geringsten
Gefahr, dem geringsten Verdachte aussetzen wolle.[193]

Als seine erste Schrift unter der Presse lag und das Manuskript der zweiten schon dem Buchdrucker übergeben ward,
schrieb er folgenden Brief an einen seiner Landsleute, dessen
Weise, die damaligen politischen Ereignisse anzuschauen,
von der seinigen in etwas abwich, der aber vorzüglich
insofern von ihm verschieden dachte, als er behauptete, daß
für die Mainzer Deputation vollkommene Neutralität
Pflicht wäre. Dieser Brief beweist zur Genüge, wie sehr er
von aller Überspannung entfernt war und gleichsam in dem
Schoße der Seelenruhe den Umfang seiner Pflichten maß.
Hier die Abschrift oder vielmehr die Übersetzung seines
Briefes, der in fränkischer Sprache geschrieben ist.

›An...

Mein teurer Freund und Mitbürger!

Da eine Schrift, die ich ohne Ihr Wissen verfaßte und dem
Drucke übergab, im Publikum erscheinen wird; da mich die
Verfolgungen, die dieselbe mir zuziehen wird, in Ungewiß-
heit über den Augenblick meiner Verhaftnehmung lassen, so
komme ich jedem Ereignisse zuvor, um Ihnen ein Lebewohl
in diesen Zeilen zu sagen. Ich erkläre Ihnen hierin förmlich,
daß ich meine Betrachtungen ohne Ihr Wissen niedergeschrieben habe, ich erkläre dieses nicht sowohl, um Ihnen
einen Streit über die Art, womit ich unsere politische Lage
ansehe und die von der Ihrigen abweicht, zu ersparen,
sondern vorzüglich deswegen, weil ich die Erbitterung der

Inquisitoren kenne und niemanden als mich selbst der Gefahr aussetzen will.

Glauben Sie ja nicht, daß ich Tor genug sei, um nicht das Schicksal vorauszusehen, das mir eine Schrift bereitet, die die Machthaber um so mehr verwundern[194] muß, da sie mich nicht persönlich beleidigt haben. Allein mein Grundsatz ist, daß man, was es auch kosten möge, laut der gerechten[195] Partei folgen müsse. Meine Uneigennützigkeit und mein Gewissen werden mich, wie ich hoffe, für dies[196] Schicksal entschädigen können, das meiner wartet. Ich bin sehr vergnügt darüber, mit Ihnen während unserer Verbannung gelebt zu haben – ich danke Ihnen für alle mir erwiesenen Freundschaftsdienste und umarme Sie von Herzen. Leben Sie wohl.

Adam Lux‹

Dieser Brief, in einer ruhigen Sprache geschrieben, legt die Motive der Handlung selbst in dem ungeschmücktesten Stile dar und trägt zu gleicher Zeit das vollkommenste Gepräge eines festen Charakters. *Forster*, der in dem nämlichen Hause mit *Lux* wohnte, erfuhr den Schritt des letzteren erst dann, als die erste Schrift schon dem Druck übergeben war, und las die zweite, bevor *Lux* dieselbe dem Buchdrucker zugeschickt hatte. Bekannt mit der damaligen Lage der Dinge, sah er wohl ein, daß die zweite Schrift von noch größerem Belang als die erste sei und unvermeidlich unangenehme Folgen für *Lux* nach sich ziehen müsse. Er bot daher, allein vergebens, alle Mittel zur[197] Überredung auf, um seinen Freund wenigstens zur Unterdrückung der letzteren zu bewegen: *Lux* beharrte standhaft auf seinem einmal gefaßten Entschlusse – ›Wenn die Wahrheit‹, erwiderte er, ›wenn die Gerechtigkeit unterliegen soll, so will ich wenigstens mit unterliegen.‹ Die Schrift wurde abgeschickt und, wie Sie wissen, gedruckt.

Was man erwartet hatte, geschah. *Lux* wurde in Verhaft

genommen: ein Kommissär des Revolutionsausschusses der Sektion erschien mit der Wache, das heißt mit ein paar bewaffneten Bürgern, die sich frei glaubten und meistens unwissende Instrumente der Tyrannei waren. Er fragte *Lux*, ob er der Verfasser der beiden erschienenen Schriften sei. – ›Ja, Kamerad‹, antwortete *Lux*, ›ich bin der Verfasser, und hier ist das einzige Exemplar, das ich noch davon besitze.‹ – Während der Kommissär mit dem Protokoll beschäftigt war, frühstückte *Lux* mit der größten Gelassenheit, und weit entfernt, daß der Gedanke, in den Händen der Inquisition zu sein, seinen Appetit verminderte, schien derselbe vielmehr dadurch vermehrt worden zu sein.

Man führte ihn in einer Kutsche vor den allergemeinsten[198] Sicherheitsausschuß des Nationalkonvents. Nachdem man ihn lange genug in einem Vorzimmer hatte warten lassen, wurde er endlich zu den Inquisitoren eingelassen.

Der Kapuziner *Chabot* (der nämliche, der sich mit einem österreichischen Fräulein verheiratet hat)[199] präsidierte damals[200] das hohe Inquisitionstribunal der fränkischen Republik oder vielmehr der Bergfaktion.[201] – Republikanischer Stolz, edle Entrüstung, die endlich in einen gerechten, allein gemessenen Zorn überging, dies waren die Antworten, die der deutsche Mann dem fränkischen Lumpen[202] gab. *Chabot* und seine Kollegen hatten nicht Lust, länger mit einem solchen Mann in Gesellschaft zu bleiben. *Lux* wurde ungesäumt in die Force[203] abgeführt. Er lebte in dem Gefängnisse zum ersten Male in Gesellschaft, er traf hier *Miranda*, *Montanié**[204] und einige andere edle Republikaner an.[205] In der Folge kamen *Vergniaud*, *Valazé*[206] und einige andere dem Tode[207] geweihte Deputierte hinzu.

Lux widmete, wie die meisten der anderen Gefangenen, den Vormittag der Lektüre. Vor dem Mittagessen versammelten sich alle in dem mit Alleen gezierten inneren Hof des

---

* *Miranda* (General), einer der edelsten Republikaner Frankreichs – man kann von ihm sagen: in utrumque paratus;[204a] *Montanié*, Präsident des ersten Revolutionstribunals.

Gefängnisses; man unterhielt sich hier mit vieler Freimütig-
keit über die Zeitgeschichte und die Ereignisse des Tages,
und hier war es, wo ich – Dank sei es dem Zufall, der mich
begünstigte – mehr denn einmal in der Gesellschaft der
edelsten Republikaner, die sozusagen schon den Giftbe-
cher[208] von ferne sahen, ganze Stunden zubrachte.
Lux war von seinen Unglücksgefährten geschätzt und
bewundert, das heißt, er war schon auf Erden für dasjenige
schadlos gehalten, was man im gewöhnlichen Leben
Unglück nennt. Die Kerkermeister, die Gefängniswärter
selbst waren über seinen stoischen Mut betroffen – keine
Klage entschlüpfte seinem Munde, und jedes Verlangen,
jede Forderung war von einer Würde begleitet, deren[209] der
freie Mann am wenigsten dann vergessen darf, wenn ihn die
Sklaven in Fesseln halten.
Um einen Gefangenen besuchen zu können, mußte man von
dem Revolutionsausschuß seiner Sektion einen Erlaubnisschein haben, den man alsdann auf dem Sicherheitsausschuß
der Gemeinde unterzeichnen lassen mußte – ich war damals
schon wegen starker Verbrechen als *Feuillant*[210] von den
einen, als *Girondist*[211] von andern Dummköpfen denunziert
– ich hütete mich also wohl, weder in die eine noch in die
andere dieser Banditenhöhlen zu gehen. Meine abgeschnitte-
nen Haare, meine langen Hosen und meine Jacke waren,[212]
verbunden mit meinem jugendlichen Aussehen, hinrei-
chend, um wenigstens nicht gleich von den Gefängniswär-
tern (die immer damit anfingen, den Erlaubnisschein zu
fordern) zurückgewiesen zu werden. Als ich den Namen
Lux nannte, verwandelten sich die finstern Züge des Con-
cierge[213], und die hundert Riegel sprangen vor mir auf. Eines
Tages fand ich *Lux* mit dem ›Journal de la Montagne‹[214] in
der Hand sehr bewegt und beinahe entrüstet auf und nieder
gehen. Ich wußte schon zum voraus die Ursache. – Einer
seiner Mitbürger, der durchaus *Luxen* aus dem Gefängnis
retten wollte (G. Wedekind)[215], hatte *Lavaux*[216], den Verfasser des Journals, dahin bewogen, einen Artikel in dasselbe

zugunsten *Luxens* einzurücken. Man schilderte in demselben seine Verdienste um die Freiheit, schrieb seine große Handlung der Liebe für *Charlotte Corday* zu, die ihm den Kopf verrückt habe, suchte ihn also als einen Narren, der zur Zeit, als er seinen vollkommenen Verstand besaß, sich um die Republik verdient gemacht habe, aus dem Gefängnis zu befreien.[217]

Lux verwarf mit Unwillen die Maske, weil Frankreich sich Republik nannte, weil er erklärter Republikaner war: was *Brutus* zu den Zeiten des Königtums für erlaubt hielt, würde er nicht mehr zu den Zeiten der Republik für erlaubt gehalten haben.[218]

Montanié, Vergniaud und *Miranda* bestürmten *Lux* in meiner Gegenwart, die günstige Gelegenheit zu benutzen und sich für bessere Zeiten aufzusparen – allein ihr Zureden war vergebens – *Lux* verwarf das Mittel und forderte *Lavaux* zum schnellen Widerruf auf – *Lavaux* tat, was seine Pflicht war – er widerrief.[219] In den letzten Monaten seiner Gefangenschaft wurden die Maßregeln so scharf, daß die Gefangenwärter ohne Erlaubnis durchaus niemand mehr einlassen durften – die Erlaubnisscheine selbst wurden äußerst[220] selten erteilt. Ein günstiger Zufall machte es uns endlich möglich, einander Nachrichten[221] von unserer Lage und Umständen zu geben. *Lux* schickte mir Briefe an seine Gattin und seinen Freund *Vogt*: er schickte sie mir oft;[222] so wie ich sie bekam, gab ich sie nachher unserem gemeinschaftlichen Freund *Forster*, der eher als ich Gelegenheit hatte, sie an ihre Adresse zu senden. Aus dem Brief an den Professor *Vogt*[223] erinnere ich mich noch einer Stelle, worin er seinen würdigen Freund bat, den Koadjutor *von Dahlberg*[224] seiner Achtung zu versichern – da ich nicht weiß, ob diese Briefe in einer Zeit, wo die Posten unter Aufsicht von 48000 Inquisitionsausschüssen standen, an ihre Adresse gekommen sind – so habe ich eine Sache nicht vergessen wollen, deren großen Wert die Philosophie des Herrn von *Dahlberg* wird zu schätzen wissen. Der Brief an seine Gemahlin trug in jedem

Wort das Gepräge der zärtlichsten Liebe des Gatten und –
des Vaters.[225]
Zehn bis vierzehn Tage waren vorüber, ohne daß ich Nachricht von *Lux* erhalten hatte; eines Tages las ich wie gewöhnlich das Abend-Journal, ich fand am Ende desselben den
Artikel: Revolutions-Tribunal. Dieser Artikel enthielt diesmal die fürchterlichen Worte – *Lux*, Deputierter des rheinisch-deutschen Konvents, ist um drei Uhr vor dem Tribunal erschienen – auf die Frage, ob er Verfasser der Schrift
gegen die Revolution vom 31. Mai sei, antwortete er mit – ja.
Das Tribunal verdammte ihn als einen gegen die *Freiheit*, das
Volk und die eine und unzertrennliche Republik Verschworenen – zum Tod: Um fünf Uhr wurde der *Mordspruch* auf
dem Revolutionsplatz vollzogen.
In einer der in den letzten Dekaden herausgekommenen
Schriften, die die Gefängnisgeschichte eines jungen Republikaners ist, finde ich folgende Stelle, die den braven *Lux*
betrifft:
›*Adam Lux*‹, merkwürdig wegen seines Charakters eines
Deputierten der Stadt Mainz und seiner Bewunderung der
außerordentlichen *Corday*, sah dem Tod mit dem höchsten
Grad stoischer Ruhe entgegen. Er sprach gerade mit uns
über die Gefahr der Leidenschaften und den Mangel der
Beurteilungskraft, der eine feurige und unverdorbene Seele
beständig über das Ziel hinausreißt, als man ihn rief, um ihm
seinen Anklage-Akt zuzustellen – er las ihn mit Kaltblütigkeit und steckte ihn mit Achselzucken in die Tasche.
›Hier‹, sagte er zu uns, ,mein Todesurteil. Dieses Gewebe
von Abgeschmacktheit führt den Repräsentanten einer
Stadt auf das Schafott, die mich abgeschickt hat, um euer zu
werden. Ich endige im 28. Jahr meines Alters ein elendes Leben; – morgen werde ich kalt wie dieser Stein sein! Allein
sagt denen, die euch von mir sprechen werden, daß wenn
ich den Tod verdient habe, es nicht unter den Franken
war, wo ich ihn empfangen sollte – sagt ihnen, daß ich seine
Annäherung mit Ruhe und Verachtung gesehen habe.‘ –

Er brachte die Nacht mit Schreiben zu, frühstückte mit
Appetit, gab seinen Mantel einem unglücklichen Gefangenen, erschien um 3'Uhr vor dem Tribunal und war um 6 Uhr
nicht mehr.‹
Im Original heißt es um 9 Uhr und 3 Uhr – allein es ist ein
Fehler.
Ein braver Jüngling, der als 17jähriger Knabe der Bataille
von Jemappe[226] beigewohnt hatte, der Sohn meines Haus-
herrn, begegnete *Luxen* gerade, als er am Louvre vorüber-
fuhr – er kannte unsere Verbindung, und da er mich erst
einige Minuten zuvor ununterrichtet von dem, was vorging,
gesehen hatte, so folgte er *Luxen* bis an das Schafott und
eilte, mir dann die schreckliche Nachricht mit allem, was er
selbst gesehen hatte, zu überbringen.
Der Wagen fuhr diesmal, nicht wie sonst zu geschehen
pflegte, durch die Honoréstraße, sondern längs der Seine
und der Mauer vom Garten der Tuilerien. Ich weiß nicht,
ob, weil es schon spät war oder weil die Mörder das Scheußliche ihrer Handlung zu sehr fühlten, um das große Opfer,
das sie dem Despotismus brachten, zu sehr[227] den Augen des
betrogenen Haufens auszusetzen.
Mit *Lux* fuhr eine Frau. Er sprach ihr Mut bei und hörte
nicht auf, den wenigen, die er auf seinem Wege antraf, den
Namen der Volkstyrannen zu nennen. Er bestieg das Schafott wie eine Rednerbühne.«[228]

Rückkehr meines Bruders Georg nach Ludwigsburg über die Schweiz[229]

Um diese Zeit, wo der Kampf zwischen den Girondisten
und den Bergmännern oder vielmehr dem Gemeinderat in
Paris begann, warf sich mein Bruder Georg mit jugendli-
chem Ungestüm nach der Seite der ersteren. Die Türen des
Gefängnisses waren für ihn gleichsam schon geöffnet, als es
ihm noch gelang, sich als Arzt des dänischen Krankenhauses

halb und halb unter den Schutz der dänischen Gesandtschaft zu stellen. Als aber in den folgenden Monaten nach *Camilles* und *Dantons* Hinrichtung[230] der Sturm ohne Schonung raste, erhielt er mit Hülfe des dänischen Predigers und eines Freundes (den er in einem Schreiben an Reinhold »unsern ältern Bruder« nennt), des nachmaligen Grafen *Reinhard*[231], Sohnes des württembergischen Dekans zu *Balingen*, einen Paß für die Schweiz. *Reinhard*, mit dem er später in die innigsten Verhältnisse trat, war durch eine Reihe außerordentlicher Zufälle in das Departement der auswärtigen Angelegenheiten als Chef de Bureau geworfen worden. Mit *Reinhards* Paß kam er nun binnen drei Tagen beinahe nackt und entblößt von allem Geld in der Schweiz an, von *Reinhard*, der die Schweiz unter sich hatte, an *Bacher* und *Barthelemy*,[232] die französischen Geschäftsträger, empfohlen. Er fand, wie er sich ausdrückte,[233] hier Gelegenheit, der Sache der Freiheit auf fremdem Boden zu dienen, während sie im Innern Frankreichs von den wildesten Tollköpfen täglich gemordet wurde.

Es wurde ihm aber sein Aufenthalt in der Schweiz durch die Parteisucht, die auch hier schon wütete, sehr unangenehm gemacht. Freund der republikanischen Freiheit, wurde er auch hier von den Aristokraten aufs bitterste verfolgt, und *Feind* der Bluthunde, war er von den wilden Demokraten eben nicht geliebt. Die Zahl der gemäßigt Denkenden war auch in der Schweiz klein, und sie waren überdies noch furchtsam und schwach. Als einen Proskribierten konnten ihn *Bacher* und *Barthelemy* nur schwach beschützen.

So durfte er nur wenige Tage in *Basel* verbleiben. Zu *Zürich* erhielt er mit Mühe die Erlaubnis, auf drei Monate in einem Privathause sich aufzuhalten. In *Winterthur* begehrte man auf Anstiften von *Züricher* Aristokraten einen württembergischen Paß von ihm.

Dazumal war der 10. Thermidor schon vorüber,[234] die französischen Heere flogen von einem Siege zum andern. Freunde drangen in ihn, nach Württemberg zu reisen, und

auch er hatte die allen Württembergern eigene Sehnsucht
nach seinem Vaterlande, die ihn wohl noch stärker dahin
trieb als der Gedanke, den er sich immer vorspiegelte, auch
hier der Sache der Freiheit dienen zu können. Zu Fuße, mit
höchst beschränkten Mitteln, unternahm er nun die Reise
nach Ludwigsburg. Der Vater empfing ihn, wie zu erwarten
war, sehr kalt.[235] Dagegen fand er selbst bei einigen Räten des
Herzogs Wohlwollen und Gehör, was Eifersucht und Arg-
wohn erregte. Mit Vorwissen des Herzogs empfing ihn der
Geheimsekretär desselben, Herr *Schwab*[236], der bei dem
Herzog als ein sehr rechtschaffener Mann viel Gewicht
hatte, und besprach sich mit ihm, als einem Wohlunterrich-
teten, über die Zustände Frankreichs, die Folgen seiner
Revolution usw. Da er aber zum Anschlusse an Frankreich
riet[237] und auf die Frage, ob es denn nicht möglich sei, daß
der Konvent an die Stelle Ludwigs XVI. seinen Sohn als
Ludwig XVII. auf den Thron setzen könnte, lachte und auf
die Sonne deutete und fragte, ob diese sich wohl freiwillig in
den Mond verwandeln würde, erkannte man allerdings mit
Schrecken, woher er kam und wie weit es mit diesem
ehemaligen *Ludwigsburger* gekommen.

Demgemäß erschien auch schon nachmittags nach dieser
Unterredung im Auftrag des Herzogs eine Emigrantin, die
Gräfin *Malchewska*[238] (die öfter Botschafterstelle beim guten
Herzog vertrat), bei meinem Vater und brachte ihm bei, daß
der Herzog nur aus Schonung für *ihn* seinem Sohne im
stillen den Befehl erteilen lasse, sobald als möglich wieder
über die Grenze zu gehen. Es erfolgte kein Abschied von
dem Vater mehr.

Kaum gewann meine Mutter noch Zeit, dem Sohn Kleider
und Weißzeug auszubessern. Mit einer kleinen Summe Geldes, das die Mutter ihm ohne Wissen des Vaters zusteckte,
trat er die Fußreise gegen die Schweiz an, aber als er nach
Aldingen, in die Gegend von Balingen kam, befand sich dort
ein österreichischer Kordon[239], welchem er verdächtig
erschien. Dieser nahm ihm seine Papiere ab, die allerdings

von der Art waren, daß sie seine Lage sehr erschwerten. Er wurde nun ins Gefängnis gebracht, wahrscheinlich zu einem schmählichen Tode bestimmt, da erschien in der Mitternacht der Schultheiß des Orts, er hieß *Meßner*, im Gefängnis. Er hatte Kleider eines Mädchens aus der Baar[240], blauen Rock, rote Strümpfe und eine Haube für ihn mitgebracht, gab ihm einen Korb auf den Kopf und hieß ihn so aus dem Gefängnis mit nach Hause gehen. In diesem Anzug setzte er noch vor Tagesanbruch in Begleitung eines Knechts des Schultheißen seine Reise durch die österreichischen Truppen bis zu einem benachbarten Orte, wohin sie sich nicht mehr erstreckten, fort, und so kam er nun bald über die deutsche Grenze in die Schweiz. Nach kurzem Aufenthalt daselbst kam er zu Anfang Januars wieder in Paris an.

Korrespondenzen, die er nach Hamburg und in *Usteris* politische Monatsschrift[241] einschickte, beschäftigten und unterhielten ihn. Er wohnte den bekannten Bewegungen bei, die im Frühling und Sommeranfang statthatten. Am 1. Prärial[242] fiel er beinahe unter dem Mordstahl eines irregeleiteten Volkshaufens und entrann nur mit Mühe der Gefahr. – Von seinen späteren Schicksalen wird noch die Rede sein. Die hier erzählten fielen in mein frühes Knabenalter, in die Zeit, wo ich oft, im Schlafzimmer meiner Eltern liegend, sie noch in stiller Nacht mit Sorge von diesem meinem der Heimat ungetreuen Bruder reden hörte, dessen Schicksale sich meiner jugendlichen Phantasie in bunten Farben einprägten.

Mein Bruder Louis[243]

Das Wesen meines zweitältesten Bruders *Louis* war eine unsägliche Gutmütigkeit. Er war wie der Bruder Georg schnell aufbrausend, aber sein Feuer zündete nicht, er war zu gutmütig und zu ängstlich. Er hatte das Gemüt der Mutter seiner eigentlichen Natur nach. Mit diesem wollte er

am schlüpfrigen Freiheitsbaume der neunziger Jahre hinauf,
aber es fehlte ihm die Leichtigkeit des Bruders Georg, er
glitt bald wieder herunter, was oft komische Szenen veranlaßte. Er war klein wie der Bruder Georg und die Mutter,
war aber bei seiner Kleinheit korpulent und hatte nicht
Georgs feine Vogelknochen, auch nicht dessen Flügel zum
Aus- und Aufflug.

Es trieb ihn immer eine innere Unruhe und Unzufrieden-
heit, aber er konnte nichts zur eigentlichen Ausführung
bringen. In eine Schreckenszeit taugte er nicht, und doch
trieb es ihn immer zu ihr hin, wie den Schmetterling zum
versengenden Lichte. Er hatte das Studium der Theologie
kaum im Stifte zu Tübingen angetreten, als es ihm beifiel,
der Stand eines Kaufmanns sei doch ein glücklicherer, freie-
rer als der eines Pfarrers, und so erklärte er in der ersten
Vakanz dem Vater in Ludwigsburg, er wolle Kaufmann
werden.

»Nun ja«, sagte mein Vater, »ich will dich die Probe machen
lassen, und unser braver Nachbar und geschickter Kaufmann, Herr *Sprößer*, soll dich mit in die große Handelsstadt
Frankfurt nehmen, wohin er jetzt zur Osterzeit auf die
Messe reiset; da beschau dir denn auch vorher das Leben
eines kaufmännischen Lehrlings, denn damit mußt du doch
erst den Anfang machen; gefällt dir solches, kannst du
sogleich dort bleiben.« Herr *Sprößer* nahm nun den Bruder
Louis um diese Zeit mit sich nach Frankfurt. Die Reise gefiel
ihm gar sehr und auch die Stadt Frankfurt. Nun führte aber
Herr *Sprößer*, welcher die geheimen Gesinnungen meines
Vaters in dieser Sache wohl wußte, ihn in eine enge, finstere
Gasse. Dort stand ein kleines Haus, das am Fenster im
Erdgeschosse heraushängende Heringe und Tabaksrollen als
die Wohnung eines Spezereihändlers[244] bezeichneten. »Hier
müssen wir hinein, lieber Herr *Louis*«, sagte Herr *Sprößer*,
»denn da wird, wie ich soeben im Gasthofe ›Zum Weiden-
busch‹ im Frankfurter Anzeiger las, ein tüchtiger junger
Mensch in die Lehre gesucht.« »Und da gehe ich nicht

hinein«, sagte *Louis*. »Nun, es ist ja kein Muß, daß Sie dann bleiben sollen«, erwiderte *Spröſſer*, »sehen Sie sich die Sache nur einmal an; ich habe mit dem Herrn ein kleines Geschäft abzumachen, er hat auch einen Lehrling aus Ludwigsburg, den ich ihm vor einem Jahr zusandte und der bald aus der Lehre treten wird; es ist ein junger *Blaufelder*, den Sie ja wohl noch kennen werden, und da unterhalten Sie sich mit ihm, bis das Geschäft abgetan ist. Hat Herr *Speck* noch nicht zu Mittag gegessen, so speisen wir mit ihm.«

Dem guten *Louis* war da der Mut, den Stand eines freien Kaufmanns zu wählen, schon sehr gefallen, aber er fiel bald noch tiefer. Herr *Speck* war gerade im Begriff, zu Tische zu gehen, und lud Herrn *Spröſſer* und seinen Schützling dazu ein. Da kam auch der Lehrling *Blaufelder*, ein alter Schulkamerad des *Louis*, aber nicht als Tischgenosse, sondern er stellte sich demütig hinter den Sessel des Herrn Prinzipals und servierte in aller Unterwürfigkeit, hatte auch nicht das Herz, in *Louis* seinen alten Kameraden zu begrüßen – das geschah erst, nachdem das Essen vorüber, die Herren sich entfernt und er das Speisegeräte wieder abgetragen und den Tisch in Ordnung gebracht hatte. Da erfuhr nun auch *Louis* von ihm, wie hart seine Lage, und sah es an den hochaufgeschwollenen, roten, mit offenen Frostbeulen besetzten Händen, und als er ihm des Herrn *Speck* lackierte Stiefel zeigte, die er jeden Morgen zu glätten, und die Salz- und Farbfässer, die er auszuklopfen hatte – so nahm der gute *Louis*, noch während Herr *Spröſſer* sein kleines Geschäft mit Herrn *Speck* im Comptoir²⁴⁵ abmachte, den Reißaus, wanderte über die Mainbrücke ohne Sack und Pack, mit ein paar Gulden in der Hosentasche, und kam zwei Tage früher als Herr *Spröſſer* zu Fuß und ganz erschöpft unter den Arkaden zu Ludwigsburg an. Den ersten Hunger ließ er sich von dem Hökerweibe, das immer der Oberamtei vis-à-vis an der Bischöfischen Apotheke mit Bäckerwaren und Obst saß, auf Rechnung der Mutter stillen und wollte lange sich vor dem Vater nicht zeigen, als ihn die vorübergehende Frau Bürger-

meister *Kommerell* erblickte, ihn über seine Reise verhörte
und die ganze Geschichte nun eilends dem Vater hinter-
brachte, der über den Erfolg, den er bezweckt hatte, sehr
froh war und nur den Herrn *Sprößer* bedauerte, von dem
schon ein lamentabler Brief vorausgeeilt war, mit der Nachricht, daß ihm der Herr *Louis* in Frankfurt auf einmal
entkommen sei.

Die Vakanz war gerade aus, und *Louis* kehrte mit den besten
Vorsätzen wieder in das Stift nach Tübingen zurück. Von da
an sprach er auch nicht mehr davon, das Studium der
Theologie verlassen zu wollen, bis durch die immer größer
werdende Aufreizung, die die Französische Revolution
dazumal in alle Gemüter, besonders auch in die der Jugend,
brachte, ein neuer Aufruhr in ihm entstand.

Er war von Bewunderung seines Bruders Georg stets durchdrungen, staunte ihn hoch an und wünschte nur immer,
auch ein freier Weltbürger werden zu können. Er schrieb
ihm oft nach Paris und klagte über den Vater, der den Geist
der Zeit nicht zu fassen wisse. »Hier im Stift (schrieb er ihm)
wird die ganze Größe der Französischen Revolution schon
lang begriffen. ›Die Erde rauche von Tyrannenblut‹, das ist
aller Losung; in dreifarbigen Kokarden[246] reisen wir in die
Vakanz, und ›Vive la liberté!‹ ruft der eine, begegnet er dem
Freunde, und dieser antwortet: ›Vive la Nation!‹«[247] Dem
Vater aber schrieb er: »In dem Kerker dieses theologischen
Stiftes schmachte ich nicht länger mehr. Die Zeit ist herange-
kommen, wo ein jeder ein freier Weltbürger ist. Ich habe
mir einen Büchsenranzen gekauft, in diesen werde ich Kants
Schriften packen und mit ihnen nach Paris wandern. Haben
Sie was dagegen, so verstehen Sie den Zeitgeist nicht. Vive la
liberté, vive la Nation!«

Die Antwort des Vaters war: »Du bist ein lächerlicher
Junge. In *Paris* würde es Dir ergehen, würdest Du die
Köpfmaschine sehen, wie es Dir in Frankfurt erging, als Du
Herrn *Specks* schmutziges Ölfaß sahest. Jedenfalls meine
ich, Du solltest, ehe Du in *Paris* einziehst, auch noch etwas

mehr Französisch lernen als: Vive la liberté, vive la Nation!, und dabei würde ich den *Kant* lieber zu Hause vornehmen: denn in *Paris* möchten sie Dir keine Zeit dazu lassen und Dir Deinen leeren Kopf, noch ehe er sich mit Herrn *Kant* angefüllt, herunterschlagen. Du bist ein fauler Geselle, der keine harte Bretter bohren will. Den Büchsenranzen, den Du erkauft, will ich bezahlen, lege Dir ihn jetzt nur beim Studieren als das fehlende Sitzleder unter.« Das war eine Abkühlung, deren der gute *Louis* aber nicht bedurft hätte, denn es war mit der Wanderung nach *Paris* nicht so ernst. Noch ehe der väterliche Brief an ihn kam, hatte ihn die gute Mutter bereits wieder durch eine Sendung Kuchen fürs schwäbische Vaterland gewonnen. Wie er sich durch das Älterwerden abkühlte und ein sanfter Hirte christlicher Herden wurde, auch geliebt von allen, die ihn kennenlernten, wird man später erfahren.

Mein Bruder Carl[248]

Mein Bruder *Carl*, geboren den 7. März 1775, kam in seinem zwölften Jahr in die Carls-Akademie und war zum Studium der Militärwissenschaften bestimmt, bei welchem er fest und treu verblieb. Er war von großem, schlankem Körperbau mit einem schönen Ebenmaß im Gesichte und einer Würde ohne Steifheit in seinem ganzen Betragen. Sein fleißiges Studium der Militärwissenschaften, besonders aber der Mathematik, gab ihm mehr Ruhe, Ernst und Besonnenheit. Wie bei den meisten Schülern der Carls-Akademie bemerkte man auch an ihm vielseitige Bildung.
Wie die Mathematik in alles Wissen eingreift, so ging er auch an ihrem Faden allem Wissen nach, und so bildete er sich nicht bloß zum Kriegsmanne, sondern auch zum Mechaniker, zum Bergmanne, zum Ökonomen und zum Staatsmanne aus, worauf ich später zurückkomme. Nach dem

Tode Herzog Carls löste sich die Carls-Akademie auf, denn sie konnte auch nur durch und mit ihrem Schöpfer bestehen, der mit Leib und Seele ihr eigener Direktor war. Die Lehrsäle wurden Stallungen, und: »Olim musis nunc mulis!«[249] schrieb ein Satiriker an ihre Tore.

Die Zöglinge, die sich bei ihrer Aufhebung noch in ihr befunden hatten, wie mein Bruder *Carl*, zerstreuten sich nun in alle Welt, und mein Bruder kam zur Fortsetzung seiner militärischen Studien nach *Darmstadt*, wo er den Unterricht alter, erprobter Ingenieure genoß. Am 1. Oktober 1794 trat er als Unterlieutenant in die herzoglich-württembergische Artillerie. – So viel von meinen Brüdern aus den Jahren neunzig und etlich und neunzig.

Die französischen Emigranten in Ludwigsburg und mein weiteres Knabenleben daselbst

Bald nach Herzog Ludwigs Tode wurde Ludwigsburg eine Zeitlang durch eine Menge französischer Ausgewanderter wieder lebhaft. Es befanden sich unter ihnen viele in ihrem Vaterlande einst hochgestellte Männer und Frauen.

Nach und nach erschienen in Ludwigsburg und in Stuttgart Prinz *Condé*, Prinz *Conti* Duc *de Bourbon*, Duc *d'Enghien* (der im Jahre 1804 in Ettenheim verhaftet und in Vincennes erschossen wurde), eine Duchesse *de Liancourt*, eine Äbtissin *von Nemiremont*, ein himmellanger Mann, von dem es hieß, er sei der Erzbischof von Paris, mit einem Zuge von Geistlichen und Pfaffen, Graf *Artois*, Comte *Castelneau*.[250] Dieser lebte lange in Ludwigsburg und kehrte nach Zernichtung der Emigrantenliste in sein Vaterland zurück. Charles *Droullin*, der unter dem Namen *Jonque* Unterricht in der französischen Sprache erteilte, Graf *Großorti*, ein Mann von ausgezeichneter Schönheit, der im österreichischen Regimente Hohenzollern Kürassierdienste nahm, Abbé *Colle* und Abbé *Noussel* aus Metz und Nancy, die die Ludwigsburger Jugend auch in der französischen Sprache unterrichteten.

Im April (1793) logierte Philipp *Égalité* der Jüngere (Exkönig Philipp) mit General Dumouriez[251] einige Tage zu Ludwigsburg im Gasthofe »Zur Kanne«. Alles lief dahin, sie zu sehen. Sie wollten den Herzog zu Hohenheim besuchen, der sie aber aus Furcht vor den damaligen Machthabern Frankreichs nicht annahm. Mein Vater hatte mit ihnen, da er der französischen Sprache sehr mächtig war, besonders aber auch als Oberbeamter, vielen Umgang.

Ich erinnere mich noch mancher schönen Frauengestalt aus jener Zeit, die unser Haus besuchte, die freundlich gegen mich, den Knaben, war, deren Mienen wohl, aber deren Sprache ich nicht verstand.

Vor allen blieb mir ein Mädchen von ungefähr sieben Jahren im Gedächtnis, das die feinsten Züge an sich trug, immer ganz weiß gekleidet war und ein schwarzes Samtkäppchen auf den blonden Haaren trug. Eine schwarz gekleidete Dame war seine Begleiterin. Ich wurde öfters zu ihnen geschickt, sie aus dem Gasthofe, in dem sie wohnten, ins elterliche Haus zu rufen, was mir immer Freude machte. Aber bald durfte ich dieses nicht mehr. Das Mädchen war vom Scharlachfieber befallen worden und in wenigen Tagen eine Leiche. Meine Betrübnis war sehr groß, und ich blickte den Blumen, die die Mutter ihm zu seinem Sarge sandte, mit Tränen nach, weil man mich nicht mit ihnen gehen ließ.

Dieses weiße Mädchen ist mir oft später noch in *Träumen*, ganz, wie es lebte, vorgekommen und hat für mich heute noch etwas mysteriöses Heiliges. Noch erinnere ich mich einer Gräfin *Bouaclareau*. Diese wohnte in dem väterlichen Hause unseres Dichters Eduard *Mörike*, der »Kanne« gegenüber, spielte die Harfe und begleitete sie oft noch in stiller Nacht mit den Tönen eines klagenden, tief eindringenden Gesanges. Da war unser Dichter noch nicht geboren, mich aber zog damals als Kind die romantische Erschei-

nung dieser Frau und ihres Gesanges oft zum Hause seiner
Geburt hin. Die Emigranten hatten ein eigenes Spiel mitgebracht, das bald in ganz Ludwigsburg und Stuttgart zur
Mode wurde; das waren die sogenannten Joujous, Rädchen,
die durch eine geschickte Schwingung an einer seidnen
Schnur auf und ab liefen. Auf allen Spaziergängen begegnete
man Herren und Damen, die dieses Spiel trieben, ja, selbst
aus den Fenstern der Häuser rollten diese Rädchen auf und
nieder. Man sah sie von Holz, von Elfenbein, von Stahl; und
es wurde sogar zuletzt ein Luxus mit in sie eingelegten
Steinen und andern Verzierungen getrieben. Dies war nun
auch ein erwünschtes Spiel für uns Kinder und blieb mir eine
so liebe Erinnerung, daß ich noch jetzt im 60. Jahre einen
Joujou mit Vergnügen auf und nieder treibe. Der Aufenthalt
vieler reicher Émigrés zog damals auch manche Schauspieler
und Künstler, wie z. B. auch Seiltänzer, englische Reiter und
einen Besitzer komödiespielender Hunde, herbei. Diesem
Manne wurde das Theater im Schlosse eingeräumt, und wir
Kinder vergnügten uns am Spiele dieser Tiere natürlich viel
mehr als an dem der belobtesten Schauspieler; ja, es kam
durch die lange Anwesenheit dieser Hundekünstler so weit,
daß die Kinder zu Hause und unter den Arkaden des
Marktplatzes und in den Alleen wie jene Hunde gingen,
tanzten und bellten und ihnen noch lange diese Unart, trotz
aller Rüge der Eltern und Schullehrer, blieb. Ein Fremder,
der damals nach Ludwigsburg kam, ohne die Veranlassung
zu solcher Gewohnheit der Kinder zu wissen, muß geglaubt
haben, es bewohne diese Stadt ein Völklein von ganz eigener
Abstammung.
Auch Aventuriers[252] versuchten in jener Zeit in dieser Stadt
ihr Glück – und es ist jetzt unbegreiflich, aber gewiß, daß
einmal ein solcher mit der Annonce erschien, er werde auf
den Abend im Schloßtheater ein Kanonenkonzert geben.
Soviel ich mich erinnere, spiegelte er vor, durch Losschießen
kleiner Kanonen von verschiedenem Kaliber Melodien hervorzubringen. – Alles strömte in das Theater, und der

Künstler sammelte ein gutes Entrée ein. Als man ins Parterre und in die Logen trat, war natürlich der Vorhang noch gefallen, allein er zog sich nie auf; der Betrüger war mit der Kasse bereits über die Mauern der Stadt, bevor die Menge einsah, daß sie wirklich betrogen worden. Ein redlicherer Unterhalter des Publikums war damals ein Herr *Enslin*, welcher seine kunstreichen Automaten aufs Theater brachte und in dem Schloßgarten Ritter auf Rossen und eine ganze wilde Jagd von Tieren und Jägern sich in die Luft erheben und unter den Wolken verschwinden ließ. Noch erinnere ich mich auch aus dieser Zeit eines armen Emigrierten, welcher nebst andern Kunstgebilden, die er selbst verfertigte, eine Dose vorzeigte, unter deren überglastem Deckel zwei sich bewegende, ganz wie lebendige Figürchen sich befanden; es war ein junges Mädchen, welches von dem weißen Barte eines alten Einsiedlers herabspann. Das Bildchen sah unsäglich fromm aus und blieb mir bis heute noch ganz farbig im Gedächtnisse.

Weiteres Leben um jene Zeit

Meine drei Brüder, die sich nun alle auswärts befanden, sah ich wenig mehr, dagegen war meine jüngste Schwester *Wilhelmine*, die aber auch einige Jahre älter war als ich, meine Gespielin und Teilnehmerin an meinem Unterricht. Den Unterricht in der deutschen Sprache gab uns ein langer, alter Schullehrer. Er hieß *Wetzel* und erteilte auch damals unserm jetzigen König und seinem Bruder, dem Herzog *Paul*[253], den ersten Unterricht im Lesen und Schreiben.

Ich erinnere mich noch lebhaft seines schwarzlackierten, hohen Stockes mit silbernem Knopfe und langer, schwarzer Quaste, und von dem Weine, den man ihm jede Stunde in einem mit Brot bedeckten Glase auf den Tisch stellte, habe ich noch jetzt den Geruch, wie aber der Geist seines Unterrichts war, weiß ich nicht mehr.

Ein alter Oberforstmeister *von Stetinkh*[254] bewohnte in
einem eine halbe Stunde von Ludwigsburg gelegenen Lust-
walde, dem sogenannten *Osterholze*[255], ein Forsthaus.
Dahin machten wir öfters in Begleitung meiner Eltern Spaziergänge. Er hatte eine Tochter vom gleichen Alter meiner
jüngsten Schwester, die mit ihr innige Freundschaft hielt. Da
sie keine Mutter mehr hatte (dieselbe lebte getrennt von
ihrem Manne), blieb sie oft wochenlang bei uns. Von diesem
Osterholze ist mir noch eine Begebenheit erinnerlich, die ich
meinen Vater öfters erzählen hörte:
Ein Oberst *von Dedell*[256] war unser Nachbar und pflegte oft
mit meinem Vater Spaziergänge zu machen.
Einmal ging er mit ihm in Begleitung jenes Forstmeisters im
Osterholze spazieren, der Forstmeister wollte ihnen eine
besonders schöne Buche zeigen, die tags darauf gefällt wer-
den sollte. Bedeutungsvoll blickte Herr *von Dedell* an dem
Baume auf und nieder und sprach mit einem besondern
Ausdruck: »Schade, daß dieser Baum fallen muß!«
Der Forstmeister und mein Vater vertieften sich hierauf im
Weitergehen in ein Gespräch und vermißten ihren Begleiter
nicht, bis sie einen Schuß vernahmen. Er hatte sich ohnweit
jenes Baumes im Dickicht des Waldes eine Kugel vor den
Kopf geschossen. Sein Anblick war herzzerreißend. Der
Grund seines Selbstmordes soll hauptsächlich Vermögens-
zerrüttung gewesen sein.
Sooft ich mit meiner Schwester und dem Fräulein vom
Osterholze (so nannte man die Tochter des Oberforstmei-
sters) in jenem Walde spielte oder Blumen suchte, gingen
wir mit Schauder schnell an jener Stelle vorüber, wo der
Unglückliche den Tod fand, die ein Baum, in den ein Kreuz
geschnitten war, bezeichnete.
Es hatte aber auch diese Waldanlage ohnedies etwas
Unheimliches, Schauderhaftes. Mitten in ihr, in großer Verlassenheit, steht ein Schlößchen, das schon damals in seinem
Innern sehr öde und zerfallen war. Wir öffneten seine Türen
stets mit Schauern. Gemeiniglich von Fledermäusen und

Eulen zurückgeschreckt, verließen wir es schnell wieder und befürchteten, es folge uns etwas Gespenstisches aus ihm nach.

Von dem Osterholze aus besuchte ich auch oft mit meinem Vater und meinen Schwestern die Veste *Asperg*.[257]

Das Merkwürdigste war mir daselbst des Dichters Schubart Gefängnis.[258] Es stand auf dem höchsten Punkte dieses Berges, 1128 Fuß über der Meeresfläche, und heißt das Belvedere, denn die Aussicht auf ihm ist prachtvoll. Der größte Teil Württembergs, besonders die Gefilde des untern Nekkars mit ihren Städten, Dörfern und Burgen, liegen hier im schönsten Lichte ausgebreitet. Der arme Sänger saß tief unten in einem kleinen Gewölbe, wo nur wenig Licht und Luft, jedenfalls keine Aussicht ins Freie war.

Welche Tantalusqual müssen für ihn die Ausbrüche von Bewunderung und Freude der Besucher dieses Belvederes über ihm beim Anblick dieser schönen Natur gewesen sein, drangen sie zu ihm hinab in den dunkeln, verlassenen Kerker, in welchem er so viele Jahre lang saß.

Der nachherige König *Friedrich*[259] (damaliger Erbprinz) bewohnte ein eigenes Palais in Ludwigsburg, das nun das Museumsgebäude ist. Seine zwei Söhne, *Wilhelm* und *Paul*,[260] wurden bei und von ihm erzogen, und er schien gegen sie ein so strenger Vater gewesen zu sein, als der meinige gegen meine ältern Brüder war.

Meinen Vater schätzte er als Mensch und Beamten sehr, und ich wurde öfters als Gespiele zu den Prinzen in den Garten an ihrem Palais gerufen. Ich erinnere mich, daß ich im Spiele mit ihnen öfters, wie sie auch, bald den Kutscher, bald das Pferd machte.

Das von Mauclersche Haus und das meiner Eltern stand damals auch in Freundschaft miteinander. Der ältere Sohn war schon bei Errichtung der jungen Landmiliz manchmal mein Exerziermeister gewesen. Lange konnte ich nicht begreifen, was rechts und links sei, bis er mir, um es mir recht ins Gedächtnis zu prägen, von meinen Spielsachen ein Däch-

lein auf den rechten Arm und ein Häuschen auf den linken
band.

Es war dies der nachmalige Ministerpräsident.²⁶¹ Seinen jüngern Bruder traf ich zu *Tübingen* wieder. Er hielt sich
damals als junger Forstbeamter zu Bebenhausen auf, war ein
gemütlicher, herzlicher Mensch, dessen trauriges Verhäng-
nis und Tod mir große Schmerzen machte.

Wie es eines besondern Mittels bedurfte, mir einzuprägen,
was links und rechts sei, so war auch alles Lernen für mich in
früherer Jugend sehr schwer, und immer überwog das
Gemütsleben das Intellektuelle in mir. Auch sonderbare
Vorurteile, die der Verstand leicht hätte bezwingen können,
prägten sich mir oft lange und fest ein. So hatte ich einen
Kameraden, den ich herzlich liebte; er war der Sohn eines
Malers Perneaux aus der herzoglichen Porzellanfabrik.²⁶² Ich
kam oft in seine Wohnung, die nächst der Oberamtei war.
Die Verfertigung der nachher so berühmt gewordenen Por-
zellanfigürchen, mit deren Modellierung und Malerei sein
Vater und seine Brüder sich beschäftigten, bannte mich oft
tagelang in sein Zimmer; aber hätte ich daselbst auch den
größten Hunger und Durst erlitten, ehe ich etwas aus diesem
Hause getrunken oder gegessen hätte, wäre ich lieber gestorben; denn ich wußte, daß die Leute katholisch waren,
worunter ich mir etwas ganz Besonderes dachte, ohne daß
ich von meinen Eltern je gelernt hätte, ein solches Vorurteil
zu hegen. Und doch war mir nichts anziehender als die
katholische Kirche im Schlosse, die ich oft besuchte und es
immer darauf einzurichten wußte, daß mich der Geistliche
im Vorübergehen gewiß mit dem Wasser des Weihwedels
besprengte, obgleich ich das Wasser in jenem katholischen
Hause nicht trinken wollte.

Einen langen, alten Sprach- und Fechtmeister, einen katholi-
schen Franzosen, namens *Martel*, der in der Stadt kein
Fortkommen mehr fand, hatte mein Vater mit Sack und
Pack ins Haus aufgenommen. Er war einst Leibgardist unter
Ludwig XV.²⁶³ Meinen Brüdern erteilte er in den Vakanzen

Unterricht im Fechten und in der französischen Sprache. Er wurde bald sehr elend und altersschwach. Nächtlich verfiel er oft in Träume aus seiner vergangenen Zeit, stand als schlafwach auf, kleidete sich an, nahm seinen Degen und postierte sich mit solchem, im grauen Schlafrocke, hoher Zipfelkappe, eine lange, abgezehrte, graubärtige Gestalt, wachestehend vor die Türe seines Zimmers, wie er es in vergangener Zeit im Schlosse zu *Versailles*[264] tun mußte, und so fand man ihn eines Morgens mit dem Degen in der Hand vor der Türe tot.

Mein Vater ließ auf seinen Sarg seinen Degen und zwei Lilien aus unserm Garten legen, und wohl erinnere ich mich seines Leichenbegängnisses nach damaliger Weise, bei der Nacht mit Fackeln.

An den Lehrern der lateinischen Sprache, die damals in *Ludwigsburg* waren, konnte man wenig Lust haben (Schillers Lehrer, Jahn[265], unterrichtete damals nur ältere Knaben), sie waren höchst pedantische Menschen, mit schmutzigen, baumwollenen Kappen und langen Haselnußstöcken, deren Bemeisterung ich durch Lug und Trug zu entgehen suchte. Dabei wurde natürlich wenig gelernt. Mein Vater wußte das wohl, aber seine Strenge schien sich an meinen Brüdern gebrochen zu haben, er übte gegen mich keine mehr, liebkoste mich und seufzte. An den Abenden, wo uns das Christgeschenk zuteil wurde, das oft sehr reichlich in seiner hellen Beleuchtung ausfiel, wo alles sich der Freude hingab, setzte sich mein Vater gemeiniglich im einsamen Zimmer in seinen Lehnstuhl und war sehr traurig. Es ist eigen, daß mich das gleiche Gefühl an den Freuden desselben Abends durch mein ganzes Leben immer auch befiel. Mein Vater war Freimaurer und hielt auf diese Verbrüderung. Es war in unserem Hause ein eigenes Zimmer, das zur Freimaurerloge bestimmt war, man hielt es vor uns Kindern immer sehr verschlossen. Ich merkte aber bald eine Heimlichkeit und sah oft durch das Schlüsselloch und die Spalten der Türe; da sah ich Meublen, wie wir sie sonst nicht im Hause hatten. Es waren weißlackierte Sessel mit Armen, sie waren mit himmelblauer Seide gepolstert und hatten goldne Borten und Fransen. In der Mitte des Zimmers stand ein runder, weißer Tisch mit schwarzer Marmorplatte, worauf ein Totenkopf und ein Winkelmaß lag, auch einen besondern Sitz, ebenfalls himmelblau, über den eine himmelblaue Draperie[266] mit goldnen Fransen hing, bemerkte ich. An der Wand sah ich ein Schurzfell von weißem Leder, worauf allerlei schwarze Zeichen gemalt waren.

So mysteriös wie dieses Zimmer, doch ganz feenartig und wunderbar, kam mir als Kind das damals noch stehende, aber ganz verlassene und verschlossene, ungeheure Opernhaus vor, das Herzog *Carl* mit unsäglichen Kosten und in ungeheurer Eile zu seinen großen Opern und Festzügen, in welchen ganze Regimenter zu Pferd über die Bühne zogen, dahin erbauen ließ,[267] wo in den sogenannten Anlagen hinter dem Schlosse jetzt der Spielplatz ist. Es ist bekannt, daß dieses wohl das größte Opernhaus in Deutschland war. Es war in seinem ganzen Innern völlig mit Spiegelgläsern ausgekleidet, alle Wände, alle Logen mit ihren Säulen waren von Spiegelgläsern. Man kann sich den Effekt eines solchen Hauses im Glanze der vielen hundert Lichter wohl kaum denken. Ich sah es natürlich nie in seiner Beleuchtung, sondern geradezu immer nur bei verschlossenen Türen und Läden, wo aber seine Wirkung für die Phantasie eines Knaben gewiß noch viel wunderbarer und zauberhafter war.

Trat man hinein, so sah man sich, wenn auch im Dämmerlichte, vielhundertmal wieder, und man glaubte auf einmal das ganze Theater von seinem eigenen Ich bevölkert zu sehen. Oft drang nach dem Zuge der Wolken von außen wieder ein heller Sonnenstrahl durch die Ritzen und Spalten der Türen und Läden; dann widerstrahlte das Haus oft in Farben des Regenbogens oder entstand sonst eine magische Beleuchtung.

Dabei standen noch aus alter Zeit halbzertrümmerte Bilder

von Ritterrossen, Elefanten und Löwen umher. Oft flohen wir, durch all diese Erscheinungen im Innern dieses Zauberhauses fast zur Verwirrung gebracht, schnell hinaus an den hellen, klaren Tag. – Ich glaube, daß es das Jahr 1800 war, wo dieses Riesengebäude seiner Größe und Baufälligkeit wegen völlig abgebrochen wurde und später die jetzigen Anlagen (königliche Schloßgärten) seine Stelle einnahmen.

Mein Vater war ein großer Freund der Baumzucht. Abends nach des Tages Mühe und Last eilte er meistens in seine Gärten. Ein kleiner Garten war hinter der Oberamtei, in welchem ich auch ein Plätzchen zum Anbau bekam. Ich erinnere mich aber nicht, daß ich es mit Blumen bepflanzte, sondern immer mit Salat. Einen großen Garten als Eigentum besaß mein Vater eine Viertelstunde vor der Stadt, vor dem Tore, das auf die Solitude[268] führt, in dem sogenannten Lerchenholze. Dahin wanderte ich oft abends zwischen den herzoglichen Gewächshäusern und dem See hin und hielt mich da oft, während der Vater vorausging, nach den Orangebäumen und Blüten durch die Fenster schauend, zurück, oder sah ich dem in dem See schwimmenden Geflügel zu.

Der Garten war mit einer großen Mauer umgeben und enthielt Baumschulen und Bienenhäuser.

Sobald mein Vater da ankam, legte er Hut und Stock in dem kleinen Gartenhause nieder, zog seinen Rock aus und eilte, mit Messer und Säge versehen, zu seiner lieben Baumpflanzung. Hier wurde nun alles aufs genaueste in Ordnung gebracht, gebunden und mit großer Strenge beschnitten. Bäume, die im Wachstum sich krümmen wollten, waren ihm ein Greuel, alles mußte aufrecht und in gerader Linie stehen. Man sah in diesem Tun und Lassen, in diesen Pflanzungen ganz seine Liebe zur Ordnung und strengen Zucht. Durch Inokulation[269] und Impfung veredelte er die wilden Stämme, die er meistens selbst aus den Kernen zog, und führte über alles Kataloge. Ich habe auch kein üppigeres Obst mehr gesehen, als ich damals sah. Pfirsiche, Kirschen, Birnen und

Äpfel waren in den seltensten, größten Arten vorhanden. Kirschen hatte er vom Mai bis in den September, und nie sah ich die sauern Weichsel mehr in dieser Größe und Vollkommenheit wieder. Es wurden, besonders mit letzteren, an Freunde und an die Tafel des Herzogs öfters Geschenke gemacht.

Man pflegte Kirsche um Kirsche mit etwas abgeschnittenem Stiele, der nach innen gekehrt sein mußte, in einen großen blechernen Trichter zu legen, den man, war er bis zum Rande gefüllt, auf einen mit Weinlaub bedeckten Teller umstürzte, worauf auf dem Teller eine Pyramide von Kirschen stand. Solche Teller wurden dann zur Kirschenzeit in Menge in befreundete Häuser geschickt, denn es waren Sorten, die sonst selten zu finden waren. Auch der schwarze Maulbeer war ein Lieblingsbaum meines Vaters, und vom Gemüsegarten pflegte er besonders die Artischocken und Spargeln. Außer meinem Vater war auch damals in Ludwigsburg sein Neffe, der Amtsschreiber *Heuglin*[270], ein großer Beförderer der Obstzucht, und diesen zwei Männern verdankt Ludwigsburg noch heute seinen Ruhm mit ausgezeichnetem Obste. Auch der Vater Schillers arbeitete in Ludwigsburg schon in noch früherer Zeit für die Baumkultur.[271]

Die Mutter meines Vaters lebte längere Zeit als Witwe in einem besondern Hause der Stadt. Das Alter vermochte nicht, in ihren Zügen das Bild weiblicher Hoheit zu tilgen. Sie wurde blind und unterwarf sich einer Operation ohne Erfolg. Was von ihr erzählt wurde, spricht von einem ungewöhnlichen Geiste.

In der Nacht ihres Blindseins hatte sich ihr Ahnungsvermögen aufs äußerste geschärft, sie hatte voraussagende Träume und soll, besonders was die nach Jahren folgende Französische Revolution betrifft, vieles überraschend vorausgesagt haben. Sie setzte einen großen Genuß darein, Familienfreuden zu bereiten, und bei ihrem ausgezeichneten Verstande und vielseitiger Erfahrung wurde sie nicht nur als das Orakel in der Familie verehrt, sondern in mancherlei Angelegenheiten von einem großen Teil des Publikums in und bei Ludwigsburg konsultiert. Ich hatte sie nicht mehr kennengelernt. Ihr zweiter Sohn, jünger als mein Vater, lebte ebenfalls in Ludwigsburg, zuerst als Advokat, nachher als Bürgermeister der Stadt, und zuletzt als Landschaftskonsulent[272] in Stuttgart. Sein Eifer für die Rechte des Volks und die Bewachung der Verfassung sind bekannt. Kaum vor Auflösung derselben starb er mitten in der Versammlung der Landstände und wurde tot aus ihrem Saale getragen. Neben diesem Bruder wohnten noch zwei Schwestern meines Vaters in Ludwigsburg, wovon die eine den Diakonus *Mutschler*[273] daselbst zum Gatten hatte. Sie war eine sehr verständige, aber mit ganz sonderbaren Eigenheiten und Glauben begabte Frau. So gab sie z. B. nie zu, daß in Krankheiten ein Arzt in ihrem Hause zu Rat gezogen wurde, und selbst bei ihren Enkelkindern suchte sie dies auf alle Weise zu verhüten. Ich weiß aus späteren Zeiten von ihr, daß, als einmal einer ihrer Enkel in einem Erziehungshause am Scharlachfieber erkrankte, sie eilend dahin abreiste und Tag und Nacht an seinem Bette sitzen blieb, bloß um zu verhüten, daß keine Medikamente ihm gereicht würden, nur Wasser; das war schon 40 Jahre und länger, bevor der Gräfenberger Wasserarzt[274] sich erhob. Es war aber auch wirklich, daß nur durch ihre Pflege und Wasser Kinder und Enkel von ihr in sehr harten Krankheiten genasen. Eine zweite Schwester meines Vaters war mit einem herzoglichen Stallmeister, namens *Müller*[275], verheiratet. Diese Ehe war nicht ganz glücklich; die Frau starb in Melancholie und hinterließ 4 Töchter, von denen zwei ebenfalls in Ludwigsburg verheiratet waren, die eine an den Amtsschreiber *Heuglin*, ausgezeichnet durch Gemüt und Verstand, die andere an den Stadtschreiber *Schönleber*[276]. Sie muß in ihrer Jugend von hoher Schönheit gewesen sein. Ihr Charakter war edel und streng. Sie trug die Bürde des Lebens mit Mut und starb in einem hohen Alter. Die dritte war an den zu Lustnau verstorbenen Dekan

Mayer[277], früher Professor zu Maulbronn, verehelicht, und ihrer wird in diesen Blättern später mehr erwähnt. Die jüngste hatte den Dekan *Uhland* von *Brackenheim*[278] (den Oheim des Dichters) zum Gatten.

Und nun komme ich wieder auf den Garten, von dem ich früher sprach. Hinter dem Rathaus in Ludwigsburg, das der Stadtschreiber *Schönleber*, Neffe meines Vaters, bewohnte, war ein sehr großer Hof, in dessen Mitte zwei prachtvolle alte Nußbäume standen. Hier war gar oft der Platz unserer Spiele. *Schönleber* hatte mehrere Kinder, im Alter mir nahe, und namentlich zwei Söhne, Georg und August, letzterer nachheriger Besitzer der Ludwigsburger Tuchfabrik. Sein ältester Sohn, namens Friedrich, ein Mann vom gediegensten, rechtschaffensten Charakter, älter als ich, starb kürzlich zu Stuttgart als Archivar der Landstände.[279]

In der ersten Sitzung derselben (im Januar 1848) wurde seinen Verdiensten von dem Präsidenten das würdige Lob erteilt, welchem alle Repräsentanten durch Erhebung von ihren Sitzen Beifall zustimmten.

Nach diesem Hofe des Stadtschreibers kam man in seinen für Kinderaugen ungeheuer großen Garten, der mit den prächtigsten Obstbäumen aller Art besetzt war. Hier gab es im Herbste wahre Lustgelage für die Jugend – die Bäume standen meistens in großen Grasplätzen und bogen ihre früchteschweren Äste in manchem Herbste tief zu den Blumen des Grases nieder. Welche Lust, auf einen solchen Baum steigen, das lachende Obst brechen zu dürfen! Welche Freude, an einem andern zu schütteln, bis er ringsherum das Gras mit seinen duftenden Früchten bedeckt hatte. An diesen Garten stieß der Garten, der zu dem Palais des Prinzen Friedrich (nachherigen Königs) gehörte. Die Bäume, deren Äste über die diese Gärten trennende Mauer ragten, ließen oft ihre Früchte in den prinzlichen Garten fallen. Als wir einmal so einen Baum mit Mostbirnen geschüttelt hatten, tat es dem Stadtschreiber sehr leid um die in den prinzlichen Garten gefallenen Birnen, und er konnte nicht umhin, seinen Schreiber zum Hausmeister des Prinzen zu senden, sich die Erlaubnis, diese Birnen holen lassen zu dürfen, auszuwirken; da begegnete aber der Prinz selbst dem Schreiber unter dem Tore des Palais und fragte ihn, was er begehre. Darob kam der Schreiber in großen Schrecken und stotterte heraus: »Der Herr Stadtschreiber läßt fragen, ob er nicht die in den Garten gefallenen Birnen dürfe *untertänigst* auflesen.« Der Prinz lächelte und sprach: »Ja! ja! er soll sie nur *gnädigst* nehmen.« – Zur Osterzeit legte in dem angebauten Teile dieses Gartens, in den mit Buchsbaum umgebenen Blumenländern, der Hase ein, worin die bunten Eier den Kindern zum Suchen versteckt waren, ja, diese Freude erstreckte sich noch in einen benachbarten Garten des schon früher berührten Dekans *Zilling*.[280] Dieser Dekan *Zilling* gehörte unter die damaligen Originale *Ludwigsburgs*, daher wohl von ihm noch einiges angeführt werden darf.

Er war ein Freund der Kinder und hatte auch der kleinen Landmiliz zu einer Fahne verholfen; er war aber ein strenger Eiferer auf der Kanzel, auf die er auch Privatverhältnisse brachte und sich dadurch manche Feinde zuzog, worunter, wie bekannt ist, auch *Schubart* gehörte, den er besonders verfolgte, weil dessen Orgelspiel lieber gehört wurde als seine Predigten.

Der Geist seiner Predigten ist aus folgendem *wörtlichen* Eingange einer derselben, mit dem er ihren Inhalt ankündigte, zu entnehmen.

»Geliebte in Ihme! Adam und Eva unsere ersten Eltern im Paradiese. Die Arglist der Schlange. Die Bosheit der Schlange. Die Verführungskunst der Schlange. Der Baum mit der verbotenen Frucht im Paradies. Der Genuß der Frucht vom verbotenen Baum. Der erste Sündenfall. Der Engel mit dem Racheschwert im Paradies. Marsch, 'naus zum Paradies, marsch! marsch! marsch!«

Gegen den Prinzen Friedrich übte er in den Predigten diesem mißfallende Schmeicheleien aus, er verbeugte sich zum Exempel tief gegen ihn von der Kanzel mitten in der Predigt und sagte: »Ja! Ludwigsburg verehrt wirklich was Großes in seinen Mauern!« Der Prinz ärgerte sich darüber und besuchte die Kirche von dort an selten mehr, wie er denn auch das Abendmahl nicht mehr von *Zilling*, sondern von dem Pfarrer in *Schwieberdingen* nahm.

Mit dem Militär, gegen dessen Sitten er oft in Predigten zu Felde zog, lag er immer im Kriege, und die damaligen jungen Offiziere spielten ihm manchen Streich, von denen *einer* so derb war, daß er nicht wieder zu erzählen ist. Er nahm seine Rache an ihnen aber auch, wo und wie er konnte, oft auf der Straße ohne Rückhalt.

Einsmal begegnete er drei jungen Lieutenants; sogleich machten diese vor ihm Front und sprachen mit erhabenem, spöttischen Tone: »Ah! votres serviteurs très humbles!«[281] »Jawohl, drei Simpel!« versetzte er. Die Offiziere mußten beschämt weitergehen. Mit gleichem Witze bezahlte ihn aber einmal der betrunkene Weinzieher *Degler*. Dieser taumelte im vollen Rausche an Zillings Haus vorüber, Zilling bemerkte ihn und rief heraus: »Ei! ei! Degler! wer wird sich so besaufen?!« *Degler* lallte hinauf: »O ihr Dignität! Ih hau au scho viel bei Ihne abeg'schlaucht, aber no kein wieder uffe.«[282]

Wenn er am Martini in die Schulen kam, um die Visitationen vorzunehmen, begrüßte er jedesmal die Lehrer mit folgendem, nach den Rangstufen abgeteilten Morgengruß:

> »Wünsch wohl geruht zu haben,
> Herr Oberpräzeptor *Winter*!
> Gleichfalls, Herr Präzeptor *Herold*!
> Empfehl mich Ihnen, Herr Präzeptor *Elsässer*!
> Guten Morgen Schulmeister!
> Bon jour, ihr Provisor!
> Grüß euch Gott, liebe Kinder!
> Ist man auch da, Mäule?«
> (Mäule war der Schuleinheizer.)

Sein Bruder war der Mesner (Küster) der Kirche und mußte ihm jeden Sonntag mit Bekomplimentierungen den Kirchenrock anziehen. Herren, die ohne schwarzen Mantel zum Abendmahl kamen, wie z. B. der Amtsschreiber *Heuglin* und der Chemiker *Staudenmayer*, wies er vor der ganzen Gemeinde vom Altar zurück.

Als er einmal während der Predigt einen Hund in der Kirche bemerkte, rief er von der Kanzel herab: »Mesner, bring Er diesen Hund hinaus! Wer diesen Hund in die Kirche gebracht, ist unvernünftiger als dieses unvernünftige Tier.« Auf diese Rede sah man einen Hofrat sich erheben und aus der Kirche gehen, dem nun natürlich alles nachsah.

Auf der andern Seite hatte er aber doch auch wieder vielen kindlichen Sinn und liebte die Kinder, wie ich schon bemerkte. Viele seiner Schwachheiten konnte man auch wohl auf Rechnung seines Alters schreiben. Den Konfirmationsunterricht erteilte er den Kindern auf eine allerdings mehr kindische als kindliche Weise und verirrte sich dabei oft in die Erd- und Himmelskunde, z. E. (ganz nach seinen Worten):

»Unsere Erde, glaubet er, se steh auf steinerne Pfeiler, oder se sei an einer langa, eiserna Kette, daß se nit runterfallt, und was glaubet er von dem blauen Himmel, wenn er ihn so sehat? Glaubet er, das sei a großes blaues Tuch, das da ausgekramt sei, und die Sternle seiet silberne Nägele, mit dem's angenägelt sei, daß nit runterfall?« –

Der Kapellmeister Poli[283]

Ein italienischer Musiker aus der Kapelle des Herzogs *Carl*, namens *Poli*, hatte auch seine Wohnung in den Arkaden des Marktplatzes in Ludwigsburg. Er verstand die deutsche Sprache nur wenig und stellte sich Fremden mit den Worten vor: »Ik bin die große *Poli*, Kapellmeister vom Herzog *Carle*.« Ich sah ihn oft in einem roten Rocke, mit einem

Haarbeutel, kleinem, dreieckigem Hütchen, einen Häng-
korb am Arme, auf den Gemüsemarkt gehen und in seinem
gebrochenen Deutsch mit den Hökerweibern um Kraut
handeln. Er hatte eine durchaus nicht schöne Frau, auch aus
der Musikschule des Herzogs. Aus Eifersucht hatte er sie
immer ins Zimmer verschlossen, und sie kam nur selten ins
Freie.

Dieses Original war besonders auch von uns Kindern sehr
gefürchtet; denn wie der andere Italiener wurde auch er oft,
ging er in seinem roten Röcklein und Bordenhute auf dem
Markte umher, von uns bösen Buben geneckt und war daher
immer mit einem großen spanischen Rohre gegen uns zum
Schlage gerüstet. Es war auch wirklich kein kleines Wage-
stück, den Zorn eines solchen Italieners herauszufordern,
der keine Rücksichten nahm und sich leicht der tollsten Wut
und Rache überließ. Dieser Italiener wurde einmal von
Kolikschmerzen gequält, in welchen er immer ausrief: »Lo
Speciale! lo Speciale!« – Die deutsche Magd, die nicht anders
glaubte, als ihr Herr begehre noch vor dem Tode den
Geistlichen, den Spezial, hatte nichts Schnelleres zu tun, als
zu dem Spezial *Zilling* zu springen und ihm zu sagen, ihr
sterbender Herr rufe immerdar nach ihm, sie bitte ihn um
Gottes willen eilig zu kommen. *Zilling* war schnell bereit;
denn er glaubte, der Italiener habe einen lutherischen Geistlichen nur darum begehrt, um sich vor seinem Tode noch in
den Schoß dieser Kirche zu begeben. Aber wie erstaunte er,
als ihm, vor seinem Bette angekommen, der Italiener einen
gewissen Teil seines Körpers zum Klistieren hinstreckte,
von Gebet und Bekehrung aber nichts wissen wollte. Die
Irrung kam daher, daß im Italienischen »lo Speciale« der
Apotheker heißt und daß in Italien die Apotheker das
Geschäft des Klistierens, wie bei uns die Chirurgen, über
sich nehmen. Es ist dies eine Anekdote, die auch sonst oft
erzählt wird, die aber die hier genannten Personen wirklich
betraf und ihren Ursprung einzig in *Ludwigsburg* hat.

Nächst der Oberamtei wohnte auch ein alter Bürgermeister, namens *Kommerell*. Es war ein Mann noch dicker als mein Vater, und trug gewöhnlich eine gepuderte Perücke, hinten mit einem breiten Haarbeutel mit großen schwarzen Maschen, und auf den Seiten über die Ohren hatte die Perücke Bouclen von Horn. Kam er vom Rathaus zurück, so legte er die Perücke ab. Haarbeutel und Bouclen[285] wurden abgeschnallt, und letztere dienten mir oft zum Spiele; ja, ich lernte sogar nach und nach Töne wie aus einer Pfeife aus ihnen hervorbringen. Ob er gleich ein gestrenger Herr und gegen Bürger und Bauern sehr grob war, so mußte er doch meinem Vater untergeben sein, und so durfte auch ich bisweilen auf seinen Sammethosen reiten, und oft trug er mich noch auf den Armen, wenn er schon den roten Rock und die weiße, seidene Pattenweste[286] anhatte, um auf das Rathaus zur versammelten Bürgerschaft zu gehen. Zu diesem Gange drückte er gemeiniglich ein kleines dreieckiges Hütchen, in welchem auch ich manchmal herumstolzierte, während ich auf seinem spanischen Rohre mit goldenem Knopfe ritt, tief in die Stirne herein. Am lebendigsten steht er mir noch vor Augen, wenn er, auf der großen steinernen Treppe des Rathauses stehend, bei Huldigungen oder sonstigen festlichen Anlässen eine Rede an die Bürger hielt und an dem Schlusse derselben mit dem Rufe »Vivat unser allerdurchlauchtigster Herzog und Herr!« das Hütchen dreimal in die Luft warf und dreimal wieder geschickt mit den Händen auffing. Das war ein Jubel für uns Kinder, und des Bürgermeister Kommerells Hütchen steht gewiß noch im Gedächtnis manches *Ludwigsburgers* von meinem Alter.

Als General *Dumouriez* mit dem nachherigen König *Philipp*[287] im Gasthofe »Zur Kanne« in Ludwigsburg angekommen war, warf sich der Bürgermeister *Kommerell* auch in seinen Amtsstaat, dem vornehmen Herrn die Aufwartung zu machen, aber als sie ihn ansprachen, verstand er nicht zu

antworten. Da schrie er zum Fenster der »Kanne« hinaus
mit brüllender Amtsstimme nach dem Stadtpatrouillanten
Eberle, er solle sogleich seine Tochter holen, die Rike, die
Französisch verstehe. Diese zog der Vater an den Haaren
herbei. Der Herr Bürgermeister befahl ihr, Französisch zu
sprechen, sie brachte aber nichts heraus als: »Oui, Monsieur
Général, je suis été«[288] – – welche Worte der Bürgermeister
nachsprach, womit er lange gefoppt wurde.

Der Rathausdiener Michel

Einen Kontrast gegen diesen Bürgermeister machte sein
Stadtdiener, der mit der Blechkapsel unter dem Arme jeden
Morgen aus und ein ging, auch den Herrn Bürgermeister bei
seinem Gange auf das Rathaus, in geziemender Entfernung,
die Akten in der Kapsel tragend, begleitete. Dies war eine
ganz kleine, zwergartige Gestalt, mit einem fast zu einem
Rade gebogenen Rücken, über welchen von dem sehr haar-
losen Kopfe ein mehrere Ellen langer, dünner Haarzopf in
Wellenlinien sich herabbog. Das Männlein mit gutmütigem
Blicke, etwas dicker, aufgestülpter Nase, sehr großem
Munde und ganz feinem Stimmlein war die Demut und
Dienstfertigkeit selbst, so daß es, wie der Herr Bürgermeister auf Stock und Sammethosen, mich oftmals unter den
Arkaden auf seinem Rücken reiten ließ, wobei ich mich
seines langen Haarzopfes als Leitseil und Peitsche be-
diente.

Der Oberamtsdiener Vogel

Die amtliche Bedienung meines Vaters war ein alter, gewese-
ner Tambourmajor[289], der ein Alter von mindestens 90 Jahren erreicht haben muß. Er hatte im Siebenjährigen Kriege
zuerst eine Schanze bestiegen und dadurch diesen Ehren-
dienst erlangt. Er hieß *Vogel* und war eine hagere, hohe

Gestalt mit langem Zopfe und sehr aufrechter, militärischer Haltung. Er bediente zugleich auch meines Vaters Rappen, der meinen Vater und mich oft nach Neckarweihingen an den Neckar zum Bade führte. Dieses Reit- und Chaisenpferd gehörte eigentlich auch ganz zur Familie. Wir liebten es alle wegen seiner Zahmheit und Kraft. Wenn mein Vater des Nachts von Stuttgart zurückkehrte, hing er gemeiniglich, um zu schlafen, das Leitseil über den Arm, und das treue Tier geleitete ihn sicher, allen andern Gefährten von selbst ausweichend, bis vor das Ludwigsburger Tor. Auch meine Mutter fuhr oft ganz allein mit ihm, ohne Kutscher. Mein Vater ließ es oftmals abmalen.

Jener alte Amtsdiener hatte den Tag über meistens seinen Sitz in den Arkaden auf einer grünen Bank vor der Türe der Oberamtei. Nachmittags fand man ihn da oftmals ganz aufrecht schlafend sitzen und im Schlafe auf seinen gelben, ledernen Hosen trommeln, dann mit einem Pfiffe erwachen und verwundert um sich schauen; denn er vermeinte sich im Traume noch bei seinen Trommlern. Wenn wir ihn so schlafend dasitzen sahen und das Trommeln seiner Finger auf den Hosen anfing, so holten wir Knaben einander oft leise herbei, sahen ihm lange zu und weckten ihn endlich durch einen Zug am langen Zopfe, von dem er dann erwacht, uns Hiebe austeilte.

Sonst ergötzte er uns Kinder besonders durch seine Kunst, in Holz zu schnitzeln, und wir quälten ihn um manches Kunststück von seiner Hand. Vortrefflich verstand er die Kunst, Pfeile zu schnitzen und Bögen dazu zu verfertigen, die wir dann auf dem Marktplatze in die Höhe und in die Weite schossen, ja sogar manchmal damit die schwarzen Lederhosen verletzten, die der Turmwächter *Faber*, der zugleich Seckler[290] war, an dem eisernen Geländer des gelben Stadtkirchenturms, seiner Wohnung, zum Trocknen aufgehängt hatte.

Die Rakete auf dem Küchenherde

Ein gefährlicheres Spiel war für mich das Feuerwerk. Meine alte Kindsmagd hatte einen Feuerwerker geheiratet, in dessen Stube ich oft stundenlang zubrachte; er lehrte mich das Füllen und Stampfen von Patronen zu Schwärmern und Raketen, bei deren Abbrennung in den Gärten ich meine Mutter oft in Sorge und Angst versetzte. Ja, einmal als mein Vater sich auf einem Amtsorte in Geschäften befand, legte ich um die Mittagszeit in der Küche eine Rakete geradezu zwischen die Fleischtöpfe ins Feuer, welche auch alsbald ihren Zug durchs Kamin nahm, so daß über demselben noch die Funken in die Luft stoben und Bürgermeister *Kommerell* in Begleitung seiner Frau und des hinter ihm nachschießenden Amtsdieners, ohne Perücke und Stock, in die Oberamtei sprang.

Ein Brandunglück war nicht geschehen, wie die Nachbarn vermuteten, aber das Mittagessen war für die Skribenten[291], die, wenn mein Vater nicht bei Tische war, mit besonderem Appetit aßen, verdorben. Die größte Sorge meiner Mutter war nun, diesen Vorfall meinem Vater zu verbergen, um mir eine Strafe zu ersparen; aber es konnte nicht geschehen, die Frau Bürgermeisterin verriet es. Meine Strafe war, daß ich einige Stunden in Arrest in einen ziemlich engen Raum mußte, welchen eine Türe mit einer von ihr ungefähr eine Elle abstehenden andern Türe bildete. In meinen größten Schmerzen erblickte ich in diesem Dunkel auf einmal eine mir ganz wunderbare Erscheinung, die ich nie gesehen hatte. Auf der vor mir stehenden Türe sah ich mit Verwunderung in kleiner Figur die Fenster und Vorhänge des Zimmers, die Blumenstöcke, die auf den Simsen standen, und die Menschen, die im Zimmer hin und her gingen; aber alles verkehrt. Meine Einsperrung ward mir nun zu großer Unterhaltung; ich fühlte mehr Freude als Schmerz und wünschte nimmer aus Langeweile heraus, sondern nur, um bald untersuchen zu können, wie und was das sei.

Nach meiner Befreiung, wo der Vater wieder liebreicher war, mußte auch er sich hineinsperren lassen, um diese Erscheinung zu sehen; auch die Mutter und die Schwestern.

Das Ganze war nichts, als daß ein Löchlein, ich weiß nicht zu welchem Zwecke, durch die erste Türe gebohrt war und die zweite Türe zufällig in der Entfernung stand, daß gerade das Licht *so* auf sie einfallen konnte, daß sich hier die Gegenstände des innern Zimmers als in einer Camera obscura²⁹² abbildeten.

Von dieser Zeit an gab ich mich immer mit den optischen Erscheinungen einer Camera obscura ab. In allen Wohnungen, wo ich längere Zeit mich aufhielt, machte ich in den Zimmern eine Camera obscura zur Betrachtung der Vorübergehenden und der Gegend; und in Tübingen im Jahr 1805, als ich bei *Kielmayer*²⁹³ die Vorlesungen über Chemie hörte, gab ich mir alle Mühe, vermittelst Hornsilber die aufs Papier gefallenen Lichtbilder zu fixieren, wie in späterer Zeit *Daguerre*²⁹⁴ durch das *Jodin*²⁹⁵ mit glücklicherem Erfolg tat.

Die Frau Bürgermeisterin dachte ich ihres Verrates wegen doch auch mit etwas zu beschweren, wobei ich zugleich auch auf die Wehen, die sie mir verursacht, einen Genuß hätte. Nach ein paar Tagen ging ich morgens zu ihr und sagte, da sie so gute Zwiebelkuchen backe, so habe meine Mutter geäußert, mir werde sie es wohl zulieb tun, wenn ich ihr sagen würde, daß sie so sehr wünsche, sie möchte meinem Vater ein paar Zwiebelkuchen backen; aber sie solle ja nichts davon sagen, daß die Mutter das gewünscht habe; denn sie wisse ja, daß er oft recht zornig werden könne. Die Bürgermeisterin, und noch mehr der Herr Bürgermeister, waren sehr erfreut, die Ehre zu haben, dem Herrn Regierungsrat und Oberamtmann Kuchen backen zu dürfen; und am andern Morgen erschienen auch wirklich zwei durch die ganzen Arkaden duftende, vortreffliche Zwiebelkuchen, die mein Vater, um nicht ungefällig zu sein, annehmen mußte und von welchen auch ich mein gutes Stück erhielt. Aber die

Frau Bürgermeisterin konnte meine fingierte Botschaft nur ein paar Tage lang auf dem Herzen behalten, sie erzählte dem Vater, der sie etwas mit der Zwiebelsendung aufzog, wie sie nicht gewagt hätte, das zu tun, wäre sie nicht dazu aufgefordert worden.

Ich wurde von ihm ins Verhör genommen und bekannte alles, meinem Vater aber mochten die Zwiebelkuchen zu gut geschmeckt haben, ich erhielt bloß den Titel eines infamen Buben.

Des Vaters Humor

Obgleich mein Vater im Durchschnitt und besonders, wo er sein Amt galt, einen strengen und ernsthaften Charakter hatte, so war er doch wieder ein großer Freund vom Scherze, besonders mit Frauen, in deren Gesellschaft er immer am aufgeheitertsten war.

In Ludwigsburg lebte ein Hauptmann, namens _Seyffertiz_, der eine Frau von schon ziemlich vorgeschrittenem Alter und eine ganze Sammlung von alten Jungfern, Schwägerinnen und Basen bei sich hatte. Mit diesen wurde oftmals Scherz getrieben, mein Vater schickte ihnen komische Verse zu, lud sie zum Tarockspiele[296] ein, führte sie in seinem Chaischen mit dem alten Rappen in seinen Garten, und einsmals, als er von einem Amtsorte hereinritt und die alte Frau Hauptmännin ihm vor dem Tore begegnete, lud er sie ein, sich zu ihm auf den Gaul zu setzen; nur einige Schritte solle sie es versuchen, bis zum Tore. Sie ließ es sich gefallen, aber mit den Worten: »Aber das sag ich Ihm, am Tor muß Er mich absetzen.« (Sie pflegten sich immer scherzhaft per Er und Sie anzusprechen.) »Das glaub Sie«, versetzte er; aber am Tore angekommen, gab er dem Pferde die Sporen und ritt mit ihr durch die ganze Stadt bis an die Oberamtei. Dies konnte dazumal, ohne Spektakel zu erregen, ein Oberamtmann tun; man denke sich aber einen Auftritt der Art in jetziger Zeit.

Auch bei der Unterhaltung meines Vaters mit jüngern
Frauen kam in das gute, ihm ganz ergebene Herz meiner
Mutter nie das Gefühl der Eifersucht; sie erschwerte ihm
keinen Besuch, keine Einladung. Oft wurden im Hause
kleine Feste gegeben, die schon seine amtliche Stellung, sein
vieler Umgang mit Militär und Adel, erforderten. Das
Tarockspiel liebte er, und es fanden sich dazu kleine Spielti-
sche im Hause; auch ein Billard war vorhanden, welches
Spiel mein Vater meisterhaft verstand und fast täglich nach
dem Mittagessen mit dem Hauptmann *Seyffertiz*, dem
Oberforstmeister *Stettink* oder dem Franzosen *Martel* übte.
Meine Mutter, die immer in Zittern und Furcht lebte, hatte
einmal große Sorge, als mein Vater eine Reise auf 14 Tage
nach *Erlangen* machen mußte. »Gott«, sagte sie, »da kannst
du umkommen, und ich erhalt keine Nachricht von dir!« –
»Oh«, versetzte er, »heilig versprech ich dir, alle Tage sollst
du pünktlich einen Brief von mir erhalten.« Vor seiner
Abreise setzte er sich noch eine Stunde hin und schrieb 14
Briefe voll der erfreulichsten Nachrichten von ihm, diese
übergab er dem Postmeister, der alle Tage einen an die
erfreute Mutter sandte. Mit großem Vergnügen wies sie der
Frau Bürgermeisterin und anderen Frauen die Briefe des
Getreuen. Als er nach 14 Tagen wiederkam und sie sogleich
ihre Freude über die vielen Briefe äußerte, sagte er: »Weil
ich nun glücklich wieder da bin, so muß ich dir gestehen,
daß ich die Briefe alle vorher geschrieben; aber ich denke, sie
hat mir mein guter Genius alle vorher diktiert, der wohl
wußte, wie es mir gehen würde, und mein Versprechen,
daß du bestimmt jeden Tag einen Brief bekommen werdest,
habe ich ja getreulich gelöst.« Diese Täuschung machte die
gute Mutter nicht böse; sie war nur erfreut, ihren Geliebten
wieder glücklich bei sich zu sehen.

Die Öde Ludwigsburgs nach dem Tode
Herzog Ludwigs

Schon nach dem Tode Herzog *Carls* und noch mehr nach dem Herzog *Ludwigs* wurde Ludwigsburg durch Abzug des Hofes und eines Teils vom Militär sehr verödet – Bevölkerung und Gewerbe waren ohnedies klein, und desto auffallender die Menschenleere in den langen, weitgebauten Straßen. Ich erinnere mich noch mancher Sonntage, wo nachmittags der große Marktplatz vor unserm Hause so still war, daß man auf demselben fast die Perpendikel der benachbarten Turmuhr gehen hörte. In den Arkaden waren oft die einzige Bevölkerung die Hühner des Italieners *Menoni*, und nur das Krähen derselben unterbrach die Stille, die oft ringsherum herrschte. Eine auf die Hauptwache ziehende Schildwache, ein in der Ferne durch die Straßen eilender Perückenmacher waren oft stundenlang die einzigen Figuren, die man von den Fenstern der Oberamtei in dem großen Raume erblickte, außer der stehenden, steinernen Figur des Herzogs *Eberhard Ludwig*, des Erbauers dieser Stadt, die mitten auf dem Markte auf dem Brunnen stand.[297] Es war in Wahrheit so, wie ich in meinen »Reiseschatten« anführte, wo die Stadt *Ludwigsburg* unter dem Namen *Grasburg*[298] vorkommt, weil aus dem unbetretenen Pflaster mancher Straßen und Plätze hohes Gras wuchs.

Besondere Gefühle von Verlassenheit und Trauer wandelten einen in den vielen langen und menschenleeren Alleen der Stadt an. So hatten auch die großen, verlassenen Räume des Schlosses und namentlich die Gegend des Corps de Logis etwas Unheimliches, Gespensterhaftes. Im Corps de Logis war das Gemach, in welchem Herzog *Carl Alexander* starb, von dessen Tode allerlei unheimliche Sagen gingen.[299] Hier war es auch, wo in späteren Jahren die Schildwachen in der Nachtzeit mehrmals wie von einer unsichtbaren, gewaltigen Hand gepackt und über die Balustrade am Schlosse geworfen wurden. Auch waren mehrmals diese Wachen genötigt, die Posten zu verlassen, um auf der Schloßwache Anzeige zu machen von Lärmen und Tönen, als gingen Menschen die Treppen und Gänge auf und ab, wobei sie Schlüssel rasseln und Türen auf- und zugehen hörten. Es wurden mir diese Vorfälle von einem damals wachhabenden Offiziere, der im Augenblick in Begleitung seiner ganzen Mannschaft Untersuchung darüber anstellte, selbst erzählt und versichert, daß er weder einen Betrug gefunden noch eine natürliche Ursache erforscht habe, woher das von ihm angehörte nächtliche Unwesen hatte kommen können. Einen Soldaten, der auf seinem Posten dort einmal nächtlich gepackt und über die Balustrade gegen die Gruft hinabgeworfen wurde, sprach ich selbst einmal über diesen Vorfall. In diesen gespenstisch gewesenen Teil des Schlosses wurden in späterer Zeit die Geschäftszimmer aufgeklärter Regierungsherren verlegt, wo wohl bald sieghaft deren Geist diesen abergläubischen Spuk zum Wohle der Aufklärung vertrieb.

In Ludwigsburg war um diese Zeit kein Stadt- und kein Landleben mehr; ja, es hatte durch das, was noch vom Hofe und Militär übriggeblieben, noch mehr Drückendes, besonders für den Beamten. Der Aufwand für einen solchen war auch in Ludwigsburg größer als in einer Landstadt, obgleich das Einkommen der Oberamtei Ludwigsburg sehr klein war. Mein Vater, überdies ein großer Freund der Natur, wünschte sehr, eine Stelle zu erhalten, die, wenn sie ihn auch mit größeren Arbeiten belastete, ihm doch eine freiere Bewegung als die Stelle in einer Residenz gab.

Als nun die wohldotierte Oberamtei Maulbronn[300] im Jahr 1795 frei wurde, meldete er sich um dieselbe und erhielt sie auch, trotz des Widerstrebens der Bürger der Stadt und des Amtes von Ludwigsburg, die ihn aufs herzlichste liebten und ehrten und ihn um keinen Preis von sich scheiden lassen wollten. Während seiner Amtsführung hatte er in Stadt und Land das Gemeindewesen in die beste Ordnung gebracht, und viele Einrichtungen, die er traf, sind noch jetzt ein Muster für andere.

Abschied von Ludwigsburg und Zug nach
Maulbronn im Jahre 1795

Es wurde nun von Ludwigsburg Abschied genommen. Wie jedem Knaben Veränderung und Lärmen im Haus Freude macht, so war es auch bei mir. Es wurden von meinen Eltern in einem Stadtwagen, in welchen auch ich einsteigen durfte, von Haus zu Haus Abschiedsbesuche gemacht. Als es aber an das wirkliche Abziehen ging, brach mir trotz der Freuden, die ich mir im künftigen Aufenthalte vorspiegelte, doch das Herz. Als ich von meinen Kameraden Abschied nahm, zerfloß ich in Tränen; auch konnte ich sie lange nicht vergessen, ja eigentlich nie; während ich doch bald Beweise hatte, daß sie sich um mich weiter gar nicht bekümmerten und mich bald ganz vergaßen. Dies war meine erste trübe Erfahrung auf dem Felde der Freundschaft, die ich in meinem späteren Leben leider sehr oft wieder machen mußte.

Der Zug ging nun in mehreren Wagen dem neuen Bestimmungsorte zu; ich erinnere mich von demselben nichts Bestimmtes mehr, als daß in dem ersten Orte des Oberamtsbezirkes Maulbronn, *Lienzingen*, ein ehrwürdiger, freundlicher Pfarrer, namens *Siegel*[301], meinen Vater mit dem Magistrate des Orts und vielen Bürgern empfing und ihm auf grünes Papier geschriebene Verse übergab, während ihm die Kinder des Pfarrers Blumen streuten. Es waren wohlgemeinte Worte, Verse nach dem damaligen Stile, die ich noch besitze und deren Anfang ich hierher setze:

Mann! des Geist einst Carl der Weise schätzte,
Dessen Herz den milden Louis ergötzte,
Und dem Beifall winkt vom Fürstenthron
Vater Friedrich und sein großer Sohn.
Mann! begleitet von der Hauptstadt Tränen,
Wie ein Vater von verwaisten Söhnen,
Weil mit Vaterblick auf meinen Kindern,

Laß sie dich an deiner Eile hindern,
Wenn sie, unsre Wege dir zu weihn,
Zwar nicht Nelken, doch Kornblumen streun etc.

Mein Leben zu Maulbronn. Seine Lehrer, seine Kreuzgänge und Klosterkirche

Zwischen Ludwigsburg und Maulbronn war nun eine große Verschiedenheit; dort die langen, weiten, lichten Straßen, die künstlichen Alleen, Schloßgebäude und Soldaten, alles in neuem Stile, kaum etwas über 60 Jahre alt. Nun ein Kloster aus dem 12. Jahrhundert, rings umgeben mit hohen Mauern, einem Zwinger, über den eine Zugbrücke in dunkle Torgewölbe führte, in den Räumen innerhalb der Mauer selbst gar keine Wohnung als die der Beamten und das Prälaturgebäude, an welches das Kloster selbst, das nun die Wohnung junger theologischer Zöglinge war, grenzte.[302] Statt der Ludwigsburger, weiß und gelb angestrichenen, wie von einem Schreiner gemachten Kirchen und Türme – erblickte man hier vom Alter schwarzgraue Kreuzgänge und eine Kirche, die in ihrem Innern, besonders für die Phantasie eines Knaben, große neue Rätsel darbot.
Merkwürdig war bei jedesmaligem Geläute der Turm, der auf dieser in Form eines Kreuzes gebauten Kirche sich schlank und leicht aus dem Dache erhob und durch die Erschütterung der Glocken sichtbar hin und her wankte. Baumeister gaben diese Erscheinung als einen Beweis seines kunstreichen, festen Baues an.* Wohl sah man in diesem Kloster und seinen Gängen keine Zisterzienser, wie in seiner Vorzeit, mit weißen und schwarzen Kutten mehr, aber viele, oft durchaus nicht klösterlich aussehende, lebenslustige

---

* Dieses Schwanken des Turmes wurde in späteren Jahren, besonders nachdem eine schwere Glocke eingesetzt worden war, immer stärker und bedenklicher, bis es durch die Fürsorge des Herrn Kreisbaurats *Abel*[303] des verdienstvollen Conservateurs dieses merkwürdigen Klostergebäudes, behoben wurde.

Jünglinge, jedoch auch nach alter klösterlicher Weise mit langen, schwarzen Kutten bekleidet.

Um in Wälder und Felder zu kommen, hatte man nicht mehr lange Gassen und Alleen zu durchgehen; das Kloster war in einen engen Grund gebaut, und über ihm ragten schöne Berge mit Weinreben und üppigen Wäldern. In seinem Umkreise befanden sich etliche und 30 Seen, reich an Fischen und Geflügel aller Art.

Ich hatte nun das 9. Jahr erreicht, mein Wachstum war sehr schnell, mein Körper sehr zart gebaut und nervös. Bald nach unserer Ankunft traf mich auch ein großer Unfall. Es war für mich alles neu, und so auch die Bereitung des Weines. Es war Herbst, die Trauben wurden von den nahen Bergen in die Klosterkelter gebracht, ich ging dahin, um diesem Geschäft zuzusehen, wollte auch die Maschine der Presse näher betrachten und stieg verwegenerweise und auch von niemand gewarnt auf den sehr hochliegenden Kelterbaum.

Wie es geschah, weiß ich nicht, ich stürzte herunter und blieb ohne Bewußtsein auf dem Boden liegen. Ein herbeigeeilter Arbeiter trug mich für tot nach Hause; die Mutter legte mich zu Bett, machte mir kalte Umschläge auf den Kopf, alles hinter dem Vater. Des andern Morgens kam ich wieder in einen bessern Zustand, aber nicht zu einem klaren Bewußtsein, sprang aus dem Bette durch alle Zimmer, stellte mich dort jedesmal vor den Spiegel und rief: »Wer bin ich? Wo bin ich? Was bin ich?« Dieser Zustand dauerte acht Tage lang an. Ich glaube nicht, daß man mir einen Arzt gebrauchte. Damals waren Ärzte nicht so in der Mode, und der Klosterarzt hatte seinen Sitz mehrere Stunden vom Orte in Vaihingen. Es wurde bloß ein Chirurg zur Hülfe gezogen und ich mehr noch der Kraft der Natur überlassen, die mich auch bald wieder zu meinem völligen Bewußtsein aus der Hirnerschütterung, die ich erlitten, brachte.

Hier waren der Gegenstände zu viele, es war das Neue dieser alten Klosterräume, die vielen Seen mit ihren Fischen,

die nahen Weinberge mit ihren Trauben, der das Kloster
umgebende Zwinger, der zur Oberamtei gehörte – als daß
meine Phantasie sich nicht mächtig nach außen hätte
beschäftigen sollen. Der Zwang der Schule war auch weg. Es
befand sich für mich keine Schule im Kloster, ich erhielt den
Unterricht in alten Sprachen, Geographie, Geschichte usw.
von den ausgezeichnetsten der ältern Zöglinge des Klosters,
und unter denselben waren auch wirklich vortreffliche Jünglinge. Ich nenne von denselben die Theologen *Pregizer*,
Klaiber (nachherigen Prälaten und Konsistorialrat), *Kratz*
etc.[304] Auch der alte Professor *Mayer*, der eine Nichte meines
Vaters zur Frau hatte, gab mir neben diesen Unterricht in
der lateinischen und griechischen Sprache.
Mein Vater selbst war in seinen Erholungsstunden, die er
sich dadurch in Wahrheit wieder zu einem neuen Geschäft
machte, sehr bemüht, mich in der Geographie und Arithme-
tik weiterzubringen. Es ist zu bedauern, daß hauptsächlich
die Sprachen meiner Phantasie Langeweile machten, daß ich
nicht aus innerer, eigener Lust mitarbeitete, wie es später
mehr geschah, und daß ich diese Lehrstunden lange Zeit nur
als einen lästigen Zwang betrachtete. Dadurch machte ich
meinem guten Vater manche Sorge und Verlegenheit. In
unserem Haushalte waren nun auch im Vergleich mit Ludwigsburg große Veränderungen eingetreten. Mein Vater
mußte eine große Ökonomie führen und hatte von dem
vorigen Beamten, Hofrat *Rümelin*[305], einen Stall voll Schwei-
zerkühe, zwei Pferde und einen großen Garten, eine halbe
Stunde vom Kloster gelegen, übernommen. Seine Lieblings-
beschäftigung in freien Stunden, die Baumkultur, wurde
nun in größerem Stile fortgesetzt. Dazu gab ein rings um das
Kloster gelegenes Gut die beste Gelegenheit.

Der Klosterzwinger

Dies war ein auf beiden Seiten mit Mauern eingefaßter, tief gelegener, das ganze Kloster umgebender sogenannter Zwinger. Der Eingang in denselben war wenig Schritte von den Ökonomiegebäuden durch ein großes, mit schwerem Riegel versehenes Tor der Mauer. Nicht weit von ihm stand in diesem Garten die Ruine eines Turmes, vielleicht eines ehemaligen Gefängnisses, der aber jetzt zum friedlichen Geschäfte eines Dörrofens für das Obst eingerichtet war, und in Wahrheit, man bedurfte auch einer solchen ökonomischen Vorrichtung; denn der ganze lange Zwinger war mit den schönsten Obstbäumen aller Art ausgesetzt, die in den damaligen Jahren Obst in Menge lieferten. In der Umgebung jenes Turmes, etwas tiefer gelegen, war ein kleiner Blumengarten angelegt. An diesen reiheten sich Beete für alle möglichen Gemüsearten, und die Mauern, die gegen Kälte und Wind schützten, gaben vielen Frühbeeten und Spalieren einen passenden Aufenthalt. Noch befand sich hier ein kleiner, ausgemauerter See, dem es an Fischen und Geflügel nie fehlte. Selbst der Versuch, wilde Enten hier aufzuziehen, von denen es auf den großen Seen oft wimmelte, wurde hier öfters gemacht, aber meistens mit dem Erfolge, daß die Enten, sobald sie flügge geworden, in die Luft sich erhoben und nicht wiederkamen. Über diesem Zwinger befand sich ein großer See, genannt der tiefe See, welcher ausgezeichnet fischreich war. Durch unsern Garten ging sein Ablauf, aus welchem ich oftmals herrliche Karpfen als gute Beute herauszog. Im Frühjahr, wo durch Schneewasser von den Bergen dieser See sehr anschwoll, bildete er eine große Kaskade, die mit furchtbarem Geräusche in den Zwinger herabstürzte und wirklich dann mehrere Wochen lang einen imposanten Anblick gewährte.

Was ich in Ludwigsburg noch nicht kannte, die Liebe zu Pflanzen und Blüten, erwachte hier in mir auf einmal. Anpflanzen von Blumenbeeten, Ziehen von Blumen in Töpfen gewährte mir nun die größte Freude; auch zog es mich, Waldpflanzen zu suchen, in die Wälder, und ich brachte auch manche Stunde in denselben zu, um die Ofris insectifera[306] (eine Pflanze, deren Blüte wie eine Biene aussieht) aufzusuchen und zu Hause in Töpfen aufzustellen. Malven, Levkojen, Nelken pflanzte ich teils selbst, teils suchte ich sie, wo ich nur konnte, für meine Pflanzungen zu erhalten.

Freund Gottfried und seine Eltern

Ich hatte hierin einen gleichstrebenden Freund, den Sohn des Professor *Mayer*, namens Gottfried.

Er war älter als ich, ein gutmütiger, aber sonst sehr prosaischer Mensch. Er war Hospes[307] im Kloster und sollte die Theologie studieren. Oft rief ihm sein Vater zu, wenn er ihn bei mir erblickte: »Büble, Büble! Hebräisch mußt du lernen, Hebräisch! Nur dadurch kann man ein Mensch werden.« Das Hebräische soll die Hauptforce dieses Professors gewesen sein, und wenn er glaubte, das Hebräisch habe ihn zu einem Menschen gemacht, so machte es ihn wenigstens zu einem ganz sonderbaren, komischen Menschen und Sonderling. Seine Frau, wie schon öfters bemerkt, Nichte meines Vaters, war aber ebenfalls ganz eigener Art, aber von ihrem Manne ganz und gar verschieden. Er und seine Gattin sprachen durch ihr ganzes Leben miteinander per Sie. Ich kann ihn mir kaum anders denken als in einer weißen, baumwollenen Kappe, mit grauen Härchen, rotem, rundem Gesicht, einem runden Bäuchlein, kurz und dick steckend in einem meist schmutzigen, mit Schnupftabak verunreinigten Schlafrocke, an dessen Gürtel ein großes Bund Schlüssel hing. Es waren dies nicht nur die Schlüssel zu Speisekammer und Keller, sondern auch zu den Gelassen der Studenten, dem sogenannten Dormente[308]. Seine Frau dagegen war immer schneeweiß gekleidet, ihr Gesicht bleich, etwas aufgedunsen, von freundlichem, doch ernstem Aussehen. Sie

war schwärmerisch in religiösen Dingen, die Reinlichkeit in
ihrem Haushalte trieb sie bis zur quälendsten Pedanterie.
Auf die Reinheit ihrer Stubenböden drang sie so sehr, daß
nicht nur das Gesinde, sogar oft die Besucher mit ausgezo-
genen Schuhen in den Strümpfen gehen mußten; daß sie
dadurch besonders mit ihrem die Reinlichkeit gar nicht
liebenden Ehegemahl in starken Konflikt kam, war nicht zu
verwundern.

Oft bediente sich der Professor eines Pferdes meines Vaters
zum Spazierritt, in meiner Begleitung. Das Pferd war ein
sehr hoher Rappe, auf welchen ihn jedesmal beim Aufstei-
gen der Amtsdiener hob. Bei solchem Ritte trug er immer
einen langen, schwarzen Frack, dessen Flügel links und
rechts bis auf die Schuhe reichten, die mit breiten, silbernen
Schnallen prangten. Das runde Bäuchlein bedeckte eine
schwarze Pattenweste. Auf dem Kopfe hatte er einen kleinen, spitzigen, dreieckigen Hut und in der Hand einen
braunlackierten Stock.

Eines der Pferde meines Vaters hatte die Eigenheit, daß es
das Rauschen von Papier nicht leiden konnte. Als ich nun
einsmal mit dem Professor solch einen Ritt machte, begegnete uns der Ortsbote. Diesem forderte der Professor die
Zeitungen ab, um sie gemächlich auf dem Pferde zu lesen;
aber kaum hatte er sie entfaltet und das Pferd das Rauschen
des Papiers vernommen, so kehrte es in vollem Laufe um.
Der Professor klemmte seine kurzen Füße wie Krebsscheren
in den Gaul ein, es entfielen ihm Hut und Stock, er hielt sich
mit den Händen am Sattelknopfe und schrie mit verzweifel-
ter Stimme: »Holet den Gaul ein!« Das Pferd rannte mit ihm
durch das Tor, das meinige mit mir hinten nach über den
Klosterplatz dem Oberamteihofe zu. Man glaubte, es kommen Feuerreiter angesprengt, alles sah aus den Fenstern und
sprang herbei, doch ging die Kavalkade[309] noch glücklich
vorüber. Das Pferd hielt, vor dem Stalle angekommen, auf
einmal stille. Der Professor hatte sich noch konvulsivisch
auf demselben erhalten, wurde aber totenbleich und fast

besinnungslos von demselben herabgenommen und in unsere Wohnung gebracht. Er wußte lange nicht, wo er war, und sprach von Elias und seinem feurigen Wagen, auf dem er gefahren, ganz in der Irre. Seine Ehehälfte, *Therese*, die auch herbeigesprungen war, suchte ihn durch kalte Umschläge im Lehnsessel meines Vaters zurechtzubringen. Er sprach aber immer von Elias, und daß er seinen Mantel verloren. »Sie haben keinen Mantel angehabt und keinen verloren«, beschwichtigte ihn die Frau, »und Sie fuhren auch auf keinem Wagen, sondern ritten auf dem Rappen, der mit Ihnen durchgegangen, und ein Professor sollte eben nicht reiten.« – »Wie? Ich ritt?« sagte er – »ja, ja, ich besinne mich, auf dem Rappen, es ist mir ganz schwarz vor den Augen; vorher war es mir wie Feuer. Sie haben recht, Therese, ich werde nicht wieder reiten, ich will lieber zu Fuße gehen.« »Aber nicht bei schmutzigem Boden«, fiel Therese ein, »weil Sie Ihre Schuhe nie vor dem Zimmer ausziehen wollen.« Die kalten Umschläge und ein Aderlaß, die man dem Professor zu Hause applizierte, heilten ihn bald völlig von Erschütterung und Schrecken; aber auf den Rappen kam er von da an nicht mehr.

Basen und Schwestern

Außer einem Sohne hatten diese voneinander so verschiedenen Eheleute noch zwei Töchter, von denen die jüngere nahe meinem Alter war. Sie hatte die Sanftmut und Ordnungsliebe der Mutter, ein rundes, niedliches Gesichtchen und ein ganz schwarzes und ein ganz blaues Auge. Mit ihrem Bruder und meinen Schwestern, die aber älter als sie waren, waren diese Mädchen oft meine Unterhaltung und Begleitung in den Gärten und auf den Spaziergängen. Meine älteste Schwester *Ludovike* war sehr lebendig und reizbar. Ihre Gesichtszüge waren regelmäßig und schön, und es verglichen sie schon in Ludwigsburg Emigranten und auch

einmal der Herzog *Ludwig* mit der unglücklichen Königin
Marie Antoinette[310]. Ihr Gemüt war äußerst gut, und sie
hätte Hab und Gut verschenkt, hätte man ihr viel zugelas-
sen. Ein Jammer war, daß sie für das einfache, stille, sorgliche Wesen der Mutter oft zu exzentrisch war, weswegen
sich diese beiden oft nicht verstanden.

Sie wurde während unseres Aufenthaltes in Maulbronn an
einen braven Geistlichen (Pfarrer *Zeller*[311] zu Wiernsheim)
verheiratet und starb zu Derdingen, nachdem sie einem
schon erwachsenen Sohn geistlichen Standes, der an einem
ansteckenden Nervenfieber darniederlag, mit treuer Mutter-
liebe Tag und Nacht abgewartet hatte, wie er ein Opfer
desselben. Drei ihrer Söhne leben noch, von denen einer ein
tätiger Kaufmann im Vaterlande ist, der andere als Direktor
der Landwirtschaft im Großherzogtum Hessen-Darmstadt
sehr würdig vorsteht. Der dritte widmete sich dem Militärstande. Während die Mutter mit diesem guter Hoffnung
war, befand sich die schon erwähnte Tochter des Professors
Mayer, die ein schwarzes und ein blaues Auge hatte, oft um
sie, welches Naturspiel dadurch auch auf diesen ihren Sohn
überging: auch er erhielt ein ganz schwarzes und ein ganz
blaues Auge.

Die jüngere Schwester *Wilhelmine* war von ruhigem, gesetz-
tem Wesen. Sie hatte den Verstand und das Rechtlichkeits-
gefühl des Vaters geerbt. Mein Vater gebrauchte sie oft zu
seinem Sekretär, auch kam sie meiner Mutter in der großen
Ökonomie sehr zustatten.

Obgleich älter als ich, gab sie sich doch oft auch meinen
Zerstreuungen hin, und ich erinnere mich noch jetzt oft mit
Vergnügen der Stunden, wo wir, mit Stroharbeiten beschäftigt, mit welchen wir die Eltern überraschen wollten, auf
dem Heu der nahen Tenne verborgen saßen. Aber auch an
meinem Unterrichte in der Geographie, der Geschichte etc.
nahm sie teil, und wir lasen manches Buch Geschichten und
Lieder miteinander. Ich erinnere mich oft eines Spieles, das
wir damals häufig trieben und das, wäre ich intellektueller

gewesen, mich zur Erfindung der Dampfwagen hätte bringen können. Sooft nämlich meine Schwester morgens die Kaffeetassen in heißem Wasser reinigte, kehrte ich sie, solange sie noch innen vom Wasser dampften, schnell auf den glatten Tisch um, und da spazierten sie, vom Dampfe innen getrieben, von selbst den Tisch entlang, was ich sie oft, auch zum Vergnügen meiner Schwester, wiederholen ließ. Die Dampfwagen in meinen späteren Jahren brachten mir dieses Spiel wieder in Erinnerung.

Der Kutscher Matthias

Nebst den Pferden, Kühen und Gärten hatte mein Vater von seinem Vorfahren im Amte auch einen alten Kutscher übernommen, der Matthias hieß und von komischem Wesen war. Er war wie der Polichinell[312] im Marionettenspiele, wie ein Hofnarr, dem man seine auch oft derben Späße nicht übelnahm. Als einmal ein großes Gastessen im Hause war, entfiel ihm vor der Tür die volle Suppenschüssel. Er ließ sich aber dadurch nicht aus der Fassung bringen, öffnete die Tür und sagte zu den Versammelten: »Meine Herrschaften, die Suppe wurde hier außen angerichtet, nehmen Sie die Löffel mit!«

Wir hatten ein naives, junges Bauermädchen von der Alb in Diensten; an dieser übte der Alte oft seine komischen Launen. Er hatte von der vorigen Herrschaft einen Gueridon[313] aufgegabelt, der einen Mohren mit einer Krone auf dem Kopfe vorstellte. Diesen legte er einmal, in ein weißes Hemde gekleidet, dem Mädchen, ehe es in die Kammer kam, ins Bett, worauf es mit einem entsetzlichen Geschrei »Der Teufel! der Teufel! der Teufel ist in meinem Bett!« die Treppe heruntersprang und das ganze Haus in Alarm versetzte und aus den Betten brachte.

Einmal kutschierte er meine Mutter und die Frau des Prälaten mit dem Rappen auf einer Wiese, auf der viele Schlüssel-

blumen sproßten. Da fing er auf einmal mit matter Stimme
zu sagen an: »Mir wird's grün und gelb vor den Augen«, so
daß die Frauen, welche glaubten, es befalle ihn eine Ohnmacht, einen Vorübergehenden um Hülfe riefen und ihn
baten, das Leitseil zu fassen, ehe ihr Kutscher herunterfalle.
Er aber lachte ihrer Angst, ihm sei es ganz wohl, aber wie
ihnen gewiß auch hier grün und gelb vor den Augen.

Außer dem Humor eines Lustigmachers und der Kunst eines
guten Pferdelenkers hatte aber der alte Matthias noch eine
gute Eigenschaft, er war ein vortrefflicher Jäger, was in
dieser Gegend, so reich an wildem Geflügel, sehr erwünscht
war. Mit wilden Enten, Wasserhühnern, Schnepfen etc.
versorgte er gar oft und reichlich unsere Küche.

Marder und Iltisse gab es in den alten Gängen und Mauern
des Klosters in Menge; auch diese wußte er geschickt zu
fangen und sich ihres Pelzes zu bemeistern. Weniger ließ er
sich zum Fangen unedler Tiere, namentlich der Ratten,
bewegen, und ich weiß Mondscheinnächte, wo man diese
Tiere aus einem Kellerloche des Oberamteigebäudes in einer
langen, schwarzen Prozession, eine hinter der andern, über
die Straße zu den benachbarten Brunnen, dort zu saufen,
langsam ziehen sah. Matthias hatte vor solchen einen wahren
Respekt, er wollte nie gegen sie zu Felde ziehen oder Fallen
stellen und gab zu verstehen, hinter ihnen könnte doch der
Teufel stecken, sie seien noch von den alten Klosterzeiten
her und könnten gar verwünschte Mönche sein. Mir gab der
komische Gesell viele Veranlassung zur Hintanstellung der
Bücher durch Verlockungen zu Spazierritten, zum Laufen
an die Seen und durch Herbeischaffung von Vögeln aller
Art, von Hunden, Rehen, Kaninchen, Eichhörnern, Eidechsen, lebendigen Ottern und Schlangen.

Die Klostermauer und ihre Ameisenlöwen

Das Oberamteigebäude stand an der Klostermauer und war hinten durch ein vom zweiten Stock heraus über den Zwinger laufendes Zugbrückchen mit dem nahen Berge in Verbindung gesetzt. So war man sogleich im Freien; die Klostermauer aber, die ein bedecktes Dach hatte, lief wie der Zwinger rings um alle Klostergebäude herum, so daß man auf ihr trockenen Fußes überallhin, auch in das Innere der Klostergebäude, kommen konnte.

In feinem Sande, der sich auf dem Gange dieser Mauer vorfand, bemerkte ich einmal mir sonderbar scheinende, kleine Trichterchen. Mein Auge hatte sich an Beobachtungen in der Natur durch Betrachtung von Blumen und Schmetterlingen, Insekten, Steinchen usw. gewöhnt und geschärft; es konnte mir das Insekt nicht entgehen, das in dem Grunde der Spitze jedes solchen Sandtrichterchens saß, und nahte sich dem Rande desselben eine Fliege, eine Ameise, sogleich ein Bombardement von heraufgespritzten Sandkörnchen auf dasselbe begann, bis es in die Tiefe des Trichterchens sank und seine Beute wurde. Das waren die sogenannten Ameisenlöwen, für mich eine neue Freude und Beobachtung. Nun wurde mir mein Schreibsand auf einmal sehr lieb, ich füllte Schächtelchen mit ihm, brachte diese Insekten in solche, wo sie dann sogleich die Arbeit ihres trichterförmigen Festungsbaues begannen und ich ihr Treiben und ihre Verwandlung in Nymphen beobachten konnte.

Dieses Insekt blieb mir von dort an merkwürdig, eine liebe Erinnerung an jene Klostermauern, und noch in späterem Alter, wo ich nur hinkam, suchte ich mir eine Zeitlang wieder dieses Insekt zur Beobachtung und zur Erinnerung an meine Knabenzeit zu verschaffen.

Die Oberamtei

Die Oberamtei hatte zwei Erker (kleine Türmchen) an jedem Ende. In dem Erker, der gegen das Fronhaus hinschaute (ein langes Gebäude, in welchem sich mehrere Familien von Kloster-Insassen, Weingärtner etc. befanden), war mir mein Aufenthalt angewiesen. Rings an den Wänden befanden sich Bücherständer, die mir mein Vater meistens mit naturhistorischen Werken, mit geographischen und mit Reisebeschreibungen aus seiner großen Bibliothek, die im untern Stock des Hauses eingerichtet war, gefüllt hatte. *Bonnets* »Betrachtungen der Natur«, *Hallers*, *Reimarus'* Werke[314] verschlang ich und las eine Menge Reisebeschreibungen. Es gab damals eine aus dem Französischen übersetzte Reisebeschreibung in mehr als 30 Bänden (»Delabordes Reisen«)[315], die fast die ganze Welt umfing; von dieser führte ich lange Zeit immer einen Band mit mir und las in demselben auf dem Heuboden, im Garten, im Walde und in den Klostergängen. Ein altes Werk über die Eroberung und Geschichte Mexikos in Quart mußte mir auch oft als Begleiter in Wälder und Felder dienen. Da schwärmte ich in der romantischen Geschichte der Inkas, träumte von Sonnenjungfrauen und Tempeln von Gold und zürnte ihren habsüchtigen Eroberern. Länger konnte ich nie in meinem Erkerkäfig ruhig bleiben, als die verschiedenen Stunden meines Unterrichts dauerten. Die vielen Tiere, die mein eigen waren, ließen mich auch nicht ruhen. Hatte ich aber nur einen Vogel, einen Hund bei mir in meinem Käfig, so vertiefte ich mich neben ihm schon auch gerne in ein Buch und las in demselben bis zum Ende fort. Vor den Fenstern meines Erkers standen in Töpfen meine Blumen, und meine gute Schwester Wilhelmine half mir in deren Pflege. Oft kam auch der ältere Freund Gottfried hinter sie mit prüfendem Blicke und ordnete deren Beschneidung, Versetzung und Aufbindung usw. an. Das mittlere Zimmer des Oberamteigebäudes war zum Staatszimmer bestimmt, und mein

Vater hatte in dasselbe seine Gemäldesammlung gebracht, die er schon in Ludwigsburg besaß. Es waren meistens Ölgemälde, Landschaften von Harper[316], historische Darstellungen, Nachtstücke, Seestücke, Blumen- und Tierstücke, Kopien und Originalien, deren Meister mir nicht bekannt wurden.

Durch sie ward in mir die erste Lust, in Öl zu malen, erweckt, die ich in späteren Jahren ausübte. Die lebensgroße Darstellung eines Greisen im Kerker (Cimons), dem, um ihn vom Hungertode, zu dem er verdammt war, zu retten, seine Tochter die Brust reichte, war wohl das schönste Bild der Sammlung.[317]

In demselben Zimmer befand sich auch ein sehr schöner Heiland am Kreuze, von Bronze und vergoldet, auf einem Piedestal von schwarzem Marmor, ein altes Familienstück, das nachher meinem Bruder Louis als Geistlichem zufiel und später in die Hände der frommen Gräfin von Maldeghem kam.

Auch ein anderes plastisches Kunstwerk zierte dieses Zimmer; es waren zwei Pferde von Bronze in steigender Stellung, sehr kunstreich und lebendig. Sie stammten von meinem Großvater *Stockmayer* und deuteten auf das Wappen von Stuttgart, ein Ehrengeschenk dasiger Bürger. Sie kamen später meinem ältesten Bruder, Georg, zu und befinden sich jetzt in Hamburg.

Im untern Stock der Oberamtei befanden sich die Amtszimmer und rechts beim Eintritt das Bibliothekzimmer meines Vaters, da wo ehemals die mit Stein belegte Schlachtstube des Wildes war; denn dieses Gebäude diente früher dem Herzog Christoph zu einem Jagdschlosse und war von dem berühmten Baumeister *Schickard*[318] gebaut.

Der Oberamtei gegenüber stand das große Prälaturgebäude und vor der ersteren auf einem freien Platze ein schöner, lebendiger Brunnen mit vielen Röhren, die ihre Wasserstrahlen in bronzene, große Schalen ergossen. Es war ein Kunstwerk alter Zeit.

Die Kreuzgänge

Durch die Prälatur kam man in den Kreuzgang des Klosters, der, wie gewöhnlich die Kreuzgänge, einen kleinen Garten umschloß, der durch die hohen gotischen Fenster desselben sichtbar war. Man beklagte noch die prachtvollen Glasgemälde, die einst die Fenster dieses Kreuzganges schmückten, die aber Herzog Carl herausnehmen ließ und bedauerlicherweise zu neuen Bauten in Hohenheim[319] etc. verwendete. Fußböden und Wände des Kreuzganges waren mit steinernen Grabmonumenten längst verstorbener Äbte und Mönche ausgelegt und an manchen Stellen der Fußboden selbst eingesunken.

Durch diese Gänge ging ich selbst oft in Nächten allein mit einem Laternchen, es führte der nächste Weg durch sie von meinem Freund Gottfried in meines Vaters Wohnung. Auch im Mondschein ohne Laterne ging ich oft hindurch und wünschte mir sehnlich die Begegnung eines Mönchsgeistes in schwarz und weißer Kutte mit langem Barte.

Da entstanden einige meiner ersten Verse, von denen ich nur noch diese Strophen weiß:

»Würde wahrlich nicht erschauern,
Schwebtet ihr aus Grabesmauern
In den Kutten, schwarzen, weißen,
In den Bärten, langen, greisen,
Im Gesichte Geistertrauern.
Schläfer! auf zum Rebentale!
Dort im bunt bemalten Sale
Warten euer die Pokale,
Warten auf dem Eichentische
Wildbret und gebackne Fische.
Jetzt in hellem Mondenscheine
Glänzen licht die bunten Fenster,
Und es heben die Gespenster
Ihrer Gräber morsche Steine« etc.

Oft aber stellten wir uns auf die Probe, versteckten und neckten uns in diesen doch immer etwas unheimlichen Gängen, und da kam es manchmal, daß ich trotz meiner kühnen Herausforderungen in Prosa und Versen, von Angst ergriffen und in meiner Phantasie von einem fliegenden Mönche verfolgt, durch diese Gänge stürzte und atemlos und geisterbleich in der Oberamtei ankam.

Mein Schauer dauerte aber immer nur kurz, ich kehrte bald wieder in die Gänge zurück und wünschte mir eine Erscheinung; denn ich glaubte schon damals an die Existenz von Geistern, und mein naturforscherischer Trieb, der früh in mir auftauchte, ließ mich schon da genauere Erforschung wünschen.

Wie den Ameisenlöwen in ihren Sandgruben, den dicken, unbehülflichen, wanzenähnlichen Geschöpfen, die sich in leichte, schlanke Sylphiden[320] verwandeln, so wünschte ich auch der geistigen und leiblichen Verwandlung dieser Äbte und Mönche in ihren Gräbern nachforschen zu können.

Bei allem vorherrschenden Gemüts- und Phantasieleben blieb doch in mir Besonnenheit und Verstand, ein Trieb zur klaren Forschung, die mich das Wahre vom Unwahren, sagte auch letzteres meiner Phantasie noch so sehr zu, unterscheiden ließen. Aber durch Behauptungen und Vorurteile anderer ließ ich mich nie abschrecken; ich hörte ihre Beweise und Dafürhalten an, folgte aber, hielten sie mir nicht Stich, meinem eigenen Scharfsinne und einem Ahnungsvermögen, das die Natur schon frühe in mein Innerstes gelegt hatte.

Jene Verse bezogen sich hauptsächlich darauf, daß diese Mönche über der Ruhestätte ihrer Brüder einst nicht bloß mit Gebeten wandelten, daß über ihnen nicht einzig Gesang und Glocken zur Andacht tönten, sondern auch die Becher der Mönche bei vollen Mahlen. Zu solchem hatte die Natur hier ja alles gegeben, Wein der Berge, Fische und Geflügel der Wasser, Wild der Wälder.

In der Mitte des Kreuzganges befand sich eine kapellenartige

Rotunde eingebaut mit den schönsten Fenstern in gotischem
Stile, während die andern Fenster des Kreuzganges die Kraft
und Zierlichkeit der Übergangsperiode des Rundbogens in
den Spitzbogenstil zeigten. In der Mitte dieser weiten und
hohen Rotunde stand auf steinernem Fuß eine runde Schale
von Stein, in der die Mönche in heißer Sommerszeit ihre
Weine in Eiswasser kühlten; denn dieser Rotunde gegenüber
lag das sogenannte Rebental, der sehr geräumige Gast- und
Speisesaal der Mönche. Von einem Walde schlanker Säulen
war dessen Spitzbogengewölbe unterstützt. Es brannten
Säulen, Wände und Gewölbe einst in den lebendigsten, noch
jetzt sichtbaren Farben, Rot, Blau und Golden.

Die Bogen des Kreuzganges hatten die mannigfaltigsten
Verzierungen. Lange betrachtete ich oft an einer Säule einen
als Kapitäl ausgehauenen kleinen, nackten Mönch, mit der
Tonsur, der eine Traube verzehrte, während er auf einer
andern ritt.

Durchging man von der Oberamtei und Prälatur aus diese
Kreuzgänge, so kam man endlich auf einen mit alten Linden
besetzten Platz, auf dem ein Rohrbrunnen stand und dem
die Kirche ihre Front bot, an das hellere Tageslicht.

Die Sommerkirche

Der Vorhof der Kirche bestand wieder in einer schönen,
hohen Säulenhalle mit hochgesprengten, gotischen Fenstern.

Oben am Gewölbe erblickte man Kunstgebilde in Stein und
in Farben, unter anderem ein Gemälde, in dem die Mönche
sich naiverweise, wie im Bilde jenes auf einer Traube reitenden Klosterbruders, selbst persifliert zu haben scheinen.

Es war auf das Gewölbe das Bild einer Gans gemalt, an
welcher eine Flasche, eine Bratwurst, ein Bratspieß etc.
hingen, neben einer Fuge mit unterlegtem Texte, gleichwohl

nur mit den Anfangsbuchstaben: A. V. K. L. W. H. *All voll, Keine leer, Wein her!*

In dem Schiffe der schönen, echt gotischen Kirche war uns immer das 14 Fuß hohe Kreuz merkwürdig, das aus einem einzigen Stein gehauen war, aber sehr täuschend von Holz zu sein schien. Es blieb der würdige, obgleich schmerzensreiche Ausdruck im Gesichte seines Christusbildes mir lange im Gedächtnisse. Am liebsten aber verweilte ich mit meinen Gespielen im Chor der Kirche. Durch das viele Bildwerk der Chorstühle, auf deren Boden man, entstanden durch das viele Knien der Mönche im Gebete, ausgeschliffene Vertiefungen bemerkte, durch die vielen Grabmonumente und Gemälde auf dem Boden und an den Wänden wurde unsere Phantasie immer reichlich beschäftigt.

Da war an den Chorstühlen in schönster Schnitzarbeit das Opfer Kains, die Trunkenheit Noahs, Isaaks Opfer, Davids Tanz vor der Bundeslade, Moses vor dem feurigen Busche, Simsons Kampf mit dem Löwen usw. zu erblicken.

Ein großer Teil der alten biblischen Geschichte prägte sich mir durch die Bilder dieser Chorstühle lebendig ein. Merkwürdig, aber zu bedauern war, daß sich in dieser Kirche unter den Tausenden von Bildern in Stein und Holz auch nicht ein einziges Bild eines Menschen befand, das noch eine Nase hatte. Wir suchten oft nach einem solchen, fanden aber nie eines. Die Schweden hatten in dem Dreißigjährigen Kriege diesen Vandalismus ausgeübt. Auch einen schönen Hochaltar mit vielen Bildern und der heiligen Jungfrau enthielt dieser Chor.

Von den Seiten sahen große Steinbilder der Stifter dieses Klosters, der Bischof *Günther* und der edle Ritter *Walther*[321], uns an.

Über all diese Gebilde gossen die mit den schönsten Glasgemälden erfüllten riesigen Fenster des Chores eine oft zauberhafte Beleuchtung. Welche Lust aber, über all diesen Bildern, den Chorstühlen, dem Hochaltar, in dem magischen Schimmer, leicht, wie zum Vogel verzaubert, zu schweben!

Und dies geschah oft und auf eine für den ältern Zuschauer
höchst beängstigende Weise. Wir umwanden uns nämlich
oft mit den Glockenseilen, die von dem hohen Chorgewölbe
herniederhingen, den Leib und ließen uns durch Kameraden
vermittelst anderer, an diese Glockenstränge befestigten
Seile, zuerst langsam, dann immer stärker und stärker, hin
und her schwingen, bis wir zuletzt durch den ganzen Chor,
ja! fast bis an das Gewölbe desselben, über all die Wunder da
unten dahinflogen und aus unsern seligen Träumen, wir
seien fliegende Engel, nur dann erst erwachten, wenn wir
unter uns auf einmal die Schlüssel und die Stimme des in
Zipfelkappe und Schlafrock herbeigekommenen Professors
Mayer hörten, der durch die Türe des Dormentes ins Chor
der Kirche auf unser Lärmen stieg und seinen Gottfried und
mich unter dem Rufe »Hebräisch! Büble! Hebräisch! Und
Sie, Christel! (so nannte man mich) Lateinisch!« aus unserem Himmel auf seine Stube im Dormente zum Lernen
transportierte.

Das Dorment und seine Bewohner

Aus dem Chor der Kirche kam man auf hohen, steinernen
Treppen und einem Tore auf das sogenannte Dorment, den
eigentlichen Aufenthalt der Klosterzöglinge, deren es gemeiniglich 20 an der Zahl waren. Sie kamen in ihrem 16. Jahre
von der niederen Klosterschule Denkendorf[322] und blieben
zu Maulbronn bis in ihr 18. Jahr. Das Dorment bildete einen
weiten und langen Platz oder Gang, auf dessen beiden Seiten
viele kleinere und größere Zimmer sich befanden.
Sommers hatte jeder ein kleines Stübchen, eine Zelle für sich
allein, winters waren mehrere auf einem größern Zimmer
zusammen. Die Zimmer und Zellen standen auf den Kreuzgängen und sahen teils in das Kreuzgärtchen, teils in den
Garten der Prälatur und den Platz vor der Oberamtei.
Inmitten des Dormentes hing das Seil eines Glöckchens

nieder, das die Klosterzöglinge zu ihren Lektionen und in
ihren Speisesaal rief, der im untern Stocke eines eigenen, an
das Kloster stoßenden Neubaues war. Er schaute auf jenen
Platz vor der Kirche, auf dem ein Rohrbrunnen quoll und
alte Linden ihre Schatten warfen.
Über diesem Speisesaale war die Wohnung des Professors
Mayer und das Dachstübchen meines Gottfrieds.
Die Klosterzöglinge waren den Tag über in ihr Dorment
eingeschlossen und durften es nur verlassen, gingen sie in
den Speisesaal oder abends auf Spaziergänge.
Zum Ärger des Professors und des noch strengeren Prälaten
schlich ich mich aber oft auch außer der erlaubten Zeit aufs
Dorment und in die Zellen der kleinen, evangelischen Mön-
che (sie waren damals, wie schon bemerkt, mit schwarzen
Kutten bekleidet, jedoch ohne Kapuzen, mit etwas neuerem
Zuschnitte) und störte sie in ihren Studien durch meine
Spiele und Wünsche.
Obgleich sie sieben Jahre älter als ich waren, hing ich doch
an manchem mit großer Liebe und zog auch manche zu
meiner kindischen Phantasie hin, so daß sie oft auf dem
weiten Dormente Spiele mit mir spielten, die sonst nur
meinem Alter gewöhnlich waren.
Kam aber von der Prälatur her durch den langen Gang der
Herr Prälat *Mieg*[323], ein sehr gestrenger Herr, mit goldener
Tabaksdose in der Hand geschritten, so stoben wir mitten in
unsern Spielen auseinander, und ich verbarg mich in irgend-
einem Winkel des Dormentes, bis diese schwarze Wolke
vorüber war. *Mayer*, im Schlafrocke und der Zipfelkappe,
wurde weniger gefürchtet.
Zu Streichen, die den Professoren, dem Famulus[324] usw.
galten, half ich ihnen auch oft mit.
Wenn zu einer Lektion geläutet werden sollte und der
Famulus nicht gleich erschien, so kam oftmals Professor
Mayer selbst aus seiner Klause und zog den Strang des
Dormentglöckchens. Da gingen sie mich einmal an, weil ich
mit Knaben des Famulus öfters unter das Dach des Dormen-

tes geriet, ich solle das Seil des Glöckchens so weit hinaufziehen, daß es der kurze Professor nicht mehr erlangen
könne. Als die Stunde zum Läuten kam, paßten wir Anstif-
ter in einem Winkel auf. Der kurze Professor erschien,
wußte sich aber wohl zu helfen: Er nahm einen Stuhl, stieg
auf solchen und erreichte glücklich das Seil zum Läuten. Wir
im Verstecke verrieten uns fast durch Lachen ob der komischen Figur, die der Professor machte, als er in seinem
Schlafrocke mit der Zipfelkappe und einem Hängebauche
auf dem Stuhle stand und den Strang des Klosterglöckleins
mit saurer Miene zog.

Meinen Eifer, die Natur zu erforschen, unterstützte mancher dieser Freunde von gesetzterem Alter. Ich lernte welche
kennen, die sich mit Botanik, mit Physik beschäftigten, ich
schloß mich an solche mit großer Liebe an, und sie eröffne-
ten meinem Forschungsgeiste neue Felder.

Ein lieber Mensch, er hieß Amandus *Günzler*[325] (starb später
als Dekan zu Leonberg), legte sich in der Physik besonders
auf die Erscheinungen der Elektrizität.

Er hatte sich sinnreiche, elektrische Apparate selbst geschaffen. Diese Arbeiten verrichtete er meistens unter meinen
Augen. Er erklärte mir spielend das Wesen der Elektrizität,
ihr Entstehen, ihre Wirkungen.

Ich freute mich seiner Maschinen, des Blitzes, den er in ein
Häuschen schlagen ließ, der Glöckchen, die er durch Elektrizität in Bewegung setzte, der durch diese Materie in
tanzender Bewegung gehaltenen Figürchen von Pappe.

Oft war ich auch der Begleiter dieser Freunde auf ihren
Spaziergängen um die Seen und in die Wälder.

In einem herrlichen Buchenwalde, eine halbe Stunde vom
Kloster, hatten diese jungen Leute Anlagen, Rasenbänke
und natürliche Lauben geschaffen. Man nannte den Ort das
Kapuzinerbrünnlein, von einem Brünnlein, das dort aus
Felsen entsprang und einen kleinen See bildete, der rings von
hohem Schilf und überhängenden Buchen beschattet war.
An dessen Strande nisteten häufig wilde Enten, und ich

erblickte da einmal einen Vogel, den ich bisher noch nicht
gesehen hatte, eine Rohrdommel, die mir aus dem Alten
Testamente bekannt und merkwürdig war. Auf jedem Besuche dieser Waldgegend fand ich neue Wunder, mir noch
unbekannt gewesene Pflanzen, Insekten, Muscheln und
Reptilien.

Die alte Stiftungstafel des Klosters

Kamen Fremde in unser Haus, so wollten sie die Merkwür-
digkeiten des Klosters sehen, und mein Vater, müde des
Herumgehens, gab meine Schwestern, oft aber auch mich,
ihnen zum Führer mit auf den Weg.
Als gewandter Cicerone[326] führte ich sie meistens zuerst
dahin, wo die Stiftungstafel des Klosters hing, deren Bilder
mir auch jetzt noch, auf dem dunklen Grunde der Vergangenheit, leicht und bunt, wie die Bilder einer Laterna
magica[327], im Gedächtnisse stehen.
Aus dem Schlüsselbunde des kurzen Professors wurde einer
der schwersten Schlüssel geholt, und dieser öffnete die Türe
zur Klosterbibliothek, in welche man auf dem Dormente,
nah dem Tore, durch das man von dem Chore auf dasselbe
kam, einging.
Es war eine hochgewölbte, übrigens nicht große Zelle, deren
Bücherschatz von keiner Bedeutung gewesen sein soll.
Derselbe wurde aber auch in meiner Phantasie schon ohne
weitere Betrachtung von jener alten Tafel überboten, die an
den Wänden jener Zelle hing und in Bildern und in Versen,
in Mönchslatein, in goldenen Lettern, Stiftung und Geschichte des Klosters enthielt.
Die Tafel hatte zwei Seitentüren, wie eine Altartafel. Auf der
rechten nach außen war eine Waldwildnis abgebildet; in
solcher erblickte man Räuber, die Wanderer plünderten und
mit Schwertern und Dolchen niederstießen. Auf der linken
Seitentüre nach außen sah man Zisterzienser in schwarz und
weißen Kutten als Bauleute beschäftigt.

Einige behauten Steine und Balken, andere trugen Holz und Kalk herbei, noch andere waren in Aufführung einer Kirche begriffen. Diese als Maurer und Steinhauer schaffenden Mönche erweckten in mir immer eine große Teilnahme, und ich wünschte mir stets, ich hätte mit ihnen auch so mitschaffen können.

Auf der innern Seite der rechten Türe hielten ein Bischof und ein Ritter (Bischof *Günther* und Ritter *Walther von Lomersheim*) die Klosterkirche, ganz im Bilde, wie sie noch ist, der ob ihnen schwebenden Jungfrau Maria hin. Darüber standen die Worte:

»Laß dir dieses Opfer gnädiglich befohlen sein.«

Im Innern der linken Türe kniete der erste Abt des Klosters (*Diether*, 1148)[328], und aus seinem Munde gingen die Worte:

»Oh! Mutter Gottes, laß dir dieses Opfer empfohlen sein.«

Die goldene Schrift auf der Tafel selbst erzählte in Mönchslatein (das ich auf Anleitung des Professors einmal ins Deutsche, mein armer Gottfried aber ins Griechische und Hebräische übersetzen mußte), wie diese Gegend, in der nun das Kloster steht, vordem in großer Waldwildnis lag, nur von Räubern bewohnt, so daß in ihr kein Friede war, keine Glocke erklang, nur Schwertergeklirr und Notruf der Beraubten und Halberschlagenen. Da faßte der edle Ritter *Walther* von Lomersheim den Entschluß, gerade in diese Wildnis ein Kloster zu bauen. Der Klang von Glocken, der Gesang aus Klosterhallen werde die Räuber ferne halten, verwilderte Herzen erweichen und Gottes Frieden in diese Gegend bringen. Mit Geldsäcken zum Baue des Klosters beluden der Ritter und Bischof *Günther* von Speyer einen Esel mit dem Entschlusse, daß auf der Stelle, wo das Tier in jener Wildnis seine Last nicht weitertragen könne, der Bau des Gotteshauses unternommen werden sollte. Dies geschah an der Stelle, wo der sogenannte *Salzbach*[329] entspringt.

Ich betrachtete noch oft den viereckigen Turm, unter dem man gleichsam wie unter einem Triumphbogen hindurchfahren mußte und der über seinem Eingange den am Bach oder Brunnen (Maulbronn) mit seinen Geldsäcken niedergefallenen Esel in Stein gehauen zum Wahrzeichen hatte.

Nun wurde diese Stelle der Wildnis zum Klosterbaue erkoren. Licht wurde in sie durch Ausrottung der Wälder gebracht; man legte Wege an, führte mächtige Quadersteine, den Felsen entrissen, herbei. Die schönen Kreuzgänge hatten sich schon gewölbt, Mönche waren herbeigeströmt, und schon legte man den ersten Stein zum Baue der Kirche – da erschienen auf einmal die Räuber, begehrten Stillstand des Baues und erklärten den Mönchen, sie seien fest entschlossen, wenn sie nicht mit dem Baue aufhörten, alles bisher von ihnen Gebaute niederzureißen.

Da trat ein schlauer Mönch zu ihnen und sprach, sie freundlich anblickend: »Oh! gebt euch doch keine Mühe mit dem Niederreißen; wir selbst wollen euch geloben, das Kloster nicht auszubauen.« Darauf ließen sich die Räuber einen Eid geben und ließen die Mönche inzwischen in Ruhe. Aber die Mönche bauten an der Kirche fort, als wäre nichts geschehen, und ließen nur im Schiffe der Kirche an einer Mauer links einen Quaderstein uneingesetzt und legten ihn zu Füßen der Mauer.

Nun klangen die Klosterglocken weit durch die Wildnis, und die Räuber, zornentbrannt, kehrten um, Rache an den eidbrüchigen Mönchen zu nehmen; diese führten sie aber an jene Stelle ihrer schönen Kirche, wo der Stein am Boden lag und oben noch einer fehlte, und sprachen zu ihnen: »Ihr sehet, die Kirche wartet noch jetzt auf ihre Vollendung und soll auf sie warten bis auf den Jüngsten Tag.« So sahen sich die Räuber von der List der Mönche bezwungen, sie konnten sie keines Eidbruches beschuldigen, wurden auch von der Schönheit des Baues ergriffen und bedachten sich auch wohl, daß ohne starke Beschützer all dies von ihnen nicht hätte geschaffen werden können; man sahe sie von nun an in diesen Wäldern nicht mehr.

Jener Stein am Fuße der Mauer, links von dem großen

Altarkreuze, liegt noch da, und oben auf der Mauer, wo er hätte eingesetzt werden sollen, erblickt man eine zum Schwur aufgehobene Hand von Stein, unter welcher Insignien der Baukunst: Kelle, Winkelmaß und Spaten, eingehauen sind.

Die Klosterprediger

In dieser großen, gotischen Kirche wurde nur zur Sommerszeit Gottesdienst gehalten; für die andere Jahreszeit war eine andere Kirche vorhanden, die aber nur wie eine Art von Betsaal aussah und zwischen dem Dormente und dem Hause lag, in dem der Speisesaal der Klosterzöglinge sich befand. Es war aber eine schlechte Erbauung in beiden. Jener Betsaal hieß die Sommerkirche. Der Gottesdienst begann meistens mit der Zeremonie, daß der Primus der Promotion (der Erste der Zöglinge) sich erhob, nach dem Stuhle, in dem die Frau Prälatin saß, schritt und ihr mit tiefem Bücklinge das Gesangbuch mit dem Gesange, der vorgeschrieben war, darreichte, wobei der gegenübersitzende Herr Prälat seine Schritte wohlgefällig verfolgte.

Die Frau Prälatin hatte ganz den Kopf und die Augen einer Eule, war gegen Untergebene und den Herrn Gemahl sehr herrschsüchtig, gegen uns aber ziemlich bescheiden; denn wir kannten sie schon von Ludwigsburg her, wo sie eine andere Rolle als Haushälterin im Forsthause des Osterholzes spielte.

Außer dem Professor *Mayer* befand sich damals zu Maulbronn noch ein Professor namens *Hiller*[330], ein alter, frommer, stiller Mann, mit einem gar zarten Stimmchen. Er war hauptsächlich Mathematiker. Auch er war, wie *Mayer*, zugleich Prediger und sein Vortrag so, daß man bald schlafen mußte, welche Wirkung *Mayers* Vortrag nicht hatte. Dieser war sehr eindringend und erweckend, denn er tönte fast ganz so wie ein Kamm, wenn man mit ihm auf einer Fensterscheibe auf und ab fährt.

Mayer hatte eine sehr gelehrte Schrift in lateinischer Sprache, betitelt »Historia diaboli«,[331] geschrieben und predigte viel vom Teufel; der sanfte *Hiller* aber mehr von den Engeln, ihrer und der Menschen Erschaffung und von dem Alter der Welt und der Erzväter, wobei er lange Berechnungen anstellte.

Auch der Herr Prälat predigte zuweilen, soll aber nach Älterer Urteil, auch wenn er predigte, eigentlich gar nichts gepredigt haben, wie ich mich auch durchaus nicht mehr erinnere, was er denn einmal predigte. Außer der Kirche predigte er mir oft (und diese seine Predigten behielt ich), wenn ich mit meinen Kameraden die Stille der Kreuzgänge in der alten Kirche und den Fleiß der Zöglinge auf dem Dormente durch laute Spiele zu sehr störte. Da schuf er mir starken Zank beim Vater, kam aber darüber oft mit seiner Ehehälfte in einen noch stärkern.

Die Prälatin mit dem Eulenkopfe

Ich war nämlich ihr Liebling noch vom *Osterholz* her und konnte sie wohl leiden, weil sie wie eine Eule aussah, was mir wegen meiner Vögelliebe merkwürdig war und deswegen ich sie immer sehr begierig ansah. Mein Vater versäumte nicht, sooft wir eine gebratene Gans verspeisten, ihr ihr Lieblingsstück, das spitze, fette Hinterteil, durch mich zu übersenden, welches Geschäft ich auch so freudig wie das Füttern eines Vogels verrichtete.

Meinem Vater, dessen Ernst sich im Umgange, besonders mit Frauen, gern verlor, gab sie manche Veranlassung zu Scherzen. Oft noch im Mondenschein, wenn sie mit ihrem Eulengesichte aus dem Erker der vis-à-vis von uns stehenden alten Prälatur sah und herüberrief, entspann sich zwischen beiden ein scherzhaftes Zwiegespräch durch die Fenster im Geplätscher des untenstehenden Brunnens. Wenn aber die Prälatin auch manchmal einsam und nur von mir bemerkt im

Mondenschein aus den alten Mauern heraussah und zugleich die Ratten aus dem Keller der Oberamtei ihre Prozession über den Platz nach dem Brunnen angetreten hatten, so kam das mir wie ein Märchen vor.

Die Prälaturgänge und die Klosterkutsche mit dem Prälaten Weiland

Unheimlicher als in den Kreuzgängen war es mir in den Gängen der Prälatur, und ich wollte nächtlich nur ungern Bestellungen dahin bringen; denn wenn ich mir in den Kreuzgängen die Erscheinung eines Abtes oder Mönches gewünscht hätte, so wäre mir die Erscheinung eines Herrn Prälaten und einer Frau Prälatin der neuen Zeit in den Gängen der Prälatur doch sehr unheimlich gewesen.

Matthias, unser Kutscher, ließ es sich auch nicht nehmen, es gehe in diesen Gängen der verstorbene Prälat *Weiland*[332], und er sei ihm einmal bei einer nächtlichen Sendung in die Prälatur begegnet, wie er in einem weißen Fracke mit schwarzen Bärtchen[333] an ihm die Treppe herabgestiegen sei und sich dann unten in die Prälaturkutsche gesetzt habe. Diese alte Prälaturkutsche, die unten in einem Seitengewölbe verwahrt wurde, war für uns Kinder sehr merkwürdig. Sie erbte sich von Prälat auf Prälat, hatte die Größe eines kleinen Gartenhauses, und ich meinte, es könnte wohl schon Abt *Entenfuß* mit *Dr. Faust*[334] in ihr gefahren sein. Sie wurde nur ein paarmal des Jahrs herausgezogen, wenn der Prälat auf den Landtag nach Stuttgart fuhr oder dem katholischen Prälaten zu Bruchsal einen Besuch abstattete, wozu er jedes Jahr einmal das Recht hatte. Die übrige Zeit war sie der Aufenthalt von Fledermäusen und Katzen, besonders einer alten, schwarzen Katze ohne Schwanz, die ich oft aus ihr schleichen sah.

Ging eine solche Fahrt an, so wurde dies Gartenhaus mit

vier Pferden bespannt, die dazu vom Klostermüller geliefert
werden mußten.
Diesen voran ritt ein Vorreiter, für den auch von langen Jahren her eine Livree in Bereitschaft war, in die er sich stecken
mußte, war er klein oder groß, dürr oder dick, was den Zuschauern oft einen possierlichen Anblick verschaffte.
Jener Prälat *Weiland*, den *Matthias* gesehen haben wollte,
wie er sich als Gespenst in die Prälatenkutsche setzte, hatte
sich zu seinem jährlichen Besuche des Prälaten von Bruchsal
eine eigene Kleidung machen lassen, und zwar, wie sie
Matthias am Gespenste gesehen haben wollte, einen weißen
Frack mit schwarzen Borten (wohl auf die ehemalige Tracht
der Zisterzienser[335] deutend).
Als das Kleid fertig war, befiel ihn eine Krankheit, und er
konnte in demselben nicht mehr die Prälatenkutsche bestei-
gen. Er ließ sich nun das Kleid an sein Bett aufhängen, so
daß er es immer im Auge haben konnte, und mit innigem
Lächeln hielt er seine Augen, auch als sie schon im Tode
brachen, noch fest auf das Kleid gerichtet, bis er verschied.
Sein Gehen nach dem Tode in jenem Kleide nach der
Prälaturkutsche fände in dieser letzten Szene seines Lebens
eine Erklärung.

Der alte Geisterspuk in der Prälatur

In diesen Gängen der Prälatur, unter ihrem Dache, in ihren
Zimmern und auf den Treppen, besonders der Wendeltreppe, die ins Dorment führte, herrschte im Jahre 1659 bis
60 ein so gewaltiges Spuken, daß jenes Prälaten W. einfacher
Geistergang nach der Prälaturkutsche dagegen eine Kleinig-
keit war.
Alles, was unter dem Dache und in den Zimmern nur
beweglich war, wurde wie von unsichtbaren Händen erhoben und spazierte zum Teil durch die Fenster hinaus in den
Prälaturgarten oder in den Hof hinab.

Dabei sah man es im Garten oder dem Hofraume nicht niederfallen, sondern die Gegenstände schwebten langsam zur Erde, als würden sie vermittelst eines Seiles oder sie noch immer haltender Hände niedergelassen. Oft entstand in den verschlossenen Zimmern ein entsetzliches Gerumpel, als würde ein Arm voll Holz an die Türe geworfen; eröffnete man aber das Zimmer, so bemerkte man nichts in ihm als eine schwarze Katze, die sich aber immer während der Verfolgung verlor.

Oft lief es nächtlich die Schneckentreppe hinauf, nicht anders, als ginge jemand in großen, weiten Pantoffeln. Als man meinte, es werde nun oben erscheinen, hörte und erblickte man nichts mehr, dagegen warf es nun unten im Gange die Feuereimer, die dort hingen, teils untereinander, teils stellte es sie aufrecht in eine Reihe hin. ˙

Der Prälat, er hieß *Schlotterbek*[336], verließ die Prälatur und zog in eine andere Wohnung.

Auf seine Klagen sandte die Regierung eine Abteilung Soldaten, die Tag und Nacht in der nun menschenleeren Prälatur Wache halten mußte. Früher hatten Bürger in ihr gewacht, aber wie sie wurden auch die Soldaten von dem Unwesen nur gefoppt und kamen auf keinen Grund.

Ebensowenig brachten fürstliche Räte, die zur Untersuchung gesandt wurden, durch weitläufige Verhöre etwas heraus. Den 15. August nachts kam es in die Stube und dann in die Nebenstube und an das Bette, in dem der Offizier der Wache schlief, und schüttelte und rüttelte die Bettlade, so daß er vermeinte, mit derselben in die Höhe gehoben zu werden. Ein Hund, der mit ihm im Zimmer lag, sprang zum Zimmer, als würde er gejagt, hinaus.

Am 17. nachts sah einer von der Wache bei völliger Windstille zum Laden hinaus, kaum aber hatte er den Kopf wieder hereingezogen, schlug es den Laden wieder mit solcher Gewalt zu, daß er in Stücke zersprang.

In einer andern Nacht zwischen 12 und 1 Uhr entstand in mehreren Gemächern der Prälatur ein furchtbares Gepolter.

Der auf der Wache stehende Soldat *Brinkh* eröffnete das Gemach, von wo aus die heftigsten Töne gingen; da war es ihm aber, als fahre etwas mit großem Ungestüme zum Zimmer hinaus, und es fing auf einmal ein solches Poltern und Krachen an, als würde ein großes Stück vom Dache abgehoben und in den Garten hinabgeworfen. Als man morgens das Dach untersuchte, fand man an ihm nichts verletzt, auch nichts im Garten liegen.

Von einer andern Nacht gab einer der wachhabenden Soldaten an:

Als er vor des Prälaten Gemach Wache gehabt, sei etwas die Schneckenstiege heraufgerauscht; er habe nun nachgesehen, was es sei. Da habe er ein langes, weißes Ding (so war sein Ausdruck) erblickt.

Als er der Schneckenstiege zugegangen und es genau habe visitieren wollen, sei es auf einmal zu einer runden Kugel geworden, die in die Stiege hinabgefahren.

Oft legte es sich auf die Soldaten im Schlafe, ging schwer, und es war ihnen, als drückte ihnen eine schwarze Gestalt mit beiden Daumen fest aufs Herz.

Am öftesten neckte es die Soldaten und auch die andern Bewohner unter der Gestalt einer schwarzen Katze, die aber größer als eine gewöhnliche Katze und hinten höher als vorn war.

Die Regierung setzte einen Preis von 40 Fl. auf die Habhaftwerdung dieses gespenstigen Tiers, aber nie konnte es gelingen, immer entwischte es. Diese Geisterkatze wurde meistens, nachdem irgend so ein Spuk geschehen war, sogleich gesehen.

Doktor Faust und sein Freund Prälat Entenfuß

In einer Ecke des Gartens, der hinter der Prälatur und den Kreuzgängen lag, war an die Klostermauer ein Turm angebaut, den man den Faustturm hieß;[337] denn er diente einst dem berühmten *Dr. Faust* zum Laboratorium und Aufenthaltsorte.

Der Abt Johannes *Entenfuß*[338] war ein besonderer Freund *Fausts* und räumte ihm bei Besuchen diesen Turm zur Wohnung ein; das war im Jahr 1516.

Entenfuß und *Faust* waren in dem nahen Städtchen *Knittlingen* geboren. Ein Zeugnis, daß *Fausts* Geburtsort *Knittlingen* war, gab *Melanchthon* in seinen Tischreden[339] mit den Worten:

»Ich habe einen gekannt, mit Namen *Faust* von *Knittlingen*, einer Stadt in der Nähe meiner Vaterstadt (Bretten). Er hatte auf der Schule zu Krakau die Magie gelernt, schweifte überall herum und lernte viele Geheimnisse.

Er wollte sich zu Venedig sehen lassen und sagte, er wolle gen Himmel fliegen.

Der Teufel aber zog ihn herab und gab ihm einen solchen Stoß, daß er auf die Erde stürzte und fast gestorben wäre; doch starb er nicht.

Vor wenigen Jahren saß dieser Johannes *Faust* abends gar traurig in einem Dorfe. Der Wirt fragte ihn, warum er gegen seine sonstige Art und Weise so traurig sei. Er sagte: ›Laß dich heute nacht nicht erschrecken.‹ Um Mitternacht nun bekam das Haus einen Stoß. Als morgens *Faust* nicht aufstand und es fast schon Mittag war, ging der Wirt in sein Zimmer und fand ihn neben dem Bette auf dem Gesichte liegen; und so hatte ihn der Teufel getötet. Er hatte, solange er lebte, einen Hund bei sich, welcher ein Teufel war.« –

Es ist schade, daß *Melanchthon* das Dorf nicht benannte, in dem *Faust* sein tragisches Ende gefunden haben soll. Zu Maulbronn sagte man nicht anders, als daß ihn der Teufel auch in jenem Turme seines Freundes, des Abts Johannes *Entenfuß*, geholt habe.

Die Stille des Klosters wurde nun oftmals durch Töne unterbrochen, die in seinen Mauern wohl schon lange nicht mehr gehört wurden. Geschütze und Pontons[340] zogen ganze Nächte lang auf der Straße vor dem Kloster vorüber, an den benachbarten Rhein; und bald ertönte von daher der Donner österreichischer und französischer Kanonen. Bald sprach man von Siegen der Franken, bald von denen der österreichischen Truppen.

Die Gefahr feindlichen Einbruches schien nahe zu sein, doch ging sie wieder auf kurze Zeit vorüber.

Mein Vater erkannte wohl, daß in Maulbronn mein Unterricht zu vielen Unterbrechungen ausgesetzt war und daß – würde ich von all den Zerstreuungen im Hause entfernt und einem einzelnen Manne zur steten Beaufsichtigung übergeben – daraus mehr Gewinn für mein Wissen und meine Erziehung erwachsen würde. In dem zwei Stunden von Maulbronn entfernten Knittlingen (eben dem Geburtsorte *Fausts*) befand sich damals ein lateinischer Lehrer (Präzeptor), namens *Braun*[341]. Er war in dem Rufe eines guten Lateiners und strengen Erziehers, wenigstens seiner eigenen Kinder.

Ich mußte dahin.

Mit großer Trauer schied ich von meinen Blumen und meinen Tieren; doch wurde mir das Versprechen gemacht, ich dürfe jeden Samstag über den Sonntag wiederkehren, wozu *Matthias* mir die Rappen bringe.

Letzterer versprach mir auch für meine Tiere zu sorgen, meine Schwester für meine Blumen, und meine Mutter versicherte mich, was sie auch treulich hielt, mir so oft als möglich Schachteln voll Obst zu senden.

Das Haus des Präzeptors zu Knittlingen hatte, hinter einer Kirche versteckt, eine sehr fatale Lage. Es war kein freier Platz vor ihm, wie vor dem Hause zu Maulbronn; und statt des schönen, lebendigen Brunnens war vor ihm eine Mist-

stätte, wegen welcher der Präzeptor mit seinem Nachbar,
dem Schulmeister, immer im Streite lag.

Der Präzeptor war ein langer, hagerer Mann, mit ganz
schneller, fast stotternder Aussprache.

Aus Rücksichten für meinen Vater, und aus Furcht, ich
möchte ihm nicht lange guttun, war er zwar gegen mich
nicht heftig, aber gegen seine Kinder, und namentlich gegen
seine 3 Knaben, die so ziemlich in meinem Alter waren, so
strenge und tyrannisch, daß er sie bei den kleinsten Verge-
hen barbarisch schlug, ja sie oft noch dabei auf den Boden
warf und mit den Füßen auf ihnen herumtrappte. Dieses
Schicksal traf besonders oft seinen 2. Sohn, namens *Gottlieb*, der in spätern Jahren in Karlsruhe der Verleger meiner
ersten Schriften, meiner »Reiseschatten«, meines »Musen-
almanachs«, der »Geschichte zweier Somnambulen« und
noch anderer Schriften von mir wurde.[342]

Dieser hatte den gutmütigsten Charakter von allen, sah aber
immer kränklich aus, wogegen der ältere, *Friedrich*, wie das
Leben blühte. Diesen, mehrere Jahre älter als ich, traf ich
später in der Tuchfabrik zu Ludwigsburg wieder. Er hatte
sich in sieben Sprachen geübt, machte als Kaufmann eine
schöne Laufbahn, auch durch gute Verheiratung, ergab sich
aber dem Trunke und endete sehr elend, wogegen *Gottlieb*
bis zu seinem Tode die Stütze der übrigen Geschwister
blieb.

Unter diesen befand sich ein damals noch kleines Mädchen,
das, zur Jungfrau herangereift, eine der größten weiblichen
Schönheiten wurde. Auf eine bedauernswürdige Weise
wurde sie an einen als Kaufmann auf den Messen herumzie-
henden Italiener verheiratet, bei dem sie ein höchst trauriges
Los traf. Sie erkrankte und wurde geschieden; da nahm sie
der Bruder *Gottlieb*, jetzt Buchhändler in Karlsruhe, auf.
Hier lernte sie der Dichter Ludwig *Robert*[343], Rahels Bruder,
kennen und nahm sie, von ihrer Schönheit bezwungen, zur
Gattin. Er und sie starben bald nacheinander. – *Varnhagen*[344]
stiftete ihr in seinen Biographien ein schönes Monument,

und *Heine* dichtete auf sie mehrere Sonette, in denen er sie aufrief, aus dem Sande von *Berlin* nach Indien zu ziehen, und gewiß, sie war eine wahrhaft indische Schönheit, eine Sakontala.[345]

Die Mutter war eine sanfte und gutmütige Frau, hatte aber durch den schweren Haushalt und den Jähzorn ihres Mannes viel zu ertragen. Ihre Sorge für mich war mütterlich.

Die Veränderung, die ich hier gegen mein voriges Leben fand, war derart, daß mich wohl ein starkes Heimweh hätte ergreifen können, was aber doch nicht der Fall war. Wo die Jugend nur wieder in ihrer Phantasie sich mit etwas Neuem beschäftigen kann, da ist sie schon zufrieden.

Meine neue Ausstattung in Kleidern, Waschgeräte, einem Koffer, einem Stiefelzieher war aller Trost und Ersatz, und ich fühle – denke ich diesem Stiefelzieher nach – jetzt noch im Alter ein Wohltun um die Herzgrube herum, das ich damals durch ihn gefühlt haben muß.

Die Freude auf den Tag, an dem der Bote mit der mütterlichen Schachtel ankam, das Rechnen und das Sichfreuen auf den Samstag, wo der alte *Matthias* mit den Rappen erschien und der Ritt ins Kloster angetreten wurde, ließ kein eigentliches Heimweh aufkommen, wurde auch dadurch die Sehnsucht nach der Heimat nicht unterdrückt.

Der Unterricht in der lateinischen und in der griechischen Sprache war nun allerdings geregelter, und die ältern Söhne des Präzeptors hatten schon schöne Fortschritte gemacht, denen ich nacheiferte.

Der Religionsunterricht bestand leider meistens nur im Lesen und in abenteuerlicher Erklärung der Offenbarung Johannis und begann meistens mit der Warnung: »Buben! wenn ihr euch nicht vor dem Namen *Jesu* beugt, sooft dieser Name vorkommt, so schlag ich euch den Stecken um die Füße herum.«

Auf eine schöne Handschrift sah der neue Lehrer besonders. Die seiner Söhne war sehr schön. Sie schrieben in den verschiedensten Formen von Buchstaben, und selbst in großer Mönchsschrift mit Farben.

Die Zubereitung solcher farbiger Dinten, meistens vegetabilische Säfte, führte uns zur Sammlung von Blättern, Blüten und Beeren in Felder und Wälder.

Der Durchzug österreichischer Truppen und das viele Gespräch Älterer vom Kriege brachte uns auf kriegerische Spiele mit den anderen Knaben des Städtchens, bei welchen ich als ehemaliger Kommandant der kleinen Landmiliz von Ludwigsburg meistens die Hauptrolle spielte.

Der Sturm des Krieges brach aber nun immer ernster und näher herein. Die Franzosen waren mit großer Heeresmacht über den Rhein gebrochen und näherten sich der *Pfalz* und der württemberg'schen Grenze. Tag und Nacht ertönte Kanonendonner.

Rückkehr nach Maulbronn beim Erscheinen der Franzosen

Die sorgliche Mutter hielt mich zu Knittlingen, das der Pfalz so nahe war, nicht mehr für sicher, und ich wurde auf ihre Veranlassung von dem Postmeister zu Knittlingen in eine Chaise gepackt und fuhr unter den hellen Tönen eines Posthorns nach einigen Stunden in den Klostermauern ein. Das waren dort gar seltene Klänge, und alles lief dem Gefährte nach; denn man glaubte nichts Geringeres, als es sei der kommandierende General aus dem französischen Hauptquartiere angekommen. Ich glaube, dasselbe stand dazumal unter *Dessaix*[346] in der Gegend von Pforzheim. Mein Vater hatte sich dahin begeben, um von *Dessaix* Schutz und Sicherheit für Kloster und Oberamt zu erhalten, aber noch ehe er angekommen war, hatten sich die weiten Räume des Klosters mit leichten französischen Chasseurs[347] zu Pferde (einem Streifkorps) angefüllt, die vor denjenigen Wohnungen, die ihnen den reichsten Inhalt zu haben schienen, abstiegen und sich in ihnen zu Gast baten.

Der Professor im Kamine

Der gute Professor *Mayer* hatte nicht mehr Zeit, seine weiße Zipfelkappe und Schlafrock mit dem schwarzen Magisterkäppchen und Frack zu vertauschen; sie überraschten ihn gerade in der Küche, als er sich mit seiner Ehehälfte *Therese* um die Schlüssel zur Speisekammer stritt, weil er aus dem Kamine die Schinken, die er dort nicht mehr für sicher hielt, in die Speisekammer bringen wollte, wozu er schon eine Leiter auf den unter dem Kamin stehenden Herd aufgepflanzt hatte. Als er aber nun durchs Küchenfenster die herannahenden Franzosen erblickte, warf er schnell den Schlüssel der Speisekammer in eine Wasserkufe, stieg in Angst und Verlegenheit, so schnell er nur konnte, auf der Leiter ins Kamin empor und rief noch mit halbgebrochener Stimme hernieder: »Sie nehmen mich als Geisel mit, darum kommen sie. Therese, ich sag Ihnen, verraten Sie mich nicht!« »Wie?« rief sie hinauf, »steigen Sie sogleich herunter, ich gehe nicht aus der Küche ohne Sie!« Da waren die Chasseurs schon in der Küche, sahen die Leiter auf dem Herde und fragten in gebrochenem Deutsch, was das bedeute, während einer an der Leiter zu rütteln anfing. Die Professorin gab zu verstehen, das sei, um ihnen Würste und Fleisch aus dem Rauche zu holen, rief auch ihrem sich zitternd an der Leiter haltenden Manne zu: »Kommen Sie nur mit den Schinken und Würsten herunter!« Da kam der kurze Professor in Zipfelkappe und Schlafrock auch langsam hernieder, indem er die Schinken und Würste (gleichsam als Fürsprecher für sich) vor sich vorausgeworfen hatte. Die komische Gestalt des Herabsteigenden machte das lustige französische Blut laut auflachen, sie hoben ihn auf ihre Arme, trugen ihn ins offen stehende Zimmer und setzten ihn unter Umarmungen und Verbeugungen in seinen Armsessel, den sie dann mit ihm an den Tisch trugen und ihm sowie der freundlich am Arme des Offiziers herbeigekommenen Ehehälfte zu verstehen gaben, daß sie gute Freunde seien und

nichts mehr begehrten als nur Wein zu den Würsten. Frau
Therese brachte aber nun nicht nur diesen, sondern sie
fischte auch den Speisekammerschlüssel wieder aus der Wasserkufe, ließ ein Feuer auf dem Herde anzünden und bereitete in Eile die Schinken und Würste und anderes den Gästen
zum fetten Mahle. Die Professorin spendete auch sonst
immer gern mit reichen Händen zum Jammer ihres Ehege-
mahls, und sie beklagte nie den Verlust aus Kamin und
Speisekammer, sondern nur den Verlust der Reinheit ihrer
Stubenböden oder ihres Tischweißzeuges, was auch jetzt
allein ihr sehr schmerzlich war.

Die Franzosen in der Oberamtei

Weniger Störung verursachten die Franzosen in der Prälatur. Es stiegen bei 24 Chasseurs vor derselben ab, sprangen
die Treppen hinauf, kamen aber ebensobald wieder, wie von
einem Schreckbilde verscheucht, zurück.
Die Frau Prälatin mit dem Eulenkopfe hatte sie auf der
Treppe empfangen, da suchten sie schnell wieder das Freie;
nur wenige blieben, und der größte Teil wandte sich nach
der der Prälatur gegenüberstehenden Oberamtei, wo aus den
Erkern junge Mädchen schauten, die großen Kellertüren
ihnen reichlichen Wein und der rauchende Schornstein
ihnen Speise zu verkünden schienen.
Hier waren auch schon in Küche und Keller alle Hände in
Tätigkeit. Meine ängstliche Mutter war bereit, alles zu
geben, nachdem sie aber doch vieles versteckt hatte, was ihre
Angst und Bereitwilligkeit zu geben nur wieder vermehrte.
Wir hatten sogar von einem Straßburger adeligen Gutsbesit-
zer, einem Herrn *von Türkheim*[348], Kisten voll reicher Effekten, die er über den Rhein zu uns rettete, im untern Stocke
des Hauses in Verwahrung.
Doch man sah bald, daß es hier auf kein Plündern abgesehen
war, und meine lebhafte Schwester Ludovike, nachdem sie

sich in Herbeischaffung von Speise und Trank erschöpft
hatte, kam auf den Einfall, es wäre ganz schön und würde
dem Bruder in Paris sicher wohlgefallen, ja! könnte ihm dort
von Nutzen sein, würde die Mutter einen Ballen roten
wollenen Zeuges, den sie zu Sesselüberzügen bestimmt, den
guten Franzosen zu Kappen austeilen, das würde sie so
erfreuen, daß sie gewiß nach dem Versteckten nicht fragen
würden.
Die beängstigte Mutter willigte ein. Schnell ward das gute
Stück roten Wollenzeuges zu Kappen verschnitten, am Ende
des Mahls an die trunkenen Gäste, die voll Jubel waren,
ausgeteilt, während schon unten der Trompeter zum
Abmarsch blies.
Flugs waren sie alle versammelt und wieder zu Pferde und
verließen mit ihren anderen Kameraden in schnellem Galopp
das Kloster zur großen Beruhigung meiner Mutter und des
Professors *Mayer*, aber zu meinem Leide; denn diese neue
Erscheinung hatte mich in der Seele erfreut.

Die Sauvegarde. Meine und meines Vaters Gesinnungen gegen die Franzosen. Mein Bruder Carl

Mein Vater kam am andern Tage mit einer Sauvegarde[349],
mehreren Chasseurs und den besten Versprechungen vom
General *Dessaix*, daß das Kloster geschont und geschützt
werde, aus dem französischen Hauptquartiere zurück.
Ich hatte damals, obgleich schon 10 Jahre alt, für Politik
noch gar keinen Verstand. Und geschah es, daß ich den
Franzosen mehr anhing als den Österreichern, so kam dies
nur daher, weil mein Bruder *Georg* in und für Frankreich
lebte; auch waren die Franzosen mir wieder etwas Neues.
Die Österreicher in den immer weißen Röcken waren mir
nach und nach langweilig geworden.
Es kamen mir die Franzosen in ihrem gebrochenen Deutsch,
mit dem sie sich bemühten, sich mir zu verständigen, wäh-

rend ich ihnen nachhelfen durfte, auch kindlicher und zutu-
licher vor; es machte mich bald vertraut mit ihnen.

Um ihr politisches Wollen kümmerte ich mich nicht. So kam
es, daß die Chasseurs, die mehrere Wochen lang in der
Oberamtei und sonst im Kloster als Sauvegarde einquartiert
blieben, mir zu großer Freude und Zeitversäumnis wurden
und ich nur mit Tränen von ihnen schied.

Ich habe von einem derselben noch jahrelang geträumt. Es
war ein junger Mann von etlich und zwanzig Jahren mit
langem, schwarzem Knebelbart, bleichem Aussehen, kohl-
schwarzen, feurigen Augen, schwarzen Haaren, immer
lebendig, voll Feuer und dennoch voll Sanftmut und mit-
spielend wie ein Kind. Auf welchem Schlachtfelde bleichen
wohl seine Gebeine?

Mein Vater zeigte sich zwar gegen jeden einzelnen Franzosen immer ernst, aber gefällig, nie mißlaunisch, gehässig;
ihre Lebendigkeit gefiel ihm, aber die Nation und ihr politisches Treiben war ihm ein Greuel, wie der Aufenthalt seines
Sohnes Georg unter ihnen. Ich besitze noch das Fragment
eines Briefes, den er in dieser Zeit an ihn nach Paris schrieb,
in dem es heißt: »Die Franzosen sind nun aus hiesiger
Gegend entfernt. Heute die ganze Nacht durch hat es ihnen
gegolten, man hörte hier den Kanonendonner. Die Neckar-
schanze bei Mannheim ist schon in den Händen der Deutschen. *Clerfait*[350] ist bei Oppenheim über den Rhein und
schon bis Alzey vorgedrungen, wobei die Franzosen ein
merkliches einbüßten.

Überhaupt: Friede! Friede ist das Beste! Die französische
Republik ist gar zu sehr auf Blut gebaut, und dieser Fluß von
Blut wird noch *so* stark, daß all die Freiheit in ihm ertrinkt.
Es wird am Ende euch all dies selbst wie ein böser Traum
werden, den ihr träumtet. Mein Sohn! bewahre doch in
diesem Lande der Chimären dein deutsches Blut!«

In einem andern väterlichen Schreiben an ihn heißt es:
»Deine Vaterstadt Ludwigsburg kann nicht von der geprie-
senen Tapferkeit Deiner französischen Freunde zeugen,

wohl aber von deutscher. Eine Handvoll sächsischer Jäger und leichter Reiter überfielen die Franzosen in Ludwigsburg (1796), der französische General *Frimont*[351] versteckte sich in unseren ehemaligen Schweinstall· (in der Oberamtei). Ein sächsischer Schütze nahm in der ›Kanne‹ einen ganzen Tisch voll Franzosen gefangen, indem er die Büchse am Backen in das Zimmer trat und ihnen zurief: ›Ihr seid alle Prisoniers!‹ In der Rose erwischte ein Dragoner einen Kriegskommissär mit einer Kasse von 30 000 Franks.« –

Die entgegengesetzte Richtung seines Sohnes *Carl* gereichte auf der andern Seite aber zu jener Zeit meinem Vater zu großer Freude. Dieser setzte in der herzoglichen Artillerie, in der er als Unterlieutenant stand, seine militärische Ausbildung tätig fort. Als die französischen Truppen am 24. Junius 1796 über den Rhein zogen, marschierte er zum ersten Mal gegen den Feind. Die auf den befestigten Punkten des Kniebis und zu Freudenstadt verteilten Geschütze gerieten, da sie keine eigene Bespannung hatten, in große Gefahr, genommen zu werden. General *St Cyr*[352] nahm am 2. Julius die Schanze auf dem Kniebis, worauf ein eiliger Rückzug der Reichstruppen erfolgte. Den mutvoll getroffenen, raschen und zweckmäßigen Veranstaltungen des jungen Lieutenants war es zu verdanken, daß jene Geschütze samt Munitionswagen dem Vaterlande gerettet wurden.

Mein Erkranken

Mein Vater war im Begriffe, mich in eine größere Stadt zur Erziehung zu geben, da er mich nach Knittlingen nicht wieder zurückzubringen wünschte; denn der wundersame Präzeptor *Braun* daselbst vertiefte sich immer mehr in die Erklärung der Offenbarung Johannis, wodurch dessen psychischer Zustand meinem Vater immer verdächtiger wurde, als eine Krankheit meinen Körper befiel, die mit großer Hartnäckigkeit fast ein Jahr andauerte. Mein Wachstum ging äußerst schnell vor sich, und wahrscheinlich als Entwicklungskrankheit trat eine außerordentliche Reizbarkeit der Nerven meines Magens ein, so, daß ich alles, was ich aß und trank, oft sogleich, oft nach einer Stunde wieder erbrechen mußte. Es wurden viele Ärzte gebraucht, deren Kunst an diesem hartnäckigen Übel scheiterte. Es ist mir noch unbegreiflich, daß ich nicht den oft ganz unsinnigen Mitteln dieser Heilkünstler erlag, und vielleicht geschah es nur daher, daß ihre Mixturen, Pulver, Latwergen[353] und Pillen von meinem Magen ohne allen Respekt sogleich wieder weggeworfen wurden und sie nicht durch längeres Verweilen in ihm ihre Wunder verrichten konnten.

Einer dieser Äskulape[354] machte die Verordnung, man solle mich, solange es nur möglich sei, gar nichts mehr von Speise durch den Mund nehmen lassen, sondern mir täglich nur Gerstenschleim durch ein Klysma[355] statt der Speise beibringen.

Es waren lamentable Tage dieses Versuches, in welchen ich, wenn sich die andern zu Tische setzten, zur Entschädigung, und um das Essen zu vergessen, mit dem *Matthias* auf einen Spazierritt geschickt wurde. Die Marter war um so größer, da ich beständigen Hunger hatte, so daß ich im Reiten oft heimlich Laub von den Bäumen streifte und aß. Ich weiß nicht, wie viele Tage lang man diese Kur an mir versuchte, aber ich wurde dadurch natürlich fast zum Hungertode gebracht, konnte auf dem Rappen mich nicht mehr halten und verfiel in Ohnmachten und Krämpfe, in denen jener Äskulap der erste war, der nach Suppe und weichen Eiern sprang und sie mir auf dem alten, naturgemäßen Wege beibrachte.

Aufenthalt in Brackenheim

Besonders geschickt zur Heilung meines Leidens hielt man einen damals zu Brackenheim, 5 Stunden von Maulbronn, wohnenden Arzt, und da sich daselbst gerade auch ein sehr

tüchtiger Lehrer der alten Sprachen befand und der Dekan
des Orts, Uhland (Oheim des Dichters), der Neffe meines
Vaters war, so brachte man mich auf mehrere Monate
dahin.

Bei all diesem körperlichen Jammer hatte ich meine Elastizi-
tät und Munterkeit beibehalten, denn mein Leiden war nie
derart, so bleich und mager es mich auch machte, daß ich zu
Bett liegen mußte. Es war in mir kein fieberhafter Zustand,
der mich verzehrte, es war nur der zu wenige Nahrungs-
stoff, der in mir haftenblieb, was mich bleich und mager
machte.

Der Frühling war da, ich hatte meine Blumenbeete aufs
beste angesäet und bepflanzt, als ich nach *Brackenheim*
abgeschickt wurde. Die abermalige Trennung fiel schwer,
aber der Aufenthalt im Hause des Dekan Uhland ward mir
durch freundliche Behandlung und den Umgang mit dem
Sohne, der mit mir in fast gleichem Alter stand, erleichtert.
Er hieß *Ernst* und paarte mit äußerm Ernste und Trocken-
heit ein sehr gemütliches und joviales inneres Wesen. Wir
fanden uns später zu *Tübingen* auf der Universität wieder,
wo wir miteinander im sogenannten Neuenbau wohnten. Er
war der redlichste, offenste, treueste Mensch der Welt. Zum
Jammer aller, die ihn kannten, starb er schon im frühern
Mannesalter, als geschätzter Mensch und Arzt, in meiner
Geburtsstadt Ludwigsburg.[356]

Die Fortschritte in meiner Gesundheit durch die Mittel des
Brackenheimer Äskulaps waren nur scheinbar oder nichts,
das Übel blieb, wie es war; bessere Fortschritte machte ich
aber hier in Erlernung der alten Sprachen, denn dieser
Lehrer gehörte unter die besten jungen Schulmänner der
damaligen Zeit. Er paarte Strenge mit Wohlwollen. Er war
oftmals unser Führer auf den Spaziergängen und beim Bade
in den frischen Wellen der *Zaber*, das mir meiner Gesundheit wegen vorgeschrieben war. Eine Ohrfeige, die ich einmal von ihm erhielt, bleibt mir noch jetzt schmerzlich im
Gedächtnis. Es geschah mir damals fast wie dem Knaben,

der »vox populi, vox Dei«[357] mit den Worten »die Stimme
der Pappel, die Stimme Gottes« übersetzte, und dieser hatte
doch gewiß recht.

Der St.-Michaels-Berg

Die Gegend von *Brackenheim* bot viele romantische Punkte
zu Spaziergängen und Wanderungen dar, und oft machten
wir zum Ziel derselben den *Michaelsberg* mit seiner alten,
dem Erzengel Michael geweihten Kirche und seinem Kapu-
zinerhospize.[358] Die Aussicht auf diesem Berge erstreckt sich
besonders gegen die Gaue des Neckars und die lange Reihe
der Schwäbischen Alb.

Hier erblickt man eine Menge von Städten, Dörfern und
Burgen; aber noch mehr als diese Fernsicht erfreuten mich
immer die zwei alten, langbärtigen Kapuziner in ihren kleinen, mit Blumen und Bildern geschmückten Zellen oder in
ihrem Klostergärtchen, wo sie die schönsten Blumen
anpflanzten, die mir ein Heimweh nach meinen im Kloster
Maulbronn zurückgelassenen Blumen erregten. Das Innere
der Kirche zeugte von hohem Alter; denn es fanden sich
mehrere Säulen in ihr, deren Kapitäle römischen Ursprung
verrieten; ja sie soll ein Tempel der Luna[359] gewesen sein;
denn man will in ihrer Nähe früher einen Mondaltar gefunden haben.

Die Kapuziner aber waren lustige Brüder, wozu ihnen der
rebenreiche Berg wohl Veranlassung gab, auch die vielen
frohen Gesellschaften, die von nah und fern bei schöner
Frühlingszeit, statt der ehemaligen frommen Wallfahrten,
auf diesen Berg wanderten und auf seiner Höhe sich mit
Spielen und Tanzen, Essen und Trinken belustigten. Die
Kapuziner mit den grauen Bärten und braunen Kutten
machten da oft wacker mit, so daß der Hirtenknabe im Tale
wohl füglich hinaufsingen konnte:

»Dort oben auf dem Hügel,
Wo die Nachtigall singt,
Da tanzt der Einsiedel,
Daß die Kutt' in die Höh' ihm springt.«

Man sagt, auf diesem Berge habe der heilige Bonifatius mit
dem Teufel einen Zweikampf gehabt, in welchem ihm der
Engel Michael zu Hülfe gekommen; dabei habe der Engel
eine Feder aus seinem Flügel fallenlassen, dieser habe der
Heilige dann eine Kirche hier gestiftet und zu Ehren Michaels eingeweiht.[360] Die Feder, die lange Zeit in der Kirche
bewahrt wurde, soll zur Zeit der Reformation von da weg-
gekommen sein; man sagte, es habe sie ein alter Stadtschreiber aus Stuttgart, der von der katholischen zur lutherischen
Kirche übergegangen, heimlich an sich gezogen. Vergebens
baten die Mönche des Berges bei Herzog *Ulrich*[361] um die
Bestrafung des Stadtschreibers und Zurückgabe der heiligen
Feder; sie erhielten keine Genugtuung. Darob in Zorn ent-
brannt, habe der Erzengel Michael die Strafe der Vielschrei-
berei über *Württemberg* ausgeschüttet.
In spätern Jahren, als Student, besuchte ich einmal mit
meinem Freunde, dem Dichter Ludwig *Uhland*, diesen
Berg.
Es waren schöne Herbsttage, und Uhland rief mich damals
in einem Briefe mit folgenden Worten aus Stube und Haus:
»Welch herrliches Herbstwetter! Es ist, als riefe der Gott des
Jahres uns zu: Kommt herbei, die ihr nicht genossen des
Frühlings, des Sommers arkadische Freuden, denen umsonst
der Baum geblüht, die Rose geduftet! Die Halle meiner
Freuden soll euch nicht ganz verschlossen werden, bevor
auch ihr euren Teil davongetragen. Noch einmal schlag ich
auf meinen blauen Himmel! Noch einmal laß ich meine
Sonne herrlich leuchten. Meine Trauben sind reif, meine
Weingärten geöffnet! Eilet herbei, die Zeit ist kostbar!
Ersetzet, was ihr versäumt! Die ihr im Mai nicht von Liebe
gesprochen, sprechet jetzt. Auch euer Liebchen rufe ich

noch einmal in den Garten. Mädchen und Jünglinge! lebet
und liebet!«
Wir hatten von Ludwigsburg an miteinander die Wallfahrt
nach dem Michaelsberge angetreten. Als wir uns dem reben-
bekränzten Berge nahten, tönten uns aus den offenen Toren
der Kirche Gesang und Orgelklang entgegen. Wir traten in
sie in sehr frommer, romantischer Stimmung ein. Da hörten
wir einen der Mönche das Evangelium in deutscher Sprache
absingen. Mehrmals kamen in diesem Gesang die Worte vor:
»Und als sie aßen von den Früchten des Weinstocks«, allein
der Mönch sang, sooft diese Worte vorkamen, immer statt
»des Weinstockes« »des Schweinstockes«. Dadurch wurden
wir in aller romantischen Andacht gestört und brachen
endlich in ein konvulsivisches Gelächter aus, das uns die
Kirche eilends zu verlassen nötigte, um nicht die Andacht
anderer zu stören.
Die romantischen Burgen von *Stocksberg* und *Neipperg*[362]
waren hier auch oft das Ziel unserer Wanderungen.

Erste kindliche Naturforschung

Der Lehrer hatte uns auch Unterricht in der Botanik erteilt und
suchte auf solchen Wanderungen unsere Kenntnisse zu erweitern; aber ich konnte lange solchen Namensbestimmungen
und Einregistrierungen der Blüten und Kräuter keinen
Geschmack abgewinnen, und mir waren die Blumen, deren
Namen ich nicht kannte, viel wunderbarer und lieber als
solche, denen ich durch ihr Zergliedern und Zählen der
Staubfäden einen Namen zu geben wußte, der mir ihr Wesen
doch nicht bezeichnete. Ich gab den gesammelten Kräutern am
liebsten Namen nach eigener Wahl, meistens nach mir bekannten Menschen. Der kurze Professor *Mayer*, seine schneeweiße
Theresia, der komische Kutscher *Matthias*, der steife Prälat
Mieg und seine Gattin mit dem Eulenkopfe, der grimmige
Präzeptor *Braun* mit seinen Söhnen und Töchtern usw. fanden

sich in meiner botanischen Sammlung je nach ihren Charakteren als Pflanzen verzeichnet, und selbst als Student in *Kielmeiers*[363] Vorlesungen, ja sogar im Examen, verwechselte ich noch manche dieser von mir geschaffenen Benennungen der Pflanzen mit denen, die ihnen *Linné*[364] schuf.

Käfer und Schmetterlinge fing ich nie zu toten Sammlungen; sie waren mir nur ihrer Verwandlung wegen merkwürdig. Diese beobachtete ich genau, wodurch schon früh mir die Ahnung wurde, daß, wie zwischen der Raupe und dem Schmetterling noch ein Mittelzustand, der der Puppe liegt, dieses auch bei den Menschen nach dem Tode der Fall sein werde. Aus dieser Naturanschauung ging hauptsächlich der später von mir verteidigte Glaube eines Mittelreichs hervor, eines Zustandes, in dem der Mensch, sich selbst anheimgestellt, wie die Raupe die Flügel zum Schmetterling, die Flügel einer höhern Psyche erst entwickelt und zu solcher reif wird. – Aber auch das Unerbittliche (ich möchte sagen, die Grausamkeit) der Natur lernte ich früh mit Trauer erkennen, als ich einen Käfer sah, der zufällig auf den Rücken gefallen war und sich nun nicht mehr auf die Beine bringen konnte und den in dieser hülflosen Lage noch am Leben Ameisen aushöhlten. Der fiel mir als Arzt nachher oft bei armen, hart leidenden Menschen ein.

Naturhistorische Schriften und Reisebeschreibungen wurden in den Stunden, die nicht für Erlernung der alten Sprachen bestimmt waren, auch hier mit Lust und Liebe gelesen, namentlich *Bonnets*, *Bertuchs*, *Hallers* Werke, ferner die Reisebeschreibungen von *Campe*[365] und, das Entzükken aller Kinder – sein »Robinson«. Das Vergnügen, das mir damals das erste Lesen dieses Buches machte, hat bis auf den heutigen Tag das Lesen eines andern Buches noch nicht überstiegen. Neben diesem Buche standen »Tausendundeine Nacht«, *Musäus'* »Volksmärchen«[366] und all die alten Volksbücher, »Haimonskinder«, »Magelone«, »Siegfried« usw., die die Reutlinger Buchhändler auf den Jahrmarkt in das Städtchen sandten.

Die Reise nach Heilbronn und der Wunderdoktor

Mit meinen körperlichen Leiden blieb es, wie ich schon anführte, auch hier beinahe immer auf derselben Stufe. Ich war sehr abgemagert, bleich und hoch aufgeschossen, jedoch noch immer in keinem fieberhaften Zustande und nicht geschwächter als früher. Nachdem man mich auch hier mit Arzneien überhäuft, sah man ein, daß auch der gerühmte Äskulap von *Brackenheim* für dieses Leiden kein Kräutlein finde. Dagegen wurde damals viel von den Wunderkuren des russischen Geheimerats *Dr. Weickardt*[367] gesprochen, der sich zu *Heilbronn* aufhielt, Leibarzt der Kaiserin Catharine gewesen war und sich durch seine Schriften als gewaltiger Brownianer[368] bekannt gemacht hatte. Unter dessen prüfende Augen sollte ich nun gestellt werden. Es kam zu diesem Zweck meine gute Mutter nach *Brackenheim* und fuhr eines Morgens im väterlichen Gefährt mit den Rappen unter Leitung des *Matthias* mit mir nach Heilbronn ab.

Wir stiegen auf dem Marktplatze bei der Mutter des Fräuleins vom *Osterholz* (der Frau *von Stetinkh*, die hier getrennt von ihrem Manne lebte) ab. Es war bald Mittag, als wir ankamen. *Matthias* holte mich sogleich auf den freien Platz vor dem Rathause, denn es war bald zwölf Uhr, wo die Böcke an der künstlichen Uhr des Rathauses zwölfmal gegeneinander stoßen und der Engel posaunt. Das war ein neuer Anblick, besonders für *Matthias*, der, als die Böcke mit dem Schlag zwölf Uhr zu stoßen anfingen, ihre Bewegungen nachmachend, mit dem Kopfe vorwärts stoßend, einen mächtigen Satz machte und einen vorübergehenden Herrn in einem roten Bordenrocke und einem Höcker dergestalt auf denselben stieß, daß derselbe unaufhaltbar unter einen dort stehenden Güterwagen fiel. Der Herr erhob sich zum Glücke unverletzt wieder und sah sich, einen Augenblick auf sein spanisches Rohr gestützt, nach der Ursache seines Falles um, aber *Matthias* hatte sich noch schneller als

der Herr erhoben, unter die auf dem Markte stehende
Menge gemacht, und ich blieb, nach dem soeben posaunen-
den Engel schauend, stehen, als bemerkte ich sonst nichts.
Aber das bemerkten ich und *Matthias*, als wir nach Hause
kehrten, zu unserer großen Verlegenheit, daß der Herr in
dem roten Rock nun gerade auch auf das Haus zulief, zu
dem wir zurückkehrten, auf die Wohnung der Frau *von
Stetinkh*, dort anläutete und nun fast zu gleicher Zeit mit uns
die Treppe hinaufstieg, während er immer an seinem staubig
gewordenen Rocke wischte. Ich wußte nicht, sollte ich
umkehren; denn ich befürchtete, er komme nur, uns seines
Falles wegen zu verklagen; aber *Matthias* hatte Unverschämtheit genug und rief dem Herrn zu: »Erlauben S'! Sie
sind auf Ihrem Rücken ganz weiß wie ein Zuckerhut«, und
klopfte ihm dabei unter Danksagung des Herrn den Höcker
aus, auch reinigte er ihm noch vor dem Zimmer den
bestäubten Hut, während ich in dasselbe mit großer Bangig-
keit und Herzklopfen vorausgeeilt war. Der Herr trat ein
und wurde von der Frau *von Stetinkh* als der Herr Geheimerat *Weickardt* bekomplimentiert und ihm meine Mutter und
ich als die Ursache vorgestellt, wegen der sie sich die Freiheit
genommen, ihn zu sich zu bitten, denn die Frau Regierungs-
rätin sei von der Reise sehr ermüdet und ihr Söhnlein, wie er
sehe, äußerst angegriffen und erkrankt.
Ich stand in einer Ecke des Zimmers, mager und weißlich-
blau, wie eine Thermometerröhre, die man mit blauem
Spiritus gefüllt hatte, und mußte nun auf den Ruf meiner
Mutter: »Christian, wo bist du?«, vor den auf dem Sofa
Platz genommenen Geheimerat mich stellen. Es war der
kleine, stark ausgewachsene Figur, mit hoher Frisur, blitzenden grauen Augen und sehr beweglichen Gesichtsmus-
keln. Meine Mutter hatte ihm einen schweren Pack Rezepte
der von mir früher gebrauchten Ärzte überreicht, die er
flüchtig durchging, während er bald in den Ruf »Entsetzlich!«, bald in den »Verkehrt!«, bald in den »Lächerlich!«,
bald in den »Tödlich!« ausbrach und endlich den Pack mit

den Worten beiseite legte: »Mich wundert nur, daß Ihr Herr
Sohn noch lebt, ob er gleich in Wahrheit zum Gespenste
herabgebracht worden zu sein scheint!« Ich erwiderte: »Ich
habe diese Sachen in dem Pack alsbald wieder herausgebro-
chen, und so konnten sie mich nicht töten!« »Das war noch
das Beste!« versetzte der Herr Geheimerat mit lautem
Gelächter. »Nun, was ich Ihnen jetzt verordne«, sprach er
weiter, »muß bei Ihnen bleiben.« Ach! dachte ich, nur das
nicht, sonst muß ich sterben! – Das Männlein kam mir wie
der gestiefelte Kater vor, der mir aus dem alten Märchen
bekannt war; es war mir plötzlich, als hätte ich an ihm, als er
am Wagen umgefallen war, auch einen Schwanz hinten
bemerkt. Es wurde mir ganz märchenhaft und wunderbar
zumute, als er nun seine Finger ausstreckte, die ziemlich
große Nägel hatten, mir den Puls fühlte und dann die
Augenlider mir mit denselben auseinanderzog und mit seinen grauen, blitzenden Augen tief in den Augenstern hineinsah, während er das Kinn auf dem goldenen Knopfe seines
spanischen Rohres aufgestützt hielt. Ich bekam Herzklopfen, es kam mir vom Bauche kalt bis in die Stirne herauf, die
Leute, die um mich waren, sah ich alle in Tiergestalt und fiel
auf einmal bewußtlos zu Boden. »Das ist die erklärteste
Asthenie[369] (hörte ich den Herrn Geheimerat sagen, als ich
von kölnischem Wasser duftend wieder zu mir kam), und da
werden Hopelpobel und Pfefferkörner die zweckmäßigste
Diät sein!« – Und ich werde sie sogleich wieder herausbre-
chen, daß ich nicht sterbe, dachte ich bei mir.
Der Herr Geheimerat verschrieb mir nun eine Mixtur zu
stündlichem Gebrauch und eine Einreibung in den Magen,
auch gab er eine lange, diätetische Vorschrift, in welcher
Hopelpobel und Pfefferkörner eine Hauptrolle spielten.
Hopelpobel war ein Getränk von Tee, Eigelb und Kirschen-
geist, echt russischer Art, wie wahrscheinlich auch der
Name »Hopelpobel«.[369a] Pfefferkörner sollten nach jeder
Speise geschluckt werden, sagte der Herr Geheimerat zu
meiner Mutter. »Furchtbare Asthenie durch zu schnelle

Entwicklung ist es, sonst nichts«, sprach er, »und da müssen
nur stärkende Mittel gereicht werden.«

Meine Mutter versprach, ihm in allem Folge zu leisten und
ihm Nachricht von dem Erfolge seiner Mittel zu geben und
sich seinen fernern Rat zu erbitten. Nach erhaltenem Hono-
rar entfernte sich der Herr Geheimerat sehr freundlich,
indem er mir strenge Diät und Folgsamkeit empfahl und
gewisse Genesung versprach. »Glauben Sie mir, liebe Freundin«, sagte die Frau *von Stetinkh* zu meiner Mutter, »die
Heilungen dieses Mannes sind ganz entsetzlich, Menschen,
die man begraben wollte, brachte er durch Hopelpobel
wieder ins Leben, und ich bin versichert, daß der liebe
Christian durch die Heilmittel dieses erstaunlichen Arztes in
wenigen Wochen von seinem Übel befreit wird; aber
sogleich werde ich ihm den Hopelpobel bereiten.«*

Das amerikanische Nilpferd

Statt des Mittagessens mußte ich nun ein paar Tassen Hopelpobel trinken, die ich sogleich auch wieder von mir gab;
doch blieb von dem geistigen Getränke noch so viel im
Magen zurück, daß ich dadurch aufgeregt wurde und es
nicht anders tat, als daß man mich abends mit *Matthias* auf
den eine halbe Stunde entfernten, sogenannten Wartberg
spazieren ließ. Dem *Matthias* war es bei diesem Gange
hauptsächlich darum zu tun, den berühmten Jäger *Nast*, der
das Wirtschaftsgebäude auf diesem Berge bewohnte und den
Wirt machte, kennenzulernen. *Nast* hatte einen Hirsch zum
Reiten und zu andern Künsten abgerichtet, einen Hasen die
Trommel zu schlagen und einen Esel wahrzusagen gelehrt.

---

* *Weickardt* war zu Rönnehey im Fuldaischen im Jahre 1742 geboren. Er war
ein geistreicher und aufgeklärter Mann, als Arzt aber zu einseitiger Brownianer. Er hatte sich nach der freien Reichsstadt Heilbronn begeben und tat dort
den Armen sehr viel Gutes. Der Senat beleidigte ihn dadurch, daß er ihm als
einem Fremden Einquartierung gab, und in Unmut verließ er nach einigen
Jahren wieder diese Stadt.

Wir gingen zum sogenannten Sülmertor hinaus. Da begegnete uns bald ein Bauer mit einem stattlichen Pferde an
einem Frachtwägelchen, der die gleiche Straße fuhr. »Ei!«
schrie der Bauer, »daß wir uns hier begegnen, mein lieber
Vetter *Matthias*!« *Matthias* erkannte in ihm einen nahen
Verwandten, einen Frachtbauer aus der Gegend von Öhringen, und freute sich des Zusammentreffens. Aber als er von
dem Jäger *Nast* und seinen Tieren auf dem Wartberg sprach
und daß er da hingehe, diesen kennenzulernen, da umwölkte
sich des Vetters Stirn gewaltig, und er brach in Schimpfreden
gegen den armen Jäger aus. »Nun«, sagte er, »dies gute
Pferd und noch etwas Geld dazu habe ich freilich durch ihn
gewonnen, aber den Schlag, den mir der undankbare Geselle
mit der Fläche der Klinge seines Hirschfängers über die
Schulter versetzte, und die Schimpfreden, die er mir gab,
werde ich nie vergessen, und kommt ihr zu ihm, so sagt es
ihm nur, und sagt nur aller Welt, daß das Tier, das er für ein
amerikanisches Nilpferd zu Frankfurt ausgegeben, nichts als
ein alter, haarloser Karrengaul gewesen.« *Matthias* sprang
vor Lachen hoch auf und sagte: »Das wäre doch ganz
possierlich, und könntet Ihr es beweisen, wollte ich es aller
Welt erzählen, auch Euch für die erhaltenen Schläge
rächen.« »Warum sollte ich es nicht beweisen können?«
sagte der Bauer. »Man frage nur den Scharfrichter zu Steinfurt bei Öhringen. Der Gaul hatte die *Strengel*[370], ich schüttete ihm vieles ein, allein es half nichts, bis der Scharfrichter
ihm einen starken Trank von Savenbaumzweigen[371] gab;
darauf verlor sich die *Strengel*, allein mit derselben verloren
sich alle seine Haare, das Tier wurde ganz und gar haarlos
und glatt wie ein Stiefel, selbst die Augenwimpern fielen ihm
aus, und sein Schwanz wurde wie ein Aal. Da war es vor
einem Jahre im Frühling, als ich den Gaul an meinem
Wägele diese Straße hinfuhr, daß mir dieser Jäger *Nast*
begegnete und den Gaul ansah; da schwatzte er mir vor,
wieviel ich gewinnen könnte, würd' ich mit diesem Pferde
unter seinem Schutze auf die Frankfurter Messe ziehen;

denn da wollte er es dann mit seinen andern Tieren ums
Geld sehen lassen, aber verschweigen müsse ich, daß es ein
gewöhnlicher Gaul sei; man müsse es als eine ganz neue
Tiergattung aus einem fremden Weltteile ausposaunen, und
dafür solle ich nur ihn sorgen lassen. Unter solchem Zureden verfolgte er mich bis in den Gasthof ›Zum Adler‹, wo
ich meinen Gaul einstellte, setzte sich mit mir an den
Wirtstisch und trank mir weidlich zu. Noch war an demselben Tische so ein junger Student von Heilbronn, der dem
Nast wohlwollte, der mischte sich auch in unser Gespräch
und redete mir sehr zu, doch mit dem *Nast* und dem Gaule
nach Frankfurt zu ziehen; auch gab er den Rat, das Tier dort
für ein *amerikanisches Nilpferd* auszugeben, dann werde es
Schaulustige genug finden, und krepiere es dort, werde es
von den Herren Gelehrten in die Sammlung ausgestopfter
seltner Tiere, die man dort habe, gewiß um schweres Geld
erstanden.
Nach solchen Reden willigte ich ein, und nach ein paar
Tagen waren wir in Frankfurt mit dem Gaul und den Tieren.
Der *Nast* ritt dort auf seinem Hirsche umher und verkündigte, daß er neben einem trommelschlagenden Hasen und
einem wahrsagenden Esel auch ein lebendiges amerikanisches Nilpferd besitze, was *derzeit* in Europa noch nicht
gesehen worden sei. Der Zulauf war sehr groß, und *Nast*
sagte mir den dritten Teil der Einnahme zu. Aber nach
wenigen Tagen wurden wir uneins; *Nast* schien meiner
Person überdrüssig zu werden, doch nicht des Nilpferdes,
und als ich seinem wahrsagenden Esel, der nach mir geschlagen, einen Tritt versetzte, so zog er seinen Hirschfänger
vom Leder und gab mir eine Fuchtel auf den Rücken, was
mir zu grob war. Kurz, wir trennten uns, und ich verkaufte
das *Pferd* ganz ehrlich als ein altes, haarloses *Pferd* an einen
vornehmen Herrn, der mit Löwen und einem Elefanten
reiste, um ein gutes Stück Geld, doch unter dem Versprechen, das Herkommen des Tieres wenigstens ein Jahr lang
zu verschweigen.

Nun ist das Jahr vorüber, und ich kann es nicht länger verschweigen, dem *Nast* zum Possen, der mir die Fuchtel gab.« »Man soll es erfahren, und dafür laßt mich sorgen, lieber Vetter!« versetzte *Matthias* mit innerer Freude über den Spuk dieser Zweien. »Es sind wohl viele Heilbronner da oben, da will ich es erzählen.« Nun wünschten sich *Matthias* und sein Vetter baldiges Wiedersehen. Der Fuhrmann fuhr die Straße nach Weinsberg hin, und wir lenkten links gegen den Wartberg ein.

Ein wunderlicher Tänzer

Während wir den weinbekränzten Berg hinanstiegen, begegneten uns viele schöngeputzte Damen und Herren, man sagte uns, es sei der Wochentag, an welchem auf diesem Berge große Konversation und Tanzbelustigung in dem weiten Saale des obenstehenden Gebäudes stattfinde. Als wir in den Saal traten, fanden wir ihn auch von Tanzenden erfüllt. Auf einmal stand alles still; eine hohe Mannsgestalt, den Leib nachlässig und malerisch nur mit einem Tuch umschlungen und auch das Haupt zur Hälfte in ein Tuch gehüllt, war eingetreten. Dieser Mann war ein Wahnsinniger, wie man mir in späterer Zeit erklärte, man hieß ihn den »Salzburger«, auch den »Josephle«. Über seinem Herkommen und Schicksale lag ein Schleier, und man wußte nur so viel aus seinen irren Reden, daß er einmal eine hohe Stelle zu Salzburg oder im Salzburgischen bekleidete, daß er dort widrige Schicksale erfahren, namentlich Freundestreubruch, unglückliche Liebe, und daß er geisteszerrüttet nach Schwaben und in die Wälder des württembergischen Unterlandes geriet, in welchen er sich nun in einem irren, halbwilden Zustande umhertrieb. Nachts und zur Winterzeit kam er in die Dörfer, wo er oftmals in den Backöfen, die vor den Ortschaften standen, übernachtete.

Hie und da ging er in ein Pfarrhaus, nahm aber nie Geldgeschenke, sondern notdürftig Nahrungsmittel an. Mit den Geistlichen sprach er Lateinisch und Griechisch und spielte auf dem Klavier wunderliche Phantasien. Sein Gang zeigte Grazie und Würde, so auch die Art, mit der er Haupt und Körper mit geschenkten Tüchern umhüllte und auch oft sich mit Blumen bekränzte. Wollte man ihn fragen über sein Herkommen, seine Schicksale, so wurde er einsilbig oder sprach in irren, unverständlichen Reden. Ungezogene Knaben eines Dorfes, die ihn einmal verfolgten, hatten ihm ein Auge ausgeworfen, was er mit einem turbanartig um den Kopf gewundenen Tuche verdeckte.

Er suchte immer die tiefste Waldnacht, aus der ihn nur Hunger oder auch Musik, hörte er sie aus der Ferne, locken konnten. Es war eine Zeit, wo die Polizei derlei Menschen noch nicht auffing.

Es war auf diesem Berge eine Warte, ein hoher Turm mit einem Knopfe aus Eisenblech, in den man durch Treppen und ein Türchen eingehen konnte, und dieser Knopf war so groß, daß, wie man sagte, sieben Schneider in ihm ungehindert arbeiten konnten. Sonst hatte der Turm kein Gemach und keine Bewohner. Schon seit mehreren Nächten hatte der Wahnsinnige in diesem Turmknopfe seine Schlafstätte genommen. Die Musik, die von dem Berge in den nahen Wald tönte, hatte ihn aus demselben gelockt. Er war in den Saal getreten in dem beschriebenen Aufzuge, den man schon an ihm gewohnt war. Alles hielt zu tanzen inne, er aber hatte sich einem sehr lieblich scheinenden Mädchen in blauem Kleide genähert, soll still vor sich hingesagt haben: »Ja! ja! ein solches Kleid trug sie!«, bot ihr den Arm zum Tanze, sie sträubte sich nicht, man kannte ihn schon, da tanzte er mit ihr voll Grazie und Rhythmus, während die ganze Gesellschaft das Paar umstand, ein paarmal auf und nieder, führte sie zur Mutter, von der er sie genommen, Dank murmelnd, und verschwand dann wieder so unerwartet und schnell aus dem Saale, als er hereingekommen war.

Der Magnetiseur Gmelin

Mir als Knaben kam durch dieses Mannes Aufzug mein »Robinson« in den Sinn, und ich wäre ihm gern bis in den Wald nachgegangen, hätte mich nicht *Matthias* festgehalten und in ein Nebenzimmer des Saales geführt, wo ihm ein Herr, wie er sagte, einen Schoppen eingeschenkt, weil er ihm die Geschichte vom Nastischen Nilpferd erzählte und meine Krankheitsgeschichte.

»Er kennt Ihren Herrn Vater«, sagte er, »und verlangt Sie zu sehen, es ist ein ›gemeiner‹ Herr[372], und Sie dürfen sich nicht fürchten.« Inzwischen war auch der Jäger *Nast* herbeigekommen, der hier den Wirt machte. Er hatte der Gesellschaft ein Buch gebracht, das aus lauter Zeugnissen von hohen Herrschaften bestand, die die Künste seiner Tiere mit Befriedigung gesehen hatten; auch fanden sich in ihm die Tiere in Abbildungen. Er erzählte, wie er erst kürzlich den Hirsch, der jetzt in der Brunft sei, wo sich kein Mensch ihm zu nähern wagen dürfe, nur mit Blicken, als er gerade auf ihn mit seinen Geweihen wie rasend zurennen wollte, zum Stehen und Gehorsam gebracht, sich auf ihn geschwungen und ihn geritten habe, während der Hase dazu einen Marsch getrommelt und »der Esel«, versetzte der Bekannte meines Vaters (der mich zu sich gerufen hatte), »die Trompete blies, und das amerikanische Nilpferd! ha! ha! Herr *Nast*!« »Ach!« fuhr ihm *Nast* in die Rede, »schweigen Sie doch von diesem Tiere; ich habe es ja nicht mehr, es war ja nie mein Eigentum«, und damit entfernte er sich mit dem Buche schnell aus dem Saal. Der Herr, der mich an der Hand hielt und ein Bekannter meines Vaters war, war der als Arzt und Magnetiseur damals sehr berühmte Hofrat *Dr. Gmelin* von Heilbronn.[373] Er sah mich immer sehr mitleidsvoll und liebreich an, und ich faßte ein großes Vertrauen zu ihm; aber noch schien ihn *Matthias'* Erzählung vom Nastischen Nilpferd sehr zu beschäftigen; *Matthias* mußte die Aussage seines Vetters

wiederholen und tat das auf eine sehr possierliche Weise,
daß alles in lautes Gelächter ausbrach.

»So geht es doch oft mit uns Gelehrten«, versetzte *Gmelin*,
»Blumenbach[374] hielt eine Vorlesung über dieses Tier und
erklärte es für keinen Betrug, sondern für eine höchst merkwürdige, bisher noch unbekannt gewesene Pferderasse; und
erst kürzlich las ich in einem Berliner Blatte, daß das Tier
dort um einen bedeutenden Preis verkauft wurde und alle
Naturforscher sich die Köpfe zerbrachen, was sie aus ihm
machen sollten, und das seltsamste Zeug darüber aus-
hecken.«

Einer der Herren hatte den *Nast* wieder herbeigerufen; da
foppten sie ihn alle gar gewaltig mit dem amerikanischen
Nilpferd. Er leugnete aber die Sache nicht, sondern erzählte
sie ganz gemütlich fast ganz so, wie der Bauer und *Matthias*
sie erzählt hatten. »Nun ja«, sagte er zu *Gmelin*, »ich foppte
damit nur etwas die Herren Gelehrten, und nun mögen sie
mich auch foppen, sie foppen sich selbst damit; wie manchen foppten die Herrn Ärzte schon mit Mitteln, die sie für
Heilmittel ausgaben und die es nicht waren!« »Ja, ja«,
versetzte *Gmelin*, »da sage ich nichts dagegen!« Bei diesen
Worten sah er mich inniger an und sagte dann leise zu mir:
»Ja, liebes Kind, auch du wurdest von Ärzten schon sehr
gefoppt! Komm mit mir einmal, ich schütte dir keine Arznei
ein.« Er führte mich nun eine Treppe empor in ein kleines
Zimmerchen von *Nast*, das an den Wänden mit vielen
ausgestopften Vögeln verziert war, hieß mich auf einen Stuhl
setzen, sah mir mit seinen schwarzen Augen fest ins Auge
und fing mich mit seinen ausgereckten Händen vom Kopf
bis in die Magengegend zu bestreichen an; er behauchte mir
auch mehrmals die Herzgrube. Ich wurde ganz schläfrig und
wußte endlich nichts mehr von mir. Ich mag lange schlafend
gesessen sein, als ich erwachte und den *Matthias* vor mir sah;
der Herr aber war nicht mehr da, und ich sah ihn in meinem
Leben nicht mehr. Auch *Matthias* wußte nicht, was der
Herr eigentlich mit mir getan; er hatte ihm nur im Weggehen

gesagt, er hoffe, daß es sich mit meinem Leiden bessern
werde, nur solle man mir keine Arzneien mehr geben. Dies
erzählte mir *Matthias*, und ich merkte es mir gar wohl für
die Zukunft.

In spätern Jahren begriff ich, daß mich der Herr magnetisiert
hatte. *Nast* war so gutmütig, daß er dem *Matthias* die
Erzählung vom amerikanischen Nilpferde wohl verzieh,
oder hatte er vielleicht nicht gehört, daß solcher sie gemacht;
denn er nahm uns noch sehr freundlich zu seinen Tieren mit,
nur den Hirsch, der gerade in der Brunft war, bekamen wir
nicht zu sehen; dagegen trommelte uns der Hase und schoß
eine Kanone los, der Esel kratzte auf *Matthias*' Frage »Wie
lange lebe ich noch?« nur einmal mit dem Fuße, was dem
Matthias ein Jahr lang große Unruhe machte. War dies eine
geflissentliche Veranstaltung *Nasts*, oder witterte der Esel in
Matthias einen Verwandten jenes Frachtbauern, der in
Frankfurt seinen Rücken bläute, und wollte er durch die
Prophezeiung, daß *Matthias* nur noch ein Jahr lebte, an ihm
Rache nehmen? Wir müssen es unentschieden lassen.

Das Rosengärtchen am Kirchhofe

Auf dem Rückwege mußten wir ziemlich eilen, denn es zog
ein starkes Gewitter am Himmel auf. *Matthias* schleppte
mich durch enge Gängchen zwischen zwei Kirchhöfen hindurch, aus deren einem ein hohes Kreuz von Stein ragte, an
das vom Sturme hin und her getriebene Trauerweiden schlugen. In seiner Nähe außer der Mauer setzte ich mich schlaf-
trunken auf einen Stein. *Matthias* fürchtete sich vor Gewit-
tern und sagte im Scherze, er wolle mich da sitzen lassen; das
brachte mich wieder auf die Beine. Wir waren an einem
Gartentore vorübergegangen, über dasselbe war eine Rose,
der die Blätter abfielen, eingegraben, und unten waren in
lateinischer Sprache die Worte eingehauen: »Schaue mich an
und denke dein!« In spätern Zeiten wurden diese Kirchhöfe

vereinigt, und es verschwanden die Gängchen zwischen ihnen. Dagegen sah man an ihrem Ende ein gar liebes Gärtchen, das ein Blumenfreund angelegt und vorzüglich mit Rosen aller Art bepflanzt hatte. Der Flieder an der Kirchhofmauer und die Rosen des Gärtchens an ihr bogen ihre Häupter zueinander. Mitten im Gärtchen aber, versenkt unter den Rosen, war ein Bauer, in dem immer eine Amsel die Melodie sang: »Pflücket die Rosen, eh' sie verblühn!« – Ich hörte manchmal, wie die Melodie dieses Vogels sich mit dem Trauergesange über der Mauer vermischte.

Unter Blitzen, Donnerschlägen und strömendem Regen kehrten wir wieder zu den Frauen zurück.

Die magnetischen Träume und die allmähliche Genesung

Die Frauen hatten nichts Eiligeres zu tun, als mich auskleiden und ins Bett bringen zu lassen, wo man mir, noch ehe man mich allein ließ, ein paar Tassen Hopelpopel anzwang. Mein Bett stand nächst einem Fenster, das zu der schönen, alten Kirche am Markte und ihrem künstlich erbauten, vielfach durchbrochenen Turme, auf dessen Spitze ein Ritterbild stand, sah. Der Sturm hausete besonders von diesem Turme her in den sonderbarsten, schauerlichsten Tönen; denn an verschiedenen Seiten des Turmes waren Schallöcher angebracht, die, wenn der Sturm in sie blies, schauerliche Töne stoßweise über die ganze Stadt verbreiteten. Von Blitzen erleuchtet, standen Turm und Kirche bald in Feuer, wie auf Goldgrund mit ihren schwarzen Umrissen, bald verschwanden sie wieder in die finsterste Nacht. Als aber die Wolken sich entleert hatten, trat der Mond an den reinen Himmel, und Kirche und Turm standen in einer Schönheit vor mir, wie ich Gebäude der Art noch nie sah. Lange verweilte mein Blick auf ihr und spielte meine Phantasie mit den schönen Umrissen des Turmes mit seinen Steingebilden,

grotesken Köpfen von Tieren und Menschenfratzen, die als
Köpfe von Rinnen aus ihm ragten, und mit seiner künstlich
durchbrochenen Wendeltreppe, die sich um ihn fast bis zu
seiner Spitze mit dem auf ihm stehenden Ritterbilde schlang.
Die vom Monde erhellten Kirchenfenster malte ich mir in
Gedanken selbst mit den buntesten Bildern aus. Nach und
nach gingen aber alle diese Bilder mit mir in Schlummer und
Traum über. (Und nun sei mir erlaubt, hier das erste Mal in
diesen Blättern Dichtung mit Wahrheit zu verbinden und
den Traum, den ich da von dem auf dem Turme stehenden,
altdeutschen Bilde, von meinem Bruder Georg und von den
Bildern auf den Fenstern der Kirche hatte und der mir in
völliger Klarheit nicht mehr erinnerlich ist, so wieder zu
träumen.)
Mir träumte: Ich stand an der vor mir liegenden Kirche. Es
war Mondschein, alles stumm und tot. Ich sah an dem Turm
empor; da sah ich, wie das Steinbild, das auf seiner Spitze
steht, sich bewegte, ja wie es endlich einen Fuß über den
Turm hinausstreckte, wie einst Kaiser Maximilian auf dem
Kranze des Ulmer Münsters.[375] Aber noch mehr erstaunte
ich, als das Steinbild die durchbrochen daliegende Wendeltreppe des Turmes sichtbar und hörbar hinabstieg, immer
näher nach unten kam, bis ich endlich seinen Gang durch die
Kirche hörte. Die Türe der Kirche öffnete sich, und da stand
das Bild vor mir, war aber kein Steinbild mehr, nicht mehr
der Ritter (ich hielt dieses Bild für den Ritter St. Georg),
diesen sah ich wieder oben stehen, sondern es stand mein
Bruder Georg vor mir, der noch lebte und sagte: »Siehe da
auf die Uhr, die Böcke stoßen sich zwölfmal, der Hahn
kräht und der Engel posaunet, da war meine Zeit um.«
(Mein Bruder Georg starb im Jahre 1812. Der Traum, der
mir ihn auf der Spitze des Turmes in der Gestalt jenes
Steinbildes, das den Fuß noch über den Turm hinausstreckte, figurierte, wollte wohl mit sein Leben andeuten, in
dem er so oft Wagnisse begann und auf schwindelnder Höhe
über Abgründen stand.)

Der Traum ging aber noch weiter. Ich trat in die Kirche; sie war hell vom Monde beleuchtet, und besonders brannten die Glasgemälde ihrer Fenster in nie gesehener Farbenpracht. Die Bilder in den Gemälden, die ich auf ihnen erblickte, waren aber völlig lebend und bewegten sich. Wie Bilder einer Laterna magica kamen sie, je nachdem der Mond schien, mir völlig nahe und traten dann in Lebensgröße wie von den Fenstern heraus in die Kirche, bald schwebten sie wieder zurück und wurden klein, doch je kleiner, je heller, lebendiger und beweglicher. Es waren aber diese Bilder keine Bilder von Heiligen, sondern von Menschen, die ich noch nie gesehen hatte, die aber in spätern Jahren meines Lebens und besonders in dieser Stadt mir vorkamen und tief in mein Leben eingriffen, was ich freilich jetzt noch nicht ahnte und nicht zu deuten wußte, was mir aber später in völliger Klarheit vor Augen trat. Oft gruppierten sich diese Bilder, und ich erblickte mich immer selbst unter ihnen, zu Darstellungen, die immer wieder wechselten, und später erkannte ich, daß diese Szenen aus meinem damals noch kommenden Leben gewesen.

Auf all den Fenstern und in all den Darstellungen erblickte ich unter andern Frauen- und Männergestalten immer eine Gestalt wieder, und diese leuchtete mir aus allen klar heraus, und schien sie mir zu verschwinden, wandelte mich eine Angst an, und ich suchte sie, bis ich sie wieder sah. Nachher erkannte ich in der treuen Gefährtin meines Lebens diese damals auf diesem Kirchenfenster im Traume gesehene Gestalt wieder. – Nach und nach verwandelten sich in diesem Traume Bilder, Kirche und Turm zu andern Gestalten, ich sah meinen *Matthias* und den bucklichten Geheimerat im roten Bordenrocke miteinander auf dem Hirsche des Jägers *Nast* auf dem Marktplatze reiten und ihnen den Professor *Mayer* auf dem amerikanischen Nilpferde nachjagen. Sie jagten immer in einem Kreise umher, wie von einem Wirbelwinde getrieben, der sie auch endlich, sie immer herumwirbelnd, hoch in die Lüfte hob, bis sie unter Wolken verschwanden und ich mit einem Erbrechen des aufgedrungenen Hopelpopels erwachte.

So weit Dichtung mit Wahrheit – aber reine Wahrheit ist, daß ich von dieser Zeit an durch mein ganzes Leben voraussagende Träume behielt, die mir zu einer wahren Qual im Leben wurden, eine Qual, die ich keinem wünsche und die mich gleichsam praktisch kennen lehrte, welch ein Unglück es für den Menschen wäre, hätte ihm Gottes weise Hand die Zukunft nicht verschlossen. Diese voraussagenden Träume finden bei mir gegen Morgen statt, besonders wenn eine schlaflose Nacht mich erst gegen Morgen ruhen und in Schlaf sinken läßt. Sie kamen immer unter Bildern und symbolisch vor. Erscheinen von Licht bedeutet kommende Freude (ach! es erscheint mir solches in meinem Alter immer seltner!).

Nachdem mich diese Lichtträume lange als frohe Vorbedeutung durchs Leben begleitet, träumte mir einmal (es war im vorgeschrittenen Alter), ich sehe an den vier Ecken meines Hauses eine leuchtende Glut, die aber einer mit einem Zweispitz herauszuhauen trachtete. Ich konnte mir wachend den Traum nicht sogleich deuten, hoffte noch auf eine kommende Freude, aber später erkannte ich, daß mir durch diesen Traum symbolisch angedeutet wurde, es solle fortan mit jenen Lichterscheinungen (Freuden) aus sein, sie sollen gleichsam aus meinem Hause herausgehauen werden; denn von dort an hatte ich keinen Traum von Licht mehr und kam auch keine wahre Freude mehr in mich. Seit damals scheint mich auch meine Grundzahl verlassen zu haben, die Zahl *Sieben*, in der mir immer etwas Freudiges wurde, während sie jetzt im Gegenteil immer nur Trauer bringt.

Zu den lichten Erscheinungen, als Freude bedeutend, gehört noch, daß mein verstorbener Tochtermann *Dr. Niethammer*[376] zu Heilbronn sehr oft, wenn er wegen irgendeines Vorfalles in Kummer wachend im Bette lag, vor sich einen Stern im Zimmer sah, was ihm immer bedeutete, daß ihm bald wieder Freude werden würde, aber in seiner letzten, fast ein Jahr lang andauernden Krankheit, von der er nicht mehr genas, geschah das nicht, er sah nie den Stern mehr. Wasser bedeutet bei mir Verdruß und Betrübnis; springendes Wasser keine Betrübnis, mehr Freude; Kot wüste Händel; Schnee und Eis Krankheit; so auch Essen von Trauben, schwarzen Beeren, auch andern Beeren, Krankheiten, letzteres besonders Krankheiten von Kindern; Blut bedeutet Verdruß mit Verwandten; Fliegen im Traume deutet auf Kummer, den man gerade hat. Merkwürdig ist, und nach einer Erklärung wartend, daß nicht nur ich, sondern auch andere die Bemerkung machten, daß, wenn sie von einem Zimmer träumten, welches das ihre sein sollte, es nie dasselbe war, es immer ganz anders gestaltet und möbliert war.

Diese voraussagenden Träume entstehen völlig von der Herzgrube, den Solarnervengeflechten[377], aus und kommen beim Erwachen einem zur Erinnerung nur, solange das völlig wach gewordene Gehirn noch nicht das Übergewicht über jenes erhielt. Will man, erwacht, mit dem Gehirn darüber nachdenken, so entstehen oft in der Herzgrube (dem Solargeflechte) Schmerzen, und man muß mit dem Gehirn zu denken aufhören.

Da ich auf das Eintreffen solcher voraussagenden Träume gewiß rechnen kann, so sind sie mir eine wahre Pein im Leben, besonders da ihre Erfüllung oft erst nach drei Tagen stattfindet, doch meistens am gleichen Tage des Erwachens aus ihnen.

Bei meinem damals ohnedies vorherrschenden Gemütsleben hatte jene magnetische Manipulation, so kurz sie auch war, ein magnetisches Leben in mir erweckt, das mir von dort an jene voraussagenden Träume und Ahnungen gab und in mir später selbst eine Vorliebe für die Erscheinungen des Nachtlebens der Natur, für Magnetismus und Pneumatologie,[378] schuf. Von da an schien auch wirklich eine Abnahme meines körperlichen Leidens sich einzustellen. Ich wurde zwar sehr geplagt, die Vorschriften des Herrn Geheimerats *Weickardt* getreu zu befolgen; aber ich tat es nicht, nahm zwar dessen

Arzneien von meinen Eltern ein, aber brach sie geflissentlich
sogleich wieder; denn ich hatte das innere Gefühl, daß sie
nur schaden würden. Darauf verschonte man mich mit
denselben, und das Übel verschwand nach und nach, auch
mit Aufhören des schnellen Wachstums.

Bis ins höhere Alter blieb mir aber die Eigenheit, daß in mir
die der willkürlichen Bewegung sonst nicht unterworfenen
Muskeln des Magens ganz meinem Willen sich unterordne-
ten, daß ich ohne vorausgegangenes Wehsein, nach meinem
Willen, was in den Magen gekommen, wieder aus demselben, wie aus einer Hand, werfen konnte. Auch die Bewegung der Regenbogenhaut meiner Augen (der Iris) blieb
meinem Willen unterworfen, ich konnte ohne Einfluß des
Lichts, bloß mit meinem Willen, das Sehloch meiner Augen
erweitern oder verengen. *Kanzler von Autenrieth*[379] und der
alte Professor *Plouquet*[380] in Tübingen stellten mit mir darüber bestätigende Versuche an. Dem zuletzt gebrauchten
Arzte blieb der Sieg und Ruhm über die vielen früher
gebrauchten, und meine gute Mutter konnte jedem Kranken
die Wunder des Hopelpopels und der Pfefferkörner des
Herrn Geheimerats *Weickardt* nicht genug anpreisen.

Zurückkunft nach Maulbronn

Als wir in *Maulbronn* wieder angekommen waren, war mein
erstes, nach meinem Garten zu sehen. Die Pflanzen, die ich,
als ich *Maulbronn* im Frühjahr verließ, angesäet und
gepflanzt hatte, standen nun im Herbste in voller Blüte oder
waren schon verblüht. Die Beete bunter Astern, Nelken und
Herbstrosen waren jetzt meine innige Freude. Damals
wußte man noch nichts von Georginen, Azalien, Kamelien,
Rhododendren usw., man begnügte sich mit Astern, Levkojen, Balsaminen,[381] Nelken, Herbstrosen, Reseden, Veil-
chen, Lilien und Rosen, und diese Blüten meiner Jugend
sind mir auch noch die liebsten im Alter; ihr Geruch führt

mich immer in jene Tage meiner Kindheit, und besonders, wo ich auch bin, immer wieder in meinen lieben Garten im Kloster *Maulbronn*.

Mein Vater gab sich mit meinem Unterricht auch selbst viel in Liebe ab; er blieb auch immer noch der Begleiter in seine Gärten, zu seinen Bäumen und Bienen, wo er mich das Inokulieren und Zweigen[382] lehrte und mich zu andern kleinen Gartenarbeiten anhielt. Ich war auch hier wieder viel zerstreut, aber nie untätig. Zur Nachtzeit, wenn er in seinem Altvatersessel saß, nahm er mich oft zwischen seine Füße oder auf seinen Schoß und erzählte mir von fremden Ländern, ihren Menschen, Tieren und Pflanzen, auch Geschichten aus seiner Jugend, oder trat er mit mir vor das geöffnete Fenster und erklärte mir den gestirnten Himmel; auch von Meteoren und Mondsteinen sprach er. Ich erinnere mich, daß er mir da einmal den Bericht eines Dorfschulzen aus dem Oberamte *Maulbronn* aus früheren Zeiten vorlas, den er in seiner Registratur gefunden, welcher von einem feurigen Drachen berichtete, der, im Angesicht der ganzen Gemeinde, abends hoch durch den Himmel gefahren und aus seinem Rachen mit furchtbarem Knall feurige Steine gespieen habe. Offenbar war dies eine Explosion von Meteorsteinen; mein Vater erklärte mir den Bericht auch auf diese Weise.

Mein weiterer Unterricht in *Maulbronn* wurde nun auch wieder wie früher durch den Professor *Mayer* und durch die älteren Studierenden fortgesetzt, auch erteilte mir Professor *Hiller* Unterricht in der Geschichte, Geometrie usw.; aber es wurde nicht mehr der Ernst und die Strenge wie in *Brackenheim* eingehalten, auch hatte ich nicht mehr die Kameraden, denen ich nacheiferte, die ich dort hatte, und insofern wäre es besser gewesen, man hätte mich dort gelassen. Mir aber, der ich das nicht so ermaß, war natürlich der Aufenthalt im elterlichen Hause wieder sehr erwünscht; denn fern von meinen Eltern, Blumen und Tieren blieb mir, war ich auch noch so zerstreut, doch immer ein Heimweh im Herzen.

Bald als wir ankamen, wurde das Kloster von Fremden erfüllt; denn es fand eine Einlieferung von neuen Alumnen[383] statt; sie kamen aus dem Kloster *Denkendorf* und wurden meistens von ihren Eltern und Pflegern begleitet, die in die Häuser der Professoren und Beamten nach eigner Wahl von diesen einquartiert wurden. Meinem Vater fiel unter ihnen ein Mann auf, der ein besonderes, einnehmendes und redliches Aussehen hatte und für den er sogleich die größte Zuneigung fühlte; diesen erwählte er sich aus allen zum Gaste. Der Sohn, den er mitgebracht hatte, fiel mir darum auf, weil ich meinte, ich hätte ihn schon oftmals gesehen. Er selbst versicherte mich, daß wir uns gewiß noch nie gesehen, aber ich ließ mir's nicht nehmen, dachte ihm immer nach, und auf einmal kam es mir, daß ich ihn in jener Traumnacht unter den Bildern auf den Fenstern der Kirche zu *Heilbronn* mehr als einmal sah, und zwar meistens in der Nähe jener Gestalt, die mir so oft auf ihnen erschien und nach der mir immer ein Heimweh auch selbst unter meinen Blumen blieb. Jenen Mann aber, seinen Vater, den mein Vater so liebgewonnen, erinnerte ich mich nie, vorher je gesehen zu haben; auch in meinen spätern Jahren sah ich ihn nie wieder; aber er blieb mir mit seinem menschenfreundlichen Gesichte, silberweißen Haaren und lieben Wesen farbig und tief ins Gedächtnis eingeprägt, ob ich ihn gleich damals als Kind nur kurz und oberflächlich sah. Dieser Mann war der Professor *Ehemann*[384] von *Denkendorf*, dessen Tochter *Friederike*, als ich sie zehn Jahre später zum ersten Mal erblickte, die treue Gefährtin meines Lebens, so wie dieser ihr Bruder, auch in viel spätern Jahren, mein inniger Freund und Teilnehmer an vielen Jahren meines Lebens wurde.[385]

Sie war mit mir in gleichem Alter, und die ersten der Studenten, die von *Denkendorf* nach *Maulbronn* promoviert[386] wurden und mir in *Maulbronn* Unterricht erteilten,

hatten vorher auch ihr Unterricht in *Denkendorf* erteilt.
Nur in diesem Rapporte standen wir, hörten aber nie voneinander und sahen einander nie, als in jener spätern Zeit,
wo wir uns auf ewig verbanden. Hätte mein Vater damals
geahnt, welchen künftigen nahen Verwandten er sich zum
Gaste auserwählt! Vielleicht war aber diese seine Wahl schon
eine geheime Ahnung, die er nicht zu deuten wußte. Der
Mann schied nach kurzem Aufenthalte auch ganz begeistert
von meinem Vater. Sie sahen einander nie wieder.

Der Bauer Rapp

Es hatte sich damals in Württemberg und besonders zahl-
reich im Oberamte *Maulbronn* eine Sekte gebildet, deren
Anhänger sich Separatisten nannten. Sie waren ihren Grundsätzen nach Spiritualisten, Opposition gegen alle Kirche,
mehrere sogar Pantheisten. Ihre politische Schwärmerei war
nur Nebensache. Ihr Anführer, namens *Rapp*[387], war aus
dem Dorfe *Iptingen*, Oberamts *Maulbronn*, ein Mann noch
von den besten Jahren, mit einem kräftigen Körper, hellem
Verstand und festem, entschlossenem Charakter.
Obgleich mein Vater sich seinen Bestrebungen und der
Verbreitung seiner Sekte als Beamter entgegenstellen
mußte, suchte er doch alle Gewalt und Strenge, war sie ihm
auch anempfohlen, gegen ihn und seine Brüder zu vermeiden.
Gegen ihre Grundsätze war es besonders, einen förmlichen
Eid zu schwören, denn sie behaupteten, ein Manneswort
müsse ohnedies heilig sein und dürfe nur in Ja und Nein
bestehen, und deswegen wollten sie auch dem Herzoge
keinen Huldigungseid leisten. Es sollte mit harten Strafen
gegen sie eingeschritten werden; mein Vater aber machte
zwischen ihnen und der Regierung den Vermittler, und um
diese Zeit besuchte *Rapp* öfters unser Haus, und ich erinnere
mich gar wohl noch seiner und seines langen schwarzen

Bartes, mit dem der nachher so berühmt gewordene Bauer oftmals bei uns neben meinem Vater zu Tisch saß.

Es ist bekannt, daß er später nach dem Tode meines Vaters mit seinen Glaubensbrüdern nach Nordamerika zog und dort unter dem Namen »Harmonie« eine eigene Kolonie auf eine Mischung von theokratisch-patriarchalischen und kommunistischen Prinzipien gründete. Diese frühere Kolonie vertauschte er später mit einer andern, die er »Economie« benannte und wo er in sehr hohem Alter am 7. August 1847 starb. Es freut mich, daß mein Vater das Ungewöhnliche, das in diesen Menschen lag, auch in seinem ersten Keime nicht mißkannte.

Mein Bruder Georg mit Reinhardt in Maulbronn

Mein Bruder *Georg* hatte inzwischen, wie schon weitläufig erwähnt wurde, den Sturm der Revolution in Paris mitgemacht, Wunden erhalten und der Guillotine getrotzt.

Beruhigter wurden meine Eltern, als er, sich aus diesen Pariser Stürmen herausarbeitend, den gefahrloseren Weg der Diplomatie einschlug, eine Bahn, die er seinem Landsmanne, dem Württemberger *Reinhardt*, nachherigen Grafen und Pair Frankreichs, zu verdanken hatte. Mit diesem schloß er schon damals einen Freundschaftsbund, der, obgleich seine politischen Gesinnungen oft sehr von denen *Reinhardts* abwichen, fest bis an beider Ende dauerte.

Als *Reinhardt* Gesandter in *Hamburg* wurde, begleitete er ihn als Privatsekretär dahin. Auf sein Zureden fand sich auch sein Freund *Reinhold*, der bisher in der holländischen Armee diente, in Hamburg ein und begann dort als Privatsekretär des holländischen Gesandten *Abemar* seine diplomatische Laufbahn.[388] Beide Freunde lebten da vom Januar 1796 bis Ende Februar 1798 miteinander, nur einen Teil des Winters 1797 brachte mein Bruder *Georg*, von *Reinhardt* dahin geschickt, in Paris zu.[389] *Reinholds* spätere Laufbahn wurde schon berührt.

Im Frühling 1798 reiste *Reinhardt* in einer diplomatischen Sendung nach Italien und traf mit meinem Bruder unversehens in *Maulbronn* ein.

Die Freude des Wiedersehens nach all den Gefahren und Irrwegen war groß und zähmte selbst die Strenge meines Vaters, der, ein fester Monarchist, den republikanischen Sohn demungeachtet mit Liebe wieder an sein väterliches Herz drückte.

Die ernste Würde *Reinhardts*, dessen Aussehen gar nicht das eines leichten Republikaners war (schon damals hatte er das Aussehen eines Grafen und Pairs), das Lob, das er meinem Bruder erteilte, wie er sich in Paris Liebe und Ansehen verschafft, die Erzählungen von den Stürmen, in denen er gänzlich mit Aufopferung seiner selbst das Leben von Freunden und von Fremden verteidigt und gerettet, das alles erwärmte das väterliche Herz.

Reinhardt hatte auch seine Gattin bei sich; es war die Tochter des bekannten Professors *Reimarus* in Hamburg.[390] *Reinhardt*, in seiner Jugend zum Theologen bestimmt, hatte auch einst die württembergischen Erziehungsanstalten für Theologen, die Klöster, durchlaufen, und es war ihm nun sehr angelegen, seiner Gattin all die klösterlichen Einrichtungen zu zeigen und mit ihr sich in diese Zeit seiner Jugend wieder zurückzuversetzen.

Leider waren die Klosterzöglinge gerade in der Vakanz. Um der Gesandtin einen Begriff von der Kleidung zu geben, die auch ihr Gatte in dieser Schule einst trug, ließ mich mein Vater in die Kuttentracht eines Klosterzöglings kleiden, in welcher ich unerwartet zur Türe hereintrat und der Frau Gesandtin einen Blumenstrauß überreichte. Der Besuch des Gesandten und seiner Gattin dauerte einige Tage, der meines Bruders, glaube ich, noch länger.

Es waren für mich vergnügte Tage, denen bald sehr traurige folgten.

Mein Bruder Georg fand das Aussehen des Vaters sehr
verändert. Die so kräftig gewesene Gestalt schien ihm mehr
zusammengefallen, das feurige schwarze Auge mehr erlo-
schen, er äußerte gegen den Bruder Carl seine Besorgnisse
und war mit großem Herzeleid geschieden.
In der Tat hatte auch mein Vater schon seit einem Jahr zu
kränkeln angefangen, und das Leiden stellte sich immer
mehr heraus.
Es war ein chronisches Leiden des Magens, es bildete sich
eine Verhärtung am Magenmunde, die bald keine Speise
mehr in denselben ließ, wodurch auch häufiges Erbrechen
stattfand. Meine Mutter war unermüdet in der Pflege ihres
Gatten, und meine Schwester Wilhelmine wich auch wenig
von seinem Lager, denn sie machte des Vaters Sekretär und
Vorleser. Viele Ärzte wurden zu Rate gezogen, zuletzt auch
wieder jener russische Arzt zu Heilbronn, der es abermals
an Anraten seines Hopelpopels nicht fehlen ließ; allein es
trat Zehrfieber und völlige Abmagerung ein. Es war für
mich betrübend, nun allein zu meinen Blumen und zu des
Vaters verlassenen Bäumen wandern zu müssen; im Hause
und in den Gärten gestaltete sich alles trübe, die alten
Rappen wurden verkauft, und auch Matthias verlor seinen
Mutwillen und Scherz; denn er glaubte nicht anders, als er
werde nach jener Prophezeiung des Esels gewiß in diesem
Jahr auch ans Ende seines Lebens kommen.
Des Vaters Aussehen machte mich entsetzlich bange; ich
fürchtete, mich ihm zu nähern, und sah nur oftmals von der
nahen Klostermauer, die einen bedeckten Gang hatte, ver-
stohlen in das Zimmer, wo sein Krankenlager war, hinein.
Von Arzneiflaschen umgeben, lag er da bleich und zum
Gerippe abgemagert im Bette und meine Mutter oft an
demselben knieend und betend.
Ein jeder neu ankommende Arzt machte mir nur Angst, und
ich floh in den Klosterzwinger zu meinen Blumen oder den

Bäumen meines Vaters, die mir aber auch bald wieder bange machten, so daß ich oft von ihnen wieder auf die Mauer zurückkehrte und heimlich in das Krankenzimmer blickte, zu sehen, was da vorging.

Als ich eines Abends so einmal (es war schon Dämmerung) von der Klostermauer in das Fenster des väterlichen Krankenzimmers sah, sah ich mich auf einmal ganz deutlich selbst im Zimmer. Ich sah mich knieend vor dem Bett des Vaters und hatte seine gelbe, abgemagerte Hand in der meinigen. Ich blickte auf den Vater; sein schwarzes Auge sah mich verklärt an. Da faßte ich Mut, ich eilte wirklich zum Zimmer, ich fand meine Mutter vor des Vaters Bette im Gebete, meine Gestalt sah ich nicht mehr, aber nun kniete ich auch nieder und faßte seine Hand, und er blickte mich, wie ich es vorhin gesehen, verklärt an. Von da an trat ich öfters ins Krankenzimmer selbst, hatte meine Angst vor dem sterbenden Bilde überwunden, und mein Vater wurde auch freundlicher gegen mich, denn er hatte mein seltenes Erscheinen bald für Mangel an kindlicher Liebe gehalten, was es doch nicht war.

Mein Unterricht wurde, da die Aufsicht des Vaters fehlte, wieder lässiger betrieben, und ich fiel wieder mehr der Natur anheim. Damals aber legte sie ihre Sehnsucht, ihre Wehmut in mich, und mit ihnen die Poesie.

Während der Krankheit meines Vaters kam mein Bruder *Carl* öfters zu uns nach *Maulbronn*. Er war damals Lieutenant unter der Artillerie des Schwäbischen Kreises, die zu Ludwigsburg stationiert war. An Geist wie an Körper war er zum liebenswürdigsten Jüngling herangewachsen, und durch den festen Charakter und die Besonnenheit, die er schon frühe zeigte, war er meinem Vater sehr teuer, und er ahnete mit Freuden in ihm schon damals die einstige Stütze seiner Hinterbliebenen, was er auch im vollsten Maße wurde.

Für diesen Bruder hegte ich auch schon damals große Achtung und Liebe, obgleich auch unser Wesen wieder sehr

verschieden voneinander war. Er war Verstand und Mathematik, ich bloß Gemüt ohne alle Berechnung. Meine poetischen Versuche traf schon damals oft sein Spott, und in
solchem hieß er mich oft den Dichter _Kotzebue_[391], welcher
Name zugleich eine Anspielung auf meine frühere Krankheit
sein sollte. Aber er meinte es immer durchaus liebevoll und
rechtschaffen, und ich folgte ihm auch in allem gern, selbst
seinen Anmahnungen, mich auch hinter die Zahlen und
geometrischen Gleichungen zu machen, was mir gewiß sehr
schwer fiel und gegen meine Natur war.

Des Vaters Tod

Die Kräfte meines Vaters schwanden immer mehr, und er
machte sich bald selbst keine Hoffnung zu einem Aufkommen. Seinen Tochtermann, den Pfarrer _Zeller_, damals zu
Wiernsheim, nicht weit von _Maulbronn_, hatte er öfters zu
fernen Ärzten um Rat geschickt.
Wenige Wochen vor seinem Tode dachte er dafür einen
freundlichen Dank für ihn aus. Er hatte (wie schon erwähnt)
in seiner Gemäldesammlung ein sehr gut in Öl auf Holz
gemaltes Kniestück, Lebensgröße; es stellte den Cimon im
Kerker vor, wie er sich an der Brust seiner Tochter nährte.[392]
Dieses sandte er dem Tochtermann mit folgenden Zeilen:
»Sie haben sich durch Ihre Gutmütigkeit bemühet, mich aus
der Gefangenschaft meines Krankenzimmers zu retten;
empfangen Sie dafür zum Andenken dieses Sinnbild kindlicher Liebe. Bewahren Sie es und denken Sie dabei, was
kindliche Liebe bei Ihnen nicht vermochte, vermochte endlich der erbarmende Engel des Todes.«
Wenige Tage vor seinem Tode diktierte er seinem Schreiber
einen Abschied an Frau und Kinder. Es möge hier aus
demselben nachstehendes Platz finden.

»Liebste Ehefrau!

Du hast mir in Deinem Leben viele Liebe erwiesen, auch an dem Rande des Grabes danke ich Dir. Ich bitte Dich, so sehr ich Dich bitten kann, betrübe Dich über meinen Tod nicht zu sehr, betrage Dich als eine vernünftige Christin und denke, daß Du der Vorsehung nicht widerstreben kannst. Es mußte so sein, und Gott nur weiß warum – und es wird gut sein.

Ich wünsche, daß Du nach meinem Tode wieder nach Ludwigsburg ziehest. Verwandte, Freunde und Bekannte werden Dir dort Deine Einsamkeit erträglicher machen.

Lebest Du sparsam, wie Du ja tun wirst, so hoffe ich, daß Du von dem noch vorhandenen Vermögen und dem Witwenkassengehalte werdest leben können. Man möge Se. herzoglichen Durchlaucht um eine Pension für Dich bitten; denn ich diente 30 Jahre, und die Oberamteien sind nicht so beschaffen, daß ein Mann ohne großes Vermögen, der streng und uneigennützig handelt, mit einer großen Familie, auf ihnen sich Vermögen schaffen könnte, der Ausgaben sind zu viele!*

Ist mein Körper erblaßt, so kann man eine Sektion an ihm vornehmen, um meiner Kinder willen; sodann aber ist er ohne die mindeste Zierde eines Sterbekleides in den blauen Schlafrock einzukleiden, den ich ohnlängst von meiner lieben Frau erhalten. Der Sarg, in den man ihn legt, soll nur von Tannenholz sein, braun angestrichen. Man soll meine Chaise abdecken, den großen Bock aufschrauben und meinen Sarg morgens 5 Uhr, wo mein Begräbnis veranstaltet werden soll, darauf legen.

---

* Zur Zeit, als mein Vater den Dienst als Oberamtmann zu Ludwigsburg antrat, mußte man für alle Dienste in die Privatkasse des Herzogs Carl eine Summe entrichten, mein Vater damals die beträchtliche Summe von 6500 Fl. Später verlor er noch 4000 Fl. durch Anlehen an Freunde. Meine Mutter kam nach seinem Tode um eine Pension ein, erhielt aber keine, und die Witwenkasse, es war die von Hanau, aus der für sie mein Vater etwas gehofft hatte, fallierte bald nachher.

Niemand soll mich zu Grabe geleiten als meine Söhne, mein Tochtermann und Herr Professor *Mayer*. Zur Tragung des Sarges vom Kirchhoftore bis zum Grabe soll man acht arme Männer bestellen und belohnen. Keine Trauerrede soll man, weder in der Kirche noch auf dem Grabe, halten, sondern einzig auf ihm ein stilles Vaterunser beten.

In der nächsten Amtsversammlung soll man den Amtsvorstehern und Bürgern, die mir während meiner Amtsführung ihr Vertrauen schenkten, dafür danken und sie versichern, daß meine Absicht immer gewesen, das Wohl des Amtes zu befördern, daß ich aber unter vorliegenden Umständen nur weniges Ersprießliches hätte ausrichten können.«

An jedes seiner Kinder richtete er in diesem Abschiede noch Worte der Belehrung und Liebe. Von mir heißt es:

»Du liegst mir schwer auf dem Herzen, daß ich nicht mehr für Dich sorgen kann. Dein Oheim wird Vaterstelle an Dir vertreten; sei diesem und Deiner Mutter gehorsam. Dein Glück kannst Du in der Welt allein durch gute Aufführung und Fleiß in Deinen Studien machen. Wähle Dir einen Beruf, zu dem Du einmal Lust hast. Ich scheide mit schwerem Herzen von Dir! Gott segne Dich!« Dann schloß er: »Meinen Geschwistern, Anverwandten, Freunden und Bekannten sage ich meinen innigsten Dank und empfehle ihnen meine liebe Frau und Kinder. Endlich empfehle ich meinen Geist in die Hand des allgütigen Gottes!«

Noch kurz vor der Stunde seines Todes empfing er in Gemeinschaft mit meiner Mutter das heilige Abendmahl. Er nahm die heilige Hostie, vermochte sie aber nicht mehr zu genießen; da nahm meine Mutter sie von seinem Munde und genoß sie für ihn unter Gebet und Tränen.

Sein Begräbnis wurde veranstaltet, wie er befohlen. Ein Fruchtbaum aus seiner Baumschule wurde ihm aufs Grab als Monument gesetzt. Darauf herrschte Totenstille im Hause. Ich floh zu den Bäumen meines Vaters und zu meinen Blumen. Die Trauer der Mutter machte mich noch trauriger;

ich vermied sie, bis endlich der Verkauf der überflüssigen Hausgeräte und die Veranstaltung zur Abreise nach Ludwigsburg das jugendlich bewegliche Gemüt in Zerstreuung und in den Tumult des Lebens zurückbrachten. Ich hatte das 13. Jahr erreicht.

Rückkehr nach Ludwigsburg

Wir kamen nun in meine Vaterstadt *Ludwigsburg* zurück, aber ohne den Vater. (Es war das Jahr 1799.)
Dadurch, daß Herzog Friedrich mit einem prächtigen Hofstaate seine Sommerresidenz in *Ludwigsburg* genommen hatte und mehr Militär als früher anwesend war, hatte *Ludwigsburg* ein etwas lebendigeres Ansehen gewonnen; aber es reichte auch dieses doch noch nicht hin, die langen Straßen und weiten Plätze wirklich zu beleben, und oft stand es, blickte man in eine solche Straße hinaus, längere Zeit an, bis man eine größere Anzahl von Menschen in ihr erscheinen sehen konnte; oft schwebte nur am äußersten Horizonte einer solchen Straße der Perückenmacher *Fribolin* oder der dicke Brunnenmacher *Kämpf* wie in einem Schattenspiele vorüber.[393] Den glänzenden Hof und das Militär erblickte man mehr in den Alleen und Schloßräumen. Die Stadt, wenn sie auch an Leere etwas verlor, war beängstigender geworden.
Unsere Wohnung war wieder auf dem Marktplatze, in dem der Oberamtei gegenüberstehenden obern Viertel der Arkaden, wo jetzt mehrere Schulen eingerichtet sind. Da gab es nun viele schmerzliche Erinnerungen und Entbehrungen, besonders für meine gute Mutter. Ihre Haushaltung bestand nun nur noch aus meiner jüngeren Schwester *Wilhelmine*, aus mir und einer Magd; denn meine ältere Schwester *Ludovike* hatte sich noch zu Lebzeiten meines Vaters mit einem Geistlichen zu *Wiernsheim* im Oberamte *Maulbronn*, wie schon angeführt, verheiratet.

Kein Garten, keine Pferde, keine Hunde waren mehr vorhanden.

Der alte Kutscher *Matthias* war mit Betrübnis von uns geschieden; er hatte eine Anstellung als Waldschütze in den Wäldern bei *Maulbronn* erhalten.

Die schönen Ölgemälde des Vaters waren um einen Spottpreis verkauft worden.

Ein so stilles Leben wir nun in diesen Jahren führten, in einem um so unruhigeren trieben sich damals meine Brüder *Carl* und *Georg* in entgegengesetzten Richtungen umher, was meiner so leicht beängstigten Mutter da oft zu großer Sorge gereichte.

Mein Bruder Carl im Jahre 1799 und meine Schuljahre und Knabenzeit in diesem Jahre

Mein Bruder *Carl* hatte bald nach dem Tode des Vaters (1799) an der Grenze gegen *Sinzheim* an mehreren Gefechten gegen die Franzosen als Lieutenant bei einer Batterie lebhaften Anteil genommen und war nach Ludwigsburg zurückgekehrt, wo er ein eigenes Logis nahe dem Arsenal bewohnte.

Der Feldzug von 1800 aber ließ ihm keine Ruhe, er hatte denselben unter dem Reichskontingent mit den Österreichern mitzumachen, und es wurde ihm schon ein selbstständiges Kommando, der Transport der Geschütze und Waffenvorräte auf der *Donau*, anvertraut. Es war seine Aufgabe, diesen Transport nach Maßgabe der Kriegsereignisse zu bewegen und die Sicherstellung der Vorräte zu bewirken.

»Wenn schon in frühern kleinern Vorfällen (schreibt ein Waffengefährte von ihm) sein richtiger Blick und sein reifes Urteil sich kund gaben, so traten diese Eigenschaften in Verbindung mit dem Schatze gründlicher Kenntnis während dieses Feldzuges in höherem Grade werktätig hervor. Er wurde im Verlauf derselben zum Oberlieutenant bei der Artillerie ernannt.«

Mein Bruder Georg in Italien

Die Jahre 1798 und 1799 hatte mein Bruder *Georg* in Italien
zugebracht und war vom Minister *Reinhardt* zu vielen wichtigen Aufträgen und Sendungen verwendet worden. Als
Kommissär des französischen Gouvernements hielt er sich
längere Zeit in *Florenz* auf, wo sich seine Geschäfte auf die
damaligen Angelegenheiten Toskanas bezogen.[394] Bei einem
Gefechte gegen die Insurgenten[395], das er nur aus Liebe für
Gefahren mitmachte, erhielt er damals einen Säbelhieb über
die Schulter.

Eine Sendung bekam er auch ins Hauptquartier des Generals
Bonaparte, wo er von diesem zu Tisch geladen wurde.[396] Es
ist sehr merkwürdig, daß er nach der Zurückkunft von ihm
in sein Tagebuch, was noch in solchem zu lesen ist, folgendes schrieb:

»Großer, von Europa und der Nachwelt besungener Held!
Auch du bist worden nichts, und wirst werden nichts, als ein
Mensch, der nicht getan hat, was er hätte tun können, und
nicht geworden ist, was er der ganzen Menschheit hätte
werden können!« –

Dennoch wäre er mit *Bonaparte* im Jahre 1798 gern nach
Egypten gezogen.[397] Die Sache war auch bereits durch *Bourienne* oder General *Championnet*[398] eingeleitet, und *Bonaparte* wollte ihn mitnehmen, als *Reinhardt* ihn bewog, den
Gedanken aufzugeben.

Auf einer Reise durch Italien begleitete er *Bonapartes*
Schwester, *Pauline*, damals noch Generalin *Leclerc*.[399]

Von seinem Aufenthalte in Italien vom Jahre 1799 schreibt
sich nachfolgender Aufsatz von ihm:

»An den Ufern des Anio[400]

Langsam zieht sich der Anio zu den Füßen von Tivoli hin,
endlich bricht sich sein Bett, und ein Felsenbecken empfängt
den stürzenden Fluß, der unter Donnergeräusch, in Wasser-

staub aufgelöst, schäumend, als tobte in und unter ihm vulkanisches Feuer, von Felsen zu Felsen, von Abgrund zu Abgrund stürzt, durch gesprengte Massen, durch Höhlen, die sein tausendjähriger Strom bildet, sich in immer furchtbareren Wogen niederwälzt, bis er endlich eine ruhigere Bahn findet. Gegenüber von dem ersten Fall sind kleine Wasserfälle, die zu der Größe der Szene das Malerische hinzufügen. Über Felsenspitzen und Gestein hinweg an der moosbewachsenen Felsenwand stürzen sie sich in die wilden Fluten des Teverone.

Nach seinem ersten Falle geht der Strom durch Felsenritzen und über Felsengrund und strömt endlich in die Grotte Neptuns.[401] Von diesem schwebenden Abgrund stürzt er auf ein Steinbette und vereinigt sich hier mit einer zweiten Wassermasse, die von der Höhe Tivolis aus einem engen Felsenschlund hervor, wie ein wilder Jüngling, in den Abgrund springt. Die Sonne schien gerade in die Kristallwolken von Wasserstaub, und zwischen diesen Gegenständen des hohen Entsetzens schwebte des Regenbogens sanfteres Bild.

Auf dem Felsenbette, umringt auf allen Seiten von schroffen Felsenwänden, bricht sich der wilde Sturz, und schon beginnt ein sanftes Hingleiten über den breiten, abgeglätteten Steinboden, als ein neuer Fall auch neues Toben, neues Donnergeräusch erzeugt. Furchtbar wütet der Strom, seine Wogen scheinen vor dem Anblick des zweiten Abgrundes sich rückwärts gegen die Felsen zu bäumen, von denen sie herabgestürzt waren. Vergeblicher Widerstand! Neptun schickt die folgende Woge, und der Strom stürzt in die Grotte der Sirenen[402] und aus diesem Schlunde der Finsternis in felsichtes Bette, das zwischen den Gebirgen sich hinzieht.

Bei der Grotte der Sirenen, hart an dem Abgrund, maß mein erstauntes Auge bald die furchtbare Höhe, bald die hohe Felsenwand, die in dem Vordergrund an der Grotte Neptuns gegen Tivoli und dem Tempel der Vesta[403] emporragt.

Die ganze große Naturszene beherrscht dieser Tempel, den Göttern zum hohen Wohnsitze geschaffen, gemacht, um zur Anbetung zu stimmen, Gefühle hervorzurufen, die den Busen schwellen, das Herz mit Kraft erfüllen und die Seele zu verwegenem Fluge beflügeln.

Ein anderer Teil des Teverone, der um die Stadt geleitet wird, um Mühlen und Fabriken das nötige Wasser zu geben, stürzt nicht fern von der ehemaligen Villa Mäzens[404] in silbernen Wasserbogen, von italienischem Grün und den Reichtümern der Ceres[405] umlagert, über bemooste Felsen mit sanfterem Geräusch herab und strömt zwischen Bäumen, Gebüsch und Wiesengrund, seine Melodien in den Gesang der Nachtigall mischend, dahin.

Wenige Schritte von dem Ponte Lupo bietet die Quelle der Blandusia dem ermüdeten Wanderer Labetrunk mit der Erinnerung an Horazischen Gesang.[405a] Sie schützt nach oben ein Gewölbe, Reste eines der Nymphe geheiligten Tempels, vor den erwärmenden Strahlen der Sonne, von der Seite spiegelt dichtes Gebüsch sich in der zitternden Silberquelle. Alle diese hohen Szenen der Natur werden von dem malerisch liegenden Tivoli beherrscht, das hoch auf dem Gebirg in schönen Gruppen dem Auge frohen Genuß gewährt.

Der Weg von Tivoli an den Kaskadellen vorüber nach dem Ponte Lupo führt über die Trümmer der Villa von Cicero, Cassius und Brutus, von Horazius, von Quintilius Varus.[406] Gegenüber, auf der andern Seite, erheben sich noch stolz die Trümmer der Villa Mäzens. Da, wo der Günstling Augusts[407] einst horazischen Weihrauch atmete, tönt jetzt des Hammers schallender Schlag aus der Mühlen Klappergeräusch. Da, wo einst Zyperwein aus goldenen Pokalen strömte, fließt jetzt des Werkmanns Schweiß unter der Arbeit Last. Hier, wo jetzt die Pflugschar bemooste Steintrümmer in die Erde drückt, diesseits des Stromes, im Schoße der schönen Natur, stärkte sich Cicero zum Kampfe gegen catilinarische Kühnheit.[408] Hier auf dieser andern Stelle sangen Tibull und Catull.[409] Hier lebte den Musen der

vaterländische Horaz, und über diesen Trümmern erhob
sich einst die Villa des Quintilius Varus, des Zeugen germa-
nischer Kraft, als sie den Kaisersadler in seinem hohen Fluge
ergriff und blutend zur Erde schleuderte, daß der furchtbare
Fall aus dem Auge Augusts Tränen des Schmerzes
erpreßte.[410] Hier endlich wandelten bei nächtlichem Dunkel
und Regenschauer Brutus und Cassius. Hier heiligte die
letzte Flamme römischer Freiheit den Dolch, der Cäsars
Brust durchbohrte.

Auf dieser der Geschichte geheiligten Stätte traf ich vor
Jahren zuerst mit dem Helden zusammen, dessen Name mit
allem Fuge auch der Geschichte dieses Landes angehört,
dessen Charakter Roms schönsten Jahrhunderts würdig
war, der, wie keiner der fränkischen Feldherrn, so viel Sinn
für Vereinigung der italienischen Völker in eine unabhängige
Nationalmasse hatte, mit *Joubert*[411], dem Unvergeßlichen.
Im Austausch unserer Gefühle wandelten wir hier lange
unter den Trümmern vergangener Größe dieses Volkes, aber
schon damals glaubt' ich in ihm jene Züge zu erkennen,
denen das Glück nur selten entgegenkommt. Es war eine
beklagenswerte Leidenschaft, die Liebe seiner Schwester,
die ihn in die militärische Laufbahn warf. Die Unglückliche
liebte ihn mit aller Glut verbotener Liebe, und als er sich
geflissentlich von ihr entfernte, fiel sie in eine Krankheit und
starb. Er suchte nun auf einer geschäfts- und geräuschvollen
Bahn Zerstreuung und fand Ruhm und Lorbeeren.
Schmerzvolle Eindrücke aber blieben stets in seiner Seele
zurück, und nie durfte man in seiner Gegenwart von Liebe
sprechen, ohne daß sich tiefe Melancholie seiner Seele
bemächtigte. Schon zu Mantua sagte mir nach geraumer
Zeit, vor *Jouberts* Entlassung, der General M.[412], *Joubert*
werde nicht lange mehr bei der Armee bleiben, das Direktorium könne sich nur mit Menschen vertragen, deren Raub-
und Gewaltsucht, mit feiger Unterwürfigkeit gepaart, den
Herrschern ein Motiv der Sicherheit werde. Militärischer
Ruf, mit Bürgersinn und Bürgertugend vereinigt, sei diesen

Menschen ein Gegenstand des Mißtrauens oder der Furcht; *Joubert* werde sich nicht erhalten, und schon arbeite man von Mailand und Paris aus gegen ihn. Ich sah seine Äußerung für übertrieben an und mußte mich am Tage, da *Joubert* seine Dimissionsannahme erhielt, nur allzusehr von ihrer Gründlichkeit überzeugen. Ich war gerade an diesem Trauertage bei *Joubert*. Er hatte dem Exdirektor *Merlin*[413] in einem Schreiben seine Meinung frei und offen mitgeteilt; *Merlin* hatte ihn dazu eingeladen, ihm seinen Glauben an einen entschiedenen Einfluß des Auslandes auf die Verhandlungen des Direktoriums nicht verschwiegen und sich mit edelm Unwillen gegen die beispiellose Behandlung der italienischen Völker erklärt, gegen ihre anhaltende Beraubung, Isolierung und gegen ihre Herabwürdigung durch verhaßte Prokonsuls. Man hatte ihm unumschränkte Vollmacht über seine Armee verheißen, und von dem Tage seiner Ankunft an arbeitete ihm Furcht, Neid und Eifersucht aus Paris entgegen. Da man ihn selbst nicht anzugreifen wagte, so wurden die Pfeile gegen die Personen abgedrückt, die ihn umringten. Man verlangte *Suchets*[414] Entfernung, den er als seinen Chef vom Generalstab für unentbehrlich hielt, dem er sein Zutrauen geschenkt hatte und dessen Wert er besser beurteilen konnte als dieses Direktorium auf seinen weichen Polstern im unseligen Palaste von Luxembourg. ›Ich verlasse‹, sagte er mir, ›die Armee in einem Zustande, dem die Russen und Österreicher in mehreren Monaten noch nicht gewachsen sein können. Wenn einst die Zeit der Gefahr kommen sollte, bin ich bereit, jedem Rufe zu folgen; jetzt trete ich mit der Überzeugung zurück, daß ein Land wie Frankreich Männer genug besitze, die noch bessere Dienste denn ich zu leisten vermögen; anders zu denken wäre unverzeihliche Eitelkeit.‹ – Zu *Reggio* sagte er mir dies; dort sah ich ihn zum letzten Mal, den großen Unvergeßlichen. – Am Tage der Schlacht von Novi hat er Wort gehalten. Auf den Ruf des bedrängten Vaterlandes war er dem Grabe entgegengeeilt, und der Tag seines Heldentodes war für die Feinde

ein Sieg, blutig wie die blutigste Niederlage! – An dem Tage
der Schlacht bei Novi[415] floh der Genius der Freiheit von
Frankreich.«

Als *Sieyes*[416] ins Direktorium eingetreten war, berief er *Reinhardt* zum Ministerium nach Paris.[417] Dieser reiste nun in
Begleitung meines Bruders dahin zurück, und zwar zur See;
denn seine Gattin fürchtete die Landreise.
Auf dieser Fahrt schiffte in kleiner Ferne ein englisches
Schiff an ihnen vorüber. Hier beging mein Bruder in seinem
fanatischen Hasse gegen die Engländer die Tollkühnheit,
daß er beim Anblick der englischen Flagge sogleich in den
Schiffsraum eilte und, ohne gegen irgend jemand etwas zu
erwähnen, eine Kanone gegen das Schiff richtete, anzündete
und die Kugel über die Flagge hinjagte.
Dieser jugendliche Übermut brachte nicht nur dem Gesandten vielen Verdruß (denn es war, wenn ich nicht irre,
Waffenstillstand zwischen Frankreich und England), sondern zog auch meinem Bruder eine Disziplinarstrafe zu.
In Toulon mußten sie Quarantäne halten, in deren Ruhe
mein unruhiger Bruder oft verzweifeln wollte. Er schlug am
Gestade des Meeres ein großes Zelt auf, in dem er zum
Zeitvertreib Schauspiele und andere Festlichkeiten veranstaltete. In demselben Jahr wurde er von *Reinhardt* von Paris
nach Holland zu *Brune*[418] ins Hauptquartier mit Aufträgen
geschickt, wo er in seiner Lebendigkeit auch noch persönlich an einem Treffen der Franzosen gegen die Russen und
Engländer, das während seiner Anwesenheit vorfiel, teilnahm und eine Verwundung durch eine Musketenkugel im
Arm davontrug. Er hätte aber hier sein Leben noch auf eine
andere Weise einbüßen können; denn als er nach seinem
vollendeten Auftrage den kürzern Weg (die Kugel noch im
Arme) zurückzunehmen gedachte, wäre er beinahe in den
Dünen versunken.
Noch waren ihm in diesem und früheren Jahren mehrere
Sendungen übertragen worden. Auf einem Blatte, das von

seiner Hand beschrieben ist, finden sich noch flüchtige
Notizen, aber ohne Jahrzahl; z. E. »Erste und zweite Reise
nach *Bremen*, ohne weitere Bemerkung«, »Kongreß von
Hildesheim, wohin *Reinhardt* mich sandte«, »Meine Sen-
dung nach Berlin«, und hierbei steht:
»Unmittelbar nach Katharinas Tode[419] sollte ich nach Ruß-
land. Kaufleute von Hamburg interessierten sich dabei.
Freier Verkehr zwischen russischen und französischen
Häfen, durch Hanseaten betrieben, sollte der erste Schritt
zur Versöhnung oder Annäherung zwischen Rußland und
Frankreich werden. Das französische Gouvernement nahm
keinen direkten Anteil an dieser Sendung. Hamburger Kauf-
leute gaben die *Fonds*, *Reinhardt* seine Zustimmung, allein
Haugwitz keine Protektion. *Ceillard*[420], französischer
Gesandter in *Berlin*, sah das Ganze als *meinen* Eingriff in
seinen politischen Sprengel an.« –

Mein Bruder Louis und der Aufstand in Knittlingen

Während meine Brüder *Georg* und *Carl* in dieser Zeit
vielseitiger Bewegung und Aufregung den Weg der Gefahr
gingen, weilte mein Bruder *Louis* teils im *Breisgau*, teils in
Württemberg als Pfarrvikar. Mit dem Älterwerden hatte sich
in ihm das republikanische Feuer gelegt. Es war bei ihm
auch nur ein Strohfeuer; in meinem Bruder *Georg*, bei dem
es ein echtes war, erlosch es bis zum Tode nicht.
Ungefähr um die Zeit unserer Rückkehr nach Ludwigsburg
(1800) war mein Bruder *Louis* geistlicher Vikar in jenem
Knittlingen bei Maulbronn. Ein vom Rhein heraufgekom-
mener französischer Chasseur, der aber ein Württemberger,
namens *Schwarz*, von Oßweil bei Ludwigsburg war, hatte
revolutionäre Ideen unter die Bürger jenes Städtchens
gebracht, hielt mit ihnen Zusammenkünfte in den Wirtshäu-
sern, wo Reden gehalten wurden und die Republik auch für
Württemberg ausgerufen werden sollte. Der Nachfolger

meines Vaters zu Maulbronn, Oberamtmann *Seubert*[421], der sich zu Beschwichtigung der revolutionären Köpfe an Ort und Stelle begab, mußte sich nach einer an die Bürgerschaft gehaltenen Rede flüchtig machen; denn die *Knittlinger* fielen ihn mit *Knitteln* an,* und er rettete sich nur noch in Bauernkleidung nachts mit einer Laterne durch die Wälder ins Kloster Maulbronn zurück.

Auf einmal aber erschien der Herzog selbst in Knittlingen mit militärischer Begleitung, besprach das aufrührerische Volk und legte den Sturm bald durch seine imposante Gestalt und Rede.

Meine Mutter war diese Zeit hindurch untröstlich, denn sie glaubte nichts anders, als es werde ihr guter, armer *Louis* auch Anteil an dieser revolutionären Bewegung haben und könne stündlich in Ketten auf die Veste *Asperg*[423] geführt werden; allein sie kannte ihn nicht genug. Er war auch auf dem Platze, auf dem der Herzog zu dem Volke sprach, an dessen Aufstand er übrigens nicht den geringsten Anteil hatte; er stand nahe bei dem Herzog, aber je kräftiger, donnernder dieser sprach, je mehr zog er sich in der Stille zurück bis in seine Studierstube, wo er für den morgigen Sonntag sich eine sehr salbungsreiche Predigt nach dem Texte »Gebt dem Kaiser, was des Kaisers ist, und Gott, was Gottes ist!« einstudierte.

Bald darauf kam er auf den *Asperg*, aber nicht als Revolutionär, sondern als Garnisonprediger.

Mein Bruder Carl und die Arretierungen in Ludwigsburg

Fast um die gleiche Zeit kam meine gute Mutter in einen ähnlichen und beinahe noch größeren Jammer durch meinen gar nicht revolutionären Bruder *Carl*.

Es wurden damals mehrere Württemberger, selbst Freunde

---

* Die Knittlinger führen einen Knittel im Wappen.[422]

meines Bruders, z. E. ein Konsulent *Bonz* in Ludwigsburg,
ein Lieutenant *Pinasse*, Landschaftskonsulent *Batz*, Hauptmann *Bauer*, der als geschätzter General im bayerischen
Generalstabe starb und sich auch als militärischer Schriftsteller bekannt gemacht hatte,[424] ferner Sekretär *Hauff*[425] (Neffe
meiner Mutter, Vater des Dichters) und mehrere andere, auf
herzoglichen Befehl in der Nacht aufgehoben und auf die
Veste Asperg abgeführt. Das österreichische Armee-Kom-
mando in Württemberg hatte sie angegeben. Man hatte sie
im Verdachte, in sträfliche Verbindungen mit den Franzosen
zur Errichtung einer deutschen Republik getreten zu sein.
Es wurde eine Staatskommission auf der Veste niederge-
setzt, die die Gefangenen zu verhören hatte. Einer dieser,
ein sehr feiger und schlechter Charakter, glaubte sich seine
Sache zu erleichtern, wenn er auch vom Herzog sehr treu
geglaubte Offiziere darein verwickelte, und so suchte er
meinen Bruder auch schon durch die republikanischen
Gesinnungen seines älteren Bruders, die dem Herzoge nur
zu bekannt waren, zu verdächtigen. So kam es, daß mein
Bruder eines Morgens auf einmal durch seinen Vorgesetzten, den General *Kammerer*[426], die Weisung erhielt, sich mit
ihm auf Befehl des Herzogs sogleich auf die Veste Asperg zu
begeben, um dort vor besagter Kommission ein Verhör zu
erstehen. Man glaubte aber höhern Ortes so wenig an seine
Schuld, daß ihm auch nicht einmal der Degen abgenommen
wurde, er reiste mit seinem General wie zu einem Geschäfte
im Dienste nach der Veste Asperg ab.
Welch Herzeleid aber meine Mutter empfand, ist wohl zu
erachten; auch wir Geschwister brachen in Klagen und
Weinen aus.
Es hatte sich in Ludwigsburg unter den Familien eine allgemeine Angst verbreitet, und wer nur in etwas kein gutes
Gewissen hatte, brachte die etwa verdächtig sein könnenden
Papiere und Bücher auf die Seite, und Hunderte, die sich
gegen die politischen Verhältnisse geäußert, erwarteten ihre
Abführung auf die Veste.

Mein Bruder aber war an demselben Tage abends schon wieder von der Veste zurück, es konnte ihm nicht die mindeste Schuld beigemessen werden, und selbst bei einer Audienz, die er sogleich darauf beim Herzog begehrte und in welcher er sich über den Vorfall beschwerte und nicht Gnade, sondern Gerechtigkeit forderte, wurde ihm alle Genugtuung.

Unser Vetter *Hauff*, auch *Bonz* wurden bald vom Asperg entlassen, und es erstreckte sich die Zahl der gefangen Gebliebenen nur noch auf sechs; denn es beruhte die Verhaftung bei einzelnen nur auf solchen Denunziationen und ungegründetem Verdachte, und die Persönlichkeit der gefangen Gebliebenen war gar nicht derart, daß von ihnen eine Staatsumwälzung und Errichtung einer deutschen Republik zu erwarten gewesen wäre. Nur einem derselben, dem Landschaftskonsulenten *Batz*, ging es sehr übel; er wurde von den Österreichern lange herumgeschleppt, auf eine österreichische Festung gebracht und, wenn ich nicht irre, erst nach Jahren wieder in Freiheit gesetzt.

Hegels Schwester

Die Nichte meiner Mutter, die Gattin des Sekretärs *Hauff*, der dazumal zu Stuttgart seinen Wohnsitz hatte, kam in dieser Zeit oft in unser Haus, um ihrem auf dem Asperg gefangenen Gatten näher zu sein; auch hatte sie eine Freundin in Ludwigsburg, die gutmütig und entschlossen genug war, ihr Briefe an ihren Mann auf der Veste zu besorgen. Diese Freundin kleidete sich in Magdkleider, brachte die Briefe in ein Gefäß mit doppeltem Boden, in dem man den Gefangenen, was erlaubt war, gekochtes Obst, Gelee usw. zusandte, das sie zu Fuß dann auf die Veste trug und gut an Mann brachte.

Diese Person war die Schwester des berühmten Philosophen *Hegel*, damals als Gouvernantin bei dem Landvogte Grafen

von Berlichingen in Ludwigsburg angestellt. Sie war schon
eine ziemlich bejahrte Jungfer, ungemein mager, bleich, mit
glänzenden Augen und großer Lebendigkeit sowie von aus-
nehmender Güte.

Ihre Gefälligkeit kam auch in anderer Weise oft auf die
Probe, häufig dadurch, daß sie die eiserne Hand des alten
Götz von Berlichingen[427] unter ihrer Verwahrung hatte, die
bald in jenes, bald in dieses Haus zur Betrachtung für
Einheimische und Fremde gewünscht wurde und die sie
immer gefällig selbst brachte und erklärte.

Die Arme aber verfiel nach und nach in Geisteskrankheit
und bekam die fixe Idee, sie sei ein Päckchen, das man auf
der Post verschicken wolle, welcher Gedanke des Ver-
schicktwerdens sie immer in die größte Unruhe und Verzweiflung versetzte. Näherte sich ihr ein fremder Mensch,
so fing sie an zu zittern, denn sie befürchtete, der komme sie
mit Bindfaden zu umwickeln, zu versiegeln und auf die Post
zu tragen. Diese Angst steigerte sich in ihr bis zur höchsten
Schwermut, in welcher sie einen freiwilligen Tod in den
Fluten der *Nagold* fand.[428]

Schule und Schulkameraden

In Ludwigsburg fing nun für mich ein ernsterer Schulunterricht an.

Es war dort ein strenger, aber guter Lehrer der klassischen
Sprachen, mit Namen *Breitschwerdt*, der, soviel als möglich
war, alles aufbot, bei mir das früher Versäumte nachzu-
holen.

Es war ein Mann von steifer, militärischer Haltung, in
seinen Glanzstiefeln hatte er, wie in einem Köcher, Hasel-
nußstecken verwahrt, mit denen er, zwar mich nicht, aber
andere seiner Schüler, oft empfindlich durchschlug. Mit mir
schien er, als einem ohne eigene Schuld Vernachlässigten,
mehr Mitleiden zu haben.

In dieser Schule waren übrigens viele tüchtige junge Leute, denen ich, weil sie schon größere Fortschritte gemacht hatten, nacheifern mußte; sie hießen: *Roser*, *Weigle*, *Ruoff*, *Burnitz* usw., und jetzt, wo sie zu Männern herangereift sind, hat ihr Name im Vaterlande einen guten Klang. *Weigle* und *Ruoff* zeichnen sich in Ludwigsburg als Gewerbsmänner aus, *Roser*, jetzt Legationsrat in Stuttgart,[429] ist neben treuer Erfüllung seiner Berufspflichten ein eifriger Naturforscher, besonders in der so merkwürdigen Welt der Insekten, und *Burnitz*[430], von dem ein älterer Bruder, den ich besonders zu meinen Jugendfreunden zu zählen hatte, frühe in Frankfurt als geschätzter Kaufmann starb, ist in Frankfurt einer der ausgezeichnetsten Baukünstler unserer Zeit und, was noch mehr, eine durchaus rechtliche, fromm denkende Seele.

Ein Knabe, namens *Pflüger*, der immer einer der ersten in dieser Schule war, ist Drehermeister in Ludwigsburg. Er war sehr stark in Verfertigung von Hexametern und gab mir zu solchen die erste Anweisung.

Ich hatte an den römischen Autoren große Freude. Sallust, Cäsar etc. wurden meine Lieblingsbücher, und als ich an die Dichter kam, namentlich an *Ovids* Verwandlungen,[431] so erwachte in mir auch die Poesie immer mehr, und ich lieferte dem Lehrer häufig meine Übersetzungen in gebundener Sprache. Dabei wurde nun auch Italienisch und Französisch geübt und vieles von *Metastasio*, *Petrarca*[432] usw. in Versen übersetzt. Aus dieser Zeit besitze ich noch die »Isola deserta« von Metastasio, von mir in Jamben übertragen. Weniger Fortschritte machte ich in der griechischen Sprache, ob mich gleich die Dichter Griechenlands sehr ansprachen, wobei ich aber immer die Übersetzungen zu Hülfe nahm; namentlich die Vossische Übersetzung beim *Homer*,[433] die ich mit meiner Schwester *Wilhelmine* in einem Wäldchen bei *Neckarweihingen*, wohin wir dazumal im Frühling alle Abende wanderten, mit steigender Begeisterung las.

Es folgten dem bald eigene Nachbildungen und epische Versuche in Hexametern.

Der als Dichter bekannte Philipp *Conz*[434] war dazumal Diakonus in Ludwigsburg. Er wurde der Beichtvater meiner Mutter und nahm sich meiner Fortschritte nicht nur in den toten, sondern auch in den lebenden Sprachen (namentlich auch im Italienischen) sehr an. Er war die Güte und Naivetät selbst.

Was ich in gebundener Rede verfertigte, brachte ich ihm; aber seine Dichterbildung war eine sehr klassische, und meine unklassischen Versuche veranlaßten ihn nicht, mich zum Dichten aufzumuntern, daher ich auch später, besonders als mich die deutsche Volkspoesie mehr als alles Klassische anzog, alle Verse ihm lieber verbarg.

Mein Bruder *Carl* mühte sich ab, mir Unterricht in der Mathematik zu geben; aber er konnte mich hier nicht weiter als zur sogenannten Eselsbrücke, dem pythagoreischen Lehrsatze, bringen.

Er sagte oft zu mir: »Den allerdümmsten meiner Artilleristen kann ich in diesem Wissen weiterbringen als dich.« Man mußte den Unterricht aufgeben, denn ich war und blieb für die Mathematik durchaus vernagelt.

In die damalige unschöne Literatur arbeitete ich mich durch die reichlich mit Kramerschen, Spießischen, Lafontaineschen etc. Schriften[435] versehene Lesebibliothek des Herrn Antiquar *Nasts* ein, welcher oft selbst die Auswahl leitete, damit nichts Verderbliches ins junge Blut übergehe; aber je abenteuerlicher Titel und Inhalt dieser Bücher waren, desto mehr drang ich in ihn, sie mir abzugeben.

Dagegen sorgte mir *Conz* für Schillers neueste Tragödien, für Klopstocks, Höltys, Mathissons, Salis Gedichte;[436] Göthes Werke lernte ich erst etwas später kennen.

Mein Bruder *Carl* war ein großer Verehrer von *Seume*, dessen Gedicht an *Münchhausen*:

»Freund trinkst du einst an
Deutschlands schönem Rheine« etc.[437]

er immer im Munde führte; daß ich nun *Seumes* Gedichte
auch mit Liebe las und Nachbildungen versuchte, konnte
nicht fehlen.

In ästhetischen Dingen folgte ich in früher Jugend zu sehr
oft fremdem Urteile und Dafürhalten. Ich stand auch zu
gern jedem nach, wobei auch immer das Gefühl in mir
vorherrschend war, ich würde einen andern betrüben, und
betrüben wollte ich nie einen Menschen. So gab ich auch
damals in ästhetischen Urteilen meinem Bruder *Carl* gerne
nach, obgleich die Poesie seine schwache Seite so wie meine
die Mathematik war.

Ich fand, daß oft gerade ein Dichter, der mir nicht zusagte,
außerordentlich gepriesen wurde, und dies machte mich
dann oft an mir selbst irre.

Anwesenheit der Franzosen und meines Bruders Georg in Ludwigsburg

Viele Zerstreuung gewährte jetzt auch in Ludwigsburg,
besonders der Jugend, der Einzug und die Beherbergung
vieler französischen Truppen. Im Frühling 1801 musterte
Moreau[438] auf dem Felde neben dem Salon und den Alleen
der Solitude die 46. und 57. Halbbrigade, die dort unter dem
Kommando des Generals *Grandjean*[439] aufgestellt waren.
Jene hieß in der Armee die tapfere (la brave), diese die
fürchterliche (la terrible).

Die 46., eines der schönsten Korps in der damaligen französischen Armee, führte das Herz des durch den Lanzenstoß
eines österreichischen Ulanen bei Neuburg a. D. gefallenen
ersten Grenadiers, *Latour d'Auvergne*[440], mit sich in einer
goldenen Kapsel, an der Fahne des ersten Bataillons ange-
heftet und mit einem schwarzen Flor umhängt, um es nach

Frankreich zu bringen, wo es im Pantheon bewahrt werden sollte. Auf dem Flor war ein Herz in Gold gestickt, durch das eine Lanze ging. Sooft die Grenadiere des ersten Bataillons verlesen wurden, so ward auch *Latours* Name durch den Sergeantmajor zuerst aufgerufen, worauf der in der Linie zuerst stehende Grenadier antwortete: »Il est mort au champ d'honneur.«[441] Diesen Ruf hörte ich damals manchmal auf dem Marktplatze in Ludwigsburg, wo die Kompagnie aufgestellt war.

Moreau war bei seiner Musterung in Ludwigsburg von seiner Gemahlin und einem großen Gefolge begleitet. Nach der Musterung gingen sie im Schlosse, in den Gärten und in der Favorite[442] umher, wo der General an dem Springbrunnen scherzhaft seine Frau zu bespritzen suchte, während sie in leichten Sprüngen auswich. Es war eine nette, freundliche, mehr kleine als große Frau in einfachem weißem Kleide. Als sie von der Parade zurück in das Schloß gingen, bestiegen sie nicht die Treppen, sondern kletterten an der Terrasse hinauf, schnurgerade gegen das alte Schloß. *Moreau* war anfänglich ein paar Schritte vor seiner Frau voraus, welche aber in der Mitte der Höhe Kraft und Mut verlor und nicht mehr weiter konnte. Da kam ein großer, plumper Kerl mit rotem Kopfe und hervorstechenden Augen, der Gartenportier M., die Terrasse im Eilschritt herab auf die zierliche Frau zu und wollte ihre Hand ergreifen, um sie emporzuziehen, aber als sie ihm ihre Hand entzog, wollte er sie gar auf seine Arme heben und machte dazu ganz komische Gestikulationen, bis *Moreau* die Verlegenheit seiner Frau bemerkte und ihr nun selbst die Hand reichte.

Wie in Maulbronn einen französischen Chasseur, so hatte ich mir jetzt bald einen französischen Grenadier zum Freunde erwählt, an dem ich bald mit großer Liebe hing und den ich überall aufsuchte.

Einst vermißte ich ihn zwei Tage lang und fragte und suchte nach ihm vergebens, als ich ihn endlich in einem Biergarten,

völlig besoffen liegend, fand; da wurde mir dieser Sohn der
Freiheit auf einmal zum Ekel, ich wandte mich von ihm und
sah ihn nie wieder.

Mein Bruder *Georg* hatte im Jahre 1800–01, als Sekretär der
französischen Gesandtschaft, den Gesandten *Reinhard* in
die Schweiz begleitet, von wo aus er öfters wieder zu
diplomatischen Versendungen nach Italien gebraucht
wurde. Bei einer kurzen Versendung nach Mailand fügte es
der Zufall, daß er mit der französischen Armee zugleich
über den Bernhard ging. Er konnte nie genug die Großartig-
keit dieses Zuges beschreiben, in welchem vierzigtausend
Mann über Höhen und Abgründe dahinzogen, und die
Schwierigkeiten, die sie beim Transporte des Geschützes zu
überwinden hatten. Noch ergreifender aber sei für ihn acht
Tage später die tiefe Einsamkeit dieser Gegend gewesen, als
er durch sie wieder seinen Rückweg nahm.

An meiner Erziehung nahm mein Bruder *Georg* auch von
der Ferne aus Anteil, und er drang in seinen Briefen an die
Mutter immer darauf, mich mehr für den freien Stand eines
Gewerbsmannes als eines Gelehrten oder Beamten ausbilden
zu lassen.

Selbst wenn ich mich auch für einen der letztern Stände
entscheiden sollte, meinte er, wäre es immer gut, ich würde
dabei auch noch ein Handwerk lernen.

Zu unserer großen Freude kam er im Jahre 1801 von der
Schweiz aus noch selbst nach Ludwigsburg, und da war es,
wo er die Seinigen (mich ausgenommen) zum letzten Male
sah.[443] Schon am ersten Tage seiner Ankunft wurde ich von
ihm bei einem Schreinermeister installiert, der mir täglich
zwei Stunden Unterricht in seiner Kunst geben sollte; auch
bezahlte er ihn dafür auf mehrere Monate voraus. Es konnte
mir dies nur Unterhaltung und Freude gewähren; Hobeln
und Sägen, so schwer es mir anfänglich fiel und oft stark
verwundete Hände verursachte, ging doch bald gut vonstat-
ten, und mein Lehrherr *Bickelmann* (so hieß der Schreinermeister) ließ mich bald wenigstens die gröbsten Möbel allein

verfertigen, und diese waren die Särge, deren ich sehr viele schuf. In spätern Jahren fielen sie mir bei den Leichen meiner ärztlichen Praxis oft ein.

Meinem väterlichen Lehrer *Conz* konnte ich bald durch meine Kunst eine Freundlichkeit erweisen; sein lebhafter, lieber Knabe *Eduard*, von dem unten die Rede ist, derselbe, der vom Teufel nichts erfahren sollte,* starb, und ich machte ihm den Sarg. Der Tisch, auf dem ich noch speise, wurde um jene Zeit auch von mir verfertigt. Noch auf eine andere Kunst brachte mich mein Bruder *Georg*, auf das Spiel der Maultrommel[444]. Es war sein Lieblingsspiel, und er hinterließ mir einige seiner kleinen Instrumente. Von da an übte ich mich auf der Maultrommel und brachte es auf diesem Instrumente so weit, daß ich auf demselben eigentümliche Töne und Weisen fand, womit ich durch mein ganzes nachfolgendes Leben Hunderte von Menschen und mich selbst am meisten erfreute. Ich brachte es so weit, daß ich mein tiefstes Innere, mein ganzes Gemüt, meinen Kummer, jeden leisen, ungeborenen Seufzer in die Töne dieses Instrumentes legen und in ihnen ausdrücken konnte. Es klang bei mir nicht wie die Weisen der *Tiroler*, nicht zitherartig, mehr wie die Töne einer Äolsharfe[445], die vor allen den tiefen Schmerz, der in der Natur liegt, ausdrücken. So konnte ich, wie die Natur in die Saiten der Äolsharfe, in die Zunge dieses Instrumentes all die Trauer meines Herzens legen.

Ich machte die Beobachtung, daß die Töne der Äolsharfe vor und bei einem Regen am ergreifendsten, schmerzvollsten sind, und so waren es auch die Töne meiner Maultrommel in den Stunden der Tränen, in stiller Nacht, mit mir allein.

Wie vielen Dank mußte ich dafür meinem Bruder *Georg* wissen, der dieses Instrument, freilich in andern Tönen, aber auch in denen seines Innern spielte: Kriegsmärsche und Lieder der Freiheit, in Klängen einer Zither der freien Höhen Tirols.

---

* Was unten erzählt werden wird.

Auch für einen Künstler, der mir und meiner Schwester
Wilhelmine im Malen Unterricht geben sollte, sorgte mein
Bruder *Georg*. Er hieß *Hofmann* und war ein armer Teufel,
der sich mehr mit Anstreichen als mit Malen beschäftigte. Es
war eine kleine, dürre Figur und hatte ein Haar, das wie ein
Malerpinsel in die Höhe stand, auch mit allerhand Farben
versehen war; denn er wischte Finger und Pinsel während
des Malens geschwind in den Haaren ab. Da das Anstreichen
seine Hauptforce war, so ließ er uns auch bald in Öl malen
und wählte dazu als Originale kleine Kopien von *Harper*[446]
usw., die dann besonders ich in ungeheurer Vergrößerung
wiedergeben mußte. Zwei solcher großen, von mir in damaliger Zeit gemalten, wahnsinnigen Ölstücke, Landschaften,
gerieten ominöserweise in das Irrenhaus nach Winnental,
wo sie sich noch befinden.
Zu diesen Gemälden, von denen eine Menge entstanden, die
wir meistens sogleich an Freunde und Verwandte verschenk-
ten, machte ich in meiner Werkstätte bei Schreiner *Bickelmann* die Rahmen, die ich nach damaliger Mode oft sogar mit Messingstäbchen verschönerte. Auch meine Schrei-
nersarbeiten wurden immer bald verschenkt; denn mich
konnte nur etwas freuen, was ich andern geben konnte,
und da meine Mutter ebenso fühlte, so verhinderte sie es
nie.
Meine Malerkunst gebrauchte ich auch öfters dazu, um
meinen strengen Professor *Breitschwerdt*, wenn er meine
schlecht gelieferten Aufgaben durchlesen, an ihrem Ende
noch etwas zu besänftigen. Ich machte zu diesem Zweck an
ihr Ende ein kleines Landschäftchen, eine Burg, eine Mond-
beleuchtung und suchte ihm doch irgendeine Fertigkeit von
mir vors Gemüt zu stellen. Er war aber hier billig, was sich
in einem andern Falle zeigte. Er bekam einen jungen Menschen, er hieß *Liomin*, in Kost und Unterricht, der älter als
wir alle war, aber weit unter uns in Hinsicht auf die toten
Sprachen stand. Dagegen war er schon ein ausgezeichneter
Klavierspieler. Diesen stellte er uns vor und sagte: »Ihr dürft

diesen nicht verachten, weil er euch in den Sprachkenntnissen noch sehr nachsteht, ihr sollt wissen, daß er schon ein guter Klavierspieler ist, was ihr nicht seid!«

Knabenspiele im Winter

Ludwigsburg hatte damals noch keine Turnanstalt, aber der weite Marktplatz und die vielen Alleen gaben Raum genug zu sich selbst findenden Spielen und Leibesübungen der Jugend, und Winterszeit bot der große Stadtsee eine schöne Gelegenheit zum Schlittschuhlaufen. Da war dieser See ein glänzender Belustigungsplatz für alle Stände; und noch erinnere ich mich eines jungen Mannes aus Philadelphia, ich meine, er hieß *Gebhardt*, der zum Besuche von Verwandten nach *Ludwigsburg* gekommen war, der sich durch seine Kunst im Schlittschuhlaufen (Klopstocks und Uhlands Lieblingsunterhaltung) damals vor allen auszeichnete; denn er bildete in seinem Laufe nach Willkür die schönsten geometrischen Figuren, Ringe, Triangel, Oblonga[447], und diese wieder, zu Arabesken und Blumenformen verschlungen, im Eise, gleichwie auf einer Glasfläche durch Bestreichung mit einem Geigenbogen hervorgerufene Schallfiguren.
Aber auch die Abhänge in den Alleen und die abschüssigen Straßen der Stadt lockten die Knaben vielseitig zu Fahrten auf Bergschlitten bis in die späte Nacht, oft noch im Mondenscheine, an.
Die abschüssige Straße, die von dem Holzmarkte bis zu dem Tor des Schloßgartens über die Chaussee, die nach Stuttgart führt, hinläuft und die »der Kaffeeberg« heißt, war damals jeden Winter bei guter Schneebahn ein Tummelplatz von Hunderten von Knaben auf Bergschlitten, die im unaufhaltsamen Laufe, wurden sie einmal oben am Holzmarkte angesetzt, bis vor das Tor und die Schildwache am Schloßgarten hinabschossen. In einem solchen Schusse war ich eines Abends auch einmal hier auf einem Bergschlitten begriffen,

als ich zu meinem Schrecken auf einmal einen Herrn in
steifester Hofkleidung mit Orden, Degen und seidenen
Strümpfen, dem mein Schlitten unaufhaltsam zwischen die
Füße gefahren war, auf meinen Schoß auf den Schlitten
bekam und mit ihm so noch eine gute Strecke bis zum Tore
des Schloßgartens zur Ergötzung vieler Zuschauenden hin-
abschoß. Der Herr war, am Ziele angekommen, nicht weniger erstaunt als ich. Es war der damalige Hofmarschall von
Bär[448], ein zu gutmütiger Mann, als daß die Sache weitere
Folgen gehabt hätte; nur wurden von dort an diese Fahrten
den Kaffeeberg herab verboten.

Die Camera obscura im Mondenscheine

Der Vater meiner Freunde *Burnitz* war Schloßkastellan[449]
und hatte seine Wohnung im Corps de Logis des Schlosses,
nicht weit von den Zimmern, in denen man den Herzog
Carl Alexander eines unnatürlichen Todes sterben ließ,[450]
und auch nicht weit von der fürstlichen Gruft. Es war diese
Gegend des Schlosses, wie ich schon erwähnte, noch zu
Zeiten des Herzogs *Ludwig* der Platz unserer kindischen,
kriegerischen Spiele. Er hatte auch durch seine Stille und
durch seine Geistersagen etwas Mysteriöses, Poetisches (das
ihm wohl in neuerer Zeit durch die Einlogierung der Kreis-
regierung genommen worden sein mag). Auch damals
wurde ich oft durch meine Freunde *Burnitz* dahingezogen.
Sie hatten eine große, tragbare Camera obscura, die da unser
Lieblingsspiel war. Es war am Corps de Logis ein Plateau,
das in die Gegend von Marbach und an das sogenannte
Favoritenwäldchen mit seinem Schlößchen sah. Auf dieses
trugen wir gemeiniglich die Camera obscura und unterhielten uns mit den Bildern, dem Favoritschlößchen, der
Emichsburg[451] und den Steinbildern auf den Dächern des
Schlosses, die sich ihr präsentierten. Einmal glaubten wir, es
könne dies auch im Mondenscheine geschehen und würde da

noch wundersamer sein. Nicht ohne Zagen trugen wir daher einmal die Camera obscura in die Mondnacht hinaus und setzten sie auf das Plateau des Schlosses, nicht weit von der Gruft. Wir wagten lange nicht hineinzusehen, faßten aber endlich den Mut, lüfteten den Vorhang und sahen hinein; aber in demselben Augenblicke packte uns ein Schauer, wir ergriffen die Flucht, und jeder meinte etwas Entsetzliches gesehen zu haben.

Der Dichter Conz

Nun kam die Zeit meiner Konfirmation. *Conz* hatte mir den Religionsunterricht erteilt. Er ließ uns in demselben neben mündlichem Unterricht auch religiöse Aufsätze ausarbeiten, aber es war ihm bei diesen um eine schöne Stilisierung mehr zu tun als um den religiösen Inhalt.

Ein Theologe war er nicht, ob er gleich in der Stadtkirche zu predigen hatte, bei welchem Predigen aber der Übelstand war, daß er sehr undeutlich sprach. Er war von sehr fetter Leibeskonstitution und tat die Pfeife nur ungern, um zu sprechen, aus dem Munde. Seine Hauptstärke war die Philologie, und seine Gedichte trugen neben großer Korrektheit doch oft sehr die Farben und Töne der verschiedensten Dichter des Altertums und der Neuzeit, die er emsig las und vielfach kritisierte, an sich. Es war ein kindlicher Mensch, voll Herzensgüte und Naivetät. Er lebte immer in seiner Gedankenwelt, so daß es ihm oft geschehen konnte, an den einen Fuß einen Stiefel, an den andern einen Schuh anzuziehen. Sein häufigster Umgang war der Freund Schillers, Herr *von Hoven*[452], der auch mit ihm die gleichen politischen Gesinnungen hegte.

Dieser erzählt von ihm in seiner Lebensgeschichte eine Anekdote, die ihn sehr charakterisiert: »Als *Conz* als Diakonus nach Ludwigsburg kam, hatte er nur ein einziges Kind, einen Knaben von fünf Jahren. Diesen Knaben zu einem vollkommen vorurteilslosen Menschen zu erziehen war sein

Hauptaugenmerk, und seine größte Sorge war, daß ihm über keinen Gegenstand falsche Begriffe beigebracht werden sollten, und besonders sollte er nie von dem Teufel etwas hören. Ich sagte ihm, daß dies unmöglich sei, und was insbesondere den Teufel betreffe, so dürfe er den Knaben nie aus dem Hause lassen, weil es täglich geschehen könnte, daß er auf der Straße den einen zu dem andern sagen höre: Der Teufel solle ihn holen. *Conz* beharrte auf seinem Grundsatz, und als wir eines Tages wieder über dieses Thema sprachen, sprang der Knabe in das Zimmer und rief: ›Vater, ich habe den Teufel gesehen!‹ ›Was? wo?‹ rief ihm der Vater entgegen. ›In einem Buche‹, erwiderte der Knabe, ›aber der hat Hörner, größer als ein Bock, und einen Schwanz, länger als eine Kuh!‹ Der Vater war so erstaunt, als ob der Knabe den Teufel leibhaftig gesehen hätte; ich konnte das Lachen nicht halten und sagte: ›Da sehen Sie, Freund, was das Hüten und Bewahren hilft, jetzt hat Ihr *Eduard* den wahren Begriff von dem Teufel.‹«

Conz war nur in seiner literarischen Welt zu Hause, in der gemeinen war er ein Fremdling, und weil er glaubte, alle Menschen seien so gut und kindlich wie er, so verging selten ein Tag, wo er sich nicht in der guten Meinung von den Menschen betrogen sah. In religiöser Hinsicht schien damals *Conz* nur den Glauben seiner römischen und griechischen Klassiker zu haben und in ihm erst im späteren Leben das christliche Bewußtsein zu erwachen. Da sah man ihn, statt wie früher mit *Ovids* Verwandlungen oder dem *Anakreon*[453] in der Hand, nur mit dem griechischen Neuen Testament in seinem Garten gehen.

Die Zeit meiner Konfirmation

Auch in mir war der christliche Glaube leider nicht stark geworden, und die kurze Antwort auf die kurze einzige, auf mich zufällig gefallene Frage in der Kirche bei der feierlichen

Konfirmationshandlung: »Welches Glaubens bist du?«, Antwort: »Ich bin ein Christ!«, strafte mich Lügen; denn ich war noch gar kein Christ. Dennoch war ich nicht ohne Glauben. Ich glaubte an keine Vernichtung nach dem Tode, sondern an eine pythagoreische Seelenwanderung[454], die sich mir auch auf die Tiere, da ich sie so sehr liebte, erstreckte. Meine Beobachtung der Verwandlung der Insekten und das Lesen der Schriften dieser alten Philosophen brachte mich darauf.

Die größte Angelegenheit aber war mir, daß ich zur Konfirmationshandlung einen Frack anziehen sollte. Ich hatte in meinem Leben bisher noch nie einen Frack getragen, und ich tat es auch jetzt durchaus nicht, obgleich meine Mutter, um mich zu zwingen, ihren Kriegsvogt, meinen Oheim, den Landschaftskonsulenten *Kerner*[455], zu Hülfe zog. Es fruchtete nichts, ich kam zu dem feierlichen Akte in einem Überrock, zum Erstaunen der Stadt Ludwigsburg, in die Kirche.

Zum Glücke war der orthodoxe Spezial *Zilling* gestorben; denn dieser hätte mich ohne Frack und schwarzes Mäntelchen nicht konfirmiert.

Nun kam bald zur Sprache, was aus mir zu machen sei. Meine Mutter hatte sich ihres kleiner gewordenen Vermögens wegen sehr einzuschränken, schon drei der Brüder hatten den Eltern durch höheres Studium große Kosten verursacht; da kam der Pfleger meiner Mutter (der Amtsschreiber *Heuglin*) in aller Liebe auf den sinnigen Einfall, man solle einen Konditor aus mir machen, dieses Geschäft sei sehr profitabel, und da ich zeichnen und malen und auch Reime machen könne, so würde ich mich bald in Verfertigung und Erfindung von Bonbons und Zuckerfigürchen auszeichnen, welche der Konditor *Bechtlin*, so gut er für mich als Lehrer wäre, wegen seiner theosophischen Grübeleien bisher sehr vernachlässigt habe.

Dies sprach er meiner guten Mutter so lange vor, bis sie auch in mich drang, ich solle in diesen Plan eingehen. Voll

Jammer wandte ich mich an meinen väterlichen Freund
Conz in einem Briefe nach Tübingen (er war inzwischen als
Professor der Ästhetik dahin gekommen), und dieser
schrieb: »Nein, Konditor sollen Sie mir nicht werden!« Ich
bestand auch darauf, es nicht zu werden. Wäre ich auf den
Plan eingegangen, so hätte ich wenigstens einen sehr originellen und nichts weniger als prosaischen Lehrherrn erhalten. Man hätte mich nämlich zu dem besagten Konditor
Bechtlin in Ludwigsburg getan. Dieser Mann gehörte auch
zu den Ludwigsburger Originalen damaliger Zeit. Er hatte
sich eine eigene Theosophie[456] geschaffen, sprach immer von
dem Durchgange des Menschen durch die vier Elemente und
seiner Vollendung durch seine Erweckung ins Licht, von
dem Sitze Gottes in der Sonne und seiner Vermählung mit
den Planeten, von den Sternen als den künftigen Sitzen der
ins Licht erweckten Menschen, die ihnen von Jesus Christus
vermöge seines Quartiermeisteramtes angewiesen worden
seien. Vielleicht wäre ich hier früher zu einem theosophischen Glauben gekommen, aber es sollte noch nicht sein.
Ich hatte aber nichts dagegen, als man mir nun den Vorschlag machte, Kaufmann zu werden und mich auf das
Comptoir der herzoglichen Tuchfabrik[457] in Ludwigsburg,
wo ich dann zugleich auch die Tuchfabrikation erlernen
könnte, aufnehmen zu lassen.
Dies war nun ein großer Mißgriff; denn ich taugte zum
Kaufmann so wenig als zum Mathematiker, und meine
Neigung, lieber zu geben als zu nehmen, befähigte mich
auch nicht zum Kaufmanne; aber ich schickte mich beson-
ders deswegen darein, weil ich meiner Mutter keine großen
Kosten mehr machen wollte.

Mein Aufenthalt auf dem Comptoir der Tuchfabrik in Ludwigsburg

So wurde ich nun auf das Comptoir der damaligen herzoglichen Tuchfabrik in Ludwigsburg geschickt. Als ich hier als Lehrling eintrat, befanden sich daselbst schon mehrere ältere junge Leute als ich. Der älteste war ein Sohn meines ehmaligen Lehrers in Knittlingen, des Präzeptors *Braun*, namens *Friedrich*, dessen ich schon früher erwähnte. Er hatte sich bereits zum gewandten Comptoiristen und Reisenden gebildet und für die Fabrik, die mit ihren Waren die Messen von *Bergamo* und *Sinigaglia* damals häufig beschickte, schon mehrere Reisen in Italien gemacht. Von einer derselben brachte er aus Bergamo den Sohn eines reichen Kaufmanns, namens *Gerosa*, mit, der zugleich in Ludwigsburg die deutsche Sprache erlernen sollte.

Noch befand sich auf diesem Comptoir auch der reiche Sohn eines Kaufmanns aus Lahr, namens *Martin*, und ein Stuttgarter, namens *Müller*. Unter all diesen jungen Leuten herrschte das höchste Verderben. *Braun* war ein sehr schöner, junger Mann, gewandt in seinem Äußern wie auch in seinen Arbeiten als Kaufmann; er war vieler lebenden Sprachen, auch der neugriechischen, von der er später eine Grammatik in den Druck gab, mächtig und führte, wie ich schon früher bemerkte, eine ausgezeichnet schöne Handschrift. Bei Frauen und Mädchen spielte er den Galanten mit vielem Glück, uns aber unterhielt er meistens mit seinen in Italien verlebten skandalösen Liebesgeschichten. Dem Weine war er sehr ergeben, und umsonst schrieb ihm sein Vater in jedem Briefe Bibelstellen, die gegen die Völlerei sprachen. Sein Leben war später durch diese Leidenschaft, nach einer Verheiratung, die sehr glücklich hätte sein können und ihm Glücksgüter zuführte, sehr unglücklich; er starb frühe.

Der Italiener *Gerosa* sah schmutzig gelb, wie aus Seife geschnitten, aus, auch viel älter, als er war, hatte pech-

schwarze Haare und ebensolche Augen. Er war träge, weil
sein Körper von Siechtum, das er wohl schon aus Italien mit
sich gebracht hatte, aufgedunsen und schwerfällig war. Er
war gutmütig, ließ man ihn ruhig, konnte aber, nur etwas
gereizt, wie wütend auffahren und einen mit dem Federmes-
ser oder der Schere, die gerade dalagen, durch das ganze
Haus, den Tod drohend, verfolgen. In solcher Wut gaben
seine Augen in den dunkeln Gängen oft Feuer, wie die einer
Katze. Sein Siechtum nahm aber bald immer mehr zu, es
brachen Geschwüre an seinem Halse und der Brust auf, er
verließ noch vor mir das Comptoir und kehrte sehr zerrüttet
nach *Bergamo* zurück.
Der junge Mann aus *Lahr* war eine ausgezeichnet langge-
streckte, dürre Gestalt, sein Gesicht bleich, mit einer großen, vorn dicken Nase, die immer wie aufgeschwollen und
mit roten Wärzchen besetzt war. Sein gelbes Haar hatte er in
Locken frisiert und gepudert. Seinen Anzug erhielt er immer
sehr reinlich und galant, und man sah ihn bald in eine
Liebschaft verwickelt, die oft zu possierlichen, aber auch
skandalösen Auftritten die Veranlassung gab. Auch er
sprach von nichts als von Liebe und Wein. Ich weiß nicht,
was nachher aus ihm wurde.
Der dritte, *Müller* mit Namen, aus Stuttgart, war ein äußerst
schwacher Mensch, aber dabei auch der Eitelkeit und der
Sucht, Frauenzimmern gefallen zu wollen, ergeben. Seine
schwarzen Haare frisierte er alle Tage künstlich in krause
Locken, zu deren Erhaltung er immer einen Spiegel und ein
Haareisen bei sich trug. Er diente zur Zielscheibe des Witzes
der andern. Sie schrieben ihm oft Briefchen, als wären sie
von Frauenzimmern, die ihn zu Zusammenkünften beriefen;
er begab sich an den bestimmten Ort, da fand er keine, wohl
aber die andern in Frauenzimmerkleidern, die ihn neckten
und sich endlich ihm zu erkennen gaben. Solange ich noch
auf diesem Comptoir war, kaufte er sich von seinem kleinen
Vermögen ein Quantum dürrer Pflaumen, von deren Verkauf in Amerika er sich große Reichtümer versprach. Er

begab sich auch wirklich in dies von ihm geträumte
Pflaumeneldorado und soll dort im Elend gestorben sein.

Der Direktor der herzoglichen Tuchfabrik und Herr des
Comptoirs war ein durchaus rechtschaffner Mann, streng
religiös, und schien in Herrenhuterischen Grundsätzen[458]
erzogen worden zu sein; allein er war zu gutmütig, zu
schwach, er sah wohl das Verderbnis der ihm Untergebenen
ein, hatte aber nicht den Mut, ihm abzuhelfen, besonders da
ihm der erste Kommis *Braun* der italienischen Geschäfte
wegen unentbehrlich wurde; und von dem Italiener und dem
von *Lahr* bezog er ein gutes Kostgeld, das ihm sehr wohl
bekam.

Häuslicher Kummer drückte ihn oft sehr darnieder; es
wollte auch die Fabrik nicht den gehofften Aufschwung
unter seiner Leitung nehmen, er wurde mißkannt, in Untersuchung gezogen und mußte erleben, daß die Direktion der
Fabrik, während er noch bei ihr dienend beibehalten wurde,
einem, den er als Kommis angenommen (es war dies in
spätern Jahren), übergeben wurde, welcher, allerdings klü-
ger als er, endlich die ganze Fabrik als Eigentum an sich
brachte und sich durch Umsicht und Tätigkeit ein Vermögen
sammelte. Beide sind nun tot.

Unter diese oben bezeichneten Menschen nun wurde ich
damals gebracht. Ich mußte meinen immerwährenden Aufenthalt, meinen Kosttisch, meine Schlafstätte unter ihnen
nehmen. Ich mußte ihre stets unsittlichen, faden Gespräche
anhören; sie waren mir alle vorgesetzt, ich mußte mich von
ihnen zu Geschäften anweisen lassen und durfte nie wider-
sprechen.

Mein Hauptgeschäft im ersten Jahre bestand darin, daß ich
von morgens bis in die Nacht, auf den letzten Sprossen einer
Tuchleiter im Gewölbe sitzend, vor mir einen langen Tisch,
auf welchem hohe Berge neu aus der Fabrik hergebrachter
Tücher lagen, diesen Tüchern Säcke von farbiger Glanzlein-
wand zuschneiden und sie in dieselbe vermittelst Bindfadens
und einer langen Nadel einnähen mußte. Hie und da wurde

dieses Geschäft durch Verfertigung von Musterkarten und
Kopieren der Briefe unterbrochen.

Es wäre mir diese Arbeit unerträglich geworden (denn sie
war nicht besser als die Arbeit der benachbarten Züchtlinge;
das Zuchthaus war auch mit dieser Tuchfabrik verbunden
sowie das Irrenhaus),⁴⁵⁹ hätte ich mich nicht bald daran
gewöhnt, bei dieser Arbeit an was ganz anderes als an sie zu
denken. Meine Hände machten sie mechanisch fort, während ich Poesien aller Art dichtete, die ich mit Bleistift auf
unter den Tüchern versteckte Blätter niederschrieb und in
den Freistunden ins reine brachte. So entstanden ganze
Bücher mit Versen, die ich teils verschenkte, teils dem Feuer
übergab. Es erhielten sich nur noch wenige dieser Verse
meiner frühen Jugend. So schwach sie sind, so bleiben sie
mir immer eine Erinnerung, wie sie mir die für mich sonst
unerträglich gewesenen Tage erträglich, ja angenehm
machten.

Wie aber gerade Schmerz und Gram, wie eine drückende
Lage, zum Witze und Humor stimmen, so waren meine
poetischen Produktionen hier sehr oft scherzhaft und sati-
risch. Unter solche gehörte ein ganzes Epos im Blumaueri-
schen Stile,⁴⁶⁰ das auch zu mutwillig war, als daß ich es nicht
bald dem Feuer übergeben hätte; auch von den andern
Produktionen der Art existiert nichts mehr.

Aber auch in Prosa ließ ich Satire und Humor aus. So war
ich der Verfasser einer Mystifikation, die noch im Vaterlande von Hand zu Hand läuft und aus der gewisse Ausdrücke volkstümlich wurden. Sie wurde auch ohne mein
Wissen und mit Beifügung eines Namens, den mein Original
nicht enthielt, schon mehrmals gedruckt.

Diese Mystifikation bestand in einem angeblichen Schreiben
eines verstorbenen, sehr ehrenwerten Mannes, der einen
absonderlichen Stil hatte, den ich aber in meiner Dichtung
soviel als möglich zu überbieten suchte. Ich hielt es für
Pflicht, mich als den Verfasser dieses Schreibens zu bekennen, da das Publikum noch immer der Meinung ist, jener

Mann habe dasselbe wirklich verfaßt, und ich erkläre hiemit
öffentlich, daß er nicht den mindesten Anteil an demselben
hat und daß dieses einzig ein jugendlicher Mutwille von mir
war. Es hieß:

»Kammerrat und *Keller*[461] X zu H., de- und wehmütigst
Bericht erstattend von einem auf ihn eigenst angesehen
gewesenen Tod- und Mordanschlag, als wie er nämlich von
zwei oder zwölf verkappten und vermummten Unholden,
das sogenannte Schweiß-, vulgo[462] Schwitzgäßlein herzoglicher Geschäfte halber nächtlich passierend, mit einem Stab,
vulgo Pfahlstumpen oder sonstigem vermummten Mordge-
wehr zu Boden gedrückt und wie ihm da der amtsgemäß
seidene Haar- oder Zopfbeutel mit einem vergifteten Messer
meuchelmörderischerweise vom Kopfe getrennt worden
sei.

Euer herzoglichen Durchlaucht
habe ich untertänigkeitswegen de- und wehmütigst, von
einer mich eigenst anbelangenden, fast höchst traurig,
schaurig ausgefallenen Fatalitas, eiligst und kürzlichst
benachrichtigen sollen.

Gestern als am Tage Oculi[463] (Augensonntage) passierte ich
herzoglicher Geschäfte halber, an nichts denkend, nächt-
licherweile das dasige Schweiß-, vulgo Schwitzgäßlein, als
plötzlich und pfeilschnell zwei oder zwölf vermummte und
verkappte Unholden mit Stäben, vulgo Pfahlstumpen oder
sonstigen Mordgewehren aus den Schweinsbeerenstengeln
der dasigen Wege (der, inklusive gesagt, auch einer Reparation bedürfte, da er schon Anno 1789 in dem damaligen
kalten Winter von der eingestürzten steinernen, Anno 1780
allhier verfertigten Weingartenmauer sehr ruiniert wurde)
spitzbübisch, wie auch diebischer- und höchst meuchelmörderischerweise, eilends von hinten her auf mich losstürzend,
mich respekts-, moralitäts- und religionswidrig auf den
Rücken puffend zu Boden prosternierend[464] duckten, mit
ihren vier schwer bestiefelten Füßen, wie auf eine Schweins-
oder Rindsblase, die man verpuffen will, aus aller Macht,

Leibes- und Lebenskraft bleischwer auf mich hüpften und
mir meinen amtsgemäß seidenen Haar- oder Zopfbeutel
samt Zubehör mit einer Schere, Sense, Sichel, Beil, Rasier-
messer oder sonst scharf geschliffenem und, was ich bang
ahne, vielleicht gar vergiftetem Gewaltsinstrumente vom
Kopfe trennten, mich sodann schachmatt und maustot auf
obgenannter, einer Reparation bedürfenden Wege, in einer
von Kot besudelten Fahrgleise liegen lassend, eiligst von
dannen stiefelten. Um nicht moralitäts- und religionswid-
rigst Menschenblut vergießend erfunden zu werden und
bemeldte Unholden nicht vollends zu überstarrkopfen, verhielt ich mich bei dieser Fatalitas ganz leidend und passiv
und gebrauchte von dannenhero auch nicht meinen schwer
mit Messing beschlagenen Gehstab, den die untertänigst
obbesagte Unholden oder Gau- und Meuchelmörder mir
nebst meinem mit Silber beschlagenen türkischen Meer-
schaumrauchtabaks-Pfeifenkopfe frevelnd, aus den Händen
windend, entrissen und mir nachher mit ihm, als meinem
eigenen Gehstab, noch zwei Backenstreiche versetzten. Wer
aber nun jene obgenannte zügel- und bügellose Unholden in
Person sämtlich seien, konnte mir, aller Verhörungen unerachtet, nicht zu Gehör gelangen.
Euer etc. von dieser die ganze Welt empörenden, erschüt-
ternden und erbitternden wie auch höchst revolutionär-
französisch schmeckenden Fatalitas und Begebenheit eine
alleruntertänigste Anzeige zu machen, hielt ich für meine
Pflicht und untertänigste Schuldigkeit und ersterbe und
verharre in tiefster Submission[465]

> Euer etc. treu gehorsamst verpflichteter, in Kreuz- und
> Rückenschmerzen sich befindender wie auch weh- und
> demütiger X zu H., am 1. April 1800.«

Auch an politischen Gedichten fehlte es nicht. Es war
dazumal die Zeit allgemeiner Bedrückung und Erniedri-
gung, die hier keiner weitern Erwähnung bedarf.
Die Lage, in der ich mich in dieser Fabrik befand, hatte so
wenig Reiz für mich, daß ich dachte, ein auf der Veste

Asperg wegen Politik gefangen Sitzender sei mir gegenüber ein beneidenswerter Mensch. Da, dachte ich, könnte ich doch ungestört, und ohne dabei nähen zu müssen, in ein Stübchen eingesperrt, und wenn auch an eine Kette gelegt, lesen und dichten, und Lieberes wußte ich nicht. So konnte es nicht fehlen, daß ich auch ohne Furcht und in freudiger Erwartung, ich werde dadurch mit jener mir so schön gedachten Lage auf der Veste Asperg belohnt werden, sehr verpönte politische Gedichte machte, jugendliches Strohfeuer, das zum Glück für mich nicht zündete. Sie hatten keinen poetischen Wert und wurden alle von mir selbst zerstört. Sie waren, ich muß es sagen, ganz erbärmlich. Einige Gedichte aber, weder satirischen noch politischen Inhalts, die ich noch aus jener Zeit vorfand, teile ich hier mit. Man wird in ihnen noch Anklänge an *Klopstocks*, *Höltys*,[466] *Göthes* Gedichte finden, mit denen ich mich während meiner Näharbeit oft heimlich beschäftigte, Anklänge, die aber verschwanden, als der mir eigentümliche Ton später in mir erwachte und jene Klänge auch durch das deutsche Volkslied, das ich erst später kennenlernte, in mir verdrängt wurden.

Gedichte aus dem Knabenalter

Auf den Tod eines Kindes

Was ihr habt gewieget und geküsset,
Glaubet, war kein Kind, es war ein Engel!
Aber Engel sind nicht dieser Erde –
Sind dem Himmel.

Ach! nur auf zwei kleine Augenblicke
Steigen sie zur Erde still hernieder

In des Menschen Wohnung, sie zu machen
Gleich dem Himmel.

Blickt dem Engel nach mit stillen Sehnen,
In der Heimat ist er angekommen,
Die mit Tränen einstens euch zuliebe
Er verlassen.

Der Magnet

Sieh wie das Eisen,
Fest angezogen
Von dem Magnet, der
Über ihm schwebet,
Emporstrebt!
Es zieht sich,
Es dehnt sich,
Verschweben möchte
Mit ihm es
In Eins.

So schwebt auch über
Allen den Welten
Ein Magnet, der
Heißet: die Liebe.
Und es hebt sich
Voll Sehnsucht
Meine Seele
Aus ihrer Hülle,
Möchte sie reißen,
Verschweben möchte
Mit ihr sie
In Eins.

In der Krankheit

Sinke, schwacher Wanderstab!
Welke, welke, Leib! Ich will dich nimmer!
Sterne! streuet euren bleichen Schimmer
Auf des Frühverstorbenen Grab.
Mutter! was! ein Trauerflor?
Kränz mit Rosen deine grauen Haare,
Die da sterben in dem Lenz der Jahre,
Schweben ja am reinesten empor.

Gottes Odem

Was mir so freundlich
Schwebt um den Busen!
Ist es des Westes
Stilles Gesäusel?
Sind es der Sonne
Scheidende Strahlen?
Oder was ist es?

Gottes, nur Gottes
Heiliger Odem
Ist es, er ist es,
Der so mit Liebe
Küßt seine Kinder.

Heiliger Odem!
Mir auch zum Busen!
Heiliger Odem!
Küssest ja dort auch
Liebend das Würmlein,
Daß es sich wonnig
Wälzt in dem Staube.

Drum weh, o heiliger,
Mir auch zum Busen,
Bringe dem heißen
Herzen des Jünglings
Kühlung und Frieden!

Auf den Tod einer Nonne

Ha! verschwunden ist die Blume,
Die, mit Purpur übermalt,
Einsam in dem Heiligtume
Jenes stillen Bergs gestrahlt.

Über dunklen Felsengründen
Blühte sie dem Himmel nah,
Wo, zum Strauße sie zu binden,
Niemals sie ein Jüngling sah.

Doch in ihrem stillen Glanze
Hat ein Engel sie erblickt
Und sie lächelnd zu dem Kranze
Seines Gottes abgepflückt.

Die Lerche[467]

Ringsum malet die Sonne
Rot und golden den Himmel,
Weste lispeln und spielen
Mit dem Kranze der Schnitterin.

In dem Golde des Morgens
Wiegt sich wonnig die Lerche,
Blaue Wölkchen umschweben
Und verhüllen die Sängerin.

Lüfte! singt sie, o tragt mich,
An den Busen des Vaters!
Strahlen! ihr kommt von oben,
Sagt! wo weilet der Liebende?

Sagt's! auf daß ich ihn liebend
Mit den Flügeln umfange!
Aufwärts! Wolken! ihr Lüfte!
Aufwärts! auf zu dem Liebenden!

Die Zwillingssterne

Blicket in des Äthers blaue Fernen,
Seht, aus tausend Myriaden Sternen
Lächeln einzig zwei, die sich zusammen
Ewig voller Lieb und Lust umflammen.
Als die Teufel in verruchten Stunden
Ihren Heiland an das Kreuz gebunden
Und er menschlich ausrief im Erblassen:
Vater! Vater! hast du mich verlassen?
Blicket Vater von dem Glanz des Thrones,
Sieht die Wunden des geliebten Sohnes,
Wie er stirbt den Tod, den schmerzensvollen,
Tränen da dem Gottesaug' entrollen,
Und es blitzen zwei in üpp'ger Fülle
Durch die Himmel, halten mitten stille
Und verwandeln sich zu lichten Sonnen,
Christen leben drauf in ew'gen Wonnen.

Des Gärtners Lied[468]

Der Schäfer singt dort unten
So manches teure Lied,
Und froher seine Herde
Auf grüner Wiese zieht.

Wohlauf! und angestimmt
Ein Liedchen, auszuruhen,
Ich sing, ein treuer Hirte
Auch meiner Herde, nun:
Auf! Blumen, auf und blicket
Zur Sonne himmelwärts,
Sie kommt, um euch noch einmal
Zu drücken an das Herz.
O schaut sie an, erhebet
Das Haupt an Düften reich,
Es träumt die gute Mutter
Wohl alle Nacht von euch.
Schon sinkt sie dort mit Lächeln
Wohl an des Vaters Brust,
Doch fürchtet nicht, der Hirte
Wacht noch um euch mit Lust,
Und eure Schwestern nahen,
Die Sterne allzumal,
Sie blicken freundlich nieder
Und grüßen euch im Tal.
Ja Sterne! goldne Sterne!
Weilt nur auf eurer Bahn!
Blickt liebend eure Schwestern,
Die frommen Blumen an.
O seht! sie streben sehnend
Hin zu der Lüfte Reich,
O neigt euch freundlich nieder,
Sie möchten auf zu euch.
Weh! Blumen! weh, die Erde
Hält euch mit fester Hand,
Und weh, euch Sterne bindet
Ein unzertrennlich Band.
Doch blüht nur, meine Blumen,
Euch senden aus der Luft
Die Sterne Tau und Tränen,
O sendet süßen Duft!

Ein verlorengegangenes Lustspiel

Auch ein Lustspiel dichtete ich damals auf meiner Leiter in Jamben; es hatte den Titel: »Die zwölf betrogenen württembergischen Pastores«. Es lag ihm eine wahre Begebenheit aus damaliger Zeit zugrunde.

Bei mehreren württembergischen Pfarrern, ich glaube, nach und nach bei einem Dutzend, war ein sehr eleganter, junger Mann erschienen, der sich für einen französischen emigrierten Grafen ausgab und vorschützte, er sei auf dem Wege nach Deutschland seiner Effekten und Gelder beraubt worden, nur eine mit edlen Steinen besetzte Repetieruhr[469] sei ihm verblieben, das teure Andenken seines guillotinierten Vaters. Verkaufen könne er dieses Kleinod unmöglich, aber er schätze sich glücklich, wenn der Herr Pfarrer es als Pfand behielte und ihm nur 5 Caroline[470] dafür anliehe, die er bald reichlich wieder ersetzen und das Kleinod zurücknehmen werde. Mehrere Pfarrer ließen sich nun, besonders durch das Mitleiden, das der schöne Mann den Frauen beizubringen wußte, bewegen, in seine Wünsche einzugehen, fanden sich aber später natürlich durchaus geprellt; der Herr Graf war ein Betrüger, er war ein Jude, und das jedesmal für 5 bis 8 Carolinen zurückgelassene und nie wieder abgeholte Kleinod hatte den Wert von ein paar Gulden.

Mein Schwager, der gute Pfarrer *Zeller* zu Wiernsheim, befand sich auch unter der Zahl dieser betrogenen Pastoren, und ich ließ dieses Lustspiel besonders in seinem Hause spielen.

Im ersten Akte ließ ich die Frau Pfarrerin gerade mit dem kleinsten Kinde beschäftigt und im Zimmer alles in Unordnung sein, als das Dienstmädchen atemlos hereinstürzte und verkündigte, es komme ein sehr vornehmer, schöner junger Herr aufs Pfarrhaus zu und werde wohl augenblicklich eintreten. Die Verlegenheit der Pfarrerin wegen des unaufgeräumten Zimmers, ihren Ausruf zum Dienstmädchen:

»Schnell mit den Häfen in die Tischschublade!«, nahm mir
meine reinliche Schwester sehr übel.

Erscheinen des galanten Herrn; Verschämtsein der jungen
Pfarrerin; Erstaunen, als sie hört, er sei ein französischer
Graf; Erstaunen und Mitleid beim Anhören seiner höchst
rührenden Geschichte, des Mords seines Vaters, seiner Ver-
treibung, seiner Beraubung. Zärtlichkeit.

Im zweiten Akte. Erscheinen des Pfarrers. Er kommt aus
der Kirche und setzt den goldenen Kelch, den er mitbringt,
auf ein Tischchen nieder. Der Graf wird von der Pfarrerin
dem Pfarrer vorgestellt, seine Geschichte von ihr, noch sehr
ausgemalt, ihm wiedererzählt. Der Graf eröffnet dem Pfarrer sein Anliegen mit dem Versatze der Uhr und erzählt, wie
dieses Kleinod das Andenken seines geköpften Vaters sei.
Die Pfarrerin erstaunt über die Pracht der Uhr, der Pfarrer
zögert, die Pfarrerin fleht ihn, in Gemeinschaft des Grafen,
um Mitleid an, er willigt endlich ein, tauscht die Uhr um 5
Carolinen ein. Der Graf nimmt feierlichen Abschied von der
Uhr und fällt, als sie der Pfarrer aus seiner Hand empfängt,
in Ohnmacht. Jammer der Pfarrerin, Ausbrüche von Zuneigung gegen den Grafen, Vorwürfe gegen den Pfarrer, daß er
die Uhr als Pfand für das Geld angenommen. Sie bringt den
Grafen durch Anspritzen von Weingeist wieder ins Leben,
der Graf nimmt ihr die Flasche aus der Hand und trinkt sie
auf zwei Züge aus. Bedenken des Pfarrers. Sentimentaler
Dank des Grafen gegen die Pfarrerin, in der er das Ebenbild
seiner geköpften Königin finden will. Er weint und fällt ihr
um den Hals und eilt zur Türe hinaus, während ihm der Pfarrer mit Erstaunen nachsieht, die Pfarrerin aber dem Pfarrer
nun Vorwürfe macht, daß er den Grafen nicht zurückgehal-
ten, daß er vornehme Leute nicht zu behandeln wisse, keine
Bildung habe und nicht Französisch sprechen könne.

Im dritten Akte stürzt der Pfarrer atemlos herein; es fehlt ihm
der Kelch, den er neben den Grafen auf den Tisch gestellt,
auch seine Sammethosen und seidenen Strümpfe. Verdacht
auf den Grafen, Verteidigung desselben durch die Pfarrerin.

Den Pfarrer bestärken die Erzählungen des Dienstmädchens, daß der Herr Graf eilends durch den Ort gesprungen, als komme ihm jemand auf der Ferse nach, daß ihn vor dem Orte kein Wagen, wie er vorgab, habe aufnehmen können, es sei keiner da bemerkt worden, er habe seinen Weg immer springend weiter genommen. Furchtbare Unruhe und Jammer des Pfarrers, Klage, daß er nun abgesetzt werde, weil ihm der Kelch abhanden gekommen. Vorwürfe gegen die Pfarrerin. Noch immer fester Glaube derselben an den schönen Grafen. Die Ausmalung des Pfarrers von seiner Schande, seinem Unglück; Vorstellungen der Pfarrerin dagegen nahmen das meiste dieses Aktes ein.

Im vierten Akte erscheint der benachbarte Pfarrer mit seiner Frau und erzählt, was ihm am selben Tage begegnet, es war das gleiche Spiel mit der Uhr! Der erste Pfarrer erstaunt, aber ehe er sich weiter erklärt, kommt ein zweiter benachbarter Pfarrer mit seiner Frau und erzählt dasselbe, und endlich ein vierter, der das Rätsel auflöst und erklärt, daß sie alle betrogen seien, der französische Graf sei ein Pfälzer Jude, er sitze bereits in der Oberamtsstadt im Gefängnisse, und man habe den Kirchenkelch von hier und des Herrn Pfarrers Sammethosen und seidene Strümpfe bei ihm gefunden, er auch alles eingestanden. Ohnmacht der ersten Pfarrerin, Geschrei und Geschwätz der drei andern, wie sie diesen Kerl sogleich für einen Juden erkannt, wie aber nur ihre Männer so verblendet hätten sein können. Verteidigung der Männer, ihre Anschuldigungen gegen die Frauen, Verzweiflung des ersten Pfarrers wegen des Kelches, man werde ihn, weil er in der Tasche eines Juden gesteckt, nicht mehr zum Gottesdienste gebrauchen können. Meinung des andern Pfarrers über diesen bedenklichen Kasus. Vorschlag, den Kelch umschmelzen zu lassen. Beratung, auf wessen Kosten.

Versicherung des zweiten Pfarrers, daß er das zurückzuerhaltende Geld zu wohltätigen Zwecken verwenden wolle. Der Akt endigt mit den Worten des dritten Pfarrers:

»Und ich, ich werde ex officio[471]
Ein Dankgebet vor der Gemeinde lesen
Und einen Gulden oder dreißig Kreuzer
Occulte[472] auf den Opferteller legen.«

Im fünften Akte stehen die Pfarrer alle mit dem angeblichen
französischen Grafen im Gerichtssaale. Ein jeder erzählt in
besonderer, charakteristischer Weise die Geschichte des
Betrugs. Der Jude verbirgt sich nicht, er leugnet nichts. Die
Sammethosen und seidenen Strümpfe behauptet er von der
Frau des Pfarrers als Geschenk erhalten zu haben. Erstaunen
der anderen Pfarrer und Bedauern gegen ihren Herrn Kollegen; die Hosen seien jedenfalls von ihm nicht mehr beim
Gottesdienste zu tragen. Abermaliges Bedenken über den
Kelch, worüber einer der Geistlichen in einer sehr orthodo-
xen, langen Rede sich ausläßt. Witze des Juden. Sie fallen
alle über ihn als einen verstockten Sünder her. Versuche zu
seiner Bekehrung. Sie fordern mit Leidenschaft, der Jude
solle gepeitscht und dann gehenkt werden. Der Richter wirft
ihnen Erbarmungslosigkeit, Härte vor und weist sie durch
Bibelstellen zur Ordnung. Sie protestieren und fordern
urplötzliche Durchpeitschung des Juden. Während ihres
Geschreies ist der Jude aus dem Gerichtssaale entflohen.
Erstaunen der Pfarrer, der Richter gibt ihnen den Trost,
wenn der Jude gefangen sei, werde er gehenkt werden. Der
Vorhang fällt.
Dies war der ungefähre Inhalt einer losen Posse, die sich
aber bei vielem Humor, der in die Reden der verschiedenen
Personen gelegt war, doch gut las und, von mir als Student
nach Tübingen gebracht, unter meinen Freunden oft Heiterkeit erzeugte. Das Manuskript ging mir durch Hinleihen
verloren, auch lag mir an seiner Wiedergewinnung nicht
viel.

Ein Werklein, dessen Verlust ich mehr bedaure und das in jener Zeit auch während des Nähens und Musterkartenmachens ausgebrütet wurde, war in gereimten Versen ein Gemälde von mehrern Originalen, die damals die weiten Straßen Ludwigsburgs durchwandelten.

Zu jener Zeit sah man in Ludwigsburg immer vormittags gegen 10 Uhr einen ungeheuer dicken, unbeholfenen Mann, der in der Mitte der weiten Poststraße mehr gerutscht als gegangen kam und sich schmunzelnd links nach dem Gasthof »Zum Bären« wandte, wo er vor dem Mittagsessen jedesmal ein Voressen von einem halben Kalbsschlegel oder einer Platte voll Würste hielt und das gehörige Quantum Wein oder Bier dazu durch den Schlund hinabgoß. Dies war der wegen seines Magens sehr bekannte Brunnenmacher *Kämpf* von Ludwigsburg, der auch in meinen »Reiseschatten« eine Stelle fand.[473] Oft schoß an ihm, bis er das Ende der Straße und die Ecke, wo er sich zum Gasthof »Zum Bären« umbog, erreichte, drei- bis viermal in die Quere ein lichter Sonnenfaden vorüber, in welchem man bei näherer Betrachtung einen ganz dürren, schlanken, langgezogenen Menschen in einem eng anliegenden weißen, gestrickten Wämschen, an welches zugleich auch die langen weißen Beinkleider samt den Strümpfen angestrickt waren, erkannte. Es war dies der durch die Gassen von einem Hause in das andere pfeilschnell schießende Perückenmacher *Fribolin*[474].

Dieselbe Gasse konnte man jedesmal Schlag 2 Uhr einen andern Mann kommen sehen. Dieser war von vornehmerem Stande, mager, hochgestreckt mit dem Oberleib, in den Füßen etwas gebogen. Er hatte einen französischen Haarzopf und Toupet[475], silbergrauen Frack, gelbe lederne Beinkleider, Reitstiefel und Sporen an und trug in der einen Hand ein fischbeinernes Reitgertchen. Er hatte ganz die Stellung eines auf dem Pferde sitzenden schulgerechten Reiters, machte auch im Gehen, das bald schneller, bald langsamer war, ganz die Bewegung eines Reitenden, während er oft vor sich hinsprach: »Fort! fort! Schweißfuchs!«

Es war das ein gewisser Stiftungspfleger, den man in früheren Jahren um die gleiche Zeit hier einst diese Straße fast jede Woche auf einem andern, abenteuerlichen Pferde reiten sah, der aber durch diesen öftern Pferdewechsel im Vermögen sehr herunterkam, etwas irre wurde, das Spazierenreiten aber zur gewohnten Stunde auch ohne Pferd nicht mehr lassen konnte.

Nicht weit vom Gasthof »Zum Bären« bemerkte man ein anderes Original, das dort sein eigenes Haus hatte. Dies Haus war daran zu erkennen, daß sich in seinem Hofe eine Miststätte befand, von solchem Alter und solcher Höhe, daß sie über das Dach des Hauses ragte. Der Inhaber hatte sie mit aller Mühe gesammelt und gebauet und pflegte ihrer mit der größten Sorgfalt. Nie durfte etwas von ihr weggenommen werden. Obgleich begütert, ohne Frau und Kinder, sah man ihn, einen kleinen, magern alten Mann, in einem abgeschabten roten Rock mit verwitterten goldenen Borden, einem roten, struppigen, hinten in einen Haarbeutel gebundenen Haare, einen runden Korb in der Hand auf der Straße hinter den Pferden hergehen und ihren Mist zu seinem Baue sammeln. War er nicht mit dieser Arbeit beschäftigt, so zeigte er sich in den Gasthöfen, drängte sich mit großer Unverschämtheit an alle Fremde und sprach von den herrlichen vergangenen Bratenszeiten unter Carl Herzog. (Ein echter Ludwigsburger sagt nie: Herzog Carl, sondern immer: Carl Herzog, wie sein Titel anfing: Carl Herzog zu Württemberg etc.) Er schimpfte frei in den buntesten Redensarten über alles, was nicht von »Carl Herzog« stammte, erzählte die skandalösesten Geschichten alter Zeit wie Tugenden und gebärdete sich oftmals auf das schamloseste. Man hieß ihn den »Jakobele«. Er soll zu jenen Bratenszeiten am Hofe die Stelle eines Hofnarren und in der Stadt die eines Spionen gespielt haben, und er war nun bei seinem

Mistbaue, zu dem er verdammt zu sein schien, ein wahres Bild aus dem Hades.

Ging man einmal zufällig um Mitternacht noch durch die Schorndorfer Straße, die gegen Oßweil zum Kirchhofe an meiner Fabrik vorbeiführte, so konnte man manchmal einem kleinen, abgezehrten, totenbleichen Männlein begegnen, das ein schwarzes, zerrissenes Mäntelchen umgeworfen hatte, unter dem es einen Pack Papier und Faßreife trug; auch hatte es einen Spaten auf der Schulter und eine Laterne in der Hand. Es war der damalige Totengräber, der dem Kirchhofe zuging. Dieser Mann legte sich nämlich schon seit Jahren auf die Kunst, das Fliegen zu erfinden, und arbeitete oft nächtlich ungestört im Totenhause bei der Laterne an einer Flugmaschine, die aber nie zustande kam. Daß er das Fliegen dennoch erfunden habe und fliegen könne, wurde ihm später zur fixen Idee. Er behauptete fest, er sei vom Kirchhof aus öfters in der Nacht nach *Neckarweihingen*, mit der Laterne in der Hand, geflogen. Der Flug über den Neckar habe ihn stets sehr angestrengt, denn da habe ihn das Wasser immer so angezogen. Ich sagte zu ihm, er werde wohl nur geträumt haben, daß er so fliegen könne und wachend es glauben; da versetzte er, o nein, er habe zwar auch schon geträumt, er fliege; aber da habe er immer den Tag über Kummer gehabt.

Fliegen im Traume bedeute nicht, daß Kummer komme, sondern man habe Kummer, wenn man im Traume fliege. Diese Beobachtung erwies sich mir in meinem nachherigen Leben als sehr wahr. Er wurde durch seine Flugversuche arm, irre und starb im Elend. Er gab mir Veranlassung zu meinem Spiele »Der Totengräber von Feldberg« in den »Reiseschatten«.[476] Das Männlein hieß Hartmayer; man nannte es aber Flugmayer.

Außer den hier angeführten Originalen gab es damals in Ludwigsburg noch manche andere; aber sie stehen mir nicht mehr so hell im Gedächtnis wie jene.

Der närrische Hausschneider und Jung-Stillings Vorübergehen

Mit dem Comptoir-Gebäude der Tuchfabrik war das Waisenhaus und das Zuchthausgebäude und auch ein Gebäude für die Irren verbunden. Weiter oben stand die Kirche für all die Bewohner dieser Gebäude. Sie alle waren mit einer Mauer umschlossen und hatten nach innen Hofräume und Gärten, nach außen befand man sich in der langen, sogenannten Schorndorfer Straße, die nach dem Kirchhofe und dem Dorfe Oßweil führte. Von der eigentlichen Stadt war man durch den Schloßgarten und links durch die langen Alleen abgeschlossen. Am Haupteingange besagter Gebäude, einer großen Türe, war rechts ein Zimmer angebracht, in welchem ein Schneidermeister mit seinen Gesellen arbeitete. Er hatte den Titel eines Hausschneiders und mußte zugleich den Portier machen und ein Augenmerk auf die Aus- und Eingehenden richten, denn dies war das einzige Tor (wenigstens für die Fußgänger), durch welches man in all diese Gebäude und Anstalten kommen konnte. Der damalige Hausschneider hieß Noä. Durch Lesen aller möglichen Bücher aus der Leihbibliothek des Antiquars Nast hatte er einen Anstrich von Bildung erhalten; er verstieg sich sogar in die Schriften von Kant, fiel aber von dieser Höhe bald herab und blieb an den Schriften von Sintenis[477] hängen. Er spielte den Freigeist und bekam einen lächerlichen Stolz. Dieser Noä kam eines Abends, als ich dichtend und nähend auf der Leiter saß, zu mir und erzählte, soeben sei auch ein Schneider zum Tore herein, der mehr Aufsehen mache, als er verdiene; das sei einer, der lieber in der Hölle (der Sitz, auf dem die Schneider sitzen und in den sie ihre Füße stecken, wird so genannt), aus der er hervorgegangen, hätte bleiben sollen, als daß er einem die Hölle mit seinen abergläubischen Schriften heiß mache. Da sei Sintenis, von dem man nicht so viel rede, ein höherer Geist. Er sehe aus wie ein verhungerter Schulmeister, mache den Augenschneider,

wolle, selbst blind, Blinden den Star stechen. So machte er
lange fort, bis ich endlich von ihm herausbrachte, daß *Jung-
Stilling*[478] mit seiner Gattin in Begleitung des Waisenpfarrers
vor einer Stunde durch das Haus gegangen sei, um sich die
Anstalten zeigen zu lassen.

Ich hatte damals von *Stilling* noch weniger gelesen als der
Schneidermeister, aber dennoch trieb es mich von der Leiter, den Mann zu sehen. Ich trat in den Hof hinaus, und da
kam er gerade mit seiner Gattin, in Begleitung des Waisenpfarrers *Schöll*[479], im Rückwege begriffen, die Allee von der
Waisenhauskirche herab. Ich stellte mich unter das Tor, und
die lange, interessante Gestalt mit der eigenen, hohen Stirne,
der Adlernase und den Liebe und Sanftmut strahlenden
Augen zog an mir ganz nahe vorüber und prägte sich mir tief
ins Gemüt ein. Ich sah ihn da zum ersten und zum letzten
Mal, ihn, den ich in späteren Jahren, und als er nicht mehr
auf Erden war, erst kennen und verehren lernte. Dennoch
trachtete ich auch da noch nicht, seine Schriften kennenzulernen, obgleich ich schon damals, wenn auch nicht seinen
christlichen, doch seinen pythagoreischen und platonischen
Glauben an eine Seelenwanderung der Geister und an ein
Mittelreich hatte. Aber des Schneiders Spott über diesen
Mann konnte ich, als ich sein Auge gesehen, nicht mehr
ertragen; ich kehrte ihm, sooft er wieder von ihm zu reden
anfing, den Rücken.

Später, als ich schon in Tübingen war, erschien dieser
Schneidermeister auf einmal zu Pferde bei einem Manöver
der königlichen Truppen, in Gegenwart des Königs, unter
der Generalität. Man merkte, daß es mit dem Schneider
nicht richtig war, und er wurde auf Befehl des Königs aus
dem Sattel gehoben und nach Zwiefalten, wo sich später das
Irrenhaus befand,[480] zu besserer Verwahrung und Versor-
gung transportiert, wo er starb.

Jung-Stilling hatte, als ich ihn damals in Ludwigsburg sah,
den blinden Instrumentenmacher *Käferle*, jedoch ohne
Erfolg, operiert. Dieser war in früher Jugend erblindet, und

zwar auf eine Weise, daß er keinen Schein mehr behielt; dennoch wurde er ein bedeutender mechanischer Künstler, und seine Klaviere, Flügel usw. waren lange Zeit im In- und Auslande sehr gesucht. Das Gefühl hatte bei ihm so sehr die Stelle des Auges vertreten, daß er im polierten Holze jeden Fleck, jede Mißfarbe zu erkennen und zu verbessern imstande war. Sein mechanisches Genie und seine Liebe zur Tonkunst ging auf zwei seiner Söhne über.

Die Irren

Das Irrenhaus, das, wie schon gesagt, in gleicher Ummauerung mit der Tuchfabrik stand, war meinem Schlafgemache so nahe, daß ich oft vor dem Singen, Lachen, Fluchen und Toben seiner armen Bewohner nicht in Schlaf kommen konnte. Ganze Nächte hindurch hörte ich da oft den Gesang einer wahnsinnigen Frau, der nur in den Worten »Ririroldidi« bestand. Sie sang dieses Unwort immerwährend in gleicher Modulation fort, wobei sie ohne Aussetzen mit dem Fuße auf den Boden stampfte. Erst gegen Tag hörte man die Töne immer schwächer und schwächer, wo sich endlich Schlaf und Erschöpfung ihrer zu erbarmen schienen. Ein anderer Wahnsinniger schrie die ganze Nacht fort die Worte »Totenköpfe und Krautsalat« und rasselte dazu mit den Ketten; denn da schloß man die Tobsüchtigen noch an. Dazwischen hörte man oft Töne, als schlüge er den Kopf gewaltsam an die Wand.

Der Schein des Mondes und besonders der zunehmende Mond steigerte jedesmal bei allen diese Schauertöne und nächtliche Unruhe, in welche öfters in Frühlingsnächten der Schlag einer Nachtigall von den benachbarten Schloßgärten und der Lindenallee wie besänftigend erklang. Ich besuchte die Unglücklichen auch oftmals in ihren Zellen und wurde ihnen bald bekannt und freundlich. Das Spiel meiner Maultrommel machte bei vielen einen guten Eindruck, und ich vermochte oft, Tobende durch Worte und Anschauen zu besänftigen. Es tut mir leid, daß ich meine Beobachtungen an vielen dieser Unglücklichen damals nicht niederschrieb. Meine Neigung und einiges Geschick, mit Geisteskranken umzugehen, was ich später erproben mußte, war mir wohl von der Natur von Geburt aus zugeteilt.

Großen Anteil nahm ich besonders an einem noch jugendlichen Manne, der, wie ich glaube, seine Erziehung auch in der Carlsschule erhalten hatte; er hieß *von S–r*, ist aber mit einem andern seines Namens, der später in ähnliche Zustände kam, nicht zu verwechseln. Er war von kleiner Statur, hatte einen feinen Körperbau, eine zarte Stimme und sah mit funkelnden grauen Augen mißtrauisch um sich – und je nachdem ein Mensch kam, schloß er die Augen –, denn er hatte die fixe Idee, man wolle ihn vergiften, und das könne selbst durch Blicke geschehen. Es hieß, er sei durch unglückliche Liebe in Irresein verfallen. Ich brachte es durch einige Besuche bei ihm bald so weit, daß er vor mir die Augen offen hielt und mich ohne Mißtrauen ansah. Als er einmal aus Furcht, vergiftet zu werden, mehrere Tage lang durchaus nichts mehr aß, holte mich sein Diener zu ihm, und ich brachte ihn dadurch zum Speisen, daß ich ihm den Vorschlag machte, wir wollten abwechslungsweise, zuerst ich einen Schub, dann er einen Schub seiner Suppe mit dem gleichen Löffel zu uns nehmen, bis das Schüsselchen geleert sei. Dies geschah, mußte aber nach einigen Tagen, da er nur unter dieser Bedingung wieder speisen wollte, von mir wiederholt werden. Nach eingetretener Verschlimmerung half aber auch dies Auskunftsmittel nicht mehr, und er hatte schon fast 8 Tage lang alle Speise versagt. Ich war bei ihm, er war wie ein Gerippe, bleifarben im Gesicht, hatte eingefallene Augen und schien gar nicht mehr auf den Füßen stehen zu können. Ich sprach ihm vergebens zu, er erwiderte immer: »Alles ist vergiftet«, da sprang er auf einmal, wie mit der letzten Lebenskraft, auf das Kämmerchen seines Dieners zu, in dem ein Kanarienvogel in einem Käfig saß, riß diesen

heraus und hatte ihn mit *einem* Schluck mit Federn und
Gebein im Magen, indem er schrie: »Der ist nicht vergiftet,
ha! ha!« Er war auf sein Bett zurückgefallen, das Verschlingen des Vogels war so schnell geschehen, daß der Diener das
Ohr horchend auf den Magen des Herrn legte und
behauptete, man höre den Vogel noch in ihm flattern. In der
Nacht starb er. Er hatte einige Tage zuvor noch sein Testament niedergeschrieben, in welchem er dem Fürsten *von
Thurn und Taxis* seine Gebeine zu Stockknöpfen und Bil-
lardkugeln vermachte.

Handarbeiten und weitere Beschäftigung meines Geistes während derselben

Zu den Unglücklichen des Zuchthauses führte mich später,
als ich auf die Fabrikation des Tuches aufmerksam gemacht
werden sollte, oft mein Geschäft (denn hier war die Spinn-
anstalt), aber sie waren mir immer ein höchst trauriger,
unheimlicher Anblick, ich konnte mich bei ihnen nicht wie
bei den Irren verweilen, ich konnte nicht versuchen, sie zu
bekehren, ich suchte immer sobald wie möglich wieder von
ihnen zu kommen. Das Wehgeschrei solcher, die beim
Empfang und beim Gehen den sogenannten Willkomm und
Abschied, in ein Holz gespannt, durch Schläge erhielten,
weckte mich, ging ich durch diese Gänge, oft aus Dichterträumen auf.
Aber auch der Direktor der Fabrik mußte mich oft aus
meinen Träumen durch unpoetische Anweisungen, weil ich
nun einmal ein Kaufmann werden sollte, wecken. Er lehrte
mich das Ellenmaß kennen, nicht daß er mich damit schlug,
sondern er erklärte mir seine Einteilungen und lehrte mich
die Tücher messen, in Ballen packen und auf die Ballen das
Fabrikzeichen und die Nummer mit dem dicken, in Dinte
getauchten Pinsel malen, in welch letzterem Geschäfte ich
ihn aber selbst, kraft meiner Malerkunst, übertraf; denn ich

machte oft noch zum Überflusse einen Lorbeerkranz um das
Fabrikzeichen, oder das Ludwigsburger Stadtwappen, einen
Adler, oder drei Hirschhörner auf die Ballen.[481] Das Auspak-
ken und Auswiegen der Indigofäßchen[482] war auch keine
freudige Beschäftigung. Der blaue Staub drang sogar durch
die Kleider, und ich lief im Gesicht und am ganzen Leibe
blau an. Am schwersten fiel mir aber das Ausmessen des
Tuches beim Handverkaufe, zu dem ich später auch angewiesen wurde, und noch mehr das Berechnen der an Mann
gebrachten Ellen. Es mag sein, daß hier oft eine halbe Elle
für eine Viertel gezählt und statt 6 Gulden 5 Gulden berech-
net wurden. Das Zählen des Geldes wollte auch nicht begriffen werden, und ich lernte es bis auf den heutigen Tag noch
nicht. Das machte oft unter Zank und Streit Erwachen aus
allen Dichterträumen. »Studieren Sie nur recht den *Nelkenbrecher* und *Büsching*[483] in Ihren Freistunden«, wurde mir
oft gesagt. Ich las diese Bücher auch, aber machte während
des Lesens Verse und schrieb einmal, ganz in Gedanken, in
das Briefkopierbuch, gleich nach Kopierung eines italienischen Briefes, Verse auf den Hund des Direktors ein, die mir
während des Kopierens beigefallen waren. In meiner nächsten Umgebung war niemand, der Sinn für Poesie hatte;
dagegen war im Waisenhause (das, wie gesagt, auch in dieser
Ummauerung sich befand) ein junger Lehrer, mit Namen
Lehrer[484], der für Poesie, Musik und Malerei vielen Sinn
hatte und selbst ein guter Musiker und besonders ein vortrefflicher Landschaftsmaler war. Er war älter als ich, aber
doch schloß ich mich an ihn sehr an. Er hatte an meinen
Versen immer große Freude, ich teilte ihm alle mit und
schenkte ihm ganze Bücher voll, wogegen er mich öfters mit
Tonsetzungen derselben erfreute. Dieser vortreffliche
Mensch gereichte mir in diesen Tagen geistiger Gefangenschaft zum großen Troste und erschien mir oft noch im
späten Alter freundlich im Traume. Er starb als geschätzter
Stadtschullehrer in Ludwigsburg.
Auch ein lieber Mensch befand sich, nicht auf dem Comp-

toir, sondern unter den Fabrikarbeitern. Er war Tuchsche-
rermeister und hieß *Kübler*. Ihm verdankte die Fabrik die
erste Einrichtung von Tuchschermaschinen, die er in Brünn
kennenlernte. Ich hielt mich oft in seiner Werkstätte auf und
lernte von ihm das Tuchscheren vermittelst der Maschine
sehr bald. Dagegen erfreute ich ihn oft durch meine elektrischen Versuche, und er war mir in Erbauung einer neuen
Elektrisiermaschine mit mannichfaltigem Apparat sehr
behülflich. Auch in meine Leidenschaft, die ich für Anbrin-
gung und Errichtung einer Camera obscura, wo ich mich
nur befand, hatte, ging er ein, und wir errichteten in einem
Kämmerchen, vor welchem alle Bewohner dieser Räume,
die noch frei gehen durften, Fabrikarbeiter, Waisenkinder,
Züchtlinge und Irren, vorüberzogen, eine vortreffliche
Camera obscura und hatten an Sonntagen stundenlang
unsere Freude an dem bunten, lichten Gewimmel im Kleinen auf dem ausgespannten Papiere.

Spaziergänge. Die Veste Asperg, Wolf und Bilfinger. Studium der Natur

An solchen Sonntagen, an denen wir Freistunden hatten,
machten wir zwei hie und da Spaziergänge, auf welchen wir
immer auch eine Camera obscura (wir hatten eine kleine
tragbare verfertigt) zum Nachzeichnen der Gebäude, der
Baumgruppen usw. mit uns führten. Sehr oft nahmen wir
den Weg zur Veste Asperg, wo mein Bruder *Louis* sich als
Garnisonpfarrer befand.
Am Gitter eines Gefängnisses erblickte ich da manchmal den
wegen unverzeihlicher Übergabe der unüberwindlich
geschienenen Veste Hohentwiel eingekerkerten Obristen
Wolf[85]. Mit heiserer Stimme hörte ich den alten Mann einmal
an seinem Gitter schreien: »Gnade! Gnade!« Es war, als der
Herzog durch den inneren Raum der Veste fuhr. Von da an
durfte er nicht mehr am Gitter seines Kerkers erscheinen.

Mehr Bedauern erregte in mir und allen der Genosse seines Unglücks, der General *von Bilfinger*[486], obgleich sich dieser in keinem Kerker, sondern unter der Veste im Dorfe Asperg, nach Konfiskation seines Vermögens auf immer dahin konfiniert[487], befand. *Bilfinger*, an Körper und Geist durch Alter schon geschwächt, war Kommandant der Veste Hohentwiel; aber da man seinen Kräften nicht mehr traute, schickte man ihm bei ausgebrochenem Kriege den Obristen *von Wolf* zu. Aus Achtung vor *Bilfingers* früheren Verdiensten und militärischen Kenntnissen ließ man ihm den Namen eines Gouverneurs und die erste Unterschrift, aber Oberst *von Wolf* war der für alles verantwortliche Kommandant.

Diese Bergveste war, wie bekannt, so beschaffen, daß man sie mit Steinen hätte verteidigen können. Wie in dem Felsenneste eines Vogels Greif saß ja der ritterliche *Wiederhold*[488], sie weder an Feind noch Freund übergebend, jahrelang einst ein tapferer Wächter in ihr. Sein Beispiel sollte nicht wiederholt werden. Es bedurfte nur eines Trompeters, den der französische General *Vandamme*[489], der an ihrem Fuße vorüberzog, im Scherze, sie zur Übergabe auffordernd, hinaufschickte, daß ihr Kommandant *Wolf* sogleich ins Quartier *Vandammes* herabspazierte und eine schimpfliche Kapitulation abschloß, die auch der altersschwache *Bilfinger* und die andern Offiziere unterzeichneten.[490]

In späteren Feldzügen, wo mein Bruder *Carl* öfters mit *Vandamme* zusammenkam, erzählte ihm dieser, wie die Geschichte mit der Veste Hohentwiel, die Absendung eines Trompeters zu ihrer Übergabe von ihm und seinen Offizieren ein wahrer Scherz gewesen und wie sie an die Übergabe dieses durch die Natur unüberwindlichen Felsennestes nie im Ernste gedacht hätten.

Wolfs Schicksal erregte das Bedauern, das man auch mit einem Schuldigen hat; mindere Schuld aber konnte man dem durch Alter und Krankheit ganz schwach gewordenen *Bilfinger* beimessen, zumal diesem ja *Wolf* eben wegen seiner Gebrechlichkeit amtlich substituiert worden war.

Es war mir traurig, den alten Mann, einst einen gelehrten und hochgeehrten Militär und Lehrer in der Carls-Akademie, in diesem Dorfe (wo ich ihn einmal mit meinem Bruder besuchte) in einem Bauernstübchen noch unter Karten und militärischen Zeichnungen, abgemagert und hohläugig, in tiefem Nachsinnen, wie von einer vergangenen Zeit träumend, auf einer hölzernen Bank vor einem wackelnden Tische sitzen zu sehen. Alles war ihm genommen, und zu seinem täglichen Unterhalte waren ihm nur wenige Kreuzer ausgesetzt. Hätte ihn dieses Los allein getroffen; aber es traf noch eine andere Person, die noch unschuldiger als er war; es traf die Konfiskation seines Vermögens auch ein Fräulein *Voßler*, das der General von Kindheit auf (es hieß als natürliche Tochter) zu sich aufgenommen und aufs sorgfältigste erzogen hatte. Sie lebte in Ludwigsburg, hatte früher und später oft unser Haus besucht und gehörte zu den merkwürdigen Personen dieser Stadt von damals. An Geist und Wissen reich, hatte sie sich auch noch die Kunst des Klavierspielens auf eine musterhafte Weise angeeignet, sie gehörte zu den besten Klavierspielerinnen damaliger Zeit durch zartes Gefühl, feinen Geschmack und außerordentliche Kunstfertigkeit.

Ihr Lehrmeister in dieser Kunst war der Dichter *Schubart*[491]. Als dieser sich als Gefangener, sie als Tochter eines beim dasigen Militär Angestellten auf der Veste Asperg befand, wurde ihm die Erlaubnis erwirkt, sich täglich eine Stunde aus seiner Klause zu begeben, um sie im Klavierspiele zu unterrichten. Die Gedichte Schubarts, die den Namen »Regine« führen, waren an sie gerichtet. Was sie am meisten ehrte, war, daß sie das Unglück, das nun über ihren armen Pflegevater und sie hereinbrach, mit Standhaftigkeit und Ergebung ertrug. Sie verlor alles, selbst das ihr so teure Saiteninstrument, einen kostbaren Flügel; denn auch dieser wurde konfisziert. Von hohem Wohlstande war sie zur Bettlerin geworden. Wie der Pflegevater in Asperg bewohnte sie nun in Ludwigsburg ein einsames Stübchen und gab Unterricht im Klavierspielen, und daneben war auch das Studium der Alten, Homers, Platos, ihr Trost. Sie sorgte noch immer, soviel sie konnte, für die Bedürfnisse ihres Pflegevaters, selbst als dieser, ganz kindisch geworden, nichts mehr von ihr wissen, ja sie gar nicht mehr zu sich lassen wollte. Zu ihm ziehen und mit ihm leben konnte sie nicht, weil sie in Asperg keinen Verdienst gehabt hätte. Ich traf sie öfters schwer tragend auf diesem Wege zu ihrem Pflegevater an. Sie war schon damals nicht mehr jugendlich, nicht schön, aber von einem durchaus geistreichen, verständigen Wesen. Später wurde ihr von dem konfiszierten Vermögen wieder ein Anteil als Pension gegeben, und durch Klavierunterricht und Handarbeit verschaffte sie sich noch bis in späte Jahre ein gutes Auskommen, bis sie zu Stuttgart vor wenigen Jahren und nicht vermögenslos starb.

Auf solchen Spaziergängen ließ ich nicht ab, alles, was der Natur angehörte, zu lieben und zu betrachten: Aussichten, Bäume, Quellen, Steine, Vögel, Schmetterlinge und andere Insekten; besonders sah man auf den Rasenwällen der Veste immer die schönsten, buntesten Schmetterlinge. Neben meiner Verskunst blieb mir das Studium der Natur noch immer die liebste Beschäftigung; am frühen Morgen und in späten Nächten las ich noch immer naturgeschichtliche Bücher. Romane las ich nie mehr. *Reimarus'*, *Hallers*, *Bonnets* Schriften[492] beschäftigten mich. Aus der Bibliothek eines mir wohlwollenden Militärarztes (*Dr. Constantin*) nahm ich *Meßmers* und *Gmelins* Schrift über den Magnetismus[493] mit mir und erfreute mich schon damals dieser geistigen Erscheinungen. Derselben Bibliothek verdankte ich *Josephis* »Anatomie der Säugetiere«, *Jacquins* »Lehrbuch der allgemeinen und medizinischen Chemie«, *Haugks* »Anfangsgründe der Experimental-Physik« und *Steffens* »Beiträge zu einer Naturgeschichte der Erde«.[494] Zum Danke übersetzte ich dem ärztlichen Freunde die lateinischen Verse der salernitanischen Schule[495] in deutsche Reime. Alle diese Bücher las und studierte ich mit Liebe; dabei lagen aber die Schriften von *Nelkenbrecher* und *Büsching* obenan auf dem Tische, doch seltener gebraucht.

Der Chemiker Staudenmayer und seine Freunde

Ein eigener, origineller Mann damaliger Zeit in Ludwigsburg war der Chemiker *Staudenmayer*.[496] Ich glaube, er war zu Marbach geboren; er zog schon nach Ludwigsburg, als mein Vater noch Beamter daselbst war. Viele Jahre hatte er als Chemiker und nachher als Admiralitätsapotheker in Petersburg gelebt. Sein Haus befand sich nicht weit von der Tuchfabrik in der hinteren Schloßstraße. Er war mit Seele und Leib Chemiker und trug eine chemische Ehrennarbe im Gesicht; er hatte nämlich in Petersburg, als er eine neue Metall-Komposition zu Lettern goß, ein Auge verloren. Er war ein hagerer Mann von mittlerer Größe, seine Haare waren, obgleich er damals vielleicht erst 50 Jahre zählte, schneeweiß, lang gelockt, und sein Gesicht trug tiefe Furchen einer in Denken und Arbeiten durchlebten Zeit. Er hatte sich Vermögen gesammelt und hielt es durch Sparsamkeit und kleine chemische Arbeiten (denn von solchen konnte er nie ruhen) zusammen. Er war kinderlos. Seine Frau war eine Livländerin. Sie war klein bei einem langen Oberleib, und ich sagte oft zu ihr, ich bezüchtige sie, keine Füße zu haben. Sie liebte ihren Mann ungemein so wie er sie. Dieser Mann hatte, besonders in der technischen Chemie, manche interessante Entdeckungen gemacht, zeigte sie auch solchen, die ihn näher kennenlernten, gern vor, aber aus der Art ihrer Bereitung machte er immer das größte Geheimnis. Es war dazumal die Zeit der Surrogate[497], für seinen forschenden Geist eine willkommene. Für alle Kolonialwaren hatte er Surrogate erschaffen, den Freunden zeigte er sie vor und wartete ihnen damit auf. Man speiste bei ihm vortrefflichen Zucker, der aber nicht aus dem Zuckerrohr genommen war, man trank bei ihm ausgezeichneten Kaffee, allein es war nicht die gewöhnliche Kaffeebohne; Zimt und Nelken vom besten Arom teilte er aus, allein sie waren sein Fabrikat; auch ein Surrogat für die Chinarinde[498] hatte er erfunden, das in den Spitälern, besonders in Hamburg, mit dem besten Erfolge angewendet wurde. Man bot ihm damals reichliches Geld, die Fabrikation dieses Chinasurrogats zu eröffnen, allein er war durchaus nicht dazu zu bringen, lieber schickte er es unentgeltlich aus. Die verschiedensten Sauerwasser und moussierenden Weine,[499] die er schnell ex tempore[500] zu bereiten wußte, standen bei ihm immer für Freunde bereit. Drang man in ihn, er möchte doch sagen, wie er dies oder jenes mache, so fing sein Mund an, sich zu einem schalkhaften Lächeln zu verziehen, und sein einziges blaues Auge schielte und funkelte hell – aber er schwieg.

In Bereitung von verschiedenen feinen Essigen war er besonders Meister, auch im Einmachen der verschiedensten Früchte in solchen kristallhellen Essigen in Gläsern, so daß sie ihre natürliche Farbe und Gestalt behielten, was jetzt häufig gesehen wird, damals aber noch ein Geheimnis war. Die königliche Tafel bezog sie damals nur von ihm, ob er gleich mit dem Hofe immer im Streite lebte. Mein Vater nahm sich Staudenmayers bei Aufnahme in Ludwigsburg dessen sehr an; schon deswegen war er immer freundlich und lud mich in Freistunden manchmal zu sich ein, wo er mich mit seinen Surrogaten traktierte und mir von seinem Leben in Rußland, von den Präparaten, die er gemacht, von den Chemikern und Ärzten, mit denen er da umgegangen, vieles erzählte. Je näher er mich kennenlernte, je klarer wurde auch ihm, daß ich für das Gewerbe eines Kaufmanns nicht tauge und daß ich bei meiner Vorliebe für die Natur und ihre Wissenschaften mich zu ihrem Studium auf eine Universität begeben sollte. Das hörte ich gern, aber mit Zittern und Zagen, weil ich keine Aussicht dazu vor mir sah.

Die Frau von Gaisberg und ihre Katzen

Ohnweit des Chemikers Hause wohnte auch ein originelles Wesen; es war eine Frau *von Gaisberg*, geborene von Üxküll. Sie lebte von ihrem Manne getrennt in Gesellschaft einer Menge Katzen. Sie hatte ein wahres Katzenkloster, dessen Äbtissin sie war. Ihre Kleidung war eine Kutte, wie die eines Kapuziners; um den Leib trug sie ein Band, an welchem ein langes Messer hing, das Haar hatte sie abgeschoren, und auf dem Haupt trug sie nach Männer Weise eine weiße Zipfelkappe. Ihre Gesichtszüge waren mehr die eines Mannes als einer Frau. Ihr Zimmer war durch einen großen russischen Ofen geheizt, den ihr der Chemiker empfohlen und erbaut hatte.

Vor diesem Ofen bereitete sie sich und ihren Katzen im Zimmer die Speisen und schnitt sie ihnen mit dem langen Küchenmesser vor. Nahmen die Familien der Katzen zu sehr zu, so gebrauchte sie auch besagtes Messer, um den überflüssigen jungen Katzen die Köpfe abzuschneiden. In ihrem Zimmer herrschte die größte Unordnung. Küchengeräte, Möbels und Porträts standen und lagen untereinander. Den größten Teil ihres Zimmers nahm eine große Bettlade mit einem Dache, einem sogenannten Himmel, ein, auf welcher die Lieblingskatze mit ihrer Familie ihr Lager hatte und ihre Kindbetten hielt. Die Umgebung dieser Frau und ihre ganze Erscheinung hatte etwas Dämonisches, Hexenartiges. Sie machte in Begleitung einer großen Prozession von Katzen, von denen mehrere aufrecht auf den Hinterfüßen liefen (denn so hatte sie sie gelehrt), öfters einen Spaziergang im Garten hinter ihrem Hause, der an den des Chemikers stieß. Hier beobachtete ich sie oft heimlich. Ich hörte, daß sie mit ihnen in einer eigenen, den Katzentönen ähnlichen Sprache konversierte und sie dann auf einem Rasenplatz mit Baldrian fütterte, worauf sie die wunderbarsten Stellungen und Sprünge machten, an denen sie sich zu ergötzen und die sie durch ähnliche Sprünge nachzumachen schien.

Bei diesem Anblicke fiel mir immer die Prälatin von Maulbronn mit dem Eulenkopfe neben den im Mondschein in
Prozession zum Klosterbrunnen aus dem Keller ziehenden
Ratten ein. Ich dachte mir beide, jene mit den Katzen und
diese mit den Ratten zusammen, als echte Bilder aus einem
Hexenmärchen. Als diese Frau später zu Stuttgart starb und
ihr Sarg auf den Kirchhof gebracht wurde, sprangen, als man
das Sargtuch abdeckte, zwei ihrer Lieblingskatzen, die sich
unbemerkt unter demselben bei ihr festgehalten hatten, aus
demselben hervor und verschwanden unter den Grabmonumenten.

Nächst dem Garten dieser Frau hatte der Chemikus ein
kleines Häuschen, in welchem er seine Essige aufgestellt
hatte; er behauptete aber, er müsse dieses Häuschen versetzen; denn sooft diese Frau mit den Katzen durch den Garten
gehe, bemerke er nachher, daß seine Essige nicht mehr die
Reinheit wie vorher hätten und sie ihm auch sehr oft ganz
verderben.

Herr von Üxküll

Besseres traute der Chemikus dem Bruder dieser Frau zu.
Dieser war ein Herr *von Üxküll*, der ihn öfters in Gesellschaft der Malerin Simanowitz[501] besuchte. Noch öfters traf
ich diesen auch sehr originellen Menschen bei meinem väterlichen Freund *Conz*. Klopfte es ganz erstaunlich an die
Türe, daß alles zusammenfuhr, so war man der Erscheinung
des Herrn *von Üxküll* gewiß. Er hatte das Gehör verloren
und klopfte jedesmal an die Türe so stark und so lang, bis er
es selbst hörte. Dieser Mann verwendete den größten Teil
seines ansehnlichen Vermögens auf Kunstreisen und Sammlung von Kunstschätzen, namentlich auf Gemälde und Kup-
ferstiche, und auf Unterstützung von Künstlern. Er hatte
sich in verschiedenen Jahren immer längere Zeit in Italien
und namentlich in Rom aufgehalten und wurde Freund und
Mäzen aller sich damals in Rom aufhaltenden deutschen

und besonders der württembergischen Künstler, wie des
genialen *Kochs*, *Wächters*, *Schicks*,[502] etc. Sein Urteil war in
der Kunstwelt von Geltung; denn er hatte sich durch diesen
Umgang mit Künstlern und durch Anschauung der Kunst-
werke der verschiedensten Schulen, besonders der italienischen, zu einem Kunstkenner von Geschmack und richti-
gem Blicke gebildet. Er war Meister in mündlicher Darstellung des Gesehenen.

In der Lebensbeschreibung des alten Baumeisters *Schickart*
von Eberhardt *von Gemmingen*[503], die *Üxküll* mit einer
Vorrede seines Freundes *Conz* herausgab, findet sich von
ihm ein Entwurf einer Geschichte der Fortschritte der bildenden Künste in Württemberg, von *Schickarts* Zeiten 1560
bis 1815, der von seinem Berufe zum Kunstkritiker zeugt.
Seine vielseitigen Korrespondenzen mit Künstlern und
Kunstkennern seiner Zeit und noch andere merkwürdige
Manuskripte, die bei einem der Erben seines Nachlasses
noch in einem Koffer eingeschlossen liegen sollen, wären
gewiß einer Sichtung und Veröffentlichung wert.

Er war so taub, daß man mit ihm nur vermittelst eines
Hörrohres sprechen konnte. Der Chemikus schrie ihm einmal in meiner Gegenwart in dasselbe, eingedenk seiner
abgestandenen Essige: »Es ist mir doch unbegreiflich, wie
eine Schwester von einem solchen Liebhaber des Schönen
diese abscheulichen Katzen um sich dulden kann.« »Ach«,
sagte er, »ein jegliches lebe nach seiner Phantasie, und mich
freut, wenn ein Mensch nur irgendeine solche hat; *Ihre*
Katzen, Lieber, sind die Essigflaschen!« »Ja«, sagte der
Chemikus mit einem Blick auf mich, »ehemals! Aber jetzt
möchte ich sie oft gern alle zusammenschlagen, es ist kein
Glück mehr in ihnen!«

Die Malerin Simanowitz und zwei andere Freunde

Auch eine originelle Bewohnerin Ludwigsburgs war die Malerin *Simanowitz*. Oft traf ich sie in dem Hause des Chemikus, besonders zur Zeit, als sie sein und seiner lieben *Käthi* (so nannte sich des Chemikus Frau) Bildnisse in Öl malte in ihrer freien, geistreichen Weise. Der Schönheitssinn erlaubte ihr wohl nicht anders, als daß sie den Chemikus im Profil darstellte, und zwar auf der Seite, wo er noch ein Auge hatte.

Aber es war in des Chemikus Auge auch das Leben des erloschenen Auges sichtbar getreten, es drückte sich in seinem einzigen Auge so viel Leben aus, daß man bald den Mangel des andern nicht wahrnahm, und so meinte ich, hätte sie ihn wohl auch en face abbilden können. In ihren Bildern lag eine ausnehmende Zartheit, der es doch nicht an Kraft und Wahrheit fehlte; es waren Charakterbilder ohne ängstliche Auffassung der einzelnen Züge. Die Kunst der Malerei war dieser Frau angeboren, nicht angelernt. Durch häufigen Umgang mit Künstlern und vielen ausgezeichneten Männern, die zum Teil noch aus der Carls-Akademie vorhanden waren, und durch mehrere Kunstreisen nach Paris gewann sie an Kunst und wissenschaftlicher Bildung immer mehr.

Die Greuelszenen der Französischen Revolution erlebte sie in Paris, wo mein Bruder *Georg*, über den sie die schon angeführten Worte schrieb, oftmals ihr Begleiter und Beschützer war. Der Vater *Schillers* war ihres Vaters vieljähriger Kamerad, und schon in früher Kindheit war sie dadurch *Schillers* Gespielin und nahm an seinem ersten Unterrichte teil. Auch der Freundschaft des genialen Malers *Wächter* hatte sie sich zu erfreuen. Neben dieser ihrer Kunst übte sie die Pflichten einer sorgsamen, treuen Gattin an einem braven, aber immer kränklichen Manne und war die verständigste und dabei bescheidenste Hausfrau. Ihre

Gesichtszüge waren nicht regelmäßig, aber ansprechend durch Geist, Sanftmut und Wohlwollen, die sie ausdrückten.*

Der Sohn eines Lederfabrikanten in Ludwigsburg, Jonathan *Hellmann*, war der Freund meiner Brüder.

Er war selbst Gerber und übte diese Kunst bei seinem Vater mit Kenntnis und Umsicht aus. Dabei hatte er sich durch Erlernung von Sprachen und Selbststudien der Geschichte, Politik und Dichtkunst einen hellen Verstand, eine nicht gewöhnliche Bildung verschafft und bei den wissenschaftlichsten Männern Geltung erhalten. Er war um ein gutes älter als ich, nahm sich aber meiner in Liebe an. Ich traf ihn oft bei *Staudenmayer*. *Werners* »Söhne des Tales«,[504] die damals zuerst erschienen waren, erhielt ich durch seine Mitteilung, und so auch das merkwürdige Buch »Dia-na-sore« von Herrn *von Meyern*[505], welchen geistreichen Mann ich später persönlich kennenlernte; was mir um so merkwürdiger war, da für diese seine Schrift mein Bruder *Carl* besonders schwärmte. Bei *Hellmann* und *Staudenmayer* fand ich auch oft den schon erwähnten, mir freundlichen Militärarzt (nachherigen Armeearzt) *Dr. Constantin*. Beide Männer freuten sich meiner wissenschaftlichen Strebungen und bedauerten meine Lage in jener Tuchfabrik unter so verdorbenen Menschen und geisttötenden Beschäftigungen.**

---

* Eine Biographie dieser Künstlerin und auch Näheres über ihre Freundin *Voßler* ist zu finden in dem Buche »Ludovike etc. von der Herausgeberin des Christbaums«, 1846.[503a]
** *Hellmann*, später in Neckarsteinach als Fabrikherr angesiedelt, zeichnete sich als Mitglied der hessischen Kammer aus.

Von meinen Geschwistern um jene Zeit.
Meine Schwester Wilhelmine

Während meines Aufenthaltes in dieser Fabrik verlor ich auch die Nähe meiner lieben Schwester *Wilhelmine*, die durch eine Verheiratung von Ludwigsburg hinweg wieder in die Gegend von *Maulbronn* kam. Schon im Kloster *Maulbronn* besuchte ein benachbarter Geistlicher, Pfarrer *Steinbeis* zu *Oelbronn*,[506] öfters mein väterliches Haus. Es war ein Mann voll Geist und Humor. Durch sein Äußeres konnte er für ein gewöhnliches Mädchen nicht erobernd sein; denn schon im mittlern Alter hatte er ein Silberhaar, das nur in einem Kranze den kahlen, glänzenden Schädel umgab, den er oft in seinem Humore dem Helme *Mambrins*[507] verglich. Dabei waren seine Gesichtszüge sehr lang, aber sein hellblaues Auge war voll Geist, und was er nur sprach, mußte man gerne hören.

Im Jahre 1762 zu Vaihingen an der Enz von bürgerlichen Eltern geboren, durchlief er auf Zureden der dasigen Geistlichen die gewöhnliche Bahn württembergischer Theologen, trat aber, nachdem er Tübingen verlassen hatte, besonders längere Zeit als Erzieher in die Familie des Baron du Bos du Thil zu Braunfels ein.

Von diesem Herrn du Thil pflegte er öfters zu sagen: »Er war ein Mann, der, wenn ich je an menschlicher Tugend hätte verzweifeln können, mich davor durch seine Tugend geschützt hätte.« Zwei Söhne waren ihm zur Erziehung übergeben, von denen der eine der noch jetzt lebende, gewesene darmstädtische Staatsminister du Thil ist.[508] Mit ihnen war ihm öfters die Veranlassung zu Reisen in *Deutschland*, der *Schweiz* und *Savoyen* gegeben, und er verweilte auch mit seinen Zöglingen zwei Jahre zu Neufchâtel und vier Jahre zu Stuttgart. Von der Schweiz und von Stuttgart aus führte er einen fortgesetzten Briefwechsel mit der Tante seiner Zöglinge, einer Fräulein *von Asseburg*, in deutscher und französischer Sprache. Diese seine Briefe sind voll

lebendiger Schilderungen von Naturszenen und Erlebnissen.
Als dieser Mann schon damals den Wunsch äußerte, meine
Schwester *Wilhelmine* zur Gattin erhalten zu können, schien
ihr Herz noch von einer andern Neigung erfüllt zu sein; aber
die späteren Verhältnisse traten dazwischen. Als er sie nun
nach Jahren in Ludwigsburg zur Gattin begehrte, ging sie
mit ihm den Bund ehelicher Liebe ein, was sie auch nie zu
bereuen hatte. Lauterkeit und ein Herz ohne Möglichkeit
einer Falte war der Grund und Boden dieses ihres Gatten,
auf dem ein heiterer Humor und ein ungebeugter Lebensmut blühten, die ihn für jedermann liebenswürdig machten.
Humanität war der Grundsatz seines Handelns, auch als
Lehrer seiner Gemeinden, und die Regel, die er jenen gab,
war: »Wenn dich neunundneunzig betrügen, so erwarte von
dem hundertsten wieder Gutes.« –
Er starb mit einem beredten Zeugnis an den ihn umgebenden
Kreis der Seinigen, daß die menschliche Wissenschaft das
Höchste und Ewige nicht erreichen könne, wenn ihr nicht
das Licht von oben hülfreich dazu erscheine.
Vier Mädchen und zwei Söhne gingen aus dieser Ehe hervor,
braver Eltern würdige Kinder, von denen der älteste Sohn
sich als Hüttenmann und Mechaniker auszeichnet.[509]
Meine gute Mutter hatte sich am Ende ihres Lebens zu
diesem Tochtermanne, und zwar an seinen letzten Aufenthalt, *Ilsfeld* bei Heilbronn, begeben, wo sie mit ihm längst
auf *einem* Kirchhofe ruht. Aber der Tod beider fiel nicht in
meine Knabenzeit, sondern in eine viel spätere.
Die Entfernung von meiner Schwester *Wilhelmine* war mir
auch deswegen betrübend, weil ich ihr unter meinen Verwandten allein meine poetischen Versuche mitteilen konnte,
da sie mich hierin allein verstand. Sie versuchte sich selbst hie
und da in gebundener Rede (selbst noch im spätesten Alter),
und da ich soeben von dem Tode ihres Gatten sprach, will ich
die Verse hersetzen, die ihr nach seinem Tode ihr religiöses
Gefühl und ihr Schmerz über ihn eingab.

»Der Abend kam, ich sank ermattet nieder,
Bald schlossen sich die müden Augenlider,
Ich sah im Traum versetzt mich in den Garten,
Sah meiner jungen Pflanzen dort mich warten,
Da fand ich (ach! warum denn nur in Träumen?)
Den Lieben unter seinen jungen Bäumen.
›Sieh‹, sprach er, ›sieh! wie herrlich diese Früchte!
Noch nie genoß ich bessere Gerichte!
Schien's, daß ich lang umsonst gepflegt den Garten,
Wie herrlich lohnt nun mein geduldig Warten.‹

Und alle Bäume, die er selbst gezogen,
Von edlen Früchten waren sie gebogen,
Und niemals noch sah ich von solchen Gaben
Den Lieben so wie diesesmal sich laben.

›Gern führt ich dich nun auch zu meinen Reben,
Die immer jetzt den besten Saft mir geben,
Verwandelt sind auch sie, sind gleich der Quelle,
Die hier fließt, unerschöpflich wunderhelle.
Doch sieh! ich kann hier nicht zu lange weilen,
Ich muß der schönen Pflanze dort zueilen,
Die frühe mir, so war mein Wahn – erstorben;
Doch sieh! aufs neue hab ich sie erworben.‹

Und als ich aufsah, sah, von Glanz umgeben,
Ein Wesen höhrer Art ich fernher schweben.
Die Arme hob ich auf, es zu empfangen,
Da ward ich wach, und weh! mein Traum vergangen.
Die Sonne stand schon hell am heitern Himmel,
Ich sah hinaus ins menschliche Gewimmel.
Wie ward mir fremd dies Rennen und dies Treiben.

›Oh!‹ klagt ich leis, ›könnt' ich doch immer bleiben,
Geliebter! stets bei dir in solchen Träumen!
Bei jener Pflanze, Herz! bei deinen Bäumen!

Nun kann ich fürder nimmer mit dir gehen;
Warum ist Täuschung, was ich hab gesehen?‹ –
Der schöne Traum (hat er mir gleich gelogen),
Käm' er nur wieder, wenn der Tag verflogen!

Doch glücklich in Erinnrung jener Bilder,
Den Schmerz bald heftig fühlend und bald milder,
Ging wehmutsvoll auch dieser Tag vorüber;
Dann schlummert' ich in andre Träum' hinüber,
Die führten mich an unbekannte Orte,
Die ich zu schildern finde keine Worte.
Doch all die Schönheit jener höheren Räume,
Sie stillte nicht den Wunsch, daß jene Träume
Sich mir erneuen möchten, daß in Wahrheit
Ich wieder schaute ihrer Bilder Klarheit.
Und als ich sinnend weiter ging und weinte,
Sieh da! mein treuer Schutzgeist sich mir einte.

›Ich komme‹, sprach er, ›deinen Traum zu deuten,
Laß allen Kummer, tu die Zweifel meiden.
Was ist's, daß deine Träume dich betrübten,
Sie sind ja schon erfüllt für den Geliebten?
Doch darfst du nimmermehr sie irdisch deuten,
Er ist befreit von ird'schem Tun und Leiden.
Der Weinberg seines Herrn, das ist der Garten,
Den er gepflegt, mit Lieb' und Treu' zu warten.
Die Früchte, die du sahst und die er pflückte,
Sind Früchte seines Tuns, das dort ihn schmückte.
Der Quell, aus dem er trinkt, ist ew'ge Wahrheit.
Sein ird'sches Wissen ist nun Schau'n und Klarheit.‹
›Doch jene Pflanze, die er wähnt erstorben?‹ –

›Sagt's Mutterherz dir nicht, was er erworben?
Kannst du dies Bild nicht deuten, jenes Wesen,
Der Liebe erste Frucht, krank dort und hier
                                        genesen?‹ –

›O Dank für deine Deutung! Stärk mein Hoffen!
Mein Glauben, Lieben, laß den Himmel offen
Auch mir und führe mich nach Leiden, Weinen
Hinauf zu jener Seligkeit der Meinen!‹«

Mein Bruder Carl

Um diese Zeit (1803) war mein Bruder *Carl* mit Errichtung
einer reitenden Artillerie in Ludwigsburg beschäftigt. Der
damalige Oberstlieutenant, nachheriger General, *Kammerer*[510], der damit beauftragt war, setzte in ihn alles Vertrauen
und übergab ihm dieses Geschäft, und es wurde auch bald
eine Batterie von vier Geschützen geschaffen und ein-
geübt.
Mit welchem Erfolge er das Eigentümliche dieser wichtigen
Waffe aufgefaßt und bearbeitet hat, beweist die von ihm im
Jahre 1803 herausgegebene Schrift »Betrachtungen über die
reitende Artillerie, deren Organisation, Gebrauch und Tak-
tik«. Von dieser sagte ein Sachverständiger: »Sie hat durch
die Gründlichkeit und Genialität, womit die wesentlichen
Momente behandelt sind, einen solchen Anklang gefunden,
daß sie alsbald in der Anwendung der damals noch jungen
Waffe schöne Früchte getragen hat und dadurch in der Tat
die Grundlage ihrer allgemeinen Brauchbarkeit in den nachfolgenden, bedeutenden Feldzügen geworden ist.« Aber
auch im Zivilbauwesen wußte General *Kammerer* das
schöpferische Genie dieses jungen Mannes zu verwenden,
als er von dem damaligen Kurfürsten[511] beauftragt wurde, die
dem Staat gehörenden Eisenwerke bei Freudenstadt zu
heben und mittelst derselben dem württembergischen
Gewerbsmanne inländischen Stahl und dem Landmanne
einheimische Sensen zu verschaffen. *Kammerer* hatte auch
von diesem Gewerbe wenig Begriffe, brachte aber durch
Strenge und festen Willen Ernst und Tätigkeit in seine
Umgebung, ein Verdienst, das diesem Manne nicht abzu-

sprechen ist. Unter meines Bruders spezieller Leitung kam im Jahre 1802 und 1803 das projektierte Etablissement in Ausführung; der Kurfürst legte ihm den Namen *Friedrichs-hammer*[512] bei; dieses Werk, von tüchtiger Hand fortgeführt, kann in Anlage und Betrieb noch heutiges Tages als ein Muster in jener Fabrikation betrachtet werden. Von dort an sammelte sich mein Bruder *Carl* im Fache der gewerblichen Technik und besonders vom Eisenhüttenwesen einen Schatz von Kenntnissen, welcher später dem Vaterlande so reiche Früchte bringen sollte.

In diese Zeit fällt wohl auch nachstehende Anekdote.

Die alte Einrichtung des Arsenals in Ludwigsburg entsprach dem Schönheitssinne des Kurfürsten *Friedrich* nicht, und es sollte unter der Anleitung jenes Oberstlieutenants *Kamme-rer* demselben eine geschmackvollere Ausstattung gegeben werden. Auch hiezu nahm *Kammerer* die Hülfe meines Bruders in Anspruch. Die Räume des Saales im obern Stocke des Arsenales wurden mit den kleinen Waffen malerisch dekoriert, und *Kammerer* war besonders darauf versessen, in aller Eile Statuen und Büsten alter Kriegshelden zu dieser Ausschmückung zusammenzutreiben, unter welche der gelehrte *Conz* Inschriften aus lateinischen Klassikern liefern mußte. Noch eine Büste fehlte, ich glaube, die Cäsars. »Springen Sie zum Bildhauer *Ysopi*[513]«, rief *Kammerer* meinem Bruder zu, »es muß so ein Kerl noch her.« *Ysopi* versicherte meinen Bruder, er besitze keine Büste eines Kriegshelden, da sehe er die einzige Büste, die er habe, das sei aber die von *Jomelli*[514], dem alten Kapellmeister des Herzogs *Carl*. Diese Botschaft versetzte aber den Oberstlieutenant in keine Verlegenheit. »Das ist gleichgültig«, sprach er, »so ein Kerl muß eben her.« Und so wurde die Büste des Kapellmeisters *Jomelli* in das Arsenal als die *Cäsars* versetzt.

So auf ganz andern Seiten beschäftigt, kam mein Bruder während meines Aufenthalts in der Fabrik (der fast zwei Jahre lang dauerte) nur wenig mit mir in Umgang. Kam ich zu ihm, so wollte ich auch keine Klage über meine Lage führen und ihm meine Wünsche eröffnen, da ich wohl wußte, daß er dann den ihm dazumal spärlich zugemessenen Sold, um die Mutter zu erleichtern, zum Teil auf meine Studien verwenden würde. Meine poetischen Versuche verbarg ich vor ihm, da er keine anderen Gedichte als von *Schiller* und *Seume*, so verschieden diese auch voneinander sind, gelten ließ.

Mein Bruder Georg in Schweden

Mit Betrübnis sah mein Bruder *Georg* um jene Zeit all seine Hoffnungen für Freiheit der Völker schwinden. *Bonapartes* Plane zu einer Alleinherrschaft nicht bloß in Frankreich, sondern zu einer Weltherrschaft lagen ihm immer klarer vor Augen. Er hatte in Frankreich mit aufrichtigem Herzen der Sache der Freiheit gedient; der der Tyrannei zu dienen, wenn auch mit persönlichem Vorteil, der ihm auch reichlich angeboten wurde, dazu hatte er kein Gemüt. Wie die Franzosen ihre Freiheit aufgaben, die Republik sich in die absolute Herrschaft verwandelte, gab er mit betrübtem Herzen das sich selbst aufgebende Volk auf. Noch ehe er aber Paris und die französischen Dienste verließ, eröffnete er dem ihm wohlbekannten damaligen Minister *Talleyrand*[515], der im Ministerium der auswärtigen Angelegenheiten seinen Freund *Reinhard*, welcher nur kurze Zeit verwalten durfte, verdrängt hatte, seine antibonapartischen Gesinnungen frei, wobei er es nicht an Vorwürfen, die allen Helfershelfern zur Unterdrückung der Freiheit galten, fehlen ließ, so daß er genötigt war, Paris schleunigst zu verlassen.

Er hatte seinen Wanderstab nach der freien Stadt Hamburg gesetzt, die er aus früherem Aufenthalt liebgewonnen und wo sich nun sein Freund *Reinhard* zum zweiten Male als der Gesandte Frankreichs bei dem niedersächsischen Kreise befand.[516]

Dort angekommen, gründete er bald ein politisches Journal mit dem Titel »Der Nordstern«.[517] Dieses Journal war hauptsächlich gegen die despotischen Bestrebungen *Bonapartes* und seines Anhanges gerichtet, dem der Verfasser zu lang, zu tief in die Karten geschaut hatte, um nicht der verwundbaren Punkte genug treffen zu können. *Bonapartes* Arm erstreckte sich aber auch schon damals über die nachher durch die französische Tyrannei so unglücklich gewordenen Hansestädte;[518] der französische Gesandte, obgleich sein innigster Freund, mußte die Unterdrückung des »Nordsternes« vom Senate fordern, und selbst die persönliche Sicherheit des Verfassers in Hamburg wurde gefährdet. So verließ er nun *Hamburg* und die Politik und begab sich, Ruhe dem verwundeten Gemüte zu verschaffen, nach Kopenhagen und von da, über den Sund schiffend, in die großartige Natur Schwedens. Seine Ansichten über Schweden legte er in einer Schrift nieder, die im Jahre 1803 in der *Cottaischen* Buchhandlung[519] erschien und den Titel führte: »Reise über den Sund«. Dieses Buch enthält manches Merkwürdige über Schwedens damalige Staatsökonomie und seine politischen Zustände in der Vergangenheit und Gegenwart. Schwedens schöne Natur, sein üppiger Ackerbau, seine starken und freien Männer gewannen sein Herz, aber sein verwundetes Gemüt, der Gram über seine fehlgeschlagenen Hoffnungen, sein zunichte gemachter Glaube an ein freies Volk blicken durch all das, was ihn dort erfreute, schmerzlich hindurch. Das nachstehende Schreiben von ihm aus Lund gibt von all diesem Zeugnis.

Meines Bruders Georg Schreiben aus Lund vom 6. August 1802[520]

»Manchmal, unter einer Eiche ins Grüne hingestreckt, überblicke ich die letztverflossenen dreizehn Jahre, und die Sonne muß so schön leuchten wie seit einigen Tagen und die

Nacht durch den in Norden so belebten Schimmer der Gestirne beinahe zum hellen Tag werden, damit ein Rückblick auf die Vergangenheit die Seele nicht mit tötendem Gram fülle und der Gedanke an die Zukunft nicht jeden Trost raube. – Voriges Jahr, beinahe um die nämliche Stunde, warnte ich die Schweizer noch gegen neue Schmach und gegen neuen Jammer. (In einem gedruckten Aufsatze über die Einrichtung des Zentralwahlausschusses von *August Wartenburg*[521], Zürich 1801.) Damals erhielt jeder Blick auf die majestätischen Alpen meinen sinkenden Mut und meinen erschütterten Glauben an die Möglichkeit eines freien Volkes, jetzt suche ich Trost im Anschauen der wogenden See und Ruhe im Genuß der ländlichen Szenen auf schwedischem Boden, an den ich niemals dachte, wenn ich so manchmal bei mir selbst die Gegenden aufzählte, in die mich der Sturm des Schicksals einst noch verschlagen könnte! —————— An den Ufern des Finnensees in den Waldgegenden *Schwedens* verweilte ich wieder einige Tage in stiller Einsamkeit, ganz den Betrachtungen hingegeben, wozu so viele neue Gegenstände Stoff und Gelegenheit herbeiführten. Hier sowie in andern abgelegenen Gegenden der Provinz fand ich Ursache, das Kunstgefühl und den natürlichen Geschmack zu bewundern, den der schwedische Handwerksmann, auch fern von den Städten, seinem gesunden Auge und seinem richtigen Verstande dankt. Wir waren kaum zu Malmö angelangt, als die schönen Herbsttage mich gleich wieder zu neuen Ausflügen verleiteten, wovon der erste nach *Kullbergen* war. Schon von *Higganß*[522] aus sah ich diese Felsen im Schimmer der Abendsonne und nahm mir damals fest vor, *Schonen* nicht zu verlassen, ohne diese Stelle besucht zu haben. Ich reiste über *Landskrona*, dem am meisten befestigten Platz auf der Küste *Schonens*. Der Anblick des schwedischen Militärs gewährt daselbst um so größeres Vergnügen, da man hier jenen jovialen Zug, jene freiere Haltung wiederfindet, die den wahren Soldaten von der Maschine unterscheidet.

Bei einer Nation, die so häufige, so lange und so unglückliche Kriege geführt, mußte allerdings ein martialisches Aussehen gleichsam in die Volksphysiognomie sich einschmelzen; auch lebt in der Seele des schwedischen Mannes der Glaube, daß der Feind ihm notwendigerweise an Zahl überlegen sein, er aber denselben ebenso notwendigerweise überwinden müsse.

Die vielen vortrefflichen Unteroffiziere bei der schwedischen Armee, die Einrichtung der Nationaltruppen, die natürliche Offenheit und Empfänglichkeit des Schweden, sein leichtes Blut und sein leichterer Sinn, scheinen bei der Nation jenes Ehrgefühl zu erzeugen und zu unterhalten, wodurch Wunder der Tapferkeit und Hingebung zur alltäglichen Geschichte werden.

Die einzelnen Kriegstaten der Schweden während der letzten russischen Kriege verdienen eine xenophontische Feder[523] und beweisen, daß diese Nation nur ihre inneren Kräfte zu Rat halten darf, um jeder Gefahr von außen trotzen zu können.

Die Menge von großen Seen, der Mangel schiffbarer Flüsse, die Ungleichheit des Terrains bilden in Schweden einen Grad von militärischer Befestigung, der beinahe anzudeuten scheint, die Natur selbst sei mit der Unabhängigkeit dieser Nation in einen ewigen Bund getreten.

Wenn auch der schwedische Soldat blindlings dem Rufe der Kriegstrompete folgt, so verleugnet er darum keineswegs seine wahre Gesinnung und Wünsche. Nach einem neuen königlichen Befehl zieht die schwedische Wachparade jetzt wieder morgens um 9 Uhr auf. Die bisherige Mittagsstunde ist nur für Sonn- und Festtage beibehalten. So war es zur Zeit *Carl* des XII.[524], für den der gegenwärtige König (*Gustavson*)[525] eine besondere Ehrfurcht äußert.

So gerecht auch die Klagen gegen jenen Monarchen (*Carl* den XII.) und über den Schaden sein mögen, den er seiner Nation zugefügt hat, so bleibt das Außerordentliche in dem Charakter und in den Schicksalen des sonderbaren Mannes nicht minder merkwürdig. Sein Andenken ist dem Volke keineswegs verhaßt, und vor wenigen Jahren lebten noch mehrere alte Leute in *Schonen*, die ihm auf seinen Kriegszügen gefolgt waren und nicht, ohne Tränen zu vergießen, seinen Namen nannten.

Er wurde im Augenblick eines kühnen Unternehmens ermordet, und zwar in einem Alter, wo er, nach früh erlebten Schicksalen, noch Kraft und Muße genug besaß, um große begangene Fehler wiedergutzumachen. An seiner Leiche würde die richtende Gerechtigkeit selbst ihr Urteil in einen Klageton verwandeln. Sein Nachfolger, *Friedrich von Hessen*[526], der sein Freund nicht war und mit der Aristokratie sich in die blutbefleckte Krone, wie in eine Beute, teilte, wurde noch auf seinem eigenen Sterbebette der Bewunderer *Carls*. Eben als er mit dem Tode und der letzte Funke von Bewußtsein mit der letzten Erinnerung der Vergangenheit rang, tönten furchtbar aus seiner röchelnden Brust die Worte: ›*Carl!* – *Carl!* – Du warst doch ein großer Mann!‹ – Die Umstehenden vernahmen es, ihre Zahl war gering.

In einer der Seitenstraßen des Marktplatzes von Landskrona lebt *Lamberg*, General des Geniewesens[527], in einer kleinen, bescheidenen Wohnung. An sie stößt ein Garten, den der brave Greis mit eigener Hand bebaut. Der Siebenjährige Krieg war seine Schule. Er lebte während desselben in dem österreichischen Lager. Seine Ansicht des letzten französischen Kriegs, sein Urteil über den Gang und die Resultate desselben zeugen von der Jugendkraft, die sein Verstand bei einem hohen Alter besitzt. Sein Blick dringt in die Gesetze der Natur ein. Sein Sinn und seine Sitten sind gleich spartanisch. Er ist der einzige Nichtadelige, welcher General ist; er hat Diplome mit Bescheidenheit abgelehnt. Sein Leben ist sein Adel.

Eine halbe Meile von *Higganese* liegen die sogenannten *Kullen*, die ein Vorgebirge der schonischen Küste ausmachen. Sie begrenzen eine weite Ebene, rings um sie ist Meer von der einen, plattes Land von der andern Seite. Je höher man hinaufsteigt, desto grauser wird das Chaos. Hier liegen ganze ungeheure Steinblöcke, die einst auf stolzer Höhe thronten; dort scheinen die furchtbaren Felsen sich einander selbst in ihrem Sturz zu tausend und tausend Scherben zermalmt zu haben; endlich legt auf der westlichen Spitze die Natur plötzlich wieder ein liebliches Gewand an und verkündet ihren Segen in der Höhe schreckbarer Trümmer.

Man gelangt unverhofft in ein kleines Gehölz von Linden, Buchen, Birken und Eichen, das einige Felder einschließt, auf denen Gerste, Roggen, Kartoffeln und Gartenfrüchte gepflanzt werden. Sie berühren einen weiten, ungleichen Wiesengrund, der zu den äußersten westlichen Hügeln oder vielmehr Felsen führt, von deren Gipfel herab die Zerstörung selbst in die Wogen des erzürnten Meeres sich zu stürzen scheint.

Wir kletterten die Felsenabhänge hinab und besichtigten einen Gang, der ehemals gegraben wurde, weil man sich Hoffnung machte, hier Silber zu finden.

Die *Kullen* sind an der Stelle, wo sie stehen, eine merkwürdige und frappante Erscheinung. Ringsumher plattes Land von neuerer Formation, teils Flözschichten, teils wohl auch aufgeschwemmtes Land, und aus ihm treten wie ein uraltes Denkmal die Granitfelsen, welche dieses Vorgebirge ausmachen, hervor. Die ganze Strecke, soweit wir Zeit hatten, sie zu untersuchen, besonders die äußersten, am meisten hervorspringenden Felsen, bestehen im ganzen aus einem und demselben Granit, der nur in Rücksicht auf Grobheit oder Feinheit des Kornes einige Verschiedenheiten zeigt. Für den Botaniker blühen auf den *Kullen* einige Pflanzen, die mir selten schienen, selbst einige Alpenpflanzen. Immer aber wird das Interesse überwiegend bleiben, wodurch die Kullenfelsen sich dem Sohne der Natur empfehlen.

Das ganze Felsenparadies gehört jetzt einem Quartiermeister von den eingeteilten Truppen, namens *Briek*, der es mit seiner Frau erheiratete. Man hat ihm 10 000 Riksdaler dafür geboten, allein er scheint keine große Lust zu haben, es für diesen Preis abzutreten. In der Tat könnten sich auch leicht Liebhaber finden, denen die doppelte Summe noch wohlfeil in Hinsicht der herrlichen Schöpfung scheinen möchte, die hier die Kunst hervorrufen wird, wenn dieser Erdpunkt einst in den Besitz eines Mannes von Vermögen und von Geschmack geraten sollte.

Im Verlauf des vorigen Sommers war der König hier mit der Königin; er hatte seine Hofküche aus *Helsingborg* mitgebracht und fuhr auf der Felsenhöhe mit seinem Hofstaate in der Kutsche. Es war bei schönem, hellem Wetter; wir trafen einen bessern, der ganzen Szene angemessenen Augenblick.

Regengüsse schienen mit einer Sündflut zu drohen, der Wirbelwind jagte die Wogen der See zu Staub auf, und schäumend stürzte das tobende Meer über die untersten Felsen hin. Schwarzes Gewölk verfinsterte den Himmel, am westlichen Horizont allein waren noch lichte Streifen. In sie trat die untergehende Sonne, deren letzte Strahlen das furchtbare Schauspiel herrlich beleuchteten und einen Regenbogen bildeten, dessen eine Säule auf dem *Orisund*[528] ruhte und dessen andere aus der Nordsee emporstieg. Mitteninne lag die *Kulla* mit ihren romantischen Schönheiten. Von dem Feuerturme aus sahen wir diese majestätische Naturerscheinung. Immer wilder tobte der Sturm. Das hohe Gestirn verschwand, vollendet war die Nacht, und unsere Herzen durchbebte ein Gefühl – der Zukunft. Briefe und Zeitungen hatten sich in meiner Abwesenheit angehäuft, ich verschlang jene und quälte mich mit diesen, die noch immer voll von Begebenheiten und einzelnen Zügen sind, welche auf jene drohende Zukunft hindeuten, wo ein Machtspruch über alle walten und das gleiche Schicksal keinen Trost übriglassen wird, als etwa die für jede Memme erfreuliche Gemeinschaft der gleichen Schande. Oder darf man etwas Besseres zu einer Zeit erwarten, wo jeder Morgen einen neuen Gewaltstreich, jeder Abend einen neuen Meineid aufweist? – Man sollte beinahe aufhören, sich über die Gleichgültigkeit zu wundern, in die seit dem Frieden die vorher in wirkliche Wut ausartende Begierde nach Neuigkeit sich verwandelt hat. Freilich, nachdem man so lange dem wilden Chaos der Begebenheiten nachgerennt ist, sich an Bataillenstücken, von Meistern und Stümpern mit gleich blutigem Pinsel gemalt, zur Übersättigung ergötzt hat, ist es allerdings der gemächlichen Vernunft gemäß, daß man sich die Augen verbinde, um ein desto ungestörteres Pflanzenleben zu führen. – – – – So unvollkommen die äußere Physiognomie Schwedens ist, so unregelmäßig sie von den äußern Punkten aus erschien, auf denen ich verweilte, so bietet sie dennoch tausend einzelne Züge dar, die mit unwiderstehlicher Kraft an sich ziehen, Huldigung gebieten oder Zuneigung in die Seele zaubern. Wenn jemals die Unruhen Europas sich erneuern, wenn in einigen südlichen Ländern der neue Koloß zu lästig werden sollte für den Mann von unabhängigem Nationalsinn, so rate ich denen, die das Joch des Eroberers nicht tragen, Europa nicht verlassen und dennoch nicht auf selbstständigkeitslosem Boden leben wollen, des schwedischen Volks und des schwedischen Bodens sich zu erinnern. Mit einem mäßigen Vermögen, das sie retten können, werden sie, im Fall sie das Landleben nicht scheuen, zwar hier keine Goldgruben, allein die Möglichkeit eines angenehmen tätigen Daseins unter einem Himmelsstriche finden, der ungleich besser als sein Ruf ist, unter einem Volke, reich an Kraft, an physischen und moralischen Anlagen, und auf einem Boden, der frei von solchen ist, die ihr Vaterland in einem zerrissenen, kraftlosen Zustande erhalten, der aus den Gemütern entweder die Zufriedenheit bannt oder in ihnen den letzten Funken von Nationalgefühl zernichtet.

Ich wollte der Bekämpfung der geistigen Gebrechen der Menschheit mein Leben weihn, es gelang mir nicht. Nun kehre ich zur Bestimmung meiner Jugend zurück, zur Bekämpfung körperlicher Gebrechen der Menschen. Ich begebe mich nach *Kopenhagen* und weihe mich dort wieder dem Studium der Arzneikunde.«

So weit mein Bruder *Georg* in diesem Briefe. Man muß bedenken, daß dieses im Jahre 1802 geschrieben wurde, wo *Bonaparte* erst anfing, sich als solchen zu zeigen, für den ihn der Schreiber dieses Briefes schon in Italien erkannt hatte. Die Geschichte der nachfolgenden Jahre rechtfertigt diese Gefühle und Aussprüche ganz und gar.

Nachdem mein Bruder zu Kopenhagen nun über 1 ½ Jahr lang sich wieder mit vielem Eifer der praktischen Medizin, Wundarzneikunst und Geburtshülfe gewidmet hatte, begab er sich im August des Jahrs 1803 abermals nach Hamburg und ließ sich dort als praktischer Arzt nieder.

Seine Verheiratung mit einer Hamburgerin, Friedrike *Dunker*[529], die an Geist, Bildung und Liebenswürdigkeit unter die ausgezeichnetsten Frauen ihrer Zeit gehört, fiel in das Jahr 1804.

Mein Gang auf die Universität

Meine schon längst gehegte Sehnsucht, mich ganz dem Studium der Natur ergeben zu können, wurde nun auf den Inhalt der Briefe meines Bruders *Georg* aus Schweden und aus Hamburg immer mehr angeflammt, obgleich er in seinen Briefen nie etwas davon erwähnte, daß ich meine jetzige Lage verlassen solle; aber ich sah, wie er nach so großen Stürmen des Lebens den Anker noch einmal nach der Naturwissenschaft als seiner letzten Hoffnung auswarf, und in solcher hoffte auch ich immer mehr ein neues, frisches Leben zu gewinnen, da mir das Leben in meinem jetzigen Gefängnisse schon halb welk geworden.

Der immerwährende Gedanke an meine gepreßte Lage, und wie ich sie ändern sollte, verfolgte mich stündlich und ließ mich auch durch manche Nächte schlaflos liegen, da machte ich in einer Nacht den Reim:

»Wollen dich Gedanken kränken,
  Zwinge dich an *nichts* zu denken.«

Diesen Reim sagte ich dann in jener Nacht und in andern
Nächten, die schlaflos zu werden drohten, mehr als hun-
dertmal schnell hintereinanderher, bis ich wirklich auch an
nichts mehr dachte und dann einschlief.
Dieses Mittel gegen schlaflose Nächte wegen kränkender
Gedanken gebrauchte ich von da an bis in mein spätestes
Alter sehr oft und fand es immer probat.
Noch war ich nicht entschlossen, ob ich das Studium der
Medizin oder ein anderes, den Naturwissenschaften auch
naheliegendes Fach ergreifen sollte. Wie herzlich wünschte
ich, es möchte noch eine Carls-Akademie bestehen, die
Unbemittelten eine so freigebige Aufnahme gewährt und in
der meine älteren Brüder ihren Unterricht zur Erleichterung
der Eltern erhalten hatten. Sie existierte nicht mehr, und
einer Unterstützung durch ein Stipendium hatte ich mich,
wie so viele, nicht zu erfreuen. »Olim musis, nunc mulis«,[530]
seufzte ich oft vor mich hin.
In einem Schreiben stellte ich meinem Oheime, dem Kriegs-
vogte meiner Mutter, dem Landschaftskonsulenten *Kerner*,
meine jetzigen Verhältnisse und meine Wünsche für ein
anderes Leben vor, aber dem strengen, eifrigen Geschäfts-
manne erschien ich durch dieses Schreiben nur als ein Phan-
tast, auch stellte er mir den Geldpunkt vor und wies mich
zur Ruhe.
Ich schrieb nun an meinen väterlichen Freund *Conz* in
Tübingen, der mir schon früher zum Studium irgendeiner
Wissenschaft zugesprochen und mich vor der Gefahr, Konditor werden zu müssen, gerettet hatte, und setzte ihm mein
trübes Leben und meinen Widerwillen gegen meinen jetzigen Stand auseinander. Und nicht umsonst; er drang in
mich, zum Studium der Naturwissenschaften nach Tübingen mich zu begeben, zugleich belehrte er meine Mutter und
meinen Bruder *Carl*, daß die Kosten eines Studiums in

Tübingen, wisse ein junger Mensch zu sparen, nicht so groß seien, auch wolle er für Kost und Logis um eine billige Entschädigung unter seinem eigenen Dache sorgen. Daß meine Vorkenntnisse zur Beziehung der Universität genügen, wisse er.

Sowohl Direktor als Kommis der Tuchfabrik sahen mich gern aus ihrem Geschäft gehen, für das ich nun einmal nicht taugte. Je eifriger ich auch nach dem Lesen wissenschaftlicher Schriften und Poesien strebte und mich in solche vertiefte, je schwerer fiel mir das Verfertigen von Tuchsäcken und Musterkarten und das Ausklopfen von Indigofässern; auch erschien ich meiner Umgebung nach und nach als eine mysteriöse Person, hinter der sie viel mehr Gelehrsamkeit vermuteten, als wirklich der Fall war; sie bekamen eine Art Respekt vor mir und verrichteten öfters jene Geschäfte lieber selbst, als daß sie mich dazu kommandierten, wenn ich solche nicht freiwillig tat.

Am schwersten fiel meinem Naturfreunde *Kübler* mein Scheiden aus den Mauern dieser Anstalten, deren Bewohner, Fabrikarbeiter, Waisenkinder, Irren und Züchtlinge, wir so oft im Kleinen durch unsere Camera obscura uns aufs Papier zauberten und in bunter Bewegung an uns vorübergehen ließen.

Zur Erinnerung an jene Stunden schenkte er mir noch das Objektivglas der Camera obscura, die wir geschaffen hatten und das ihm gehörte. Vermittelst dessen errichtete ich überall, wo mich später das Leben hinführte, eine gleiche Camera obscura, wobei mir immer, wie ich schon anführte, das Bestreben im Sinne lag, die Gegenstände durch chemische Mittel zu einer Fixierung aufs Papier zu bringen.

Meine Freunde, *Hellmann*, *Constantin* und *Staudenmayer*, waren über meinen endlichen Austritt aus der Fabrik herzlich erfreut, der überspannte Hausschneider *Noä* aber war voll Neid, daß mir das gelungen. Er gab mir beim Abschiede zu verstehen, daß er mir wohl bald nach Tübingen zum Studium der *Rechtschaffenheitslehre* (wie er sich ausdrückte), auf die ihn die Schriften von *Sintenis* geführt, nachfolgen werde, er warte nur auf den Tod seiner kränklichen Frau; aber seine Frau überlebte ihn, und ihn nahm statt der Universität Tübingen das Irrenhaus zu Zwiefalten, wie ich schon berührte, auf.

Bald aber gab mir in Tübingen mein Mantel, in den der Ofen, während meines Studierens, ein Loch brannte, Veranlassung, noch einmal mit ihm in Berührung zu kommen; ich schrieb ihm damals mit dem verbrannten Mantel nach Ludwigsburg:

> »Prosit, 's neu' Jahr!
> In welche Gefahr
> Ich gekommen schier,
> Vernehmen Sie hier:
> Ganz ruhig ich saß
> Am Ofen und las
> In einem Buch,
> Wie Gottes Fluch
> Und alle Übel
> Ohne Bibel
> Durch Laxieren und Speien
> Zu heilen seien,
> Als plötzlich – oh!
> Ganz lichterloh
> Aus dem Ofenloch
> Der Teufel kroch,
> Mir mit feurigen Klauen
> Den Mantel zu rauhen.
> Ich nicht dumm,
> Dreh mich um,
> Schüttel und rüttel
> Den brennenden Kittel,
> Aber ein Loch
> Bleibt doch,
> Wie Sie sehen,

Wenn Sie ihn drehen.
Nun bitt ich sehr,
Mein lieber Herr!
Verlassen Sie nicht
Den armen Wicht
Und setzen Sie doch
Einen Plätz fürs Loch,
Aber bald,
Denn es ist kalt.
Vielleicht hat *Sprösser*
Oder, besser,
Die Fabrik
Noch ein Stück
Der Art feil.
    Ihr Kerner (in Eil'!)«

Diese Knittelverse leben noch jetzt im Munde mancher Ludwigsburger.

Es war der Herbst des Jahres 1804, wo ich mich von Ludwigsburg und seinen Tuchsäcken und Tuchballen verabschiedete und unter Tränen meiner guten Mutter, die mich ungern aus ihrer Nähe verlor, der Universitätsstadt Tübingen zuwanderte.

Mit Büchern und Zeug war mein Ränzlein schwer bepackt. Um jetzt schon das Sparen anzufangen und einzulernen, hatte ich unterwegs nirgends eingekehrt und mich nur an ein paar Brunnen mit einem frischen Trunke zum Weitergehen gelabt. So kam ich im Mondschein, allerdings endlich sehr ermüdet vor Tübingen an, in der Gegend, wo an der Chaussee vor dem sogenannten Gutleuthause (einem Armenspital) eine Bank stand. Auf diese ließ ich mich ermattet nieder und schlief unter dem Gesäusel der nahen Pappeln ein.

In diesem Schlummer hatte ich zum ersten Mal den Traum, der mich nachher während meines Studiums auf der Universität noch sehr oft verfolgte.

Es träumte mir, ich sitze zwischen einem Berge von Kompendien und Manuskripten in einem einsamen Stübchen, dessen einziges Fensterlein gegen eine Waldwiese sah.

Ermüdet von vielem Lesen, heftete ich endlich meine Augen von den Büchern nach dem Grünen der Waldwiese, und da sah ich, daß aus dem Walde über die Wiese her ein Hirsch mit Storchfüßen schritt, der kam wie durch die Luft meinem Fensterlein immer näher, und endlich stand er zu meinem Schrecken vor mir im Stübchen und befahl mir in den unverschämtesten, höhnendsten Ausdrücken, weil ich ein so emsiger Studiosus sei, ihn, der bisher vergessen worden, nach *Linée*[531] in eine Klasse zu stellen.

Den beängstigenden Presser an der Seite, durchblätterte ich all meine Kompendien und Manuskripte; aber ich konnte von diesem Ungetüme nichts geschrieben finden, ihm keinen Namen anweisen, und ich erwachte im Schweiße meines Angesichtes. Dieser damalige Traum, ein wahrhaft magnetischer, voraussehender, welcher keine Dichtung, sondern völlige Wahrheit ist (den ich aber in einer Dichtung »Die Heimatlosen«[532] benutzte), wiederholte sich mir sehr oft in nächtlichen Träumen während meines Studiums in Tübingen; der Hirsch gab mir ganz das Gefühl eines Examinators, wobei er das Gesicht bald eines Professors, bald eines fleißigen Studiosi annahm. Es war mir dieser Traum immer sehr widrig, aber bezeichnend für das ängstliche Studium der Meinungen und Systeme, in das ich nun eingeführt wurde und das mir so oft ganz außer dem Bereiche der Natur zu liegen schien.

Als ich aus jenem Traume erwachte, wogten die Pappeln am Wege im heftigen Sturme hin und her, und Wolken flogen am Monde vorüber. Als ich mich erhob, wehte der Luftzug mir ein beschriebenes Papier entgegen; ich haschte es mit der Hand, es war ein ärztliches Rezept, das der Wind aus einem offen stehenden Fenster des Armenspitals getrieben hatte. (Auch dieses geschah mir damals in Wahrheit.) Die Rezeptur hatte die Unterschrift des damaligen Oberamtsarztes *Dr. Uhland*[533] in Tübingen, eines braven Praktikers und Menschen (Oheim des Dichters). Wohl hatte ich mich beim Verlassen der Fabrik fürs Studium der Naturwissenschaften entschlossen, aber noch nicht für das besondere der Medizin. »Nun ja«, sagte ich vor mich hin, »dieses Blatt ist dir zum Zeichen deines künftigen Berufes gesandt; *du sollst ein Arzt werden!*« In diesen Gedanken und mit diesem Vorsatze zog ich durch das *Lustnauer* Tor in die mir ganz unbekannte Stadt der Musen ein.

Ende des Bilderbuchs aus meiner Knabenzeit[534]

Klecksographien

Die Klecksographie

Es wird wohl manchem bei Lesung und Betrachtung dieser Blätter vielleicht zu Sinne kommen, wie er schon in frühester Jugend durch Zerdrückung von kleinen, färbenden Beeren, ja gar Fliegenköpfen usw. auf zusammengelegtem Papier, ohne Kunst, ohne Hülfe von Bleistift und Pinsel, Zeichnungen hervorgehen sah. Dessen erinnere ich mich auch noch aus meiner Jugend.

Die Zunahme meiner halben Erblindung war die Ursache, daß ich es in diesem jugendlichen Spiel weiterbrachte; denn dadurch fielen mir, wenn ich schrieb, sehr oft Dintentropfen aufs Papier. Manchmal bemerkte ich diese nicht und legte das Papier, ohne sie zu trocknen, zusammen. Zog ich es nun wieder voneinander, so sah ich, besonders wenn diese Tropfen nahe an einen Falz des Papiers gekommen waren, wie sich manchmal symmetrische Zeichnungen gebildet hatten, namentlich Arabesken, Tier- und Menschenbilder usw. Dies brachte mich auf den Gedanken, diese Erscheinung durch Übung zu etwas größerer Ausbildung zu bringen.

Das Verfahren und die dadurch entstandenen Bilder teilte ich schon vor sieben Jahren vielen meiner Freunde aus der Nähe und Ferne mit, auch wurden sie sehr oft in Albums von Freundinnen mit einer Erklärung durch einen von meiner Hand geschriebenen Vers begehrt, auch in Lotterien zu Stuttgart und Dresden, die wohltätige Frauen zum Besten der Armen veranstaltet hatten, für solche gewinntragend freudig aufgenommen.

Dieses Spiel mit den dicken Kleksen verbreitete sich auch damals bald unter vielen und wurde eine Zeitlang in unserer Gegend und auch in der Ferne fast zu einem Modespiel von Alten und Jungen, selbst in Schulen oft zum großen Jammer der Lehrer. Ein Liebhaber dieser Kunst in Stuttgart hat sogar, wie ich höre, derlei Dintenbilder durch Lithographie vervielfältigen lassen.

Schon vor sieben Jahren gab ein geistreicher Freund der
Kunst und des Humors der Art, solche Bilder aus Dinten-
klecksen zu machen, den Namen der *Klecksographie*. Auch
die in diesen Blättern gegebenen Bilder entstanden auf keine
andere Weise. Ich will hier nur noch etwas ausführlicher
wiederholen, wie solche Bilder entstehen und auch diese
entstanden.

Dintenkleckse (schwäbisch Dintensäue), die auf der Seite
des Falzes (auf dessen rechter oder linker Seite, aber nie auf
beiden) eines zusammengelegten Papiers gemacht werden,
geben (nachdem man das Papier über dieselben legte und sie
dann mit dem Ballen oder dem Finger der Hand bestreicht),
kraft ihrer Doppelbildung, die sie durch ihr Zerfließen und
Abdruck auf dem reinen Raume der anderen Seite der Linie
erhalten, der Phantasie Spielraum lassende Gebilde der verschiedensten Art. Bemerkenswert ist, daß solche sehr oft
den Typus längst vergangener Zeiten aus der Kindheit alter
Völker tragen, wie zum Beispiel Götzenbilder, Urnen,
Mumien usw. Das Menschenbild wie das Tierbild tritt da in
den verschiedensten Gestalten aus diesen Klecksen hervor,
besonders sehr häufig das Gerippe des Menschen. Wo die
Phantasie nicht ausreicht, kann manchmal mit ein paar
Federzügen nachgeholfen werden, da der Haupttypus meistens gegeben ist. So kann z. B. ein Menschenbild in seiner
ganzen Gestalt und Bekleidung herauskommen, jedoch vielleicht ohne Kopf, Hand usw., wo, was auch in Nachstehendem geschehen, hie und da das Fehlende leicht zu ersetzen
ist.

Bemerkt muß werden, daß man *nie* das, was man gern
möchte, hervorbringen kann und oft das Gegenteil von dem
entsteht, was man erwartete.

Es kamen also auch diese hier gegebenen sogenannten
Hadesbilder nicht durch meinen Willen und durch meine
Kraft hervor, ich bin der Zeichenkunst ganz unfähig, sondern sie kamen auf jene oben beschriebene Weise allein
durch Dintenkleckse zutage und erforderten dann oft gar

keine, oft nur unerhebliche Nachhilfe durch einige Feder-
striche oder durch künstliche Nachzeichnung von Gesichtern.

Zu bemerken habe ich auch noch, daß diese Bilder natürlich
nicht nach dem Texte, sondern daß der Text nach ihnen
gemacht wurde, und so möge auch der Leser und Betrachter
dieser Blätter sie und ihre Erklärung in Versen mit Nach-
sicht aufnehmen.

Im Februar 57

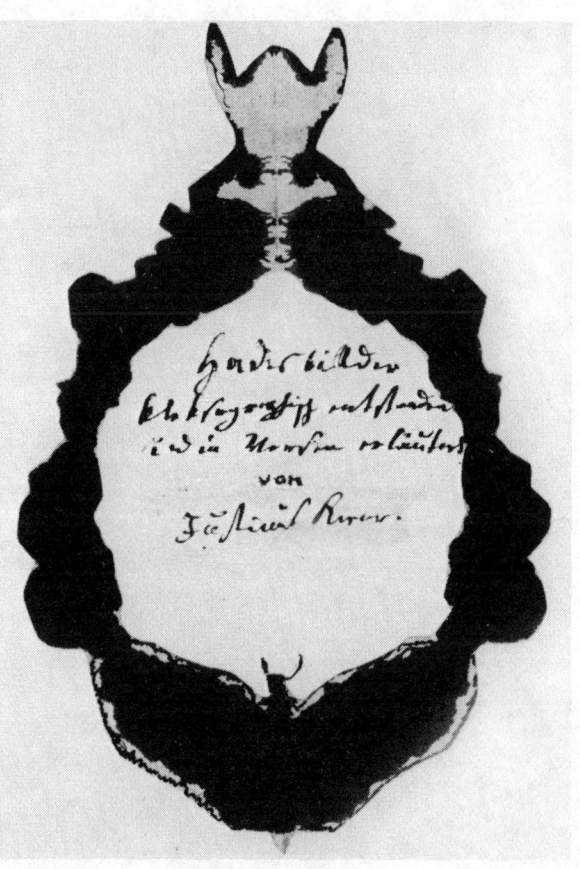

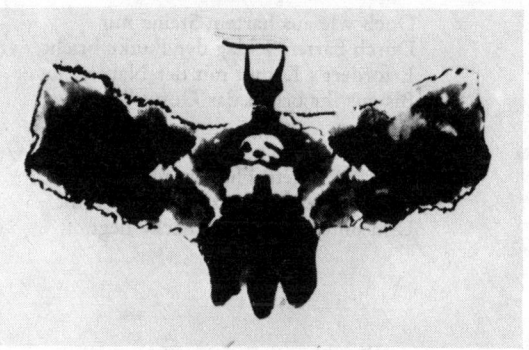

Memento mori!

Jedweder trägt in sich den Tod,
Wenn's außen noch so gleißt und lacht,
Heut wandelst du im Morgenrot
Und morgen in der Schatten Nacht.

Was klammerst du dich also fest,
O Mensch! an diese Welt, den Traum?
Laß ab! laß ab! eh' sie dich läßt,
Oft fällt die Frucht unreif vom Baum.

Ruf auf! ruf auf den Geist, der tief
Als wie in eines Kerkers Nacht
Schon längst in deinem Innern schlief,
Auf daß er dir zum Heil erwacht.

Aus hartem Kieselsteine ist
Zu locken ird'schen Feuers Glut,
O Mensch! wenn noch so hart du bist,
In dir ein Funke Gottes ruht.

Doch wie aus hartem Steine nur
Durch harten Schlag der Funke bricht,
Erfordert's Kampf mit der Natur,
Bis aus ihr bricht das Gotteslicht.

Drum ringe, schaffe, bis der Geist,
Tut's auch dem Fleische weh, gesiegt,
Sich aus der Nacht zum Lichte reißt
Und unter ihm die Schlacke liegt.

———————

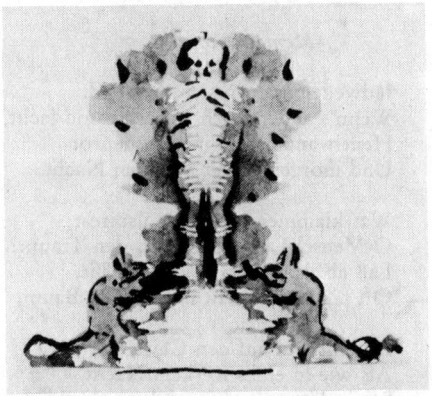

Den Hadesbildern noch zuvor
Erhoben aus der Dinte Nacht
(Mein Herz hat nicht an sie gedacht)
Die Todesboten sich empor.

———————

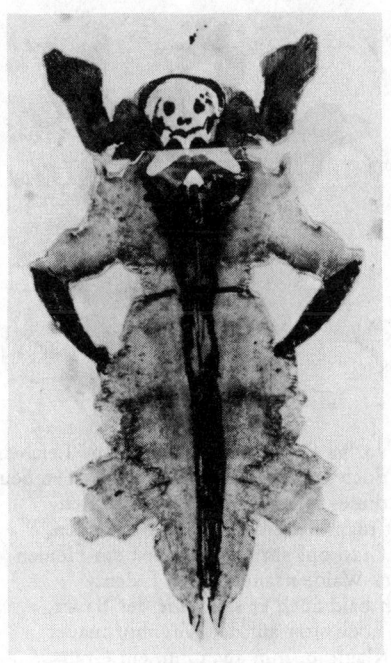

Todesboten

Die fliegende Todesbötin schau,
Ein schlimmes Gespenst wie die weiße Frau;
Wenn solche nachts flieget in ein Haus,
An das Fensterglas legt wie Glühwurms Schein
Den Kopf, daß er leuchtet ins Zimmer hinein,
So trägt man da eines bald tot hinaus.

———

Der vor'ge Geist verkündet einz'lne Leichen,
Der doch vorausgeht langen, schwarzen Seuchen,
Vor dieses Nachtgespensts Erscheinen
Hört man oft fern ein Klagen, Weinen,
Der Glaskopf spricht: »Das ist ein Heulen
In der Waldeinsamkeit von Eulen.«
Doch bald auch er sieht wie der Bauer,
Daß hoch sitzt auf der Kirchhofsmauer
Die Klagfrau, nun auch ihm ein Graus,
Die strecket weit aus ihre Arme
Und rufet in die Nacht hinaus:
»Daß Gott sich eurer Seel' erbarme!
Bestellt, bestellet euer Haus!
Bald bricht der schwarze Tod hier aus!«
Und drauf zerfließet sie in Luft.
Doch bald erscheint dann jene Seuche,
Zum Kirchhof trägt man Leich' an Leiche,
Daß bald ihm mangeln Grab und Gruft.

———————

Oft einer geht ehrsam und fromm einher,
Und jeder meint, daß er das wirklich wär',
Doch ach und weh! ein Mantel *das* nur ist,
Verbergend seines Innern tiefen Mist.
Oft einer geht einher in dieser Welt,
Daß jeder ihn für bös und sündhaft hält,
Er ist es nicht, sein Äußres macht das nur,
Gut ist und fromm die innere Natur.
Du kannst nicht sagen: Der ist rein, ja rein!
Den läßt einst Gott in seinen Himmel ein!
Du kannst nicht sagen: Der ist schlimm, ja schlimm!
Der wird einst fühlen seines Gottes Grimm!
Nein! nein! *Der* Geist, der über der Natur,
Gott, Gott durchschaut des Menschen Innres nur.
Der schicket ganz nach ihrem innern Wert
Die Seele nach dem Tod hinab, hinauf,
Oft anders, als am Grab ihr Lebenslauf
In wohlgesetzter Rede es begehrt.

————————

Sieh die Raup' in ihrer Puppe
Stillem, dunklem Schattenreich,
Nun getrennt von den Genossen,
Einzig in sich selbst verschlossen,
Tot nicht, ob begraben gleich.
Schaut nicht mehr den Tau der Triften,
Ist der Blüt' und Kräuter bar,
Gänzlich nur sich selbst gegeben,
Trägt sie das vergangne Leben
In sich als ein Pünktchen klar.
Und in solcher stillen Klause
Streift sie ab ihr Erdgewand,
Reifen ihr die bunten Schwingen,
Die sie einst als Psyche bringen
Himmelwärts aus düstrem Land.
Sieh die Raup' in ihrer Puppe!
Glaube, daß auch dich der Tod
Einst nicht trägt mit Blitzesschnelle,
Ist dein Innres noch so helle,
In ein ew'ges Morgenrot.

———

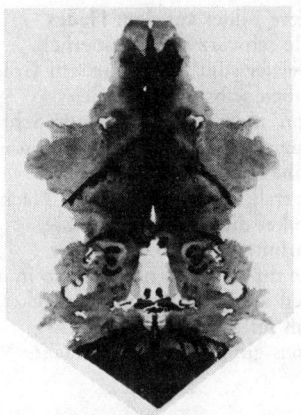

Jacobsbilder

Diese Bilder aus dem Hades,
Alle schwarz und schauerlich,
(Geister sind's, sehr niedern Grades,)
Haben selbst gebildet sich
Ohn' mein Zutun, mir zum Schrecken,
Einzig nur – aus Dintenflecken.
Habe stets dabei gedacht,
Überall, wo's schwarz und Nacht,
Spuket die gespenst'ge Rasse,
Darum auch im Dintenfasse.
Die ihr schreibt, nehmt euch in acht!
Weil ich Klecksograph entdecket,
Daß im Dintenfaß oft stecket
Eines gift'gen Dämons Macht.

———

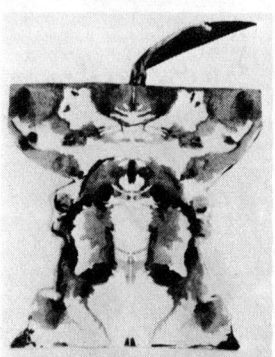

Hier das Dintenfaß mit stummer Feder,
Wenn man's umdreht, sieht mit Staunen jeder:
Wie in einen Dämon tierisch kraß
Sich umwandelt oft das Dintenfaß.

———

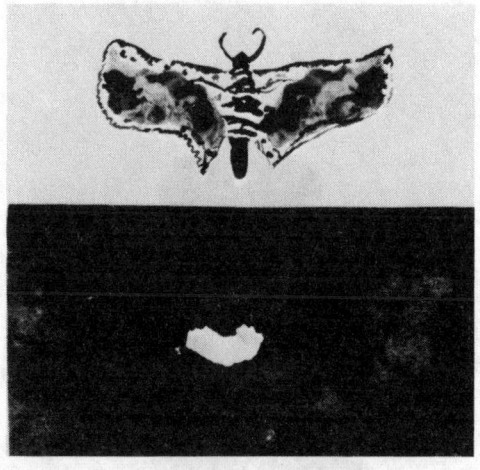

Vom Hades ist dies schwarze Blatt ein Bild,
Hier ist kein Sternenhimmel, kein Gefild,
Kein Menschenlaut ist hier, kein Vogelsang,
Hier rauscht kein Bach ein grünes Tal entlang,
Hier schweigt des Marktes lärmender Verkehr,
Hier, wo nur Schatten schweben stumm umher.
Der eine weiß vom andern hier kein Wort,
Er meint, er sei allein an diesem Ort,
Am Orte, wo sie Schlimmes einst vollbracht,
Hier schweben sie als Schatten durch die Nacht.
Ihr Schatten hier in schwarzer Einsamkeit
Macht euch zur Einkehr in euch selbst bereit!
Hier streift die Erdenschwere von euch ab,
Die euch das vor'ge irre Leben gab,
Die also schwer die Seele euch umfing,
Daß sie statt aufwärts – weh, nach unten ging!

———

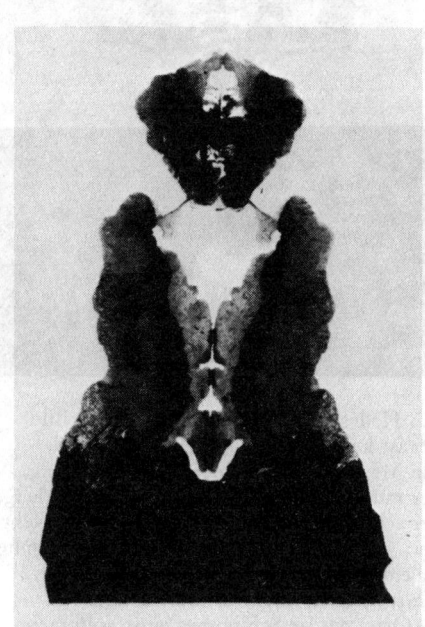

Dies ist Frau von Schnepper, ha!
Hocherstaunt nach ihrer Leiche,
Als sie sich im Mittelreiche,
Nicht im Himmelreiche sah.
»Einen Schnepper¹ an meinem Kleid!«
Sprach sie sterbend noch zum Schneider;
Einzig wegen schöner Kleider
Hat der Sonntag sie erfreut.
Jetzt doch rief sie: »Hu! der Nacht!
Als mein Leib mir wurde starrer,
Sprach doch zu mir der Herr Pfarrer:
›Bald Sie schaun des Himmels Pracht,
Schon ein Engel steht bereit,
Sie zu führn in Gottes Arme‹,
Und nun, daß sich Gott erbarme!
Und nun welche Einsamkeit!
Wo ist nun des Himmels Pracht,
Ist die Sonne, sind die Sterne?
Nur mein Kleid (noch seh ich's gerne)
Blieb mir in des Hades Nacht –
Da ruft's fernher: ›In dich geh!
Niederzog dich Erdenschwere,
Deine trübe Seele kläre,
Dann erst schwebet sie zur Höh'.
Hier in Nacht dir Licht erring,
Bis dir fällt vom Aug' die Schuppe,
Wiss'! erst in der Nacht der Puppe,
Wird die Raup' zum Schmetterling!‹«

———

Als ich heut klecksographieret,
Statt mit Tinte mit Kaffee,
Da kam schnell heraufspazieret
Die Frau Rätin Salome.
Täglich ging die zur Visite
Einmal, wenn nicht zweimal gar,
Setzte sich auf Sofas Mitte,
Weil sie die Gelehrtste war.
Angestaunt von den Frau Basen,
War sie solchen allen gut,
Jene nur das Kochbuch lasen,
Sie doch die Frau Wildermuth.[2]
Sterbend sprach sie: »Zur Visite
Muß ich, hebet mich zur Höh'!«
Doch der Tod kam, sprach: »Ich bitte
Sie zu mir heut zum Kaffee!«
Weh! nun sitzt schon viele Wochen
Sie in Hades' Einsamkeit,
Doch als sie Kaffee gerochen,
Hat sie herzlich das erfreut.
Sie ist gut, will oft zitieren
Sie, weil es ihr Freude schafft,
Gerne sie klecksographieren
Mit des Kaffees duft'gem Saft.
Aber als ich's wollt' probieren
Sogar mit Mokkakaffee,
Ließ sie nimmer sich verführen;
Deutlich ich daraus erseh,
Daß sie von der Erde Tand
Reuig sich zu Gott gewandt.

———

Wer kommt so bleich herausgekrochen?
Ob der auch wohl den Kaffee roch?
Die Dinte, ha! hat er gerochen,
Die zieht ihn an im Hades noch.

Nur Akten waren seine Freude,
Sein einz'ger Freund der Schreibebock,
Die Geldkass' seine Augenweide,
Der Schreibfilz seiner Seele Rock.

»Ich sitze«, spricht er, »weh! ohn' Feder
In einem leeren Dintenfaß,
Weil einst ich einem Hochverräter
Ums Geld schrieb einen falschen Paß.

O wollet an den Finger streichen
Nur einen Tropfen Dinte mir!
Und sollt' der Tropfen mir nicht reichen –
Doch zwei, auch Federn und Papier.

Beweisen will ich Gott ganz gründlich
In schlagender Beschwerdeschrift,
Daß nach dem Strafgesetzbuch sündlich
Es ist, daß mich der Hades trifft.«

»Zurück!« rief ich, »du, dessen Seele
Nichts als ein sand'ger Schreibfilz ist,
Ein wüster Filz, Nest all der Fehle,
Ob deren du im Hades bist!«

Da zog den Kopf zurück er schnelle,
Fuhr in sein leeres Dintenfaß,
Doch schien er mir dabei mehr helle,
Der Reue Zeichen ist mir das.

————————

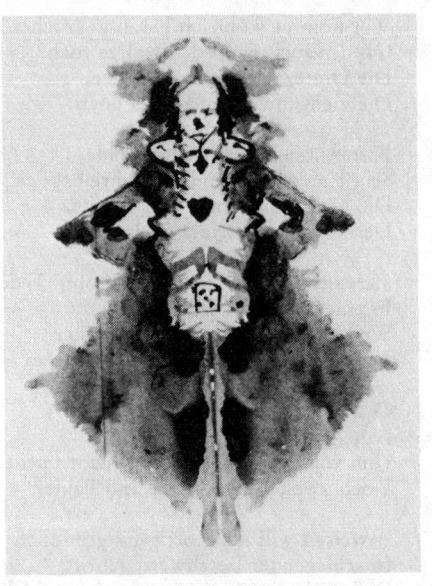

Eine Geistin ist dieses, die im Leben einst ganz
Einzig gelebt hat für Spiel und für Tanz;
Sie hatte kein Herz, hat auch keins gekannt
Als das Herz auf der Karte, Cœur Aß benannt.
In den Spiel- – in den Tanzsaal – in den Betsaal doch nie
Trugen die luftigen Füße sie.
Nach dem Tode ein Luftgeist, in Lüften stumm,
Wirbelt sie ohne Tänzer herum.
Sie wirbelt im Regen, sie wirbelt im Schnee,
Oft hört man im Sturmwind sie rufen: »Weh! weh!«

———

Dies Gespenst ist fürchterlich!
Mitternachts erhebt es sich
Aus des Herrn Baronen Gruft.
Dann, wenn's einen Bauern sieht,
Stürzt es auf ihn aus der Luft,
Hängt sich an sein Herz und zieht
Alles Blut aus solchem schier.
Dies Gespenst heißt man »Vampir«.
Ob das der Baron einst war,
Will und kann ich glauben nicht,
Das wär' gar zu arg fürwahr!
Fragt man, leis der Bauer spricht:
»'s war des Herrn Barons sein alter
Gilteintreiber[3] und Verwalter.«

———————

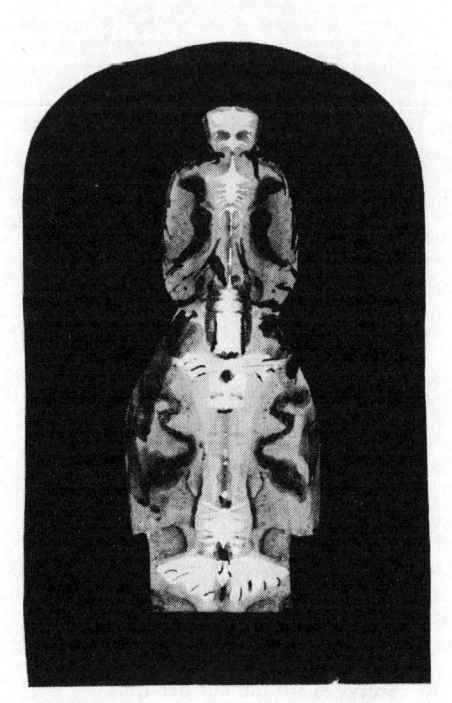

Ha! schaut den bleifarb'gen Mann,
Der hat auf seiner Lebensbahn
Einst nichts gefühlt und nichts gedacht,
Als wie man falsche Münze macht.
In dem Gewölbe, wo er sann,
Kommt er als Nachtgespenst oft an,
Dann mischt sich des Gewölbes Luft
Mit Bleidampf und mit Leichenduft.

Stumm einen Mörser trägt er her
Und stoßt, als wenn was in ihm wär';
Der Mörser aber, der ist leer,
Denn jeder Stoß gibt einen Schall,
Hell wie die Sünderglöcklein all;
Bei jedem Stoße blickt er stumm
Und scheu in dem Gewölb' herum,
Dann schleppt er einen Sack herbei
Und zählt, dumpf tönt's wie Zinn und Blei.
So tönt es bis zum Hahnenschrei,
Und plötzlich dann in Schwefelluft
Zerfließet der bleifarbe Schuft,
Und bis zu seiner Wiederkehr
Ist's im Gewölbe stumm und leer.

————

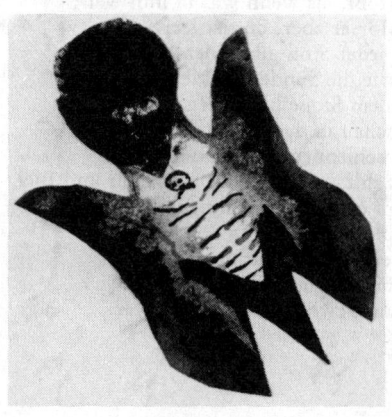

Diese Feuerruferin,
Ries'ger Schmetterling der Nacht,
Flieget, wenn kein Mensch mehr wacht,
Manchmal über die Dächer hin.
Dann sich rötet rings die Luft,

Als ob's brenne ungeheuer,
Und wie voll Verzweiflung ruft
Aus der Luft es: »Feuer! Feuer!«
Wer es hört, ruft's nach und rennt
Fort und ruft: »Wo brennt ein Haus?«
Doch die Röte losch schon aus,
Und ringsum es nirgends brennt.
Dann nach sieben Tagen sieht
Klar der Wächter auf dem Turm
Ein furchtbares Feuer, zieht
Alle Glocken an zum Sturm.
Glocken tönen auch vom Land,
Feuerspritzen rasseln her,
Doch der Wind weht allzusehr,
Und zehn Häuser frißt der Brand.
Wer die Feuerruferin
Einst im Erdenleben war,
Das ist jedem Landmann klar,
Und kein *Glaskopf* irre ihn!
Ha! sie war ein böses Weib,
Das erdrosselt ihren Mann,
Zu verbergen seinen Leib,
Zündete das Haus sie an.
Zornig wehte dann der Wind,
Immer mehrte sich die Glut,
Zehen Häuser fraß geschwind
Und sie mit des Feuers Wut.
Sieben Tag' doch, eh' ein Brand
Ruft zu Hülfe Stadt und Land,
Packt zu ihrer Buße dann
Plötzlich sie ein mächt'ger Wind,
Wirbelt mit ihr auf geschwind,
Daß den Brand sie sage an.
»*Feuer!*« sie gezwungen ruft
Und zerfließt in rauch'ge Luft.

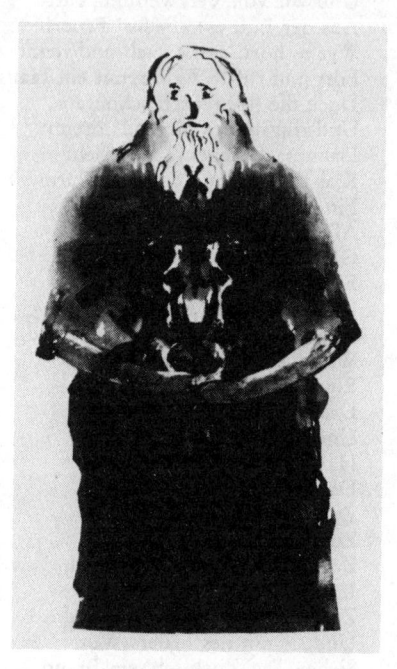

Aus des Burgverlieses Trümmer
Steiget in des Mondes Schimmer
Oft *der* Alte bleich herauf.
Schlimm war seines Lebens Lauf,
Wein trank er in vollen Zügen,
Weniger würde daran liegen,
Schlimmeres doch hat er gestiftet:
Denn in einem Kelch voll Punsch
Hat er seine Frau vergiftet,
Die nicht war nach seinem Wunsch.
Talwärts zieht es ihn nun immer,
Suchen will er jenes Haus,
Wo er einst bei einem Schmaus
Jene Greueltat vollbracht.
Sucht und sucht, doch findet's nimmer;
Denn bei Kaiser Konrads Schlacht
Fiel es schon in Asch' und Trümmer.
Doch er schwebt noch immerdar,
Schwebet schon viel hundert Jahr.
Oft durch meinen Garten schwebt er,
Dann den Kelch, den schwarzen, hebt er
Vor dem Kreuz am Schweizerhaus
Stöhnend in die Nacht hinaus.
Drauf vom Kreuzesbilde immer
Sinkt auf ihn ein heller Schimmer,
Und ich glaub, daß jetzt dem Armen
Reue kommt und bald Erbarmen.

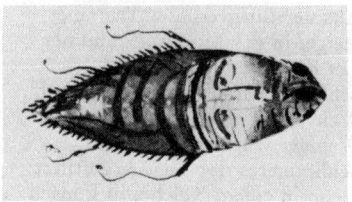

Gar eine Puppe, jenes Zwitterding
Zwischen der Raupe und dem Schmetterling,
Stieg aus dem Hades auf ganz flügellos.
»Zurück mit dir in Schattenreiches Schoß,
Bis Flügel dir gewachsen licht und groß!«
»Die kommen nicht, ich ließ schon lang mich narren,
Nicht länger will ich in der Nacht mehr harren,
Ein Dummkopf ist, der spricht: ›Durch Nacht zum
                                Licht!‹
Durch den Verstand zum Licht, nicht durch die Nacht!
So hat's mein lichter Kopf sich stets gedacht.«
Also die irre Seele zu mir spricht.
Ich aber sprach zu ihr: »Dein trotziges Gesicht
Schaut aus der Puppe noch, wie's ehmals war,
Und jene schwere Mütze, die sogar
Du noch im Hades nicht hast abgestreift,
Beweisen, daß zum Flug du nicht gereift,
Dein Kopf es ist, dein Stolz, dein Selbstbetrug,
Was dir noch lange hemmt den leichten Flug.«
So sprach zur Puppe ich, die eine Hand,
Unsichtbar mir, zurück zum Hades trug,
Daß sie abstreife dort ihr Erdgewand,
Den Kopf voll eigensinnigem Verstand,
Voll Eigenliebe und voll Selbstbetrug.
Dann erst die Seele fliegt im leichten Flug
Aus Nacht empor zum lichten Heimatland.

———

Oft sieht *die* Geistin man im Mondenschein
Um Mitternacht an dem Waldbrunnen stehn,
Dort lehnt sie sich ans moos'ge Kreuz von Stein,
Als fühlt' sie unterm Herzen tiefe Wehn.
Bleich, bleich und stumm, wie nur der Mond kann sein,
Blickt erst sie in den Brunnen still hinein,
Dann wirft sie zitternd was in seinen Schacht
Und stürzt sich jählings nach in seine Nacht.
Dumpf aus der Tiefe dröhnt der schwere Fall,
Die Wasser rauschen auf am Brunnenstein,
Doch Toten-Stille wird es bald darauf,
In schwarze Wolken hüllt das Kreuz sich ein,
Und die Waldblume hört zu duften auf.

————

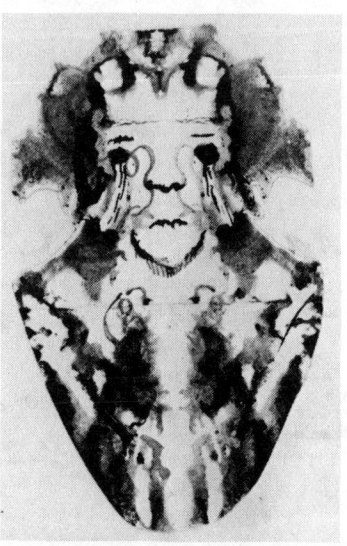

Dies Bild von einem Hunnenkönig
Kam aus der Dinte heut heraus,
Gebetet hat der Alte wenig,
Jedoch verübt manch argen Graus;
Wer ihm nicht ganz war untertänig,
Dem stach er selbst die Augen aus.
Nun sitzt er in des Hades Schauer,
Bis seine Herrscherwut gestillt,
Aus seinen Augen ihm, o Schauer!
Ein ganzer Bach von Tränen quillt.
Im Mondenlicht, wann gehn Gespenster,
Sich malet oft von selbst ans Fenster
Der Schloßkapell' sein büßend Bild.

———————

Die Geistin hier in schwarzer Tracht
Schwebt aus der Burg jedwede Nacht,
Sobald tönt zwölf des Turmes Glocke;
Auf ihrem langen, schwarzen Rocke
Sich bildet ein Gerippe dann,
Das Totengeripp' von ihrem Mann.
Wie Phosphor leuchtet's durch die Nacht,
Sie hat durch Gift ihn umgebracht.
Schwebt sie durch meines Gartens Hecke,
Ich morgens stets mit Schau'r entdecke,
Daß rings von meinen Blumen allen
Die Blätter liegen abgefallen.

———

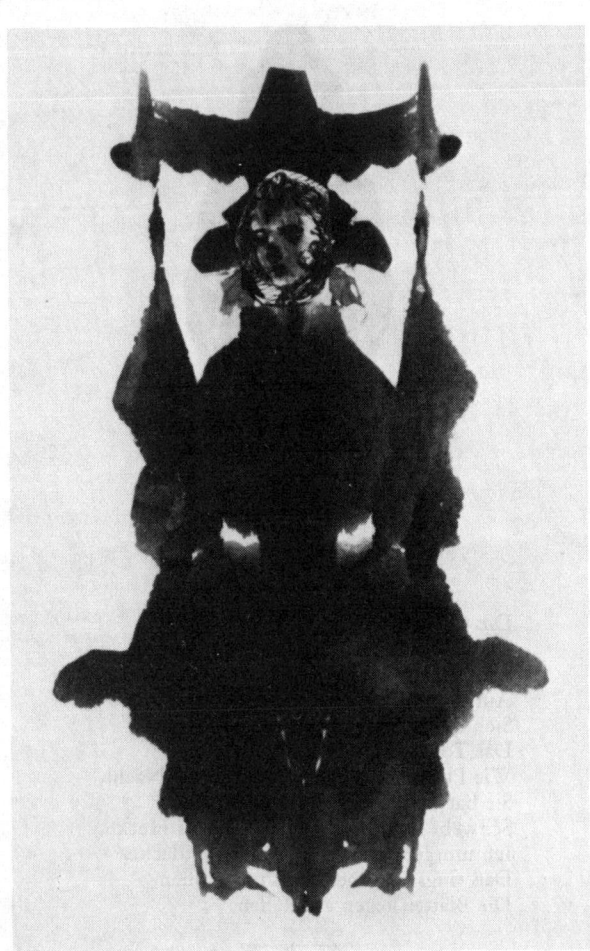

Auf einer Kanzel läßt sich nieder
Jedwede Nacht *der* schwarze Geist,
Leis betet er, dann lauter wieder,
Auch weint dabei er allermeist.
Wer der wohl ist, wer *der* wohl war?
Der Küster sagt zwar: ein Vikar.
Man nannte ihn: *Hegelsmagister*,
Doch schon vor zehen Jahren ist er,
Man sagt, nach Indien gereist,
Dort hab ein Haifisch ihn gespeist.
Warum er nun als Geist hier laufet,
Das wird ein jeder glauben gern,
Er glaubte nicht an unsern Herrn
Und hat die Kinder doch getaufet,
Die Tauf' verlacht beim Wirt zum Stern.
Im Hades nun kam ihm die Reue,
Daß er will pred'gen nun aufs neue,
Will pred'gen, daß sein Glaub' nun sei
Von seinem vor'gen Glauben frei.
Schwarz kam er aus dem Dintenfaß,
Schwarz, schwarz er wohl im Hades saß,
Doch weil er in der Kirch' erscheint,
Dort pred'gen will und stille weint,
So hoff und glaub ich für ihn fest,
Daß Gottes Gnad' ihn nicht verläßt.

———

Als ich klecksographiert im Mondenschein,
Kam dies Gespenst herauf als wie von Stein,
Doch hat's geöffnet seinen Mund. Mit Klagen
Hat's reuig seine Schuld mir vorgetragen.
Gottes Erbarmen ende seine Pein!
Doch zu entschlagen mich weitläuf'gen Fragen,
Hab seine *Pein*, nicht seine Schuld allein,
In Wahrheit ich in Verse hier gebracht,
Die lest euch vor in stiller Mondennacht.

———

Sooft der Mond im vollen Licht'
Um Mitternacht durch Wolken bricht,
So ruft ein Greis im Irrenhaus
Durchs Fenstergitter hohl heraus:
»Im Rhein, im Rhein, im tiefen Rhein,
Da lag ein schwarzer, blut'ger Stein.
O wenn im Rhein der Stein noch wär',
Oder im tiefen schwarzen Meer!
Er drücket Kopf und Herz mir ein,
O Stein! Stein! wandle mich zu Stein!«
Fragt man: »Was ist's mit diesem Stein?«
Heißt er den Frager stille sein.
So rief er jahrelang, nie müd;
Doch als er einst blieb unbewacht,
Er sich den bleichen Hals durchschnitt
In einer hellen Mondennacht.
Bei Bingen in dem tiefen Rhein
Hört man seitdem im Mondenschein
Dieselbe Stimme in der Luft.
In Tönen der Verzweiflung ruft
Die Stimme: »Stein! o wärst du noch
Tief, tief im schwarzen Binger Loch!
Verruchter Stein! mit dir, mit dir
Schlug ich einst tot den Kaufherrn hier!
Dich drauf an seinen Hals ich hing
Und warf ihn in des Strudels Ring,
Daß er im blut'gen Gischt verschwand.
Drauf wollt' ich rennen ins fernste Land,
Da stob aus dem Strudel ein Wirbelwind,
Der hob mich über den Strudel geschwind,
Drehend mich ob ihm in Wirbeln, ach!
Schrecklicher noch! Aus der nassen Gruft
Wirbelt des Toten Gespenst mir nach,
Hält in der blutigen Hand den Stein,
Drückt, mit mir wirbelnd in der Luft,
Ihn mir ins zitternde Herz hinein.

Wie war mir der Stein im Leben so schwer,
Wie ist er's mir im Tode noch mehr,
Ihr alle, die ihr noch wachet am Rhein,
Bittet zu Gott um die Seele mein!«

Und wenn es so bei Bingen ruft,
Sieht man vom Rufer keine Spur,
Schifft nur der Mond still durch die Luft
Und kreist ein schwarzer Vogel nur
Um des Erschlagnen nasse Gruft.

In eines Schlosses Frau'ngemach
Hing ein uralter Spiegel,
Jetzt hält man ihn dort unterm Dach
Fest unter Schloß und Riegel.

Was mit demselben Spiegel sich
Voreinst hat zugetragen,
Das will ich, ist's auch fürchterlich,
Euch im Vertrauen sagen:

Sobald schlug Mitternacht die Stund',
Aufsprang von jenem Zimmer
Die Türe, und des Spiegels Rund
Ward hell wie Mondenschimmer.

Dann aus dem Spiegel sah heraus
Ein Bild, starr, bleich, entsetzlich,
Wer's sah, den packte Frost und Graus,
Daß er zurücksprang plötzlich.

Wer war das? Eine Frau war das,
Stolz, eitel, ohne Frieden;
Bewundernd sich im Spiegelglas,
Ist sie vor ihm verschieden.

Verscheidend sprach zur Kammerfrau
Sie noch: »Färb meine Haare,
Damit ich nicht zur Schau so grau
Lieg in der Totenbahre.

Auch mach vor der Ausstellungsstund'
Mir meinen Mund doch feiner,
Drück sanft ihn mit dem Finger rund,
Dann wird er wohl auch kleiner.«

Sie wollte sprechen weiter noch,
Ich glaub, von einem Mieder,
Ich glaub, von falschen Zähnen – doch
Da sank sie tot darnieder.

Die Dienerin hat nicht getan,
Was Eitelkeit begehrte,
Zum Spiegel jede Nacht sodann
Die Tote wiederkehrte.

Sie wollte färben die Frisur,
Wollt' suchen Zähn' und Mieder;
Doch schrie der Hahn – schwand ohne Spur
Sie aus dem Spiegel wieder.

Gar viel man von der Geistin sprach
In jenem alten Spiegel,
Drum ließ der Schloßvogt unters Dach
Ihn bringen unter Riegel.

Schnell hab ich diese Unnatur,
Zu mir heraufgekommen,
Einen Totenkopf auf der Frisur,
Klecksographisch aufgenommen.

Nutzanwendung

Dies war aus alter Zeit ein Weib,
Doch jetzt noch gibt es Frauen,
Frauen, die emsig ihren Leib,
Doch faul den Geist bebauen.
Wie werdet, Eitle, ihr einmal
Nach dem Tod aus Spiegeln blicken!
In des aufgeblasenen Rocks Skandal,
Den Putzhut in dem Rücken.
Um euren Arm den Firlefanz
Von Spitzen – Gott, welch Schauer!
Beginnet ihr den Totentanz
So um die Kirchhofmauer.

Die Männer, die in gleichem Wahn
Mit euch, ihr Eitlen, stecken,
Mittanzen als Gerippe dann
In ihren läpp'schen Fräcken,
Angströhren[5], daß sich Gott erbarm!
Auf ihren Köpfen tragend,
Oder Klapphüte unterm Arm,
Komplimentenräder schlagend.
Stellt euch einmal die Engel vor
In Hüten lächrich butzig,
Wie jetzt sie sind bei euch im Flor,
Im Nacken sitzend stutzig.
Seht sie in des Ballonrocks[6] Schmach,
Wie euch, o Schauer! wallen,
Gewiß, ihr würdet sagen: ach!
Wie tief sind *die* gefallen!
Ihr Fraun, die ihr die Eitelkeit
Durch Demut überwunden,
Euer Kopfputz sei ein Tüchlein breit,
Um die blanke Stirn gebunden.
Umhüllen möge euren Leib
Ein weißes Kleid von Linnen,
Das könnt ihr selbst zum Zeitvertreib
Euch mit den Töchtern spinnen.
Die Seele bleibt, auf *diese* baut,
Ihr Frau'n, der Leib ist flüchtig;
Doch mancher, ach! ist ihre Haut
Mehr als die Seele wichtig.
Die Seele, noch so schön umhüllt,
Ist's eine wüste Seele,
Die blicket einst als Schreckensbild
Aus dem Spiegel ohne Fehle.
Ihr aber, deren Seele licht,
Demüt'ge, fromme Frauen!
Ihr werdet nach dem Tode nicht
Aus ird'schen Spiegeln schauen.

Ihr schwebet aus der Erde Nacht
Empor zur Himmelsklarheit,
Schaut, was ihr hier geglaubt, gedacht,
Im Spiegel ew'ger Wahrheit.

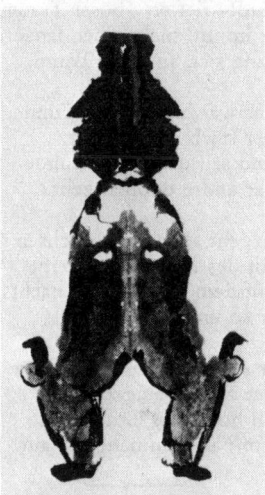

Einst waren zwei Kameraden,
Die schwuren einen Eid,
Daß jeder wollt' auf sich laden
Des andern Freud und Leid.

Es war ein Krieg in Sachsen,
Hin zogen sie voll Mut,
Sangen: »Juheh! verwachsen
Sind wir mit Leib und Blut!«

Raketen und Bomben fliegen,
Zerreißen des einen Bein,
Der andre ließ ihn liegen,
Floh über Stock und Stein.

Doch war's ihm immer bänger,
»Eid!« rief er, »böser Traum!«
Er konnt' nicht leben länger,
Hing sich an einen Baum.

Das war, als an der Wunde,
Der starb im Lazarett,
Und seit derselben Stunde
Der andre doppelt geht.

Er geht als wie verwachsen
Mit des Kameraden Leib,
Auf dem Schlachtfeld nachts in Sachsen
Er so umher sich treibt!

Er stieg heut aus dem Fasse
Der Dinte reuig auf,
Ich hoff, daß Gott erlasse
Ihm bald den bangen Lauf.

———

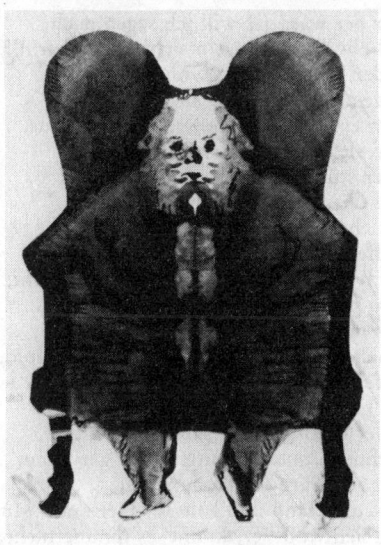

Seht ihr dort den alten Bau von Stein,
Totenstille ist's in ihm und leer,
Die Gemächer sind gerissen ein,
Und die Eulen flattern drin umher.
Einer einst bewohnte dieses Haus,
Um ihn lebend schon des Hades Nacht,
Hier kein Freund ging freudig ein und aus,
Hier ward nie geweint und nie gelacht.
Hier schloß Liebe niemals einen Bund,
Hier war keine Mutter, war kein Kind,
Nur ein mürr'scher Diener und ein Hund
Waren hier des Herren Hausgesind'.

Wer *der* war, das will ich sagen euch:
Ha! ein Wuchrer, sein sich Gott erbarm'!
In der Eisentruh' an Golde reich,
In dem Herzen doch an Liebe arm.
Kam ein Bettler, klopfend an das Haus,
Goß sich oft auf ihn ein Dintenfaß,
Oder stürzte wild der Hund heraus,
Daß der Arme fortfloh leichenblaß.
Mancher trug noch seine letzte Kraft,
Hoffend Zinse, in dies finstre Haus,
Doch was froh nach oben ward gebracht,
Kam nach unten nimmerfroh heraus.
Fest im Lehnstuhl saß er wie im Bann,
Bleich, rundäugig, zählend, wägend Gold,
Horchte man, selbst in der Nacht hat's dann
Oft getönt, wie wenn man Taler rollt.
Als er so einst oben saß allein,
Rechnend noch in mitternächt'ger Stund',
Trat zur Türe ein Gerippe ein,
Legt die Hand ihm kalt auf Herz und Mund.
Schreien wollt' er, konnt' es nimmermehr,
's war der Tod – doch schreiben noch mit Not:
»Hab versteckt was in« – schrieb zitternd er
Und sank drauf in seinen Lehnstuhl tot.
Offen blickt sein Auge, hat geblickt,
Als wenn's hier noch wollte suchen was,
Niemand hat es liebend zugedrückt,
Und so morgens noch im Stuhl er saß.
Niemand gab zum Grab ihm das Geleit,
Nur der mürr'sche Diener und der Hund;
Wer es sah, dem kam kein Herzeleid,
Kalt sie senkten ihn in Grabesgrund.
All sein Gut nahm das Gericht zur Hand,
Ließ auch suchen, ob was sei versteckt,
Denn von einem großen Diamant
Sprach man laut, doch wurde nichts entdeckt.

Niemand wollt' bewohnen dieses Haus,
Drum zu einer Scheuer ward's gemacht,
Und der Lehnstuhl wurde als ein Graus,
Wo er noch steht, unters Dach gebracht.
Oft bei Tag ein Kater auf ihm sitzt,
Schwarz, rundäugig und unheimlich ganz,
Hell aus seinem einzlen Aug' es blitzt,
Als wär's aus dem Stuhl ein Diamantglanz.
Doch wenn nachts ums Haus die Eule kreist,
Hört man Silberklänge wohlbekannt,
In dem Lehnstuhl sitzt des Wuchrers Geist
Mit dem Diamant in ihn gebannt.

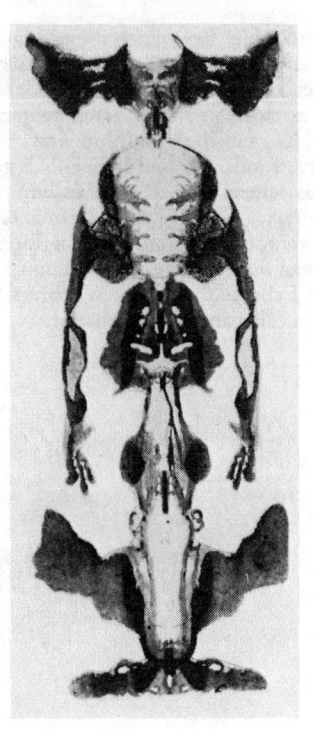

Auch *mein* Bild kam aus schwarzem Dintenfaß.
Als ich es sah, da wurd ich leichenblaß.
Aus dem Kopfe kommen schwarze Dünste,
Der Arznei – und Dichtkunst schlechte Künste,
Meines ganzen eitlen Lebens Dunst,
Scham, daß ich unwert war so vieler Gunst.

Schaut den alten Leib, der ein Gerippe,
Während ich am Lebensbaum noch nippe,
An den Füßen schaut die Erdenschwere,
Oh! wenn die noch abzustreifen wäre!
Ich vermag es nicht, und ihre Macht
Zieht mich nieder in des Hades Nacht.

————

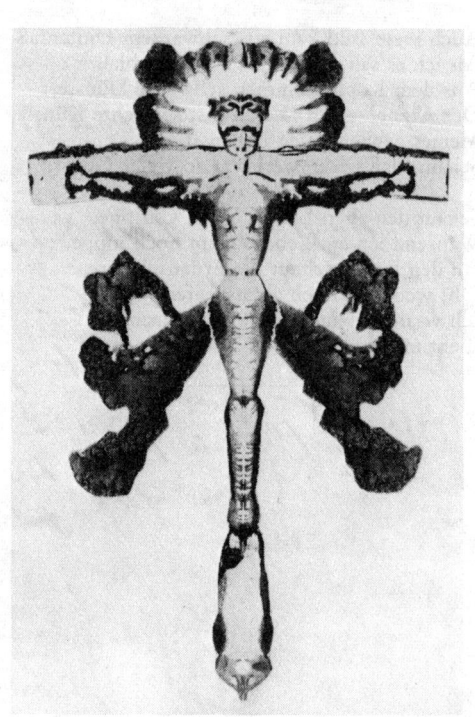

Menschenhand hat nicht dies Bild gemacht,
Gleich den andern kam's durch eigne Macht
Ungeahnet aus der Dinte Nacht.
Es erblickend hab ich still gedacht:
Als der Herr sein Werk hier hat vollbracht,
Fuhr er nieder in der Schatten Reich,
Hat auch diesen noch sein Wort gebracht.
Ihr unsel'ge Geister! geht in euch!
In *der* Nacht hier stellt das vor'ge Leben
Licht nun auf den schwarzen, leeren Grund,
Dann fühlt Reue: denn o welchen Fund
Werdet schauen ihr voll Schmerz und Schauer,
Um Erlösung flehn in tiefer Trauer.
Der am Kreuz dem Schächer einst vergeben,
Als er gläubig sich zu ihm gewandt,
Der wird dann mit liebevoller Hand
Aus der Nacht auch euch zum Lichte heben.

————

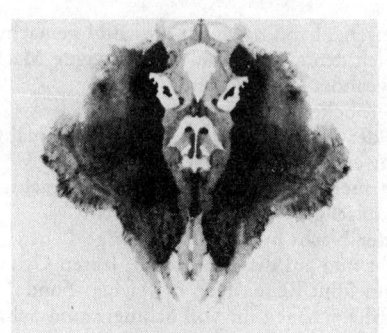

Höllenbilder

Geister aus noch tiefrer Nacht
Hat das Dintenfaß gebracht,
Als den Satz ich umgerührt.
Niemals hätt' ich *den* berührt,
Hätt' ich eher schon erfahren,
Wie so groß sind die Gefahren,
Wenn man mit dem Dintensatze,
Vorab nachts, klecksographiert;
Dann erscheint oft eine Katze,
Schneidend eine Teufelsfratze,
Satan ist's der uns vexiert.
Oft den Klecksographen prellen
Schwarze Geister durchs Verstellen,
Wechseln oftmals die Gestalten,
Sie für andere zu halten;
Wie im Leben einst, dem hellen,
So in schwarzen Höllenspalten
Sind und bleiben sie die alten,
Nicht zu bessernden Gesellen.

———————

Hier stieg herauf der Falschheit Bild,
Du, die dem Höllenpfuhl entsprossen,
Wär' noch mein Dintenfaß gefüllt,
Ich hätt' mit Dint' dich übergossen.
Du gift'ge, du verhüllte Fratze,
Auf deinem Kopf sitzt eine Katze,
In deiner Brust der Katze Kater.
Fort! fort! zurück zum Feuerkrater
Der Hölle, wo du heimatlich,
Nur halb klecksographier ich dich!

————

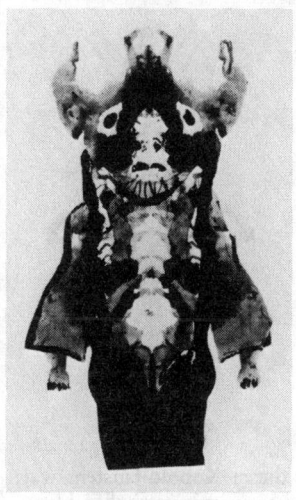

Du teuflische Fratze,
Halb Mensch und halb Katze!
Was willst du von mir?
Ich klecksographier
Nicht Ritter vom Besen!
Das bist du gewesen,

Zum Teufel mit dir!

———

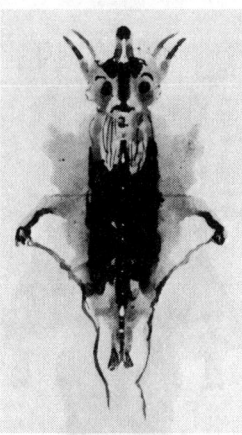

Was dieser Kobold einstens war,
Das ist nur mir geworden klar.
Der eine sagt: »Ein Aktuar',
Bekannter Schlemmer und Bocksreiter.«
Der ander, der sich denkt gescheiter,
Spricht: »Oh, der war ein Pfarrer gar,
Man sieht das ja aufs allerbeste
An seiner rabenschwarzen Weste.«
Der dritte sprach: »Ein Apotheker
War er, der mit ganz schlechter War'
Vergiftet die Arzneienschlecker.«
Ich sprach, und alle wurden heiter:
»Der Bocksbart zeiget mir fürwahr,
So wie das Maß für Tuch und Kleider,
Das völlig falsch und diebisch war,
Daß dieser Kobold gar nichts weiter
Gewesen als ein dieb'scher Schneider.«

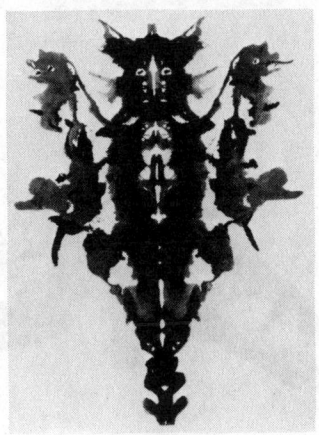

Dies ganz teuflische Gesicht,
(Glaubt es, oder glaubt es nicht,)
Eine Amme ist's gewesen,
Wohlgeübet auf dem Besen,
Manches Kind verhexte sie,
Daß es zappelte und schrie,
Bis man schob dem armen Tropf
Eine Bibel untern Kopf.
Oft zu Teufelstanz und Spiel
Fuhr sie auf dem Besenstiel,
Doch zum nahen Galgen nur.
Jetzt ganz teuflische Natur,
In der Hölle schwarzem Pfuhl
Wirbelt sie in feur'gen Wirbeln
Um des Höllenmeisters Stuhl.

———

Hier das Kind kam, das die Hexe
Hat gesäugt und dann verhext,
Einzig nur drei Dintenkleckse
Haben dieses Kind gekleckst.

Doch man sieht schon ohne Luppe,
Daß bereits aus seiner Puppe
Wachsen lichte Doppelschwingen,
Die's zum Kinderhimmel bringen.

———————

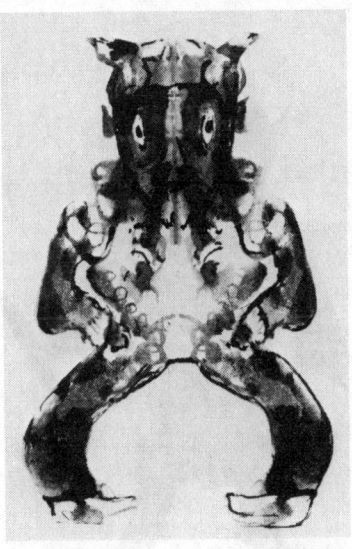

Daß ich ein Paar auch aus dem Hexenkluppe[8],
Die Amm' und die von ihr verhexte Puppe,
Klecksographieret ohne Rücksicht dreist,
Das hat empöret eine ganze Gruppe
Beisitzer aus dem alten Höllenpfuhl,
Aufklärlinge, Ungläub'ge, allermeist
Zöglinge aus Mephistos Musterschule,
Daß sie aus ihrem Schoß *den* schwarzen Geist
Emporgeschickt, um vom Klecksographenstuhle
Zu stoßen mich, zu brechen mir den Hals.
Ich sah ihn lächelnd an, sprach gar nichts als –
»Gelobt sei Jesus Christ!« – da fuhr er plötzlich
Hinab mit einem Wehschrei, der entsetzlich.

————

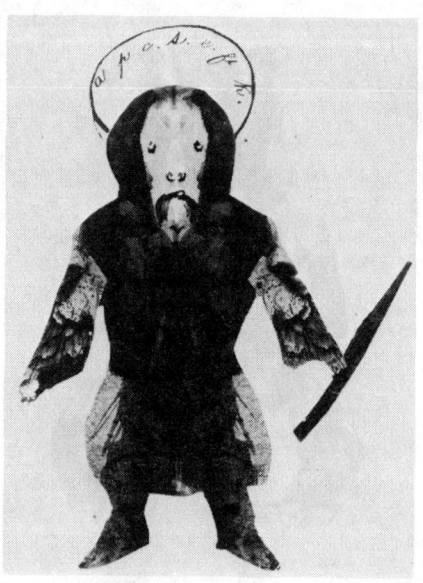

Als ich mit Druckerschwärze heut klecksographiert,
Wozu mich nur der Teufel hat verführt,
Kam dieses Skandalum heraufspaziert.
Nicht weiß ich, wer der ist, noch wer der war,
Faustus vielleicht, des Drucks Erfinder gar,
Der nie war (wie bekannt) ein gläub'ger Christ
Und als Schwarzkünstler[9] in der Hölle ist.
Mög' solches wahr sein, oder sein nicht wahr,
Kommt das bei mir heut nicht so in Betracht,
Als daß dies Bild so schmählich sich gemacht,
Dieweil es ganz aus jener Schwärze kam,
Die manchen schon versetzt in schwarzen Gram.
Druckfehler druckt *die*, wer sie liest, laut lacht,

Indes der Autor stirbt voll Zorn und Scham,
Der armen Frau zuruft in stiller Nacht:
»Du Frau, und ihr, ihr lieben Kinder! wacht!«
Wie eine Druckerpresse hat's gekracht,
Worauf in einem schwarzen Pfuhl ich schwamm.
Und wieviel Kreuz *die* Schwärze noch gebracht,
Das wird von mir gesagt nicht – *nur gedacht.*
Nur eines steh' noch da
Exempli gratia:[10]
Oft spricht zum Autor der Buchhändler klagend:
»O wenn doch nichts gedruckt von Ihnen wär'!
Ihr ind'sches Lexikon, auf meine Ehr',
Liegt zehen Jahre, völlig nichts ertragend,
Und Ihre Streitschrift! – doch, ich bitte sehr!
Mit andern Büchern geht es auch sehr schwer,
Es häufen sich die Krebse immer mehr.«
So spricht er, – und wär' all dies auch nur Finte.
Ja! Druckerschwärze! deiner ganz entsagend,
Nehm zum Klecksographieren ich nur Dinte,
Mich nimmermehr mit deiner Schmiere plagend.
Kaum daß ich dieses schreib, fuhr's mit Gekrach
Durch das Kamin herauf bis unters Dach,
Und Steine stürzten donnernd vom Kamin,
Ich wußte nicht, wo ich nur sollte hin.
»Weh!« rief ich, »daß ich unter Teufeln bin!«
Das war im ersten Schrecken nur, doch plötzlich
Sprang ich gefaßt ans offne Ofenloch,
Draus quoll ein Dampf durchs ganze Haus, der roch
Nach Kreosot[11] und Druckerschwärz' entsetzlich;
Ich sah durch ihn hinauf, da sah ich noch,
Wie die klecksographierte Unnatur,
Aller Druckfehler scheußliche Figur,
Hohnlachend meiner, hu! der Hexenschlengel
Zum Ritt sich schwingend auf den Pressebengel,
Wie ein Weltkönig stolz von dannen fuhr.

———

Als ich vor dem Dintenfaß
Wieder mit der Feder saß
Und mit solcher tief gestochen
In die Dinte bis zum Satz,
Kam etwas heraufgekrochen,
Wie der Schwanz von einer Katz'.
Mir doch ward es immer bänger,
Denn das Ding wurd' immer länger,
Gar zu lang für eine Maus,
Und *der* Teufel kroch heraus.
Erst macht er drei Reverenzen,

Schlingend mit dem Schwanze Ringe,
Und erzählt mir Wunderdinge
Von sich, um vor mir zu glänzen,
Als er einst gewesen sei
In Neapels Hofkanzlei.
»Jetzt bin ich (Sie werden's merken)«,
Spricht er, »nun an andrer Stelle,
(Jedem wird nach seinen Werken),
Ein klein wenig in der Hölle.
Einstens war ich groß und reich,
Jetzt, um's kurz zu sagen gleich,
Bin ich zwar ein armer Schlucker,
Doch ein emsiger Geselle
Und der Druckerschwärze Reiber
Von des Satans Hofbuchdrucker,
Wollte Ihnen sagen schnell:
Daß für schwarze Höllenleiber
Ihre Dinte ist zu hell,
Werde, um sie schwarz zu frischen,
Sie mit Druckerschwärze mischen.«
»Fort!« rief ich, vor Zorn ganz blaß,
»Meinst du nicht, ich merk nicht, daß
Du der vor'ge Teufel, nur
Mit veränderter Figur,
Der hinaus zum Schornstein fuhr.
Ließ' ich mich vom Zorn hinreißen,
Würd' ich dir das Dintenfaß
Luthrisch an den Bockskopf schmeißen.
Doch genug für dich ist – *das!*«
Drauf hab ich ein Kreuz geschlagen,
Was die Teufel nicht ertragen,
Da ward schnell er dünner noch,
Dünner als der Spinne Waden,
Und als schwarzer, här'ger Faden
Fuhr er durch das Schlüsselloch.

———————

Als ich ob'ges schrieb: »Brum! brum!«
Tönt' es um mein Ohr herum.
Teuflische Nachtschmetterlinge,
Schwarz, umflogen mich im Ringe;
Aber in mein rechtes Ohr
Klang's wie aus der Engel Chor:
»Ja! wie ist's hier unten trübe!
Doch nicht *ewig* währt die Nacht!
Eine Liebe, eine Liebe
Selbst noch ob der Hölle wacht.
Strahlen schickt in alle Ringe
Seines Alls Gott noch so weit,
Seine Wahrheit, seine Klarheit,
Liebe und Barmherzigkeit,
Und durch sie
Bringt zu *einer* Harmonie
Er zurück einst alle Dinge.«

———————

Anhang

Textnachweise und Anmerkungen

Zur Textgestalt der vorliegenden Ausgabe

Die Texte folgen den genannten Druckvorlagen (die Zitate in den Anmerkungen den jeweils genannten Ausgaben), sind jedoch in Orthographie und Interpunktion dem heutigen Gebrauch behutsam angeglichen. Der Lautstand blieb gewahrt. Die Schreibweise von Personennamen wurde nicht modernisiert, die schwankende Schreibung gleicher Namen und Ausdrücke im *Bilderbuch aus meiner Knabenzeit* (»Stettink« neben »Stetinkh« und »Stettinkh«, »Mathisson« neben »Matthisson«, »Reinhard« neben »Reinhardt«, »Hopelpobel« neben »Hopelpopel«, »Borte« neben »Borde« u. a.) nicht vereinheitlicht, lediglich die Varianten »Veste/Feste« und »(Schwäbische) Alp/Alb« in »Veste« und »Alb« normalisiert. Sperrungen in den Vorlagen erscheinen kursiv. Abbreviaturen wurden aufgelöst, offensichtliche Druckfehler stillschweigend verbessert.

Die lyrischen Gedichte – Der letzte Blütenstrauß – Winterblüten – Nachlese

Die Gedichte Kerners sind in folgenden Ausgaben erschienen:

1. Gedichte von Justinus Kerner. Stuttgart: Cotta, 1826.
2. Dichtungen von Justinus Kerner. Neue vollständige Ausgabe in Einem Bande. Stuttgart: Cotta, 1834.
3. Dichtungen. 3., sehr verm. Aufl. 2 Bde. Stuttgart/Tübingen: Cotta, 1841.
4. Die lyrischen Gedichte. 4., verm. Aufl. Stuttgart: Cotta, 1848.
5. Die lyrischen Gedichte. 5., verb. Aufl. Stuttgart: Cotta, 1854.
6. Der letzte Blüthenstrauß. Stuttgart: Cotta, 1852.
7. Winterblüthen. Stuttgart: Cotta, 1859.

Der Abdruck folgt den Gedichtausgaben Nr. 5, 6, 7, für die »Nachlese« dem Erstdruck im *Morgenblatt für gebildete Leser*, Nr. 14 vom 2. April 1861, S. 329, und zieht für die Modernisierung der – von Kerner willkürlich gehandhabten – Interpunktion die (sonst nicht fehlerfreien) Ausgaben von Gaismaier und Pissin heran. Die Gedichte sind chronologisch angeordnet. Die im Inhaltsverzeichnis

den Gedicht-Titeln beigefügte einzelne Jahreszahl bezieht sich auf
das Datum der Erstpublikation; liegen Erstpublikation und Entstehung weit auseinander, wurde das Datum der (mutmaßlichen) Entstehung dem Veröffentlichungstermin vorangestellt.

1 Das Gedicht entstand während einer Wanderung im März 1809,
nach beendigtem Studium in Tübingen. Kerner berichtet darüber
Uhland: »Ich schlenderte, als Du mich verlassen, so meinen
Gang weiter in einem Zickzack ... und dichtete auch wirklich
ein Wanderlied, das ich Herrn Obersteuerrat *Weißer* präsentie-
ren wollte, um ihn zu fragen: Ob – er's – teuer – ratsam und weiß
fände, wenn ich so zu dichten fortführe? Aber das Lied hatte
bald darauf das Glück, noch eh' ich Stuttgart erreichte (bekreu-
zigt euch, ihr sieben Weisen Stuttgarts!), von einem Handwerks-
burschen gekrönt und somit auf eine Höhe gestellt zu werden,
die keine in den Morgennebel getauchte Gänsefeder erreicht. [Es
folgt die erste Fassung des »Wanderliedes«, dessen letzte Strophe
hier lautet: Und Liebe, die folgt ihm, / Dem Herzen verwandt; /
So wird ihm zur Heimat / Das fernste Land.] Zu Echterdingen
[bei Stuttgart] schrieb ich es im Wirtshause für die Langeweile
auf, und als ich weiter ging, sang ich es auf der Straße vom
Blättchen nach eigener Melodie ab. Da kam ein Handwerksbur-
sche die Straße her, der lief auf mich zu und bat mich sehr
höflich, »doch ihm dies Lied zu geben.« Da vergaß ich, daß es
noch nicht gefeilt war, und gab es vor den zehen Jahren der
Feilung (Fäulung) in die Welt hinaus [...].« (Brief Kerners an
Uhland vom März 1809, in: Briefwechsel I, Nr. 12, S. 29 f.) Die
»zehen Jahre der Feilung« spielen auf die *Ars poetica* des Horaz
an (*Epistola ad Pisones*, V. 386 ff.). Horaz empfiehlt den werden-
den Dichtern, ihre poetischen Produkte neun Jahre lang zurück-
zuhalten, ehe sie sich zu ihrer Publikation oder ihrer Vernichtung entschließen.

2 Denkmale. Johannes Kepler (1571–1630), der berühmte, in Weil
der Stadt geborene Astronom erhielt an der Universität Tübin-
gen keine Professur, weil er die lutherische Konkordienformel
nur eingeschränkt akzeptierte. Zunächst Hofastronom Kaiser
Rudolfs II. (als Nachfolger Tycho Brahes), nach dessen Tod
Mathematiker der oberösterreichischen Stände, ab 1628 im
Dienste Wallensteins.
Nikodemus Frischlin (1547–90), neulateinischer Dramatiker,

späthumanistischer Philologe; 1568 Professor für Poesie und Geschichte in Tübingen, 1582–84 Schuldirektor in Laibach, unstetes Wanderleben; wegen adels- und fürstenfeindlicher Äußerungen Inhaftierung auf der Festung Hohenurach; stürzte bei einem Fluchtversuch tödlich ab.

Zu Christian Friedrich Daniel Schubart s. *Bilderbuch*, Anm. 18. Über die als Manuskript eingetroffenen Gedichte schreibt Uhland am 30. Juni 1812 an Kerner: »[...] *Württemberger* ist auch recht schön, passiert aber vielleicht die Zensur nicht, auch ist es nicht überall passend; Keppler war kein Württemberger, sondern aus der freien Reichsstadt Weilerstadt, man kann also nicht vom undankbaren *Heimatland* sprechen, auch ist er nicht vertrieben worden.« (Briefwechsel I, Nr. 143, S. 308 f.) Kener hat die kritisierte Stelle für den Abdruck im *Deutschen Dichterwald* (1813) nicht mehr geändert.

3 Am 6. August 1812 schreibt Kerner an Uhland aus Welzheim: »[...] Ein recht lieber Mensch von besonderen Gaben, Revisor Stierlin von Lorch, dem ich das Wildbad zu gebrauchen riet, starb daselbst. Er tut mir wehe, es war ein eigener Mensch. Ich machte diese Verse auf seinen Tod: ›In nächtlich stillen Stunden / Einsam mit mir allein etc. / *An dessen Trinkglas, um Mitternacht* [...].‹ Es war ein Schwager von Pregizer. Conz hat ihn gut gekannt.« (Briefwechsel I, Nr. 150, S. 318.) Zu Pregizer und Conz vgl. *Bilderbuch*, Anm. 304 und 434.

4 Das *Gedicht* entstand im Herbst 1816 und geht, laut Kerners Mitteilung an den Gmünder Pfarrer Dillenius vom 14. März 1817, auf ein Bild in der Kirche von Schlechtbach zurück, das die Heilige Kummernus oder Wilgefortis darstellte. Kerners Freund Dillenius hat in einem Brief vom 12. Februar ein gleiches, in Gmünd vorhandenes Gemälde abgezeichnet und die »auf einem weißen Streif links neben dem Geiger« stehende Legende mitgeteilt: »›Es wahr eines haydenischen Königs Docter, die war schoen und weis darumb wolt sie ein haydnischer König zur gemahen haben, das war ihr layd. dan sie hat ihr Gott zu einem gemahl erwehlt das thät ihren Vatter vertriesen und lies sie fangen, da rueffte sie Gott an, in ihren leiden, das er ihr zu hilf käme, da erschiene er ihr und tröstet sie, da begert sie von Gott, das er sie verwandle, das sie keinem Mann gefiele auf Erden, als ihm allein, da verwandlet er sie in sein gstalt, da das ihr vatter fragte warumb sie so sehe, da sprach sie ihr auserwehlter gemahl

hab sie nach ihm gebildet, dan sie kainen wollte dan den gecreut-
zigten. Da erenerte sich der vatter und sprach du muest nach ihm
gecreutziget werden darum war sie willig und starb am Creutz,
wer sie anruefet in seinen Kümernusen den hilft sie mit Ihrer
grossen Firbitt bey Gott, und haist Kümernus, ligt in Holland,
in einer Kirchen haist stangenberg, wer sie will verehren, der lass
ihre bildnuss in eine Kirchen machen, wo sie nicht ist. Es kam
ein armes geigerlein und geiget so lang bis im das bild einen
guldenen Schuch gab, den nam er und trug in zum goldschmid
zu verkaufen, der goldschmid sagte, er het in gestolen er sprach
nein, das gecreutzigte bild habe ihm gegeben. mann fienge in und
wolt in hinken. da begerte er widerumb zu dem bild so wol er
geigen geb es ihm nit wider den schuech, so soll mann in hincken
er gienge wider zu dem bild und geigete, das bild gabe ihm wider
den schue da lasst mann ihn frey und ledig nach haus gehen.‹
anno 1678. renoviert 1762. Ex voto. [Infolge eines Gelübdes.]«
Kerner erwarb später das Bild selbst; es befindet sich im Weinsberger Kernerhaus (Briefwechsel I, Anm. 1 zum Brief Nr. 245,
S. 434 f). Dazu G. Stütz, »Zur Entstehung des Gedichts und der
Sage vom Geiger zu Gmünd«, in: *Besondere Beilage des Staats-
anzeigers für Württemberg 1925*, S. 67–80; Lee B. Jennings,
»Neues über den Geiger zu Gmünd«, in: *Mitteilungen des
Justinus-Kerner-Vereins* 12 (1975) S. 33–35.

5 Der Anekdote, die Kerner zu seinem bekannten Gedicht inspi-
riert hat, liegt ein internationales Wandermotiv zugrunde. Erster
Gewährsmann für die auf den württembergischen Grafen Eberhard bezogene Fassung ist Philipp Melanchthon (»Oratio de
illustri principe Eberardo duce Vuirtenbergensi academiae Tubin-
gensis fundatore«, 1552, in: *Philippi Melanchthonis selectae decla-
mationes*, Argent[oratum] 1559, Bd. 3, S. 161 ff.; *Martin Luthers
Tischreden*, ed. Aurifaber, Eisleben 1566, S. 471). Von diesen
ersten Erwähnungen aus verbreitet sich die Anekdote über zahlreiche Chroniken, Anekdoten- und Apophthegmensammlungen
des 16. und 17. Jh.s: Johann Manlius, *Locorum Communium
Collectanea*, Basel 1562, Bd. 3, S. 156; Joachim Camerarius, *Vita
Philippi Melanchthonis*, Leipzig 1566, S. 14; Martin Crusius,
Annales Suevici, Frankfurt a. M. 1595, Bd. 2, T. 3, Buch 7,
Kap. 14; Hans Wilhelm Kirchhoff, *Wendunmuth. Das Dritte
Buch*, Frankfurt a. M. 1602, Nr. 29; (Samuel Gerlach,) *Eutrape-
liae historico-philologico-politicae, das ist Allerhand Politische,
nützliche, vernünfftige, theils auch kurtzweilige Historien*, Lü-

beck 1639, Bd. 2, 8. Zenturie, Nr. 76, S. 144; Christoph Leh-
mann, *Exilium Melancholiae*, Straßburg 1643, Nr. 113, S. 169;
Julius Wilhelm Zincgreff, *Der Teutschen scharpfsinnige kluge
Sprüch*, Straßburg 1626, S. 161; Johann Praetorius, *Gazophylaci
Gaudium, Das ist Ein Ausbund von Wündschel-Ruthen*, Leipzig
1667, S. 193; Narziß Schwelin, *Würtembergische kleine Chroni-
ca*, Stuttgart 1660, S. 110; H. J. Ch. von Grimmelshausen,
Simplicius Simplicissimus, Mompelgart 1669, Bd. 2, Buch 5,
Kap. 18. Über die Quellen und die dichterischen Gestaltungen
des Stoffes vor Kerner unterrichtet Josef Karlmann Brechenma-
cher: »Der reichste Fürst. Eine literärgeschichtliche Untersuchung«, in: *Zeitschrift für den deutschen Unterricht* 28 (1914)
S. 709–721.

6 In einer späteren, 1854 oder 1855 entstandenen Niederschrift
lautet der dritte Vers: »Mit bald ganz zerrissnen Saiten«. (Original im Literaturarchiv Marbach am Neckar.)

7 Die Maultrommel oder das Brummeisen ist ein aus Metallrahmen
und Metallzunge (Durchmesser etwa 5 cm) bestehendes Musik-
instrument, dem der Mund als Resonanzraum dient. Kerner hat
1809 im *Morgenblatt* Nr. 59 vom 10. März einen Aufsatz unter
dem Titel »Ein Wort über die Mundharmonika oder die Maultrommel« veröffentlicht. Darin heißt es: »Das Fortissimo wie
das Piano dolce kann auf der Maultrommel auf das herrlichste
ausgedrückt werden, und vorzüglich ist dieses Instrument für
eigene Phantasien geeignet; geeignet, Ausströmungen eines reinen Gefühls in Tönen besserer Welten darzustellen, wie die
Äolsharfe die Gefühle des Frühlings und der gestirnten Nacht.
Wie die Äolsharfe hat auch die Maultrommel nur eine gleich
gespannte Saite, die stählerne Zunge, und bringt wie die Äolsharfe vermittelst dieser so verschiedene Töne hervor. Sie ist wie
diese das Prisma für die Töne und unter allen Instrumenten,
wenn ich so sagen darf, am fähigsten, die Töne sichtbar darzustellen.«

8 Kerner gibt zu dem Gedicht eine eigene Erläuterung: »Dieses
Gedicht, in der Versammlung der Naturforscher und Ärzte 1845
entstanden, ist zwar schon in der Ausgabe meiner früheren
Gedichte abgedruckt, aber nicht in der ursprünglichen Form, in
der ich es nun hier gebe.« Die Bearbeitung »Des Arztes Traum«
findet sich in den *Lyrischen Gedichten* seit der 4. Aufl. von 1847.

9 Dasselbe Motiv verwertet Kerner in einem Dialog »Ärztliches
Spiel«. (Zuerst abgedr. in der 3. Aufl. der *Dichtungen* von 1841.)

10 Der Arzt Franz Anton Mesmer (1734–1815) wurde durch die Entdeckung des »tierischen Magnetismus«, nach ihm auch Mesmerismus genannt, in ganz Europa berühmt; seine Lehre übte großen Einfluß auf die romantische Naturphilosophie und Dichtung aus. Kerner hat 1855 Meersburg, wo Mesmer gelebt hatte, besucht und aufgrund der ihm zur Verfügung gestellten Unterlagen 1856 die Schrift publiziert: *Franz Anton Mesmer aus Schwaben, Entdecker des tierischen Magnetismus. Erinnerungen an denselben, nebst Nachrichten von den letzten Jahren seines Lebens zu Meersburg.* Vgl. Ernst Benz, *Franz Anton Mesmer (1734–1815) und seine Ausstrahlung in Europa und Amerika*, München 1976.

11 (lat.) aufwärts.

Goldener. Ein Kindermärchen

Das Märchen wurde im Spätsommer 1811 verfaßt und zuerst in Kerners *Deutschem Dichterwald* (1813) veröffentlicht. Friedrich Gottschalk nahm es 1814 in den ersten Band der *Sagen und Volksmärchen der Deutschen* auf. 1815 fügte Kerner das Märchen unter dem Titel »Das Märchen vom Lichte« seiner zwischen 1812 und 1815 entstandenen Erzählung »Die Heimatlosen« (ursprünglicher Titel »Der Wanderer zum Morgenrot«) ein (Erstveröffentlichung im *Morgenblatt*, für gebildete Stände, Nr. 113 vom 10. Mai 1816, S. 450–452).

Druckvorlage: Dichtungen von Justinus Kerner. Neue vollständige Sammlung in Einem Bande. Stuttgart: Cotta, 1834, S. 516–522. Diese Version weicht vom Erstdruck nur in grammatischen und orthographischen Details ab. Sie modernisiert die altertümlichen Konjugationsformen der Erstveröffentlichung (»stund«, »sahe«). Ludwig Bechstein hat das Märchen fast unverändert in seine Märchensammlung *Deutsches Märchenbuch* (1845) aufgenommen.

Zur Entstehung vgl. Kerners Brief an Ludwig Uhland vom 29. August 1811 (Briefwechsel I, Nr. 102, S. 233 f.). Keimzelle des Märchens ist das von Kerner mitgeteilte Ereignis: »Ein simpelhafter Baurenjunge auf einem Hof im Wald kam auf den Gedanken, in seiner Langeweile Vögel im Netze zu fangen. Der erste Vogel, den er fing, war ein *weißer* Distelfink, der in Calw zu sehen ist. Man könnte das Ding noch weiter spinnen, er suchte Blumen im Walde, und die erste Blume, die er fand, war eine Kaiserkrone usw. usw.

Oder so: – ich habe Dir geschwind ein Kindermärchen daraus gedichtet, damit Du siehst, wie wenig mir eine solche Dichtungsart gelingt. Habe indes die Güte und bemerk, was ich weglassen oder beisetzen soll, auch stelle mir die Punkte und Kommas recht.« Uhland erwidert am 7. September 1811 (Briefwechsel I, Nr. 104, S. 235 f.): »Wie soll ich Dir genug danken für Dein himmlisches Märchen, das so ganz Goldglanz ist! Man sollte es an trüben Abenden lesen, um den goldnen Abendglanz dadurch zu ersetzen. Wenn meine Aufforderung im letzten Briefe Dich dazu veranlaßt hat, so darf mir jeder Buchstab', den ich Dir deshalb geschrieben habe, so lieb sein, als wenn er das schönste Sonett wäre. Dieses Märchen, den Eginhard und die beiden Romanzen vom Teufelsring und vom Herrn von der Heide halte ich für Dein Vollendetstes, ja diese Stücke scheinen mir ebenso klassisch als irgend ein Klassiker. Dichte doch fort in dieser Märchenwelt!«

König Eginhard. Ein chinesisches Schattenspiel

Druckvorlage: Reiseschatten. Von dem Schattenspieler Luchs. Heidelberg: Gottlieb Braun, 1811.
Das Schattenspiel »König Eginhard« ist eine der zuerst entstandenen Partien der 1811 publizierten *Reiseschatten*. Die aus zwölf »Schattenreihen« mit verschiedenen Zwischen- und Nachspielen bestehenden *Reiseschatten* wurden 1809/10 in Ludwigsburg, Hamburg und Wien verfaßt und 1811 in Wildbad fertiggestellt. Sie verquicken Kerners Reiseerlebnisse mit Jugenderinnerungen, Sagen und freien Erdichtungen. Die Bezeichnung »Schatten« deutet auf den Spielcharakter der Reiseschilderungen, die an die Vorführungen eines chinesischen Schattenspiels oder an die Figuren einer Laterna magica erinnern sollen. Kerners gestalterisches Prinzip, romantisch-stimmungshafte, reflektierend-betrachtende und satirisch-groteske Szenen abzuwechseln, gemahnt an die Shakespearesche, von den Romantikern übernommene Desillusionsmanier.
Kerner sandte das Spiel am 22. April 1809 an Ludwig Uhland. Quelle ist das Volksbuch vom König Eginhard (abgedr. bei Karl Simrock, *Die deutschen Volksbücher*, gesammelt und in ihrer ursprünglichen Echtheit wiederhergestellt, Bd. 7, Frankfurt a. M. o. J., S. 171–274). Vgl. Josef Gaismaier, »Über J. Kerners ›Reiseschatten‹«, in: *Zeitschrift für vergleichende Litteraturgeschichte*, N.

F., Bd. 14 (1901) S. 120–132. Auf die Verwandlungstechnik haben
die chinesischen Schattenspiele (Kerner erlebte sie zuerst im Frühjahr 1809 in Tübingen) und die Hamburger Marionettenspiele einge-
wirkt (dazu und zum Einfluß Tiecks vgl. Franz Heinzmann, *Justinus Kerner als Romantiker*, Diss. Tübingen 1908, S. 22 ff.; Karl
Mayer, *Ludwig Uhland, seine Freunde und Zeitgenossen*, Bd. 1,
Stuttgart 1867, S. 151 f.). Im Schattenspiel vom »König Eginhard«,
das der ersten »Schattenreihe« als »Nachspiel« angefügt ist, domi-
niert die »Neigung zum Burlesken und Barocken«. David Friedrich
Strauß hat sie neben der Begeisterung für das Mittelalter und die
Natur als konstituierendes Element der *Reiseschatten* hervorge-
hoben.
Uhland hat das Stück sehr geschätzt. Am 26. April 1809 schreibt er
dem Freunde: »Dein zweiter Schattenbrief hat mir unsägliche
Freude gemacht, besonders das Drama. In der Tat es sollte gedruckt
werden, mit wenigen Abänderungen. Du solltest mehreres auf diese
Art bearbeiten, Volksromane, Novellen etwa aus den 7 weisen
Meistern; Du würdest ein neues und den ästhetischen Theoretikern
noch nicht bekanntes dramatisches Genre, das Schattenspiel,
begründen.« (Briefwechsel I, Nr. 17, S. 42.) Uhland selbst hat zu
dem Stück ein Nachspiel gedichtet (abgedr. in der Kerner-Ausgabe
Pissins, Bd. 6, S. 137–139), im übrigen das Volksbuch selbst drama-
tisiert (Fragment »Schildeis«).

1 Jakob Degen (1756–nach 1834), ein Wiener Mechaniker, veranstaltete im April und November des Jahres 1808 in Wien und im
Jahre 1813 in Paris aufsehenerregende Flugversuche mit einem aus
zwei großen Flügeln bestehenden Apparat.

Der rasende Sandler

Druckvorlage: Der rasende Sandler. Ein politisches dramatisches
Inpromtu, mit Marionetten aufzuführen. o. O. 1817.
Kerner hat dieses Marionettenstück, das eine in den »Schattenspie-
len« geübte Technik für politisch-satirische Zwecke einsetzt, in der
ersten Hälfte des Jahres 1817 verfaßt. Der Verleger Johann Friedrich
von Cotta und der von 1816 bis 1823 amtierende württembergische
Kultminister, Freiherr Karl August von Wangenheim (1773–1850),
erhielten eventuell über Kerners Bruder Karl eine erste Kenntnis von

der Satire, die Kerner selbst am 8. August von Gaildorf an Cotta zum Druck sandte. Die anonyme Flugschrift erschien im September 1817.

»Euer Hochwohlgeboren
bin ich so frei hier einen Scherz zu übersenden mit der Bitte, Euer Hochwohl. möchten Gelegenheit suchen, ihn als *einzelnes Flugblatt* insgeheim abdrucken lassen zu können. Es ist natürlich kein Kunstprodukt, aber doch ein Gemälde nach der Natur. Und die Gemeinheit jener Menschen, die das Vorhaben eines vortrefflichen Königs auf jede Weise, selbst oft mit Gewaltsstreichen zunichte zu machen suchen – nämlich das Vorhaben, sich ein freies Volk zu bilden –, verdient die Geißel der beißendsten Satire. Man hat keine Schonung nötig!!
Ich bitte Euer Hochwohl, mir bald Nachricht zu geben, ob Sie diesen *rasenden Sandler* benutzen können.« (*Briefe an Cotta*, hrsg. von Herbert Schiller, Bd. 2, Berlin 1927, S. 106.)

Wie in seinen Briefen, Zeitungsartikeln und Gedichten steht Kerner hier auf der Regierungsseite und verspottet die am »guten alten Recht« klebende landständische (»orthodoxe«) Partei, zu der sich sein Freund Ludwig Uhland dezidiert bekannte. Der in der Satire auftretende Stadtschreiber, der mit seiner Streusandbüchse Sand in die Augen streut, verkörpert die von Kerner kritisierte konservative Bürokratie, die »Kastenknechte« und das »Skriblerheer«, die sich dem vom Oberamtmann propagierten königlichen Verfassungsentwurf (vom 3. März 1817) entgegenstellen.
Friedrich Rückert, ebenfalls ein Gegner der Uhlandschen Position, schreibt am 20. August 1817 an Kerner: »In Stuttgart habe ich den *rasenden Sandler* kennenlernen und mich an seiner gravitätischen Lächerlichkeit wie an seiner politischen Tendenz erfreut. Ob unserem Freund Uhland nicht letztere die Freude an ersterer nehmen wird, ist eine Frage oder fast keine, da er in diesem Punkte wie toll ist.« (Briefwechsel I, Nr. 264, S. 457.)
Und Karl August von Wangenheim äußert sich Kerner gegenüber am 23. August: »Cotta hat die Güte gehabt, mir Ihr Schreiben an ihn vom 8. d. M. nebst der Beilage, dem *Rasenden Sandler*, mitzuteilen. Ich will nicht mit Ihnen rechten, daß Sie es von der Klasse der Kunstprodukte ausschließen wollen, wenn Sie mir erlauben, daß ich an ihm, als an einem Kunstprodukte, meine Freude haben darf. Cotta hat (mit Recht durch einen Dritten) für den Druck gesorgt; ich aber wünsche die Erlaubnis von Ihnen zu erhalten, es auch nach Weimar an das Oppositionsblatt schicken zu dürfen. Es malt das

Übel, an dem wir leiden, *so* vollkommen, daß dadurch vielleicht die Ungeduld entschuldigt wird, mit welcher die Regierung brach, als sie vielleicht noch hätte biegen sollen.« (Briefwechsel I, Nr. 265, S. 458.)

Am 5. September schreibt Wangenheim abermals: »Der *Rasende Sandler* ist nach Weimar abgegangen, da er mit andern *Virtembergicis* zugleich gedruckt wird, so bedarf er wohl keiner Anmerkung, um verstanden zu werden.« Und am 29. Oktober kommt er nochmals auf die Satire zu sprechen: »Der *Rasende Sandler* erhält eine neue Ausstattung durch eine Karikatur von Ziethen, in welcher die Szene selbst dargestellt ist.« Das vorliegende Exemplar (Württembergische Landesbibliothek, Stuttgart, Signatur: d. D., oct k 2511) der Flugschrift von 1817 enthält keine Karikatur.

Die gute Stadt Ludwigsburg an das alte gute Recht

Der Flugschrift mit dem Marionettenstück war ein Gedicht beigefügt, das mit Sicherheit von Kerner stammt. Der Verleger Cotta schreibt am 5. September 1817, »Sandler und Ludwigsburg werden morgen im Druck vollendet« (*Geschichtliche Lieder und Sprüche Württembergs*, hrsg. von Karl Steiff und Gebhard Mehring, Stuttgart 1912, S. 874, Anm. 1). Für die Entstehung ist der Zeitraum zwischen November 1815 und August 1817 anzusetzen. Den Terminus post quem bilden die zwei Kundgebungen der Stadt Ludwigsburg gegenüber den Ständen für die Beibehaltung der landständischen Verfassung – das »gute alte Recht« – vom März und vom November 1815. Die Tatsache, daß Justinus Kerners Bruder Karl seit Februar 1817 den Posten des Innenministers einnahm, motiviert die Parteinahme des Dichters für die Regierungsseite persönlich und macht daher eine Datierung des Gedichtes auf den Frühsommer 1817 wahrscheinlich (vgl. Steiff/Mehring, S. 875). Das Gedicht, dessen Verfasser trotz seiner Anonymität leicht identifizierbar war, bezieht sich zwar zuerst auf das Verhalten seiner Vaterstadt Ludwigsburg, enthält jedoch im Prinzipiellen eine scharfe Zurückweisung der von Uhland vertretenen Position. Dessen bekannter »Trinkspruch« war am 24./25. Februar 1816 entstanden und wurde im Sommer 1817 erneut in der Sammlung *Vaterländische Gedichte von Ludwig Uhland* veröffentlicht, bot also die unmittelbare *geistige* Folie für Kerners Replik. Uhlands Gedicht lautet (zit. nach Steiff/Mehring, S. 818 f.):

»*Trinkspruch*

Wo je bei altem, gutem Wein
der Württemberger zecht,
da soll der erste Trinkspruch
        sein:
das alte, gute Recht!

Das Recht, das unsres Fürsten
        Haus
als starker Pfeiler stützt
und das im Lande ein und aus
der Armut Hütten schützt;

das Recht, das uns Gesetze gibt,
die keine Willkür bricht,
das offene Gerichte liebt
und gültig Urteil spricht;

das Recht, das mäßig Steuern
        schreibt
und wohl zu rechnen weiß,
das an der Kasse sitzen bleibt
und kargt mit unsrem Schweiß;

das unser heil'ges Kirchengut
als Schutzpatron bewacht,
das Wissenschaft und
        Geistesglut
getreulich nährt und facht;

das Recht, das jedem freien
        Mann
die Waffen gibt zur Hand,
damit er stets verfechten kann
den Fürsten und das Land;

das Recht, das jedem offen läßt
den Zug in alle Welt,
das uns allein durch Liebe fest
am Mutterboden hält;

das Recht, des wohlverdienten
        Ruhm
Jahrhunderte bewährt,
das jeder wie sein Christentum
von Herzen liebt und ehrt;

das Recht, das eine schlimme
        Zeit
lebendig uns begrub,
das jetzt mit neuer Regsamkeit
sich aus dem Grab erhub;

ja, wenn auch wir von hinnen
        sind,
besteh' es fort und fort
und sei für Kind und
        Kindeskind
des schönsten Glückes Hort!

Und wo bei altem, gutem Wein
der Württemberger zecht,
soll stets der erste Trinkspruch sein:
das alte, gute Recht!«

Walter Hagen hat mit großer Wahrscheinlichkeit recht bei der Annahme, daß dieses Gedicht Kerners im September 1817 zu einer tiefgreifenden Verstimmung zwischen den beiden Freunden geführt hat (Walter Hagen, »Justinus Kerner als Ludwigsburger im politischen Geschehen der Jahre 1817 und 1848«, in: *Ludwigsburger Geschichtsblätter* 16, 1964, S. 127–131). Trotz zweier Unterredungen mit Kerners Frau Friederike und mehrerer Briefe Kerners lenkte

Uhland erst Ende Mai 1818 ein – nach einem resignierenden Geburtstagsglückwunsch Kerners vom 26. April. Das Trennende, die politischen Meinungsverschiedenheiten, wünschte Uhland in Zukunft auszuklammern. »Nach dem, was vorgefallen ist, mußte mir wenigstens zu schweigen gestattet sein. Ich will über diese Gegenstände forthin schweigen und das übrige der Zeit anheimstellen.« (Brief Uhlands vom 29. Mai 1818; Briefwechsel I, Nr. 274, S. 471.)
Kerner griff Uhlands Vorschlag auf, nicht ohne seine Überzeugung von der Richtigkeit der eigenen Vorstellungen nochmals zu betonen. »Wir wollen allerdings das, was Du das ›Vorgefallene‹ heißt, der Zeit überlassen, und diese wird zeigen, oder hat wohl schon gezeigt, ob man gut tat, eine volkstümliche Verfassung, die allerdings noch auf dem Wege des Vertrags hätte angenommen werden können, mit Schimpf und Spott zu verwerfen; und statt diesem nun, _brutalen Ruderknechten überlassen_, im Blauen herumzuschiffen. – Es steht _zu_ lebendig _das_ vor mir da, was geworden wäre, und _das_, was nun werden wird – als daß ich nicht tiefsten Schmerz darüber empfinden sollte, der mich durchaus nicht schweigen lassen kann.« (Brief Kerners vom 10. Juni 1818; Briefwechsel I, Nr. 275, S. 474.)
Kerner hat das Gedicht in keine seiner Gedichtsammlungen aufgenommen. (Grundsätzlich zu Kerners politischer Lyrik in der Verfassungskrise von 1817 vgl. die kommentierte Anthologie von Steiff/ Mehring.)

1 Truche: die geheime Kasse (Truhe), über die nach ›altem Recht‹ ausschließlich der engere Landschaftsausschuß verfügte und über die er niemandem Rechenschaft schuldig war.
2 Das Prädikat »unsere gute Stadt« wurde Ludwigsburg am 26. Januar 1811 durch Königlichen Erlaß verliehen.
3 Die erste Strophe übernimmt den Anfang des sechsten, wohl 1799 entstandenen Gedichtes aus Novalis' _Geistlichen Liedern_ (1802 publiziert). Da Max von Schenkendorf den Anfang dieses Liedes in dem an Friedrich Ludwig Jahn gerichteten Gedicht »Erneuter Schwur« (Juni 1814) verwendete und ins Politische umdeutete (_Novalis Werke_, hrsg. und komm. von Gerhard Schulz, München 1969, S. 650), liegt die Vermutung nahe, daß Kerner sich durch Schenkendorfs Kontrafaktur hat anregen lassen.
4 Truchensitz: Da die Truche die eigentliche Machtbasis des Landschaftsausschusses bildete (z. B. Bestellung geheimer Agenten, Abordnung von Gesandtschaften an auswärtige Höfe), nennt Kerner sie den »Sitz«.

5 Zur Mätresse des Herzogs Eberhard Ludwig, Christiane Wilhelmine von Grävenitz, vgl. *Bilderbuch*, Anm. 46. Da Eberhard
   Ludwigs rechtmäßige Gemahlin, Johanne Elisabeth von Baden
   (verh. 1697), das Stuttgarter Schloß nicht verlassen wollte, betrieb
   die Grävenitz die Erbauung einer neuen Residenz. Ludwigsburg
   war seit 1718 Residenz, seit 1727 auch Regierungssitz. Vgl. zur
   Gründung Ludwigsburgs *Bilderbuch*, Anm. 5.
   Eberhard Ludwig hatte, um die Errichtung der neuen Stadt zu
   finanzieren, seit 1709 die Städte und Ämter Württembergs aufgefordert bzw. gezwungen, »Amtshäuser« in der neuen Stadt zu
   erbauen, die der Herzog später an Behörden, Hofleute und
   Beamte zuwies bzw. weiterschenkte.

Geschichte des Mädchens von Orlach

Druckvorlage: Geschichten Besessener neuerer Zeit. Beobachtungen
aus dem Gebiete kakodämonisch-magnetischer Erscheinungen von
Justinus Kerner; nebst Reflexionen von C. A. Eschenmayer über
Besessenseyn und Zauber. Karlsruhe: Gottlieb Braun, 1834.
S. 20–58. – Textidentisch mit der Wiedergabe in der 2., verm. Aufl.,
ebd. 1835, S. 20–58.
Die Geschichte erschien auch als Einzeldruck: Justinus Kerner:
Geschichte des Mädchens von Orlach. Stuttgart: J. Wachendorf,
1834. Es ist der in den Briefen mehrfach erwähnte Raubdruck. (Karl
Kerner an Justinus vom 16. Oktober 1834: »Es ist ein ganz unver-
schämter Nachdruck und kaum zu begreifen, wie solcher so bald
erscheinen konnte, und beinahe mit dem Original zugleich.« In:
Briefwechsel II, Nr. 431, S. 68 f.; vgl. Heino Gehrts, *Das Mädchen
von Orlach. Erlebnisse einer Besessenen*, Stuttgart 1966, S. 257.)
Sämtliche gedruckten und ungedruckten Quellen verzeichnet die
detaillierte Untersuchung von Heino Gehrts.
Der Bericht Kerners fährt fort: »Es ist natürlich, daß auch diese
Geschichte jeder nach seinem Glauben, seiner Denkungsweise, seiner Beschäftigung, Bildung und Dressierung auslegen und immer
den Nagel auf den Kopf getroffen zu haben glauben wird. Besonders
werden das die rationellen Ärzte vermeinen, mit einer Auslegungs-
weise, die jedem nur etwas rationell dressierten Dorfbarbierer auch
bekannt ist, daher der geneigte Leser füglich annehmen darf, daß ich
eine solche auch sehr ausführlich und gelehrt scheinend machen
könnte, wäre mir eine solche für den *ganzen* Inhalt dieser

Geschichte genügend und kämen in ihr nicht Tatsachen in das Spiel, die diese Geschichte allerdings zu etwas weiterem als zu einer medizinischen Dissertation über Monomanie und den Nervus vagus und sympathicus geeignet machen. Von meiner Seite übrigens wird es am besten getan sein, bloß bei der getreuen Geschichtserzählung stehenzubleiben und nur das noch dieser Geschichte beizufügen, was einige andere Männer, die zum Teil auch Augenzeugen von ihr waren, als Räsonnement über sie öffentlich äußerten oder mir zum Gebrauche mitteilten.«

Einem längeren »wissenschaftlichen« Zitat folgt ein Zwiegespräch zwischen einem »Denkgläubigen« und einem »Freund der Bibel und der Wahrheit«. Den Einwänden des Rationalisten, der »an kein Zwischenreich halbseliger und halb unseliger Geister glauben« kann, hält der Freund entgegen: »Die rechte Kritik in diesen Dingen verleiht nicht die sogenannte reine gesunde Vernunft an sich, sowenig wie eine klare Glaslaterne für sich leuchtet, sondern das Wort Gottes und der Geist, der es gegeben hat.« Im Brief an Sophie Schwab vom 12. Mai 1836 kommt Kerner zum Resümee: »Ich denke, daß die Geschichte jenes Weibes wenigstens Veranlassung geben wird, daß auch einmal andere als ich solche Dinge nur wenigstens *auch* beobachten, dann wird man schon später finden, zu was sie führen, meinetwegen auch zu was anderem als zu Geistern. Zu einer Naturwahrheit werden sie führen. Aber bisher wies man ja jede Beobachtung in diesem Felde zurück, und ich mußte immer allein in der Nacht gehen, und erzählte ich Dinge aus dieser Nacht – so war ich ein Schwärmer, Wundersüchtiger, Esel und was alles. Ich weiß gewiß, daß ich noch nach meinem Tode auf irgendeine Weise gerechtfertigt werde. Ich breche einmal die Bahn – und brech' ich auch darüber den Hals.« (Briefwechsel II, Nr. 460, S. 106 f.; ähnlich bei Theobald Kerner, *Das Kernerhaus und seine Gäste*, Faks.-Ausg. der 2. Aufl. Stuttgart/Berlin 1897, Weinsberg 1978, S. 348.) Kerner selbst verstand seine Deskriptionen durchaus als ›wissenschaftliche‹, als empirische Arbeiten; diesen Sachverhalt betont Kerner auch gegenüber David Friedrich Strauß, der Kerners Geisterglauben mit religiösen und dichterischen Motiven erklärte: »Er sollte mich besser kennen und wissen, daß dieser Glaube, die Überzeugung bei mir aus der *Forschung* der Natur hervorging und weder poetischer Traum noch religiöser Glaube ist.« (Kerner an Sophie Schwab, Brief vom 23. März 1838; Briefwechsel II, Nr. 490, S. 134 f.)

1 Gichter, Pl.: Kinderkrankheit, Krämpfe, Konvulsionen der Kinder (Hermann Fischer, *Schwäbisches Wörterbuch*, Bd. 3, Tübingen 1911, Sp. 649).

2 Georg Konrad Horst, *Zauberbibliothek, oder von Zauberei, Theurgie und Mantik, Zauberern, Hexen und Hexenprocessen etc. Zur Beförderung einer rein-geschichtlichen, von Aberglauben und Unglauben freien Beurtheilung dieser Gegenstände*, 6 Bde., mit Abb., Mainz 1820–26.

3 Caroline: der Karolin, Karlin oder Karldor, eine zuerst 1726 vom bayrischen Kurfürsten Karl Albert geschlagene Goldmünze im Wert von 10 Gulden; in Südwestdeutschland mehrfach nachgeahmt, seit Ende des 18. Jh.s außer Kurs.

4 *Der Schächer am Kreutz; eine erbauliche Monatsschrift*, hrsg. von Ernst Gottlieb Woltersdorf, Bd. 1 (12 Stücke), Bd. 2 (4 Stücke), Budissin / Görlitz 1753–61.

5 bella donna (Atropa belladonna): Tollkirsche oder Wolfskirsche, giftiges Nachtschattengewächs, dessen Blätter und Wurzeln medizinisch als krampflösendes Mittel verwendet wurden. – Zinkblumen (Flores Zinci): Zinkblüte, Zinkoxyd, in Retorten erhitztes Zink, dessen aufsteigender Rauch mit einem Blasebalg in den Rezipienten getrieben wird. Findet in der Pharmazie Verwendung zu Zinksalbe, Streupulvern, Pasten, in der Medizin bei Nervenleiden und Krampfzuständen. – Brechweinsteinsalbe, Brechweinstein: weißes, süßlich schmeckendes Pulver, das als Brech- und Abführmittel verwendet wurde. – Brenneisen: der Thermokauter, ein chirurgischer Brennapparat.

6 Nikolaus Gerber, »Die Geisterseherin in Orlach. (Von einem Augenzeugen)«, in: *Didaskalia, oder Blätter für Geist, Gemüth und Publizität* 11 (1833) Nr. 81–86.

7 Geislingen im Kochertal, an der Einmündung der Bühler, war 1215–34 Sitz staufischer Ministerialen mit abgegangener Burg auf dem Lewenberg.

Das Bilderbuch aus meiner Knabenzeit

Druckvorlage: Das Bilderbuch aus meiner Knabenzeit. Erinnerungen aus den Jahren 1786 bis 1804. Von Justinus Kerner. Braunschweig: Friedrich Vieweg und Sohn, 1849.
Während die Ausgabe von Karl Pörnbacher (vgl. Literaturhinweise:

Werkausgaben) die von Kerner verwendeten Briefe und Berichte
nach den Originalen berichtigt und erweitert, folgt der hier gebotene
Abdruck Justinus Kerners Text. Die von Justinus Kerner gestriche-
nen Partien sowie die inhaltlichen Änderungen wurden in die
Anmerkungen aufgenommen (s. auch Anm. 67). Im übrigen wurden
für die Erstellung des Kommentars die Erläuterungen von Pissin,
Pörnbacher und Voegt (s. Anm. 67) herangezogen.
Das *Bilderbuch* entstand in den Jahren seit 1846. Am 26. Januar 1846
schreibt Kerner an Emma Niendorf: »Gegenwärtig diktiere ich
Theobalds Maria Fragmente aus meinem Leben.« Neben der Frau
des Sohnes, einer geschiedenen Freifrau von Hügel, diktierte Kerner
den Text der eigenen Tochter, Marie Niethammer. Im Druck
erschien das vollständige Erinnerungsbuch im Jahre 1849, nachdem
die Anfangskapitel bereits 1847 im *Morgenblatt* veröffentlicht
wurden.

1 Vgl. Kerners Bericht über den Aufenthalt des Bruders Georg in
  Schweden, S. 349–357. Der (hier nicht abgedruckte) Anhang
  S. 390–419 der Erstausgabe unter dem Titel »Eine Zugabe.
  Ferneres Leben meines Bruders Georg bis zu seinem Tode«
  beschreibt die Zeit der ärztlichen Praxis in Hamburg, von 1807
  bis 1812.
2 Siehe *Bilderbuch*, S. 266–268.
3 Kerners *Reiseschatten von dem Schattenspieler Lux* (1811) ver-
  arbeiten die Erlebnisse einer Deutschlandreise auf sehr freie,
  Wirklichkeit und Phantasie vermischende Weise.
4 Kerners negative Einstellung gegenüber der Revolution von
  1848 spiegelt sich in seinem Aufsatz »Der politische Veitstanz
  im Jahre 1848«, in: *Magikon. Archiv für Beobachtungen aus
  dem Gebiete der Geisterkunde und des magnetischen und magischen Lebens*, hrsg. von Justinus Kerner, Bd. 4 (1849) H. 3,
  S. 249–254. Kerner vergleicht hier die Erhebung vom März
  1848 einer mittelalterlichen Veitstanz-Epidemie. Die von
  Frankreich aus ausbreitende »geistig epidemische Krankheit«
  habe die Vernachlässigung von Religion, Kunst und Wissenschaft zur Folge gehabt. Beherrschend sei nur das »Interesse
  der fieberhaft die Sinne der Menschen ergriffenen Politik«
  gewesen.
5 Ludwigsburg ist eine Gründung des württembergischen Herzogs Eberhard Ludwig (1676–1733). Das auf sein Geheiß an
  der Stelle eines Jägerhauses erbaute Ludwigsburger Schloß

(1707–34) wurde von mehreren Baumeistern aufgeführt. Der erste Plan (1703) stammt von Philipp Joseph Jenisch (1671–1736); seit 1707 leitete Johann Friedrich Nette (1672–1714) den Bau, seit 1714 die Italiener Donato Giuseppe Frisoni (1683–1735) und Paolo Retti (1691–1748, Oberbaumeister seit 1725). Bei der Innenausstattung unter Herzog Carl Eugen (1744–93) dominierten französische Künstler, unter König Friedrich I. (1793–1806) deutsche Baumeister und Bildhauer. Im Anschluß an den Schloßbau entstand seit 1709 die Stadt nach einem Entwurf Frisonis. Ludwigsburg war zweimal Residenzstadt, 1724–33 unter Eberhard Ludwig, 1764–75 unter Carl Eugen. Um 1720 zählte Ludwigsburg 686, 1725 schon 1687, und 1733 gab es 5668 Einwohner. Im Jahre 1774, also zu Kerners Knabenzeit, hatte die Stadt 11 607 Einwohner. Vgl. Heinrich Gaese, »Zur Gründung der Stadt Ludwigsburg«, in: *Ludwigsburger Geschichtsblätter* 20 (1968) S. 7–31.

6 Christoph Ludwig Kerner (8. 5. 1744 – 11. 8. 1799) war seit 1766 Oberamtmann in Ludwigsburg (Titel »Regierungsrat«), seit 1795 Klosteroberamtmann in Maulbronn (Titel »Regierungsratsoberamtmann, Stabsamtmann und Keller«).

7 Justinus Andreas Kerner (1586/87–1664), 1609 Magister in Tübingen, 1612 Diakon in Gernsbach, 1617 Pfarrer in Loffenau, seit 1618 Spezialsuperintendent in Wildberg, seit 1633 in Sulz, seit 1635 in Güglingen. An seinen Sohn Theobald schreibt Kerner am 29. Januar 1856: »Ein alter ›Justinus Kerner‹, Spezial in Güglingen, war in lebensgroßem Ölbild 300 Jahre lang in der Kirche in Güglingen in einer Seitennische aufgehängt. Als ich im Begriffe war, von demselben eine Kopie machen zu lassen, verbrannte die Kirche samt dem Bilde. [...] Das Bild jenes Dekans von Güglingen zeichnete sich durch seinen außerordentlich langen und breiten Bart aus, der wie eine weiße Serviette von seinem Munde über seine schwarz bekleidete Brust herabhing.« (Briefwechsel II, Nr. 780, S. 462.) Spezialsuperintendent, abgekürzt Spezial, ist der in der evangelischen Kirche einen Kirchenkreis verwaltende Geistliche; auch Propst oder Dekan genannt.

8 Carl Eugen (11. Februar 1728 – 24. Oktober 1793), Sohn des Herzogs Carl Alexander von Württemberg, seit 1737 Herzog. Carl Eugen war wegen seiner verschwenderischen Hofhaltung berüchtigt; 1748 Ehe mit Elisabeth Friederike Sophie von Bayreuth (gest. 1780), Trennung 1756. 1785 heiratete er seine

Mätresse Franziska von Leutrum (s. Anm. 13). Unter ihrem günstigen Einfluß wandelte er seine Lebensführung. Bekannt wurde er durch seine 1770 gegründete Akademie, die Hohe Carlsschule.

9 Unter Herzog Carl Eugen war Ludwigsburg Sommerresidenz, bis es in den Jahren 1764–75 alleinige Residenz wurde.

10 Männliche Haartracht im 18. Jh., bei der das Nackenhaar der weiß gepuderten Perücke in einen schwarz gummierten Taftbeutel gesteckt und mit schwarzer Schleife zusammengehalten wurde.

11 Dem alten Corps de Logis (s. Anm. 24) gegenüber gelegenes, für Sommeraufenthalt und Jagdvergnügen im Rokokostil errichtetes Lustschlößchen; von Herzog Eberhard Ludwig in den Jahren 1715–23 nach Ideen von J. F. Nette und D. G. Frisoni durch Paolo Retti erbaut (vgl. Anm. 5).

12 Treiber, Läufer, Bedienter, von türk. _hajduk_. Ursprünglich in Ungarn eine Art Miliz zu Fuß; später ging der Name auf die Gerichtsdiener der ungarischen Behörden und die Trabanten der ungarischen Großen über. Auch an deutschen Höfen wurden Haiduken zu Lakaiendiensten gehalten.

13 Franziska Theresia von Leutrum (1748–1811), verheiratet mit dem Bayreuther Kammerherrn von Leutrum, seit 1770 Geliebte Herzog Carl Eugens. Nach Auflösung ihrer Ehe (1772) Erhebung zur Gräfin von Hohenheim (1774) und Vermählung mit dem Herzog (1785).

14 Glücksspiel; Bezeichnung nach dem Namen des Kartenkönigs Pharao.

15 Von frz. _boucle_ ›Locke; Schnalle, Spange‹.

16 Mit Klappentaschen versehene Weste.

17 Von frz. _toupet_ ›Schopf, Tolle‹; Haarmode, derzufolge die Haare über die Stirne nach hinten hochgekämmt oder gekräuselt wurden.

18 Christian Friedrich Daniel Schubart (1739–91), Dichter, Journalist; Organist und Komponist. Bei der Neubesetzung der Ludwigsburger Organistenstelle hatten der Magistrat und der Oberamtmann Kerner für Schubart, der Spezial Zilling (s. Anm. 42) für den einheimischen Oberpräzeptor gestimmt, der Herzog zugunsten Schubarts entschieden, der 1769 Organist und Musikdirektor in Ludwigsburg wurde. Sein freizügiger Lebenswandel – Spezial Zilling exkommunizierte den Organisten und betrieb seine Ausweisung aus Ludwigsburg – und

satirische Äußerungen über Franziska von Leutrum waren die Ursache für die am 21. Mai 1773 erfolgte Verbannung Schubarts aus württembergischem Gebiet. In Augsburg gründete Schubart die *Deutsche Chronik*, die er wegen Publikationsverbotes in Ulm redigierte (erschien bis 1781). Schubart war ein Gegner des Exorzisten Gaßner (s. Anm. 59). Am 23. Januar 1777 wurde Schubart auf Befehl Carl Eugens auf württembergisches Gebiet (Blaubeuren) gelockt und ohne Gerichtsverfahren zehn Jahre lang – angeblich wegen seiner »schlechten und ärgerlichen Aufführung« und »seiner sehr bösen und sogar Gotteslästerlichen Schreibart« auf dem Hohenasperg inhaftiert (s. Anm. 257), wo der Festungskommandant, Oberst Philipp Friedrich Rieger (gest. 1782), und die Geistlichen, »Papst Zilling« und der Pietist Philipp Matthäus Hahn, das schikanöse Bekehrungswerk in die Praxis umsetzten. Da keine konkreten Anklagepunkte auffindbar sind, hat man die Gefangenschaft im Sinne einer ›Zuchthauspädagogik‹ gedeutet. Dafür spricht die Entlassung Schubarts vom 11. Mai 1787 und die anschließende Ernennung zum Theaterdirektor und Hofdichter in Stuttgart.

19 *Schubarts Leben und Gesinnungen*, 2 Bde., Stuttgart 1791–93.
20 Ein falscher Vergleich Kerners. Es handelt sich um die vom Vater Friedrichs II., Friedrich Wilhelm I. von Preußen (1688; 1713–40), aufgestellte Garde, die aus besonders hochgewachsenen, in ganz Europa angeworbenen Soldaten bestand. Friedrich II. löste das Bataillon der ›langen Kerls‹ nach 1740 auf.
21 (lat.-ital.) Gewürzware; auch Lebensmittel und Gemischtwaren (schweiz.). Mit Frisoni und Retti waren zahlreiche italienische Baumeister und Künstler nach Ludwigsburg gekommen. So baute Mainoni mit dem Steinhauer Pommer zusammen die heutige Zentralapotheke (Marktplatz 1).
22 Herzog Carl Eugen hatte 2000 Württemberger der Holländisch-Ostindischen Kompanie überlassen. Die Tatsache des Menschenverkaufs wurde von Carl Eugens Biographen bestritten: »Doch wird auf das entschiedenste und in glaubhafter Weise versichert, die Mannschaft habe nur aus Freiwilligen und Geworbenen bestanden, auch sei vor dem Abmarsch nochmals den einzelnen die Möglichkeit des Rücktritts betont, jedoch nur von wenigen, die alsbald wieder ersetzt gewesen, benützt worden.« (Paul Stälin, in: *Allgemeine Deutsche Biographie* 15 [1882] S. 391.) Tatsache ist jedoch: Zur militärischen Sicherung der Kapkolonie war Ende September 1786 ein Vertrag zwischen

Holland und Carl Eugen abgeschlossen worden, demzufolge
Württemberg ein Infanterieregiment aus zwei Bataillonen und
eine Artilleriekompanie mit acht Kanonen und vier Haubitzen
zu stellen hatte, zusammen 2000 Mann. Das erste Bataillon
verließ Ludwigsburg am 26. Februar 1787 und wurde zwischen
Ende Juni und Ende September auf fünf Schiffen nach dem Kap
eingeschifft, wo es zwischen Ende Oktober und Ende Januar
1788 eintraf. Das zweite Bataillon marschierte am 2. September
1787 ab (200 Fahnenflüchtige unterwegs) und traf Ende März
bis Anfang Juli 1788 am Kap ein; auf der Überfahrt waren 143
Mann an Krankheit gestorben. Erneute Ersatztruppen gingen
am 22. März 1788 vom Hohenasperg ab. Das Regiment blieb
am Kap drei Jahre, kämpfte dann in Celebes, in Indien (1791),
in Ceylon, Java und den kleinen Sundainseln. An Krankheiten
und am Klima starben weitere 600 Mann. Im Sommer 1795 und
Anfang 1796 gerieten die fünf indischen Kompanien in englische Gefangenschaft. Die Mannschaften mußten in englische
Dienste übertreten, die Offiziere kamen nach Madras in Gefangenschaft. Am 1. März 1808 wurde das nur noch 200 Mann
starke Regiment Württemberg von der holländischen Regierung aufgelöst und in das holländisch-malaiische Militär eingegliedert. Von den insgesamt 3200 um 900 000 Gulden Verkauften kamen etwa 100 nach Württemberg zurück, einige blieben
am Kap. (Johannes Prinz, *Das württembergische Kapregiment
1786–1808. Die Tragödie einer Söldnerschar*, nach den Akten
dargestellt unter Benützung des von L. Roser bearbeiteten
württembergischen Archivmaterials, mit 27 Abb. und Faks.
und 1 Karte, Stuttgart 1932.)

23 Über seine beiden Kaplieder, deren erstes (»Abschiedslied«)
hier zitiert ist, schreibt Schubart am 22. Februar 1787 an den
Verleger Himburg nach Berlin: »Künftigen Montag geht das
aufs Vorgebirg der Guten Hoffnung bestimmte württembergische Regiment ab. Der Abzug wird einem Leichenkondukte
gleichen, denn Eltern, Ehemänner, Liebhaber, Geschwister,
Freunde, verlieren ihre Söhne, Weiber, Liebchen, Brüder,
Freunde – wahrscheinlich auf immer. Ich hab ein paar Klag-
lieder auf diese Gelegenheit verfertigt, um Trost und Mut in
manches zagende Herz auszugießen. Der Zweck der Dichtkunst ist nicht, mit Geniezügen zu prahlen, sondern ihre
himmlische Kraft zum Besten der Menschheit zu gebrauchen.«
(*Christian Friedrich Daniel Schubart's Leben in seinen*

Briefen, hrsg. von David Friedrich Strauß, Bd. 2, Berlin 1849, S. 281.)

24 (frz.) Hauptgebäude. Das alte Corps de Logis wurde 1712–16 von Johann Friedrich Nette (s. Anm. 5) errichtet.

25 Herzog Carl Eugen starb am 24. Oktober 1793 in Schloß Hohenheim. Schiller war bekanntlich 1773–80 Schüler der Carls-Akademie und entzog sich durch Flucht dem nach der Mannheimer Aufführung der *Räuber* (13. Januar 1782) über ihn verhängten Schreibverbot und den bei Mißachtung angedrohten Strafen. Auf seiner Reise in die Heimat traf Schiller am 8. August 1793 in Heilbronn ein und lebte seit Anfang 1794 in Ludwigsburg, seit März 1794 in Stuttgart. Im Mai reiste er nach Jena zurück. Vgl. Christian Belschner, »Schillers dreimaliger Aufenthalt in Ludwigsburg«, in: *Ludwigsburger Geschichtsblätter* 4 (1905) S. 79–131. Der in der *Schwäbischen Chronik* veröffentlichte amtliche Hofbericht gibt eine detaillierte Beschreibung der Beisetzungsfeierlichkeiten in Ludwigsburg (Beisetzung am 31. Oktober 1793). Schiller hat den Eindruck in seinem Drama *Die Braut von Messina* (V. 1493–1515, Rede Don Cesars) verarbeitet.

26 Friedrich Wilhelm von Hoven (1759–1838), Freund Schillers auf der Carls-Akademie. Zunächst Medikus am Militär-Waisenhaus in Ludwigsburg, 1785 Stadt- und Amtsphysikus, 1786 Hofmedikus und 1793–1803 erster Stadt- und Amtsphysikus (Hausarzt der Familie Schiller auf der Solitude), 1803 Professor in Würzburg, 1808 Direktor der Krankenanstalten in Nürnberg. Seine Memoiren erschienen unter dem Titel *Friedrich Wilhelm von Hoven's Biographie. Von ihm selbst geschrieben und wenige Tage vor seinem Tode noch beendigt*, herausgegeben von einem seiner Freunde und Verehrer [Dr. Merkel], mit Bildniß und Facsimile und einem Anhang von 18 Briefen Friedrich Schiller's, Nürnberg 1840.

27 In *Hovens Biographie*, S. 126, heißt es: »und das Andenken an die letzteren muß mit dem Toten begraben werden«. Allerdings ist Schillers eigene, zwei Monate danach getane Äußerung über Carl Eugen, im Brief an Christian Gottfried Körner vom 10. Dezember 1793, wesentlich negativer.

28 Hohenheim (südlich von Stuttgart) war seit dem 12. Jh. Sitz des adeligen Geschlechtes Bombast (aus dem Theophrastus Bombastus Paracelsus, 1493–1541, stammte). 1768 übernahm Herzog Carl Eugen das Gut, überließ es 1772 der Franziska von

Leutrum (s. Anm. 13) und erbaute durch den Architekten
Fischer das gegenwärtige Schloß (1785), das zum Lieblingsauf-
enthalt des Herzogs avancierte.

29 (frz.) Liebesbrief.

30 Von frz. *fatiguer* ›ermüden‹.

31 Kürzel für: Herzog zu Württemberg; Franziska-Tag ist der
9. März.

32 Alexander Maximilian Friedrich Freiherr von Bouwinghausen-
Wallmerode (1728–96), geb. in Belgrad als Sohn des Johann
Friedrich von Bouwinghausen, während des Türkenfeldzugs
unter Prinz Carl Alexander von Württemberg; bis 1744 Schüler
in Tübingen und Stuttgart, wo er sich mit dem gleichaltrigen
Erbprinzen Carl Eugen anfreundete; 1744 Fahnenjunker im
württembergischen Heer, 1746 Fähnrich, 1749 Leutnant, 1752
Stabshauptmann, 1757 Oberstwachtmeister, 1759 Oberstleutnant des Husarenregiments von Gorcy, 1760 Oberst, Teilnahme am Siebenjährigen Krieg auf kaiserlicher Seite, 1763–96
Kommandeur des Husarenregiments. Seit 1764 befand sich von
Bouwinghausen im Gefolge des Herzogs, 1769 wurde er Stallmeister, 1769 Generalmajor, erst 1792 Generalleutnant; von
Bouwinghausen führte ein Tagebuch über die Jahre 1767–73 am
herzoglichen Hof. »Seinen Herzog, dessen reichen Geist und
unermüdliche Tätigkeit, dessen umfassende wissenschaftliche
Neigungen und glänzende Rednergabe hat er rückhaltlos bewundert, er hat ihm aber nicht geschmeichelt.« »Zweifellos war
dem Herzog gerade das einfache und rechtschaffene Wesen
dieses Mannes, das sehr von demjenigen seiner übrigen Umgebung abstach, angenehm.« (Hermann Niethammer, in: *Schwäbische Lebensbilder* 3, 1942, S. 17–32, hier S. 29.) Schubart
feierte in Gelegenheitsgedichten den General als »des Fürsten
treuesten Mann« und den »auf des Hofes Glatteis reinen Herzens« Gebliebenen.

33 Ludwig Eugen (1731–95), seit 1793 Herzog von Württemberg,
als Nachfolger Carl Eugens; schloß 1793 die Carlsschule »als
für die Kräfte und Bedürfnisse des Staates unangemessen« und
stellte wieder Landmilizen auf.

34 Friedrich von Matthisson (1761–1831), klassizistischer Lyriker;
1812–29 im Dienst der württembergischen Könige als Theater-
intendant und Bibliothekar. Schillers Rezension »Über Matthissons Gedichte« erschien am 11. und 12. September 1794 in
der *Allgemeinen Literatur-Zeitung*.

35 Johann Friedrich Jahn, Pagen-, Hof- und Lehrmeister, auch Professor an der Militär-Pflanzschule, auf der Solitude seit 1771.

36 Georg Ludwig Friedrich Schönleber (1780–1847), Archivrat in Stuttgart, Sohn des Thomas Friedrich Schönleber (s. Anm. 276).

37 Johann Matthias Schröckh, *Allgemeine Weltgeschichte für Kinder* (4 Tle., 1779–84; erschien in mehreren Auflagen).

38 Cotta'sche Buchhandlung, Stuttgarter Verlag, besteht seit 1659, gegründet von Johann Georg Cotta (1631–92), Blütezeit unter Johann Friedrich Freiherr von Cotta (1764–1832), der die Werke Goethes, Schillers, Friedrich Schlegels, Hölderlins, Jean Pauls, Kleists u. a. verlegte. Der Verlag siedelte 1810 von Tübingen nach Stuttgart über.

39 (oberd.) Platz, auf dem etwas verkauft (Getreide, Brot, Fleisch) oder verhandelt wird (»Gerichtsschranne«).

40 Der bei Schloß Solitude (s. Anm. 268) angelegte Schloßgarten enthielt eine Baumschule, an der seit 1775 Schillers Vater Johann Caspar (1723–96) als Pomologe und Vorstand der Hofgärtnerei wirkte. Auch hinter seiner 1768 bezogenen Ludwigsburger Wohnung in der Stuttgarter Straße 26 hatte er eine kleine Baumschule angelegt, aus der er, als ihn der Herzog zum Vorgesetzten seiner Hofgärtnerei berief, über 4000 okulierte Apfel- und Birnbäume mitbrachte.

41 Die nach einem Modell Bertel Thorwaldsens von J. B. Stiglmaier zu München in Erz gegossene Statue Schillers wurde am 8. Mai 1839 auf dem Alten Schloßplatz in Stuttgart enthüllt.

42 Zu »Spezial« s. Anm. 7. Der Spezial oder Dekan Georg Sebastian Zilling (1725–99) war Sohn eines Ludwigsburger Bäckers; 1745 Magister, 1755 Stadtpfarrer in Zavelstein, 1763 Spezial und Stadtpfarrer in Lauffen am Neckar, 1765 Dekan in Ludwigsburg. Belegt ist sein Wunsch nach fast lächerlicher Einhaltung der Etikette.

43 Die von Justinus Kerner herangezogene Familienüberlieferung ist ungenau. Vgl. die Ahnentafel S. 513–533.
Für einen adeligen oberösterreichischen Landschaftseinnehmer fehlt jeder urkundliche Nachweis. Tatsächlich studierte Michael Kerner (oder Kärner) 1531 in Leipzig, wo er 1533 Baccalaureus wurde, und 1536 in Wittenberg bei Luther; spätestens 1552 war er in Klagenfurt (Kärnten) Präzeptor, d. h. Leiter der

adeligen (lutherischen) Landschaftsschule, wanderte aus und
heiratete 1556 in zweiter Ehe in Leonberg Justina Engelhardt;
1557 war er Präzeptor der Lateinschule in Schwäbisch Hall.
Sein Wappenbrief vom 7. Oktober 1565 zeigt als Helmzier über
dem steigenden Löwen die weiße Rübe mit grünem Kraut, was
wohl auf die bäuerliche Abkunft hindeutet (*Archiv für Stam-
mes- und Wappenkunde* 5, 1905, S. 81). Den Nachforschungen
Georg Lenckners zufolge hieß der Bruder Michael Kerners
Lienhard Kerner (oder Kärner) und war Maier in Flatschach an
der Mur. Zur Ahnentafel Kerners vgl. die Publikationen:
Friedrich Bretschneider, *Albrecht Friedrich Lempp, seine Vorfahren und seine Nachkommen, zugleich Ahnentafel Justinus
Kerners väterlicherseits,* Calw 1932, S. 36–44; *Ahnentafel von
Justinus Kerner,* Stuttgart [1938] ([Ernst] Surkamps Sammlung
von Ahnen- und Stammtafeln, Nr. 1 [Masch.]); Georg Lenckner, »Woher stammte Justinus Kerners Ahn M. Michael Kerner?«, in: *Archiv für Sippenforschung* 18 (1941) H. 9,
S. 202–206; Gerd Wunder, »Magister Michael Kerner (gest.
1576)«, in: *Mitteilungen des Justinus-Kerner-Vereins* 6 (1969)
S. 10–15; Gerd Wunder, »Magister Michael Kerner«, in: *Süd-
westdeutsche Blätter für Familien- und Wappenkunde* 13
(1969–72) S. 233 f.; Kurt Seeber, »Von Justinus Kerners Vorfahren und Nachkommen«, in: *Mitteilungen des Justinus-Kerner-Vereins* 12 (1975) S. 18–30.

44 Michael Kerner kann wohl nicht als Glaubensflüchtling gelten,
da die protestantische Landschaftsschule auch nach seinem
Fortgang bestehen blieb; allerdings wurde 1552 eine Untersuchung wegen Besitzes lutherischer Bücher gegen ihn eingeleitet
(*Handbuch zur Geschichte des Herzogtums Kärnten,* Bd. 2,2,2,
Klagenfurt 1855, S. 177). Balthasar Kerner (1532–1609) war
1560 Pfarrer in Jungingen, 1562 Diakon an der Hospitalkirche
in Ulm, 1567 Stadtpfarrer und 1576 Prediger am Münster, er
wurde 1600 pensioniert. Sein Sohn Balthasar (1582–1633) wurde 1601 Magister und war 1607–33 ebenfalls Prediger am Ulmer
Münster.

45 Johann Georg Kerner d. Ä. (1707 [nicht: 1704]–1766), 1733
Lizentiat und Hohenzollern-Hechinger Rat und Regiments-
quartiermeister, seit 1750 in württembergischem Dienst, als
Expeditionsrat, Untervogt in Göppingen, Oberamtmann in
Ludwigsburg, seit 1757 Hofpfalzgraf (comes palatinus caesa-
reus, ernannt durch Fürst Joseph von Fürstenberg) und Regie-

rungsrat; 1733 verheiratet mit Ludovika Maria Bö(c)klen (1712–88).

46 Herzog Eberhard Ludwig (18. September 1676 – 31. Oktober 1733), seit 1677 Herzog, tatsächlicher Regent seit 1693. Die Mätresse des Herzogs war die berüchtigte Christiane Wilhelmine Friederike von Graevenitz (1686–1744), Mätresse 1706–31. Ihr zuliebe hatte Eberhard Ludwig die Residenz Stuttgart, wo die Herzogin Johanne Elisabeth von Baden-Durlach blieb, verlassen und Ludwigsburg ausgebaut.

47 Joseph Süß-Oppenheimer (1692–1738), seit 1732 Geldagent, Schatullenverwalter, 1734 herzoglicher Resident, 1736 Geheimer Finanzrat des Herzogs Carl Alexander (s. Anm. 49). Nach dem plötzlichen Tod des Herzogs wurde er verhaftet, auf den Hohenneuffen, dann den Hohenasperg gebracht. In dem wegen erpresserischer Machenschaften angestrengten Prozeß verurteilte ihn die von der protestantischen Orthodoxie beherrschte Kommission zum Tode. In einer volksfestartigen Szene wurde er am 4. Februar 1738 aufgehängt und in einem eisernen Käfig zur Schau gestellt.

48 Der Hohentwiel ist ein 690 m hoher vulkanischer Berg im Hegau; um 900 schwäbische Herzogsburg, nach wechselndem Besitz im Jahre 1521 vom 1519 vertriebenen Herzog Ulrich von Württemberg erworben, in den folgenden Jahrhunderten zu einer mächtigen, auch im Dreißigjährigen Krieg niemals eingenommenen Festungsanlage ausgebaut. Im 18. Jh. als Staatsgefängnis benutzt (Johann Jakob Moser, Rechtsgelehrter und Landschaftskonsulent, 1759–64; Oberst Philipp Friedrich Rieger, Kommandant des Asperg während Schubarts Inhaftierung, 1762–66), wurde die Festung im Jahre 1800 vom französischen General Vandamme (s. Anm. 489) geschleift.

49 Herzog Carl Alexander (24. Januar 1684 – 12. März 1737), kämpfte im österreichischen Kriegsdienst besonders gegen die Türken (Feldmarschall, Statthalter von Belgrad und Serbien), 1712 konvertierte er zum Katholizismus, 1733 wurde er Nachfolger Herzog Eberhard Ludwigs. Seine Regierung war wegen der drückenden Steuerlasten und der Auseinandersetzungen mit den Landständen sehr unbeliebt.

50 Am Ort der nachmaligen Gründung Ludwigsburg stand im 12. Jh. der Ort Geisnang. Im 13. Jh. wurde er vom Kloster Bebenhausen erworben, das im 15. Jh. einen neuen Hof »auf dem Erlach« (nicht Erbach!) erbaute. Nach Zerstörungen im

Dreißigjährigen Krieg (29. Oktober 1634 Brand nach der Nörd-
linger Schlacht) Wiederaufbau unter Herzog Eberhard III.
(1628–74) mit Falknerei, Jägerei und Seemeisterei, 1656 Erwei-
terung zu einem Jagdhaus. Nach der abermaligen Brandschat-
zung durch die französischen Raubarmeen Ludwigs XIV. wurde der Erlachhof unter Herzog Eberhard Ludwig wiederaufge-
baut. In den Jahren 1698–1700 wurde ein Jägerhaus errichtet,
das Mittelpunkt zahlreicher Jagden war. An der Stelle des
Erlachhofes sollte ein Jagdlustschloß entstehen. Der Baubeginn
unter der Leitung Philipp Joseph Jenischs fiel in das Jahr 1703,
die Grundsteinlegung fand am 7. Mai 1704 statt. Nach dem
Befehl vom 11. Mai 1705 sollte »fürderhin der Erlachhof nimmer mit diesem Namen, sondern Ludwigsburg genannt werden« (s. Anm. 5). Vgl. Gerhard Heß, »Zur Geschichte der Alt-
Ludwigsburger Markung«, in: *Ludwigsburger Geschichtsblätter* 13 (1957) S. 43–80.
51 (lat.) Verfasser eines Schriftstücks.
52 Zitat aus Hölderlins Elegie »Stuttgart«.
53 Regiswindis (gest. Anfang des 9. Jh.s) war die Tochter des
Markgrafen Ernst zu Laufen. Ihre Reliquien wurden 1227 in
die Pfarrkirche von Lauffen überbracht. Im Jahre 1003 stiftete
der Bischof Heinrich von Würzburg auf Geheiß Kaiser Hein-
richs II. ein Benediktiner-Kloster, an dessen Stelle Ende des
13. Jh.s ein Dominikanerinnen-Kloster trat, in das 1476 die
Prämonstratenserinnen von Kloster Adelsberg versetzt wurden. Die nach 1227 erbaute Pfarrkirche barg einen Silbersarg
(1521) mit den Gebeinen der Heiligen. Der Steinsarg von 1227
steht in der nahegelegenen frühgotischen Kapelle. Kerner gestaltete die Legende in dem Gedicht »Die heilige Regiswind von
Laufen«.
54 Johann Friedrich Stockmayer d. J. (1724–77), Regierungsrat
und Kammerprokurator in Stuttgart, Geheimer Legationsrat.
55 Das neue Lusthaus wurde 1580–93 von Herzog Ludwig durch
seinen Baumeister Georg Beer (gest. 1600) unter Assistenz von
Heinrich Schickhardt im Renaissancestil erbaut. Es wurde 1840
abgerissen.
56 Heinrich Schickhard(t) (1558–1644), Architekt, 1593–1600 im
württembergischen Mömpelgard tätig (Martinskirche), seit
1600 Hofarchitekt des Herzogs von Württemberg. Sein Hauptwerk ist die Anlage von Freudenstadt und der Bau der dortigen
Stadtkirche.

57 (schwäb.) Abfall, Kehricht.

58 (lat.) Ersuchen.

59 Johann Joseph Gaßner (1727–79), katholischer Pfarrer aus dem Vorarlbergischen. In der Meinung, die meisten Krankheiten rührten von bösen Geistern her, betätigte er sich als Exorzist. 1774 erhielt er vom Bischof von Regensburg einen Ruf nach Ellwangen. Infolge des Widerstands aufklärerischer Kreise verurteilten die Erzbischöfe von Prag und Salzburg sein Treiben; ein kaiserlicher Befehl verbot seine Wunderkuren für das ganze Reichsgebiet.

60 Im Original heißt es: »Die Konstitution dieses trefflichen Eltervaters erlag unter seiner Geschäftsanstrengung.« (*Das Leben des Justinus Kerner. Erzählt von ihm und seiner Tochter Marie*, hrsg. von Karl Pörnbacher, München 1967, S. 34.)

61 Ursprünglich ein jüdischer, dann vom Christentum übernommener Brauch. Die Zitrone galt als Sinnbild des Reinen, Göttlichen, Unvergänglichen. Vgl. Adolf Schwammberger, *Vom Brauchtum mit der Zitrone*, Nürnberg 1965.

62 Johann Gottfried Griesinger (1738–1804), 1769 Geheimer Sekretär, 1771 Geheimer Registrator und Hofrat in Stuttgart. – Richtig muß es »drei Töchter« heißen.

63 Karl Friedrich Elsässer (1746–1815), 1771 Kanzleiadvokat, 1775 Professor in Erlangen, 1806 Oberappellationsrat in Tübingen und Professor an der Carlsschule in Stuttgart, heiratet 1772 die Tochter Johann Friedrich Stockmayers.

64 Heinrich Friedrich Elsäßer (gest. 1813), Dr. med. und Physikus zu Neustadt und Möckmühl; er verfaßte die Schrift *Über die Operation des grauen Staars* (1805). Sein Sohn, C. L. Elsässer, verfaßte u. a. eine Schrift über *Die Magenerweichung der Säuglinge. Durch Beobachtungen an Kranken und Leichen und durch künstliche Verdauungsversuche erläutert* (1848) und das *Neue praktische Spital-Recept-Taschenbuch* (1833).

65 August Friedrich Hauff (1772–1809), Sohn des Landschaftskonsulenten Johann Wolfgang Hauff (1721–1801), Geheimer Sekretär beim württembergischen Ministerium des Auswärtigen, 1793 extraordinarer Oberregierungs-Sekretär, 1799 Registrator bei der unteren Registratur, 1808 beim Oberappellationstribunal in Tübingen; heiratete 1799 die Tochter Karl Friedrich Elsässers.

66 Wilhelm Hauff (1802–27), Dichter und Schriftsteller, vielseiti-

ger Verfasser von Novellen, Romanen (*Lichtenstein*, 1826), Zeitsatiren und noch heute beliebten Märchen.

67 Die grundlegende Biographie Georg Kerners stammt von Adolf Wohlwill: *Georg Kerner. Ein deutsches Lebensbild aus dem Zeitalter der französischen Revolution*, Hamburg/Leipzig 1886. Georg Kerners (1770–1812) Briefe aus Paris, Reiseberichte und Aufsätze sind gesammelt in der verdienstvollen Edition *Georg Kerner. Jakobiner und Armenarzt. Reisebriefe, Berichte, Lebenszeugnisse*, hrsg. von Hedwig Voegt, Berlin 1978; vgl. auch Werner Volke, »Spuren der französischen Revolution von 1789 in der schwäbischen Literatur (Zum 200. Geburtstag von Georg Kerner 1770–1812)«, in: *Mitteilungen des Justinus-Kerner-Vereins* 8 (1971) S. 10–25.
Da Justinus Kerners Bearbeitung den Intentionen seines Bruders Georg nicht gerecht wird, verzeichnen die Anmerkungen sämtliche inhaltlichen Abweichungen nach dem originalen, bei Wohlwill wiedergegebenen Text (zit. als: W; Hedwig Voegt bietet eine modernisierte Textversion, zit. als: V). So hat Justinus Kerner alle explizit auf deutsche Verhältnisse gemünzten, fürstenfeindlichen Äußerungen Georg Kerners gestrichen (vgl. Anm. 107, 111 und 112). Justinus Kerners Modifikationen der Original-Syntax – er trennt meist die langen in mehrere kürzere Sätze – werden dagegen nicht vermerkt. Auf Fußnoten wurde verzichtet, da sie den Anschein einer systematischen Verzeichnung *aller* – der materialen und der formalen – Modifikationen hätten erwecken können. Zu Kerners Redaktion der Lebenszeugnisse seines Bruders s. bes. W 91–100.

68 Tatsächlich kam Georg Kerner erst mit neun Jahren (am 14. 6. 1779) in die Akademie.

69 Da die Familie Georgs Wunsch, zum Militär zu gehen, nicht akzeptierte, er jedoch nicht das in der Familie traditionelle Jura-Studium einschlagen wollte, wurde das Medizin-Studium als Kompromiß gewählt; W 93.

70 Niederländisch-Guayana, seit 1580 von den Holländern in Besitz genommenes Gebiet zwischen den Flüssen Corentyne und Maroni; wechselte zwischen 1781 und 1812 mehrmals in englische Herrschaft über.

71 Christoph Heinrich Pfaff (1773–1852), 1782–93 Carlsschüler, Studien in Kopenhagen, 1797 Arzt in Heidenheim, dann außerordentlicher Professor der Medizin (1797), Professor der Physik (1798) und Chemie (1802) in Kiel, bekannt auch wegen

seiner liberalen Gesinnung. Vgl. Ludwig Wagemann, in: *Allgemeine Deutsche Biographie* 25 (1887) S. 582–590.

72 Johann Gotthard Reinhold (8. März 1771 – 6. August 1838), Erziehung im Bahrdtschen Philanthropin in Heidesheim, 1779–83 auf der Carlsschule; Freundschaft mit Schiller und Georg Kerner; Eintritt in den niederländischen Kriegsdienst, 1793 Leutnant. Von Georg Kerner zur diplomatischen Laufbahn bewogen, wurde er 1796 Legationssekretär beim niederländischen Gesandten in Hamburg Citoyen Abbéma, 1800 Geschäftsträger der batavischen Republik, 1809/10 bevollmächtigter Minister derselben in Berlin, nach der Eingliederung Hollands in Frankreich Privatmann bis 1814 in Paris (Verdeutschung der Sonette und Kanzonen Petrarcas), 1814 niederländischer Gesandter in Rom und Florenz, 1827 in Bern, 1832 Abschied, verbrachte den Lebensabend in Hamburg.

73 Tatsächlich verließ Reinhold bereits 1783 die Akademie. Die Altersangaben müssen dementsprechend um ein Jahr verringert werden.

74 Reinhold ging im Herbst 1809 als Gesandter nach Berlin; Gesandter in Florenz war er im Jahre 1814. Im Konkordat vom 15. Juli 1801 zwischen Napoleon und dem Papst verzichtete die Kirche auf das eingezogene Kirchengut in Frankreich. Dafür übernahm der französische Staat die Besoldung der Pfarrer.

75 Nach einer im Jahre 1815 gemachten Aufzeichnung Pfaffs für Friederike Kerner; W 94.

76 Der Titel von Kerners Dissertation heißt *Dissertatio medica inauguralis sistens animadversiones quasdam circa metastases quam Rectore Academiae Carolinae Stuttgardianae Magnificentissimo etc. etc. Domino Carolo Duce Wirtembergiae et Tecciae regnante publice defendet Auctor Georgius Kerner Ludovicopolitanus.*

77 (griech.) das Umstellen, Versetzen; erneutes Auftreten eines Krankheitsprozesses an anderer Stelle, meist aufgrund von Verschleppung innerhalb des Blutkreislaufs.

78 Hermann Boerhave (1668–1738), einer der berühmtesten Ärzte des 18. Jh.s, seit 1709 Professor der Medizin und Botanik in Leyden, 1714 und 1730 Rektor der Universität, 1718 Lehrstuhl der Chemie; verfaßte u. a. die Schriften *Institutiones medicae in usus annuae exercitationis domesticos* (1708); *Aphorismi de cognoscendis et curandis morbis in usum doctrinae medicae* (1709); *Elementa chemiae* (2 Bde., 1724).

Albrecht von Haller (1708–77), schweizerischer Gelehrter und Dichter; Schüler von Boerhave; Arzt, Anatom, Physiologe und Botaniker; seit 1736 Professor in Göttingen, seit 1753 Rathaus-Ammann in Bern; verfaßte umfangreiche Kompendien des damaligen medizinischen Wissens, z. B. *Elementa physiologiae corporis humani* (8 Bde., 1757–66); *Bibliotheca botanica* (2 Bde., 1771/72); *Bibliotheca anatomica* (2 Bde., 1774–77); *Bibliotheca chirurgica* (2 Bde., 1774/75); *Bibliotheca medicinae practicae* (4 Bde., 1776–87); *De functionibus corporis humani praecipuarum partium* (4 Bde., 1777/78). Bekannt wurden Hallers Lehrdichtungen (*Die Alpen*, 1732) und Staatsromane (*Usong*, 1771; *Alfred*, 1773; *Fabius und Cato*, 1774).

79 Ludwig Stanislaus Xaver, Graf von Provence (1755–1824), als Ludwig XVIII. seit 1814 französischer König. Am 20./21. Juni 1791 gelang ihm die Flucht nach Brüssel, wo er sich gegen die Nationalversammlung erklärte. In Koblenz hielt er mit seinem Bruder, dem Grafen von Artois, einen förmlichen Hof. Im Juli 1792 vereinigte Ludwig ein Emigrantenkorps von 6000 Mann mit dem preußischen Invasionsheer. Nach dem Sturz Napoleons wurde er Regent einer konstitutionellen Monarchie.

Karl Philipp, Graf von Artois (1757–1836), als Karl X. französischer König 1824–30. Nach dem Bastillesturm (14. Juli 1789) eröffnete er mit dem Prinzen Condé (s. Anm. 250) die Emigration und nahm an der ersten Invasion von 1792 teil. Nach Ludwigs XVIII. Tod führte er ein ultraroyalistisches Regiment, das in der Julirevolution von 1830 gestürzt wurde.

Der »jetzige König« war Ludwig XVI. (1754–93; König seit 1774). Er wurde am 21. September 1792 vom Nationalkonvent abgesetzt und am 17. Januar 1793 mit 366 von 721 Stimmen zum Tode verurteilt. Die Guillotinierung wurde am 21. Januar 1794 vollstreckt.

80 Ernst Franz Ludwig, Marschall von Bieberstein (1770–1834), Carlsschüler, Minister des Herzogs von Nassau; vgl. *Neuer Nekrolog der Deutschen* 12 (1834) T. 1, S. 62–68; Walter Menn, »Ernst Franz Ludwig Freiherr Marschall von Bieberstein«, in: *Nassauische Lebensbilder*, Bd. 6, hrsg. von Karl Wolf, Wiesbaden 1961, S. 114–183.

81 Im Original heißt dieser Satz: »Kerner, ein junger Schweizer Peters und ich stellten in den drei Nationalfarben, jeder in eine derselben gekleidet, mit Nationalkokarden und Nationalbändern geschmückt, die französische Nation vor.« (W 94.)

82 Die folgenden Aufzeichnungen stammen nicht mehr von Pfaff, sondern von Georg Kerners Frau Friederike; W 94.

83 Im Original: Unzahl; W 94.
Im Original heißt es weiter: »Die Verschworenen drängten sich unterdessen zu den Polizeioffizianten, boten ihre Dienste wenigstens im Einsammeln der Zettel an. Sie wurden gerne angenommen; aber die Verräter mißbrauchten ihr Amt, indem sie in allen Teilen des Saals ähnliche Zettel, von denen ihre Taschen vollgepfropft waren, verstreuten, von denen sie dann einige den Polizeidienern als Belege ihres Diensteifers brachten.« (W 94 f.)

84 Johann Heinrich von Dannecker (1758–1841), deutscher klassizistischer Bildhauer, seit 1771 Zögling der Carlsschule; 1780 Hofbildhauer des Herzogs Carl Eugen. Nach seiner Ausbildung in Paris (1783) und Rom (1785) wurde er 1790 Professor der bildenden Künste an der Carlsschule. Seine bekanntesten Werke sind die 1793 in Lebensgröße und 1794 in Kolossalgröße ausgeführte Büste Schillers und die Skulptur »Ariadne auf dem Panther« (1810).
Joseph Anton Koch (1768–1839), klassizistischer Landschaftsmaler und Radierer, 1785–91 Zögling an der Carlsschule, 1791 Flucht aus Stuttgart nach Straßburg, wo er 1792 Mitglied des Jakobinerklubs wurde; seit 1794 in Italien, in Rom wurde er Mittelpunkt der deutschen Künstlerkolonie, 1812–15 in Wien tätig, dann wieder in Rom.

85 Auszug eines Briefs von Reinhold an Karl August Varnhagen von Ense; W 95.

86 Der Sklave Séide ist in Voltaires Drama *Le Fanatisme ou Mahomet le Prophète* (1741) ein Anhänger des Propheten, der auf Mohammeds Anstiften den gegnerischen Scheich Zopire in fanatischer Verblendung tötet, sich von Mohammed aber abwendet, als er dessen verbrecherische Handlungsweise erkennt und erfährt, daß Zopire sein eigener Vater gewesen war.

87 Samuel Thomas von Sömmerring (1755–1830), Anatom und Physiologe; Medizinstudium in Göttingen, 1778 Professor der Anatomie in Kassel, 1784 in Mainz; nach Aufhebung der Universität Mainz (1797) praktizierte er in Frankfurt a. M.; 1805 Mitglied der Bayrischen Akademie der Wissenschaften in München, 1808 Erhebung in den Adelsstand, 1820 Rückkehr nach Frankfurt. Sömmerrings Briefwechsel mit Georg Forster wurde 1877 von Hermann Hettner herausgegeben.

88 Philipp Friedrich Baron von Dietrich (1748–93), Mineraloge

und Geologe, Mitglied der Wissenschaftlichen Akademien in
Paris, Berlin und Göttingen; 1779 Sekretär der Schweizergarde
des Grafen von Artois in Paris, 1789 königlicher Kommissar in
Straßburg, verfocht die Integration des Elsaß in das republikanische Frankreich; seit 18. März 1790 bis August/September
1792 Bürgermeister von Straßburg, vertrat eine gemäßigte republikanische Haltung, wurde aufgrund einer Adresse an den
König zugunsten der Verfassung von 1791 und aufgrund der
von ihm angeordneten Schließung der Straßburger Jakobinerklubs abgesetzt und floh vor der drohenden Verhaftung in die
Schweiz, kehrte aber im November 1792 freiwillig nach Frankreich zurück, wurde in Straßburg angeklagt, jedoch nicht
verurteilt. Nach dem Niedergang der girondistischen Partei
(vgl. Anm. 91) forderte Robespierre Dietrichs Hinrichtung aufgrund der alten Anklagepunkte (Komplott mit Lafayette –
s. Anm. 98 –, Adresse an den König, Schließung der Klubs); er
wurde am 29. Dezember 1793 guillotiniert, jedoch 1795 rehabi-
litiert. Zu Dietrich vgl. M. Eimer, in: *Allgemeine Deutsche
Biographie* 47 (1903) S. 687–692.

89 Johann Adam Lux (1766–93), Sohn eines Landmanns, Studium
in Mainz, 1784 Dr. der Medizin und Philosophie, Hauslehrer
in Mainz, schwärmerische Rousseau-Lektüre; Mitglied des
Mainzer Jakobinerklubs und des rheinisch-deutschen Nationalkonvents. Die von ihm als einem der Deputierten nach Paris
überbrachte Bitte nach Eingliederung des Mainzer Gebietes in
die französische Republik wurde vom Konvent zum Beschluß
erhoben. Wegen Einschließung von Mainz durch deutsche
Truppen blieb Lux in Paris, wo er zu den Girondisten tendier-
te; griff in zwei Flugschriften die Jakobiner an (*Avis au citoyens
Français* vom 13. Juli, *Charlotte Corday* vom 19. Juli). Lux
wurde am 27. Juli verhaftet, am 4. November 1793 verurteilt
und guillotiniert. Vgl. [E.] Leser, in: *Allgemeine Deutsche
Biographie* 19 (1884) S. 724–726.

90 Charlotte de Corday d'Armont (1768–93), historisch und phi-
losophisch gebildete, französische Republikanerin aus der Nor-
mandie, erstach aus Protest gegen den blutigen Terror am
13. Juli 1793 den Jakobiner Jean Paul Marat im Bade; sie wurde
am 17. Juli guillotiniert.

91 Girondist ist in der Französischen Revolution die Bezeichnung
für die Partei der gemäßigten Republikaner, nach dem Departement Gironde, dessen Vertreter (Angehörige des mittleren

Bürgertums West- und Südfrankreichs) und Verbündete in der Gesetzgebenden Versammlung zunächst die parlamentarische Übermacht hatten. Nach dem Aufstand vom 10. August 1792 verloren die Girondisten ihre Macht an die Jakobiner. Die von Marat und Robespierre angefachten, antigirondistischen Kampagnen seit März 1793 leiteten den Niedergang der Partei ein; die Verurteilung und Guillotinierung Vergniauds, Valazés u. a. (Oktober/November 1793) bedeuteten ihr Ende (vgl. Anm. 206).

92 Am 10. August 1792 erstürmte die von den Jakobinern aufgewiegelte Bevölkerung der Pariser Vorstädte die Tuilerien und metzelte die 1600 Mann der Schweizergarde nieder. Der König und seine Familie wurden am 11. August im Palast Luxemburg, am 18. August im Temple (Staatsgefängnis, ursprünglich Ordenshaus der Ritter des Templerordens) gefangengesetzt. Am 21. September hob der Nationalkonvent die Monarchie auf und wandelte Frankreich in eine Republik um.

93 Ludovike Simanovitz, geb. Reichenbach (1759–1827), Malerin, Jugendfreundin Schillers, lebte in der Jugend in Ludwigsburg (1787–90), heiratete 1791 Franz Johann von Simanovitz und lebte 1791–93 in Paris, seit 1810 wieder in Ludwigsburg; 1793/94 malte sie die ganze Familie Schiller. Vgl. Gabriele von Koenig-Warthausen, »Ludovike Simanovitz«, in: *Lebensbilder aus Schwaben und Franken* 12 (1972) S. 121–144.

94 Jakobiner heißen die Mitglieder des bedeutsamsten politischen Klubs der Französischen Revolution, der sich aus dem 1789 in Versailles gebildeten »Club breton« herausentwickelte. Nach Übersiedlung des Hofs und der Generalstände von Versailles nach Paris wurde seit November 1789 das Dominikanerkloster St. Jakob die ständige Versammlungsstätte. Die reguläre Bezeichnung der nach dem Kloster »Jakobiner« genannten Gruppe war »Société des amis de la constitution«. Im Juli 1791 bildeten die gemäßigten Mitglieder eine besondere Vereinigung, die »Feuillants« (s. Anm. 210). Den Höhepunkt seiner politischen Wirksamkeit erreichte der Klub im Nationalkonvent, wo er unter Robespierres Einfluß zum Gegner der Girondisten und zum Schrittmacher des systematischen Terrors wurde. Mit Robespierres Sturz (Juli 1794) verlor der Klub seine Positionen im Wohlfahrtsausschuß und den Sicherheitsausschüssen; schließlich wurde er am 11. November 1794 geschlossen.

95 Ehemaliges Schloß in Paris, für Katharina von Medici von Ph. Delorme (seit 1564) und J. Bullant (seit 1570) erbaut an der Stelle einer Ziegelei (frz. *tuilerie*) beim Louvre. Als Residenz Ludwigs XVI. erweitert, dienten die Tuilerien als Sitz des Nationalkonvents; 1871 brannten sie ab.

96 (schwäb.) Klebstoff.

97 Die verschiedenen ›Versammlungen‹ der Französischen Revolution: Der innerhalb der am 5. Mai 1789 zusammengetretenen Generalstände dominierende Dritte Stand erklärte sich am 17. Juni zur Nationalversammlung (Assemblée nationale) und beriet eine neue Verfassung (daher auch Verfassunggebende Versammlung, Assemblée constituante, genannt), die am 3. September 1791 in Kraft trat. Am 1. Oktober 1791 begann die nach dem Zensuswahlrecht gewählte Gesetzgebende Versammlung (Assemblée legislative) ihre Tätigkeit; im August 1792 wurde das allgemeine Wahlrecht eingeführt. Aus dieser Neuwahl ging der Nationalkonvent (Convention nationale) hervor, der die Abschaffung des Königtums beschloß. Der am 6. April 1793 geschaffene Wohlfahrtsausschuß (Comité du salut public) fungierte als Exekutivorgan des Nationalkonvents. Nach dem Sturz Robespierres (Juli 1794) ersetzte die Direktorialregierung (1795–99) den Wohlfahrtsausschuß. Am 9. November (18. Brumaire) löste Napoleon das Direktorium durch Staatsstreich auf und errichtete eine Konsularregierung (1799–1804), die er 1804 in ein französisches Kaisertum umwandelte.

98 Marie-Joseph Motier, Marquis de La Fayette (1757–1834), französischer General und Politiker. Populär geworden durch seine Teilnahme am nordamerikanischen Unabhängigkeitskrieg (seit 1777), war er seit 1787 Mitglied der französischen Notabelnversammlung und des Zweiten Standes in der Versammlung der Generalstände; im Juni 1789 trat er zum Dritten Stand über. Nach dem Bastillesturm wurde er Kommandant der Pariser Nationalgarde und strebte einen Ausgleich zwischen Monarchie und Revolution an. Sein Versuch, nach dem Tuileriensturm das Königtum zu retten, scheiterte; er floh am 19. August 1792 zu den Österreichern, die ihn bis 1797 internierten. Seit 1818 wurde er einer der Führer der liberalen Opposition und förderte die Inthronisation von Louis-Philippe (s. Anm. 251), trat jedoch auch gegen ihn in Opposition.

99 (frz.) ohne die Kniehosen. Beiname der Jakobiner, die – im

Gegensatz zum Kniehosen (culottes) tragenden Adel – lange
Hosen (pantalons) bevorzugten.

100 (frz.) »Gnädige Frau, ich bin entzückt, Sie zu sehen.«
101 (griech.) Knabenführer; hier: Erzieher, Lehrer.
102 Johann Wilhelm von Camerer (1763–1847), wurde nach dem
Theologiestudium Vikar in Dußlingen, 1800 Diakon an der
Leonhardskirche in Stuttgart, dann Prälat und Mathematikleh-
rer, 1821 Direktor am Gymnasium in Stuttgart. Bei dem von
Justinus Kerner wiedergegebenen Bericht handelt es sich um
einen Auszug aus einem umfangreichen Aufsatz Camerers;
W 95.
103 Im Original heißt es weiter: »Er hatte sich in seiner Sektion als
Citoyen und Nationalgardist einschreiben lassen, eine Ehre,
mit der man damals gar nicht karg tat. Nun kam er fleißig in die
Versammlung seiner Sektion, sprach dort und manchmal selbst
auf einem öffentlichen Platz freimütig und stark seine Grundsätze von Volksglück und Freiheit, aber auch von Haß gegen
die angeblichen Volksfreunde aus, die durch Übertreibungen
und Ausschweifungen der Sache schadeten. Hierzu gehörte um
so mehr Mut, je wütender die Gegenpartei war und je mehr der
Fremde, der auch der Sprache noch nicht völlig Meister war,
wenigstens seinen *accent allemand* nicht verleugnen konnte,
sich von selbst als Fremder verriet usw.« (W 95.)
104 Viktor Ludwig Christian Klopstock (1744–1811), Bruder des
Dichters Friedrich Gottlieb Klopstock; Kaufmann, Herausgeber der *Neuen Hamburger Zeitung* und der *Hamburgischen
Adreß-Comptoir-Nachrichten*. Kerner lieferte seit Herbst 1792
Beiträge; V 18 f.
105 Karl Friedrich Reinhard(t) (1761–1837), Diplomat in französischen Diensten. Geboren in Schorndorf, Besuch der Klosterschulen in Denkendorf und Maulbronn, Studium der Theologie
und Philosophie in Tübingen, Vikariat in Balingen, Hauslehrer
in der Schweiz und in Frankreich (Bordeaux). Als Anhänger
der Französischen Revolution (»Der Wunsch, Franzose zu
werden, trägt gewissermaßen den Tagesstempel vom 14. Juli
1789«) ging Reinhard 1791 nach Paris, wo er eine Sekretariats-
stelle im Ministerium des Auswärtigen erhielt. 1792 wurde er
Gesandtschaftssekretär in London, 1793 in Neapel. Nach dem
Sturz der Gironde wurde er Abteilungschef im Ministerium des
Auswärtigen, nach dem Ende der Schreckensherrschaft Mitglied des diplomatischen Komitees im Konvent, 1795 Gesand-

ter des Direktoriums bei den Hansestädten in Hamburg; 1797 Gesandter in Florenz, von Juli bis November 1799 Außenminister, danach Gesandter der Konsulatsregierung Napoleons in Bern und 1802 in Hamburg, 1805 Generalkonsul und Ministerresident in den türkischen Donauprovinzen (Jassy). 1806 beim Einmarsch der russischen Truppen verhaftet, wurde er 1808 wieder Gesandter Napoleons am Hof zu Kassel; 1815 erhielt er den Grafentitel und wurde bis 1829 Gesandter beim Deutschen Bundestag in Frankfurt a. M., 1830 Kommissar der Auswärtigen Angelegenheiten und Gesandter an den Sächsischen Höfen. 1832 kehrte er nach Paris zurück und erhielt die Pair-Würde; Grab auf dem Friedhof Montmartre. In seiner Jugend übersetzte Reinhard mehrere römische Dichter; mit Conz zusammen gab er *Episteln* heraus (1785); sein *Briefwechsel* mit Goethe erschien 1850 im Druck.

106 Tadeusz Kosciusko (1746–1817), letzter Oberfeldherr der Republik Polen, studierte an der Militärakademie zu Versailles die Kriegswissenschaften. Aufgrund einer persönlichen Demütigung verließ er 1777 Polen und ging nach Paris; 1778 stand er den amerikanischen Nordstaaten im Unabhängigkeitskampf bei, wurde Adjutant Washingtons. 1786 Rückkehr nach Polen und Teilnahme am Krieg gegen Rußland. 1791 erteilte ihm die französische Gesetzgebende Versammlung den Titel eines französischen Bürgers. Im Freiheitskrieg von 1794 zum Oberfeldherrn und Diktator ernannt, schlug Kosciusko die Russen bei Raclawice und versuchte vergeblich eine Regierung in Warschau zu konstituieren. Er erlag der russischen Übermacht bei Maciejowice (1794) und geriet in Gefangenschaft. 1796 freigelassen, begab er sich zunächst nach England, 1797 nach Amerika. 1798 kam er als Gesandter des amerikanischen Kongresses nach Frankreich; er lebte bis 1814 auf einem Landgut bei Fontainebleau, seit 1816 bei Solothurn in der Schweiz.

Gustav, Graf von Schlabrendorf (1750–1824), Sohn des preußischen Ministers von Schlesien, Ernst Wilhelm von Schlabrendorf; ließ sich 1788, vor Ausbruch der Revolution, in Paris nieder, wo er als Anhänger der Girondisten während der Jakobinerherrschaft ins Gefängnis kam und nur durch Zufall dem Schafott entging. Schlabrendorf war als Schriftsteller tätig und erfand eine Sprachmaschine.

Conrad Engelbert Ölsner (1764–1828), deutscher Publizist; nach Studium in Frankfurt a. d. O. und Göttingen ging er als

Beobachter der Französischen Revolution nach Paris, war nach der Schreckensherrschaft Geschäftsträger der Stadt Frankfurt a. M. in Paris, Freundschaft mit Sieyès (s. Anm. 416), 1817–25 preußischer Legationsrat in Berlin, Frankfurt a. M. und Paris. Johann Gottfried Ebel (1764–1830), geographischer Schriftsteller, Arzt und Naturforscher; seit 1792 in Frankfurt a. M. Wegen seiner Verbindung mit Führern der Französischen Revolution in Deutschland verdächtig geworden, ging er 1796 nach Paris, später nach Zürich, wo er 1820 sich endgültig niederließ.

107 Der als Abschrift von Georg Kerners Frau erhaltene Brief ist in der ursprünglichen Fassung bei V 400–410 und als Auszug bei W 142–146 abgedruckt und von Pörnbacher dem *Bilderbuch* eingefügt, S. 47–58. Der hier wiedergegebene Text folgt der Redaktion von Justinus Kerner, zitiert jedoch in den Anmerkungen sämtliche Streichungen sowie die inhaltlichen Änderungen. Schon W 95 f. deutet die Tendenz der Justinus Kernerschen Streichungen an: »Es scheint, daß Justinus namentlich alle diejenigen Äußerungen wegließ, in denen sich der Gedanke einer Revolutionierung Deutschlands angedeutet fand.«

108 Anspielung auf den am 6. November 1792 errungenen Sieg der französischen Revolutionsarmee unter General Dumouriez über die Österreicher unter Herzog Albrecht von Sachsen-Teschen beim Dorfe Jemappes in der belgischen Provinz Hennegau.

109 Original: Manen, d. h. Geister; W 142, V 400.

110 Original: Wirkungen; W 142, V 400.

111 Im Original geht der Satz weiter: »[...] zurück, und statt jener wiederauflebenden Achtung, die ich übrigens dem Eifer schuldig war, mit dem die Jugend dieser Nation ihre Freiheit gegen Tyrannen verteidigte, statt jener Achtung fühlte ich täglich mehr mich von einem Grad von Erbitterung durchdrungen, der mich auf einen Gedanken führte, den nur derjenige haben kann, der gegen französischen Fanatismus und Verdorbenheit ebenso erbittert wie gegen deutsche Fürsten und deutsche Sklaverei ist.« (W 142, V 401.)

112 Im Original geht es weiter: »[...] einluden; was ich noch Gutes fand, war die Übermacht der französischen Waffen. – Ich hielt mich an diese; ich sah sie als eine Keule an, um teutsche Fürsten niederzuschlagen und das teutsche Reichssystem in tausend Trümmer zu zerschmettern. Diese Zertrümmerung vollbracht,

war mein zweiter Gedanke, die zertrümmernde Keule, gleich dem abgenutzten Meißel, nach vollbrachter Arbeit hinwegzuwerfen, die Franzosen für ihre Mühe zu bezahlen und sie entweder heim in ihre Gegend zu schicken oder sie zu jener Ordnung zu zwingen, ohne die kein Völkerglück stattfindet und zu der der Teutsche von Natur und aus Grundsätzen mehr als andre Völker geneigt ist. – Darum sucht' ich alles anzuwenden, um Teutschland, besonders Baden, Wirttemberg und die Pfalz, zum Gegenstand der französischen Kriegsoperationen zu machen, darum bot ich alles auf, um in meinem Vaterlande selbst meine Freunde mit jenem edlen Hasse zu beseelen, den schreiende Mißbräuche in dem Herzen eines jeden Freundes der Menschheit erzeugen müssen. Mehrere Klugheit von französischer Seite, und die Sache wäre vielleicht nicht so sehr von ihrer Realisierung entfernt. Hätte man die bigotten Niederlande ihrem Schicksal überlassen und sich begnügt, diesem verworfenen Volk und besonders seinen fanatischen Priestern mit Kontributionen heimzusuchen, hätte man sich begnügt, von dieser Seite die französischen Grenzen zu beschützen und dafür von dem Elsaß aus in Teutschland einzudringen, hier einen Versuch zu machen und im äußersten Fall wenigstens alle Maßregeln zu nehmen, um das Vorrücken der östreichschen Truppen aus dem Innern Östreichs durch Wegnahme aller Magazine, aller entbehrlichen Lebensmittel zu verhindern, so hätte man auch bei dem geringsten Erfolg immerhin mehr als bei allen gegenwärtigen Fortschritten gewonnen. Eine baldige Organisation einer Nationalgarde in den teutschen, von Franzosen besetzten Ländern wäre ein kräftiges Mittel gewesen, diese sonderbaren Republikaner in Respekt zu erhalten und sie im Fall von Exzessen ebensosehr zum Teufel zu jagen, als im Fall eines guten Betragens als Freunde und Brüder zu behandeln. « (W 143 f., V 401 f.)

113 Die drei Verteidiger Ludwigs XVI. vor dem Nationalkonvent.
Raymond Desèze (1748–1828), Advokat in Bordeaux und Paris; hielt eine berühmte Verteidigungsrede am 26. Dezember 1792 vor dem Konvent, wurde verhaftet, doch nach Robespierres Sturz freigelassen; unter Ludwig XVIII. wurde er 1814 Präsident des Kassationshofes, 1815 Pair von Frankreich, 1817 Graf.
François-Denis Tronchet (1726–1806), Advokat in Paris, Mit-

glied der Generalstände; Mirabeau nannte ihn den »Nestor der
Aristokratie«. Im März 1791 Präsident der Gesetzgebenden
Versammlung, nach Machtübernahme der Jakobiner versteckte
er sich; während der napoleonischen Herrschaft Mitarbeit am
Code Napoléon, 1802 Präsident des Corps Politique.

Guillaume-Chrétien de Lamoignon de Malesherbes (1721–94),
französischer Politiker, 1745 Parlamentsrat, 1750 Direktor der
obersten Zensurbehörde. Nach Auflösung der Parlamente forderte er 1771 von Ludwig XV. die Berufung der Generalstände,
wurde auf seine Güter verbannt. Mit der Thronbesteigung
Ludwigs XVI. (1774) wurde er Präsident der Steuerkammer
und 1775 Innenminister, 1776 Rücktritt. Nach der erfolglosen
Verteidigung des Königs wurde er im Dezember 1793 verhaftet
und einer Verschwörung angeklagt; guillotiniert am 22. April
1794.

114 Maximilien Robespierre (1758–94), Anwalt aus Arras, als
Abgeordneter in die Generalstände gewählt, wurde er nach der
mißglückten Flucht des Königs (Juni 1791) zum Führer der
radikalen Bergpartei (s. Anm. 169) in der Gesetzgebenden Versammlung und zum Gegner der gemäßigten Girondisten. Im
Nationalkonvent beantragte Robespierre die Hinrichtung Ludwigs XVI. und betrieb den Anfang Juni erfolgenden Sturz der
Gironde und, nach wechselnden politischen Bündnissen, die
Hinrichtung Dantons (4. April 1794). Im Wohlfahrtsausschuß,
dessen Vorsitz er seit dem 24. Juli 1793 innehatte, gelangte
Robespierre nun zur unumschränkten Herrschaft und errichtete, um seinen Rousseauschen Idealstaat zu verwirklichen, das
berüchtigte Schreckensregiment (Mai – Juli 1794), das mit der
Erhebung des Konvents gegen Robespierre und seiner Guillotinierung am 28. Juli endete.

115 Louis-Pierre Manuel (1751–93), Konventsdeputierter, stimmte
gegen die Hinrichtung Ludwigs XVI., wurde am 18. November 1793 guillotiniert.

116 Jean-Antoine-Nicolas de Caritat, Marquis de Condorcet
(1743–94), französischer Schriftsteller, Philosoph und Mathematiker. 1769 Mitglied, 1777 Sekretär der Akademie der Wissenschaften, Mitarbeit an der *Encyclopédie*. Anhänger der
Französischen Revolution auf girondistischer Seite, 1791 in die
Gesetzgebende Versammlung gewählt, wurde er 1792 deren
Präsident, später Vizepräsident des Nationalkonvents; verfaßte
die Kundgebung an die Franzosen und an Europa über die

Beseitigung des Königtums. Nach dem Sturz der Girondisten (31. Mai 1793) wurde er angeklagt und, da er sich acht Monate lang versteckte, geächtet. Im März 1794 wurde er verhaftet; wahrscheinlich vergiftete er sich selbst im Gefängnis.

117 Entweder: Louis-Alexandre, Duc de Larochefoucauld et de Larocheguyon (1743–92), vor der Revolution Pair von Frankreich, Vertreter des Adels in den Generalständen; bekannte sich 1789 zum Dritten Stand. Als Gemäßigter mußte er 1792 aus Paris fliehen, wurde verhaftet und starb am 14. September 1792 in Gisors. François-Alexandre-Frédéric, Duc de Larochefoucauld-Liancourt (1747–1827), Mitglied der Generalstände und der Nationalversammlung. Nach dem Aufstand vom 10. August 1792 floh er nach England und kehrte erst nach dem 9. November 1799 nach Frankreich zurück. – Oder: die zwei im September 1792 in Paris getöteten Mitglieder der Familie Larochefoucauld: François-Joseph (geb. 1727) und sein Bruder Pierre-Louis (geb. 1744); so Karl Pörnbacher, in: *Das Leben des Justinus Kerner. Erzählt von ihm und seiner Tochter Marie*, hrsg. von K. P., München 1967, S. 426 f.

118 Im Original folgen die Sätze: »Vielleicht daß der Norden, die weitschichtigen und entvölkerten Gegenden Rußlands, vielleicht das nördliche Amerika der einzig schnell gewinnende Teil endlich sein wird. – Die Holländer rüsten sich endlich also auch, und Du, der Du besser auf einem Katheder irgendeiner deutschen Universität taugtest, willst also Dein Schwert auch umgürten. – Leider kann ich nicht zur französischen Armee abgehen, leider Dich nicht zum Gefangenen machen, das heißt Dich endlich mit Gewalt zu unsrer längst gewünschten Zusammenkunft zwingen und an Deiner Seite alle Reize einer aufrichtigen Freundschaft genießen [. . .].« (W 144, V 403 f.)

119 Die vom 2. bis 5. September 1792 dauernden »Septembrisaden«, die Niedermetzelung von 1600 politischen Häftlingen auf Veranlassung der Revolutionsführer Georges Danton und Jean-Paul Marat.

120 Georg Kerner war seit Herbst 1792 Korrespondent der *Hamburgischen Adreß-Comptoir-Nachrichten*; vgl. Anm. 104.

121 Original: Wacht; W 144, V 404.

122 Original: in; W 144, V 404.

123 Original: totschießen; W 144, V 404.

124 Jean Borie (gest. 1805), Offizier der Pariser Munizipalität, 1791 Deputierter der Legislative.

125 Im Original heißt der in der Klammer stehende Satz: »Wohl noch zu bemerken, daß uns ein Munizipal-Offizier namens Borie vorher die Artikel des Gesetzes vorlas, die uns zur Behauptung unsers Posten verpflichtete, eine Kompagnie Schweizer war auch gegenwärtig, man zog aber die gleich nachher in den innern Schloßhof zurück.« (W 144, V 404.)

126 Original: Blutszene; W 144, V 405.

127 Der Hof vor dem Pavillon de Marsan am Ende des rechten Flügels der Tuilerien. Dieser Satz ist von Justinus Kerner hinzugefügt. Georg Kerner hatte eine Zeichnung eingeschoben, um die Lage der Wache an der Cour de Marsan anzudeuten.

128 »gleichgültige« von Justinus Kerner hinzugefügt; W 145, V 405.

129 Original: in mir; W 145, V 405.

130 Original: gemachte; W 145, V 405.

131 Der von den Straßburger Jakobinern ausgestellte Paß; vgl. S. 150 f.

132 Original: durch und bis zu der; W 145, V 405.

133 Original: die kriechende Schmeichelei; W 145, V 406.

134 Original: Hof-Canaille; W 146, V 406.

135 Original: 2. September; W 96.

136 Georg Kerner gehörte der Section de l'Abbaye an.

137 (frz.) Lazarett.

138 Lafayette (s. Anm. 98) hatte bereits Anfang Juli 1792 dem König seine militärische Beihilfe zur Flucht angeboten, war jedoch abschlägig beschieden worden. Nach dem drohenden Aufruf des Herzogs Karl Wilhelm Ferdinand von Braunschweig (des Kommandeurs der verbündeten Truppen) vom 25. Juli und seiner Aufforderung zur Abreise Ludwigs XVI. aus dem aufständischen Paris, entschloß sich Ludwig, abermals von Lafayette unterstützt, Anfang August zur Flucht, widerrief jedoch am nächsten Tag seinen Entschluß, in der Hoffnung auf die Hilfe der herannahenden preußischen Truppen. Die Nationalversammlung, vor der Lafayette wegen seines Angebots, mit dem Heer vor Paris zu ziehen, angeklagt wurde, sprach ihn jedoch am 8. August 1792 mit der Mehrheit von 446 : 224 von der Anklage frei. Adolphe Thiers schreibt darüber: »Das Volk rottete sich auf die Nachricht hiervon an der Türe des Versammlungssaales zusammen, beleidigte die herausgehenden Abgeordneten, namentlich die von der rechten Seite [. . .]. Von allen Seiten her hörte man Verwünschungen gegen die Versammlung, und man erklärte laut, daß von Volksvertretern,

welche den Verräter Lafayette lossprechen, kein Heil zu erwarten sei.« (A. Thiers, *Geschichte der französischen Revolution*, Bd. 1, Tübingen ²1848, S. 365.)

139 (frz.) »Seien Sie ruhig; ich werde Sie verteidigen, und wenn ich dabei umkomme.«

140 (frz.) ein Dieb.

141 Von frz. *haranguer* ›eine Ansprache halten; feierlich, eindringlich reden‹.

142 Marseiller Föderierte; die am 30. Juli 1792 in Paris eingetroffenen 500 Marseiller, eine aus Pöbel und freigelassenen Galeerensklaven bestehende, besonders brutal agierende Gruppe. Am 8. August hatten sie sich aus ihrer am Ende der Stadt befindlichen Kaserne in die mitten in Paris gelegene Abteilung der Cordeliers begeben.

143 Original: Dumolard; W 96, V 407. Joseph-Vincent Dumolard (1766–1819), Mitglied des Nationalkonvents.

144 Von frz. *forcer* ›stürmen, mit Gewalt einnehmen, aufbrechen‹.

145 (lat.) das Heil in der Flucht.

146 Original: Fournier; W 96, V 408.

147 Original: Cailhasson; W 96, V 408.

148 Wilhelm Friedrich Ernst, Freiherr von Wolzogen (1762–1809), Schüler der Carls-Akademie; auf Geheiß des württembergischen Herzogs 1788–91 und 1793/94 in Paris; später Oberhofmeister in Weimar.

149 Vgl. Anm. 80.

150 Original: »Daß Du Marschall gesprochen hast, freut mich – ich beneide ihn in der Tat wegen diesem Glück – Du hättest mir ausführlicher schreiben sollen.« (W 146, V 408.)

151 Der Fürst Karl Wilhelm von Nassau-Usingen (gest. 1803).

152 Im Original folgen die Sätze: »[...] machen: man hat diesen kleinen Reichsteufel beinahe zu hart mitgenommen. Du schreibst mir: von allen Seiten rücken Teutsche herbei, die Nationalehre zu rächen; sind es Kroaten oder Tolpathen? – Auch Du, mein kaltblütiger Freund, bist der Überspannung fähig, Du siehst Teutsche, wo ich nur gedungen Gesindel blicke, das weder Begriffe von Vaterland und Freiheit hat und das man wie Negersklaven behandelt. Wenn man teutsche Ehre rächen wollte, so sollte man mit der Vernichtung der Mörder der Stadt Frankfurt anfangen!!« (W 146, V 408 f.) Tolpathen: Spitzname für die nicht-deutschen österreichischen Soldaten nach ungar. *talpacs* ›Breit- oder Plattfuß‹; Georg Kerner spielt

auf den Sachverhalt an, daß der französische General Custine dem Fürsten von Nassau-Usingen eine bedeutende Kontribution auferlegt hatte (Ende 1792). Die »Mörder« sind die preußischen und hessischen Truppen, die am 2. Dezember 1792 Frankfurt a. M. zurückeroberten.

153 Vgl. Anm. 79 und 138.

154 Marcus Iunius Brutus (85–42 v. Chr.), römischer Politiker, Verfechter der republikanischen Staatsidee. Im Bürgerkrieg auf der Seite des Pompeius wurde er unter Caesars Diktatur Haupt der Verschwörung, der Caesar am 15. März 44 v. Chr. zum Opfer fiel. Nach der Niederlage bei Philippi beging er Selbstmord.

155 Antoine-Joseph Santerre (1752–1809), Brauer, seit 1793 Kommandant der Pariser Nationalgarde, Divisionsgeneral in der Vendée.

156 Le Temple, ehemaliges Ordenshaus der Tempelritter, Staatsgefängnis, in dem Ludwig XVI. und Marie Antoinette eingekerkert waren; vgl. Anm. 92.

157 Original: aufrichtigen; V 410.

158 Wohl Christian Ludwig August von Vellnagel (1764–1853), 1784 in württembergischem Dienst Geheimer Kabinettskanzlist, 1788 Geheimer Kabinettsregistrator, 1794 Geheimer Sekretär, später Oberhofratspräsident und Ordenskanzler, 1812 in den Freiherrnstand erhoben; heiratete 1792 Christiana Friederike Dertinger.

159 Jean-Paul Marat (1743–93), französischer Revolutionsführer. Nach Medizinstudium und Englandaufenthalt 1777 Arzt am Hof des Grafen von Artois in Paris. Herausgeber der Zeitung *Ami du peuple* (seit 12. September 1789), gegen Monarchie und Großbourgeoisie; einer der Urheber des Aufstands vom 10. August 1792, der Septembermorde (s. Anm. 119) und der Vernichtung der Girondisten (s. Anm. 91). Marat wurde am 13. Juli 1793 von Charlotte Corday (s. Anm. 90) im Bade beim Korrigieren der letzten Nummern seiner Zeitung getötet. Der Maler Jacques-Louis David hat diese Szene in einem Gemälde festgehalten.

160 Der Bericht über Adam Lux war eine Anmerkung zum dritten Brief. Die Briefe sind wiederabgedruckt bei V 96–109. Die Buchausgabe von Georg Kerners *Briefen aus Paris* erschien 1797 in Altona.

161 Jean Pauls (Johann Paul Friedrich Richters) Aufsatz »Der

17. Julius oder: Charlotte Corday« erschien im *Taschenbuch für 1801*, Berlin, hrsg. von Friedrich Gentz, Jean Paul und Johann Heinrich Voß. Jean Paul stützte sich hauptsächlich auf einen Artikel von L. A. Champagneux in der Zeitschrift *Frankreich*, 1800, Bd. 3, und zog Georg Kerners Artikel nur zur Charakterisierung von Adam Lux heran; W 96.

162 Der griechischen und lateinischen Literatur; der klassischen Schriftsteller der Antike.

163 Gemeint ist Marcus Porcius Cato Uticensis (auch Cato Minor), der Jüngere Cato (95–46 v. Chr.), Verteidiger der römischen Republik gegen Caesar. Nach der Niederlage von Thapsus (6. April 46 v. Chr.) beging er in Utica Selbstmord. Sein freiwilliger Tod machte seinen Namen zum Symbol des republikanischen Widerstandes gegen das entstehende Prinzipat, darüber hinaus zum Symbol republikanischer Freiheit.

164 Im Original folgt der Satz »Solch ein Mann in der Atmosphäre des Pfaffenregiments!!!« (V 96). Der Erzbischof von Mainz war seit 1462 geistlicher und weltlicher Regent seiner Diözese.

165 Die französischen Revolutionstruppen unter General Custine besetzten Mainz am 21. Oktober 1792.

166 Andreas Patocki, Mitglied des Mainzer Jakobinerklubs und Deputierter des Nationalkonvents.

167 Johann Georg Adam Forster (1754–94), Schriftsteller, Naturforscher, Weltreisender. Mitglied des Mainzer Jakobinerklubs und Deputierter des rheinischen Nationalkonvents; distanzierte sich von den Greueln der Revolution.

168 Das Original fährt fort: »[...] abgeschickt wurde, um von fränkischer Seite die Einwilligung zu diesem Völkerverein zu erhalten.« (V 97.)

169 Bergpartei, auch nur »Berg« (Montagne, Montagnards); in der Französischen Revolution im Nationalkonvent die Gruppe der radikalen Revolutionäre, genannt nach ihren Sitzen auf den höchstgelegenen Bänken des Versammlungssaales. Zu den bekanntesten Mitgliedern gehörten u. a. Danton, Marat, Robespierre, Desmoulins. Nach dem Sturz Robespierres verlor die Bergpartei ihre Bedeutung.

In der Bergpartei waren die Mitglieder der politischen Klubs der Jakobiner (s. Anm. 94) und der Cordeliers. Die Cordeliers, d. h. Strickträger (Name der regulierten Franziskaner), waren Mitglieder des 1790 konstituierten politischen Klubs, der sich im aufgehobenen Kloster der Cordeliers zu Paris versammelte und den Jakobinerklub noch an Gewalttätigkeit übertraf. Sein Organ war die von Marat herausgegebene Zeitung *Ami du peuple*. Nach Marats Ermordung verlor der Klub an Bedeutung und löste sich nach Dantons Hinrichtung, im April 1794, gänzlich auf.

170 Im Original folgen die Sätze: »Seine Geschäfte hatten ihm Gelegenheit verschafft, mit mehrern Girondisten bekannt zu werden. Ihre feurige Liebe zu einer auf Gesetze und Ordnung gegründeten Freiheit, diese feurige, die jetzo durch die Erfahrung geläutert und durch Leiden von jenen Schlacken des Fanatism gereinigt war, von denen sie im Anfang ihrer politischen Laufbahn öfters zu Fehlern, zu schweren Irrungen hingerissen wurden, die ihnen ihre Zeitgenossen vorwerfen und die Nachwelt verzeihen wird – ihre feurige und uneigennützige Liebe zur Republik, sage ich, war das edlere Band, wodurch sie Lux an sich fesselten. Überzeugt von den guten Absichten dieser Partei, überzeugt von der Gefahr, die für die Republik und die Freiheit aus ihrem Untergang entspringen würde, faßte er zu Anfang des Monats Mai den großen Entschluß – ihren Tugenden öffentlich an den Schranken des Konvents zu huldigen und sich im Angesicht des Volks den Dolch in seine Brust zu stoßen, die für die Freiheit atmend und zur Versieglung der Wahrheit zu den Füßen der Nationalrepräsentation bluten sollte. Seine folgenden Handlungen beweisen zur Genüge, daß es nicht Prahlerei war, die ihn bewog, einen solchen Entschluß seinen Freunden Guadet, Barbaroux usw. vorzulegen: – Sie widersetzten sich, umarmten ihn tränenden Augs mit dem einen Arm und zeigten ihm mit dem andern die Departemente. Lux unterwarf sich dem Ausspruch und trug seinen Kummer, seine Sorgen und seine Ahndungen einer furchtbaren Zukunft mit jener stoischen Ruhe, die endlich als die herrschende Idee nicht nur die Seele, sondern sozusagen jeden Atom des Körpers fesselt.« (V 97.)

171 Bois de Bologne, Park im Westen von Paris.

172 Die Briefsammlung des römischen Redners Marcus Tullius Cicero (106–43 v. Chr.) enthält acht Briefe des Marcus Iunius Brutus (85–42 v. Chr.), des neben Gaius Cassius bedeutendsten Führers der republikanischen Verschwörung gegen Caesar; vgl. Anm. 154.

173 Original: seines teutschen Vaterlands; V 98.

174 Der Volksaufstand vom 31. Mai bis 2. Juni 1793 brach die

Macht der Girondisten und brachte die Jakobiner zur Herrschaft (vgl. Anm. 91 und 94).

175 Original: Ahndungen; V 98.

176 Gegen den Pariser Konvent gerichteter Aufstand der Girondisten in Südfrankreich, besonders in Lyon, Marseille und Toulon, und der Royalisten in der Vendée (Westfrankreich) seit März 1793. Die Aufstände wurden im Herbst 1793 niedergeschlagen.

177 Original: denn; V 98.

178 Original: seiner; V 98.

179 Jean-Nicolas Pache (1746–1823), zunächst Lehrer der Kinder des Marschalls de Castries, dann Sekretär im Marineministerium, seit 1792 Mitarbeiter im Innenministerium, seit 18. Oktober 1792 Kriegsminister. Von den Girondisten zur Bergpartei übergetreten, stellte er sich gegen Dumouriez und rächte sich für den von den Girondisten erhobenen Vorwurf der Unfähigkeit und der Verschwendung (4. Februar 1793), als er Bürgermeister von Paris wurde (Februar 1793 – Mai 1794), indem er den Volksaufstand vom 31. Mai gegen die Girondisten mitschürte (vgl. Anm. 174). Auf Paches Veranlassung wurden in die Denkmäler die Devise »Liberté, Egalité, Fraternité« eingraviert. Die Generalamnestie vom Oktober 1795 entzog ihn weiteren Verfolgungen seiner Gegner; während der Direktoriumsherrschaft gab er seine politischen Ämter auf. Der französische Historiker Mahul charakterisiert ihn: »Sein Betragen war das eines leidenschaftlichen Menschenfreundes; aber es ist traurig zu sagen, daß kein religiöses Gefühl Paches Herz erwärmte.« Marats ungepflegte Erscheinung beschreibt Adolphe Thiers: »Er war klein, hatte einen sehr großen Kopf, starke Züge, gelbliche Farbe, brennendes Auge und war im Äußeren sehr vernachlässigt. Er wäre denen, welche ihn bloß gesehen hätten, nur lächerlich oder häßlich vorgekommen, allein man hörte aus diesem ungestalteten Körper sonderbare und gräßliche Grundsätze hervorgehen, die er mit einer rauhen Stimme und einer unverschämten Vertraulichkeit vortrug.« (*Geschichte der französischen Revolution*, Bd. 1, Tübingen ²1848, S. 341.)

180 Marats Beiträge in der Zeitung *Ami du peuple* (seit 1789).

181 Im Original folgen die Sätze: »Brutus hatte einen großen Mann gemordet – der, ausgerüstet mit großen Eigenschaften, sich zur Alleinherrschaft emporzuschwingen wagte – als Bürger – König war. Sie zernichtete ein Ungeheuer, dem der stupide Fana-

tism Bürgerkronen weihte. Jubelnd nahm er sie aus der Hand
seiner tückischen Würger und legte sie zu den Füßen des
betrügerischen Priesters nieder, der aus dem Orkus eine Freiheit hervorzurufen versprach, die, weit entfernt, strenge Tugenden zu verlangen, vielmehr die Laster befriedigte, die die
gestürzte Königsmacht in ihrem fürchterlichen Testament dem
Volke vermacht hatte, um es auf ewig zur Freiheit unfähig zu
machen.« (V 98 f.) Der »betrügerische Priester« meint wohl
Robespierre, der den Kult der Vernunft an die Stelle des
christlichen Glaubens setzen wollte.

182 Original: fragt, antwortet (Präsens!); V 99.
183 Original: und er fand; V 99.
184 Im Original folgen die Sätze: »Genug, er fand das Ideal einer
republikanischen Seele. Er hatte am 31. Mai eine vielleicht noch
heilbare Wunde gesehen, die man der Freiheit schlug – hier sah
er ein Wesen bluten, hier sah er der Erde ein Wesen entreißen,
das von dem strömenden Blut einer Million Menschen nicht
wieder erkauft werden konnte – er sah ein Mädchen bluten, das
ihm größer als Brutus, größer als das bekannte Größte schien,
und welcher unermeßliche Zeitraum lag zwischen diesen beiden
Erscheinungen! Jetzo, da nach beinahe zwei Jahrtausenden
Brutus' Geist, gleichsam unserem Zeitalter zum Hohn, in
einem weiblichen Körper zum zweiten Mal auftrat, schlachtet
man seine Hülle und stößt ihn in jene Sphären zurück, die er
verlassen hatte, als er das Geklirr der zerbrochenen Ketten
vernahm, womit eine große Nation den größten europäischen
Königsthron in Trümmern schlug. – Er hatte der untergehen-
den Republik ein Verbrechen erspart – das er die keimende
vielleicht bloß deswegen begehen ließ, weil er noch die Möglichkeit sah, daß die große Sünde durch große Tugenden gutge-
macht werden konnte – weil er, wenn er hier auch freiheitstau-
melnde Sklaven sah, dort Heere von Männern blickte – die für
seine Gottheit – kämpften – für die Freiheit ihr Blut in Ströme
vergossen. Wie hätte er nicht sollen mit den Franken größeres
Mitleid haben, als er mit den Römern hatte? Jene mußten mit
allen Lastern und Schwachheiten kämpfen, in denen sie von
dem Königtum erzogen waren, diese hatten aller Tugenden
entsagt – die sie die Republik gelehrt hatte.
Die Streitfrage zwischen dem größern Vorteil des Königtums
und des republikanischen Systems für das Wohl der Menschheit
ist durch einen einzigen charakteristischen Zug, den uns die

Geschichte des Falls der römischen Republik und die
Geschichte der fränkischen Revolution darbietet, auf immer
entschieden. Rom, als es nicht mehr fähig war, die Freiheit zu
ertragen, war wenigstens noch groß genug, um sich zu den
Füßen eines großen Mannes, eines Cäsars, niederzuwerfen –
Frankreich, als es in einer Explosion seiner Willenskraft das
Königtum niederwarf, trat so vernachlässigt, so verdorben aus
den Händen desselben, daß eine große Volksmasse von den
Giftbissen eines tollen Hundes, von den Konzeptionen eines
Marats die Gründung der Republik erwartete. Das entartete
Kind der Freiheit, ist es nicht, selbst noch in seiner Entartung,
in seiner höchsten Verdorbenheit, größer, als der Pflegsohn des
Königsdespotism in den ersten Augenblicken seines Eintritts in
die Welt sich zeigte? Jenes sank, von den großen Taten vieler
Jahrhunderte gleichsam entkräftet, in die Arme des Despotism
zurück – dieser, über eine tausendjährige harte Minderjährig-
keit errötend, überläßt sich den wildesten Ausbrüchen – seine
heimtückischen Gegner nehmen den verzeihlichen Taumel gewahr, messen mit teuflischem Kalkül die schlechte Erziehung
auf der einen, die Stärke des Willens auf der andern – diese
durch jene zu zernichten – eine Kraft, die Rom zu drei Jahrhunderten republikanischer Größe anwandte, an Kindereien,
Tollheiten, Blutszenen und Proskriptionen – an jenen Konvulsionen daraufgehen zu machen, denen unmittelbar der Tod der
Freiheit folgt – dies war der wohldurchdachte, lange genug mit
unerhörtem Glück ausgeführte, mit Hülfe des Auslands und
den fürchterlichen Nachwehen des alten Regiments lange genug
ungestraft verfolgte – und endlich, wolle der Himmel – auf
immer gescheiterte Plan einiger Bösewichter!« (V 99–101.)
185 Original: sämtliche Marter; V 101.
186 (lat.) Auftraggeber.
187 »laut verabscheute« ist Zufügung von Justinus Kerner.
188 Lux, Forster und Patocki sollten im Auftrag der Mainzer
    Republik deren Anschluß an die Französische Republik er-
    klären.
189 Original: als; V 102.
190 Original: den Tyrannen; V 102.
191 Im Original folgt der Satz: »Allein es war zu erwarten, daß
    republikanische Kinder, daß Freigelasene, die noch an allen
    Vorurteilen der Sklaverei und an jener Seelenerschlaffung krank
    lagen, die der Despotism zeugt, eine Handlung nicht begreifen

würden, die den vollkommensten Republikaner verriet und nur von Republikanern erkannt werden konnte.« (V 102.)

192 Original: Verhaftnehmung; V 102.

193 Im Original folgen die Sätze: »>Spart euch‹, sagte er mir, indem er von seinen Freunden sprach, ›spart euch für bessere Zeiten‹ auf. Zeuge so vieler Ereignisse, benutze diese Gelegenheit, um Erfahrungen zu sammlen, die einst euren Mitbürgern nützlich werden können.‹ Niemals werde ich diese Worte vergessen – und deinem geheiligten Schatten, unvergeßlicher Freund, schwöre ich es zu, daß ich niemals aufhören werde, den Despotism unter allen seinen Masken zu bekämpfen.« (V 102.)

194 Original: verwunden; V 103.

195 Original: gerechtesten; V 103.

196 Original: das; V 103.

197 Original: der; V 104.

198 Original: nach dem allgemeinen; V 104.

199 François Chabot (1759–94), französischer Kapuziner und Anhänger der Revolution, Mitglied des Konvents und des Sicherheitsausschusses, heiratete die Schwester des österreichischen Bankiers Junius Frey; wurde am 5. April 1794 guillotiniert.

200 Original: »[...] damals, vermutlich wegen der spanischen Verwandtschaft, das [...]«. (V 104.)

201 Nach frz. *faction* ›umstürzlerische Partei, Clique‹; vgl. Anm. 169.

202 Original: Bonzen; V 104.

203 (frz.) Untersuchungshaft, Gefängnis.

204 Francisco de Miranda (1756–1816), venezolanischer Unabhängigkeitskämpfer, nach Teilnahme am nordamerikanischen Unabhängigkeitskrieg wurde er 1792 Brigadegeneral unter General Dumouriez in den französischen Revolutionskriegen gegen Preußen, führte danach ein wenig erfolgreiches Kommando in Belgien; deshalb und wegen Verdacht der Komplizenschaft mit dem geflohenen Dumouriez (vgl. Anm. 251) inhaftiert und vor das Revolutionstribunal gestellt, wurde er dank seiner Kaltblütigkeit und der beredten Verteidigung freigesprochen. Miranda kämpfte später gegen die Spanier in Venezuela, wurde 1811 Oberbefehlshaber, mußte 1812 kapitulieren und wurde den Spaniern ausgeliefert; starb im Gefängnis.
Jacques-Bernard-Marie Montanée (1766–1833), Mitglied des Konvents, General, Präsident des ersten Revolutionstribunals.

204a Vergil, *Aeneis*, Buch 2, V. 61 f. »[...] in utrumque paratus, /
seu versare dolos seu certae occumbere morti« (»[...] zu
beidem gerüstet: / Ränke zu spinnen – wo nicht, zu erliegen
dem sicheren Tode«; übers. von Wilhelm Hertzberg).

205 Im Original geht der Satz weiter: »[...] an – womit der
Despotism durch den Fanatism von Tag zu Tag mehr die
Gefängnisse bevölkern ließ.« (V 104 f.)

206 Pierre-Victurnien Vergniaud (1753–93), Advokat in Bordeaux,
1791 Deputierter in der Gesetzgebenden Versammlung und des
Nationalkonvents als Parteigänger der Girondisten. Mit dem
Sturz der Gironde geriet Vergniaud in Gefangenschaft und
wurde am 31. Oktober 1793 guillotiniert.
Charles-Eléonor Dufriche de Valazé (1751–93), Advokat in
Alençon, 1792 als Anhänger der Girondisten Mitglied des
Konvents, am 28. Juli angeklagt, verübte er am 30. Oktober
1793 vor dem Tribunal Selbstmord.

207 Im Original folgt der in Klammern gestellte Zusatz: »(und der
Unsterblichkeit)«; V 105.

208 Original: das Schafott; V 105.

209 Original: die; V 105.

210 Das ehemalige Kloster der Feuillants, eines Zweiges des Zister-
zienserordens, diente während der Revolution 1790 als Versammlungsstätte einer politisch konservativen Gruppe, die eine
gemäßigte royalistische Verfassung nach englischem Vorbild
anstrebte. Auf Drängen der Jakobiner wurde ihnen das Lokal
am 27. Dezember 1791 verboten.

211 Vgl. Anm. 91.

212 Die Kleidung der Jakobiner bestand aus langen Hosen (pantalons), einer kragenlosen Jacke (carmagnole) und der phrygi-
schen Mütze. Diese rote, spitzige Mütze der 1792 in Marseille
befreiten Galeerensträflinge wurde in der Französischen Revolution die charakteristische Kopfbedeckung und das Freiheits-
symbol der Revolutionäre. Der kurze Haarschnitt entstand aus
Opposition gegen die Perücken des Ancien Régime; vgl.
Anm. 99.

213 (frz.) Gefängniswärter.

214 Offiziöses Publikationsorgan der Bergpartei; vgl. Anm. 169.

215 Georg Christian Wedekind (1761–1831), Arzt und Publizist der
Mainzer Jakobiner; 1780 Arzt in Uslar, 1782 in Diepholz, 1787
Arzt des Kurfürsten und Professor an der Universität Mainz;
Anhänger der Französischen Revolution, unterstützte die Be-

setzung von Mainz durch die französische Revolutionsarmee unter General Custine im Oktober 1792, gab die Zeitung *Der Patriot* heraus und förderte den Anschluß des neuen, durch den rheinisch-deutschen Nationalkonvent repräsentierten Staats an die französische Republik. Vor der Einnahme von Mainz durch die deutschen Truppen ging Wedekind nach Landau, dann nach Straßburg, wo er die Direktorialregierung befürwortete; 1797 unter Napoleons Konsulat wieder in Mainz, wo er sich um die Verbesserung der Krankenpflege bemühte, 1808 Leibarzt des Großherzogs von Hessen in Darmstadt, 1809 zum Freiherrn ernannt.

216 Jean-Charles Thibault de Laveaux (1749–1827), Humanist und Jurist, Professor für französische Sprache in Basel, Stuttgart, Berlin; leitete 1791/92 in Straßburg den *Courrier de Strasbourg*, während der Schreckensherrschaft redigierte er das *Journal de la Montagne* und trat ins Büro der Seine-Präfektur ein, wo er Generalinspektor der Gefängnisse und Herbergen wurde; verfaßte zahlreiche Schriften und Wörterbücher.

217 Im Original folgen die Sätze: »Wahrlich, wenn dieser einzige Zug nicht hinreicht, die damalige wahre Lage Frankreichs zu schildern, so muß ich mich sehr irren. – Um einen Republikaner gegen Ketten und Tod zu schützen – wußte man damals kein besseres Mittel, als ihn für einen Narren passieren zu machen. *Brutus* wollte es scheinen – solang die Tarquinier lebten – aber er bedurfte der Maske nicht mehr, als Rom Republik war. Die Tarquinier lebten demnach in Frankreich, sobald ein Republikaner die Maske des ältern Brutus bedurfte – und derjenige, der sie ihm reichte, gestand stillschweigend, daß die Tarquinier, das heißt die Tyrannen, die Könige, herrschten.« (V 106.)

218 Lucius Iunius Brutus, der sich unter der Königsherrschaft als Narr getarnt hatte, verjagte den letzten römischen König Tarquinius Superbus und wurde 509 v. Chr. erster Konsul Roms.

219 Im Original folgt der Satz: »Von dem Tag an, wo Lux das Schicksal von Mainz erfuhr, war er fest entschlossen, diese Katastrophe seines Vaterlands nicht zu überleben – und er machte sich damals mehr als jemals mit der Idee vertraut, den Tod des Cato zu sterben, wenn ihn die Tyrannen nicht morden würden.« (V 106.)

Am 23. Juli 1793 kapitulierten die Jakobiner von Mainz vor den royalistischen Verbündeten. Zu Cato s. Anm. 163.

220 »äußerst« ist Zufügung von Justinus Kerner.

221 Original: Nachricht; V 106.

222 Original: offen; V 106.

223 Nicolaus Vogt (1756–1836), Historiker und Politiker aus Mainz, seit 1784 Professor der Geschichte in Mainz, verließ Mainz während der französischen Besetzung unter General Custine (vgl. Anm. 165); 1797 folgte er der kurfürstlichen Regierung nach Aschaffenburg; unter Dalberg (s. Anm. 224) wurde er Kurator des Schulwesens und Geheimer Legationsrat im Außenministerium des Großherzogtums Frankfurt a. M.; verfaßte u. a. *System des Gleichgewichts und der Gerechtigkeit* (1802).

224 Karl Theodor Anton Maria Dalberg, Reichsfreiherr (1744 bis 1817), letzter Kurfürst von Mainz und Erzkanzler des Reichs, seit 1787 Koadjutor des Kurfürstentums Mainz, 1802 Kurfürst und Erzkanzler; später Anhänger Napoleons, 1813 Verlust aller Landesherrschaften. Tolerant und freisinnig, war Dalberg ein vielseitiger Anreger der Wissenschaften und Künste.

225 Im Original folgt der Satz: »Nachdem die Verräter dem Ausland die 21 versprochenen Republikanerköpfe mitten unter dem Jubel des freien Pariser Volks gebracht hatten – so war ihnen nun jedes Verbrechen erlaubt – jede Greueltat konnte öffentlich begangen werden – wofern man nur zu den auserwählten Patrioten gehörte und der Sache selbst einen andern Namen zu geben wußte.« (V 107.) Kerner bezieht sich auf die am 31. Oktober 1793 erfolgte Hinrichtung der Girondistenführer; vgl. Anm. 206.

226 In Jemappes (Belgien) siegte am 6. November 1792 die französische Revolutionsarmee unter General Dumouriez (s. Anm. 251) über die Österreicher.

227 Original: lange; V 108.

228 Im Original heißt es weiter: »[...] Rednerbühne, wo man noch die Worte ›Es lebe die Freiheit und die Republik‹ ruft und dann in die Wohnungen der Sidneys, der Barnevelt und der Vergniauds tritt. So starb ein Mann, dessen Leben eine Reihe von Tugenden war, in Frankreich beinahe in dem nämlichen Augenblick auf dem Schafott, wo die Königssoldaten seine Wohnung in Flammen setzten und in Teutschland auf seinem Namen das Anathem eines gefürsteten Priesters ruhte – ein Anathem, das die Priester mit der roten Kappe – zu Paris vollstreckten. Ja, dieser unsichtbaren Kette, die von hier bis in den fernen

Osten und Norden reichte und deren drei andere Enden noch in den drei Werkstätten aller Bubenstücke befestigt sind, wo die ganze Kette aus den Materialien geschmiedet wurde, die man aus der Hölle entlehnt zu haben scheint – dieser unsichtbaren Kette, bestimmt, Europa fester als jemals an den Thron des Königsdespotism anzufesseln, dieser Kette, deren unzählige Ringe die unzähligen Verbrecher, Dummköpfe und Fanatiker sind, die ein verdorbener Weltteil mitten unter seinen gerühmten, gleich sehr verdorbenen Verfassungen aufkommen und reifen ließ, dankst auch du, unvergeßlicher Freund, wie so viele andere Söhne der republikanischen Freiheit deine Zernichtung – deine physische Zernichtung, sage ich – denn du bist nicht für diejenige gestorben, die zum Schrecken des gekrönten Verbrechens und der geweihten Vorurteile fortfahren werden, die Sache zu verteidigen – für die du geblutet hast. Auf dem Altar, den sie dir in ihrem Herzen errichtet haben, schwören sie es den unsichtbaren Göttern, den abgeschiedenen Seelen aller großen Republikaner zu – der Wut des Despotisms, seinen Dolchen und Ketten zu trotzen und selbst des Giftbechers nicht zu achten – den ihnen einst vielleicht zum Lohn – die Undankbarkeit reicht.« (V 108 f.)

Algernon Sidney (1622–83), englischer Staatsmann, im Bürgerkrieg auf der Seite des Parlaments, bekämpfte nach der Restauration der Stuartherrschaft die Thronfolge Karls II. (1660–85) durch den Katholiken Jakob II. (1685–88); er wurde aufgrund von Verleumdung des Hochverrats angeklagt und am 7. Dezember 1683 hingerichtet.

Jan van Oldenbarneveldt (1547–1619), niederländischer Staatsmann, Gegner des Moritz von Oranien. Ursache von Oldenbarneveldts Verhaftung und Hinrichtung am 13. Mai 1619 war die von ihm veranlaßte Aufstellung von Polizeitruppen, die gegen die Utrechter Union (die 1579 geschlossene engere Union der nördlichen niederländischen Provinzen) verstieß.

Zu Vergniaud s. Anm. 206.

Der »gefürstete Priester« ist Friedrich Karl Joseph, Freiherr von Erthal (1719–1802), seit 1774 Erzbischof und Kurfürst von Mainz, mußte 1792 vor den französischen Revolutionsheeren flüchten, verlor im Frieden von Lunéville (1801) den linksrheinischen Teil seines Erzbistums an Frankreich.

Die »Priester mit der roten Kappe« sind die Jakobiner; vgl. Anm. 94 und 212.

229 Justinus Kerner referiert den Brief Georg Kerners an Johann
Gotthard Reinhold vom 2. Oktober 1795; vollständig ist dieser
Brief abgedruckt bei W 149–155 und V 436–444.

W 96 f. charakterisiert Justinus Kerners Bearbeitung: »Er erzählt von der Unterredung Georgs mit dem Geheimsekretär
Schwab nach einem Brief des ersteren an Reinhold, und von
den Abenteuern, welche Georg bei der Rückkehr in die
Schweiz zugestoßen, nach einer Familien- oder Lokaltradition.
Es ist ihm dabei entgangen, daß Georg gegen Ende des Jahres
1794 zweimal nach Württemberg gekommen, und daß die
Unterredung mit Schwab der ersten, jene Abenteuer aber der
zweiten Exkursion angehören. Durchaus ungenügend sind
sämtliche Abschnitte in Justinus Kerners Buch, welche von der
diplomatischen Karriere des Bruders handeln.«

230 Camille Desmoulins (1760–94), Advokat in Paris, publizierte
1789 die Schrift *La France libre* und stachelte die Menge zum
Bastillesturm auf, gab die Zeitschrift *Révolutions de France et
du Brabant* (1789/90) heraus. Mitglied des Nationalkonvents,
gründete er zusammen mit Danton den Klub der Cordeliers
(s. Anm. 169), agierte gegen die Girondisten, vertrat danach
jedoch einen gemäßigten Kurs und wandte sich gegen die
Schreckensherrschaft Robespierres. Der Wiederherstellung der
Monarchie angeklagt, wurden er und Danton verhaftet und am
5. April 1794 guillotiniert.

Georges-Jacques Danton (1759–94), Advokat am königlichen
Rat in Paris (1785–91), bereitete den Tuileriensturm (10. August 1792) vor, wurde kurzzeitig Justizminister, organisierte
den Widerstand gegen die bereits in Frankreich eingedrungenen
Armeen der Verbündeten und der Emigrierten sowie die be-
rüchtigten Septembermorde. Als Mitglied des Nationalkonvents rief er am 9. März 1793 das spätere Revolutionstribunal
ins Leben. Als Führer der gemäßigten Jakobiner geriet er seit
Ende 1793 in Gegensatz zu Robespierre, auf dessen Betreiben
er am 31. März verhaftet und am 5. April 1794 guillotiniert
wurde.

231 Vgl. Anm. 105.

232 Theobald Jakob Justius Bacher (1748–1813), französischer
Geschäftsträger in Basel; Sekretär Barthélemys.

François, Marquis de Barthélemy (1747–1830), seit 1768 im
diplomatischen Dienst, 1791 bevollmächtigter Gesandter in der
Schweiz; 1797 Mitglied des Direktoriums, wurde er bereits im

September 1797 gestürzt und nach Guyana deportiert, von wo er nach England fliehen konnte. Napoleon berief ihn 1799 zum Vizepräsidenten des Senats. In der Restaurationsepoche wurde er 1815 Pair, Staatsminister und Marquis.

233 Im Brief Georg Kerners an Reinhold vom 2. Oktober 1795; W 150 f., V 438 f. Die folgenden Ausführungen von »der Sache der Freiheit« bis »kein Abschied von dem Vater mehr« referieren Georg Kerners Brief.

234 Der 28. Juli 1794. Thermidor war der 11. Monat im Revolutionskalender. Am 10. Thermidor wurden Robespierre und seine engsten Anhänger guillotiniert.

235 Im Original lautet der entsprechende Passus: »Der 10. Thermidor war damals schon vorüber – unsere Heere flogen von einem Sieg zu dem andern – einige Freunde drangen in mich, nach Wirttemberg zu reisen: ich wagte es, endlich dahin abzureisen, um wiederum meine Familie zu sehen: ich ward von meinem Vater kalt aufgenommen – der Herzog erklärte, daß er aus Achtung für seine Verdienste meinen Aufenthalt ignorieren wollte: ich ward äußerst gut von dem damaligen Minister Kniestädt – von mehrern Mitgliedern der Regierung, der Landschaft und einer Menge Privatleute empfangen, und predigte mit Erfolg das Neutralitätssystem. Vierzehn Tage waren verflossen – ich lebte glücklich an Augustens Seite, die grade in Ludwigsburg bei ihren Verwandten war – glücklich in dem Schoß meiner Familie – der 17. Tag war zur Abreise bestimmt, mit meinem Vater war ich versöhnt und stand öffentlich mit ihm auf dem besten Fuß.« (W 150 f., V 438 f.)

Eberhard von Kniestedt (1725–94), seit 1766 wirklicher adeliger Geheimer Rat unter Herzog Carl Eugen, 1767 entlassen, 1775 wieder in württembergischem Dienst, seit 1777 Staatsminister, Kammerpräsident, 1792 abermals entlassen, 1794 unter Herzog Ludwig Eugen wieder Kammerpräsident; er starb nicht lange nach der Unterredung mit Georg Kerner, am 14. November 1794.

Auguste Breyer (gest. 1806) war Georg Kerners Verlobte.

Das »Neutralitätssystem« bezweckte den Austritt Württembergs aus der antifranzösischen Koalition.

236 Johann Christoph Schwab (1743–1821), Professor der Philosophie an der Carlsschule, Geheimer Sekretär mit Rang und Charakter eines Hofrats seit 1785, 1794 als Geheimer Hofrat im

Geheimen Kabinett; galt als das Faktotum des Herzogs Ludwig Eugen.

237 Im Original Georg Kerners heißt es: »Am 14. Tage hatte ich eine Audienz bei dem Herzoglichen Geheimen Sekretär Schwab, der von dem Herzog expresse Erlaubnis dazu verlangt und erhalten hatte. Am Ende der Unterredung, wo ich in eben dem Moment mit Eifer auf Versöhnung mit Frankreich drang, wo der kaiserliche Gesandte Graf Lehrbach in einem andern Teil des Schlosses ein entgegengesetztes System dem fürstlichen Ohr selbst, von Pfaffen und fanatischen Weibern unterstützt, mit besserm Erfolg vorpredigte – am Ende dieser langen Unterredung fragte mich endlich der herzogliche Diener, ob es nicht möglich, daß der Konvent den Knaben Ludwig d. 16. als Ludwig d. 17. auf den Thron setzen könnte – ich lachte, zeigte auf die Sonne und fragte ihn, ob er wohl glaube, daß sie sich freiwillig in den Mond verwandeln werde – und damit hatte unsre Unterredung ein Ende.« (W 151, V 439.)
Ludwig Conrad Graf Lehrbach (1750–1805), Staatsmann, aus hessischem Geschlecht in österreichischem diplomatischem Dienst; 1789 in den Niederlanden, 1792 österreichischer Gesandter in München, von wo aus er die kleineren deutschen Höfe bewegen sollte, sich zu einem Kriege gegen das republikanische Frankreich zu rüsten. Besonders schwer war der Schwäbische Kreis zur Rüstung seines Kontingents zu bringen. Nach 1795 (Friede von Basel) war er Gesandter in Berlin, Regensburg und Basel. Gegner Napoleons, war er zunächst die rechte Hand des österreichischen Außenministers Franz Maria Thugut, nach dem Lunéviller Frieden (1801) mußte er auf Forderung Napoleons Österreich verlassen; er starb in der Schweiz.

238 In Georg Kerners Original wird diese Emigrantin als »die rechte Hand der an Östreich verkauften Beichtväter« charakterisiert; W 151, V 439.

239 (frz.) Postenkette.

240 Landschaft in Südbaden.

241 Paulus Usteri (1768–1831), schweizerischer Arzt, Botaniker, Politiker und Publizist; vgl. über ihn Wilhelm Oechsli, in: *Allgemeine Deutsche Biographie* 39 (1895) S. 399–408; gab verschiedene Zeitschriften heraus: *Klio* (1795–97), *Beiträge zur französischen Revolution* (1795–96), *Humaniora* (1796–98), *Der schweizerische Republikaner* (1798–1801).

242 Prärial, Prairial, der »Wiesenmonat« im Kalender der ersten

französischen Republik, dauerte vom 20. Mai bis zum 18. Juni. Der 1. Prairial war demnach der 20. Mai 1795, an dem ein jakobinischer Aufstand niedergeschlagen wurde.

243 Ernst Ludwig (Louis) Friedrich Kerner (7. Oktober 1773 bis 19. Februar 1837), 1794 Magister, 1803 Garnisonspfarrer auf dem Hohenasperg, 1808 Pfarrer in Enzweihingen, 1813/14 in Gochsen, 1823 in Unterlenningen, 1828 in Hohenmemmingen.

244 Vgl. Anm. 21.

245 (frz.) Kontor, Geschäftsraum eines Kaufmanns.

246 (frz.) Abzeichen an Uniformmützen. Die französische Nationalflagge (Trikolore) mit den Farben blau-rot-weiß entstand am 17. Juni 1790, als Ludwig XVI. die rot-blaue Kokarde der Pariser Aufständischen entgegennahm und sie mit seiner weißen Kokarde verband. Seit 1793 erscheint die Trikolore in der Anordnung blau-weiß-rot in senkrechter Streifung.

247 (frz.) »Es lebe die Freiheit! Es lebe die Nation!«

248 Carl Kerner (7. März 1775 – 12. April 1840) war 1787–93 Carlsschüler; seit 1. Oktober 1794 Unterleutnant bei der herzoglich-württembergischen Artillerie; 1807 Oberstleutnant, 1812 Teilnahme am Rußlandfeldzug, 1817 Geheimrat, provisorischer Minister des Innern, Leiter des Berg- und Hüttenwesens in Württemberg. Vgl. Robert Uhland, »Karl Freiherr von Kerner. Offizier, Techniker, Erneuerer des württembergischen Berg- und Hüttenwesens«, in: *Ludwigsburger Geschichtsblätter* 29 (1977) S. 5–68.

249 (lat.) »Einst den Musen, nun den Maultieren geweiht«; vgl. Anm. 33.

250 Louis-Joseph de Bourbon, Prince de Condé (1736–1818), seit 1756 in der französischen Armee, trat 1771 gegen die Reorganisation der Parlamente ein und protestierte 1787 gegen die Verletzung der Privilegien von Adel und Klerus. 1789 verließ er Frankreich und stellte in Deutschland auf eigene Kosten ein Emigrantenheer auf, mit dem er bis zum Frieden von Lunéville (Februar 1801) gegen die französische Revolutionsarmee kämpfte. Nach der Rückkehr (1814) aus dem englischen Exil erhielt er unter Ludwig XVIII. die frühere Position wieder.

Louis-François-Joseph, Prince de Bourbon-Conti (1734 bis 1814), emigrierte 1789, kehrte jedoch 1790 zurück. 1793 wurde er verhaftet, 1795 entlassen und nach dem 4. September 1797 verbannt. Mit seinem Tod in Barcelona erlosch die legitime

Linie des Hauses Conti, eines Nebenzweiges des bourbonischen Hauses Condé.

Louis-Antoine-Henri de Bourbon, Duc d'Enghien (1772–1804), verließ 1789 Frankreich und trat 1792 in das Emigrantenkorps seines Großvaters Louis-Joseph de Condé ein, wurde auf Befehl Napoleons im badischen Ettenheim widerrechtlich festgenommen, fälschlich einer Verschwörung gegen Napoleon angeklagt und in Vincennes am 20. März 1804 erschossen, obwohl er den Verdacht einer Teilnahme am Komplott entkräften konnte. Den Grund seiner Erschießung fand das Kriegsgericht in der Tatsache, daß er Waffen gegen Frankreich getragen und um englische Dienste nachgesucht habe.

Die Herzogin de Liancourt war die Gemahlin des monarchistischen Herzogs François-Alexandre-Frédéric de Larochefoucauld-Liancourt (1747–1827).

Zum Grafen von Artois vgl. Anm. 79.

251 Ludwig Philipp (Louis-Philippe, 1773–1850), Anhänger der Revolution, im Dienste der Revolutionsarmee unter General Dumouriez, mit dem zusammen – einer drohenden Verhaftung zu entgehen – er am 4. April 1793 zu den Österreichern überging. Bis zum Sturze Napoleons bereiste er Europa und Amerika, unter Ludwig XVIII. erhielt er 1814 die alten Güter und Titel zurück. Nach der Julirevolution wählte ihn die Kammer zum Regenten, 1830–48 regierte er als »König der Franzosen« (»Bürgerkönig«). Sein Vater, Herzog Louis-Philippe d'Orléans (1747–93), war Freimaurer, Anhänger der nordamerikanischen Freiheitsideen und Parteigänger der radikalen Gruppen der Revolution. Vater und Sohn nahmen nach den Ereignissen vom 10. August 1792 den bürgerlichen Namen »Egalité« an. Trotz Mitwirkung in der Nationalversammlung und im Nationalkonvent auf der Seite der Bergpartei blieb der ehemalige Herzog den Jakobinern suspekt. Nach der Flucht seines Sohnes zu den Österreichern wurde er inhaftiert, vom Revolutionstribunal verurteilt und am 6. November 1793 guillotiniert.

Charles-François Duperrier, gen. Dumouriez (1739–1823), französischer General; seit 1757 in französischem Armeedienst, während der Revolution Anhänger einer konstitutionellen Monarchie, 1792 Minister des Auswärtigen und Kriegsminister, erhielt im August 1792, nach der Flucht Lafayettes (s. Anm. 98), den Oberbefehl über dessen Armee, befehligte bei Valmy (20. September 1792) und siegte am 6. November 1792

bei Jemappes über die Österreicher. Er versuchte das Königtum
– auch über Verhandlungen mit der österreichischen Generalität – zu retten und die Jakobinerherrschaft zu beenden. Da
seine Truppen seine konterrevolutionären Pläne nicht unter-
stützten, floh er am 4. April 1793 zu den Österreichern. Er
lebte hernach an verschiedenen Orten (Hamburg, London)
unter wechselnden Namen vom Ertrag seiner Schriftstellerei;
später erhielt er eine englische Pension.

252 (frz.) Abenteurer, Glücksritter.

253 Friedrich Paul Wilhelm, Herzog von Württemberg (1797 bis
1860), Naturforschender und Reisender.

254 Karl Friedrich August von Stedingk, seit 1797 Hofoberforst-
meister in Ludwigsburg.

255 Zur Markung Asperg gehörige Waldung; 1750–61 existierte
dort eine Fasanerie.

256 Oberst im Husarenregiment von Bouwinghausen; starb am
19. März 1789 in Ludwigsburg; nach dem Bericht in der *Schwäbischen Chronik auf das Jahr 1789*, Nr. 35 vom 23. März, S. 69.

257 Ursprünglich im Besitz der Grafen von Calw. Die Herrschaft
Asperg kam 1308 durch Kauf in den Besitz des württembergi-
schen Grafen Eberhard des Erlauchten, der die durch Konrad
von Weinsberg 1312 zerstörte »Stadt und Burg« wieder aufbau-
te und vergrößerte. Herzog Ulrich von Württemberg baute den
Hohenasperg nach 1535 zur eigentlichen Festung aus. Seit
Mitte des 18. Jh.s wurde die Festung als württembergisches
Staatsgefängnis benutzt. Bekannte Gefangene waren: Josef
Süß-Oppenheimer 1737/38, Oberamtmann Johann Ludwig
Huber 1764, Sängerin Marianne Pirker 1756–64, Friedrich
Daniel Schubart 1777–87, Friedrich Freiherr Oberst von Wolf
(s. Anm. 485), General Ferdinand Bilfinger (s. Anm. 486),
Friedrich List 1824, Berthold Auerbach 1837, Theobald Kerner
1848/49. Vgl. dazu *Asperg. Ein deutsches Gefängnis*, [...]
zsgest. von Horst Brandstätter, Berlin 1978.

258 Vgl. Anm. 18.

259 Friedrich Wilhelm Karl (1754–1816), Neffe Herzog Carl
Eugens, 1797–1803 Herzog, 1803–06 Kurfürst, 1806–16 König
(Friedrich I.); vergrößerte als Parteigänger Napoleons den
Herrschaftsbereich Württembergs auf mehr als den doppelten
Umfang. Friedrich I. ging nach der Völkerschlacht von Leipzig
zu den Verbündeten über, erreichte die Gewährleistung seiner
Besitzungen im Vertrag von Fulda (2. November 1813).

260 Friedrich Karl Wilhelm (1781–1864), seit 1816 König (Wilhelm I.); zu Friedrich Paul Wilhelm s. Anm. 253.

261 Friedrich Freiherr von Maucler (1735 Stettin – 1791 Ludwigsburg); General, Oberhofmarschall, Gouverneur der Söhne des Prinzen Friedrich Eugen (der ältere Sohn der nachmalige König Friedrich I.); Grabmal auf dem »Alten Friedhof«.

Sein ältester Sohn ist Paul Friedrich Theodor Eugen Freiherr von Maucler (1783–1859), Jurastudium 1799–1803 in Tübingen, Gießen und Wetzlar, seit 1803 im Staatsdienst, 1808 Kreishauptmann in Ludwigsburg, 1810 Obertribunal in Tübingen, 1811 Landvogt in Calw, 1812 Chefdirektor des Kriminaltribunals in Esslingen, 1816 Hofkammerpräsident und Oberhofintendant, 1817 Geheimerat, 1818 Justizminister, 1831 Geheimeratspräsident, 1848 pensioniert; Maucler hatte sich besonders um das Verfassungswerk von 1817 verdient gemacht.

262 Joseph-Hubert Perneaux (geb. 1772), Porzellanmaler in Ludwigsburg, um 1790 an der Manufaktur in Nyon tätig; Sohn des Porzellandrehers Jean Perneaux (gest. 1795 in Ludwigsburg), der seit 1762 Oberdreher an der Manufaktur Ludwigsburg war. Die 1737 von privater Seite errichtete Porzellan- und Fayencefabrik wurde 1758 von Herzog Carl Eugen auf Staatskosten übernommen; 1824 wurde die Fabrik aufgehoben.

263 Ludwig XV. (1710–1774), Urenkel Ludwigs XIV., seit 1715 König von Frankreich; bekannt für seine Mätressenwirtschaft (Marquise de Pompadour, Gräfin Du Barry).

264 Das Schloß von Versailles war ursprünglich ein Jagdschloß König Ludwigs XIII., von Ludwig XIV. 1661–89 zur Residenz der französischen Könige bis zur Französischen Revolution ausgebaut.

265 Vgl. Anm. 35.

266 (frz.) eigtl.: kunstvolle Gestaltung eines Faltenwurfs, hier: Faltendecke.

267 In den Ludwigsburger Schloßanlagen – an der Stelle des 1804 angelegten Schlüsselsees – ließ Herzog Carl Eugen in der Zeit vom 8. November 1764 bis zum 11. Februar 1765, dem Datum seines Geburtstages, ein verschwenderisch ausgestattetes Opernhaus errichten; 1801 ließ Herzog Friedrich den Holzbau abbrechen.

268 Bei Stuttgart gelegenes, 1763–67 auf Geheiß Herzog Carl Eugens von Philippe de la Guêpière (1715–73; 1752–68 Ober-

baudirektor) errichtetes Lustschloß; in den Jahren 1770–75 Sitz der Hohen Carlsschule.

269 Veredelungsverfahren an Gehölzen. Ein Stück Rinde mit Einzelknospe (hochwertiger Sorte) wird unter die aufgeschnittene Rinde der weniger wertvollen Pflanze geschoben, wo sie verwächst.

270 Jakob Friedrich Heuglin (1750–1832), Kanzleiadvokat, wird 1777 Nachfolger seines Vaters als Amtsschreiber in Ludwigsburg; Schwager des Stadtschreibers Thomas Friedrich Schönleber (s. Anm. 276).

271 Vgl. Anm. 40.

272 Der Berater der ›Landschaft‹ und der ständigen Ausschüsse in Rechtsangelegenheiten. Die ›Landschaft‹ bestand aus gewählten Abgeordneten der württembergischen Städte und Dörfer.
Johann Georg Kerner d. J. (1752–1804), 1792 Lizentiat, 1792–96 Stadtschreiber in Ludwigsburg, 1796 Landschaftskonsulent in Stuttgart.

273 Ernst Benoni Mutschler (1736–1800), 1756 Magister, seit 1764 zweiter Diakon, seit 1780 erster Diakon in Ludwigsburg, 1797 Dekan in Kirchheim (Teck).

274 Vinzenz Prießnitz (1799–1851), Landwirt und Naturheilkundiger im schlesischen Gräfenberg, gründete 1831 eine Kaltwasser-Heil- und Badeanstalt. Seine zwischen 1815 und 1835 entwikkelte Naturheilmethode über die Anwendung kalten und warmen Wassers, körperlicher Bewegung und einfacher Ernährungsweise gilt als Vorstufe der modernen physikalisch-diätetischen Therapie.

275 Johann Heinrich Müller (1729–63), Sohn des Hoftraiteurs Johannes Müller, Parforcereiter, seit 1755 herzoglicher Stallmeister, heiratete 1757 Euphrosyna Ludowika, die Tochter Johann Georg Kerners. Ihre Töchter heirateten 1778 den Stadtschreiber Thomas Friedrich Schönleber und 1780 den Stadtschreiber Jakob Friedrich Heuglin.

276 Thomas Friedrich Schönleber (1756–1809), Sohn des Bürgermeisters Georg Thomas Schönleber (1728–85), 1774 Jurastudium in Tübingen, 1778 Lizentiat und Hofgerichtsadvokat, 1783 Leutnant und Regimentsquartiermeister, 1792 Stadtschreiber in Ludwigsburg.

277 Johann Gottfried Mayer (1741–1807), geboren als Sohn des Diakons in Freudenstadt, Besuch der Klosterschulen Blaubeuren und Bebenhausen, Studium der Philosophie und Theologie

in Tübingen, 1761 Magister, Hofmeistertätigkeit, Vikar in Tailfingen, 1769 Pfarrer in Kilchberg, 1781 zweiter Professor zu Maulbronn und Ortspfarrer, 1781 erster Professor zu Maulbronn, 1801 Dekan der Bebenhäuser Diözese und Pfarrer in Lustnau.

278 Ernst Christoph Joseph Uhland (1758–1837), Sohn des ersten Diakons in Tübingen, 1776 Magister, 1786 Diakon in Balingen, 1797 Dekan und Stadtpfarrer in Brackenheim, 1811 Stadtpfarrer in Großbottwar, 1832 pensioniert.

279 Georg Ludwig Friedrich Schönleber; vgl. Anm. 36.

280 Zu Zilling vgl. Anm. 42.

281 (frz.) »Eure untertänigsten Diener!«

282 (schwäb.) »O Euer Ehrwürden! Ich habe auch schon viel bei Ihnen hinuntergeschlaucht [= getrunken], aber noch nichts wieder hinauf.«

283 Agostino Poli, seit 1762 Violoncellist in der herzoglichen Kapelle, seit 1771/72 Kammermusikus, 1775–94 Konzertmeister; vgl. Anm. 514.

284 Karl Friedrich Kommerell, seit 1800 Bürgermeister in Ludwigsburg.

285 Zu Bouclen s. Anm. 15; zu Haarbeutel s. Anm. 10.

286 Vgl. Anm. 16.

287 Zu Dumouriez und König Philipp vgl. Anm. 251.

288 (frz.) »Ja, Herr General, ich bin gewesen.«

289 Bataillonstrommler.

290 (schwäb.) Beutelmacher.

291 (lat.) Schreiber.

292 (lat.) dunkle Kammer; Lochkamera. Ein verschlossener Kasten, auf dessen Rückwand das durch ein Loch (bzw. Linse) in der Vorderwand einfallende Bild umgekehrt projiziert wird. Anfangs zur Beobachtung von Sonnen- und Mondfinsternissen – noch ohne Linse – verwendet (1321, Levi ben Gerson), führte Johann Baptist Porta 1558 die Linse ein, die zwar schärfere Bilder ermöglichte, jedoch nur die in bestimmten Entfernungen liegenden Objekte erfaßte.

293 Karl Friedrich Kielmeyer (1765–1844), Zögling der Carlsschule, 1790–94 Professor der Zoologie und Chemie an der Carlsschule, seit 1796 Professor der Chemie in Tübingen; widmete sich besonders der vergleichenden Zoologie.

294 Louis-Jacques-Mandé Daguerre (1787–1851), französischer Maler; 1839 Erfindung der ›Daguerréotypie‹, einer Vorstufe

der Fotografie. Daguerre räucherte Silberplatten in Joddämpfen und erzeugte dadurch eine Schicht von Jodsilber, die er in einer Camera obscura belichtete und anschließend Quecksilberdämpfen aussetzte. Da sich diese nur an den belichteten Stellen der Platte verdichten, erzeugen sie ein positives Bild. Jedes neue Bild macht bei diesem kostspieligen Verfahren eine neue Aufnahme nötig.

295 Jodin, Jod, Jode (von griech. *iodes* ›veilchenfarbig‹); 1811 von B. Courtois entdecktes, bei Hitze in violetten Dämpfen sich verflüchtigendes chemisches Element. Das in Algen und Schwämmen enthaltene Jod wurde seit dem Altertum zur Behandlung von Wunden, Hautausschlägen und Geschwulsten verwendet.

296 Von ital. *tarocco*, Kartenspiel für drei Personen mit 78 Karten.

297 Die Brunnenfigur des Herzogs Eberhard Ludwig auf dem Marktbrunnen wurde 1723–28 vom Hofbildhauer Carlo Ferretti (am Hof tätig 1712–37) angefertigt. Der Marktbrunnen selbst wurde nach einem Entwurf Paolo Rettis von Ferretti in Stein gehauen; der Brunnentrog wurde 1728 in der herzoglichen Faktorei zu Königsbronn gegossen.

298 In den *Reiseschatten*, 5. Schattenreihe.

299 Zu Herzog Carl Alexander vgl. Anm. 49. Herzog Carl Alexander starb am 12. März 1737 am Schlaganfall (»Stickfluß«). »Daß er eines gewaltsamen Todes gestorben, davon findet sich nirgends eine Spur als in der Volkssage, deren Entstehung leicht zu erklären ist. Bei der bangen Erwartung der nächstzukünftigen Zeit konnte in manchen Gemütern leicht der Glaube entstehen, daß der schnelle Tod des Herzogs ein Gottesurteil gewesen sei, und so gab beim abergläubischen Volk sich das übrige dann von selbst.« (Karl Pfaff, *Geschichte des Fürstenhauses und Landes Wirtemberg*, Bd. 4, Stuttgart ²1850, S. 222, Anm.) »Die Ärzte erklärten, ein Stickfluß habe ihn getötet. Die Pietisten sahen darin ein Wunder des Himmels, der ihren Verfolger von ihnen rächend hinweggenommen; das fest am Bekenntnis seiner Väter hängende Volk und der Glaube an die Einwirkung finstrer, dämonischer Mächte, der in dieser Zeit selbst die protestantischen Geistlichen beherrschte, umhüllte das Ende des Regenten mit Grauen, und noch heute erzählt der Aberglaube in den Hütten des Landmanns finstere Sagen von einem unheimlichen Gemach und unvertilgbaren Blutflecken im Schlosse zu Ludwigsburg.«

(Wilhelm Zimmermann, *Die Geschichte Württembergs, nach seinen Sagen und Thaten*, Bd. 2, Stuttgart 1837, S. 456.)

300 Oberamtei im württembergischen Neckarkreis, umfaßte die Senke zwischen Schwarzwald und Stromberg (Westteil) mit einem Stück des Enztales.

301 Joseph Friedrich Siegel (1738–1821), 1759 Magister, 1769 Pfarrer in Oberlenningen, 1782 Pfarrer in Lienzingen.

302 Maulbronn war ein 1146 gegründetes Zisterzienserkloster. Herzog Christoph von Württemberg verwandelte die Abtei 1557 in eine evangelische Klosterschule zur Vorbereitung für das Theologiestudium (niederes theologisches Seminar).

303 Ludwig Gottlieb Abel (1782–1852), Kreisbaurat.

304 Christian Gottlob Pregizer (1751–1824), Theologe, gründete die nach ihm benannte pietistische Sekte der Pregizerianer. 1770 Magister, 1777/78 Kollaborateur in Besigheim, 1778–83 Schloßprediger in Tübingen, 1783 Pfarrer in Grafenberg, 1795 Stadtpfarrer in Haiterbach.
Christian Friedrich von Klaiber (1782–1850), Sohn des Pfarrers in Wankheim, 1804 Magister, 1809–29 Professor am Obergymnasium in Stuttgart und Hauslehrer des Prinzen Friedrich von Württemberg, 1829–50 Oberkonsistorialrat und Oberstudienrat, 1844 Titel und Rang eines Prälaten, wirkte an der Gestaltung des Kirchengesangbuchs 1838–40 mit.
Jakob Heinrich Kraz (1780–1814), 1800 Magister, 1810 erster Diakon in Kirchheim (Teck).

305 Christian Friedrich Rümelin (1739–1803), Ochsenwirtsohn aus Nürtingen, 1766 Skribent, Oberamtmann und Keller in Neuenburg, 1773 Hofrat, Obervogt bzw. Oberamtmann in Maulbronn, resignierte 1795. Zu »Keller« s. Anm. 461.

306 (lat.) Fliegenragwurz, eine bis 30 m hohe Orchideenart.

307 (lat.) Gast.

308 Von lat. *dormitorium* ›Schlafsaal, Aufenthaltsraum‹.

309 (ital.-frz.) prächtiger Reiteraufzug, Pferdeschau.

310 Marie-Antoinette (1755–93), Tochter der Kaiserin Maria Theresia, seit 1770 mit Ludwig XVI. verheiratet. Nach dem Ausbruch der Französischen Revolution betrieb sie den – gescheiterten – Fluchtversuch vom 20. Juni 1791. Ihre Förderung der preußisch-österreichischen Invasion machte sie bei den Revolutionären vollends verhaßt. Beim Beginn des Prozesses gegen den König trennte man sie von Ludwig XVI.; sie wurde am

13. Oktober vor das Revolutionstribunal gestellt und am 16. Oktober 1793 guillotiniert.

311 Heinrich Friedrich Zeller (1758–1833), 1779 Magister, 1794 Pfarrer in Wiernsheim, 1814–33 Pfarrer in Derdingen, zugleich Schulkonfessions-Direktor für einen Bezirk Knittlingens.

312 Pulcinella, Polichinelle; die lustige Figur in der italienischen Commedia dell'arte, in der Rolle des possenhaften Dieners.

313 (frz.) Leuchterstuhl oder Leuchtertischchen.

314 Charles de Bonnet (1720–93), schweizerischer Naturwissenschaftler und Philosoph; Hauptwerk *Contemplation de la nature* (2 Bde., 1764/65).
Zu Albrecht von Haller vgl. Anm. 78.
Hermann Samuel Reimarus (1694–1768), Philosoph der Aufklärung; in seinem postum von Lessing fragmentarisch (1774, 1777/78) publizierten Hauptwerk *Apologie oder Schutzschrift für die vernünftigen Verehrer Gottes* übte er von deistischem Standpunkt aus radikale Bibelkritik.

315 Abt Joseph de Laporte, *Reisen eines Franzosen oder Beschreibung der vornehmsten Reiche der Welt*, aus dem Französischen übers. von Chr. August Wichmann und Gustav von Bergmann, 36 Tle., Leipzig 1768–92. Es handelt sich um die Übersetzung des Werkes *Le Voyageur français*, 42 Bde., Paris 1765–95, des Abbé Joseph de la Porte (1713–79), eines Vielschreibers und Kompilators, der in diesen Büchern Extrakte aller bekannten Reisen lieferte.

316 Adolf Friedrich Harper (1725–1806), Landschaftsmaler, Sohn des schwedischen Malers Johann Harper (1688–1742); malte auch die württembergischen Schlösser Ludwigsburg, Solitude, Monrepos u. a. aus. Nach Rückkehr von seiner Studienreise nach Frankreich und Italien wurde er 1756 in den württembergischen Hofdienst aufgenommen, 1759 Hofmaler, 1761 Professor an der Akademie der Künste, 1784 Galeriedirektor, 1797 pensioniert, siedelte nach Berlin um. Goethe äußert sich über Harper in der »Reise in die Schweiz« (1797), Eintrag vom 1. September.

317 »Cimon und Pera«, Gemälde von Gerard van Honthorst (1590–1656). An Theobald Kerner schreibt Justinus Kerner am 29. Januar 1856: »Das schönste Bild war die Darstellung eines greisen Vaters in Ketten, den seine Tochter im Gefängnis säugte, es ist auf Holz gemalt, in goldenem Rahmen, mein Vater schenkte es noch auf seinem letzten Krankenlager seinem Tochtermann Zeller.« (Briefwechsel II, Nr. 780, S. 460.)

318 Herzog Christoph von Württemberg (1515–68), Sohn Herzog Ulrichs, Herzog seit 1550, führte in Württemberg endgültig die Reformation in streng lutherischer Ausprägung durch.
Zu Heinrich Schickhardt vgl. Anm. 56.

319 Zu Hohenheim vgl. Anm. 28.

320 Die Larven der auch Ameisenjungfern genannten libellenartigen Insekten heißen Ameisenlöwen. Sylphiden sind eigentlich weibliche Luftgeister.

321 Günther Graf von Henneberg, Bischof von Speyer (1146–61). Zu Walther von Lomersheim vgl. das Kapitel »Die alte Stiftungstafel des Klosters«, S. 229–232.

322 1124 gestiftetes Kloster der regulierten Augustiner-Chorherren vom Orden des Heiligen Grabes; 1535 säkularisiert, war das Kloster bis 1595, und von 1713 bis 1810 (an Stelle Hirsaus) eine theologische Klosterschule, deren berühmtester Lehrer Johann Albrecht Bengel (1687–1752) in den Jahren 1713–41 war.

323 Georg Christoph Wilhelm Mieg (1763–1819), Sohn des zweiten Diakons in Ludwigsburg, 1784 Magister, 1791–99 Pfarrverweser in Maulbronn, 1799 Diakon in Lorch, 1804–17 Pfarrer in Maichingen, 1817 Pfarrer in Hermaringen.

324 (lat.) Diener, Gehilfe.

325 Amandus Friedrich Günzler (1782–1833), Sohn des Pfarrers in Degerschlacht, 1802 Magister, Hofmeister beim Prinzen Alexander von Württemberg, 1812 Pfarrer in Mägerkingen, 1817 Pfarrer in Steinenberg, 1824 Dekan in Leonberg.

326 (ital.) Fremdenführer, Führer durch die Kunstschätze eines Landes; nach dem Vergleich mit der Beredsamkeit des römischen Redners Marcus Tullius Cicero.

327 Einfacher Projektionsapparat, dessen älteste Form von dem Jesuitenpater Athanasius Kircher (1601–80) erfunden wurde; Vorläufer des Diaprojektors, mit dem durchsichtige gezeichnete Vorlagen oder auf Glasplättchen gemalte Bilder projiziert werden konnten. Lichtquelle war eine Petroleumlampe mit Metallspiegel-Reflektor.

328 1138 wurde der Abt Diether von Neuburg im Elsaß von dem Ritter Walther von Lomersheim gerufen, mit 12 Mönchen und einigen Laienbrüdern in Eckenweiher bei Mühlacker ein Kloster zu gründen. Die ungesunde Lage veranlaßte die Bruderschaft, 1146 oder 1147 nach Maulbronn überzusiedeln, wo 1150 mit dem Bau der Kirche zur Heiligen Maria begonnen wurde. 1178 fand die Einweihung statt.

329 Die Salzach (1244 als *Salzah* ›Salzbach‹ erstmals erwähnt), bei
Maulbronn entspringender, in den Rhein fließender Bach.

330 Johann Christian Hiller (1734–1820), Sohn des Pfarrers von
Neckargröningen, 1755 Magister, bis 1765 Vikar in Steinheim,
1765 Pfarrer in Gächingen, 1781 zweiter Professor an der
Klosterschule in Maulbronn und Ortspfarrer, 1801 erster Professor, 1803 Rat und Prälat in Anhausen.

331 Zu Johann Gottfried Mayer vgl. Anm. 277. Es handelt sich
hierbei um das Werk *Historia Diaboli, sive commentatio de
diaboli malorumque spiritum existentia, statibus, judiciis, consi-
liis potestate* (1777, ²1780).

332 Johann Heinrich Wieland (1565–1637), Sohn des ersten Diakons in Tübingen, 1586 Magister, 1592 zweiter Diakon in
Tübingen, 1599–1626 Dekan und Pfarrer in Knittlingen,
1626–37 Generalsuperintendent von Maulbronn, 1626–30 zugleich Abt von Maulbronn, von dort 1630 durch das gegen-
formatorische Restitutionsedikt vertrieben, zunächst in Vaihingen (Enz), 1633–37 Generalsuperintendent von Bebenhausen,
zugleich Abt, abermals durch die Gegenreformation vertrieben, flüchtete er 1634 mit Herzog Eberhard III. von Württemberg nach Straßburg.

333 Borten.

334 Zu Abt Entenfuß vgl. Anm. 338. Johann Faust (Georg Faust
[?], um 1480 Knittlingen – 1536/40 Staufen/Breisgau [?]), deutscher Arzt, Astrologe und Alchimist; Gestalt des Volksbuchs
vom Dr. Faust (1587) und zahlreicher literarischer Werke.

335 Die Kleidung des nach dem Kloster Cîteaux (1098) benannten
benediktinischen Reformordens ist weiß und wird im Chor-
dienst durch ein schwarzes Skapulier (Überwurf) mit Kapuze
und Zingulum (Gürtel) ergänzt.

336 Joseph Schlotterbeck (1592–1669), Pfarrerssohn aus Lienzingen, 1613 Magister, 1621 Diakon an der Stiftskirche in Stuttgart, 1632–56 Dekan in Marbach, zugleich 1638–69 Generalsuperintendent von Maulbronn, seit 1656 Abt von Maulbronn;
dort wurde er längere Zeit von einem unheimlichen Geisterspuk verfolgt.

337 Die alten Mauern der Klosteranlage Maulbronn (von 1361)
besitzen drei Wehrtürme, den nordwestlichen Hexen- oder
Haspelturm (von 1441), den südöstlichen Faustturm (1604
umgestaltet) und den südwestlichen romanischen Torturm
(zum Klosterhof).

338 Johannes VIII. Entenfuß aus Unteröwisheim wurde 1512 Abt von Maulbronn und entfaltete eine rege Bautätigkeit. 1518 wurde er wegen Verschwendung abgesetzt. 1516 soll Dr. Faust vom Abt zum Goldherstellen berufen worden sein. Der seltsame Name leitet sich vom Wappen des Abtes her, das einen den Abtstab haltenden Entenfuß zeigt (im Schlußstein des nördlichen Herrenhaus-Erkers und in einer der Säulen des im Erdgeschoß befindlichen Saales).

339 Philipp Melanchthons (1497–1560) Tischreden sind überliefert von Johann Manlius, *Locorum Communium Collectanea [...] ex lectionibus D. Philippi Melanchthonis*, Basel 1563, hier Buch 1, S. 43 f.

340 (frz.) die zur Unterstützung schwimmender Brücken bestimmten Schiffsgefäße, meist aus Eisen oder Stahl, auf Brückenwagen (Haketts) befördert.

341 Gottfried Joseph Braun (geb. 1737), 1758 Magister, 1768 Pfarrer in Tennenbronn, 1776–91 Diakon in Knittlingen, hernach Präzeptor.

342 Gottlieb Braun, 1809 Bürger von Karlsruhe, gründete 1813 von seinem Wohnsitz Heidelberg aus eine Sortiments- und Verlagsbuchhandlung in Karlsruhe; seit 1815 selbständige Buchhandlung mit eigener Druckerei; 1837 übernahm Brauns Schwager, Albert Knittel, das Geschäft unter dem Firmennamen »Braunsche Hofbuchhandlung«, die noch heute als »Braunsche Universitätsbuchhandlung« existiert.

343 Ernst Friedrich Ludwig Robert (16. Dezember 1778 bis 5. Juli 1832), Bruder der Rahel Varnhagen (1771–1833), Dramatiker, Lyriker, Journalist; heiratete 1822 Friederike Braun (gest. 10. August 1832).

344 Karl August Varnhagen von Ense (1785–1858), Schriftsteller und Diplomat in preußischem Dienst, 1824 Heirat mit Rahel geb. Levin, mit der er seit 1820 in Berlin einen literarischen Salon leitete. Sein wichtigstes Werk sind die *Biographischen Denkmale* (5 Bde., 1824–30). Das kurze Porträt Friederike Roberts befindet sich in den *Denkwürdigkeiten und vermischten Schriften*, Bd. 4, Mannheim 1838, S. 239–245 u. d. T. »Friederike Robert, Geborne Braun«; es enthält den Erstdruck der drei Sonette Heines.

345 Nach der Hauptfigur des gleichnamigen Dramas des indischen Dichters Kalidasa (Ende 4. / Anfang 5. Jh.). Heine hat 1823 oder 1824 die drei in seine Sammlung *Neue Gedichte* (1844)

aufgenommenen Sonette »Friedrike« auf Friederike Robert (gest. 1832) gedichtet.

346 Joseph-Marie, Comte de Dessaix (1764–1834), französischer General; Doktor der Medizin an der Universität Turin, gründete 1791 in Thonon die »Société de propagande des Alpes« zur Ausbreitung der freiheitlichen Ideale und zur Aufstellung eines republikanischen Freiwilligenkorps (aus Schweizern, Savoyarden, Piemontesern); 1792 Kapitän dieser »Légion des Allobroges«, 1803 Brigadegeneral, erhielt den Beinamen »l'Intrépide« (der Unerschrockene); 1812/13 Kommandant von Berlin; in der zweiten Restauration verbüßte er eine fünfmonatige Haft und zog sich bis zur Revolution von 1830 zurück, dann erhielt er den Befehl der Nationalgarde von Lyon.

347 (frz.) leichte Reiter.

348 Freiherr Bernhard Friedrich von Türckheim (1752–1831), verheiratet seit 1778 mit Elisabeth Schönemann (1758–1817), Goethes ehemaliger Verlobter (»Lilli«), floh 1793 vor der Revolution.

349 (frz.) Schutzwache.

350 Karl Joseph de Croix, Graf von Clerfayt (1733–98), österreichischer Feldmarschall; seit 1753 in österreichischem Dienst, Auszeichnungen im Siebenjährigen Krieg, 1788/89 Teilnahme am Türkenkrieg. Im französischen Revolutionskrieg befehligte er das österreichische Hilfskorps; 1795 erhielt er den Oberbefehl der kaiserlichen Heere am Rhein, schlug den französischen Marschall Jourdan bei Höchst und erstürmte die französischen Verschanzungen bei Mainz; 1796 Eintritt in den österreichischen Hofkriegsrat.

351 Johann Maria Graf von Frimont, Fürst von Antrodocco (1759–1831), österreichischer (!) General; seit 1776 in der österreichischen Armee, nahm an den Kriegen gegen Türkei und Frankreich teil; 1813 Oberbefehlshaber an Stelle Schwarzenbergs, später erfolgreicher Armeeführer in Italien, 1815 Generalgouverneur des Lombardisch-Venetianischen Königreichs.

352 Laurent-Gouvion Saint-Cyr (1764–1830), französischer Marschall; seit 1792 in der französischen Armee, kämpfte 1796 unter Moreau (s. Anm. 438) am Rhein und befehligte das befestigte Lager bei Kehl. Später kämpfte er in Italien, Spanien, Preußen, Polen und auf dem russischen Feldzug; Ludwig XVIII. ernannte ihn 1814 zum Pair und 1815 zum Kriegsminister, Grafen und Marquis.

353 Von mlat. *electuarium*; brei- oder teigförmige Arzneimischung aus festen, flüssigen oder halbflüssigen Stoffen; als Basis dienen verschiedene Pflanzenmuse oder Sirupe.

354 Von lat. *Aesculapius*, griech. *Asklepios*, griechischer Gott der Heilkunde. Asklepios hatte in der Antike zahlreiche Kultstätten; die Therapie war auf Tempelschlaf und Traumdeutung aufgebaut.

355 (griech.) Einlauf.

356 Ernst Uhland (1788–1834), Arzt, Vetter des Dichters.

357 (lat.) Volkes Stimme, Gottes Stimme.

358 395 m hoher Berg im Zabergäu. Die Vorläuferkirche ist zuerst 793 n. Chr. erwähnt »in Runingenburc in monte basilicam, quae ibidem constructa est in honorem St. Michaelis«. Die altromanische Michaelskapelle wurde im 12. Jh. erbaut, im 13. Jh. frühgotisch verändert und 1727–40 erneuert. Nach wechselndem Besitz gelangte der Michaelsberg 1727 unter die Herrschaft des Grafen Stadion, der den im 16. Jh. eingestellten katholischen Gottesdienst wieder einrichtete und 1740 zwei Kapuzinern übertrug; 1739 erbaute er ein Kapuzinerhospiz. 1785 erwarb Herzog Carl Eugen den Michaelsberg, 1823 starben die letzten Kapuziner.

359 Römische Mondgöttin.

360 Winfrith Bonifatius (gest. 754), angelsächsischer Mönch aus Wessex, betrieb im päpstlichen Auftrag christliche Mission in Thüringen, Bayern, Hessen und Friesland; 744 Gründung des Klosters Fulda. Mörike hat die Sage von »Erzengel Michaels Feder« im gleichnamigen Gedicht gestaltet.

361 Herzog Ulrich von Württemberg (1487–1550), seit 1503 Herzog, mußte seinen Ständen 1514 im Tübinger Vertrag Rechte und Freiheiten gewähren; 1519 vertrieben vom Schwäbischen Bund, 1520 Herzogtum Württemberg an Kaiser Karl V. verkauft, der seinen Bruder Ferdinand damit belehnte, 1534 gewann Ulrich durch den Sieg von Lauffen das Herzogtum zurück, mußte es jedoch als österreichisches Afterlehen annehmen; Einführung der Reformation in Württemberg, 1546 Teilnahme am Krieg des Schmalkaldischen Bundes gegen Karl V., die Niederlage der Protestanten brachte ihm eine Anklage auf Verletzung der Lehnstreue gegen König Ferdinand ein.

362 Deutschordensburg Stocksberg, erstmals 1253 erwähnt; aus dem 16. Jh. stammt das Renaissanceschloß mit spätgotischer Kapelle. Die Burganlage Neipperg (spätromanisch, gotisch,

Renaissance) befand sich seit dem 13. Jh. im Besitz der gleichnamigen Grafenfamilie.

363 Zu Kielmeyer vgl. Anm. 293.

364 Karl von Linné (1707–78), schwedischer Naturforscher, seit 1741 Professor für Botanik und Naturgeschichte in Uppsala, entwickelte ein biologisches Klassifikationssystem (binäre Nomenklatur, die Benennung jeder Pflanze mit zwei Namen, dem Gattungs- und dem Speziesnamen).

365 Zu Bonnet vgl. Anm. 314.

Friedrich Justin Bertuch (1747–1822), Schriftsteller, Buchhändler und Übersetzer, seit 1773 in Weimar ansässig, 1776 herzoglicher Rat, 1785 Legationsrat; am bekanntesten sein *Bilderbuch für Kinder* in 190 Heften (1790–1822); hier sind wohl gemeint die *Geographischen Ephemeriden* (1798–1824) oder die *Blaue Bibliothek aller Nationen* (12 Bde., 1790–1800).

Zu Haller vgl. Anm. 78.

Joachim Heinrich Campe (1746–1818), Pädagoge, Sprachforscher und Jugendschriftsteller (Bearbeitung von Daniel Defoes *Robinson Crusoe* für die Jugend); Hauptwerk *Allgemeine Revision des gesamten Schul- und Erziehungswesen* (16 Bde., 1785–92).

366 Johann Karl August Musäus (1735–87), Schriftsteller und Gymnasialprofessor in Weimar, seine rokokohaft bearbeiteten *Volksmärchen der Deutschen* erschienen 1782–86.

367 Melchior Adam Weickhardt (1742–1803). Nach Studium der Medizin in Würzburg wurde W. Arzt in Fulda, fürstlich-fuldaischer Professor der Medizin, Badearzt in Brückenau, 1784 Leibarzt Zarin Katharinas II. in St. Petersburg, 1785 Etatrat, 1791 Leibarzt des Fürstbischofs von Dalberg in Mainz, 1792 Arzt in Mannheim, 1794 in Heilbronn, kurzzeitig Leibarzt Zar Pauls I. in St. Petersburg, schließlich fürstlich-fuldaischer Geheimrat und Direktor der Medizinalanstalten.

368 John Brown (1735–88), schottischer Mediziner, Hauptwerk *Elementa medicinae* (1780); vertrat medizinisches System (Brownianismus), in dem den Reizungen zentrale Bedeutung zukommt. Gesundheit wird definiert als ausgewogener Zustand zwischen Reizungsfähigkeit und andringenden Reizen, Krankheit als Folge von Reizungsübermaß (Sthenie) oder -mangel (direkte/indirekte Asthenie). Die Therapie besteht im Reizungsentzug oder verstärkten Reizungsangebot.

369 (griech.-nlat.) Entkräftung, Kräfteverfall.

369a Vgl. Weickhardts eigene Erklärung: »Hoppelpoppel. Man zer-
reibet das Gelbe von zwei frischen Eiern mit etwas Zucker. Man
giesset eine Tasse heisses Wasser dazu, und einen oder zwei Löffel voll Kirschgeist, oder Rumm, oder Branntewein, und trinket
es warm. Ich verordne ihn bei Schwäche, bei Durchfall, Ueb-
lichkeit, Säure, Verschleimung etc.« *Medizinisch-praktisches
Handbuch auf Brownische Grundsätze und Erfahrung gegründet von M. A. Weikard, Russisch-Kaiserlichen Etats-Rath*, Drit-
ter und lezter Theil, welcher die örtlichen Krankheiten enthält,
3., verm. Aufl., Heilbronn/Rothenburg 1804, S. 603, Nr. 28.
370 Nasenkatarrh bei Pferden.
371 Savenbaum, Juniperus sabina, hat stark bluttreibende Wirkung.
372 Ein Herr, der auch mit dem ›Volk‹ verkehrt; leutselig, jovial.
373 Eberhard Gmelin (1761–1809), praktischer Arzt in Heilbronn,
Anhänger des tierischen Magnetismus; verfaßte u. a. *Untersuchungen über den thierischen Magnetismus* (3 Stücke, 1787–89).
Vgl. Werner Froreich, »Eberhard Gmelin – Zwischen Kerner
und Kleist«, in: *Mitteilungen des Justinus-Kerner-Vereins* 10
(1973) S. 9–21, und Anm. 493.
374 Johann Friedrich Blumenbach (1752–1840), Naturforscher und
Mediziner; seit 1776 Professor der Medizin in Göttingen,
beschäftigte sich vor allem mit Tiersystematik und Anthropolo-
gie; betrieb als einer der ersten vergleichende Anatomie in
Deutschland; verfaßte ein *Handbuch der Naturgeschichte*
(1780, [12]1830) und ein *Handbuch der vergleichenden Anatomie
und Physiologie* (1804).
375 Während der Bauleitung Matthäus Böblingers am Ulmer Münster (1474–93) konnte Kaiser Maximilian (1459–1519) im Jahre
1492 bis zur Viereckgalerie des Westturms des Ulmer Münsters hinaufsteigen (Abb. des damaligen Bauzustandes in der
1493 gedruckten *Schedelschen Weltchronik*).
376 Emil Niethammer (1809–47), Stadtarzt in Heilbronn, Mann
von Kerners Tochter Marie.
377 Sonnengeflecht; von Fasern des nervus sympathicus gebildetes
Nervengeflecht über der Bauchaorta in Zwerchfellnähe.
378 Gemeint ist der ›tierische Magnetismus‹ (Magnetismus anima-
lis), auch ›Mesmerismus‹ genannt nach dem Arzt Franz Anton
Mesmer (1734–1815), der auch Justinus Kerners medizinische
Ansichten wesentlich beeinflußt hat. Kerner widmete ihm seine
letzte Schrift *Franz Anton Mesmer aus Schwaben, Entdecker
des tierischen Magnetismus* (1856). Pneumatologie ist die theo-

logisch-philosophische Lehre vom Pneuma, der – nach griechischem Denken – Atem und Puls regulierenden Lebenskraft. Beide medizinische Richtungen wurden im Gefolge der Schrift Gotthilf Heinrich (von) Schuberts (1780–1860) *Ansichten von der Nachtseite der Naturwissenschaften* (1808) geradezu Mode.

379 Johann Heinrich von Autenrieth (1772–1835), seit 1797 Professor der Medizin in Tübingen, seit 1822 Kanzler der Universität.

380 Wilhelm Gottfried Ploucquet (1744–1815), seit 1782 Professor der Medizin in Tübingen, Gegner des Phrenologen Franz Joseph Gall (1758–1828); Herausgeber der Bibliographie *Initia bibliothecae medico-practicae realis, sive Repertorium med. practicum et chirurgicum reale* (12 Bde., 1793–1800).

381 Georginen: nach dem Petersburger Botaniker J. G. Georgi benannte Dahlie; Azalie: Azalee, Bezeichnung für die als Topf- und Gartenpflanze kultivierte Alpenrose; Kamelie: nach G. J. Camel, Gattung der Teegewächse, am bekanntesten der Teestrauch und die Chinarose; Rhododendron: Rosenbaum, Gattung der Heidekrautgewächse; Balsamine: Springkraut, in Deutschland drei Arten (Rührmichnichtan, Gartenbalsamine, Fleißiges Lieschen).

382 Veredelungsverfahren mit Hilfe von Pfropfreisern; vgl. Anm. 269.

383 Von lat. *alumnus* ›Zögling eines Alumnats‹, d. i. ein mit einer Lehranstalt verbundenes, kostenfreies Schülerheim, hier eine kirchliche Erziehungsanstalt.

384 Philipp Friedrich Ehemann (1746–1805), 1766 Magister, 1778/1779 Pfarrer in Oelbronn, 1783 in Ruit, 1788 zweiter Professor an der Klosterschule in Denkendorf, 1798 Stadtpfarrer in Großbottwar.

385 Johann Friedrich Ehemann (1779–1850), 1799 Magister, 1801 Präzeptor in Großbottwar, 1805 in Lauffen, 1812 Pfarrer in Grüntal, 1819 in Winterbach, 1826 in Kirchberg, 1850 pensioniert.

386 (lat.) befördert.

387 Johann Georg Rapp (1757–1847), Weber; Gründer der Harmonisten- oder Harmonitensekte. Rapp wollte Staat und Kirche in ihrer ursprünglichen Reinheit wiederherstellen und die »Harmonie«, die völlige Gleichheit und Einheit herbeiführen. Er wanderte 1804 nach Amerika aus und gründete eine Kolonie bei Pittsburgh, siedelte 1814 nach Indiana über, wo seine Anhänger

die Stadt New-Harmony erbauten. In Pennsylvania gründeten sie 1824 die Stadt Economy, wo Rapp als Patriarch, Richter und Hohepriester regierte. Seit 1807 Einführung der Ehelosigkeit in die Kolonie.

388 Vielmehr war Reinhold als Legationssekretär im Dienst des Gesandten der batavischen Republik, Abbéma, in Hamburg; W 97. Zu Reinhardt vgl. Anm. 105.

389 Vielmehr verbrachte Georg Kerner einen Teil des Sommers 1797 in Paris; W 97.

390 Christine Reinhardt (1771–1815), Tochter von Johann Albrecht Heinrich Reimarus, seit 1796 mit Karl Friedrich Reinhardt verheiratet.

391 August von Kotzebue (1761–1819), Jurist, Verfasser vielgespielter Lustspiele (*Die deutschen Kleinstädter*, 1803); Gegner Goethes und der Gebrüder Schlegel. Schon früher in russischem Dienst stehend, fungierte er in der Restaurationsepoche als polizeilich-politischer Spitzel und bekämpfte im *Literarischen Wochenblatt* die liberalen Ideen, ständischen Verfassungen und die Pressefreiheit. Am 23. März 1819 fiel er einem Attentat zum Opfer.

392 Vgl. Anm. 317.

393 Von Kerner in den *Reiseschatten* verarbeitete Figuren; vgl. Anm. 473 und 474.

394 Reinhardt war 1798 französischer Gesandter in Florenz.

395 (lat.) Aufständische.

396 Nach W 97 ist eine Sendung Georg Kerners in Bonapartes Hauptquartier ausgeschlossen, wegen der damals stattfindenden ägyptischen Expedition.

397 Napoleons Ägyptenfeldzug, die sogenannte Ägyptische Expedition, hatte das Ziel, die verlorengegangenen amerikanischen Kolonien durch die Nilländer zu ersetzen und begann am 1. Juli 1798 (Landung in Alexandria). Wegen der Unruhen in Frankreich übergab Napoleon am 21. August 1799 den Oberbefehl an General Kleber und ging nach Paris, wo er nach Verständigung mit Sieyès und der Generalität durch Staatsstreich das Direktorium stürzte (18. Brumaire bzw. 9. November 1799).

398 Louis-Antoine Fauvelet de Bourrienne (1769–1834), französischer Diplomat, seit der Kriegsschule von Brienne Freundschaft mit Napoleon, 1792 Gesandtschaftssekretär in Stuttgart, 1797 begleitete er Napoleon als Sekretär nach Italien und Ägypten, 1804 Gesandter in Hamburg; 1814 Abkehr von Na-

poleon. In der zweiten Restauration wurde er Staatsminister; nach der Julirevolution verfiel er in Geisteskrankheit.

Jean-Etienne Vachier Championnet (1762–1800), französischer General, 1798 Oberbefehlshaber der Armee, welche die römische Republik gegen Neapel schützen sollte, 1799 Einnahme Neapels (Parthenopäische Republik). Nach Jouberts Tod wurde er Oberbefehlshaber der Armee in Italien, wurde jedoch von Russen und Österreichern im September 1799 bei Fossano und Savigliano geschlagen. Er starb an einer Seuche am 9. Januar 1800 in Antibes.

399 Marie-Pauline, früher Carlotta, Bonaparte (1780–1825), zweite Schwester Napoleons, heiratete 1801 den General Victor-Emanuel Leclerc (1722–1802), 1803 den Fürsten Camillo Filippo Borghese.

400 Justinus Kerner hat diesen Aufsatz ziemlich willkürlich aus einem Fragment (bis S. 286 »Caesars Brust durchbohrte«) und mehreren Briefen Georg Kerners zusammengestellt. Tatsächlich begegneten sich Joubert und Georg Kerner erst Ende 1793 bei einer Reise auf dem Po; W 97 ff.

401 Zu Kerners Zeit floß noch der Hauptarm des Aniene (Anio) durch die Neptunsgrotte. Die im Jahre 1835 von Papst Gregor XVI. angeordnete Tunnelbohrung hat den Flußlauf verändert.

402 Grotta delle Sirene, eine mit Kalkablagerungen bedeckte Höhle. In der griechischen Mythologie waren die Sirenen drei jungfräuliche Schwestern, die durch ihren süßen Gesang vorbeifahrende Seeleute anlockten und töteten.

403 Tempel der Vesta oder Tempel der Sibylle, ein in den letzten Jahren der römischen Republik (1. Jh. v. Chr.) errichteter Rundbau, der im Mittelalter in eine Kirche umgewandelt wurde. Heutiger Rest: zehn korinthische Säulen mit Kapitellen. Vesta war die römische Göttin des häuslichen Herdes und des Herdfeuers, ihr Kulttempel befand sich am Fuße des Palatins in Rom.

404 Gaius Cilnius Maecenas (gest. 8 v. Chr.), Vertrauter von Kaiser Augustus, Gönner der Dichter Horaz, Vergil und Properz.

405 Römische Göttin der Feldfrucht; Fruchtbarkeitsgöttin.

405a Von Horaz besungene Quelle der Nymphe B[l]andusia im Digentia-Tal (*Oden* 3,13).

406 Marcus Tullius Cicero (106–43 v. Chr.), römischer Redner und Politiker. Gaius Cassius Longinus (gest. 42 v. Chr.), römischer

Feldherr, zusammen mit seinem Schwager Brutus Haupt der Verschwörung gegen Caesar; nach dessen Ermordung (15. März 44 v. Chr.) Flucht nach Syrien, wo er von Marcus Antonius in der Schlacht bei Philippi geschlagen wurde und Selbstmord beging.

Zu Brutus vgl. Anm. 154.

Quintus Horatius Flaccus (65–8 v. Chr.), römischer Dichter von Oden, Satiren, Liedern, Sermones, Versepisteln.

Publius Quintilius Varus (um 46 v. – 9 n. Chr.), seit 6 n. Chr. römischer Statthalter Germaniens, wurde im Herbst 9 n. Chr. von dem Cheruskerfürsten Arminius im Teutoburger Wald vernichtend geschlagen, nahm sich das Leben.

407 Gaius Octavius Augustus (63 v. – 14 n. Chr.), römischer Kaiser.

408 Lucius Sergius Catilina (um 108 – 62 v. Chr.), Anführer der nach ihm benannten Verschwörung gegen die römische Republik im Jahre 65 und 63 v. Chr. Durch das Eingreifen des Konsuls Cicero wurde der Umsturz vereitelt; Catilina fiel in der Schlacht von Pistoia. Festgehalten wurden diese Ereignisse außer durch Ciceros vier *Catilinarische Reden* in Sallusts Geschichtswerk *De coniuratione Catilinae* (42 v. Chr.).

409 Albius Tibullus (um 60–19 v. Chr.), römischer Dichter von Liebeselegien; tatsächlich wohnte in Tibur der mit Tibull oft in einem Atem genannte römische Elegiendichter Sextus Propertius (um 50–15 v. Chr.).

Gaius Valerius Catullus (um 84–54 v. Chr.), römischer Dichter von Hymnen und Liedern.

410 Kaiser Augustus soll auf die Nachricht von der Niederlage des Varus gegen die Germanen unter Arminius (s. Anm. 406) ausgerufen haben: »Quintilius Varus, gib die Legionen wieder!« (Suetonius, *Vita des Kaisers Augustus*, Kap. 23.)

411 Barthélemy-Catherine Joubert (1769–99), französischer General, seit 1791 in der französischen Armee, 1797 Divisionsgeneral. Im Oktober 1798 übernahm er an Brunes Stelle (s. Anm. 418) den Oberbefehl über die französische Italienarmee, besetzte Piemont und brachte den König von Sardinien zur Abdankung. Als Nachfolger Moreaus im Oberbefehl der oberitalienischen Armee fiel er am 15. August 1799 in der Schlacht von Novi gegen die russisch-österreichische Armee unter Alexander Wassiljewitsch Suwórow.

412 General Jean-Victor Moreau (s. Anm. 438), der seit 1799 bei der

französischen Armee in Oberitalien diente. Als Joubert 1798 das Großfürstentum Toskana, wie zuvor Piemont, zur Republik umwandeln wollte, verbot das Direktorium ihm diese eigenmächtige Handlungsweise. Joubert ging darauf nach Paris, erhielt jedoch bald hernach an Stelle Moreaus den Oberbefehl in Oberitalien.

413 Philippe-Antoine Merlin de Douai (1754–1838), französischer Politiker und Rechtsgelehrter. Während der Französischen Revolution schwenkte er vom anfangs vertretenen Konstitutionalismus zum Radikalismus um. Nach dem Sturz Robespierres wurde er Präsident des Nationalkonvents und trat dem Wohlfahrtsausschuß bei; 1795 Justizminister, 1797–99 als Nachfolger Barthélemys (s. Anm. 232) Mitglied des Direktoriums, danach Generalprokurator am Kassationshof und Staatsrat. Während der Restauration emigrierte er nach Haarlem, von wo er erst 1836 nach Frankreich zurückkehrte.

414 Louis-Gabriel Suchet, Duc d'Albufera (1770–1826), französischer Marschall, 1797 Brigadegeneral und Stabschef unter Brune, Joubert, Moreau, Championnet und Masséna. Später Teilnahme als General und Marschall an den Kriegen Napoleons gegen Österreich, Preußen und Spanien.

415 In der Schlacht von Novi Ligure wurde am 15. August 1799 die französische Italienarmee unter Joubert durch die russisch-österreichische Armee unter Suwórow besiegt, Joubert fiel.

416 Emmanuel-Joseph, Graf Sieyès (1748–1836), französischer Revolutionär, Politiker und Publizist kleinbürgerlicher Herkunft aus Fréjus, 1775 Kanonikus in der Bretagne. Als Anhänger der neuen Ideen verfaßte er mehrere Flugschriften: *Essai sur les privilèges* (1788), *Qu'est-ce que le tiers état?* (1789). Als Pariser Abgeordneter des Dritten Standes in die Versammlung der Generalstände gewählt, bewirkte er deren Umwandlung in die Nationalversammlung und war bei der Formulierung der Verfassung von 1791 maßgeblich beteiligt. Ende 1798 als Nachfolger Caillards (s. Anm. 420) Gesandter in Berlin, 1799 Mitglied des Direktoriums. Nach dem Staatsstreich vom 9. November 1799 ernannte ihn Napoleon zum Konsul, Grafen und Präsidenten des Senats. Während der zweiten Restauration als Königsmörder verbannt, kehrte er erst nach der Julirevolution von 1830 nach Frankreich zurück.

417 Reinhardt wurde am 20. Juli zum Minister des Auswärtigen ernannt (als Nachfolger Talleyrands) und trat das Amt am

5. September an; sein Ministerium dauerte bis zum Staatsstreich vom 9. November.

418 Guillaume-Marie-Anne Brune (1763–1815), französischer Marschall, anfangs Buchdrucker und Literat in Paris, 1793 Oberst im republikanischen Heer; 1798 Oberbefehl in Italien und in den Niederlanden. Unter Napoleon Marschall, wechselte er 1814 zweimal die Partei und wurde am 2. August 1815 in Avignon vom Volk ermordet.

419 Zarin Katharina II. starb am 17. November 1796.

420 Antoine Bernard Caillard (1737–1807), französischer Diplomat, unter dem Direktorium seit 1795 Gesandter in Berlin; Caillard wurde nach seiner Ablösung durch Sieyès Leiter des Archivs des Auswärtigen Amtes, 1801 vertrat er den abwesenden Außenminister Talleyrand, verfaßte Erinnerungen und literaturgeschichtliche Schriften.

421 Johann Karl Ludwig Seubert (gest. 1845), Oberamtmann in Alpirsbach, Nachfolger von Christoph Ludwig Kerner als Oberamtmann in Maulbronn (1799–1805).

422 Das Wappen von Knittlingen führt im silbernen Feld zwei gekreuzte schwarze Knittel, überdeckt von einem senkrechten goldenen Abtstab.

423 Vgl. Anm. 257.

424 Johann Jakob Bonz (gest. 1809), 1765 Oberratssekretär, 1772 wirklicher Geheimer Oberratssekretär, 1777 supernumerarer Regierungsratssekretär, 1791 bei der Oberen Registratur.
Christian Friedrich Baz (1762–1808), Sohn des Stadtkonsulenten Christian Baz, Dr. iur., 1791–93 Professor an der Carls-Akademie, 1796–1807 Bürgermeister von Ludwigsburg, revolutionärer Politiker, in diplomatischem Auftrag in Paris und Wien, 1800/01 in Festungshaft auf dem Hohenasperg, seit 1806 Landschaftsabgeordneter.
Karl von Baur (1771–1847), bayrischer Generalquartiermeister.

425 Zu August Friedrich Hauff vgl. Anm. 65. Hauff wurde 1799 wegen Verbindung mit Freigesinnten gefangen, auf den Asperg geführt und nach acht Monaten wieder entlassen; zu Wilhelm Hauff vgl. Anm. 66.

426 Friedrich von Cammerer (1745–1829), württembergischer Generalleutnant, 1807–09 Kriegsratspräsident, 1814 wiedereingestellt als Feldzeugmeister und Generalinspekteur der Artillerie, 1817–20 Gouverneur von Ulm.

427 Die eiserne Prothese des Ritters Götz von Berlichingen

(1480–1562), die dieser als Ersatz für seine 1504 im Landshuter Erbfolgekrieg verlorene rechte Hand trug.

428 Christiane Luise Hegel (gest. 2. Februar 1832), seit 1813 Beginn der Geistesverwirrung (Karl Rosenkranz, *Georg Wilhelm Friedrich Hegels Leben*, Berlin 1844, S. 424 ff.).

429 Karl Wilhelm Weigle (1788–1884), Webereitechniker, Fabrikant, gründete um 1830 eine Weberei in Hoheneck, führte die Jacquardweberei in Württemberg ein, 1848 Abgeordneter im Frankfurter Parlament.
Carl Ludwig Friedrich Roser (1787–1861), Ministerialsekretär, Geheimer Legationsrat, Staatsrat, Direktor des Staatsarchivs in Stuttgart, heiratete 1814 Luise Friedrike Vischer (1796–1841), wurde 1848/49 provisorischer Chef des Departements der Familienangelegenheiten des Königlichen Hauses und der auswärtigen Angelegenheiten.

430 Rudolf Burnitz (1788–1849), Architekt, im württembergischen Geniekorps tätig (Umbau des Schlosses zu Ludwigsburg), das er 1816 im Leutnantsrang verließ; 1816–19 Neubau des Hohenzollernschen Schlosses, 1820 Italienreise, 1821 Niederlassung in Frankfurt a. M., wo er zahlreiche öffentliche und private Gebäude errichtete.

431 Gaius Sallustius Crispus (86–35 v. Chr.), römischer Historiker, beschrieb die Verschwörung des Catilina; vgl. Anm. 408.
Publius Ovidius Naso (43 v. – 18 n. Chr.), römischer Dichter, Hauptwerk die in Hexametern gedichteten *Metamorphoses*, eine Sammlung von 256 Verwandlungssagen.

432 Pietro Metastasio (1698–1782), italienischer Lyriker und Dramatiker (Singspiele, Melodramen, Opernlibretti). Das Gelegenheitsspiel *L'isola disabitata* wurde 1754 in Wien uraufgeführt.
Francesco Petrarca (1304–74), Dichterhumanist der Renaissance, dichtete in italienischer und lateinischer Sprache.

433 Johann Heinrich Voß' (1751–1826) *Ilias*-Übersetzung erschien 1793, die Übersetzung der *Odyssee* 1781.

434 Karl Philipp Conz (1762–1827), klassizistischer Dichter. Nach Absolvierung der Klosterschulen Blaubeuren und Bebenhausen Studium der Theologie, Philosophie und alten Literatur in Tübingen, 1783 Magister, 1793 Verwalter der Akademiepredigerstelle an der Carlsschule, 1793 Diakon in Vaihingen, 1798 zweiter Diakon in Ludwigsburg, 1801 außerordentlicher Professor, 1804 ordentlicher Professor für klassische Literatur, 1812 für Eloquenz in Tübingen.

435 Karl Gottlob Cramer (1758–1817), Autor von Ritter- und
Schauerromanen.
Christian Heinrich Spieß (1755–99), Autor von Geister-, Rit-
ter- und Räuberromanen, vielgelesen die *Biographien der
Wahnsinnigen* (1795/96).
August Heinrich Julius Lafontaine (1758–1831), erfolgreicher
Verfasser sentimentaler Familienromane.

436 Friedrich Gottlieb Klopstock (1724–1803), Dichter des Epos
Der Messias, von Oden und Dramen.
Ludwig Christoph Heinrich Hölty (1748–1776), Lyriker und
Balladendichter, Mitglied des »Göttinger Hains«.
Friedrich von Matthisson (1761–1831), klassizistischer Dichter.
Johann Gaudenz von Salis-Seewis (1762–1834), schweizeri-
scher Schriftsteller, Offizier in der französischen, dann eidge-
nössischen Armee.

437 Johann Gottfried Seume (1763–1810), deutscher Schriftsteller,
bekannt durch seinen Reisebericht *Ein Spaziergang nach Syra-
kus im Jahre 1802* (1803). Das Gedicht an Karl Friedrich
Hieronymus Freiherr von Münchhausen (1720–97) »Ab-
schieds-Schreiben an Münchhausen« beginnt indes: »Nimm
meinen Kuß im Geist an deinem Rheine, / Und denke bei den
Bechern deutscher Weine / An einen deutschen Biedermann, /
Den an Neuschottlands westlichem Gestade / Im Labyrinthe
menschenleerer Pfade / Einst deine Seele liebgewann.«

438 Jean-Victor Moreau (1763–1813), General der französischen
Republik, 1794 Divisionsgeneral, 1796 Oberbefehl der Rhein-
und Moselarmee, 1799 Oberbefehlshaber der oberitalienischen
Armee, sein Nachfolger war Joubert. Moreau unterstützte
Napoleon zwar beim Sturz des Direktoriums, war jedoch ein
Gegner seines Strebens nach Alleinherrschaft. 1804 wurde er
verhaftet und auf Hochverrat angeklagt. Die zweijährige Straf-
zeit verbrachte er in Nordamerika; 1813 kämpfte er auf der
Seite der Verbündeten gegen Napoleon und starb an einer bei
der Völkerschlacht von Leipzig empfangenen Verwundung.

439 Balthasar Grandjean, Chevalier des Grand-Chenets (1760 bis
1824), französischer General, 1796–1801 bei der Rheinarmee in
Deutschland stationiert.

440 Théophile Malo Corret de Latour d'Auvergne (1743–1800),
Sproß einer Bastardlinie der Herzöge von Bouillon, seit 1767 in
französischem Militärdienst; 1782–92 betrieb er als Privatmann
Sprachstudien. Bei Ausbruch des Revolutionskrieges übernahm

er 1793 als Kapitän den Befehl eines 8000 Mann starken Grenadierkorps, das den Namen der »Höllischen Kolonne« erhielt. Da Latour eine Beförderung strikt ablehnte, verlieh ihm Napoleon den Titel »premier grenadier des armées de la République«. Latour fiel am 27. Juni 1800 im Gefecht von Neuburg; 1889 wurde sein Leichnam exhumiert und im Panthéon zu Paris beigesetzt.

441 (frz.) »Er ist auf dem Feld der Ehre gestorben.«

442 Vgl. Anm. 11.

443 Tatsächlich hielt sich Georg Kerner bereits im Jahre 1800 in Ludwigsburg auf; W 63 f., 99.

444 Vgl. Gedichte, Anm. 7.

445 Saiteninstrument, bestehend aus einem einfachen Kasten mit aufgespannten, auf denselben Ton gestimmten Darmsaiten. Im Luftzug beginnen die Saiten zu schwingen und ertönen je nach Windstärke leise oder laut, im Einklang, in Obertönen und Akkorden. Athanasius Kircher hat die Erfindung zuerst theoretisch begründet in seiner Schrift *Phonurgia nova* (1650).

446 Zu Adolf Friedrich Harper vgl. Anm. 316.

447 (lat.) längliche Rechtecke.

448 Christian Friedrich von Behr (Bähr), Freiherr aus Dargenzin in Pommern (gest. 1831), seit 1762 in württembergischem Dienst, unter Carl Eugen Kammerherr, 1768–71 Garteninspektor in Ludwigsburg, 1771 Oberschenk, seit 1791 Hofmarschall, seit 1803 Oberhofmarschall, seit 1824 Oberhofratspräsident.

449 Burni(t)z war seit 1798 Kastellan im Schloß Ludwigsburg.

450 Zum Tode Herzog Carl Alexanders vgl. Anm. 299.

451 Die Emichsburg ist eine in den Ludwigsburger Schloßanlagen 1798 erbaute künstliche Ruine (mit Rundturm). Früher war in der Felswand ein Gelaß angebracht, in dem der in Wachs bossierte Graf Emich von Württemberg seinem Beichtvater an einem mit Humpen besetzten Tisch gegenüber saß.

452 Zu Friedrich Wilhelm von Hoven vgl. Anm. 26.

453 Zu Ovid vgl. Anm. 431.
Anakreon (um 580–495 v. Chr.), griechischer Lyriker, besang Freundschaft, Liebe und Wein.

454 Die auf den griechischen Philosophen Pythagoras von Samos (um 570 – um 480 v. Chr.) zurückgehende Philosophenschule der Pythagoräer vertrat die Lehre vom Geburtenkreislauf, von der Wiederholung des Lebens in verschiedenen irdischen Existenzen (Metempsychose).

455 Zu Johann Georg Kerner vgl. Anm. 272.

456 Eine philosophisch-religiöse Weltanschauung, derzufolge das unsterbliche menschliche Ich verschiedene Lebenszyklen durchläuft (Seelenwanderung). Das Fundament der Theosophie sind die fünf Weltgesetze der Einheit, der Kausalität, der periodischen Wiederkehr, der Evolution und der Identität der Seelen mit dem höchsten Göttlichen. Theosophische Gedanken sind in der Gnosis, im Manichäismus, Neuplatonismus, in der deutschen Mystik, der Kabbala, bei Jakob Böhme und Gottfried Wilhelm Leibniz anzutreffen.

457 Seit 1788 betrieb Joseph Hübner eine Wachstuchmanufaktur in Ludwigsburg, die er 1792 wegen Kreditmangel aufgeben mußte; die Fabrik wurde von dem Fabrikanten Hummel fortgeführt, infolge der nach Aufhebung der Kontinentalsperre verstärkten englischen Konkurrenz ging der Umsatz zurück, so daß Hummel das Haus auf herzoglichen Befehl räumen mußte. Vgl. auch Anm. 459.

458 Nach der von Nikolaus Ludwig Graf von Zinzendorf (1700–60) im Jahr 1728 gegründeten, auf christlich-pietistischen Grundgedanken basierenden Brüdergemeine (Seelsorge, Belehrung durch die Bibel, gemeinsame Lebensordnung, Kirchenzucht, gegenseitige seelsorgerische Überwachung, Trennung der Mitglieder nach Geschlecht, Alter und Familienstand).

459 Das Ludwigsburger Arbeits-, Zucht- oder Werkhaus wurde im Sinne eines merkantilistischen Unternehmens nach Plänen Eberhard Ludwigs von 1694 im Jahre 1737 von Herzog Carl Alexander verwirklicht. In der Tuchmanufaktur (Dekret vom 9. März 1737 über die »Privilegien des Ludwigsburger Zucht-, Armen-, Waisen- auch Tollhauses«) wurden Arme, Bettler, Waisen, Verbrecher (Vaganten und Strolche eingeschlossen) zwangsweise oder freiwillig beschäftigt. Die Verbindung des Zuchthauses mit dem Waisenhaus dauerte bis 1824, die Irrenanstalt war von 1749 bis 1812, seit 1790 in einem besonderen Tollhaus, mit dem Zuchthaus liiert. Dazu Hans Schmäh, »Das Ludwigsburger Arbeitshaus«, in: *Ludwigsburger Geschichtsblätter* 17 (1965) S. 93–117; H. Sch., »Ludwigsburger Manufakturen im 18. Jahrhundert«, in: *Ludwigsburger Geschichtsblätter* 15 (1963) S. 29–51.

460 Aloys Blumauer (1755–98), österreichischer Dichter vorwiegend satirischer Werke, in denen er Klerus und Jesuiten aufs Korn nahm. Seine Vorbilder waren Wieland und Bürger; Wer-

ke u. a. eine Travestie der *Aeneis* (1784–88), eine Rittertragödie *Erwine von Steinheim* (1780).

461 Alter Beamtentitel; Kastner, Rentmeister, seit dem 13. Jh. ein für einen Amtsbezirk bestellter Beamter, der mit der Verwaltung des fürstlichen Kammergutes, besonders des ›Kastens‹, des Speichers, wo die Natural- bzw. Getreide-Abgaben der Untertanen zusammenflossen, betraut war.

462 (lat.) gewöhnlich, in der Landessprache.

463 (lat.) Augen; Name des dritten Fastensonntags, nach dem lateinischen Anfangswort des Introitus Ps. 25,15–16: »Oculi mei semper ad Dominum«.

464 (lat.) zu Boden werfend.

465 (lat.) Ehrerbietigkeit, Unterwürfigkeit.

466 Zu Klopstock und Hölty vgl. Anm. 436.

467 »Die Lerche« wurde zuerst in Leo von Seckendorffs *Musenalmanach auf das Jahr 1807* unter dem Titel »Morgen« veröffentlicht.

468 »Des Gärtners Lied« wurde ebd. erstmals publiziert.

469 Taschenuhr mit Schlagwerk, 1676 von Barlow in London erfunden.

470 Vgl. *Das Mädchen von Orlach*, Anm. 3.

471 (lat.) von Amts wegen.

472 (lat.) heimlich.

473 Vgl. S. 281; in den *Reiseschatten*, 5. Schattenreihe, 1. Vorstellung.

474 Vgl. S. 281; in den *Reiseschatten*, 5. Schattenreihe, 1. Vorstellung.

475 Vgl. Anm. 17.

476 »Der Todtengräber von Feldberg«, in den *Reiseschatten*, 2. Schattenreihe, Nachspiel.

477 Christian Friedrich Sintenis (1750–1820), 1773 Pastor in Bornum, 1791 in Zerbst; lutherischer Theologe und Verfasser von sentimental-moralischen Familienromanen.

478 Johann Heinrich Jung, gen. Stilling (1740–1817), Schneiderlehre, autodidaktische Ausbildung, 1770 Medizinstudium in Straßburg (Umgang mit Goethe), Augenarzt in Elberfeld, bekannt durch seine Star-Operationen; 1778 Professor in Kaiserslautern, 1787 Professor der Ökonomie in Marburg, 1803 Heidelberg; Verfasser der Autobiographie *Heinrich Stillings Leben, eine wahre Geschichte* (1777–1817) sowie der auch für Kerner einflußreichen *Theorie der Geisterkunde* (1808).

479 Johann Ulrich Schöll (1751–1823), 1771 Magister, seit 1781
     Pfarrer am Waisen- und Zuchthaus in Ludwigsburg.
480 Die Ludwigsburger Irrenanstalt (vgl. Anm. 459) wurde 1812
     nach Zwiefalten gebracht, dessen Kloster 1803 aufgehoben
     worden war. 1834 wurde es – nach Errichtung einer Heilanstalt
     in Winnental – zur Pflegeanstalt umgewandelt.
481 Das Ludwigsburger Wappen wurde 1718 verliehen: in blauem
     Schild die gelbe Reichssturmfahne mit dem schwarzen Adler
     und roter Stange.
     Das Stammwappen des württembergischen Fürstenhauses: drei
     querliegende schwarze Hirschstangen, im Königreich seit 1817
     in gespaltenem Schild mit drei schwarzen Löwen von
     Schwaben.
482 Pflanzlicher Farbstoff (dunkelblau); Hauptlieferant war der
     indische Indigostrauch.
483 Johann Christian Nelkenbrecher (gest. 1760), Herausgeber der
     *Logarithmischen Tabellen zur Berechnung derer Wechselarbi-
     tragen* (1752) und des für Kaufleute unentbehrlichen *Taschen-
     buchs der Münz-, Maaß- und Gewichtskunde für Banquiers
     und Kaufleute* (1762).
     Johann Georg Büsching, *Der praktische Kaufmann oder Ency-
     klopädie für Handelsbeflissene jeder Art* (2. Hälfte des
     18. Jh.s).
484 Johann Friedrich Lehrer, seit 1797 Zeichenlehrer am Ludwigs-
     burger Künstlerinstitut, später Mädchenschullehrer in der
     Stadt.
485 Otto Friedrich Freiherr von Wolf (1744–1817), Oberst, Vize-
     kommandant der Feste Hohentwiel (vgl. Anm. 48); übergab
     gegen herzoglichen Befehl die Feste den Franzosen unter Gene-
     ral Vandamme, wurde zum Tode, danach zu lebenslänglichem
     Gefängnis verurteilt und 1816 begnadigt.
486 Ferdinand Friedrich Nicolai Bilfinger (1730–1814), Generalma-
     jor, Kommandant der Feste Hohentwiel im Jahre 1800.
487 (lat.) auf ein bestimmtes Gebiet begrenzt.
488 Konrad Wiederhold (1598–1667) aus Ziegenhain (Hessen), seit
     1619 württembergischer Drillmeister, 1634–50 Kommandant
     der Feste Hohentwiel, die er seinem nach Straßburg geflohenen
     Herzog Eberhard III. erhielt, bis im Westfälischen Frieden der
     Hohentwiel Württemberg zugesprochen wurde. Danach erhielt
     er das Rittergut Neidlingen (Randeck-Ochsenwang) als Lehen,
     wurde danach Obervogt von Kirchheim (Teck).

489 Dominique-René Vandamme (1770–1830), seit 1788 im französischen Armeedienst (Kolonialregiment Martinique); schloß
sich 1790 der Revolution an, 1799 Divisionsgeneral, Befehlsha-
ber der württembergischen Truppen 1806/07 in Schlesien und
1809 im Feldzug gegen Österreich, 1808 Graf. In den Befrei-
ungskriegen wurde er nach der Niederlage von Kulm gefangen-
genommen; von den Bourbonen wurde er nach 1815 für mehrere Jahre verbannt.

490 Im Jahre 1800; Vandamme ließ die Befestigungen sprengen.

491 Vgl. Anm. 18.

492 Zu Reimarus und Bonnet vgl. Anm. 314, zu Haller vgl.
Anm. 78.

493 Zu Mesmer vgl. Anm. 378, zu Gmelin vgl. Anm. 373. Franz
Anton Mesmer hat zahlreiche Schriften über den Magnetismus
verfaßt: *Schreiben an einen auswärtigen Arzt über den Magnetismus* (1775); *Zweites Schreiben* (1775); *Mémoire sur le magnétisme animal* (1779); *Mémoire sur la découverte du magnétisme
animal et observations d'Eslon* (1781); *Kurze Geschichte des
thierischen Magnetismus* (1783); *Lehrsätze über den thierischen
Magnetismus* (1785); *Über meine Entdeckungen und den thierischen Magnetismus überhaupt* (1800); *Allgemeine Erläuterungen über den Magnetismus und Somnambulismus* (1813).
Von Eberhard Gmelin stammen die Schriften: *Über den thierischen Magnetismus* (2 Stücke, 1787); *Neue Untersuchung über
den thierischen Magnetismus* (1789); *Materialien für eine An-
thropologie*, 1. Stück (1791); 2. Stück u. d. T. *Untersuchung
über den thierischen Magnetismus und über die einfache Be-
handlungsart* (1793).

494 Wilhelm Josephi (1763–1845), seit 1792 Professor der Anato-
mie, Chirurgie und Gynäkologie in Rostock, 1808 General-
chirurg der Armee; war ein Gegner des sogenannten Mesmeris-
mus (*Ueber den thierischen Magnetismus, als ein Beitrag zur
Geschichte der menschlichen Verirrungen*, 1788); *Anatomie der
Säugethiere* (1787).
Nikolaus Joseph Franz, Freiherr von Jacquin (1727–1817),
Botaniker und Chemiker aus Leyden, seit 1768 Professor in
Wien; *Lehrbuch der allgemeinen und medicinischen Chemie*
(2 Tle., 1793, ²1798, ³1803).
A. W. von Hauch, *Anfangsgründe der Naturlehre oder An-
fangsgründe der Experimental-Physik*, aus dem Dänischen von
L. H. Tobiesen, 2 Tle., Schleswig 1795/96.

Henrik Steffens (1773–1845), dänisch-deutscher Naturphilosoph und Dichter, 1804 Professor in Halle, 1811 in Breslau, 1832 in Berlin. Als Anhänger Friedrich Wilhelm Joseph von Schellings spekulativer Philosophie vermittelte er Ideen der deutschen Romantik nach Dänemark. Gemeint ist die Schrift *Beiträge zur inneren Naturgeschichte der Erde* (1801).

495 Schriften der medizinischen Fakultät der Universität Salerno, großteils in lateinischen, gereimten (leoninischen) Hexametern verfaßt.

496 Vgl. in den *Reiseschatten*, 1. Schattenreihe, 3. Vorstellung, bzw. 5. Schattenreihe, 2. Vorstellung.

497 Ersatzstoffe, besonders im Vollzug der napoleonischen Kontinentalsperre (nach 1806) aufgekommene Industrie.

498 Rinde von Bäumen der Gattung Cinchona (Chinarindenbaum) der Ost-Anden. Chinarinde wurde durch die Jesuiten als fiebersenkendes und gegen Malaria einsetzbares Mittel in Europa verbreitet. Für die Chiningewinnung wurde die Rinde der Zweige, Stämme und Wurzeln verwendet; 1820 gelang P. J. Pelletier und J. B. Caventou die Isolierung des Chinin aus der Chinarinde.

499 Sauerwasser: in der Metallbearbeitung die verdünnten Säuren, mit denen das an der Metalloberfläche haftende Oxyd entfernt wird.

Moussierende heißt ›schäumende‹ Weine.

500 (lat.) aus dem Stegreif.

501 Zu Ludovike Simanovitz vgl. Anm. 93.

502 Zu Joseph Anton Koch vgl. Anm. 84.

Eberhard Wächter (1762–1852), klassizistischer Maler, Schüler der Carls-Akademie, seit 1784 in Mannheim, seit 1793 in Paris, 1794–98 in Rom, 1811 Inspektor der Kupferstichsammlung in Stuttgart.

Gottlieb Schick (1776–1812), klassizistischer Maler aus Stuttgart, Schüler Danneckers und Davids in Paris, seit 1802 in Rom, 1811 wieder in Stuttgart, bekannt vor allem durch Landschaftsbilder und Porträts.

503 *Heinrich Schickard's, Baumeisters von Herrenberg, Lebensbeschreibung,* herausgegeben und mit einem Entwurf einer Geschichte der Fortschritte der bildenden Künste in Würtemberg von Schickard's Zeiten bis auf das Jahr 1815 begleitet von Eberhard von Gemmingen, mit einer Vorrede von Prof. Conz

und einer Abbildung des neuen Baues zu Stuttgart, Tübingen 1821. Zu Heinrich Schickhardt vgl. Anm. 56.

503a *Ludovike [Simanovitz]. Ein Lebensbild aus der nächsten Vergangenheit geschildert für christliche Mütter und Töchter unserer Tage von der Herausgeberin des Christbaums* [Friedrike Klaiber geb. Hellwag], mit Originalbriefen von Schiller, Therese Huber und ihren Zeitgenossen, Stuttgart 1847 [sic.]. Die zweite Ausgabe mit einem Vorwort von Karl Steiger erschien Stuttgart 1850. Beim *Christbaum* handelt es sich um eine Buchreihe: *Der Christbaum. Taschenbuch zum Besten der Mission für Heiden und Israeliten,* Jg. 1–8, Stuttgart 1839–46.

504 Friedrich Ludwig Zacharias Werner (1768–1823), romantischer Dramendichter (Schicksalsdramen); *Die Söhne des Tales,* (2 Bde., 1803, ²1807).

505 Wilhelm Friedrich von Meyern (1762–1829), Schriftsteller; sein politischer Roman *Dya-na-sore oder die Wanderer* (5 Bde., 1787–91) spielt in Indien und erregte wegen seiner freimaurerischen Thematik Aufsehen.

506 Johann Jakob Steinbeis (1762–1829), 1783 Magister, 1799 Pfarrer in Oelbronn, 1807 in Niederhofen, 1811–29 in Ilsfeld.

507 In Ariosts Epos *Der rasende Roland* der Helm des Heidenkönigs Mambrino. Don Quichote in Cervantes' Roman nennt das von ihm als Helm getragene Barbierbecken ›Helm Mambrins‹.

508 Karl Wilhelm Heinrich Du Bos du Thil (1777–1859), Sohn des braunschweigischen Oberstlieutenants, Baron du Bos du Thil, erhielt seine Ausbildung an der Carlsschule, Rechtsstudium in Tübingen und Göttingen, 1802 hessisch-darmstädtischer Kammerherr, in der Folge Regierungsrat, Geheimer Legationsrat, Oberschenk, Hofmarschall, 1820 Staatsminister und Gesandter am Deutschen Bundestag, 1821 Minister des Auswärtigen und der Finanzen, 1829 dirigierender Staatsminister (bis 1848), Minister des Innern und der Justiz; wirkte 1813 mit am Übertritt der Hessen zu den Verbündeten, gab 1820 auf dem Wiener Kongreß den ersten Anstoß zur Gründung des deutschen Zollvereins, der zum hessisch-preußischen Zollvertrag vom 14. Februar 1828 führte, schied 1848 aus seinen Ämtern aus.

509 Ferdinand Steinbeis (1807–93), Förderer der württembergischen Industrie, besonders des Bergbaus und des Hüttenwesens.

510 Vgl. Anm. 426.

511 Der spätere König Friedrich I. von Württemberg, vgl. Anm. 259.

512 In Friedrichstal bei Freudenstadt wurde 1761 ein Eisenwerk errichtet, das Kurfürst Friedrich nach 1803 erweiterte. Friedrichshammer war ein Bestandteil dieser Anlage.

513 Antonio Isopi (1758–1833), seit 1793 in württembergischem Hofdienst als Marmorierer, Bildhauer, Stukkateur und Porzellankünstler; übernahm 1810 die Leitung des neugeschaffenen, mit der Porzellanfabrik verbundenen Ludwigsburger Künstlerinstituts.

514 Niccolò Jommelli (1714–74), italienischer Komponist, 1749 Vizekapellmeister der Peterskirche in Rom, von Herzog Carl Eugen 1753 als Kapellmeister nach Ludwigsburg berufen, 1769 Rückkehr nach Italien; sein Nachfolger wurde Borono (bis 1777), ihm folgte Agostino Poli; vgl. Anm. 283.

515 Charles-Maurice de Talleyrand-Périgord (1754–1838), französischer Politiker unter Napoleon und Ludwig XVIII., 1788 Bischof von Autun, 1789 Mitglied der Gesetzgebenden Versammlung, 1791 Gesandter in England, 1792–95 Exil in Nordamerika, 1797 Minister des Auswärtigen in der Direktorialregierung; von Napoleon 1806 zum Fürsten von Benevent ernannt. Wegen politischer Meinungsverschiedenheiten 1809 in Ungnade gefallen, arbeitete er an der Wiederherstellung der Bourbonenherrschaft; auf dem Wiener Kongreß als französischer Außenminister, 1817 zum Herzog von Dino und Herzog von Talleyrand ernannt, zog sich 1824 zurück und war für Louis-Philippe von Orléans tätig, als dessen Botschafter er 1830–34 nach London ging.

516 Zum Zeitpunkt von Kerners Wiedereintreffen in Hamburg befand sich Reinhardt noch nicht als französischer Gesandter beim niedersächsischen Kreis. Kerner traf Ende 1801, Reinhardt erst im Juni 1802 in Hamburg ein; W 99.

517 Georg Kerner gab die Zeitschrift *Der Nordstern* von März bis Juli 1802 in Hamburg heraus.

518 Im napoleonischen Krieg verlor Hamburg zeitweise die Selbständigkeit. 1806 wurde es von den Franzosen besetzt und 1810 Frankreich eingegliedert. 1813 nach dem Abzug der Franzosen errichteten die Hamburger eine antifranzösische hanseatische Legion. Infolge der Rückkehr der Franzosen im selben Jahr mußte Hamburg wegen seiner Erhebung schwere Repressalien erleiden, bis es 1814 von den Russen besetzt wurde.

519 Vgl. Anm. 38.

520 Dieses angebliche Schreiben ist tatsächlich ein Extrakt aus Georg Kerners Buch *Reise über den Sund* (1803). Einzelaufschlüsselung bei W 99 f.

521 Die Flugschrift *Über das Project eines Central-Wahlausschusses* erschien unter dem Namen August Wattenburg; W 120.

522 Higganese (Höganäs), in Südschweden nördlich von Helsingör.

523 Die schwedisch-russischen Kriege im 18. Jh.: (1) Der Nordische Krieg (1700–21) zwischen Karl XII. und Peter I. endete 1721 mit dem Frieden von Nystad, in dem Rußland Livland, Estland, Ösel, Ingermanland und Teile Kareliens hinzugewann; (2) Krieg 1741–43, der mit dem Frieden von Åbo endete und schwedische Gebietsverluste in Finnland zur Folge hatte; (3) Krieg 1788–90, der mit dem Frieden von Werelae endete und die Bestätigung der Ergebnisse des Friedens von Åbo erbrachte. – Xenophontische Feder: nach dem griechischen Schriftsteller Xenophon (um 430 – nach 355 v. Chr.), der den Feldzug des Perserfürsten Kyros d. J. gegen Artaxerxes II. in der Schrift *Anabasis* beschrieb.

524 Karl XII. (1682–1718), seit 1697 König von Schweden, im Nordischen Krieg (1700–21) nach anfänglichen Siegen über Dänemark, Rußland (Narwa 1700) und Sachsen/Polen 1709 Niederlage bei Poltawa durch Peter I., Flucht zum Sultan, 1714 Rückkehr nach Schweden, 1718 bei der Belagerung des dänischen Fredrikshald erschossen.

525 Gustav IV. Adolf (1778–1837), schwedischer König von 1796–1809; hartnäckiger Gegner Napoleons; Mitglied der dritten, gegen Napoleon gerichteten Koalition von 1805 (England, Rußland, Österreich). Wegen des Verlusts von Pommern (an Frankreich) und Finnlands (an Rußland) wurde er 1809 in einer unblutigen Revolution abgesetzt. Gustav lebte nach 1809 in Basel, Leipzig, Holland, Aachen, St. Gallen unter dem Namen Oberst Gustafsson.

526 Friedrich I. (1676–1751), Landgraf von Hessen-Kassel, kam nach dem Utrechter Frieden (1713/14) nach Schweden und verheiratete sich 1715 mit Ulrika Eleonora, der jüngeren Schwester Karls XII., die 1719 nach Karls Tode Königin wurde. Als sie 1720 der Krone entsagte, wurde Friedrich zum König gewählt.

527 Nach frz. *génie* ›Kriegswesen, Pionierwesen, Militärwesen‹; meint Kriegstechnik, Kriegsbaukunst, alle technischen, im

Dienst der Kriegführung stehenden Hilfsmittel (Schanzarbeiten, Festungsbau). General des Geniewesens ist also der Leiter des Ingenieurkorps. Bereits Gustav II. Adolf hatte ein solches mit dem Generalstab vereinigtes Ingenieurkorps aufgestellt, das die Generalstabsgeschäfte besorgte.

528 Öresund, Meerenge zwischen der dänischen Insel Seeland und dem südschwedischen Schonen.

529 Johanna Friederike Dunker und Georg Kerner heirateten am 27. Mai 1804; sie hatten einen Sohn, Reinhold, und zwei Töchter, Bonafine und Clara.

530 Vgl. Anm. 249.

531 Vgl. Anm. 364.

532 Die 1812 entstandene, zuerst im *Morgenblatt* von 1816 publizierte Erzählung »Die Heimatlosen«.

533 Gotthold Immanuel Jakob Uhland (1759–1834), Oberamtsarzt in Tübingen, Onkel des Dichters Ludwig Uhland (1787 bis 1862).

534 Vgl. Anm. 2.

Klecksographien

Der Abdruck folgt dem handschriftlichen Original im Deutschen Literaturarchiv zu Marbach am Neckar (»Hadesbilder«), bei behutsamer Modernisierung von Orthographie und Interpunktion. Die Erstveröffentlichung (*Klecksographien. Mit Illustrationen nach den Vorlagen des Verfassers*, Stuttgart: Deutsche Verlags-Anstalt, 1890) und alle ihr folgenden Ausgaben enthalten verschiedene Fehler.

Die stegreifartig hingeworfenen Verse sind ein später Ausdruck von Kerners konservativer (S. 565 f.) und biedermeierlich getönter Romantik. Gerade in der Ausmalung ihrer Nachtseiten kommen bürgerliche Moralauffassung und katholizistische Neigung (Fegefeuerassoziation im »Zwischenreich«) zum Tragen (vgl. S. 253). Doch sollte über dem mystisch-spiritistischen Moment der spielerische, ja verspielte Charakter dieser zu privatem Pläsier angefertigten Produkte nicht vergessen werden.

Über das Zustandekommen der Klecksographien unterrichtet Theobald Kerner in seinem Buch *Das Kernerhaus und seine Gäste* (1894): »Wie schon früher niemand besser als mein Vater aus den Wolkenbildern allerlei phantastische Gestalten herauszufinden wußte, so suchte sein Auge, bei fortschreitender Erblindung einzig auf das

Nächstliegende beschränkt, aus Tintenflecken, die oft unfreiwillig beim Briefschreiben sich einstellten, Gesichter und Bilder zu erforschen, und bald fand er, daß aus frischen Tintenflecken, unter dem Druck des zusammengefalteten Papiers harmonisch verdoppelt, sich die seltsamsten Phantasiebilder herausfinden lassen, zu deren Vervollkommnung es manchmal nur weniger Punkte und Striche bedarf, um selbst einen kühleren Beschauer in Erstaunen zu setzen. Bemerkenswert war ihm dabei, daß diese Gebilde sehr oft den Typus längst vergangener Zeiten aus der Kindheit alter Völker tragen, wie zum Beispiel: Götzenbilder, Urne, Mumien vorstellen, bald wieder das Menschen- und Tierbild in den verschiedensten Gestalten repräsentieren. Manchen dieser klecksographischen Bilder fügte er eine poetische Erläuterung bei; das Interessanteste dieser Art ist sein von ihm noch im Jahre 1857 eigenhändig geschriebenes und mit Klecksographien der originellsten Weise geziertes, sogenanntes *Hadesbuch*, wo er den aus der Tinte sich entwickelnden, traumartig dämonischen Schatten mit unübertrefflichem Humor eine Stelle im Hades anwies und aus ihrem Aussehen diagnostizierte, welche Rolle sie wohl früher im Leben gespielt.« (S. 163.)

Theobalds Bericht stützt sich teilweise auf Justinus Kerners eigene Ausführungen; an Emma Niendorf etwa schreibt Kerner im Jahre 1844: »Ich sende Dir hier meinen ganzen Bilderschatz der magischen Urbilder. Ich fand die Kunst durch die vielen Dintensäue, die ich auf die Briefe mache meiner üblen Augen wegen. Ich schlug den Brief mit solchen Säuen zusammen, und da entstand ein Bild. Probiere Du es nun auch. Die Bilder sind merkwürdig, weil sie Darstellungen wie aus der Kindheit der Urvölker geben, namentlich der Ägypter, Indier, Amerikaner. Meistens kommen Urnen, Schmetterlinge, Skarabäen (Käfer), phantastische Tiergestalten, Hieroglyphen etc. zutage. Diese Bilder scheinen in der Natur zu liegen, und daher scheinen sie jene Urvölker genommen zu haben. Denke der Sache nach, Du könntest einen Aufsatz darüber schreiben.

Ein erstaunliches Bild ist jenes auf dem schwarzen Papier, wie das mystische Bild eines Alchimisten oder Theosophen. Es kam frei hervor, und ich durfte ihm nur noch wenige Striche geben. Das Bild des japanischen Pagoden und des mexikanischen Götzen ist auch merkwürdig, sowie das eines türkischen Religiösen.

Es geben diese Bilder der Phantasie ungeheuren Spielraum. Studiere sie und schreibe darüber, es ist gewiß der Mühe wert.

Ich sende Dir dieses Buch mit den Bildern, aber ich bitte Dich *innigst*, es nicht länger als acht Tage zu behalten und es mir dann durch die Fahrpost unfrankiert wieder zuzusenden. Ich sende es Dir nur unter dieser Bedingung und tu es gewiß. Die anderen Bilder, die ich Dir beilege, behalte für Dich. Wir grüßen euch herzlich Dein J. Kerner.« (Briefwechsel II, Nr. 602, S. 256.)

Kerners Münchner Freund, Graf Pocci, bittet Kerner ebenfalls um zeitweilige Überlassung des vom Autor offenbar nur ungern aus der Hand gegebenen Klecksographien-Buches. Am 26. November 1856 schreibt Pocci: »Nun aber bitt ich Dich *dringend*, schicke mir doch ja *bald* Dein klecksographisches Hadesbuch. In meinen Händen ist es gewiß sicher und wird Dir unversehrt wieder zukommen. Vielleicht ließe sich doch etwas mit der Herausgabe machen.« (Briefwechsel II, Nr. 794, S. 477.)

Am 6. Februar 1857 wiederholt Pocci diese Bitte (Briefwechsel II, Nr. 798, S. 482). Am 15. März – mittlerweile hat er das »Hadesbuch« erhalten – schreibt er zur Rücksendung: »Hier rücksende ich Dir das allerliebste ›Fegfeuer- und Höllenbuch‹, in welchem sich Bilder und Text zu einem trefflichen Ganzen gestalten. In einer gewissen Hinsicht ließe sich das Buch wohl veröffentlichen, würde aber von den wenigsten *verstanden*. Wer begreift oder faßt dergleichen auch von den superklugen Jetzigen. Der Teufel hat jetzt die sogenannten größten Notabilitäten beim Schopf, und sie merken es nicht, eben darum, weil die superkluge Hoffartsweisheit sie blendet. Demut kennen wenige mehr – *die* hat sich zurückgezogen von den Menschen! Wer ihr huldigt, gilt wenig oder gar nichts.« (Briefwechsel II, Nr. 801, S. 485.)

1 Auch: Schnäpper, Spitze am Mieder.
2 Ottilie Wildermuth (1817–77), die mit Justinus Kerner befreundete, in Tübingen seßhafte, beliebte Schriftstellerin; Erzählbände: *Bilder und Geschichten aus dem schwäbischen Leben* (1852), *Aus der Kinderwelt* (1853), *Aus Schloß und Hütte* (1862), *Aus Nord und Süd* (1874).
3 Zinseintreiber, Schuldeneintreiber, nach *gilte* (f.) ›Zahlung, Schuld, Zins, Steuer; jährliche Abgabe; was man zu ‚gelten‘, zu bezahlen schuldig ist‹.
4 Vgl. *Bilderbuch*, Abschn. »Die Irren«, hier S. 328–330.
5 Scherzhafte Benennung für den hohen Seidenhut, Zylinder, der auch ›Schlosser‹ genannt wird.
6 Eine im 19. Jh. als Krinoline (später Turnüre) beliebte Form des

Reifrocks, des sich nach unten verbreiternden, sehr aufwendig konstruierten Rocks.

7 (lat.) Gerichtsschreiber.

8 Von *klieben* ›spalten‹, abgeleitetes weibliches Substantiv, auch *Kluft*; bedeutet ›Bündel‹, übertragen ›Bande, Haufen, Sippe‹.

9 Im Mittelalter systematisierte man die Magie in die weiße und die schwarze Magie oder Kunst, je nachdem man gute oder böse Geister dazu verwendete.

10 (lat.) dem Beispiel zuliebe.

11 Von griech. *kreas* ›Fleisch‹, griech. *sosein* ›erhalten‹; eine (auch zum konservierenden Räuchern von Fleisch verwendete) vom Freiherrn von Reichenbach zuerst 1832 aus Buchenholzteer hergestellte Substanz.

Ahnentafel von Justinus Kerner
väterlicherseits

I.   *Rupprecht Kärner*
Maier in Flatschach an der Mur im Lungau (Land Salzburg)

II. *Lienhard (Leonhard) Kärner* (Khärner, Karner) (gest. 1541)
Maier in Flatschach; verh. mit 1. *Agnes*, 2. Katharina. Kinder:

1. Michael (gest. 1576)
2. Balthasar (1532–1609), Prediger und Senior ministerii am Münster in Ulm; dessen Sohn Balthasar (1582–1633), Prediger in Ulm
3. Lienhard, Maier in Flatschach
4. Hans (gest. 1571), Bauer in Ermannsdorf
5. Gertraud
6. Appolonia
7. Margarete

III. *Michael Kerner* (gest. 24. 12. 1576)
1533 Baccalaureus, 1552 Schulmeister in Klagenfurt, 1557 Präzeptor in Schwäbisch Hall; verh. mit 1. Afra Kegel, 2. *Justine Engelhardt* (gest. 1568)

IV. *Justinus Kerner* (gest. 7. 6. 1606)
Amtsschreiber in Lorch, 1590 Stadtschreiber in Heidenheim, 1597 Vogt und Kastner in Heidenheim; verh. mit Eva Popp (gest. 1619)

V.   *Justinus Andreas Kerner* (1586/87 – 6. 12. 1664)
1609 Magister in Tübingen, 1612 Diakon in Gernsbach, 1617 Pfarrer in Loffenau, 1618 Spezial in Wildberg, 1633 in Sulz, 1635–64 in Güglingen; 1612 verh. mit *Maria Benkiser* (1588–1656), 1657 verh. mit Anna Elisabeth Herold

VI. *Johann Georg Kerner* (11. 3. 1627 – 29. 3. 1698)
Apotheker und Bürgermeister in Markgröningen; 1647 verh. mit Maria Augusta Tafinger (1624–93)

VII. *Johann Justinus Kerner* (20. 11. 1648 – 27. 10. 1727)
Bürgermeister und Hospitalpfleger in Göppingen, Assessor
und Verwandter des engeren Ausschusses der württembergischen Landschaft; 1671 verh. mit *Susanne Sabine Mergenthaler* (1651–92), 1693 verh. mit Euphrosyne Gintner
(1661–1729)

VIII. *Georg Andreas Kerner* (24. 12. 1671 – 10. 5. 1730)
juristischer Lizentiat; 1702 Untervogt und geistlicher Verwalter zu Blaubeuren, 1704–30 Vogt und Rat zu Calw; 1600
verh. mit Euphrosyne Marie Weißer (1672–1754)

IX.   *Johann Georg Kerner* (16. 7. 1707 – 23. 1. 1766)
1733 Regimentsquartiermeister und Rat in Hechingen, 1750
Vogt und Rat in Göppingen, 1757–66 Regierungsrat und
Oberamtmann in Ludwigsburg; 1733 verh. mit Ludowike
(Ludovika) Marie (Maria) Bö(c)klen (1712–88)

X.   *Christoph Ludwig Kerner* (8. 5. 1744 – 11. 8. 1799)
1766 Regierungsrat und Oberamtmann in Ludwigsburg, seit
1795 Klosteroberamtmann in Maulbronn; 1767 verh. mit
Friederike Luise Stockmayer (23. 2. 1750 – 20. 6. 1817)

Johann Georg Kerner (30. 3. 1752 – 15. 12. 1804)
Onkel von Justinus Kerner; 1792–96 Stadtschreiber in Ludwigsburg, 1796 Landschaftskonsulent in Stuttgart

XI.   Kinder Christoph Ludwig Kerners:
1. Friederike Luise (7. 7. 1768 – 23. 7. 1768)
2. Ludowike Theresie (4. 4. 1769 geb. und gest.)
3. Johann *Georg* Kerner (9. 4. 1770 – 7. 4. 1812)
   1779–91 Carlsschüler, 1791 Mitglied des Straßburger Jakobinerklubs, 1791–95 in Paris, 1795–1801 Sekretär von
   Johann Gotthardt Reinhold in Hamburg, Florenz, Paris
   und Bern, 1803–12 Arzt in Hamburg; 1804 verh. mit
   Friederike Dunker; drei Kinder: Reinhold, Bonafine und
   Clara
4. Johanne Friederike Ludowika (24. 4. 1771 – 5. 5. 1771)
5. Wilhelmine Sabine Ernestine (22. 10. 1772 – 6. 7. 1779)
6. Ernst *Ludwig* (Louis) Friedrich Kerner (7. 10. 1773 –
   19. 2. 1837)

1794 Magister, 1803 Garnisonspfarrer auf dem Hohenasperg, 1808 Pfarrer in Enzweihingen, 1813/14 in Gochsen, 1823 in Unterlenningen, 1828 in Hohenmemmingen.

7. *Carl* Friedrich Kerner (7. 3. 1775 – 12. 4. 1840)
1787–93 Carlsschüler, seit 1794 beim württembergischen
Militär, 1807 Oberstlieutenant, 1812 Chef des württembergischen Generalstabs, Teilnahme am Rußlandfeldzug
Napoleons, 1817 Geheimrat, provisorischer Innenminister, Leiter des Berg- und Hüttenwesens in Württemberg

8. Ludowike Christiane Dorothee (16. 2. 1776 – 29. 12.
1777)

9. *Ludowike* Christiane Dorothea (15. 9. 1778 – 2. 2. 1823)
verh. mit Pfarrer Heinrich Friedrich Zeller (1758–1833)

10. Auguste *Wilhelmine* Kerner (3. 5. 1782 – 3. 5. 1864)
verh. mit Pfarrer Johann Jakob Steinbeis (1762–1829)

11. *Justinus* Andreas Christian Kerner (18. 9. 1786 – 21. 2.
1862)
28. 2. 1813 verh. mit Johanne Friederike Eh(e)mann (9. 1.
1786 – 16. 4. 1854)
Kinder:
1. Rosa Maria (1813–86), verh. mit dem Heilbronner
Stadtarzt Dr. Emil Niethammer
2. Theobald (1817–1907), Arzt in Weinsberg, Schriftsteller
3. Emma (1822–95), verh. mit dem Heilbronner Kaufmann Gsell

12. Charlotte Friederike (15. 8. 1790 – 2. 11. 1790)

Württembergs Regenten vom 16. bis 19. Jahrhundert

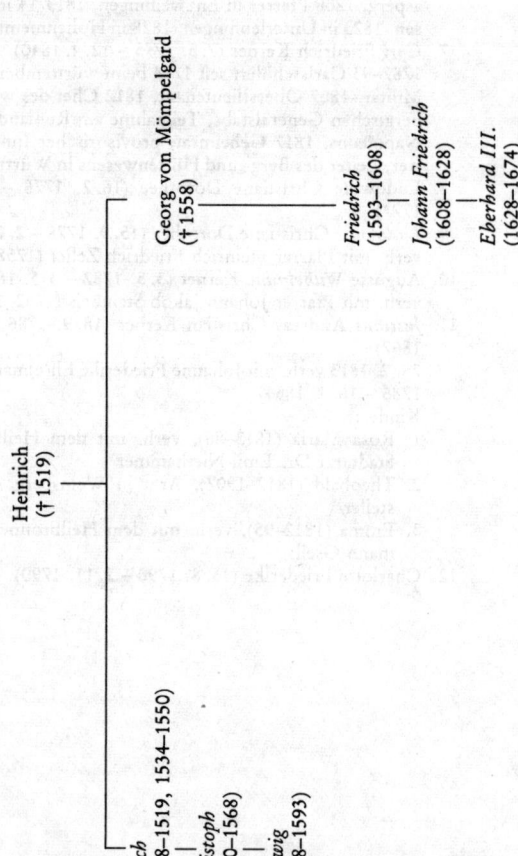

Heinrich
(† 1519)

Ulrich
(1498–1519, 1534–1550)

Christoph
(1550–1568)

Ludwig
(1568–1593)

Georg von Mömpelgard
(† 1558)

Friedrich
(1593–1608)

Johann Friedrich
(1608–1628)

Eberhard III.
(1628–1674)

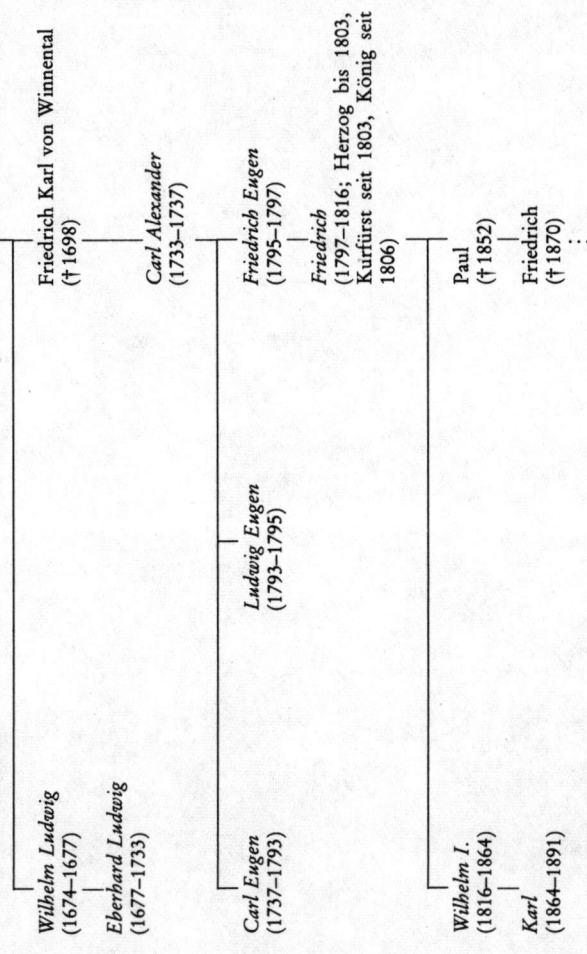

Friedrich Karl von Winnental
(† 1698)

Wilhelm Ludwig
(1674–1677)

Eberhard Ludwig
(1677–1733)

Carl Alexander
(1733–1737)

Carl Eugen
(1737–1793)

Ludwig Eugen
(1793–1795)

Friedrich Eugen
(1795–1797)

Friedrich
(1797–1816; Herzog bis 1803,
Kurfürst seit 1803, König seit
1806)

Wilhelm I.
(1816–1864)

Paul
(† 1852)

Karl
(1864–1891)

Friedrich
(† 1870)

...

Literaturhinweise

Bibliographie

Justinus Andreas Christian Kerner. In: Karl Goedeke: Grundriß zur Geschichte der Deutschen Dichtung aus den Quellen. 2., ganz neu bearb. Aufl. fortgef. von Edmund Goetze. Bd. 8: Vom Weltfrieden bis zur französischen Revolution 1830. Dresden 1905. § 319, S. 197–213. [Erg. in: Ebd. Bd. 13. Dresden 1938. § 338, Nr. 3, S. 3–5.]

Justinus Kerner. In: John Osborne: Romantik. Handbuch der deutschen Literaturgeschichte. Abt. 2: Bibliographien. Bd. 8. Bern/München 1971, S. 118 f.

Volke, Werner: Die Handschriften des Schiller-Nationalmuseums. [T.] 5: Justinus Kerner und Ludwig Uhland. In: Jahrbuch der Deutschen Schiller-Gesellschaft 6 (1962) S. 554–615.

Jahresbericht des Justinus Kerner-Vereins Weinsberg und des demselben angegliederten Frauenvereins 1 (1905) – 36 (1940); 1941–1962: Justinus-Kerner-Verein und Frauenverein Weinsberg. Vereinschronik; ab 1964: Justinus-Kerner-Verein und Frauenverein Weinsberg. Mitteilungen H. 1 (1964) – 16 (1978/79).

Werkausgaben

Justinus Kerners Ausgewählte poetische Werke in 2 Bänden. Stuttgart: Cotta, 1878. (Deutsche Volksbibliothek. R. 4.)

Justinus Kerner: Sämtliche Werke in 8 Büchern. Neu hrsg. mit einer biogr. Einl. von Walter Heichen. Berlin: Weichert, 1903.

Justinus Kerner: Sämtliche poetische Werke in 4 Bänden. Hrsg. mit einer biogr. Einl. und erl. Anm. von Josef Gaismaier. Leipzig: Hesse, 1905.

Justinus Kerner: Gesamt-Werke. In 4 Bänden. Hrsg. vom Justinus Kerner-Verein in Weinsberg. Weinsberg 1909/10.

Kerners Werke. Auswahl in 6 Teilen. Hrsg. mit Einl. und Anm. vers. von Raimund Pissin. 2 Bde. Berlin: Bong, 1914. Nachdr. Hildesheim / New York: Olms, 1974.

Das Leben des Justinus Kerner. Erzählt von ihm und seiner Tochter

Marie. Hrsg. von Karl Pörnbacher. München: Kösel, 1967. (Lebensläufe. Bd. 11.)

Justinus Kerner: Das Bilderbuch aus meiner Knabenzeit. Mit vielen zeitgenössischen Illustrationen. Hrsg. und erl. von Günter Häntzschel. Frankfurt a. M.: Insel Verlag, 1978. (Insel-Taschenbuch. Nr. 338.)

Justinus Kerner: Die Reiseschatten. Eingel. und mit Textvar. und Anm. hrsg. von Walter Paulus Hermann Scheffler. Stuttgart: Steinkopf, 1964.

Justinus Kerner: Die Seherin von Prevorst. Eröffnungen über das innere Leben des Menschen und über das Hereinragen einer Geisterwelt in die unsere. Hrsg. von Joachim Bodamer. Stuttgart: Steinkopf, 1958. ³1973.

Briefe

Justinus Kerners Briefwechsel mit seinen Freunden. Hrsg. von seinem Sohn Theobald Kerner. Durch Einl. und Anm. erl. von Ernst Müller. 2 Bde. Stuttgart/Leipzig 1897. [Zit. als: Briefwechsel.]

Justinus Kerners Briefwechsel mit Varnhagen von Ense. Hrsg. von Ludwig Geiger. In: Zeitschrift für deutsche Philologie 31 (1899) S. 371–84.

Politische Briefe Justinus Kerners an Varnhagen von Ense. Mitget. und erl. von Ludwig Geiger. In: Studien zur vergleichenden Literaturgeschichte 9 (1909) H. 1. S. 1–21.

Briefe von Justinus Kerner an Varnhagen von Ense. Hrsg. von Ludwig Geiger. Breslau o. J.

Justinus Kerner – Ottilie Wildermuth. Briefwechsel 1853–1862. Hrsg. von Adelheid Wildermuth. Heilbronn 1927. Stuttgart 1960.

Justinus Kerner und sein Münchener Freundeskreis. Eine Sammlung von Briefen. Hrsg. von Franz Pocci ⟨Enkel⟩. Leipzig 1928.

Aus dem Kreise der schwäbischen Romantik. Unveröffentlichte Briefe von Justinus Kerner. Mitget. von Heinz Otto Burger. In: Euphorion 30 (1929) S. 332–365.

Justinus Kerner, Briefe an Cotta. In: Briefe an Cotta. Hrsg. von Herbert Schiller. Bd. 2. Berlin 1927. S. 106–123. Bd. 3. Ebd. 1934. S. 470–505.

Letters of Justinus Kerner to Graf Alexander von Württemberg. Ed. by Leonard Ashley Willoughby, with an introd. by Derek Hudson. Cambridge 1938.

Der Briefwechsel zwischen Justinus Kerner und Johann Friedrich
von Meyer. Ein Dokument der Spätromantik. Hrsg. von Hartmut
Fröschle. In: Jahrbuch des Wiener Goethe-Vereins 80 (1976)
S. 75–88.

Sekundärliteratur

Ackermann, Otto: Schwabentum und Romantik. Geistesgeschicht-
liche Untersuchungen über Justinus Kerner und Ludwig Uhland.
Breslau 1939. (Zugl. Diss. Breslau.)

Alexis, Willibald: Schattenrisse aus Süddeutschland. Berlin 1834.
S. 137–153.

Bayer, Josef: Justinus Kerner. In: Studien und Charakteristiken.
Prag 1908. S. 418–431.

Becker, Rolf: David Friedrich Strauß und Justinus Kerner – Eine
Freundschaft zwischen Ungleichen. In: Mitteilungen des Justinus-Kerner-Vereins 7 (1970) S. 10–23.

Bergold, Albrecht / Salchow, Jutta / Scheffler, Walter (Hrsg.):
Kerner – Uhland – Mörike. Schwäbische Dichtung im 19. Jahrhundert. Ständige Ausstellung des Schiller-Nationalmuseums und
des Deutschen Literaturarchivs Marbach am Neckar. Marbach
1980. (Marbacher Kataloge. Nr. 34.)

Bibliothek des schwäbischen Dichters Justinus Kerner, 1786–1862.
Antiquariats-Katalog. Stuttgart [um 1900].

Blume, Rudolf: Justinus Kerner und das Schattentheater. In: Jahresbericht des Justinus Kerner-Vereins 9 (1913) S. 22–42.

Bock, Emil: Justinus Kerner. Der Okkultismus des Herzens. In:
Vorboten des Geistes. Schwäbische Geistesgeschichte und christliche Zukunft. Stuttgart 1929. S. 130–158. Einzeldr. Stuttgart
1929.

Brechenmacher, Josef Karlmann: Der reichste Fürst. Eine literärgeschichtliche Untersuchung. In: Zeitschrift für den deutschen Unterricht 28 (1914) S. 709–721.

Bretschneider, Friedrich: Albrecht Friedrich Lempp (1763–1819),
seine Vorfahren und seine Nachkommen, zugleich Ahnentafel
Justinus Kerners väterlicherseits. Calw 1932.

Büttiker, Heinz: Justinus Kerner. Ein Beitrag zur Geschichte der
Spätromantik. Diss. Zürich 1952.

Burger, Heinz Otto: Schwäbische Romantik. Studie zur Charakteristik des Uhlandkreises. Stuttgart 1928. (Tübinger germanistische
Arbeiten. Bd. 6.) S. 49–75, 138–154.

– Schwabentum in der Geistesgeschichte. Versuch über die weltanschauliche Einheit einer Stammesliteratur. Stuttgart/Berlin
1933.

Castle, Michael: Phrenologische Analyse des Charakters des Herrn
Dr. Justinus Kerner. Mit einem Briefe des Herrn Dr. Kerner über
das Werk an den Verfasser und einem Vorw. von Gustav Scheve.
Heidelberg 1844.

Cottrell, Alan P.: Justinus Kerner, Der Grundton der Natur. In:
German Quarterly 39 (1966) S. 173–186.

Degering, Hermann: Justinus Kerner. Arzt, Schriftsteller und Dichter. In: Aus 4 Jahrhunderten. Autographen aus den Sammlungen
der Preußischen Staatsbibliothek in Nachbildungen hrsg. und
beschr. von H. D., Karl Christ und Julius Schuster. [T.] 32.
Berlin 1922. S. 181–183.

Dürrson, Werner: Franz Kafka und das Gedicht von der Säge. In:
Mitteilungen des Justinus-Kerner-Vereins 14 (1977) S. 9–21.

Du Prel, Karl: Justinus Kerner und die Seherin von Prevorst.
Leipzig 1886. ²1913.

– Justinus Kerner und die Seherin von Prevorst. In: Sphinx.
Monatsschrift für die geschichtliche und experimentelle Begrün-
dung der übersinnlichen Weltanschauung. Hrsg. von Hübbe-
Schleiden. Jg. 1, Bd. 2 (1886) H. 3.

Fischer, Hermann: Die schwäbische Litteratur im achtzehnten und
neunzehnten Jahrhundert. Ein historischer Rückblick. Tübingen
1911. S. 34–42.

– Beiträge zur Litteraturgeschichte Schwabens. Tübingen 1891.
S. 63 f.

– Justinus Kerner. In: Allgemeine Deutsche Biographie 15 (1882)
S. 643–645.

Fischer, Walther: Andreas Justinus Kerner. Ein Dichter-Arzt der
Romantik. In: Wissenschaftliche Zeitschrift der Friedrich-Schil-
ler-Universität Jena (Thüringen). Mathematisch-naturwissen-
schaftliche Reihe 9 (1959/60) S. 491–499.

Fröschle, Hartmut: Justinus Kerner und Ludwig Uhland.
Geschichte einer Dichterfreundschaft. Göppingen 1972. (Göp-
pinger Arbeiten zur Germanistik. Bd. 66.)

– Ludwig Uhland und Justinus Kerner – Von der Spannweite der
schwäbischen Romantik. In: Mitteilungen des Justinus-Kerner-
Vereins 12 (1975) S. 9–18.

Gaismaier, Josef: Über Justinus Kerners ›Reiseschatten‹. Ein Beitrag
zur Geschichte der Romantik. In: Zeitschrift für vergleichende

Litteraturgeschichte (Kochs Zeitschrift). N. F. Bd. 13 (1899) S. 492–513; Bd. 14 (1900) S. 76–148.

Gehrts, Heino: Justinus Kerners Forschungsgegenstand. In: Neue Wissenschaft. Zeitschrift für Grenzgebiete des Seelenlebens 10 (1961/62) H. 3. S. 130–143.

– Das Mädchen von Orlach. Erlebnisse einer Besessenen. Stuttgart 1966.

– Märchenwelt und Kernerzeit. In: Antaios 10 (1968/69) S. 155 bis 183.

Geiger, Ludwig: Justinus Kerners Briefwechsel mit seinen Freunden. [Besprechung der Edition von Theobald Kerner.] In: Zeitschrift für deutsche Philologie 31 (1899) S. 251–280, 371 bis 384.

Geyer, Albert: Über die Beziehungen von Matthisson zu Justinus Kerner. In: Jahresbericht des Justinus Kerner-Vereins 4 (1908) S. 17–25.

– Das Freundschaftsverhältnis zwischen Gustav Schwab und Justinus Kerner. Vortrag. In: Jahresbericht des Justinus Kerner-Vereins 22 (1926) S. 9–21.

Goes, Albrecht: Über ein Lied von Schumann (›Alte Laute‹ von Justinus Kerner). In: Gestalt, Gedanke, Geheimnis. Festschrift für Johannes Pfeiffer zu seinem 65. Geburtstag. Hrsg. von Rolf Bohnsack, Hellmut Heeger, Wolf Hermann. Berlin 1967. S. 117 bis 119.

Goessler, Peter: Schwäbische Philhellenen. In: Universitas 2 (1947) S. 275–289.

Gramer, H.: Justinus Kerner im Lichte der Gegenwart und Vergangenheit. Vortrag. In: Jahresbericht des Justinus Kerner-Vereins 23 (1927) S. 9–15.

Grell, Burkhard: Medizingeschichtliches bei Justinus Kerner. Ein Beitrag zur Geschichte der Medizin der Romantik. Diss. Würzburg 1939.

Günther, O. von: Justinus Kerner, der Mensch und der Dichter. Festrede zum 150. Geburtstag. In: Jahresbericht des Justinus Kerner-Vereins 32 (1936) S. 8–17.

Hagen, Walter: Justinus Kerner, Arzt und Dichter. In: Lebensbilder aus Schwaben und Franken 9 (1963) S. 145–173.

– Drei unbekannte Dokumente von Justinus Kerner aus den Jahren 1850/51. In: Ludwigsburger Geschichtsblätter 15 (1963) S. 107 bis 110.

– Justinus Kerner. Rede, gehalten bei der Justinus-Kerner-Feier des

Historischen Vereins, 1962. In: Ludwigsburger Geschichtsblätter 15 (1963) S. 79–106.

– Justinus Kerner als Ludwigsburger im politischen Geschehen der Jahre 1817 und 1848. In: Ludwigsburger Geschichtsblätter 16 (1964) S. 127–134.

Haym, Rudolf: Die romantische Schule. Berlin 1914.

Heinzmann, Franz: Justinus Kerner als Romantiker. Diss. Tübingen 1908.

Herz, Karl Josef: Josef Görres und Justinus Kerner. In: Wissen und Glauben 23 (1926) H. 1. S. 46–51.

Heuss, Theodor: Justinus Kerner (1936). In: Vor der Bücherwand. Skizzen zu Dichtern und Dichtung. Hrsg. von Friedrich Kaufmann und Hermann Leins. Tübingen 1961. S. 124–126.

– Das Rickele (1926). In: Vor der Bücherwand. S. 127–130.

Huch, Ricarda: Die Romantik. Leipzig 1908. Tübingen 1951.

Jäger, Oskar: Erlebtes und Erstrebtes. Reden und Aufsätze. München 1907. [Darin: »Die schwäbische Dichterschule«, S. 3–31; über Justinus Kerner S. 19–24.]

Jedrzejewski, Franz: Justinus und Theobald Kerner und das Kernerhaus in Weinsberg. Leipzig 1910.

Jennings, Lee B.: Justinus Kerner und die Geisterwelt. In: Neue Wissenschaft. Zeitschrift für Grenzgebiete des Seelenlebens 14 (1966) H. 1/2. S. 75–95.

– Der aufgespießte Schmetterling. Justinus Kerner und die Frage der psychischen Entwicklung. In: Antaios 10 (1968/69) S. 109–131.

– Probleme um Kerners ›Seherin von Prevorst‹. In: Antaios 10 (1968/69) S. 132–138.

Jenssen, Christian: Friederike Kerner. In: Der stille Ruhm. Zwölf Frauenbildnisse. Lübeck 1947. S. 153–175.

Kerner, Dieter: Arzt – Dichter. Lebensbilder aus fünf Jahrhunderten. Stuttgart 1967. S. 53–70.

– Der Arzt-Dichter Justinus Kerner. In: Münchener medizinische Wochenschrift 104 (1962) S. 369–374.

Kerner, Else: Aus meinem Leben. Erinnerungen nach Tagebuchblättern. Weinsberg 1967.

Kerner, Justinus. Zum 100. Todestag des Weinsberger Dichterarztes. Weinsberg (Justinus-Kerner-Verein) 1967.

Kerner, Theobald: Das Kernerhaus und seine Gäste. Stuttgart/Leipzig/Berlin/Wien 1894. ²1897. ³1913. Faks.-Ausg. der 2., verm. Aufl. der Ausg. Stuttgart/Berlin 1897, erg. durch ein Personenreg. und eine Vorbem. zur Neuausg. Weinsberg 1978.

Kieser, Dietrich Georg: Über die eigenthümliche Seelenstörung der sogenannten ›Seherin von Prevorst‹. Nach der lat. Orig.-Schr. übers. Berlin 1831.

Krauß, Rudolf: Schwäbische Litteratur-Geschichte. Bd. 2. Tübingen 1899. Nachdr. Kirchheim (Teck) 1975. S. 7–28, 48–61.

Kretschmar, Felix: ›Die Seherin von Prevorst‹ und die Botschaft Justinus Kerners. Illustrierte Gedenkschrift. Weinsberg 1930.

Kretschmer, Wolfgang: Rationale und mystische Züge bei Justinus Kerner. Zum Problem der romantischen Synthese. In: Antaios 10 (1968/69) S. 139–154.

Lachenmaier, Friedrich: Justinus Kerner und Lenau. In: Jahresbericht des Justinus Kerner-Vereins 7 (1911) S. 20–45.

Lahnstein, Peter: Bürger und Poet. Dichter aus Schwaben als Menschen ihrer Zeit. Stuttgart 1966. S. 117–152.

Lang, O.: Justinus Kerner als Lyriker. In: Württemberg 1932. S. 101 bis 104.

Lechner, Wilhelm: Gotthilf Heinrich v. Schuberts Einfluß auf Kleist, Kerner und E. T. A. Hoffmann. Beiträge zur Deutschen Romantik. (Diss. Münster.) Borna bei Leipzig 1911.

Lenckner, Georg: Woher stammte Justinus Kerners Ahn M. Michael Kerner? In: Archiv für Sippenforschung und alle verwandten Gebiete 18 (1941) H. 9. S. 202–206.

Mayer, Karl: Ludwig Uhland, seine Freunde und Zeitgenossen. 2 Bde. Stuttgart 1867.

Mayr, Ambros: Die Häupter des schwäbischen Dichterbundes. Programm Komotau 1882.

Meißner, Luise: Friederike Kerner und ihr Justinus. In: Jahresbericht des Justinus Kerner-Vereins 13 (1917) S. 9–26.

Meißner, Richard: Über Justinus Kerners Stellung zur Natur. In: Jahresbericht des Justinus Kerner-Vereins 21 (1925) S. 9–22.

– Was ist Justinus Kerner dem lebenden Geschlechte? In: Jahresbericht des Justinus Kerner-Vereins 8 (1912) S. 31–46.

– Justinus Kerner und sein engerer Freundeskreis. In: Jahresbericht des Justinus Kerner-Vereins 2 (1906) S. 17–36.

Mellinger, Frl. Dr.: Die Beziehungen zwischen Uhland und Justinus Kerner. In: Jahresbericht des Justinus Kerner-Vereins 8 (1912) S. 47–61.

Migge, Walter (Hrsg.): Dichter aus Schwaben. Ein Führer durch das Schiller-Nationalmuseum Marbach 1964. (Katalog. Nr. 14.)

Müller, Hans: Ahnen von Wilhelm Hauff und Justinus Kerner in Thüringen. In: Das Thüringer Fähnlein 3 (1934) S. 503–509.

Niendorf, Emma von: Villeggiatur in Weinsberg. Mit neuen Zusätzen: Reisescenen in Bayern, Tyrol und Schwaben. Stuttgart 1840.

Niethammer, Marie: Justinus Kerners Jugendliebe und mein Vaterhaus nach Briefen und eigenen Erinnerungen. Mit einem Vorw. von Ottilie Wildermuth. Stuttgart 1877.

Ninck, Johannes: Das Rickele (Friderike Kerner). Ein Frauenbild der schwäbischen Romantik. Leipzig/Hamburg 1938.

Notter, Friedrich: Justinus Kerner (1875). In: Eduard Mörike und andere Essays. Hrsg. von Walter Hagen. Marbach a. N. 1966. S. 5–17.

Olbrich, Karl: Justinus Kerner und der deutsche Volksglaube. In: Mitteilungen der schlesischen Gesellschaft für Volkskunde 23 (1922) S. 59–89.

Posse, E.: Lola Montez, Metternich und der Weinsberger Geisterturm. In: Historische Zeitschrift 140 (1929) S. 348–54.

Ramming, Johannes: Die Bedeutung der Magie in der Dichtung der deutschen Romantik. Diss. Zürich 1948.

Rantzau-Breitenburg, Kuno Graf zu: Briefe über die Geschichten Besessener neuerer Zeit von Justinus Kerner. Nebst einem Anhang. Heidelberg 1836.

Reinhard, Aimé: Justinus Kerner und das Kernerhaus zu Weinsberg. Gedenkblätter aus des Dichters Leben. Tübingen 1862. ²1886.

Richert, Johannes: Geschichte der Lyrik Justinus Kerners. Berlin 1909. (Berliner Beiträge zur germanischen und romanischen Philologie. Nr. 23.)

Ringger, Peter: Justinus Kerner. (Pioniere der Parapsychologie.) In: Neue Wissenschaft. Zeitschrift für Grenzgebiete des Seelenlebens 3 (1952/53) H. 14/15. S. 443–453.

– Justinus Kerner – vom Dichter zum Geisterseher. In: Neue Wissenschaft. Zeitschrift für Grenzgebiete des Seelenlebens 8 (1959) H. 6. S. 253–266.

Rölleke, Heinz: Justinus Kerner, Ludwig Uhland und Des Knaben Wunderhorn. In: Zeiten und Formen in Sprache und Dichtung. Festschrift für Fritz Tschirch zum 70. Geburtstag. Hrsg. von Karl-Heinz Schirmer und Bernhard Sowinski. Köln/Wien 1972. S. 278–289.

Roll, L.: Die Entstehungsgeschichte von Justinus Kerners ›Geiger von Gmünd‹. In: Neues Tageblatt (Stuttgart). 1914. Unterhaltungsbeilage Nr. 87.

Rümelin, Gustav: Justinus Kerner (1862). In: Reden und Aufsätze. 3. Folge. Freiburg i. Br. / Leipzig 1894. S. 303–374.

Schoene, Franz: Kerners Musenalmanache von 1812 und 1813, mit besonderer Berücksichtigung der Lyriker Thorbecke und Assur. Diss. Tübingen 1923. [Masch.]

Scholte, Johannes Hendrik: Justinus Kerners ›Der reichste Fürst‹. In: Neophilologus 1 (1916) H. 2. S. 147–149.

Schulz, Hans Ulrich: »Aegrotorum solacium«. Zum 100. Todestage des Dichter-Arztes Justinus Kerner. In: Ärztliche Sammelblätter Stuttgart 51 (1962) S. 177–185.

Schumacher, Tony: Was ich als Kind erlebt. Stuttgart/Leipzig 1901. Über Kerner im Jahre 1859. T. 2, Kap. 10, S. 276–295.

Schwarz, Georg: Die ewige Spur. Dichterprofile eines deutschen Stammes. München 1946. S. 94–98. Ebd. 1949. S. 99–104.

Seeber, Kurt: Justinus Kerners Humor. In: Mitteilungen des Justinus-Kerner-Vereins 7 (1970) S. 24–37.

– Justinus Kerner als Kunstfreund. In: Mitteilungen des Justinus-Kerner-Vereins 9 (1972) S. 17–22.

– Von Justinus Kerners Vorfahren und Nachkommen. In: Mitteilungen des Justinus-Kerner-Vereins 12 (1975) S. 18–30.

– Eduard Mörike und Justinus Kerner. In: Mitteilungen des Justinus-Kerner-Vereins 13 (1976) S. 24–28.

– Führer durch das Kernerhaus Weinsberg. Weinsberg 1966.

Staiger, Emil: Justinus Kerners ›Wanderer in der Sägemühle‹. In: Freundesgabe für Eduard Korrodi zum 60. Geburtstag. Hrsg. von Hans Barth, Fritz Ernst [u. a.]. Zürich 1945. S. 161–167. Auch in: E. St.: Die Kunst der Interpretation. Zürich 1955. S. 215–221.

Stern, Adolf: Justinus Kerner. In: Ersch und Grubers Encyklopädie. 2. Sektion. Bd. 35 (1884) S. 273–275.

Storz, Gerhard: Schwäbische Romantik. Dichter und Dichterkreise im alten Württemberg. Stuttgart [usw.] 1967. S. 49–58.

Straumann, Heinrich: Justinus Kerner und der Okkultismus in der deutschen Romantik. Horgen bei Zürich / Leipzig 1928. (Wege zur Dichtung. Bd. 4.)

Strauß, David Friedrich: Justinus Kerner (1839), Nekrolog (1862). In: D. F. St.: Gesammelte Schriften. Bd. 1. Bonn 1876. S. 119–173. Auch als Einzeldr.: Hrsg. von H. Niethammer. Marbach 1953.

Ströhmfeld, Gustav: Zwei Dichter-Lebensbilder vom Welzheimer Wald. Justinus Kerner, Johannes Lämmerer. Stuttgart/Welzheim 1932.

Stütz, G.: Zur Entstehung des Gedichts und der Sage vom Geiger von Gmünd. Besondere Beilage des Staats-Anzeigers für Württemberg 1925. S. 67–80.

Tecchi, Bonaventura: Svevi minori. Justinus Kerner. In: Studi germanici. N. S. 2 (1964) Nr. 3. S. 3–37.

– Schwabenland – Dichterland. Zürich/Stuttgart 1972 [Dt. Ausg. von: Svevia – terra di poeti, Caltanissetta/Rom 1964].

Thieß, Frank: Die Stellung der Schwaben zu Goethe. Stuttgart 1915.

Tumarkin, Anna: Zur Charakteristik Justinus Kerners. In: Preußische Jahrbücher 93 (1898) S. 102–122.

Varnhagen von Ense, Karl August: Denkwürdigkeiten und vermischte Schriften. Bd. 3. Mannheim 1838.

Vischer, Friedrich Theodor: Justinus Kerner. In: Süddeutsche Monatshefte 4 (1907) Bd. 1. S. 641–667.

Walter, Karl: Justinus Kerner als Arzt in Dürrmenz-Mühlacker. In: Jahresbericht des Justinus Kerner-Vereins 15 (1919) S. 29–36.

– Justinus und Theobald Kerners Beziehungen zum Elsaß. Mühlhausen 1914. Erg. durch: Theobald Kerner als politischer Flüchtling. In: Südwest-Merkur. 27. 4. 1961.

Wanach, Martha: Justinus Kerners Prosadichtungen. Diss. Berlin 1920. [Ungedr.; Ausz. in: Jahrbuch der Dissertationen der Philosophischen Fakultät der Universität Berlin 1919/20. S. 220 f.]

Watts, Anna Mary (Howitt): The Pioneers of the Spiritual Reformation. Life and Works of Dr. Justinus Kerner. London/Glasgow 1883.

Wildermuth, Ottilie: Eine Erinnerung aus Kerners letzten Jahren. In: Freya. Blätter für die gebildete Welt. Jg. 2 (1862) S. 239–247.

Willoughby, Leonard Ashley: Justinus Kerner und Alexander von Württemberg. In: Internationale Forschungen zur deutschen Literaturgeschichte. Julius Petersen zum 60. Geburtstag. Dargebr. von Herbert Cysarz [u. a.]. Leipzig 1938. S. 175–193.

Zeller, W.: Zum Liede vom reichsten Fürsten. In: Besondere Beilage des Staats-Anzeigers für Württemberg 1892. S. 121 f.

Zentner, Wilhelm: Justinus Kerner auf der Meersburg. In: Bodensee-Hefte. Monatsschrift einer Landschaft im deutschen Süden 13 (1962) S. 59–61.

Zeittafel zu Leben und Werk

18. 9. 1786 Justinus Andreas Christian Kerner geboren in Ludwigsburg. Vater: Christoph Ludwig Kerner (1744–99), Oberamtmann und Regierungsrat; Mutter: Friederike Luise geb. Stockmayer (1750–1817); Großväter: Johann Georg Kerner (1707–66), Johann Friedrich Stockmayer (1724–77), beide Oberamtmänner und Regierungsräte.
Geschwister: Georg (1770–1812), Carl (1775 bis 1840), Louis (1773–1837), Ludovike (1778–1823), Wilhelmine (1782–1864).

1795 Umzug in die Oberamtei Maulbronn; Besuch der Lateinschule in Ludwigsburg, dann Maulbronn, Knittlingen. Nervöse Magenerkrankung, Heilung durch den Magnetiseur Dr. Eberhard Gmelin.

1798 Erste poetische Versuche.

1799 Tod des Vaters, Rückkehr nach Ludwigsburg.

1802 Konfirmation; seit 1801 lernt K. in der Freizeit bei einem Schreiner Möbel fertigen und Särge zimmern. Plan einer Konditorlehre, zweijährige kaufmännische Lehre in der herzoglichen Tuchfabrik von Ludwigsburg (verbunden der Straf- und Irrenanstalt).

Herbst 1804 Durch Vermittlung von Conz Studium der Medizin in Tübingen; anfangs Unterkunft bei Conz (nun Professor eloquentiae), dann im sogenannten Neubau (Anstalt für mittellose Studenten). Beginn der Freundschaft mit Ludwig Uhland. Literarischer Kreis: H. Gmelin, K. Roser, K. Mayer, H. Köstlin, E. Uhland, J. C. S. Tritschler, G. Jäger, S. B. Härlin.

1807 Kerner, Uhland und Mayer geben vom 11. Januar bis zum 1. März in acht Folgen das *Sonntagsblatt für gebildete Stände* als Gegenstück zu Cottas *Morgenblatt für gebildete Stände* handschriftlich heraus (»Das Sonntagsblatt für gebildete Stände. Eine Zeitschrift der Tübinger Romantiker«, nach der Handschrift hrsg. von Bernhard Zeller, Marbach a. N.: Schiller-Nationalmuseum, 1961; lediglich die Nr. 5 vom 8. Februar trägt den Titel »Sonntagsblatt für ungebildete ...«).

Auf Veranlassung des Medizinprofessors Johann Heinrich Ferdinand Autenrieth Beobachtung des seit 1806 in Tübingen befindlichen wahnsinnigen Friedrich Hölderlin.

Erste gedruckte Gedichte in Leo von Seckendorffs »Musenalmanach für 1807« (Regensburg).

26. 4. 1807 K. lernt Friederike Eh(e)mann kennen (geb. 9. 1. 1786), Tochter des Pfarrers und Professors am Seminar in Denkendorf Philipp Friedrich Ehemann. Friederike wohnt nach dem Tode des Vaters bei einer Tante in Lustnau (bei Tübingen). Ende 1808 Übersiedlung Friederikes nach Augsburg.

1808 Bekanntschaft mit August Varnhagen von Ense.

20. 12. 1808 Promotion K.s zum Doktor der Medizin (Dissertation über das Thema *Untersuchungen über die Funktion der Gehörsorgane*).

März 1809 K. und Uhland verfassen gemeinsam die Posse *Die Bärenritter*.

28. 3. 1809 Abschied K.s von Tübingen, Reise durch Deutschland (Ludwigsburg, Heilbronn, Heidelberg, Frankfurt a. M., Gießen, Kassel, Göttingen, Hannover, Hamburg).

Ende Mai Aufenthalt zur medizinischen Fortbildung im Krankenhaus seines Bruders Georg in Hamburg. Freundschaft mit Rosa Maria Assing.

Juni Reise nach Berlin. Bekanntschaft mit Chamisso und Fouqué.

Herbst Rückreise über Hamburg, Braunschweig, Gotha, Meiningen, Coburg, Nürnberg, Weißenburg, Augsburg (Wiedersehen mit Friederike), München. Besuch beim Bruder Carl (Generalquartiermeister in Freistadt, Böhmen).

Nov. 1809 Fünfmonatiger Aufenthalt in Wien; Bekanntschaft mit Friedrich und Dorothea Schlegel und Beethoven.

Apr. 1810 Rückkehr über München, Regensburg, Augsburg, Tübingen nach Ludwigsburg. Fertigstellung der *Reiseschatten. Von dem Schattenspieler Luchs* (im April 1811 publiziert).

Spätherbst 1810 Vorübergehende ärztliche Praxis in Dürrmenz bei Mühlacker.

Okt. 1810   Übersiedlung nach Wildbad. *Der Bärenhäuter im Salzbade* (dramatische Farce, erst 1835 publiziert).

Herbst 1810   Herausgabe des *Poetischen Almanachs für das Jahr 1812*; Mitarbeit von Fouqué, Varnhagen, Chamisso, Amalia Schoppe, Helmina von Chezy, Graf Otto von Loeben, K. Mayer, L. Uhland, G. Schwab, J. F. Hebel.

Anf. 1812   Unteramtsarzt in Welzheim. *Das Wildbad im Königreich Würtemberg.*

28. 2. 1813   Heirat mit Friederike Eh(e)mann (Trauung durch den Bruder Louis).

2. 12. 1813   Geburt der ersten Tochter Rosa Maria (gest. 1886).

1813   K., Uhland und Fouqué geben die Anthologie *Deutscher Dichterwald* heraus (darin *Goldener. Ein Kindermährchen*).

Juni 1816   Oberamtsarzt in Gaildorf am Kocher.
Die Heimatlosen. Eine Dichtung (1812 verfaßt); *Einige Bemerkungen über den Welzheimer Wald, ein im Königreiche Württemberg liegendes Waldgebirge* (»Morgenblatt«, 1816).

14. 6. 1817   Geburt von Theobald Kerner (gest. 1907).

20. 6. 1817   Tod der Mutter.

1817   Württembergischer Verfassungsstreit. Die Stände lehnen den königlichen Verfassungsentwurf ab. K. verhält sich regierungsfreundlich (die Regierung war liberaler als die konservativen Stände, auf deren Seite Uhland das »gute alte Recht« verteidigte). Publikationen in Schüblers »Volksfreund aus Schwaben« und Michaelis' »Württembergischem Volksfreund«. Satire *Der rasende Sandler*.

1819   Zustandekommen einer Kompromißverfassung.

1. 12. 1818   K.s Ernennung zum Oberamtsarzt in Weinsberg; Antritt der Stelle am 19. 1. 1819.

1820   *Die Bestürmung der würtembergischen Stadt Weinsberg durch den hellen christlichen Haufen im Jahre 1525 und deren Folgen für diese Stadt*; medizinische Schrift: *Neue Beobachtungen über die in Württemberg so häufig vorfallenden tödtlichen Vergiftungen durch den Genuß geräucherter Würste.*

1822   Nach unerfreulichem Aufenthalt in Mietwohnungen Bau des eigenen Hauses am Fuß der Ruine »Weiber-

	treu« auf einem von der Gemeinde geschenkten Grundstück. Einzug im November.
11. 11. 1822	Geburt der Tochter Emma (gest. 1895).

Wiederholte Vergrößerungen des Hauses; 1827 Anbau im Schweizerstil; Erwerb und Ausbau des unmittelbar an der Stadtmauer befindlichen, an K.s Garten anstoßenden Turms (»Geisterturm«); Kauf des jenseits der Straße gelegenen Gartens mit Häuschen (ehemals Kirchhof und Totenhaus). Umfassende Gastlichkeit.

Wichtige medizinische Schrift: *Das Fettgift oder die Fettsäure und ihre Wirkung auf den thierischen Organismus, ein Beitrag des in verdorbenen Würsten giftig wirkenden Stoffes.*

1824	Gründung des Weinsberger Frauenvereins zur Restaurierung der Ruine »Weibertreu«. König Wilhelm kauft die Burg und schenkt sie dem Verein, der sie vom Hofbaumeister Thouret instand setzen läßt. *Geschichte zweyer Somnambülen. Nebst einigen andern Denkwürdigkeiten aus dem Gebiete der magischen Heilkunde und der Psychologie.* Beginn der spiritistischen Studien, in Zusammenarbeit mit dem Tübinger Professor Eschenmayer (»ein dilettantischer Philosoph und ein unkritischer Systemspinner«, D. F. Strauß). Die psychologische Beobachtung geht in den Geisterglauben über.
1826	Erste Ausgabe der *Gedichte* (erw. Ausg. 1834, 1841, 1847, 1854).
1829	*Die Seherin von Prevorst. Eröffnungen über das innere Leben des Menschen und über das Hereinragen einer Geisterwelt in die unsere* (Krankheitsgeschichte der Kaufmannsfrau Friederike Hauffe, 1801–29, aus dem Dorfe Prevorst, 1826–28 zur magnetischen Behandlung bei K. wohnend); weitere Aufl. 1832, 1838, 1846, 1877, 1892.
1831–39	*Blätter aus Prevorst. Originalien und Lesefrüchte für Freunde des innern Lebens* (12 Slg.).
1840–53	*Magikon. Archiv für Beobachtungen aus dem Gebiete der Geisterkunde und des magnetischen und magischen Lebens, nebst andern Zugaben für Freunde des Innern* (5 Bde.). Weitere Schriften: *Geschichten Beses-*

sener neuerer Zeit. Beobachtungen aus dem Gebiete kakodämonisch-magnetischer Erscheinungen (1834); *Geschichte des Mädchens von Orlach* (1834); *Eine Erscheinung aus dem Nachtgebiete der Natur, durch eine Reihe von Zeugen gerichtlich bestätigt, und den Naturforschern zum Bedenken mitgetheilt* (1836); *Nachricht vom Vorkommen des Besessenseyns, eines dämonisch-magnetischen Leidens und seiner schon im Alterthum bekannten Heilung durch magisch-magnetisches Einwirken [...]* (1836).

1836 verfaßt K. sechs Predigten für den befreundeten katholischen Prälaten Fürst Alexander von Hohenlohe-Waldenburg-Schillingsfürst: *Das entstellte Ebenbild Gottes in dem Menschen durch die Sünde. Dargestellt in einer Folge von (7) Predigten zur heiligen Fastenzeit* (Predigten 2–7 stammen von K.).

Besuche zahlreicher literarisch und spiritistisch interessierter Gäste (Fremdenliste 1839–54: Alexander von Württemberg, N. Lenau, G. Schwab u. a.).

Apr. 1840   Tod des Bruders Carl. Beginn der durch den grauen Star bewirkten Abnahme der Sehkraft.
Das Bilderbuch aus meiner Knabenzeit. Erinnerungen aus den Jahren 1786–1804.

1848   Theobald Kerner hält in Heilbronn und Hall aufrührerische Reden; flieht mit seiner Familie nach Straßburg (25. 9. 1848). Auf J. K.s Drängen kehrt Theobald am 7. 4. 1849 nach Weinsberg zurück und stellt sich am 13. 4. dem zuständigen Gericht. Gegen eine Kaution von 1000 Gulden bleibt er auf freiem Fuß, er kandidiert für die Konstituierende Landesversammlung.

1850   Aufgrund der Verschlechterung seiner Sehkraft *und* aufgrund des politischen Zerwürfnisses mit seinem Sohn bittet K. um seine Entlassung als Oberamtsarzt. Am 27. März 1850 (nicht 1851!) wird K. pensioniert unter Verleihung des württembergischen Kronenordens. Seine Pension beträgt 300 Gulden, zusätzlich erhält K. eine bayrische Jahres-Ehrenpension von 400 Gulden, seit 1853 einen württembergischen Ehrensold von 500 Gulden.

	Am 7. September 1850 verurteilt das Ludwigsburger Schwurgericht Theobald Kerner zu zehn Monaten Festungshaft auf dem Hohenasperg, die Theobald am 1. November antritt.
1851	Ein Begnadigungsgesuch J. K.s vom Februar 1851 wird abgelehnt. Aufgrund eines dem König übermittelten Bittgedichtes (später publiziert u. d. T. »An meinen König« im »Frankfurter Konversationsblatt« vom 9. 5. 1851) wird Theobald am 23. April 1851 aus der Haft entlassen und eröffnet eine Arztpraxis in Stuttgart.
	Im Spätjahr Besuch in München (Begegnungen mit dem abgedankten bayrischen König Ludwig I., Gotthilf Heinrich Schubert, Franz Pocci u. a.).
1852	*Der letzte Blüthenstrauß.*
1853	*Die somnambülen Tische. Zur Geschichte und Erklärung dieser Erscheinung.*
16. 4. 1854	Tod Friederikes.
1855	Reise K.s nach Meersburg zum Altertumsforscher und Literaturhistoriker Joseph Freiherr von Laßberg, K. sammelt Material zu der Schrift *Franz Anton Mesmer aus Schwaben, Entdecker des thierischen Magnetismus. Erinnerungen an denselben nebst Nachrichten von den letzten Jahren seines Lebens zu Meersburg am Bodensee* (1856).
1859	*Winterblüthen.*
21./22.2.1862	Tod K.s.
1865	Denkmal in der Nähe des Wohnhauses.
1890	*Kleksographien. Mit Illustrationen nach den Vorlagen des Verfassers* (hrsg. von Theobald Kerner).
1897	Gedenktafel mit Profilbild (nach Herdtle) am Ludwigsburger Geburtshaus.

Nachwort

Noch heute gilt Justinus Kerner als thematisch und formal begrenztes, aber liebenswürdiges, romantisch-›poetisches‹ Talent. Diese Einschätzung klingt schon aus dem bissig-satirischen Porträt heraus, das Heinrich Heine 1839 im »Schwabenspiegel« von Kerner entworfen hat. Den bedeutendsten Dichter der »schwäbischen Schule«, Gustav Schwab, charakterisiert Heine als ›Hering unter den Sardellen‹. »Nach ihm kommt der Doktor Justinus Kerner, welcher Geister und vergiftete Blutwürste sieht, und einmal dem Publikum aufs ernsthafteste erzählt hat, daß ein paar Schuhe, ganz allein, ohne menschliche Hülfe, langsam durch das Zimmer gegangen sind, bis zum Bette der Seherin von Prevorst. Das fehlt noch, daß man seine Stiefel des Abends festbinden muß, damit sie einem nicht des Nachts trapp! trapp! vors Bett kommen und mit lederner Gespensterstimme die Gedichte des Herrn Justinus Kerner vordeklamieren! Letztere sind nicht ganz und gar schlecht, der Mann ist überhaupt nicht ohne Verdienst, und von ihm möchte ich dasselbe sagen, was Napoleon von Murat gesagt hat, nämlich: ›Er ist ein großer Narr, aber der beste General der Kavallerie.‹ Ich sehe schon, wie sämtliche Insassen von Weinsberg über dieses Urteil den Kopf schütteln und mit Befremden mir entgegnen: Unser teurer Landsmann, Herr Justinus, ist freilich ein großer Narr, aber keineswegs der beste General der Kavallerie!«[1] Bekanntlich hatte Heine einen Pik auf die Dichter der »schwäbischen Schule«, und er ließ keine Gelegenheit aus, seinen Spott über das biedermeierliche Wesen der schwäbischen Romantik auszugießen, das sich nach seiner Meinung in lokalpatriotisch getönter Borniertheit kundtat. Auch in der *Romantischen Schule*, in der

1 Heinrich Heine, »Der Schwabenspiegel«, in: H. H., *Sämtliche Schriften*, hrsg. von Klaus Briegleb, 12 Bde., München 1976, Bd. 9, S. 59 f.

Heine den Dichter Kerner unmittelbar neben Eichendorff
würdigt, ist die Distanz zu der etwas überholt-antiquierten
romantischen Poesie, in der Kerner »die wackersten Lieder«
gedichtet habe, nicht überhörbar.[2] Deutschland brauchte
nach Heines Ansicht Dichter, die sich den Problemen der
Gegenwart widmeten und sich nicht in ein romantisches
Land der Märchen und der Vergangenheit zurückzogen.
In der Tat, Kerner hat als Dichter nicht die großen Kämpfe
des Zeitalters behandelt. Er steht am Rande der großen
geistigen Auseinandersetzungen. Dennoch führt die Betrachtung seines Werks und seiner Persönlichkeit in eine für
die erste Hälfte des 19. Jahrhunderts typische Lebens- und
Denkform, die in den epochalen Werken höchstens als Folie
begegnet.
Gerechterweise läßt sich Kerners Werk ohne Einschluß der
Persönlichkeit seines Dichters nicht beurteilen. Er muß auf
die biedermeierlichen Zeitgenossen beinahe den Eindruck
einer Inkarnation des Romantischen gemacht haben. Ver-
stärkt wurde dieser Eindruck des Nichtalltäglich-Romanti-
schen durch die geheimnisvollen, spiritistisch-medizinischen
Neigungen des Dichters. Sein künstlerisches Œuvre gründete auf einer widerspruchslosen Vereinigung von persönlicher Veranlagung und Neigung, ausgeübtem Arztberuf und
gesellig-privater Lebensweise. Auf die in jungen Jahren
bereits angelegte Verbindung des Poetischen und des Seelen-
Medizinischen könnte ein Traumbericht hindeuten: »Mir
träumte, ich hätte müssen wie zu einem Feste viele Leute
einladen, die alle in schwarzen Mänteln einherzogen. Meine
Mutter ging ganz schwarz gekleidet voraus und zog mit
ihnen auf einen Kirchhof zu einem Grabe. Da stellten sich
alle die Männer in den schwarzen Kleidern stumm herum.
Da gab mir meine Mutter einen Spaten und befahl mir in das

---

2 Heinrich Heine, »Die Romantische Schule«, in: H. H., *Sämtliche Schriften*,
Bd. 5, S. 490; auch in: H. H., *Die romantische Schule*, krit. Ausg., hrsg. von
Helga Weidmann, Stuttgart 1976 (Reclams Universal-Bibliothek, Nr. 9831
[5]), S. 150.

Grab hineinzugraben. Da grub ich mit zitternder Hand, und da war es gar erschrecklich, als ich verfaulte Stücke einer Bahre und einen Totenschädel mit noch halbem Gesicht herauszog. Nach und nach wurde es ganz Nacht, und all die schwarzen Männer um das Grab wurden zu Raben, die mit schrecklichem Ächzen um mich flogen, bis ich ganz ermattet voll kaltem Schweiß erwachte.«[3]

Justinus Kerner scheint eine seltsame Mischung aus Melancholie und Humor gewesen zu sein, aus Warmherzigkeit und Nonchalance, aus Lebensverzagtheit und Ausgelassenheit, aus Bequemlichkeit und Geselligkeit; doch schlossen sich die entgegengesetzten Gemüts- und Temperaments-Eigenschaften in seiner Persönlichkeit zu einer Einheit zusammen. Anschaulich beschreibt Kerners Freund Varnhagen von Ense, wie der Studiosus medicinae in Tübingen hauste; zugleich beleuchtet er Kerners scheinbar zwiegespaltenen, zugleich melancholisch-passiven und spielerisch-humorvollen Charakter: »Er hat den lebendigsten Sinn für Scherz, für alles Komische und Barocke, und eine Art von Leidenschaft, dasselbe ans Licht zu bringen und zu fördern. Da er es mit der *Einsiedler*-Zeitung hält, so hat er deren Gegner, die Herausgeber des *Morgenblattes* und Cotta'n selbst, durch manchen launigen Einfall geärgert. Jedoch ist seine Gesinnung, wie die seines Freundes Uhland, durchaus rein, unzerstörbar rechtschaffen, edel, tapfer, und so menschenfreundlich, gutmütig und zutraulich, daß er wohl nie jemanden aus freien Stücken gekränkt und immer gleich verziehen hat, wo er der Gekränkte war. Früher sollte er in Ludwigsburg die Handlung lernen, dann kam er zur Universität, er folgte der Bestimmung, die man ihm gab, empfand weder Vorliebe noch Abneigung; er meint, es sei so wenig Freude in der Welt, daß man nur eben etwas – gleichviel was – tun müsse, damit die Zeit verstreiche, und

3 *Das Leben des Justinus Kerner. Erzählt von ihm und seiner Tochter Marie*, hrsg. von Karl Pörnbacher, München 1967, S. 257.

so das ganze Leben; den Vorteil hat er, daß, wie ihn nichts
sonderlich freut, ihn auch nichts eigentlich schmerzt, und so
lebt er munter und harmlos fort. [. . .] Zu seiner Dissertation
hat er Bemerkungen über das Gehör gewählt und deshalb
ganz neue Versuche mit Tieren angestellt. In seiner Stube
lebt er mit Hunden, Katzen, Hühnern, Gänsen, Eulen,
Eichhörnchen, Kröten, Eidechsen, Mäusen, und wer weiß
was noch sonst für Getier, ganz freundschaftlich zusammen
und hat nur seine Not, Tür und Fenster zu verwahren, daß
ihm die Gäste nicht entschlüpfen; ob seine Bücher oder
Kleider in Gefahr sind, ob ihn ein Tier im Schlaf anschno-
pert oder unversehens aufgeschreckt nach ihm beißt, das
kümmert ihn nicht. Seine Versuche sind schlau und sinn-
reich, und er sucht alle Quälereien zu vermeiden. Überhaupt
steht er der Natur sehr nah, und besonders ihrer dunklen
Seite. Seine Augen haben etwas Geisterhaftes und Frommes;
sein Herz kann er willkürlich schneller schlagen machen,
aber es nicht ebenso wieder hemmen; die Erscheinungen,
welche neulich Ritter an Campetti beobachtet hat, die Pen-
delschwingungen des Ringes am seidnen Faden, das Umdre-
hen des Schlüssels mit dem Buche und alles dergleichen
zauberhaft Magnetisches tritt bei ihm in auffallender Stärke
hervor. Er selbst hat etwas Somnambüles, das ihn auch im
Scherz und Lachen begleitet. Er kann lange sinnen und
träumen, und dann plötzlich auffahren, wo dann der
Schreck der andern ihm gleich wieder zum Scherze dient.
Wahnsinnige kann er nachmachen, daß man zusammen-
schaudert, und obwohl er dies possenhaft beginnt, so ist ihm
doch im Verlauf nicht possenhaft dabei zumut. In der Poesie
ist ihm das Wunderbare der Volksromane, der einfache Laut
und die rohe Kraft der Volkslieder am verwandtesten, Dichtungen höherer Art läßt er gelten, aber er begehrt ihrer
nicht; so spricht er auch mit Vorliebe die rohe Landesmund-
art, will sie nicht ablegen und verstockt sich wohl gar gegen
die Schriftsprache. Der Sinn für gebildete Kunst tritt
zurück; in der Musik hat er sich die Maultrommel angeeig-

net und weiß dem geringen und doch wunderlichen Instrument die zartesten und rührendsten Töne zu entlocken. Nun denkt euch noch die einfachste, ganz vernachlässigte Kleidung, völlige Gleichgültigkeit gegen die Dinge, mit denen man sich berührt, vorgebeugte Haltung, ungleichen, ungraden Gang, eine stete Neigung, sich anzulehnen oder niederzulegen, wie er denn lieber auf einem Stuhl unbequem liegt als bequem sitzt, und bei allem diesen einen doch schlanken, wohlgewachsenen, ganz hübschen Jungen – so habt ihr ein vollständiges Bild meines Kerners.«[4]

Wer nur Kerners Gedichte liest, erhält von seiner Persönlichkeit einen einseitigen Eindruck, weil in ihnen sich überwiegend die düsteren Stimmungen und die melancholischen Gedanken niederschlagen. Auch zahlreiche Briefe vor allem aus den jüngeren Jahren bezeugen die in ständigen Depressionen sich äußernde Lebensangst und die lebenslange Schwermut. Sein zum Grotesk-Makabren neigender Humor begegnet in der Lyrik selten. Und doch ist er von den Freunden mehrfach bezeugt. So erlaubte sich Kerner einst den Spaß, als er zur Winterszeit mit hochgeschlagenem Mantelkragen, tief herabgezogener Kappe und der Brille auf der Nase durch den Wald schritt, eine Kinderschar, die ihm begegnete, zu necken, indem er die Ecken des Kragens zu Hörnern formte und mit hohler Stimme rief: »Wißt ihr auch, wer ich bin? Ich bin der – Teufel!« Die Kinder stoben, von panischer Angst erfaßt, auseinander, rannten durch Schluchten und Bäche und über Abhänge hinab. Kerners Rufen, er sei doch der Doktor, half nichts. Sogleich bereute er den unbedachten Scherz; tagelang beobachtete er die Schule, ob die Kinder auch gesund eingetroffen seien. Da aber gerade die Ferienzeit begonnen hatte und er sie nicht erblickte, suchte er beim Pfarrer Rat. Dieser ließ die Kinder kommen und fragte sie nach dem Abenteuer aus. Darauf berichteten sie, der Teufel, mit Hörnern und Augen wie

4 *Denkwürdigkeiten des eignen Lebens*, von Karl August Varnhagen von Ense, T. 2, 3., verm. Aufl., Leipzig 1971, S. 159 ff.

Pflugrädchen, habe sie erschreckt. Nach einiger Mühe
wurde die ›Verwechslung‹ aufgeklärt, und Kerner, erleich-
terten Herzens, beschenkte die Kinder.[5]
Der Wille zur Versöhnlichkeit, der Kerner auszeichnete,
bewährte sich auch in der Phase zeitweiliger Entfremdung
von seinem Herzensfreund Uhland, die durch unterschiedli-
che Standpunkte im Streit um die württembergische Verfassung von 1817 hervorgerufen wurde. Während Uhland zeit-
lebens dem konservativen, altständischen Modell anhing
und das Schlagwort vom »guten alten Recht« predigte,
neigte Kerner zum Regierungslager, das einen liberaleren
Verfassungsentwurf vorgelegt hatte. In einem Brief von
Weihnachten 1817 beschwört Kerner die alte Freundschaft:
»Ist denn Politik das Höchste und Einzigste in diesem
Leben!?« Früher, stellt Kerner fest, als ihre Briefe sich von
politischen Gedanken »rein« gehalten hätten, seien sie
immer »vergnügt« gewesen – warum es nicht ferner so sein
könne?[6] Das klingt nur scheinbar nach politischem Desinter-
esse oder sogar Unbedarftheit. Gewiß war Kerner in politischen Fragen, obwohl er sich hin und wieder in Zeitungsartikeln zum politischen Geschehen äußerte, nicht so leiden-
schaftlich engagiert wie Uhland. Die größere Aufmerksamkeit widmete er der Vergangenheit, etwa der (von ihm
initiierten) Wiederherstellung der Ruine Weibertreu bei
Weinsberg. Dennoch war seine Einschätzung der württembergischen Situation unbefangener und fortschrittlicher als
die des Freundes, dem er schreibt: »Ich kann irren [. . .], ich
bin aber sehr bei mir versichert, daß eben jenes Schreien
nach dem alten Recht nur das herbeiführen würde, was eben
die Schlechtigkeit der vergangenen Zeit war: Unmündigkeit

---

5 Aus der Wildbader Zeit. Nach dem Bericht von Marie Niethammer: »Kerner
als Arzt in Wildbad«, in: *Das Leben des Justinus Kerner*, S. 282 f.
6 Kerner an Ludwig Uhland, Brief von Weihnachten 1817; in: *Justinus Kerners
Briefwechsel mit seinen Freunden*, hrsg. von seinem Sohn Theobald Kerner,
Bd. 1, Stuttgart/Leipzig 1897, Nr. 270, S. 467. [Im folgenden zit. als: Briefwechsel.]

des Volkes, Despotie einzelner Auserlesener, Kastengeist, Adelsgeist [...].«[7] Freilich lehnte der loyale Monarchist die nach der 48er Revolution lautgewordenen Forderungen nach einer Republik entschieden ab. Schon 1817 war es seine Überzeugung gewesen, die Natur strebe dahin, daß sich »ein freies Bürgertum [...] trotz der Fürsten- und trotz der Kastenknechte« emporheben werde[8] – also auf dem Wege friedlicher gesellschaftlicher Entwicklung. Für die unterdrückten Völker der Griechen und Polen hat Kerner jedoch allzeit tätige Sympathie empfunden. Wochenlang beherbergte er durchreisende polnische Emigranten in Weinsberg.

Kerners gesellige Eigenschaften konnten sich am besten in seiner Funktion als Gastgeber entfalten. Dabei wurde er von seiner Frau Friederike (»Rickele«), seinem ›guten Geist‹, in stiller und tatkräftiger Weise unterstützt. Seit Kerner ein eigenes Haus in Weinsberg errichtet und es mehrfach vergrößert hatte, wurde der kleine Ort zu einer Art Wallfahrtsstätte für Poeten, Ärzte und spiritistisch Interessierte. Kerner hat von 1839 bis 1854 eine Fremdenliste geführt. Zahlreiche Württemberg-Reisende besuchten Kerner in Weinsberg. Neben den ständig wiederkehrenden alten Freunden Uhland, Karl Mayer, Gustav Schwab begegnen hier u. a. die Dichter Nikolaus Lenau, Alexander Graf von Württemberg, Eduard Mörike, Ferdinand Freiligrath, Wilhelm Müller, Emanuel Geibel, Ludwig Tieck und Hermann Kurz; die Gelehrten David Friedrich Strauß, Friedrich Theodor Vischer und Friedrich List; ferner zahlreiche Adelige und Fürsten. David Friedrich Strauß, ein häufiger, zwar nicht Kerners Geist, wohl aber seinem Herzen nahestehender Gast, hat die freigebig ausgeübte Gastfreundschaft geschildert: »Eine schönere und zartere Gastlichkeit ist nicht leicht in einem Hause zu treffen. Unter den vielen Fremden, die

7 Ebd., S. 465 f.
8 Kerner an Ludwig Uhland, Brief vom 8. September 1817; in: Briefwechsel I, Nr. 266, S. 461, und Nr. 270, S. 466.

jährlich das Kernersche Haus besuchen, wird doch jeder in seiner Eigentümlichkeit aufgefaßt und ihm eine entsprechende besondere Rücksicht und Neigung gewidmet. Ist ein auswärtiger Freund in Weinspery anwesend, so ist es Kernern nicht wohl, wenn er nicht in seinem Hause speist und übernachtet, solange noch Raum ist, und die Einladungen des Gemahls unterstützt die ebenso gemütvolle als verständige Hausfrau mit so vieler Herzlichkeit, daß schwer zu widerstehen ist. Das dennoch sich aufdrängende Gefühl, hier allzu viele Güte zu mißbrauchen, wird dem Gaste nur dadurch erleichtert, daß er sieht, wie seine Anwesenheit nicht die mindeste Störung oder Änderung im Hauswesen hervorbringt, sondern alles in seinem ruhigen, einfachen Gange bleibt. Und in welche Familie findet sich der Gast hier eingeführt! Kein Wunder, daß von bösen Geistern Geplagte hier Hülfe und Heilung suchen: der gute Geist dieses Hauses muß sie vertreiben. Ein Friedensengel scheint über demselben zu schweben; der Sinn der Ordnung, der ruhigen Heiterkeit und des Wohlwollens spricht uns aus allen Gesichtern, aus allem, was wir darin hören und sehen, an. Der Dichter ist glücklich zu preisen, der, wie Kerner, eine Gattin findet, welche einerseits zwar seinem schwärmenden Gefühle den ordnenden Verstand gegenüberstellt, doch aber andrerseits selbst so viel Gefühl und poetischen Sinn besitzt, um das, was des Dichters Brust bewegt, innig mitempfinden und sein Leben im vollen Sinne teilen zu können.«[9] Von den bürgerlichen Freunden wurde Kerner wegen seiner Neigung zu fürstlichen Kreisen oftmals geneckt. »Bei Kerner prinzelt's wieder« (schwäbisch wie »brenzelt's« ausgesprochen), ein Ausspruch Philipp Friedrich Sicherers, wurde ihnen zum geflügelten Wort.[10] Zahl-

9 David Friedrich Strauß, »Justinus Kerner«, in: *Gesammelte Schriften von David Friedrich Strauß*, nach des Verfassers letztwilligen Bestimmungen zusammengestellt, eingel. und mit erkl. Nachweisungen vers. von Eduard Zeller, Bd. 1, Bonn 1876, S. 119–173, hier S. 132 f.
10 Nach David Friedrich Strauß; ebd., S. 171.

reich sind Kerners für das königliche württembergische Haus bestimmten Widmungsgedichte. Mit großer Freude nahm er den württembergischen Kronenorden und den bayrischen Maximiliansorden entgegen. Bayrische und württembergische Ehrenpensionen verbesserten seine schmale Pension, die er seit seinem 1850 erfolgten Eintritt in den Ruhestand bezog.

Als Mediziner hat Kerner sich auch nach abgeschlossener Promotion wissenschaftlich betätigt. Seine in späteren Jahren fast zur Erblindung führende Augenkrankheit hat er sich wohl durch seine medizinischen Versuche über Wurstvergiftungen zugezogen. 1820 publizierte er die Schrift *Neue Beobachtungen über die in Württemberg so häufig vorfallenden tödtlichen Vergiftungen durch den Genuß geräucherter Würste,* 1822 die Schrift *Das Fettgift oder die Fettsäure und ihre Wirkung auf den thierischen Organismus, ein Beitrag des in verdorbenen Würsten giftig wirkenden Stoffes.* Seine Tochter Marie berichtet in ihren Aufzeichnungen von der selbstlosen Praxis Kerners, der Unvermögenden oftmals unentgeltlich seine Hilfe angedeihen ließ und der schwer an der Verantwortung des Arztes trug (»Der Traum eines Arztes«, »Ärztliches« u. a.). Bekannt wurde Kerner durch seine Behandlung nervenkranker Patienten, psychisch Erkrankter, Somnambuler und ›Besessener‹, die er auf kakomagnetische Weise zu heilen suchte. Die berühmteste Kranke war die ›Seherin von Prevorst‹, Friederike Hauffe, eine Kaufmannsfrau aus dem Dorfe Prevorst, die von 1826 bis 1829 in Weinsberg zubrachte, und deren Krankheitsgeschichte Kerner in seiner Schrift *Die Seherin von Prevorst. Eröffnungen über das innere Leben des Menschen und über das Hereinragen einer Geisterwelt in die unsere* (2 Bde., 1829) aufgezeichnet hat. Sie wie auch die früher erschienene *Geschichte zweyer Somnambülen* (1824) weisen auf den Grenzbereich zwischen Wissenschaft und Aberglauben, dem Kerner freilich trotz spiritistischer Neigungen nicht so bedingungslos gehuldigt hat wie sein Mitstreiter, der Tübinger Arzt und Philosoph Professor Eschenmayer, der in Kerners Zeitschriften publizierte.[11] Während Kerners in den früheren Schriften gebotene Deskription des Krankheitsfalles vorurteilslosen Beurteilern (wie Uhland) noch annehmbar scheinen mochte, forderten vor allem die von Eschenmayers kritiklosem Fanatismus beeinflußten späteren Schriften *Geschichten Besessener neuerer Zeit. Beobachtungen aus dem Gebiete kakodämonisch-magnetischer Erscheinungen* (1834) und *Erscheinung aus dem Nachtgebiete der Natur, durch eine Reihe von Zeugen gerichtlich bestätigt, und den Naturforschern zum Nachdenken mitgetheilt* (1836) den Widerspruch der Mediziner heraus. Die *Geschichte des Mädchens von Orlach* (1834) hält sich im ersten Teil von Deutungsversuchen frei und bildet daher ein Beispiel für Kerners sachlich-deskriptive Berichterstattung.

Inwieweit Geisterseherei und Spiritismus Kerners eigenem Glauben entsprochen haben, ist schwer zu sagen. Ein wenig war das Kokettieren mit den ›Nachtseiten der Natur‹ seit dem Erscheinen von Gotthilf Heinrich Schuberts Buch über die *Ansichten von der Nachtseite der Naturwissenschaft* und Johann Heinrich Jung-Stillings *Theorie der Geisterkunde* im Jahre 1808 Mode geworden.[12] Vor allzu großer Verstiegenheit mochte ihn auch sein unkonfessionell-gläubiges Christentum bewahrt haben, wie es andererseits den mystisch-sektiererischen Neigungen einen gewissen Vorschub geleistet haben könnte. Aus späterer Zeit gibt es einige Zeugnisse für Kerners distanziert-humorvolle Haltung, mit der er die

11 *Blätter aus Prevorst. Originalien und Lesefrüchte für Freunde des inneren Lebens* (12 Slgg., 1831–39); *Magikon. Archiv für Beobachtungen aus dem Gebiete der Geisterkunde und des magnetischen und magischen Lebens* (5 Bde., 1840–53).
12 Kerners Beziehung zum Okkultismus und zur Naturphilosophie der Romantik (Schelling, Schubert, von Baader, Ritter und Ennemoser) hat Heinrich Straumann erschöpfend behandelt: H. S., *Justinus Kerner und der Okkultismus in der deutschen Romantik*, Horgen bei Zürich / Leipzig 1928.

grotesken Seiten des ›Geisterwesens‹ betrachtete.[13] Die
unentschiedene Position Kerners zwischen deskriptiver
Empirie und bis zum Aberglauben gesteigertem Antiratio-
nalismus bezeugen noch die *Klecksographien*. Die beigefüg-
ten, das Zwischenreich und seine Bewohner schildernden
Verse wurden als Ausdruck verschnörkelter Ironie und
gelassener Freude am Grotesk-Geheimnisvollen wie als
»grauenhafte Zeugnisse für die Verstörung des alternden
Mannes« (Gerhard Storz) gedeutet.[14] Aber gerade das (von
Heinz-Otto Burger dem Schwabenstamm als Charakteristi-
kum zugesprochene) »sowohl als auch« macht auch hier den
eigentümlichen Reiz des Werkchens aus.[15]
Überhaupt wird man bei Kerners ›wissenschaftlicher‹
Beschäftigung mit dem Geisterwesen den poetischen Spiel-
und Mystifikationstrieb mit berücksichtigen müssen, der
den ernsten Zeitgenossen gerne ein Schnippchen schlug. Im
Revolutionsjahr 1848 erfindet er beispielsweise die zählebige
Mär, Lola Montez, die vertriebene Geliebte des Bayernkö-
nigs Ludwig I., und Österreichs gestürzter Kanzler, Fürst
Metternich, hätten in seinem Turm Herberge gefunden.

13 David Friedrich Strauß schildert drastisch, wie Kerner durch Vorsingen
geistlicher Lieder den Dämon einer Besessenen zum Ausbruch reizte und sich
mit seinen Freunden an den grotesken Lästerreden ergötzte (D. F. Strauß,
»Justinus Kerner«, S. 134 f.). Vgl. auch Theobald Kerner, *Das Kernerhaus und
seine Gäste*, Stuttgart/Leipzig ²1897, S. 274 ff., 283 f.; Kerners Brief an Sophie
Schwab vom 12. Mai 1836, in: Briefwechsel II, Nr. 460, S. 105 ff., sowie die
Prognose im Brief an Sophie Schwab vom 8. Februar 1827: ›Ich werde noch
viel zu leiden und zu kämpfen haben und werde – nichts weniger als selig –
sondern wahrscheinlich als ein Hund im Mittelreich figuriert werden – wo
nicht als Sau, zu welcher schon jetzt mein Körper der Erscheinung und der
Fette nach hinstrebt.‹ (Peter Ringger, »Justinus Kerner«, in: *Neue Wissenschaft. Zeitschrift für Grenzgebiete des Seelenlebens* 3, 1952/53, H. 14/15,
S. 453.)
14 Gerhard Storz, »Justinus Kerner«, in: G. S., *Schwäbische Romantik.
Dichter und Dichterkreise im alten Württemberg*, Stuttgart [usw.] 1967, S.
49–58, hier S. 54.
15 Heinz Otto Burger, *Schwabentum in der Geistesgeschichte. Versuch über
die weltanschauliche Einheit einer Stammesliteratur*, Stuttgart/Berlin
1933.

Dieser tue auf unverschämte Weise liberal und spiele auf Lenaus alter Geige immerzu die Marseillaise.[16]

Die spiritistischen und okkultistischen Interessen Kerners entsprachen der melancholisch-mystischen Seite seines Wesens; sie machten sich bereits in der frühen Dichtung *Die Heimatlosen* bemerkbar. Uhland hat sie streng kritisiert: es enttäusche, daß der in der Erzählung anfangs dargestellte innige Umgang mit der Natur nichts weiter erbringe als »bewußtlose Prophezeiungen, krankhafte Ahnungen« und »zwecklose Zerrüttungen«.[17] Kerners Erwiderung bietet den Schlüssel zum Verständnis der in seinen Schriften sich äußernden ›Nachtseite der Natur‹: »Tod nenne ich die innigste Vereinigung mit dem Geist der Natur, Krankheit ist Hinstreben nach dieser Vereinigung. Tod ist die höchste Verherrlichung, zu der der Mensch im Leben kommt. Magnetischer Schlaf, Epilepsie (die scheußliche fallende Sucht, wie Du es nennen magst), Katalepsie, Verzückung, Wahnsinn (Pythia auf dem Dreifuß), Metallfühlen (Siderismus), dann die organische Zerstörung in einzelnen Teilen des Körpers, alte Narben, die die Veränderungen in der Atmosphäre voraussagen – all dies sind Zustände, durch die der Mensch dem Geist der Natur, einem Allgemeinleben, dem Leben der Geister und der Gestirne, näher kommt, befreundeter wird. Magnetischer Schlaf ist gleich Tod, Heraustretung des Geistes auf Momente aus dem Körper, Nähertreten der Geisterwelt oder der Natur, wie man es nennen will. Eines solchen Schlafs, einer solchen Heraustretung ist ein Geist wie der Serpentins desto fähiger, da er ohne Anwendung dieses künstlichen Mittels schon, mehr als ein gewöhnlicher Geist, aus dem Körper zu treten, sich dem

16 Kerner an Emma Niendorf, Brief vom 19. Februar 1848; in: Briefwechsel II, Nr. 643, S. 307 f. Kerner an Sophie Schwab, Brief vom 2. April 1848; in: Briefwechsel II, Nr. 647, S. 313. Vgl. E. Posse, »Lola Montez, Metternich und der Weinsberger Geisterturm«, in: *Historische Zeitschrift* 140 (1929) S. 348–354.

17 Ludwig Uhland an Kerner, Brief vom 21. November 1812; in: Briefwechsel I, Nr. 170, S. 338.

Geist der Natur zu nähern, fähig war. Dieser Verein, dieser innere Umgang mit der Natur, dies Heraustreten kann aber nie statthaben, wo der Körper ein Bollwerk ist, die Oberhand hat, *gesund* ist, eine für sich bestehende, begrenzte Masse. Es gehört Auflösung dazu, daß die für sich bestehende starre Eismasse als blauer, weicher Fluß der Mutterbrust dem Meere zueilt und Sturm vorhersagt und den Bewegungen des Mondes folgt, nenne man nun diese Auflösung Krankheit, Zerrüttung, Tod etc. [...] Im innigsten Umgang mit der Natur kann man allerdings nichts gewinnen als Heraustretung aus dem Gefängnis, der Schale des Körpers, die freilich, noch im Leben stehend, nur momentan sein kann, erst durch den Tod vollendet wird, was kann man aber Höheres gewinnen?«[18]

Kerners Lyrik erweckt in ihrer Gesamtheit den Eindruck einer nur selten aufgehellten Monotonie der Klage, erfüllt von schmerzlich-weichen Stimmungen, von ständigen Todesgedanken, von fast krankhafter Sehnsucht nach Stille und Grab. Wahrscheinlich steigerte der ärztliche Beruf Kerners natürlichen Hang zur Melancholie. Den »Dichterfreunden« bekennt er:

> »Darf nicht bei Spiel und Scherzen
> Ein lust'ger Sänger sein;
> Es holt zu fremden Schmerzen
> Ihn jede Stunde ein.«[19]

Die Todesassoziation wird mitunter zur Manier und gerät dann in den Bereich unfreiwilliger Komik (»Ehmals«, »Das Kalb«). Beim Ausmalen des Verwesungsprozesses kennt er keine ästhetischen Rücksichten (»Das Verbrennen alter Zeit«). Ein wohlgelungenes, ja originelles Gedicht wie »Im Eisenbahnhofe«, in dem Kerner das Verschwinden der

---

18 Kerner an Ludwig Uhland, Brief vom 26. November 1812; in: Briefwechsel I, Nr. 171, S. 340 f.
19 »An die Dichterfreunde«, aus der »Nachlese«.

»Poesie des Reisens« beklagt, endet mit der unvermeidlich trivialen Erwähnung des Grabes:

> »Fahr zu, o Mensch! treib's auf die Spitze,
> Vom Dampfschiff bis zum Schiff der Luft!
> Flieg mit dem Aar, flieg mit dem Blitze!
> Kommst weiter nicht als bis zur Gruft.«

Häufig begegnet als Motiv die Flucht vor dem lauten Treiben der Menschen, an das »Mutterherz« der Natur (»Die Antwort«, »Sehnsucht«, »Wer machte dich so krank?«). Der Schmerz gilt Kerner als »Grundton der Natur«, ihn findet er überall:

> »Oft hör ich, geh ich einsam auf der Flur,
> Leis einen Ton unnennbar tiefer Klage,
> Und wenn ich dann erstaunt, was tönt so? frage,
> Lacht's laut: Das ist der Grundton der Natur!«

Kerner wußte um seine Einseitigkeit. Dichten war ihm, wie David Friedrich Strauß, von dem noch immer die einfühlsamste Würdigung Kerners stammt, wohl zu Recht annimmt, »weniger ein künstlerisches Tun als ein menschliches Lebensbedürfnis«.[20] Die Quelle seiner Eingebungen ist das Leiden (»Poesie«, »Die Quelle meiner Lieder«).
Jean Paul hat einmal eine bestimmte Spezies von Dichtern dem Wind verglichen, »der nicht eher als in zerfallenen Gemäuern und Engen sich hören läßt«.[21] In ähnliche Richtung weist Kerners freilich nicht ironisch gemeinter Vergleich der eigenen Poesie mit einer »Äolsharfe in der Ruine«. Humorvoll hat er die Trübsal seines Dichtens gegenüber

---

20 David Friedrich Strauß, »Justinus Kerner«, S. 160. Ihm folgt Rudolf Krauß in der eingehenden Würdigung seiner *Schwäbischen Litteraturgeschichte*, Bd. 2, Stuttgart 1899, S. 59.
21 Aus dem Romanfragment »Der Komet«, in: *Jean Pauls Sämtliche Werke*, hist.-krit. Ausg., Abt. 1, Bd. 15, Weimar 1937, S. 260.

Franz Pocci charakterisiert: »Als Uhland einmal auf einem Turme, auf dem eine schöne Aussicht ist, in meinem Garten stand, sagte er: ›Hätte ich einen solchen Turm, würde ich auch noch dichten?‹ ›Nein!‹ sagte ich, ›du würdest da nicht dichten, dichten würdest du aber, wärest du im Turm unten eingesperrt und erhieltest täglich 20 ad podicem.‹«[22]

Die dunkle, todessüchtige Komponente findet sich in Kerners Lyrik von Anfang an, und sie bleibt bis in die letzten Dichtungen unverändert. Doch während die Jugendgedichte oftmals in reichlich klischeehaften Wendungen allgemeine, der Gefahr des Zerfließens nicht immer entgehende Stimmungen zum Ausdruck bringen, binden die besseren der – wegen ihrer unkritischen Massenproduktion im allgemeinen gering eingeschätzten – Spätgedichte den Stimmungsgehalt an konkrete Gegenstände, Personen und Situationen, was dem Leser einen Nachvollzug oder ein Nachempfinden erst möglich macht. Kerners Palette als Dichter ist nicht groß. Wie in Thematik, Stoff- und Stimmungsvielfalt ist seine Poesie auch in der rhythmischen und formalen Gestaltung begrenzt. Kerner selbst verstand sich ganz als romantischen Dichter, der sich bewußt in Gegensatz zum traditionellen, gelehrt-gebildeten Poeten stellte. Wenn er seine »kleinen Lieder« den Frauen weiht, denkt er an die gemütvollen Leserinnen als sein ideales Publikum.

> »Das Herz, das Herz allein, kann sie verstehn,
> Dieweil sie einzig nur das Herz geschrieben.
> Sie schrieb gelehrtes Wissen nicht, nicht Kunst,
> Nach solchen hat's den Dichter nie getrieben . . .«[23]

22 Kerner an Franz Graf von Pocci, Brief vom 19. April 1852, in: *Justinus Kerner und sein Münchener Freundeskreis. Eine Sammlung von Briefen*, hrsg. von Franz Pocci ⟨Enkel⟩, Leipzig 1928, Nr. 63, S. 215–218, hier S. 215 f. Auch Marie Niethammer berichtet diese Begebenheit; in: *Das Leben des Justinus Kerner*, S. 340.
23 Aus dem Widmungsgedicht »An die Frauen« vor der Sammlung *Die lyrischen Gedichte*.

Sein Bekenntnis:

>»Sterb ich, sind bald meine Lieder nur noch wen'gen
mehr bewußt:
Denn sie schuf kein Kopf, ein volles Herz allein in
enger Brust«,[24]

ergänzt er dennoch humorvoll:

>»Flüchtig leb ich durchs Gedicht,
Durch des Arztes Kunst nur flüchtig;
Nur wenn man von Geistern spricht,
Denkt man mein noch und schimpft tüchtig.«[25]

Kerners auf subjektiver Ichaussage gründendes Dichtertum
drängte es zur Lyrik. Epische und dramatische Dichtungen
größeren Umfangs lagen nicht in seiner Absicht. Kerners
Vorliebe für gespenstische und dunkle Stoffe kam besonders
in der Balladendichtung dem zeitgenössischen Geschmack
entgegen; tatsächlich haben einige der Balladen dauernde
Aufnahme in Anthologien gefunden, etwa die Legende vom
»Geiger von Gmünd«, die Sage von »Kaiser Rudolfs Ritt
zum Grabe« und die schaurig-triviale Ballade »Die Mühle
steht stille«. Wenn ihnen auch die konkrete Gegenständlich-
keit, die Uhlands Balladen auszeichnet, abgeht, so eignet
ihrer knappen, eher andeutenden als ausmalenden Diktion
doch ein unverwechselbarer atmosphärischer Reiz. Der
zuweilen zutage tretende Mangel an dramatischer Gestaltung, lapidarer Prägung oder entwickelter Motivation
(»Herr von der Heide«, »Graf Asper«) kann fast als Absicht
des Dichters gedeutet werden, der den Hauptakzent auf das
Unbestimmte, das Phantastische und Stimmungshafte legt
und die exakte Verknüpfung der Zusammenhänge der Phantasie des Lesers überläßt.

24 »Meine Lieder« aus der Sammlung *Winterblüten*.
25 »Prognostikon« aus der Sammlung *Die lyrischen Gedichte*.

Am unbeschwertesten zeigt sich Kerners Laune in den *Reiseschatten*, nach David Friedrich Strauß »das bedeutendste dichterische Erzeugnis Kerners, und in der Tat ein ewig frischer Quell der reinsten, gesundesten Poesie«.[26] Die *Reiseschatten* sind zweifellos Kerners originellstes Werk, das mit seinem bunten Wechsel satirisch-grotesker Szenen, reflektierender Einschübe und melancholischer Stimmungsbilder das Erbe der empfindsamen Reisen Sternes und die spätromantische Nachfolge Tieckscher Märchenkomödien antrat. Die Frische dieser jugendlichen Schöpfung hat Kerner später nicht mehr erreicht. Überhaupt brachte Kerner in späteren Jahren nur noch – mitunter allzu unkritisch in seine Sammlungen aufgenommene – Lyrik zustande. Eine Ausnahme bildet lediglich das 1849 veröffentlichte Erinnerungsbuch *Das Bilderbuch aus meiner Knabenzeit*, das mit verklärendem Humor die friedliche Zeit der Jahre 1786 bis 1804 in genrehaften Bildchen der Laterna-magica-Technik vorführt und das zu den farbigsten Memoirenbüchern des 19. Jahrhunderts zu rechnen ist. Die großen Ereignisse der Zeit wirken auch in die schwäbische Provinz; und mit Justinus' so ganz anders geartetem Bruder Georg fällt in das beschauliche Leben sogar ein Schatten der großen Politik. »Grasburg« nennt Kerner in den *Reiseschatten* das stille, nach Herzog Carl Eugens Tod verödete Ludwigsburg, in dessen Straßen das Gras wuchs und die kauzigsten Originale wandelten.

Vom Volkslied war Kerner ausgegangen. Arnim und Brentano hatten das Gedicht »Der schwere Traum« aus den *Reiseschatten* in ihre Sammlung *Des Knaben Wunderhorn* aufgenommen, im Glauben, es sei ein echtes Volkslied.[27]

---

26 David Friedrich Strauß, »Justinus Kerner«, S. 138.
27 Kerner fügt den *Reiseschatten* folgende Anmerkung bei: »Das Lied ›Mir träumt‹, ich flög gar bange‹ haben der Herausgeber des *Wunderhorns* in den 2. Band, S. 161, dieser Sammlung aufgenommen. Es ist, wie sie richtig bemerken, kein gar altes Lied: denn es wurde von Schattenspieler Luchs [d. i. Kerner] erst vor vier Jahren gedichtet.« (J. K., *Reiseschatten*, Heidelberg 1811, S. 267.)

Sangbarkeit, großzügige Handhabung der Reime und der Akzentuierung, sorglose, ja ungeschickte und manchmal sogar grammatisch unrichtige Wortstellungen, zahlreiche Inversionen und Provinzialismen charakterisieren diese bis ins Alter beibehaltene Form der Lyrik. Die besten Gedichte verdankten sich dem Augenblick. Was nicht als Ganzes auf Anhieb gelang, blieb mit den Schlacken des Unfertigen behaftet. Kerner legte an seine Gedichte keine Feile an und sonderte auch das Unvollkommene nicht aus. Wahrhaftigkeit der menschlichen Aussage stand ihm über der künstlerischen Geschlossenheit. Wo Kerners Gedichte am lebendigsten sind, eignet ihnen etwas von der formalen Sorglosigkeit des Volksliedes, von seiner Schlichtheit im Ausdruck und seiner Echtheit im Fühlen und Meinen. Am unverfälschtesten kommen diese Züge in den an seine Frau gerichteten Zyklen »An Sie, im Alter« und »An Sie, nach Ihrem Tode« zum Tragen. Ist es Zufall, daß von Kerners Gedichten gerade drei lebendig geblieben sind, die Spannweite und Eigenart seiner Lyrik musterhaft repräsentieren? Das auf einer Wanderung zwischen Tübingen und Stuttgart entstandene »Wanderlied« »Wohlauf noch getrunken« – Kerner berichtet, daß ein fahrender Handwerksgesell es sogleich als Volkslied aufgenommen habe – hat in Schumanns Vertonung bis heute große Volkstümlichkeit bewahrt. In dem lokalpatriotischen Panegyrikus »Der reichste Fürst« gestaltet Kerner eine beliebte, mehrfach überlieferte Wander-Anekdote. In Württemberg genoß das Gedicht fast das Ansehen einer »württembergischen Nationalhymne«. Am vollkommensten ist der volksliedhafte Ton in dem Gedicht »Der Wanderer in der Sägmühle« geglückt. Das schwermütige Lied, als »Gedicht von der Säge« Franz Kafkas Lieblingsgedicht, hat freilich mit dessen Folterphantasien wenig gemein. Und doch versinnbildlicht auch es das Leiden am Leben, Kerners altes Thema, den Schmerz des Menschen, den nur die Natur zu stillen vermag. Obwohl diese drei

Gedichte noch heute wohlbekannt sind, kennen fast nur Fachleute und Literaturliebhaber deren Verfasser. Was könnte einen Dichter »im Volksliedton« angemessener würdigen als die Tatsache, daß sein Bestes anonym weiter *lebt*?

Inhalt

Die lyrischen Gedichte

Der letzte Blütenstrauß (1852)

Winterblüten (1859)

Nachlese

Inhalt